U0472766

国家哲学社会科学成果文库
NATIONAL ACHIEVEMENTS LIBRARY
OF PHILOSOPHY AND SOCIAL SCIENCES

史前至唐代高原丝绸之路考古研究

霍 巍 著

科学出版社

内 容 简 介

本书基于考古材料进行观察与分析，同时结合文献材料和其他方法加以比较研究，提出并以专题研究的方式对"高原丝绸之路"这个命题展开系统、深入的科学研究。书中各章节内容均以近年来青藏高原的考古新发现为基础，广泛结合汉藏文献以及历史学、民族学、地理学等多学科研究进行论述探讨，论证了"高原丝绸之路"的概念、主干线以及交通路网等内容，构建了史前至唐代高原丝绸之路的基本格局，为铸牢中华民族共同体意识提供了重要的佐证，具有学术创新意义和学术价值，也具有现实意义。

本书适合从事中国考古学、历史学、民族学等学科的研究者和相关院校师生阅读与参考。

审图号：GS京（2023）0704号

图书在版编目（CIP）数据

史前至唐代高原丝绸之路考古研究／霍巍著. —北京：科学出版社，2023.4
（国家哲学社会科学成果文库）
ISBN 978-7-03-075091-4

Ⅰ. ①史… Ⅱ. ①霍… Ⅲ. ①丝绸之路–考古–研究–上古–唐代 Ⅳ. ①K928.6

中国国家版本馆CIP数据核字（2023）第041761号

责任编辑：柴丽丽／责任校对：邹慧卿
责任印制：肖　兴／封面设计：黄华斌

科　学　出　版　社　出版
北京东黄城根北街16号
邮政编码：100717
http://www.sciencep.com

北京中科印刷有限公司 印刷
科学出版社发行　各地新华书店经销
*

2023年4月第 一 版　　开本：720×1000　1/16
2023年4月第一次印刷　印张：35　插页：3
字数：500 000

定价：**298.00元**
（如有印装质量问题，我社负责调换）

《国家哲学社会科学成果文库》
出版说明

为充分发挥哲学社会科学优秀成果和优秀人才的示范引领作用,促进我国哲学社会科学繁荣发展,自 2010 年始设立《国家哲学社会科学成果文库》。入选成果经同行专家严格评审,反映新时代中国特色社会主义理论和实践创新,代表当前相关学科领域前沿水平。按照"统一标识、统一风格、统一版式、统一标准"的总体要求组织出版。

全国哲学社会科学工作办公室

2023 年 3 月

目 录

绪 论
 第一节　问题的提出　/001
 第二节　关于"高原丝绸之路"概念的界定　/003
 第三节　高原丝绸之路的立论依据　/005

第一章　高原丝绸之路最初的开拓者
 第一节　西藏史前时代的文化交流　/008
 第二节　高原丝绸之路早期主要交通干线的开拓　/028
  一、青藏高原西部　/031
  二、青藏高原西南部　/034
  三、青藏高原东南部　/035
  四、青藏高原东北部　/037
 第三节　西藏西部考古提供的新证据　/038

第二章　西藏西部史前交通网络的形成
 第一节　西藏西部早期墓葬及其与周边文化的关系　/043
  一、早期墓葬所反映出的基本文化面貌　/044

二、早期墓葬中的文化因素分析 / 052

三、区域性中心的形成与跨区域文化的互动 / 060

第二节 羊同"酋豪"与丝路开通 / 066

一、西藏西部发现的"酋豪"墓及其丧葬习俗 / 067

二、羊同"酋豪"的对外联系与交流 / 071

三、西藏西部"高原丝路"的早期开拓 / 076

第三节 西藏西部汉晋丝绸之路的深远影响 / 082

一、丝路交通与区域文明中心的形成 / 082

二、汉晋"高原丝路"的深远影响 / 086

第三章 青藏高原东部的史前通道

第一节 炉霍石棺葬与史前文化通道 / 092

一、炉霍石棺葬是我国最早的石棺葬文化之一 / 092

二、石棺葬文化的扩散与史前南北通道 / 095

三、炉霍石棺葬与"霍尔"文化 / 098

第二节 川西高原石棺葬中的北方青铜文化因素 / 099

一、"西南夷"考古资料中"北方青铜文化因素"的提出 / 099

二、早期石棺葬中的北方青铜文化因素 / 102

三、北方青铜文化因素的影响与扩散 / 110

四、人群迁徙与文化交流 / 119

第三节 考古学视野下的"藏羌彝走廊" / 124

一、"藏彝走廊"是联通西南、西北地区的主干道 / 125

二、"藏彝走廊"是通向云南、东南亚的重要通道 / 128

三、"藏彝走廊"是"高原丝路"的重要节点 / 131

四、"藏彝走廊"与"一带一路" / 133

第四节 藏西与横断山脉：双圆饼形剑首青铜短剑的启示 / 135

一、西藏西部出土的双圆饼形首青铜短剑 / 135

二、中国西南地区出土的双圆饼形剑首青铜短剑 / 137

三、与北方地区青铜剑群之间的关系 / 141

四、北方草原文化的南下与西进 / 145

第四章 吐蕃王朝时期"高原丝绸之路"的确立与拓展

第一节 7—9世纪吐蕃王朝形成的对外交流路网 / 150

一、"新道"——"蕃尼道"的开通 / 151

二、吐蕃通往中亚的交通路线 / 153

三、吐蕃东部从"蜀身毒道""滇缅道"进入天竺的通道 / 155

第二节 《大唐天竺使之铭》与唐初"新道"蕃尼道 / 157

第三节 吉隆河谷中尼文化交流的考古新发现 / 167

一、日松贡布摩崖石刻遗存的新发现及其研究 / 167

二、日松贡布摩崖石刻与其他遗存之间的关系 / 171

三、藏文史料中的相关记载 / 176

四、弥勒、观音、文殊的三尊像组合传统 / 180

五、梵式佛塔建筑以及新发现的石碑趺 / 181

第四节 藏西汉晋丝绸的发现与西北方向通道 / 188

一、古代丝织物的发现经过与年代推测 / 189

二、唐初的"羊同"（象雄） / 195

三、唐初经吐蕃通印度、西域之西北道 / 205

四、对丝绸来源地的推测 / 210

第五节　茶叶和饮茶风俗传入西藏　/ 211
第六节　考古学视野下唐代吐蕃与内亚文明　/ 220
　　　一、吐蕃与内陆亚洲　/ 220
　　　二、吐蕃王朝时代与中亚的联系　/ 222
　　　三、棺板画、吐蕃马具、造型艺术等与周边文化的联系　/ 247
第七节　吐蕃金银器和丝绸所见中外文化交流　/ 253
第八节　黄金面具与丝绸之路　/ 282
　　　一、青藏高原考古发现的黄金面具　/ 283
　　　二、年代、类型与用法的考古学观察　/ 289
　　　三、黄金面具所隐含的文化意义　/ 297

第五章　高原丝绸之路青海道

第一节　文物考古所见古代青海与丝绸之路　/ 304
　　　一、史前至汉代青海的对外交流　/ 306
　　　二、魏晋南北朝时期的"青海道"　/ 309
　　　三、唐代吐蕃对"青海道"的经营　/ 314
第二节　粟特人与青海道　/ 319
第三节　金银器上的吐蕃宝马与骑士形象　/ 329
第四节　近年来考古新发现与青海吐蕃时期的多元文化交流　/ 342
　　　一、都兰热水血渭2018年一号大墓的考古发现　/ 343
　　　二、胡汉交融的泉沟一号墓　/ 362
　　　三、新的考古资料与新的研究启示　/ 371

第六章　唐代青藏高原东麓的佛教传播之路

　　第一节　藏东吐蕃佛教摩崖造像的历史背景　/ 374
　　　　一、造像题记所见民族文化交融　/ 376
　　　　二、唐蕃会盟与吐蕃佛教　/ 384
　　　　三、反映汉藏友好关系的文化遗产　/ 388
　　第二节　藏东吐蕃摩崖造像与唐蕃交流视野下的剑南益州　/ 391
　　　　一、藏东吐蕃造像与"唐蕃古道"　/ 392
　　　　二、唐代禅宗传入吐蕃与益州的关系　/ 396
　　　　三、"初与唐蕃会盟时"的吐蕃与益州　/ 402
　　　　四、藏东摩崖造像的"文化底色"　/ 406
　　第三节　藏东吐蕃摩崖造像中的文化互动　/ 407
　　　　一、藏东吐蕃佛教摩崖造像题记中记载的益西央　/ 408
　　　　二、敦煌古藏文文书中的益西央及其宗教活动　/ 413
　　　　三、汉藏和好的历史纪念碑　/ 418
　　第四节　青海玉树大日如来佛堂的考古新发现　/ 420
　　　　一、大日如来佛堂的调查简史　/ 420
　　　　二、新的考古发现　/ 424
　　　　三、相关问题的初步探讨　/ 428
　　第五节　青海玉树勒巴沟等处摩崖造像的再考察　/ 431
　　　　一、勒巴沟古秀泽玛造像　/ 431
　　　　二、勒巴沟吾娜桑嘎摩崖石刻　/ 439
　　　　三、勒巴沟恰冈摩崖造像　/ 452
　　第六节　西藏芒康嘎托镇新发现的大日如来堂　/ 460
　　　　一、孜许大日如来佛堂造像　/ 461
　　　　二、大日如来与八大菩萨的布局特点与年代　/ 465
　　　　三、新发现的造像和芒康交通节点的关系　/ 467

第七章　结语

一、"高原丝绸之路"的历史意义　/ 472

二、高原丝绸之路最主要的干线与路网　/ 475

三、高原各族人民共同创造了伟大的"高原丝绸之路"

　　/ 479

附录一　汉、藏专有名词对照表　/ 481

附录二　吐蕃赞普世系表　/ 488

参考书目　/ 490

索　引　/ 527

后　记　/ 536

CONTENTS

PREFACE
  I. Presentation of Problems / 001
  II. Definition of the concept of "the Highland Silk Road" / 003
  III. Evidence for the argument of the Highland Silk Road / 005

CHAPTER 1   THE PIONEERS OF THE HIGHLAND SILK ROAD
  1.1   Cultural exchanges during the prehistoric era in Tibet / 008
  1.2   Early development of the main transportation routes of the Highland Silk Road / 028
  1.3   New archaeological evidences from West Tibet / 038

CHAPTER 2   THE FORMATION OF THE PREHISTORIC TRANSPORTATION NETWORK IN WEST TIBET
  2.1   Early tombs in West Tibet and their relationship with surrounding cultures / 043
  2.2   Yangtong Chieftains and the opening of the Silk Road / 066
  2.3   The far-reaching influence of the Silk Road during the Han and Jin dynasties in West Tibet / 082

CHAPTER 3 THE PREHISTORIC PASSAGES IN THE EASTERN QINGHAI-TIBET PLATEAU

3.1 Cist burials in Luhuo county and the cultural channels of the prehistoric times / 092

3.2 Northern bronze cultural factors in the cist burials on the western Sichuan plateau / 099

3.3 The Tibetan, Qiang and Yi Corridor from the perspective of archaeology / 124

3.4 West Tibet and the Hengduan Mountains: Inspiration from the double-circle headed bronze dagger / 135

CHAPTER 4 THE FORMALIZATION AND EXPANSION OF "THE HIGHLAND SILK ROAD" DURING THE TUBO DYNASTY

4.1 Network of Routes of external exchange during the Tubo dynasty (7-9th C.) / 150

4.2 "The Tablet of the Tang Mission to India" and the "New Route" to Nepal in the early Tang dynasty / 157

4.3 New archaeological discoveries of the China-Nepal cultural exchange in the Jilong valley / 167

4.4 Discovery of silk of the Han and Jin dynasties in West Tibet and the Northwest passage / 188

4.5 The early introduction of tea and the custom of tea drinking in Tibet / 211

4.6 Tibetan and Inner Asian Civilization in the Tang Dynasty from the perspective of archaeology / 220

4.7 Transnational cultural exchange as seen from the golden and silver articles and silk of Tubo dynasty / 253

4.8 The golden mask and the Silk Road / 282

CHAPTER 5 THE QINGHAI ROUTE OF THE HIGHLAND SILK ROAD

5.1 Ancient Qinghai and the Silk Road seen from cultural relics and archaeological discoveries / 304

5.2 Sogdians and the Qinghai Route / 319

5.3 Images of horses and riders on the golden and silver vessels of the Tubo dynasty / 329

5.4 New archaeological discoveries and multicultural exchanges during the Tubo period in Qinghai / 342

CHAPTER 6 THE ROUTE OF THE SPREAD OF BUDDHISM IN THE TANG DYNASTY ON THE EASTERN QINGHAI-TIBET PLATEAU

6.1 Historical background of the Buddhist rock carvings in East Tibet during the Tubo period / 374

6.2 Buddhist rock carvings in East Tibet and Yizhou of Jiannan in the context of cultural exchanges between the Tang and Tubo / 391

6.3 Cultural interaction in the Buddhist rock carvings in East Tibet / 407

6.4 The new archaeological discovery of the Vairocana Temple in Yushu, Qinghai / 420

6.5 The re-examination of the rock carvings in Lebagou, Yushu, Qinghai / 431

6.6 Newly discovered Vairocana sculptures in Gatuo Town, Mangkang County, Tibet / 460

CHAPTER 7 CONCLUSION / 472

APPENDIX 1 THE TIBETAN-CHINESE TERMS / 481

APPENDIX 2 THE ROYAL SUCCESSIONS OF THE TUBO DYNASTY / 488

BIBLIOGRAPHY / 490

INDEX / 527

POSTSCRIPT / 536

插图目录

图1-1　西藏西部出土的珠饰　/014

图1-2　西藏拉萨曲贡遗址出土的陶质猴面装饰　/015

图1-3　西藏拉萨曲贡遗址出土的带柄铜镜　/017

图1-4　西藏及周边地区的带柄铜镜　/018

图1-5　西藏西部岩画中的动物形象　/024

图1-6　西藏和周边地区出土的黄金面具　/025

图2-1　西藏东嘎墓地中的石丘墓平、剖面图　/045

图2-2　西藏噶尔故如甲木M1平、剖面图　/047

图2-3　西藏皮央格林塘M6墓室平、剖面图　/048

图2-4　西藏噶尔故如甲木墓地出土木棺残片　/049

图2-5　西藏噶尔故如甲木墓地出土木棺复原图　/050

图2-6　西藏札达皮央墓地出土青铜器　/058

图2-7　西藏噶尔故如甲木M1出土青铜器　/059

图2-8　西藏札达皮央、东嘎墓地出土陶器　/061

图2-9　西藏噶尔故如甲木墓地出土陶器　/062

图3-1　四川炉霍卡莎湖石棺葬出土青铜器　/106

图3-2　鹿石上的器物与装饰　/108

图3-3　四川宴尔龙石棺葬中石戈出土时的情况　/109

图3-4　川西石棺葬出土的曲柄铜剑　/112

图3-5　西南地区出土的山字格形铜剑　/114

图3-6　西南地区出土的带柄铜镜　/116

图3-7　四川炉霍呷拉宗遗址石棺葬M2出土的带柄铜镜　/116

图3-8　川西石棺葬出土的青铜刀　/118

图3-9　四川炉霍卡莎湖石棺葬出土的动物形牌饰　/120

图3-10　四川炉霍县城西朱德寨子出土铜牌饰　/120

图3-11　内蒙古博物院藏"鄂尔多斯式"青铜动物牌饰　/121

图3-12　双圆饼形剑首青铜短剑　/136

图3-13　中国西南地区双圆柄形首青铜短剑出土地点示意图　/140

图3-14　"鄂尔多斯式青铜短剑"中的双环式剑柄　/143

图3-15　北方系统的双环首青铜短剑出土时情景　/144

图4-1　"大唐天竺使之铭"碑刻拓片　/158

图4-2　"大唐天竺使之铭"碑刻局部　/159

图4-3　"大唐天竺使之铭"碑刻发现地点吉隆河谷景观　/159

图4-4　西藏吉隆冲堆摩崖石刻　/168

图4-5　西藏吉隆冲堆摩崖石刻线图　/169

图4-6　西藏吉隆冲堆摩崖石刻梵文、藏文题记拓片　/171

图4-7　西藏吉隆冲堆石塔　/173

图4-8　西藏吉隆强准寺现状　/182

图4-9　西藏吉隆强准寺正视图　/182

图4-10　西藏吉隆帕巴寺　/183

图4-11　西藏吉隆强准寺石柱础　/184

图4-12　西藏吉隆帕巴寺石龟趺　/186

图4-13　西藏曲水吾香多遗址残存的石龟趺　/187

图4-14　西藏拉萨市郊噶迥寺石柱础　/188

图4-15　西藏阿里出土的带有汉字的丝绸　/192

图4-16　新疆吐鲁番阿斯塔那墓地出土丝绸　/193

图4-17　青海都兰热水血渭一号大墓出土的对鸟纹锦　/194

图4-18　西藏噶尔故如甲木M1出土内有茶叶痕迹的铜器　/215

图4-19　西藏札达曲踏墓地M4出土内盛有茶叶残渣的木案　/216

图4-20　青海出土的吐蕃棺板画摹本　/249

图4-21　金银器上骑马的吐蕃贵族　/250

图4-22　西藏山南琼结藏王陵前的吐蕃石狮　/252

图4-23　西藏拉萨大昭寺银壶全貌　/254

图4-24　西藏拉萨大昭寺银壶上的纹样　/258

图4-25　西藏拉萨大昭寺吐蕃银壶上的人物形象——舞胡之一　/261

图4-26　西藏拉萨大昭寺吐蕃银壶上的人物形象——舞胡之二　/263

图4-27　西藏拉萨大昭寺吐蕃银壶上的人物形象——醉胡及扶持人　/264

图4-28　青海都兰吐蕃木棺板画所绘宴饮场面局部线描图　/266

图4-29　甘肃敦煌第112窟反弹琵琶壁画细部　/268

图4-30　甘肃敦煌第112窟反弹琵琶壁画　/269

图4-31　青海都兰吐蕃墓出土的织物残片　/273

图4-32　香港大学博物馆收藏的连珠对马纹锦　/274

图4-33　新疆吐鲁番出土的连珠对马纹锦　/275

图4-34　波斯萨珊朝连珠对马纹锦残片　/276

图4-35　波斯珊萨朝连珠对马纹锦残片局部　/277

图4-36　粟特都城阿伏拉西阿勃壁画　/278

图4-37　西藏噶尔故如甲木墓地出土黄金面具　/284

图4-38　西藏札达曲踏墓地出土黄金面具　/284

图4-39　西藏札达曲踏墓地出土黄金面具　/285

图4-40　香港梦蝶轩展出的A型黄金面具　/286

图4-41　香港梦蝶轩展出的B型黄金面具　/288

图4-42　香港梦蝶轩展出的C型黄金面具　/288

图4-43　青海都兰热水墓地出土的黄金面具　/289

图4-44　青海都兰热水墓地出土的黄金面具及其残件　/290

图4-45　印度北方邦马拉里墓地出土的黄金面具　/291

图4-46　尼泊尔穆斯塘地区萨木宗墓地出土的黄金面具　/292

图4-47　帕提亚尼尼微出土的黄金面具　/294

图4-48　吉尔吉斯斯坦萨石墓地出土的黄金面具　/294

图4-49　新疆昭苏波马墓地出土的黄金面具　/296

图4-50　香港梦蝶轩展出的下颌托等黄金饰物　/301

图4-51　宁夏固原史道德墓出土的黄金下颌托　/302

图5-1　青海上孙家寨墓地出土银壶　/308

图5-2　青海都兰丝织物中的太阳神像　/318

图5-3　青海都兰吐蕃墓中出土的各类珠子　/318

图5-4　香港梦蝶轩藏骑射武士鎏金饰片　/329

图5-5　香港梦蝶轩藏骑射武士鎏金饰片头部　/330

图5-6　香港梦蝶轩藏骑射武士鎏金饰片背部　/331

图5-7　青海郭里木吐蕃棺板画上的骑士形象之一　/332

图5-8　青海郭里木吐蕃棺板画上的骑士形象之二　/332

图5-9　青海郭里木吐蕃棺板画上的骑士形象之三　/333

图5-10　波斯萨珊王朝的银盘　/334

图5-11　香港梦蝶轩藏吐蕃贵族形象银饰片　/334

图5-12　青海郭里木吐蕃棺板画帐外射杀牦牛图　/336

图5-13　新疆于阗丹丹乌里克7号遗址唐代木板画　/341

插图目录 xv

图5-14　青海都兰热水血渭2018年一号大墓俯视及内部结构　/345

图5-15　青海都兰热水血渭2018年一号大墓平面图　/346

图5-16　青海都兰热水血渭2018年一号大墓殉马坑　/347

图5-17　青海都兰热水血渭2018年一号大墓祭祀区门道遗存　/348

图5-18　青海都兰热水血渭2018年一号大墓内的仿木建筑　/350

图5-19　青海都兰热水血渭2018年一号大墓内的木质构架遗存　/350

图5-20　青海都兰热水血渭2018年一号大墓内的祭台　/351

图5-21　青海都兰热水血渭2018年一号大墓内的棺木遗存　/351

图5-22　青海都兰热水血渭2018年一号大墓出土的鎏金神灵形象　/355

图5-23　青海都兰热水血渭2018年一号大墓出土的鎏金神灵形象（局部）　/355

图5-24　美国克里弗兰艺术博物馆藏吐蕃银瓶上的图像　/356

图5-25　吐蕃金银器中的半人半鸟形象之一　/357

图5-26　吐蕃金银器中的半人半鸟形象之二　/357

图5-27　吐蕃金银器中的半人半鸟形象之三　/358

图5-28　吐蕃金银器中的半人半鸟形象之四　/358

图5-29　吐蕃金银器中的半人半鸟形象之五　/359

图5-30　青海乌兰泉沟一号墓平、剖面图　/363

图5-31　青海乌兰泉沟一号墓前室东壁仪卫壁画残存画面　/365

图5-32　青海乌兰泉沟一号墓后室北壁放牧图壁画残存画面　/366

图5-33　青海乌兰泉沟一号墓后室西壁帐居图壁画残存画面　/368

图5-34　青海乌兰泉沟一号墓前室南壁伎乐壁画残存画面　/368

图5-35　青海乌兰泉沟一号墓出土的鎏金银王冠　/370

图5-36　青海乌兰泉沟一号墓出土的四曲鋬指金杯　/370

图5-37　青海都兰热水血渭2018年一号大墓出土印章　/373

图6-1　藏东吐蕃佛教摩崖造像主要地点分布示意图　/375

图6-2　青海玉树大日如来佛堂外景　/421

图6-3　青海玉树大日如来佛堂内的造像　/423

图6-4　新发现的青海玉树大日如来佛堂西侧崖壁古藏文题记　/425

图6-5　高原丝绸之路示意图　/插页

图6-6　青海玉树勒巴沟古秀泽玛造像A组图像　/434

图6-7　青海玉树勒巴沟古秀泽玛造像B组图像　/436

图6-8　青海玉树勒巴沟吾娜桑嘎石刻A组画面　/440

图6-9　青海玉树勒巴沟吾娜桑嘎石刻B组画面　/442

图6-10　青海玉树勒巴沟吾娜桑嘎石刻C组画面　/444

图6-11　青海玉树勒巴沟吾娜桑嘎石刻D组画面　/447

图6-12　青海玉树勒巴沟吾娜桑嘎石刻E组画面　/450

图6-13　青海玉树勒巴沟恰冈造像全景拓片　/454

图6-14　青海玉树勒巴沟恰冈造像全景线图　/454

图6-15　青海玉树勒巴沟恰冈造像狮子座　/457

图6-16　青海玉树勒巴沟恰冈造像狮子座拓片　/458

图6-17　青海玉树勒巴沟恰冈造像藏文题记　/458

图6-18　青海玉树勒巴沟恰冈造像藏文题记拓片　/459

图6-19　西藏芒康嘎托镇大日如来佛堂雕刻　/462

图6-20　西藏芒康嘎托镇大日如来佛堂雕刻线图　/463

图6-21　西藏芒康嘎托镇大日如来佛堂造像布局　/466

图6-22　西藏芒康嘎托镇残存的大日如来雕像　/470

图6-23　西藏芒康嘎托镇阴线刻摩崖大日如来像　/471

绪　论

第一节　问题的提出

何为"高原丝绸之路"？从题目上看，很容易让人产生疑问：这是否是作者当下为了在学术界"跟风追潮"而特别生造出的一个词？其实不然，这是作者多年来反复思考、并经过近三十年在青藏高原的实地考察，对大量考古材料进行深入研究之后提出来的一个概念，也是本书希望通过考古、文献等多种资料进行综合研究，从而加以科学论证的中心论题。

迄今为止，如果我们从网络上打开任何一幅有关欧亚"丝绸之路"的地图，都可以十分明显地看到，没有一条线路是经由青藏高原的。这也就意味着，作为亚洲腹地高山之结、大河之源的青藏高原——或者至少是作为青藏高原主体的西藏高原地区，从来就被人为地摒弃于丝绸之路之外，这应是一个不争的事实。

然而，多年以来，我一直思考着这样一些问题：难道青藏高原真的从来就是一个封闭的区域，并与外界相互隔绝而不通往来？高原上的人们从何而来，是土生土长，还是从外部迁入？如果是从外部迁入，那么他们又是何时、通过何地一步步地踏上这片高原的？他们所走过的路在何方？后来的人们还会对这些先民们所开拓的道路加以利用吗？如果这一切真的发生过，这样一些从不同方向、不同时代所产生的高原与外部世界相互交通的道路、路网，是否也可以连接到已成为人们常识的丝绸之路上去呢？假若我们要给这些道路和路网取一个名字，叫什么最为妥切？

2003年，我率队参加青藏铁路修建前期沿线的考古调查工作，并且负责调查从拉萨通往格尔木的一段，其中经过了处在高海拔地区的唐古拉山脉。每天行走于荒原大漠之中，脑海中继续思考着这些问题。有一天我忽然发现，青藏铁路的选线，大体上与已经建成通车的青藏公路相重合，我们常常是沿着青藏公路在调查预定的青藏铁路走向，这说明虽然时代已经变迁，但人们对于高原自然环境的适应和选择并不是那么轻易就能改变的。当我和我的队友们每天顶着高原的烈日、时常袭来的风雪和冰雹在荒原上艰难前行时，才醒悟到沿途的山形水势，尤其是风向、水草、沙丘、沼泽的分布、可供避风防沙的台地、山岰等一系列地理因素都强烈地制约和影响着人们对于道路走向、具体路线的选择。果然不出所料，沿着青藏公路——也沿着未来的青藏铁路线两侧，我们发现了数十处史前时代人们遗留下来的石器遗存，海拔最高的一处石器地点已经达到5000多米。这些暴露在地表的细石器、打制石器，许多都是当时人们在此过往并短暂留驻的临时性营地内制作的生活用具，这再次印证了我的设想，在距今上万年前的史前时期，人们在高原上的迁徙、移动，更是要受到自然环境和地理因素的影响，史前人类所开辟出来的道路，和后来的青藏公路、青藏铁路如此高度重合，这绝非偶然。当时，我的脑海中就猛然冒出来一个词——"天路"，后来没料到随着青藏铁路的通车，果然就有了一首唱遍祖国大地的歌曲——"这是一条神奇的天路"。我不敢掠艺术家之美，但这个念头真的早在青藏铁路通车之前，便已经在我的心中油然而生。

从青藏高原史前时代到大唐吐蕃时代，再到以后各个历史时期，随着我在西藏考古领域的田野调查与发掘工作的不断深入，有关青藏高原与外界交往、交流的物证也越来越多，许多重要的考古发现都与交通路线有关，甚至不少重要的考古发现都涉及唐代以来著名的国际线路的开凿以及中外高僧、使节、商人、军队各色人等在这些道路上的往来等史实。这个时候，"高原丝绸之路"这个概念便已在我的脑海中越来越清晰、越来越强烈，终于到了不吐不快的地步。

这个思考过程，除了长期以来对于文献史料的关注之外，最为重要的还是考古材料的发现所提供给我的新的线索、新的思路和新的研究方法。所以，将本书命名为《史前至唐代高原丝绸之路考古研究》，就是表明主要基于考古材料的观察与分析，同时结合文献材料和其他方法加以比较，提出并且以专题研究的方式来论证"高原丝绸之路"这个概念的成立，将是本书最大的特点之一，也区别于以往主要基于文献史料出发所开展的相关研究。

第二节 关于"高原丝绸之路"概念的界定

众所周知，"丝绸之路"是德国地理学家F·李希霍芬（F.von Richthofen）最初提出的一个概念，它的本意是指代汉代中国通向西方（这里所指的西方，主要是中亚南部、西部以及古代印度）的一条以丝绸贸易为主的交通路线。后来，这个概念随着时代的发展也不断发生变化：一是在时间轴上，人们意识到事实上早在汉代以前，以中国中原地区为出发点的东西方交流已经有之，因而从汉代一直向前追溯到史前时代，也向后延续到汉唐宋元以后，将不同时代的东西方交流的路线均纳入其中；二是在地理空间上，也突破了狭义的陆上丝绸之路（也称之为"沙漠丝绸之路"）的空间范围，提出更北方的"草原丝绸之路"和南方以海上交通为主的"海上丝绸之路"，以及区域间形成的"西南丝绸之路"等不同的概念。如同荣新江先生所言："丝绸之路是一条活的道路"[1]。

然而，迄今为止，却很少有人将中国西南地理空间上极为辽阔、地理位置上极其重要的青藏高原纳入到这个体系当中来加以考虑，笔者从而提出

---

[1] 荣新江：《丝绸之路与东西文化交流》，北京：北京大学出版社，2015年，第1—2页。

"高原丝绸之路"这个概念。本书所讨论的"高原丝绸之路",与过去由西方学者最初提出的"丝绸之路"这个概念后来发展成为中外文化交流(或称中西文化交流)的代称一样,已经不再是确定地指代某一时期、某条具体的道路,而是一个代称——指代形成于通过青藏高原的东方与西方、中国与外域交流的交通网络及其主要干线。

这里,有几个必须加以廓清的前提:

其一,本书所要讨论的"高原丝绸之路"的时代,并不仅仅局限在以丝绸贸易为主从而形成所谓"丝绸之路"的汉代,而是包括了从史前时代以来这一地区与外部世界(包括外国与中国内陆)交流往来的路线;其二,这些不同时代的交通路线既有主要的干线,也还包括了若干重要的支线,实际上已经形成一个交通网络;其三,这些路线既有外向型的国际通道,可以直接通向今天的外域;也有内向型的通道,从而将这些通过青藏高原的国际通道和起点在中国内陆、沿海的所谓"陆上丝绸之路""海上丝绸之路""草原丝绸之路""沙漠丝绸之路"等连接在一起;其四,这些路线在历史上所发挥的功能均不是单一性质的,它们与政治、军事、经济、宗教、文化等各个方面的交流传播都有着密切的关系,往往都具有复合性的功能。

如果基于上述这些前提来回顾前人的研究,那么,过去曾有学者提出的"吐蕃丝路""唐蕃古道""香料之路""食盐之路""麝香之路""茶马古道"这些概念,显然都和本书所论的"高原丝绸之路"有关,但在内涵和外延上却并不完全相同,后者在时间、空间这两个维度上都要更为广阔。

就现有资料而言,笔者认为,可以将历史上青藏高原与外部世界的交通和交流史划分为三个重要的发展阶段:第一个阶段可称为"前吐蕃时期"(或可称为"上古西藏时期"),主要指7世纪吐蕃王朝形成以前考古学可以观察到的西藏与外界文化交流的若干迹象,这个时期可以划归为"高原丝绸之路"的初始期;第二个阶段是吐蕃王朝(西方学者也称其为"吐蕃帝国"）时期，这个时期随着吐蕃势力的不断扩张、所控版图的不断拓展，其与外界的交流范围更为广阔，形成的交通路线和网络在前期发展的基础上更为成型，也更为复杂，所发挥的影响和作用更大。第三个阶段是吐蕃王朝灭亡之后的"后吐蕃时期"。当10世纪吐蕃王朝灭亡之后，这些交通路线有些仍在继续发挥其作用，有些则逐渐走向衰落，之后被融入到13世纪新兴的元帝国横跨欧亚大陆的交通网络之中。本书所依据的考古材料主要集中在第一和第二两个阶段，所以也将重点放置在史前时代和唐代吐蕃时代（以7—9世纪吐蕃王朝为中心）来展开论述，对于10世纪以后宋元明时期西藏古代交通与高原丝绸之路的关系，拟在今后另外加以详论。

第三节 高原丝绸之路的立论依据

"高原丝绸之路"这一概念，很显然是在狭义的丝绸之路概念上的拓展，是一个广义的概念。具体而言，它是指从中国中原地区经由青藏高原、或者由青藏高原出发的不同时期东方与西方、中国与外域交流的交通网络及其主要干线[1]。需要特别加以说明的是，在本书中笔者既采用了地理学上"青藏高原"这个概念，但更多的时候也直接采用"西藏高原"这个概念，这是因为作为青藏高原主体部分的今天西藏自治区范围内高海拔山地是近年来笔者开展田野考古工作的主要场域，也最能够体现"高原丝绸之路"的地理特性。

笔者之所以要提出"高原丝绸之路"这个更为广义的概念，主要基于以下这样一些思考和探索：

其一，近代以来考古发掘工作的进步不断提供给研究者以新鲜的实物史料，随着学术研究的深入，国内外学术界对于丝绸之路的理解，基本上都不

---

[1] 霍巍：《"高原丝绸之路"的形成、发展及其历史意义》，《社会科学家》2017年第11期。

再局限于李希霍芬时代所提出的狭义的丝绸之路概念，而是将其大大地加以了拓展。这不仅是学术视野的扩展，也是理论、方法上的进步，我们应当与时俱进，及时地修正旧有的观念和认识，提出新的见解。

其二，青藏高原过去考古工作起步较晚，缺乏较为有力的考古证据来讨论这一概念。近年来西藏考古工作已经取得了很大的进展，从史前时代直到汉唐时代（对应青藏高原而言则可略同于吐蕃早期各"小邦"时代和唐代吐蕃王朝时期）都出土了一批重要的考古材料，其中既有和丝绸之路这个概念直接相关的大量汉晋、唐代的丝绸残片；也有欧亚大陆和海上贸易中常见的宝石、珠玉等装饰品的组件；出土金银器中有不少器形系仿制中亚地区波斯萨珊王朝和粟特系统金银器；还有最能体现欧亚草原文化色彩的大量装饰在金银器上的有翼神兽、大角动物、马与骑手等纹饰图案。在一些文献记载的重要交通要道上，还发现了和唐代中印交通直接相关的唐代使节王玄策出使印度时所镌刻的《大唐天竺使之铭》摩崖铭刻，更是提供了印证、补充、完善文献史料的重要考古实物。此外，近年来考古发现的位于西藏边境线上古藏文题刻、佛教石刻、铜钟、佛寺建筑等考古遗存也都和吐蕃时期与祖国中原地区以及中亚、南亚的交通线路有关。所以，笔者赞同"不同时代都有不同时代的丝绸之路"这个观点[1]，认为适时地提出这个概念，无疑有助于国内外学术界及时地重新认识和深化"丝绸之路""一带一路"这些整体性的概念。

其三，从青藏高原自身所处的地理位置而论，它北接新疆，和传统的"陆上丝绸之路"相平行；东连四川、云南，和这一区域内的"西南丝绸之路""藏羌彝民族走廊"等天然相接；西南和南面与印度、克什米尔、尼泊尔等中亚和南亚国家与地区相毗邻，在河谷峻岭之间有若干条自然通道相

1　荣新江：《丝绸之路与东西文化交流》，北京：北京大学出版社，2015年，第1—2页。

通。这种地理位置上的区位特点决定其不可能成为丝绸之路上的"盲区"。

其四，事实上，虽然自然条件高寒恶劣，但却从来不能阻隔高原上的各民族与外界交流、交往的脚步，他们利用高原上无数"山结""水脉"之间形成的若干条主要干道和密如毛细血管般的民间小道，充满智慧地选择不同季节、避开风雪严寒，充分利用地形地势和水草分布特点，一直维系着这些通道的运转，并不断对此进行开拓、改进和完善。直到今天，在青藏高原形成的主要交通干道，其大体走向、主要关隘、出境口岸等都在很大程度上和这些传统的古道相重叠。以今推古，无论从逻辑还是从现实上，我们都无法否认广义上的"高原丝绸之路"的历史存在。

最后需要强调的是，本书不是一部关于青藏高原古代交通史研究的通史性、通论性的著作，笔者仅仅希望通过本书的各个章节，从一些重要的时段、一些重要的区域、一些具有代表性的考古遗存着眼，同时结合汉藏文献和国际学术界既存的研究成果，通过一些个案的分析和专题性的研讨，来论证"高原丝绸之路"的产生、发展和形成，并用这个概念来取代国际上将青藏高原区域内历史上形成的交通路网用"南亚廊道"来加以表述的提法，将其作为国内外学术界广为认同的丝绸之路的重要组成部分，同时也是我国所倡导的"一带一路"的重要组成部分来加以理解和认识，从而充分体现考古学服务于国家战略和中华民族文化自信的历史价值和现实功能。本书中的部分章节内容，也曾在长期的观察与研究过程中发表于阶段性研究论文之中，此次全部进行了增补和修改，也望读者明察。

第一章
高原丝绸之路最初的开拓者

如果我们将人类踏上青藏高原伊始,在适应高原环境的过程中逐渐开始的不同人群之间在技术、观念、生业方式等不同层面的交流、交往与交融视为青藏高原内部人群之间、内部与外部世界之间的互动,那么这些早期的高原先民们为我们留下了哪些考古遗存,能够让我们去触摸、去感受已经消逝的历史岁月中曾经有过的人们最初的交流活动?谁又是高原丝绸之路最初的开拓者?

第一节 西藏史前时代的文化交流

从目前最新的考古发现来看,距今5万—4万年前,远古人类已经踏上了青藏高原。最新发现的藏北羌塘高原的一处具有原生地层的旧石器时代遗址——尼阿底(Nwya Devu),证实古人在距今4万—3万年前已踏足青藏高原的高海拔地区,在世界屋脊上留下了清晰、坚实的足迹。该遗址海拔4600米,是一处规模宏大、地层保存完好、石制品分布密集、石器技术特色鲜明的旧石器时代旷野遗址,也是迄今青藏高原最早、世界范围内最高的旧石器时代遗址[1]。在距今5500年左右,藏东昌都已经出现了定居的新石器时代农

---

[1] 李大庆:《最新证据表明:三四万年前古人进入青藏高原腹地》,《科技日报》2018年12月3日第3版。

业村落，其中具有代表性的考古遗址是卡若遗址、小恩达遗址等。大约在距今4000年，西藏的腹心地带也开始进入到新石器时代，出现了拉萨曲贡、山南昌果沟遗址等一批重要的新石器时代遗址[1]。我们可以明显地看到，这个时期在与居址的建设，农作物品种的选择与种植，陶器、石器等生产和生活用具的制作以及装饰品等高级消费品的出现等有关的考古遗存中，都可以观察到一个令人注意的客观事实：从外部输入高原的物质文化、精神产品一直没有中止过，而带入这些因素的人群应当是流动的人群；其中反映出的远程贸易、技术和观念的传播、外来因素和本土因素的融合等因素，都是通过一定的渠道和方式实现的，从而为历史时期丝绸之路的形成与发展奠定了最初的基础。

以卡若遗址为例，在这个遗址的早期遗存当中发现的主要农作物种类是粟，聚落中发现大量半地穴式的房屋，墙体和地面均做过处理，出土的陶器、石器与黄河上游地区马家窑文化也具有可比性。所以，卡若遗址的发掘主持者童恩正先生认为，"如果我们综合考古和传说两方面的资料进行分析，似乎可以推测西藏的原始居民中有两种因素：一种是土著民族，其定居在西藏的时代目前至少可以推到旧石器时代的后期，他们是一种游牧和狩猎的部族；另一种是从北方南下的氐羌系统的民族，他们可能是经营农业的。……卡若遗址早晚两期之间文化面貌产生的某些急骤变化，是否与这两种类型的民族文化接触有关，是一个值得进一步探讨的问题"。童恩正认为，有一支"从北方南下的氐羌系统的民族"进入青藏高原东麓，从而从外部输入了这些文化因素[2]。

汉文文献中所记载的"西羌"，应当是青藏高原上早期迁入的一个十分

---

[1] 霍巍：《西藏史前考古若干重大问题的思考》，《中国藏学》2018年第2期。
[2] 西藏自治区文物管理委员会、四川大学历史系：《昌都卡若》，北京：文物出版社，1985年，第155—156页。

重要的民族。《后汉书·西羌传》记载："西羌之本，出自三苗，……及舜流四凶，徙之三危，河关之西南羌地是也。滨于赐支，至乎河首，绵地千里。……南接蜀、汉缴外蛮夷，西北[接]鄯善、车师诸国。所居无常，依随水草。"[1] 从这段记载中可知，西羌在中国西部的分布极为广阔，南面和蜀汉之外的所谓"缴外蛮夷"相毗邻，其西北已经进入到西域诸国境域，他们从蜀汉、西域等不同的方向迁徙进入青藏高原，应当顺理成章。所以，对于唐代吐蕃的来源，在《旧唐书·吐蕃传》中讲到："吐蕃，在长安之西八千里，本汉西羌之地。其种落莫知所出也"[2]。而《新唐书·吐蕃传》则更为直接地认为："吐蕃本西羌属，盖百有五十种，散处河、湟、江、岷间"[3]。虽然青藏高原早期人群的迁徙情况可能是十分复杂的一个历史过程，但西羌曾是青藏高原古代族群中重要的组成部分应是可信的历史事实。两《唐书》中明确记载吐蕃"本汉西羌之地"，或径言"吐蕃本西羌属"，实际上都强烈地暗示出这种隐藏在文本当中的真实历史线索。历史学者张云认为："汉文中就有羌即藏的说法，从民族成份的基本构成上和文化风貌上说吐蕃即是羌，在我们看来是对的，象雄人、苏毗人皆与西羌人有关或直接是羌人。"[4] 这些唐宋时期成书的汉文文献所记载的年代虽然已经晚到汉唐，但童恩正则从更为久远的新石器时代开始便已经注意到这些从北方南下的氐羌系民族，是很有远见的一个推测。

在西藏早期的考古学文化遗存当中，许多方面都反映出与东西方文化交流有关的因素[5]。吐蕃王朝兴起之前的"前吐蕃时期"，已有若干迹象表明生

---

[1] （南朝宋）范晔撰，（唐）李贤等注：《后汉书》卷87《西羌传》，北京：中华书局，1965年，第2869页。
[2] （后晋）刘昫等：《旧唐书》卷196上《吐蕃传上》，北京：中华书局，1975年，第5219页。
[3] （宋）欧阳修、宋祁：《新唐书》卷216上《吐蕃传上》，北京：中华书局，1975年，第6071页。
[4] 张云：《丝路文化·吐蕃卷》，杭州：浙江人民出版社，1995年，第71页。
[5] 霍巍：《从考古材料看吐蕃与中亚、西亚的古代交通——兼论西藏西部在佛教传入吐蕃过程中的历史地位》，《中国藏学》1995年第4期。

活在青藏高原上的古部族与外部世界之间已经有了密切的交流与联系。学术界曾经通过对卡若新石器时代文化与克什米尔地区新石器时代文化的交互影响，青藏高原考古出土的蚀花料珠——"Gzi"，青藏高原东麓流行的猕猴装饰，西藏早期金属时代发现的带柄铜镜，青藏高原古代岩画和器物中出现的"斯基泰风格"动物纹饰，近年来西藏西部地区发现的黄金面具、丝绸和茶叶等若干考古现象进行观察与分析，进而提出："从上述考古材料中可以认识到，早在吐蕃王朝成立之前，西藏高原各古部族就已经与中亚和欧亚草原地带有着文化上的交流往来，其中尤其是西藏西部和北部地区因其在地理位置上与中亚地区更为接近，所以受到中亚文明影响的痕迹在考古学遗存上显得更为突出"[1]。

本书所说的"前吐蕃时期"，是指7世纪吐蕃王朝建立之前的西藏古史时期，也有称其为"史前时期""上古时期""前佛教时期"者[2]。这个时期考古材料可以提供的线索十分有限，但仍可观察到西藏与中亚地区从史前时代开始可能发生的联系。重要的考古材料可以择要列举出以下各项：

1. 与克什米尔地区新石器时代文化的交互影响

20世纪40年代，在克什米尔地区发现了布鲁扎霍姆遗址（Bruzahom，也译为布尔扎洪遗址），并在20世纪70年代进行了数次考古发掘。由于该处遗址具有与西藏昌都卡若新石器时代遗址相似的若干文化因素，如半月形石刀、穿孔石器、长条形石锛和石凿、半地穴式房屋等，不少中国学者都认为这个遗址反映出黄河流域和青藏高原东麓的新石器时代文化可能影响到了克

---

[1] 霍巍：《考古学视野下的唐代吐蕃与中亚文明》，朱玉麒、周珊主编：《明月天山——"李白与丝绸之路国际学术研讨会"论文集》，北京：国家图书馆出版社，2018年，第175页。

[2] 霍巍、王煜、吕红亮：《考古发现与西藏文明史·第一卷：史前时代》，北京：科学出版社，2015年，第1—4页。

什米尔地区[1]。但巴基斯坦与印度的考古学者对此却有不同的看法，他们认为布鲁扎霍姆遗址的文化传统在巴基斯坦南部的梅尔伽赫文化中有着深厚的传统，梅尔伽赫文化不仅是布鲁扎霍姆文化的源头，而且还影响着中亚地区的南土库曼斯坦乃至伊朗北部的早期新石器时代文化[2]。不过也有研究者认为，梅尔伽赫文化的整体面貌明显与布鲁扎霍姆文化有别[3]。所以这一问题的讨论可能还会继续下去。不少学者仍然坚持过去的基本观点，即早在新石器时代，青藏高原可能通过雅鲁藏布江流域与中亚、南亚地区的人群之间已经建立起长程的交流与贸易关系，近年来关于西藏史前玉器的西渐、大麦作物的东传西藏高原等若干线索也证明了这一点[4]，布鲁扎霍姆文化不过是其中的一个典型例证而已。

2. 蚀花料珠——"Gzi"

童恩正先生曾经指出："在西藏的古代遗物中，发现最广且至今仍受人珍视的是料珠，藏语称之为Gzi。有的是农民从耕土中挖得，有的来自古墓，伴随出土的有铜或铁的箭镞。料珠有两种形式。一种为椭圆形珠，有黑、白、棕色的条纹，夹以白色圆斑，圆斑又称为'眼'，数目从一至十二不等。另一种为圆形珠，上有虎皮斑纹或莲花形图案。关于这种料珠的时代和来源，目前尚难以肯定，但其中无疑应有公元七世纪以前的遗物。西藏的

---

1 有关论述可参见：徐朝龙：《喜马拉雅山南麓所见的中国北方新石器时代文化因素——浅谈克什米尔地区的新石器时代遗址布鲁扎霍姆（Bruzahom）》，《农业考古》1988年第2期；霍巍：《喜马拉雅山南麓与澜沧江流域的新石器时代农业村落——兼论克什米尔布鲁扎霍姆遗址与我国西南地区新石器时代农业文化的联系》，《农业考古》1990年第2期。

2 转引自汤惠生：《再论卡若、曲贡等西藏史前遗址的相关问题》，四川大学中国藏学研究所编：《藏学学刊》（第10辑），北京：中国藏学出版社，2014年，第11—31页。

3 [美] J. G. 谢菲尔、[印] B. K. 撒帕尔：《巴基斯坦与印度的前印度河文化及早期印度河文化》，[法] A. H. 丹尼、[法] V. M. 马松主编，芮传明译，余太山审订：《中亚文明史》第一卷《文明的曙光：远古时代至公元前700年》，北京：中国对外翻译出版公司，2002年，第177—206页。

4 霍巍、王煜、吕红亮：《考古发现与西藏文明史·第一卷：史前时代》，北京：科学出版社，2015年，第239—264页。

传说都认为料珠来自伊朗，这种可能是确实存在的"[1]。西藏出土的蚀花料珠——"Gzi"（藏族群众称其为"天珠"），近年来在西藏西部地区早期墓葬中多有出土，童恩正认为其可能源自伊朗高原[2]，因这种珠饰在南亚地区也多有发现，另一个可能的生产和传播地点或许是在印巴次大陆。

这种被后来藏族人称为"天珠"的蚀花料珠，实际上经正式考古出土者并不多见。吕红亮注意到，在西藏山南隆子县石棺墓中曾出土一件黑白两色相连的珠子，其形制呈圆筒形，中穿一孔，应归入到"蚀花石珠"一类来看待。同时他还注意到，意大利学者杜齐曾在西藏发现过几枚同样的珠子，上面的蚀花为平行线纹。奥地利学者贝内斯基·沃克也曾在西藏东北部的居住遗址中发现过和箭镞一道出土的石珠，这类石珠也可能就是蚀花珠[3]。此外，近年来中国社会科学院考古研究所在西藏西部噶尔县故如甲木墓地发掘中也曾发现过类似的珠饰[4]，在西藏西部象泉河等地约公元前4世纪至公元6世纪前后的墓葬中也曾经出土大量不同质地、不同纹饰的珠饰，其中也包括上文所说的蚀花料珠"Gzi"这种品种，目前学术界一般倾向认为其是从南亚、中亚输出的商品，但笔者认为也不排除来源于北部新疆南疆地区的可能性[5]。

在藏族著名史诗《格萨尔王》传说当中，格萨尔王在大败"大食国"之后，掠夺了大量的珍宝，其中便有"Gzi"这类珠宝在内[6]。在西藏古史中，"大食"既可专指8世纪以后兴起的阿拉伯帝国，也可泛指吐蕃以西的广大地

1　童恩正：《西藏考古综述》，《文物》1985年第9期。
2　童恩正：《西藏考古综述》，《文物》1985年第9期。
3　吕红亮：《中国境内出土的蚀花石珠述论》，霍巍、王挺之主编：《长江上游早期文明的探索》，成都：巴蜀书社，2002年，第154页。
4　中国社会科学院考古研究所、西藏自治区文物保护研究所：《西藏阿里地区噶尔县故如甲木墓地2012年发掘报告》，《考古学报》2014年第4期。
5　来源于笔者参加的由国家文物局、西藏自治区文物局组织的"考古中国"西藏西部考古项目，有关考古资料正在整理之中。
6　转引自吕红亮：《中国境内出土的蚀花石珠述论》，霍巍、王挺之主编：《长江上游早期文明的探索》，成都：巴蜀书社，2002年，第154页。

域[1]，所以，这类蚀花珠饰的来源应与中亚、西亚地区有着十分密切的联系。至今藏族民众仍然对这类珠饰十分喜爱，称为"天珠"，其中就包含有与外域文明相互交往的古老历史记忆在内，只是后来被越来越多地糅合进宗教神秘色彩，反而冲淡了它原本具有的意义（图1-1）。

3. 猕猴装饰

在拉萨曲贡新石器时代遗址的发掘中，曾发现过一件陶质的猴面装饰[2]，这让人联想到早年意大利学者杜齐在其《西藏考古》一书中曾经刊布的一尊青铜制作的猕猴像，这尊小像从照片上观察为坐姿，双腿卷曲，两臂上举[3]，它的来源和年代都不甚清楚。杜齐指出："在极为广阔的区域，甚至在遥远的米努辛斯克都发现了猕猴像这一主题。在那里，猴子并不是以野生状态出现的。因此人们在西藏发现这一主题是绝不会感到惊讶的。因为传说认为，藏族人是猕猴与女妖结合的产物。佛教思想认为在这种结合中可以见到观音菩萨的幻象"[4]。虽然曲贡遗址的年代要远远早于后期佛教传入西藏的年代，但这种以猕猴图像作为信仰对象的情况却具有悠久的历史和深远的影响力。杜齐指出在米努辛斯克地区也有这一主题出现，两者的关系值得进一步探讨。因为在我国西南少数民族地区的神话传说

图1-1 西藏西部出土的珠饰（作者拍摄）

1　参见王小甫：《唐·吐蕃·大食政治关系史》，北京：北京大学出版社，1992年，第12页。
2　中国社会科学院考古研究所、西藏自治区文物局：《拉萨曲贡》，北京：中国大百科全书出版社，1999年，图版63-6。
3　[意] G·杜齐著，向红笳译：《西藏考古》，拉萨：西藏人民出版社，1987年，图17—18。
4　[意] G·杜齐著，向红笳译：《西藏考古》，拉萨：西藏人民出版社，1987年，第9—10页。

体系中，这种以猕猴作为早期人类创世者的原始宗教信仰也曾经较为流行[1]。所以，藏族地区及我国西南地区这种猕猴信仰与米努辛斯克地区古代文明当中的相似因素，或许与两地间文化的传播影响有关，只是具体交往细节还很不清楚。

石硕研究发现，在我国西南少数民族地区的神话传说体系中，这种以猕猴作为早期人类创世者的原始宗教信仰也曾经较为流行[2]。如《隋书·党项传》称"其种有宕昌、白狼，皆自称猕猴种"[3]。藏文史籍中关于古代人种起源有各种说法，但最令人瞩目的就是猕猴传人的传说。所以，这种远距离之间的信仰、观念意识的传播，和不同地区人类的交流往来应当有关，同时也有可能是在相近的自然条件、地理环境、生产力发展水平和精神发展程度等若干条件的"聚合"之下，各自独立产生的文化现象（图1-2）。

图1-2　西藏拉萨曲贡遗址出土的陶质猴面装饰
（采自中国社会科学院考古研究所、西藏自治区文物局：《拉萨曲贡》，北京：中国大百科全书出版社，1999年，图版63-6）

4. 带柄铜镜

在西藏拉萨市近郊的曲贡村发现了著名的曲贡遗址，实际上和曲贡遗址同时发现的还有一处年代稍晚于曲贡遗址的古墓葬，在发掘曲贡遗址的同

1　石硕：《藏族族源与藏东古文明》，成都：四川人民出版社，2001年，第44—53页。
2　石硕：《藏族族源与藏东古文明》，成都：四川人民出版社，2001年，第44—53页。
3　（唐）魏征、令狐德棻：《隋书》卷83《西域传》，北京：中华书局，1973年，第1845页。

时，由中国社会科学院考古研究所、西藏自治区文管会以及四川大学的考古学者组成的考古队也发掘清理了这批古墓葬。这批古墓葬共计29座，均为石块砌成的石室墓，年代可以早到西藏"早期金属时代"，墓葬可分为早、晚两期，早期墓葬的绝对年代上限可到公元前8世纪前后，而晚期墓葬最晚不会晚于公元初年，即下限大体上与中原地区的两汉时期相当。这批石室墓出土器物不多，以陶器最为普遍，但是在其中的一座石室墓中出土了一面带柄铜镜，成为这批墓葬中最具文化交流意义的典型器物。

这面带柄铜镜发现于曲贡遗址Ⅱ区第203号墓（编号M203）的墓室北端中部，墓主人是一位年龄在22—24岁的青年男性，墓内一共仅有2件随葬品，一件为陶器，另一件就是这面带柄铜镜。这面铜镜镜面呈圆形的板状，表面较光洁，略呈银白色，镜子的正面为素面，无纹饰。镜背向内凹入，镜周有一道微凸的边缘，出土时其上附着有较多的氧化物。镜面直径9.3、厚约0.3厘米，中心部位稍稍隆起，铜镜的边缘截面呈三角形。镜柄为铁质，柄首与镜面结合处出土时因锈蚀严重已断裂。铁柄长9.4、直径1.4厘米，中空，壁甚轻薄，厚约3厘米。从制作工艺上看，这面铜镜是分两步铸造完成，先期铸造铁柄，然后再将事先已经制作成型的铜镜与铁柄再一道合铸，最后成型。还有一个值得注意的特点是，这面铜镜的镜面与手柄并不在一条水平线上，二者约呈10°的夹角。镜柄为空心圆柱状的铁柄，柄端还有一环，可供穿系之用。另外，在铜镜手柄的中部还有一道凸起的箍。这些特征表明，平时使用铜镜时，既可以手持，也可以悬挂起来（图1-3）。

最令人注目的是这面铜镜的镜背经过考古实验室的后期清洗，其上呈现出图案丰富的线刻纹饰，纹饰大体上由外区与内区两部分组成，外区由8组勾连涡云纹首尾相连组成环带状的纹饰，内区中心部位饰以由4组勾连涡云纹组成的圆形图案，圆外的上方有两只相向而立的鸟组成对鸟图案。

这面铜镜由于形制独特，已引起学术界的广泛关注，一些学者敏锐意识到它与中国传统的无柄具纽形铜镜系统不同，而与中亚、西亚或南亚的带柄镜系统有相似之处，对于它的来源、装饰艺术风格、传播途径等问题发表了不同的意见[1]。关于此类铜镜的来源，学者认为由于在我国新疆、前苏联阿尔泰地区曾经发现过多例带柄铜镜[2]（图1-4），故应当考虑其与中亚青铜时代文化之间的联系[3]。王小甫也认为："考虑到上古时期欧亚大陆各地区间陆路交通远胜于海路交通的情况，不能排除曲贡村石室墓出土的铁柄铜镜是直接来自葱岭以西的文化交流品"[4]。吕红亮也注意到，在与西藏西部相邻近的拉达克地区，也曾经出土过与曲贡石室墓相类似的早期带柄铜镜[5]，这为连通从中亚到西藏高原的传

图1-3 西藏拉萨曲贡遗址出土的带柄铜镜
（采自中国社会科学院考古研究所、西藏自治区文物局：《拉萨曲贡》，北京：中国大百科全书出版社，1999年，第209页，彩版4）

---

1 霍巍：《西藏曲贡村石室墓出土的带柄铜镜及其相关问题初探》，《考古》1994年第7期；赵慧民：《西藏曲贡出土的铁柄铜镜的有关问题》，《考古》1994年第7期；霍巍：《再论西藏带柄铜镜的有关问题》，《考古》1997年第11期；霍巍：《从新出考古材料论我国西南的带柄铜镜问题》，《四川文物》2000年第2期；吕红亮：《西藏带柄铜镜补论》，四川大学中国藏学研究所编：《藏学学刊》（第5辑），成都：四川大学出版社，2009年，第33—45页；仝涛：《三枚藏式带柄铜镜的装饰风格来源问题》，四川大学中国藏学研究所编：《藏学学刊》（第6辑），成都：四川大学出版社，2010年，第137—148页。

2 [俄]А.А.提什金、Н.Н.谢列金著，陕西省考古研究院译：《金属镜：阿尔泰古代和中世纪的资料》，北京：文物出版社，2012年，第26—31页。

3 霍巍：《西藏曲贡村石室墓出土的带柄铜镜及其相关问题初探》，《考古》1994年第7期。

4 王小甫：《唐·吐蕃·大食政治关系史》，北京：北京大学出版社，1992年，第12页。

5 据吕红亮描述："1909年，弗兰克在印藏边界调查期间，曾在拉达克列城附近发现一处墓葬，弗兰克提到墓葬出土物中有一件带柄铜镜的残片，并且认为当时的拉达克仍然可以见到此类器物。而该书图版Plate.XXIX-a中处于正上方的一件很像带柄铜镜，但由于照片过于模糊，较难确认"。见吕红亮：《跨喜马拉雅的文化互动：西藏西部史前考古研究》，北京：科学出版社，2015年，第124页。

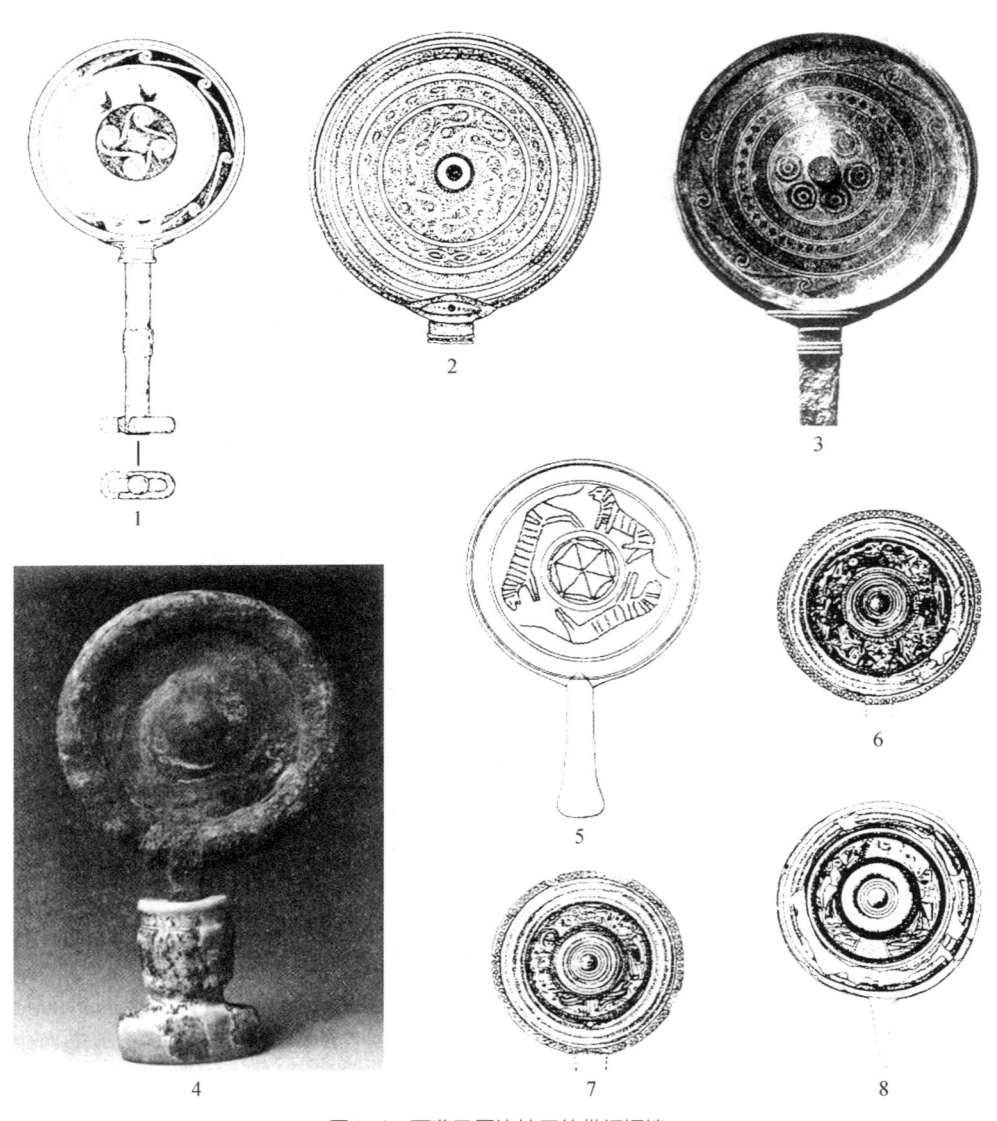

图1-4 西藏及周边地区的带柄铜镜
1. 拉萨曲贡（M203：2） 2. 德国私人收藏 3. 法国私人收藏 4. 阿富汗西伯尔汗墓葬出土
5. 新西伯利亚贝斯特罗夫卡遗址出土 6. 阿尔泰罗戈济赫墓地出土 7. 阿尔泰洛科季墓地出土
8. 南乌拉尔梅彻提赛墓地出土

播路线，无疑提供了重要的中间环节。

曲贡石室墓出土的这面带柄铜镜，是迄今为止西藏高原首次通过考古发掘出土的早期青铜镜，但这并不是在西藏高原唯一发现的带柄青铜镜。笔者后来通过查阅大量文献资料发现，在此之前，外国学者曾在西藏高原发现过同类的古代带柄青铜镜，迄今为止在西藏拉萨河谷一带至少出土过3面彼此类似的带柄铜镜，西藏一些佛教寺院也收藏有这类遗物，其具体数量与分布状况还有待进一步调查[1]。只是由于长期以来中外学术界之间交流不多，资料来源所限，我们过去没有引起足够的重视。

据德国学者N·G·容格等所披露的资料，早在20世纪50年代，在藏南地区曾经也发现过数面类似的带柄青铜镜，只不过这些铜镜都不是经过考古发掘出土的，而是传世品，多被收藏于佛教寺院中作为"镇寺之宝"。例如，20世纪50年代初，曾于西藏南部雅鲁藏布江河谷的某处发现一面铁柄铜镜，据记载，这面镜子系当地农民清理田地时掘出的。出土时柄部已经不存，仅余镜面。从镜形上看，镜面正圆，青铜铸成，镜面的下缘正中有一凸起的扁条形套座，套座中间有装饰性的圆眼，但中央的圆孔则为真的铆钉，用来固定镜面与套座。镜面光滑，略向外弧凸。直径12.2、最薄处仅0.25厘米，边缘呈三角形的斜棱，高出镜面约0.6厘米。镜背的纹饰可分为边缘以及内、外区三部分。镜边在棱上镶嵌有一圈纤细的金带，金带的外圈与内侧镂刻有三道细线纹。外区共有两道环带，第一道环带为锯齿形的宽带纹；第二道环带为束瓣形的宽带纹。内区由连续的涡云纹组成，涡云纹的转折处饰以圆眼纹。资料记载中还说，这面铜镜表面色泽光亮，正面与背面均残存有墨绿色的锈层。同时，在镜背纹饰中还发现残留有金黄色的痕迹，表明原来镜上可能曾有过鎏金的薄层。另外，在镜上还发现有红色痕迹，估计可能是当时包

---

1 吕红亮：《西藏带柄铜镜补论》，四川大学中国藏学研究所编：《藏学学刊》（第5辑），成都：四川大学出版社，2009年，第33—45页。

裹镜子的织物腐烂后留下的痕迹。此外，德国学者N·G·容格还透露，在法国某私人收藏家手中也有一面发现于西藏南部的类似铜镜；另据一名西藏僧人所提供的信息，在他所在的朗成（Nang chen）寺中亦收藏有一面青铜带柄镜，据容格等人声称，在西藏南部的另一座寺庙中，他们还通过调查了解到一面带柄铜镜的线索，这面镜子的柄部比上述那面更长、更细，然而镜背纹饰、大小都与前者相似。

上述这些线索有力地证明，早在西藏早期金属时代，这类青铜镜已经在西藏高原流行，尤其以经济实力较为雄厚、文明进程相对较快的西藏南部地区发现较为集中，这和西藏曲贡石室墓考古出土提供的证据是相互吻合的。

曲贡石室墓中出土的这种带柄镜与我国黄河、长江流域唐以后所出的带柄铜镜不属于一个大的文化系统，而是属于与早期欧亚文明有着密切联系的西方带柄镜系统，极大的可能是通过"高原丝绸之路"传入到西藏高原的。就世界范围而言，古代铜镜大体上可以分为东、西两大系统：其一是以我国中原文化为代表的东亚圆板具纽镜系统，其二是流行于西亚、中近东及中亚诸古文明中的带柄镜系统。

带柄镜在欧亚大陆有着悠久的发展历史和辽阔的流行地域。它的原型最早出现在西亚地区古代希腊和古代罗马文明之中，主要的特点是镜面采用青铜制作，而镜面下面的手柄可以采用多种材质来加以制作，然后合成一体。带柄镜在中近东和中亚地区也出现得很早，据日本学者樋口隆康《古镜》一书介绍[1]，早在公元前6000年的土耳其新石器时代遗址的地层中已出土有黑曜石制作的带柄镜。其后，在红铜与铜石并用至早期铁器时代（约公元前3000—前2000年）的伊拉克、伊朗、巴基斯坦等地也出土有带柄青铜镜。进入铁器时代之后，这种带柄青铜镜的发现更为普遍，柄部的变化极为丰富，

1　［日］樋口隆康：《古镜》，京都：新潮社，1979年，第17页。

有圆条中空形、长条形、连环形、方形带銎形等，同时，既有与镜面同体铸成者，亦有采用其他材料（如象牙、黄金等）分制镜柄，然后再与镜面连接合成者。曲贡M203所出的这面带柄镜，也属于两种材质合铸而成，只是柄部的材料采用铁制作而已。

西藏发现的这些带柄铜镜，从总体上看应当是文化交流的结果，但这种交流的细节我们还不得而知。不过，如果细加分析，还是可以观察到一些重要的细节。例如，曲贡石室墓中出土铜镜背面的"对鸟"纹饰，其母题与古代中亚、西亚所流行的"对兽"纹饰可能有一定关系。已有学者指出，古代中亚的"对兽"纹饰有一部分可能来源于古代波斯，稍后传入中国新疆的一些对鸟或对兽图案，即是这种形式的变化发展。另外，曲贡这面镜子上用勾连涡云纹首尾相连组成环带状的纹饰，又和我国西南地区青铜时代的许多铜器表面的装饰风格相近，或许其中又融入了与西藏高原在地理区块上同属中国西南的青铜文化的某些因素。那么，这就给我们提出了一个值得研究的问题，即这种文化交流的传播者是谁？又是通过怎样的途径进行的？

7世纪以后，吐蕃与古代中亚之间的文化交流通过吐蕃势力的向西扩张已经具有相当的规模。当时，从西藏通向中亚已有比较固定的两条路线：一条可从西藏西北的帕米尔地区穿过于阗和疏勒出境；另一条可从西藏东北的青海通过敦煌至罗布泊到塔里木盆地的东南边缘，然后去往中亚。不过，从西藏曲贡石室墓中出土的这面带柄铜镜的情况来看，早在西藏"早期金属时代"，西藏与外界的这种文化交流便已经开始，年代要大大早于吐蕃王朝时期。因而，西藏带柄铜镜的流传，或有可能与先秦两汉时期活动于西部地区的古代民族有关，我们或可从当时青藏高原和新疆地区汉以前的民族分布与活动状况入手来探讨这一问题。

我国西部地区在先秦两汉时期，主要活动着一些游牧部族。其中，青藏高原的各部族汉文史料中最早泛称其为"西羌"。《后汉书·西羌传》是留存至今关于古代西羌人的最早记载,所言西羌的分布地域"滨于赐支,至乎河首,绵地千里……南接蜀、汉徼外蛮夷,西北[接]鄯善、车师诸国。所居无常,依随水草"[1]。《新唐书·吐蕃传》则更进一步记载了唐以前吐蕃先祖的来源:"吐蕃本西羌属,盖百有五十种,散处河、湟、江、岷间;有发羌、唐旄等,然未始与中国通。居析支水西"[2]。而在新疆地区,汉代也有古羌人集团存在。如《说文·羊部》称:"羌,西戎,羊种也。段玉裁注曰:氐羌、夷狄国在西方者也……《史记索隐》作牧羊人也"[3]。《汉书·赵充国传》载:"狼何小月氏种在阳关西南,……敕视诸羌,毋令解仇,……今诏破羌将军武贤将兵六千一百人……将媭、月氏兵四千人"[4],这里所讲的与汉时小月氏同时发兵的"媭",亦即"媭羌",也是当时羌人的一支,其地据考证已在今新疆境内的昆仑山脉,而且越过了葱岭,东西延绵约两千公里。此外,在新疆地区还有其他一些与羌人有关的部落,如史料中所记载的"西夜""蒲利""依赖""无雷"等。我们可以由此推测,这些本属于西方系统的带柄铜镜,之所以能够广泛流传数千里之外,很可能便是以这些被称为"西羌""羌""媭羌"等游牧民族的迁徙活动为媒介,通过汉以来包括西藏高原在内所形成的丝绸之路路网,辗转传播最后进入到西藏腹心地带的。而近年来的考古发现表明,和曲贡带柄铜镜大体同时,汉地的丝绸和茶叶也传入到了西藏高原西部的阿里地区。这些珍贵的文物,成为"高原丝绸之路"上的遗宝,具有极高的历史价值。

---

1 （南朝宋）范晔撰,（唐）李贤等注:《后汉书》卷87《西羌传》,北京:中华书局,1965年,第2869页。
2 （宋）欧阳修、宋祁:《新唐书》卷216上《吐蕃传上》,北京:中华书局,1975年,第6071页。
3 （东汉）许慎撰,（清）段玉裁注:《说文解字注》,上海:上海古籍出版社,1981年,第146页。
4 （汉）班固撰,（唐）颜师古注:《汉书》卷69《赵充国传》,北京:中华书局,1962年,第2973—2980页。

5. "斯基泰风格"的动物纹饰

在西藏西部地区的岩画当中出现了一些十分显著的"欧亚草原因素",其主要的艺术特征是：首先,在图案中出现了猫科动物逐鹿的场面,鹿均作"回首"奔驰状,鹿角宛如飘带,有多个分叉,前后肢均饰以旋涡纹,尾部短而上翘。在这类纹饰中,捕食的猫科动物的口部或蹄爪都非常靠近被追逐的草食动物的尾部,而草食动物则在惊慌失措中回首张望。其次,动物的头部出现了大而分叉的双角,这些角的形象常常用双线勾勒,飘动于身后。再次,这些动物的身躯上出现了横置的"S"形纹样或者繁缛的旋涡纹样。典型的例子如阿里地区日土县发现的"日姆栋岩画",动物均具有鹿形大角、身饰横置"S"形纹饰或双涡纹等特点[1]（图1-5）,令人联想到欧亚草原青铜时代晚期和铁器时代早期所谓的"斯基泰—西伯利亚动物纹"。有学者已经注意到,西藏西部岩画中的"动物形风格"与欧亚草原文化中的"斯基泰风格"极其相似,提出可将其归入到欧亚草原岩画传统,并与其周边的"中亚岩画丛""阿尔泰岩画丛"相互衔接,可视为"欧亚草原岩画圈"中的"高地亚洲类型"[2]。由于岩画断代较为困难,因而对其年代的判定往往具有较大的延展幅度,但不少学者仍然认为在中亚古代文明当中岩画、石丘墓和大石遗迹这几类考古遗存的特性较为明显,可以视为欧亚草原文化具有代表性的特征,而西藏北部和中部出现的这些因素,无疑应属于这种草原文化的一部分[3]。

---

1 西藏文管会文物普查队：《西藏日土县古代岩画调查简报》,《文物》1987年第2期。
2 吕红亮：《西喜马拉雅岩画欧亚草原因素再检讨》,《考古》2010年第10期。
3 童恩正：《西藏考古综述》,《文物》1985年第9期。

图1-5 西藏西部岩画中的动物形象
（作者拍摄）

6. 黄金面具

近年来，各国考古学家分别在喜马拉雅地区中段、西段的墓葬中出土5件黄金面具，其中，我国西藏札达县曲踏墓地出土2件、噶尔县故如甲木墓地出土1件，尼泊尔穆斯塘地区萨木宗墓地出土1件，印度北方邦马拉里墓地出土1件。这5件黄金面具的年代大多集中在1—2世纪前后，只有尼泊尔萨木宗墓地出土者年代较晚，为4—5世纪。它们具有的共同特征为：均利用黄金薄片采用锤揲法制成，面具大多固定在纺织物上，其上多用色彩勾画出五官和胡须线条，装饰在死者面部（图1-6）。

与之具有可比性的考古资料在欧亚大陆广阔的范围内均有发现，其中与其最为接近的是则中亚地区出土的黄金面具。如吉尔吉斯斯坦萨石（Shamsy）墓地（4—5世纪）、扎拉克杰拜（Dzallak Dzebe）墓地（3—5世纪）和中国新疆伊犁昭苏波马墓地（1—5世纪）中出土的黄金面具均系黄金

图1-6　西藏和周边地区出土的黄金面具
1. 曲踏墓地　2. 伊犁波马墓地　3. 故如甲木墓地　4. 萨宗墓地　5. 马拉里墓地
（采自吕红亮：《西喜马拉雅地区早期墓葬研究》，《考古学报》2015年第1期，图6）

锤揲而成，五官凸起，双眼镂空，镶有宝石，无论是制作方式还是形态都与喜马拉雅地区出土的这几件黄金面具十分接近。仝涛、李林辉认为这表明西藏西部很可能是通过新疆的丝绸之路建立起与中亚和欧亚草原文化之间的互动与交流[1]，从墓葬中伴出的箱式木棺、陶器、木器等随葬器物观察，的确与新疆南疆地区汉晋时期墓葬出土的同类物品具有相似的特点，所以这个结论是可以成立的。

此外，童恩正先生还特别注意到西藏的大石遗迹，认为其可能与北方蒙

1　仝涛、李林辉：《欧亚视野内的喜马拉雅黄金面具》，《考古》2015年第2期。

古草原和阿尔泰地区有一定关系[1]。近年来吕红亮也关注到西藏西部发现的以夏达错东北岸地点为中心的旧石器时代手斧与印度西北部"阿舍利石器技术"的类同、南亚西北部新石器时代文化与西藏西部丁仲胡珠孜地点之间的联系、西藏西部出土的早期墓葬器物与中亚和南亚地区同时代文化之间的联系等诸多问题[2]。此外，国内外学者还充分注意到青藏高原原始农作物的起源和传播问题，学术界倾向认为青藏高原早期的粟类和麦类作物（如青稞）都是从青藏高原的周边传入到高原各地的，虽然对其具体的传播路线、方式还有待进一步的考证，尤其是要寻找更多的考古学物证，但这些与人类生存活动密切相关的物种的传播，都是和文化的传播分不开的，也应有其传播的路径与轨迹[3]。

综上所述，文献记载和考古实物都显示出早在西藏史前时代，青藏高原人群从外部进入到高原的通路已经被充分地开发利用，人们的物质文化和精神文化层面都出现了多种外来文化影响、交流的遗迹。可以推测，这些因素的传播、交流有些可能是由人群的迁徙流动直接带入到高原的；也不排除一些因素（尤其是信仰、观念、意识和技术等精神层面的内容）也可以间接地、接力式地长距离传播进入到高原。而这些人群（族群）无疑正是广义上的"高原丝绸之路"最初的开拓者。他们不畏艰辛，筚路蓝缕，拓殖高原，为直到今天仍被许多人视为"生命禁区"的世界屋脊带来了文明的曙光。同时，他们当年排除万难到达高原所行经的道路，也一定为后世的继续探寻开创了先河，标识出了方向。

从上述考古材料中还可以认识到，早在吐蕃王朝成立之前，西藏高原各古部族就已经与欧亚草原地带有着文化上的交流往来，其中尤其是西藏西部

---

1 童恩正：《西藏考古综述》，《文物》1985年第9期。
2 吕红亮：《跨喜马拉雅的文化互动：西藏西部史前考古研究》，北京：科学出版社，2015年。
3 张东菊、董广辉、王辉：《史前人类向青藏高原扩散的历史过程和可能驱动机制》，《中国科学：地球科学》2016年第8期。

和北部地区因其在地理位置上与欧亚地区更为接近，所以受到欧亚文明影响的痕迹在考古学遗存上显得更为突出。前人多论证西藏本教[1]的起源与西藏西部、北部地区古老的"象雄文明"之间可能有着密切的联系，而本教实质上又与伊朗波斯萨珊王朝流行的祆教相似，这个现象与西藏西部考古发现的这些具有欧亚文明影响的因素相互吻合，两者之间应当具有相同的文化背景。

与考古学家的讨论同时，历史学家张云则通过对古史文献的分析，从不同的视角关注到上古西藏与波斯文明之间的关系，他结合藏族文献中有关象雄本教、符号的古史传说，提出了几个主要的论点：其一，约公元前1500年，原始印度—伊朗民族的祖先部落雅利安人在从中原草原南下迁徙的过程中，一部分进入到青藏高原，特别是高原西部、西南部和西北部地区，与青藏高原的原始居民发生了密切联系；其二，在漫长的历史时期，来自中国新疆和中亚地区的东伊朗语族民族诸如乌孙、月氏、嚈哒等相继南下，也有部分进入到青藏高原北部和西部地区；其三，在阿契美尼德王朝（公元前550—前331年）和波斯萨珊王朝时期（公元前224/227—651年），波斯帝国的疆域都邻近我国青藏高原，而在吐蕃王朝崛起之后，其势力的向西扩张也进入到波斯文化流行的中亚地区，双方应有交流和接触；其四，粟特人在波斯和吐蕃之间担当着文化传播与中介者的角色；其五，中亚地区的宗教如景教、摩尼教、伊斯兰教等均影响到吐蕃，吐蕃本教或受波斯祆教的影响[2]。

上述这些既往研究的成果，提供了一个宏大的历史背景，将青藏高原的早期人类活动置于欧亚文明交会的广袤空间来加以观察和思考，使人们强烈地感受到这片高原与外部世界之间曾经有过的广泛交流与联系。虽然既往的研究成果还不足以勾勒出远古高原通往外界的交通路线的具体走向和路径，还不能够将上述考古材料所见的文化因素传播、交流的链条完整地加以衔

---

1 笔者按：也有译为"苯教"者，均同。
2 张云：《上古西藏与波斯文明》，北京：中国藏学出版社，2005年，第327—329页。

接,但是迄今为止至少已经没有人再将青藏高原视为一个封闭的"文化孤岛",而是越来越多地去思考这一独特的区域在中外文化交流史上所起到的不可忽视的作用。

第二节 高原丝绸之路早期主要交通干线的开拓

早在1986年,童恩正先生就撰文指出,在我国青藏高原东北有几道山脉连续向东延伸,一直抵达东北辽宁、吉林境内的大兴安岭一带;而在高原的西南部也有几道山脉向南延伸,这就是由四川西部通向云南西北部的横断山脉,这一北一南的两列山脉及其邻近的高地如同伸出了两条有力的臂膀,将祖国的腹心地带——黄河中下游和长江中下游肥沃的平原与盆地相环抱,"在文化上,这一地带则自有其渊源,带有显著的特色,构成了古代华夏文明的边缘地带。尽管这一高地绵延万里,从东北至西南成一半月形环绕着中原大地,但是从新石器时代后期直至铜器时代,活动于这一区域之内的为数众多的民族却留下了若干共同的文化因素"[1]。他由此提出一个重要的论断,认为通过考古学文化因素的比较分析,历史上可能存在过一个"从东北至西南的边地半月形文化传播带"[2]。这一假说一经提出,即产生了重要的影响,开启了中国考古学界跨地域、大视野、与自然环境相结合进行"文化因素"(culture element)比较研究的先河,迄今为止也仍然具有深远的意义。

虽然童恩正在这一论述中着重观察的是"从东北到西南"这一古代华夏边缘地带,但实际上所引发的讨论与思考已经远远超越了这一地带。近年来国内外有不少学者在童恩正提出的这一学说基础上进一步指出,实际上从我

---

[1] 童恩正:《试论我国从东北至西南的边地半月形文化传播带》,原载文物出版社编辑部编:《文物与考古论集》,北京:文物出版社,1986年,第17—43页;后收入氏著:《中国西南民族考古论文集》,北京:文物出版社,1990年,第252—278页。

[2] 童恩正:《中国西南民族考古论文集》,北京:文物出版社,1990年,第252—278页。

国新疆、青海、甘肃向东、沿着著名的横断山脉进入到四川西北、云贵高原，也存在着另一条相似的"半月形文化传播带"，这两条文化传播带形成一个犹如Y字形的网络，将东北边地、西北边地和西南边地相互联系在一起。不仅如此，这个Y字形所伸出的三个触角的先端分别还延伸到北方草原地带、东南亚山地等更为遥远的空间地域，所讨论的例子包括东南亚青铜冶铸的出现，石棺葬在中国边疆地区广泛分布的现象，石寨山和云南、四川其他遗址中出现的动物意匠和北方类型兵器等因素[1]。

对于这种在远距离、大范围内出现的相似甚至相同的文化因素，其背后的原因极为复杂，中外学术界尽管使用了众多理论进行解释，提出了不同的"传播模式"或者假说，例如贸易、进贡、赏赐、移民、战争等原因企图为这一宏大叙事搭建起广阔时空范围间的桥梁，但是这种努力的收效目前还是有限度的。早年童恩正主要是从生态环境及其由此形成的游牧与农业民族关系的角度提出这种传播可能产生的原因，但他同时也慎重地指出："这些现象产生的原因，其中既有民族的直接迁徙、融合和交往，也有间接的观念的传播，甚至不排除某些因素有两地独立发明的可能性。但是不论直接传播也好，间接传播也好，都必须具备某些客观条件。只有当传播的一方和接受的一方存在共同的需要和共同的物质环境时，此种传播才会产生"[2]。童恩正的这些论述，直到今天也是十分敏锐和富有远见的。如同国外学者安可（Anke Hein）指出的那样："论及中国西南及其邻近地区，我们遇到的是一种极其多样的自然环境，不同生态区在这里以一种特殊方式互相交融。高耸山脉之间的深谷及主要是自北向南流动的密集河网上连接了各个方向的多

---

[1] 安可著，陈心舟译：《文化传播、人群移动和文化影响：以西南地区与北方草原文化关系的研究为例》，四川大学博物馆、四川大学考古学系、成都文物考古研究所编：《南方民族考古》（第十一辑），北京：科学出版社，2015年，第67—80页。

[2] 童恩正：《试论我国从东北至西南的边地半月形文化传播带》，收入氏著：《中国西南民族考古论文集》，北京：文物出版社，1990年，第266—267页。

条道路。……鉴于交换路径的多样性，不仅仅需要考虑被广为引用的'草原联系'，还要关注和西藏、印度、东南亚及其他或远或近的诸地区之间的联系。……如同西藏大部和中国西南的很多地区，西南亚和印度的材料还有待发表甚至发掘。到现在为止任何关于这一方面的观点只能是暂时的。但是，现在已经清楚的是，从很早的时候开始中国西南和西南亚的各区块已被纳入多样的联系网络之中。这些联系的重要性不等，联系的强度和交流的形式在时间上也存在巨大差异。"[1]因此，人类对青藏高原的适应和定居、迁徙与交流、生存与发展，从来就不是在一个自我封闭的"文化孤岛"上进行的，从一开始就与高原周边地区保持着密切的联系，从不同的族群和文化中吸收多方面的养分，经过选择与改造使其成为具有高原自身特色的"文化基因"，并将这种基因一直传承和发扬下去。

　　高原丝绸之路的各条路线、各个段落是在不同时期、不同的区域以不同的规模、不同的方式逐渐形成的。青藏高原的若干古代民族，都曾对这个庞大的交通路网作出过自己的贡献。这些路线一开始可能还是局部的、内向型的、区域之间的，通过多次的整合之后，最后在一定的历史背景之下最终定型为全域性的、外向型的、跨区域之间的路网。在这个漫长的历史过程当中，从文献和考古材料当中都能够反映出高原古代各族人民积极投身参与到各个区域间和国际间的交往与交流，开拓、维护和利用高原丝绸之路的若干历史片段。由于青藏高原地域辽阔，各个区域形成的交通路线各有其特点，这里，我们着重从以下几个重要的区域来进行考察。

1　[英]安可著，陈心舟译：《文化传播、人群移动和文化影响：以西南地区与北方草原文化关系的研究为例》，四川大学博物馆、四川大学考古学系、成都文物考古研究所编：《南方民族考古》（第十一辑），北京：科学出版社，2015年，第78—79页。

一、青藏高原西部

这一地区大体上即指今西藏自治区阿里地区全部和藏北地区一部，历史上是藏文史书中所载的"象雄"（Zhang zhung）和汉文史书中所称的"羊同"所在。这一区域沿喜马拉雅山脉与中亚、南亚等地区相毗邻，也通过高原北部与新疆的南疆相连接，是高原丝绸之路外向型路线重要的干线经由之地。法国学者石泰安对于古代羊同（象雄）与外界的交流曾作出这样的评价：西藏"西部地区对西藏文明的形成曾起过重大作用。那里既与犍陀罗和乌苌国（斯瓦特）接壤，又与该地区的其他小国毗邻，希腊、伊朗和印度诸文明中的古老成分都经由那里传至吐蕃"[1]；关于具体可能存在的交通路线，石泰安认为："象雄肯定是向印度开放的，或是通过尼泊尔，或是通过克什米尔和拉达克"[2]。意大利学者杜齐也曾论断："在吐蕃帝国建立之前，象雄是一个大国，但当吐蕃帝国开始向外扩张时，它便注定地屈服了。象雄与印度喜马拉雅接界，很可能控制了拉达克，向西延伸到巴尔提斯坦及和阗，并且把势力范围扩展到羌塘高原"[3]。但是，受时代的局限，他们的认识很大程度上还停留在推测和假设的阶段。

中国学术界对于这一区域的关注近年来有很大的研究进展。过去主要的文献史料依据，是唐人杜佑所撰《通典·边防六》"大羊同"条下载：

> 大羊同，东接吐蕃，西接小羊同，北直于阗，东西千余里，胜兵八九万人。其人辫发毡裘，畜牧为业。地多风雪，冰厚丈余，所出物产，颇同蕃俗。无文字，但刻木结绳而已。刑法严峻。其酋豪死，抉去其脑，实以珠玉，剖其五脏，易以黄金，假造金鼻银齿，

---

1 [法] 石泰安著，耿昇译：《西藏的文明》，北京：中国藏学出版社，2012年，第20页。
2 [法] 石泰安著，耿昇译：《西藏的文明》，北京：中国藏学出版社，2012年，第20页。
3 [意] 杜齐：《尼泊尔的两次科学考察报告》，《尼泊尔史研究资料》，罗马，1956年，第105页；此系转引自张云：《丝路文化·吐蕃卷》，杭州：浙江人民出版社，1995年，第49页。

以人为殉，卜以吉辰，藏诸岩穴，他人莫知其所，多杀牦牛羊马，以充祭祀，葬毕服除。其王姓姜葛，有四大臣分掌国事。自古未通，大唐贞观十五年，遣使来朝[1]。

《唐会要》卷99"大羊同国"条与《通典》的记载基本相同，但只是明确指出"贞观五年（631年）十二月，朝贡使至。十五年（641年），闻中国之威仪之盛，乃遣使朝贡。太宗嘉其远来，以礼答慰焉。至贞观末为吐蕃所灭，分其部众，散至隙地"[2]。从文献记载来看，这个地区和中原唐王朝是在唐太宗的贞观年间方才正式建立联系，遣使来朝。近年来在西藏西部相继发现了故如甲木墓地[3]、曲踏墓地[4]等几处重要的古墓地，却为此提出了新的更早的实物证据。

西藏西部这批古墓葬的年代均未超出汉晋，即2—4世纪。在一座大墓中出土了黄金面具、茶叶、丝绸等遗物，尤其是丝绸上有汉字"宜""王侯"等字样，充分显示出其所具有的中原文化特征[5]。鉴于西藏当地从来没有制作丝绸的传统，所以可以认定它只能是从汉地经过某种途径传来。过去在新疆吐鲁番阿斯塔那汉晋时期墓葬和新疆营盘墓地中也出土过带有"胡王""王

1　（唐）杜佑撰，王文锦、王永兴、刘俊文等点校：《通典》卷190《边防六》，北京：中华书局，1988年，第5177—5178页。由于这条材料对于理解隋唐时期的西藏西部地区尤为重要，故本书多个章节还会再引用到。

2　（宋）王溥：《唐会要》卷99，上海：上海古籍出版社，2006年，第2100—2101页。

3　金书波：《从象雄走来》，拉萨：西藏人民出版社，2012年，第81—91页；霍巍：《一方古织物和一座古城堡》，《中国西藏》2011年第1期；仝涛：《西藏阿里象雄都城"穹隆银城"附近发现汉晋丝绸》，《中国文物报》2011年9月23日第4版；中国社会科学院考古研究所、西藏自治区文物保护研究所：《西藏阿里地区噶尔县故如甲木墓地2012年发掘报告》，《考古学报》2014年第4期。

4　吕红亮：《西喜马拉雅地区早期墓葬研究》，《考古学报》2015年第1期；仝涛、李林辉：《欧亚视野内的喜马拉雅黄金面具》，《考古》2015年第2期；中国社会科学院考古研究所、西藏自治区文物保护研究所、阿里地区文物局、札达县文物局：《西藏阿里地区故如甲木墓地和曲踏墓地》，《考古》2015年第7期。

5　中国社会科学院考古研究所、西藏自治区文物保护研究所：《西藏阿里地区噶尔县故如甲木墓地2012年发掘报告》，《考古学报》2014年第4期。

侯"等字样的织锦¹，构图的形式也与西藏所出的这件"王侯"锦基本一致，所以学术界一般认为，这类织锦很可能都是由汉地工匠或织造机构专为边疆定制，通过商贸交换、官方赏赐等不同的方式流传到边地，成为专供"酋豪"享用的高级奢侈品。墓葬中出土的茶叶，经自然科学家对其中所含的植硅体和植钙体进行鉴定后表明，"这些考古植物样品中都含有只有茶叶才同时具有的茶叶—植钙体、丰富的茶氨酸和咖啡因等可以相互验证的系统性证据，组成一个证据链"，从而确认其"都是茶叶"这一推测可以成立²。

墓中所出的黄金面具以及对于尸体进行外科手术式处理的方法，都和上文所记载的羊同"其酋豪死，抉去其脑，实以珠玉，剖其五脏，易以黄金，假造金鼻银齿"的丧葬习俗相似，因而笔者认为，早在汉晋时期，西藏西部便已经存在着一条与汉代开通的陆上丝绸之路相连通的主干道，这条线路最初的开创者，很可能与羊同的"酋豪"有着密不可分的关系，他们出自对中原王朝的倾慕之情，对汉地和周边各国包括丝绸、茶叶、黄金、珠宝等多种高级奢侈品在内的消费追求，凿通了这条"高原丝绸之路"的重要干线³。上述考古材料所反映的具体情况及其历史价值和意义，我们将在后面的章节中再加以详论。

值得注意的是，《隋书·西域传》下有一条关于"女国"的记载可与上述史实相互呼应："女国，在葱岭之南，其国代以女为王。……出鍮石、朱砂、麝香、牦牛、骏马、蜀马。尤多盐，恒将盐向天竺兴贩，其利数倍。亦数与天竺及党项战争。……开皇六年，遣使朝贡，其后遂绝"⁴。此处所载的

---

1 赵丰：《纺织品考古新发现》，香港：艺纱堂服饰出版社，2002年；新疆文物事业管理局、新疆博物馆、新疆文物考古研究所等：《新疆维吾尔自治区丝路考古珍品》，上海：上海译文出版社，1998年，第130页。

2 吕厚远：《1800年前丝绸之路穿越青藏高原的茶叶证据》，《中国西藏》2016年第2期。

3 霍川、霍巍：《汉晋时期藏西"高原丝绸之路"的开通及其历史意义》，《西藏大学学报》2017年第1期。

4 （唐）魏征、令狐德棻：《隋书》卷83《西域传》，北京：中华书局，1973年，第1850页。

"女国",在《大唐西域记》《释迦方志》等唐人文献中也有提及,亦称其名为"苏伐剌拏瞿呾罗国",指其地望为"东接吐蕃国,北接于阗国,西接三波诃国"。目前学术界根据这一地理位置,多倾向于此处所指的"女国"实际上即为"羊同国",亦即藏文史书中所载的"象雄国"[1]。将上述历史和考古信息综合起来考虑,可知西藏西部的象雄(也可等视为"羊同""女国")早在汉晋以来就已经开通了和南亚天竺、唐代中原王朝之间的远程交通路线,主要向天竺出口食盐,而其他的地方特产"鍮石、朱砂、麝香、牦牛、骏马、蜀马"之类,很可能也是其向外输出的商品种类。来自东方中原唐王朝的丝绸、茶叶也输入了这个地区,成为当地酋豪的高级消费品。隋代开皇六年(586年)女国的"遣使朝贡",是羊同向中原王朝朝贡最早的一次历史记载,年代早出其后唐贞观十五年(641年)羊同遣使唐朝朝贡半个多世纪。汉文文献记载的这些史料,事实上都要比考古实物材料所显示的西藏西部与中原王朝开始交流的年代晚好几百年,其原因可能是因为汉晋时期象雄初通中原不久,正式的官方交流尚未形成,双方信息也不通畅所致。

二、青藏高原西南部

青藏高原西南部大体上指日喀则西南部以吉隆为中心的这片地区。从考古发现的唐代碑铭《大唐天竺使之铭》所记碑铭位置是"届于小杨童(同)之西",从而推测其地望,其地理方位当为《文献通考》《通典》等所记的"小羊同"所在区域;而藏文史书中记载的"芒域",也位于这个地区[2]。

历史上,芒域是西藏西南部与古代泥婆罗(今尼泊尔)之间的重要交通孔道,可由此经加德满都盆地进入古代印度(北天竺)。例如,藏文史籍《西藏王统记》记载,吐蕃赞普松赞干布迎请泥婆罗国赤尊公主进藏,"赤

1　霍巍:《从新出唐代碑铭论"羊同"与"女国"之地望》,《民族研究》1996年第1期。
2　霍巍:《从新出唐代碑铭论"羊同"与"女国"之地望》,《民族研究》1996年第1期。

尊公主乘一白骡，偕同美婢十人，连同负载珍宝多骑，吐蕃使臣为之侍从，遂同向藏地而来。尼婆罗臣民皆送行于孟域之间"[1]。文中所称之"孟域"，亦即"芒域"之另一译称。《西藏王臣记》记载，吐蕃时期巴赛朗奉命赴天竺，游方朝圣，至大菩提道场及那烂陀寺，遇静命大师，"迎师至芒域"[2]。书中还记载，当年莲花生大师进藏，也是取此道而行，"大阿阇黎（莲花生）已由神通照知，见诸藏使跋涉辛劳，乃运用神变，迅速驾临芒域贡塘"[3]。据《米拉日巴传》记载，西藏佛教高僧米拉日巴父子在其生前曾经输掉了房屋田产，只好离乡外流，他们到了"芒域贡塘"的江安寨地方才定居下来。著名藏学家刘立千在此条之下注释称："芒域，古为阿里三围之一，今属日喀则行署吉隆县；贡塘在县西南，为该县的一个区"[4]。所以，这一通往南亚地区的重要国际通道，可能开通的时间很早，利用程度也很高，到吐蕃王朝时期正式成为吐蕃与泥婆罗之间的官方通道，史称"蕃尼道"。唐代初年开出的中印之间的"新道"，其实就是将区域性的"唐蕃古道"和外向性的"蕃尼道"相互贯通的结果，这将在后文中论述。考古发现的《大唐天竺使之铭》为唐代初年此道的开通提供了最为直接的实物证据。这条线路上虽然目前早期考古资料还发现不多，但在其邻近地区已经发现史前时代的石棺葬等遗存，联系上述藏文文献的记载来看，其最初的开凿年代应当上溯到史前时期。

三、青藏高原东南部

青藏高原东部地区历史上部族众多，这里曾经有过历史文献上所记载的

1　索南坚赞著，刘立千译注：《西藏王统记》，北京：民族出版社，2000年，第57页。
2　五世达赖喇嘛著，刘立千译注：《西藏王臣记》，北京：民族出版社，2000年，第37页。
3　五世达赖喇嘛著，刘立千译注：《西藏王臣记》，北京：民族出版社，2000年，第38页。
4　桑杰坚赞著，刘立千译：《米拉日巴传》，北京：民族出版社，2000年，第20页；刘立千先生注释见该书第23页。

氐羌、西南夷、东女、白兰羌、附国、"西山八国"、党项羌等多个民族在此活动。这个区域在自然地理上一个最大的特征，是由横断山脉的多条南北向的河谷形成历史上的所谓"六江流域""民族走廊"，也形成青藏高原东部独特的自然景观和人文景观带。早在吐蕃王朝兴起之前，这些东部族群沿着六江流域从纵向的南北方向以及横向的东西方向上迁徙移动，奠定了后来青藏高原东麓高原丝绸之路的雏形。

学术界曾经从这个地区战国秦汉时期石棺葬文化、二次葬与乱骨葬俗、北方草原文化系统青铜器（带柄铜镜、双圆柄首青铜短剑、动物纹饰等）等考古学文化因素分析过这一区域不同族群之间的交流与互动，提出先秦至两汉时期横断山脉地带曾有三大系统的民族集团在此活动，即：来自甘青高原的氐羌系统民族集团、"西南夷"系统的土著民族集团、北方沙漠草原胡系民族集团（主要为月支胡、煌中胡、卢水胡等支系构成）。如《华阳国志·蜀志》记载，川西高原的汶山郡"东接蜀郡，南接汉嘉，西接（梁）〔凉〕州酒泉，北接阴平。有六夷、羌胡、羌虏、白兰峒、九种之戎"[1]。这些民族集团通过横断山脉六江流域的民族走廊，不仅促进了北方草原游牧文化的南下，并且以此为中介，将更为遥远的中亚、西亚文化因素也可能渗透到西南地区[2]。

魏晋南北朝时期，这一区域内的部族成为南朝通向西域传统丝绸之路之间的中介者。尤其是在中原阻隔的情况之下，南朝通过青海吐谷浑所控制的"青海道"（也称为"河南道""吐谷浑道"）和西域陆上丝绸之路相连接，南下可由益州（今四川省成都市）经长江水路前往荆州、建康；北进可通向漠北敕勒、柔然；向西可进入高昌、于阗、乌苌、嚈哒，从而突破北方

---

1 （晋）常璩撰，刘琳校注：《华阳国志校注》卷3《蜀志》，成都：巴蜀书社，1984年，第295页。
2 霍巍：《论横断山脉地带先秦两汉时期考古学文化的交流与互动》，石硕主编：《藏彝走廊：历史与文化》，成都：四川人民出版社，2005年，第272—299页。

强敌北魏的封锁，打通了江南地区与西方的贸易通道。在这个过程中，益州和吐谷浑之间的宕昌、邓至、党项羌等都进入到其势力范围之内，共同起到维护这些通道的作用。

唐代吐蕃时期，随着吐蕃王国势力的向东扩张，到7世纪后期，已是"尽收羊同、党项及诸羌之地，东与凉、松、茂、巂等州相接，南至婆罗门，西又攻陷龟兹、疏勒等四镇，北抵突厥，地方万余里"[1]；同时，吐蕃在灭破吐谷浑并占领青海地区全境之后，也将"青海道"纳入其庞大的交通路网当中，并利用这些通道有效地实现了对唐代长安、剑南益州、云南南诏等地的军事攻略与政治交往。

四、青藏高原东北部

青藏高原东北部早在新石器时代便有"宗日文化"的考古发现，学术界关注到宗日文化除了和黄河上游地区的马家窑文化之间有着密切的关系之外，和西藏东部昌都地区的卡若新石器时代文化也有很多联系。在前吐蕃时代，这一带最为重要的部族有苏毗、吐谷浑各部。苏毗部族原来也可能属于西羌的一支，《新唐书·苏毗传》记载："苏毗，本西羌族，为吐蕃所并，号孙波，在诸部最大。"[2]吐谷浑原属鲜卑慕容氏分离出来的一支，4世纪初开始不断向西迁徙，从阴山南下经陇山抵达今甘肃临夏西北，不久又向南向西发展，到吐谷浑孙叶延时（329—351年）始建政权，以吐谷浑作为国号和部族名，最后定都于青海湖以西的伏俟城[3]。

吐谷浑人最为重要的贡献，是对南北朝时期经青海外向发展的国际通道的维护与拓展。如上所述，吐谷浑曾长期扼控青海通向益州、西域和漠北的

1　（后晋）刘昫等：《旧唐书》卷196上《吐蕃传上》，北京：中华书局，1975年，第5224页。
2　（宋）欧阳修、宋祁：《新唐书》卷221下《西域传下》，北京：中华书局，1975年，第6257页。
3　周伟洲：《吐谷浑史》，桂林：广西师范大学出版社，2006年，第1页。

青海道，与南朝政权尤其是梁朝保持着友好往来，双方的使者、商队、西行求法僧通过吐谷浑控制下的"河南道"、经由青海道通向西域和中亚各国。文献史料表明，远在中亚阿姆河流域的嚈哒（《梁书》中作"滑国"，也有称其为"白匈奴"者）曾在梁天监、普通、大同年间遣使梁朝；来自西域的龟兹、于阗等国在这一时期从河南道遣使至梁；中国内陆与西域、印度的佛教僧人也利用吐谷浑人所扼控的这些国际通道经吐谷浑往来于西域、印度和中亚之间；吐谷浑人自身也充当起东西方贸易的中继者和向导的作用，曾在与东魏、北齐的交往中引导"胡商"从事驼骡、杂彩丝绢等物品的商贸活动[1]。

吐谷浑所控的青海道形成的路网大体上可分为三个方向：一是经过柴达木盆地由伏俟城经白兰（今青海都兰、巴隆一带）至西域敦煌、高昌、焉耆、鄯善、于阗等处最后进入中亚乌苌；二是经漠北向敕勒、柔然；三是经益州南下建康，在中西交通史上占有着极为重要的地位，如同周伟洲所言："在公元五世纪中至七世纪初，吐谷浑所据之青海地区事实上成了中西交通的中心之一。从青海向北、向东、向东南、向西、向西南，都有着畅通的交通路线，联系着中国与漠北、西域、西藏高原、印度等地的交往，其地位之重要，可想而知"[2]，可谓十分客观的评价。

第三节　西藏西部考古提供的新证据

近年来，最为引人注目的新的考古发现是在西藏西部考古出土了一批古墓葬，这将是本书中将要反复讨论到的最为重要的一批新资料，我们将在随

1　《周书·吐谷浑传》《魏书·吐谷浑传》中对此均有记载。参见（唐）令狐德棻等：《周书》卷50《异域下》，北京：中华书局，1971年，第912—914页；（北齐）魏收：《魏书》卷101《吐谷浑传》，北京：中华书局，1974年，第2233—2241页。

2　周伟洲：《吐谷浑史》，桂林：广西师范大学出版社，2006年，第144页。

后的章节中详加论述。这里先概括地指出，墓葬中的随葬品有织有汉字"王侯"字样的丝绸，装盛在铜器、木案中的茶叶残渣，大量的木器、铜器、陶器等遗物，部分死者的面部还覆盖有用黄金面具与丝绸缝缀在一起的"覆面"[1]。这种带有"王侯"等字样和鸟兽纹样的丝绸，过去也曾在新疆吐鲁番阿斯塔那墓地、新疆营盘墓地等多处考古遗存中出土过，上面也带有"胡王""王侯"等字样[2]，一般认为是由中原官方或地方的织造机构制作、或作为赐予边疆地方王侯贵族或部落首领的赏赐性物品、或作为专为边地制作的高级消费品输往边疆地区。茶叶的残渣存在于可供煮茶的铜器之内、供奉于装饰精美的木案之中，一方面显示出它是真正用以食用的物品，另一方面也暗示着这类物品可能只供少数贵族享用，与丝绸一样都是高级的奢侈品，产自当地的可能性可以完全排除。吕厚远认为，高寒环境下的青藏高原不生长茶树，印度也仅有200多年的种茶历史，所以"故如甲木出土的茶叶表明，至少在1800年前，茶叶已经通过古丝绸之路的一个分支，被输送到海拔4500米的西藏阿里地区"[3]。带有黄金面具并和丝绸缝缀在一起的"覆面"具有十分古老的传统，黄金面具本身是在欧亚地区流行已久的一种丧葬习俗[4]，而以丝绸等织物制作覆面掩盖于死者面部的做法在我国中原地区起源甚早，在《三礼》之中有着详细的规制，后来也传入到丝绸之路沿线的西域各国。西藏西部发现的这种黄金与丝绸混合制成的丧葬用品，笔者推测很可能也是一种东

1　中国社会科学院考古研究所、西藏自治区文物保护研究所：《西藏阿里地区噶尔县故如甲木墓地2012年发掘报告》，《考古学报》2014年第4期；吕红亮：《西喜马拉雅地区早期墓葬研究》，《考古学报》2015年第1期；仝涛、李林辉：《欧亚视野内的喜马拉雅黄金面具》，《考古》2015年第2期；中国社会科学院考古研究所、西藏自治区文物保护研究所、阿里地区文物局、札达县文物局：《西藏阿里地区故如甲木墓地和曲踏墓地》，《考古》2015年第7期等文。

2　赵丰：《纺织品考古新发现》，香港：艺纱堂服饰出版社，2002年；新疆文物事业管理局、新疆博物馆、新疆文物考古研究所等：《新疆维吾尔自治区丝路考古珍品》，上海：上海译文出版社，1998年，第130页。

3　相关资料曾由英国《自然》周刊下属的开放网络科学杂志《科学报告》所刊载，网络所载材料具体可参见http://roll.sohu.com/20160116/n434724829.shtml。

4　仝涛、李林辉：《欧亚视野内的喜马拉雅黄金面具》，《考古》2015年第2期。

西方文化交流的产物，通过新疆等地沿着"丝绸之路"将这种习俗传入到了西藏高原。

从考古学对西藏西部这处墓地出土器物的形制观察并结合以放射性同位素 ^{14}C 测年，推断墓地年代下限可晚到2—3世纪前后，延续的时间较长，但都要早于吐蕃王朝成立之前[1]，大体相当于中原地区秦汉—魏晋时代。那么，这就意味着，早在吐蕃王朝统一青藏高原之前，生活在青藏高原西部阿里地区的古代部族就已经凿通了和丝绸之路相互连接的通道，并利用这条通道将产自内陆的丝绸、茶叶等奢侈品输送到了阿里高原，从某种意义上而言，也可视为汉帝国所开通的西北"陆上丝绸之路"纵向跨上雪域高原的一个伟大创举，使这条通道成为丝绸之路的一条主干线。

总结本章所论，交通作为人类适应和改造自然环境的一种方式，从根本上讲是根植于一定的自然环境和人文背景之下的产物，只要人类踏上这片高原，就一定不会终止其对外的交流和交往，而无论在其初始阶段这种活动的范围有多大、交流的方式如何简单。从青藏高原史前文化的发生、发展来看，至少从旧石器时代晚期，这里已经有了人类的生存繁衍，高原最初的这些人群就是通过不断的迁徙移动从不同的方向进入到这里的，他们所探寻出的这些道路，从某种意义而言难道不是后来高原丝绸之路的雏形吗？进入到新石器时代，可以看到在高原上不同区域内各地的先民们采取了更为多样的生存方式适应自然并改造自然，农业、畜牧业也在高原诞生。无论是生产资料还是生产技术等的各个方面（如农作物种子的引进与栽培、生产工具的发明和使用、从游牧向畜牧的过渡等），都和外部世界之间有了更多的交流，

---

[1] 近期的田野考古调查与发掘材料及其相关研究成果可参见：中国社会科学院考古研究所、西藏自治区文物保护研究所：《西藏阿里地区噶尔县故如甲木墓地2012年发掘报告》，《考古学报》2014年第4期；吕红亮：《西喜马拉雅地区早期墓葬研究》，《考古学报》2015年第1期；仝涛、李林辉：《欧亚视野内的喜马拉雅黄金面具》，《考古》2015年第2期；中国社会科学院考古研究所、西藏自治区文物保护研究所、阿里地区文物局、札达县文物局：《西藏阿里地区故如甲木墓地和曲踏墓地》，《考古》2015年第7期等文。

甚至不排除远程贸易也开始沿着青藏高原上的河流和山谷逐渐开展起来。进入到早期金属时代，很显然骑马术、牦牛运输等适合于高原交通的资源已经被充分地加以利用，高原上的人群可以在更为广阔的空间与更为遥远的人群进行物质的、技术的、甚至是观念上的相互交换与撞击，加速了青藏高原迈向文明化的进程。虽然文献记载完全不足以提供给我们全面认识青藏高原史前文化的信息，但近年来西藏考古不断取得的新资料，却为我们展示出这个阶段大量丰富的材料，揭示出高原上这些史前先民们如何成为后世高原丝绸之路最初的开拓者。

就本章所概要列举的考古资料而论，事实上早在7世纪吐蕃王朝建立之前，作为青藏高原主体的西藏高原在相当于文献记载的各"小邦"时代，其西部已经有了具有高度文明水平的中心城堡，以此为中心建立起辐射到高原西北部和北部的若干条交通路线。而在高原东部地区，由于与横断山脉南北向的自然河谷之间天然连接，也形成了将黄河上游、长江上游及川滇高原相互融为一片的交通路网，这些路网很显然又与藏东南、藏南河谷地带相连接，形成范围更加广阔的交通网络。北部的羌塘高原过去发现的考古资料较少，近年来也发现了包括大量"石棺葬文化"在内的遗存，显示出与青海、四川和云南等地石棺葬文化之间的共性，暗示着与这些区域内人群之间的交往也早已存在。早在史前时代各地之间这些纵横交错的交通网络的形成为后来统一青藏高原各部、最终建立起亚洲大陆一个强大的地方性政权吐蕃王朝奠定了基础。

著名学者约翰·R·麦克尼尔曾说："一个网络，正如我们所看到的，就是把人们彼此连接在一起的一系列的关系。这些关系的表现形式多种多样……通过上述这些联系，人们彼此交换信息，并且使用这些信息来指导他们下一步的行动。他们也彼此交换或传输各种有益的技术、物品、农作物、观念等等。更进一步，人们还可能在无意间交换着各种疾病、无用的废物，以及那些看似无用但是却关系到他们生存（或死亡）的种种事物。塑造人类历史的，正是这些信息、事物、发明的交换与传播，以及人类对此所做出的各种反应。"[1] 青藏高原史前人类作为高原丝绸之路最初的开拓者，同样在他们适应自然的过程当中也塑造了高原的历史，为我们留下了珍贵而丰富的文明遗产。

---

1 ［美］约翰·R.麦克尼尔、威廉·H.麦克尼尔著，王晋新等译：《麦克尼尔全球史——从史前到21世纪的人类网络》，北京：北京大学出版社，2017年，第1—2页。

第二章
西藏西部史前交通网络的形成

如果将青藏高原划为三个不同高差的自然地理区域,西藏西部位于最高一级,素有"世界屋脊之上的屋脊"之称。过去这个区域被认为是人类很难生存的"生命禁区",更难以想象在此还会产生高度发达的人类文明。然而,这个区域恰好处在内亚几个大的文明区系交会之处,与东面的西藏腹心地带以及祖国内陆、南面的南亚、西面的中亚、北面的西域等相交接,具有极其重要的战略地位,也是历史上文化交流重要的"十字路口"。近年来的考古新发现为西藏西部史前交通网络的开凿、形成和发展,提供了重要的实物证据。

第一节 西藏西部早期墓葬及其与周边文化的关系

本章所论的西藏西部地区大体上以今西藏自治区阿里地区的行政区划为界。这个地区位于喜马拉雅山的北麓,以喜马拉雅山的西段为中心,境内有藏族信仰的"神山"冈底斯山和"圣湖"玛旁雍错,象泉河、狮泉河、马泉河、孔雀河等多条河流纵贯其间,最后汇入印度次大陆。自古以来,这里就是多种古老文明的交会之处,在汉藏史籍中通常将这一区域的核心地带称之为"羊同"或"象雄"[1],在西藏早期历史文化进程中具有重要的地位。自

---

[1] 霍巍:《西藏西部早期文明的考古学探索》,《西藏研究》2005年第1期。

20世纪后半叶以来，我国考古学工作者开始有计划地在这一地区开展考古调查工作，前期的考古工作主要围绕建立于10世纪的古格王国都城遗址札不让及其周边相关的佛教考古遗存展开；近年来，对于这一区域内"前佛教文化遗存"的考古工作也开始提上日程，取得了一系列新的考古收获[1]，本章拟以其中古代墓葬为观察对象展开进一步的研究，并通过对其文化因素、出土遗物、死者身份等不同层面和角度的考古学观察，围绕这一地区史前文化的基本面貌以及交通网络等展开讨论。因这批墓葬的年代均早于吐蕃王朝时代，年代均在2—3世纪以前，故文中统称其为"早期墓葬"。

一、早期墓葬所反映出的基本文化面貌

迄今为止，在本区内发现的早期墓葬包括阿垄沟墓地[2]、卡尔普墓地[3]、皮央和东嘎墓地[4]、格布赛鲁墓地[5]、故如甲木墓地[6]、曲踏墓地[7]等各处，目前均未开展大规模的考古发掘，仅做过小面积的调查清理和抢救性清理。从发现情况来看，可大体归纳出这些墓葬的基本文化面貌。

1　近期的田野考古调查与发掘材料及其相关研究成果可参见：中国社会科学院考古研究所、西藏自治区文物保护研究所：《西藏阿里地区噶尔县故如甲木墓地2012年发掘报告》，《考古学报》2014年第4期；吕红亮：《西喜马拉雅地区早期墓葬研究》，《考古学报》2015年第1期；仝涛、李林辉：《欧亚视野内的喜马拉雅黄金面具》，《考古》2015年第2期等文。

2　李永宪、霍巍、更堆编写：《阿里地区文物志》，拉萨：西藏人民出版社，1993年，第132—133页。

3　资料尚未公布，但出土陶器见于甲央、王明星主编：《宝藏：中国西藏历史文物（第一册）》，北京：朝华出版社，2000年。

4　四川大学中国藏学研究所、四川大学历史文化学院考古学系、西藏自治区文物事业管理局：《皮央·东嘎遗址考古报告》，成都：四川人民出版社，2008年，第189—231页。

5　四川大学中国藏学研究所、四川大学考古学系、西藏自治区文物局、阿里地区文化广播电视局：《西藏札达县格布赛鲁墓地调查简报》，《考古》2001年第6期。

6　中国社会科学院考古研究所、西藏自治区文物保护研究所：《西藏阿里地区噶尔县故如甲木墓地2012年发掘报告》，《考古学报》2014年第4期。

7　金书波：《从象雄走来》，拉萨：西藏人民出版社，2012年，第81—97页；中国社会科学院考古研究所、西藏自治区文物保护研究所、阿里地区文物局、札达县文物局：《西藏阿里地区故如甲木墓地和曲踏墓地》，《考古》2015年第7期。

（一）墓葬形制

从形制结构上看，墓葬主要有石丘墓、石室墓和土洞墓三种形制。所谓石丘墓，是指在地表上可以明显观察到有用石头垒砌的坟丘，形状以圆形为多，也有不甚规则的形状，地表下的墓室结构十分简单，或用石头垒砌成浅平的墓圹，或者平地起墓，不构墓室，较为典型的墓葬见于日土阿垄沟、皮央萨松塘、东嘎朗布钦等墓地（图2-1）。

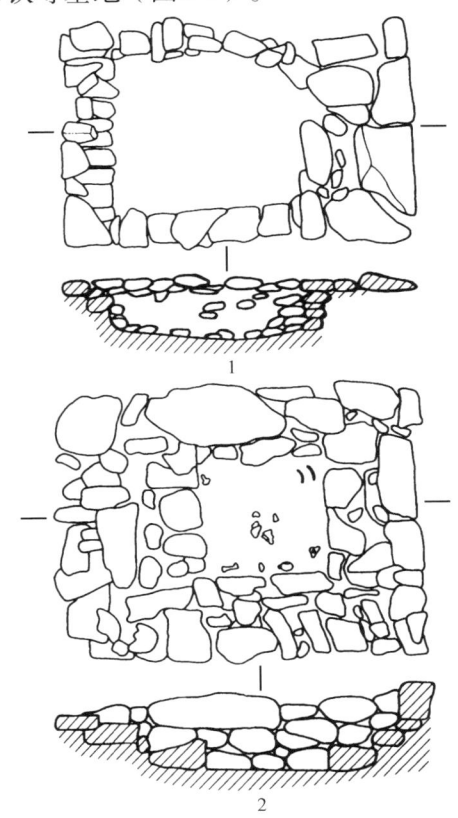

图2-1 西藏东嘎墓地中的石丘墓平、剖面图
1. 东嘎Ⅴ区朗布钦M1 2. 皮央萨松塘M1

（采自四川大学中国藏学研究所、四川大学历史文化学院考古学系、西藏自治区文物事业管理局：《皮央·东嘎遗址考古报告》，成都：四川人民出版社，2008年，第192页，图8-5；第204页，图8-33）

石室墓的结构要比石丘墓复杂，其特点是在竖穴土坑的边缘用较为规整的石块垒砌墓壁形成墓室，有的采用石块封顶，也有的采用木石结合的方式封砌墓室。目前发现的最具典型意义的石室墓为故如甲木墓地2012年度清理发掘的4座墓葬（M1—M4），这4座墓葬均为长方形竖穴土坑墓，墓壁均采用天然石块或略经挑选的方形石块垒砌而成，封砌墓顶的石材采用经过初步加工的石片，一般长20—40、宽15—30、厚4—6厘米。其中，M1的墓室顶部两侧壁顶端有规律摆放的石块形成的间隙，表明原来在墓顶横置有圆木11根，用来支撑墓顶部覆盖的石块（图2-2）。

土洞墓是在土壁的一侧向内挖出洞室，典型的墓例为皮央格林塘墓地M6，此墓为单室土洞结构，由墓道、墓室和龛室等组成，墓道位于墓室一侧，向上呈斜坡状，墓道西端与墓室相连，墓室北部挖出一长方形的浅坑葬入死者，墓室的东、南、西各壁挖出小龛以用放置随葬物品（图2-3）。

此外，在本区内还发掘出土过一些墓坑浅平、地表未见封土或封石墓丘的竖穴土坑墓，如皮央格林塘墓地M1—M3、M7、M8等。但从其中一些迹象观察，原来在地表和竖穴内有的还残存有石头的遗迹，如M3的墓室西北角有几块石块竖置，墓底也有石板[1]；M7发掘前在地表观察到有大石块，发掘过程中在上层中部填土中也发现有大石块[2]，由此推测可能这类墓葬原来的结构还是属于石丘墓类型，只是后来由于自然或人为的原因，石砌结构受到破坏才成为现在的状态。

1　四川大学中国藏学研究所、四川大学历史文化学院考古学系、西藏自治区文物事业管理局：《皮央·东嘎遗址考古报告》，成都：四川人民出版社，2008年，第212页。
2　四川大学中国藏学研究所、四川大学历史文化学院考古学系、西藏自治区文物事业管理局：《皮央·东嘎遗址考古报告》，成都：四川人民出版社，2008年，第213页。

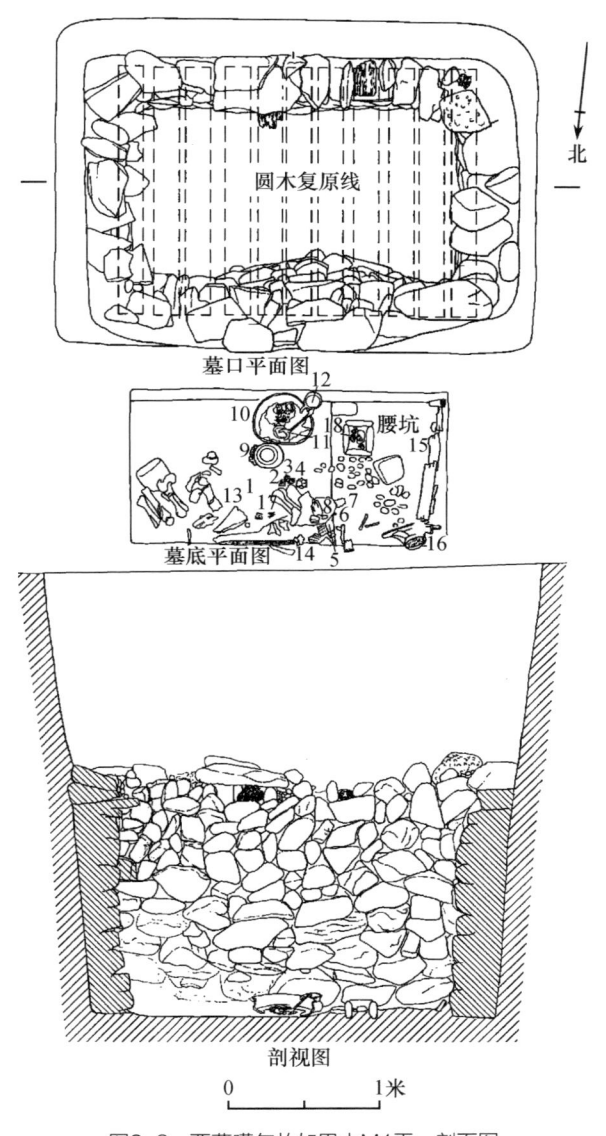

第二章　西藏西部史前交通网络的形成　047

图2-2　西藏噶尔故如甲木M1平、剖面图

1. 金面具　2—5. 银方形饰　6—7. 银圆柱形饰　8. 银饰片　9. 铜壶　10. 铜盆　11. 铜勺　12. 铜釜　13. 铜圆形饰件　14. 铁剑　15. 木棺残片　16. 方形木案　17. 料珠　18. 铁器残片　19—20. 铁马衔（叠压在8之下）

（采自中国社会科学院考古研究所、西藏自治区文物保护研究所：《西藏阿里地区噶尔县故如甲木墓地2012年发掘报告》，《考古学报》2014年第4期，图六）

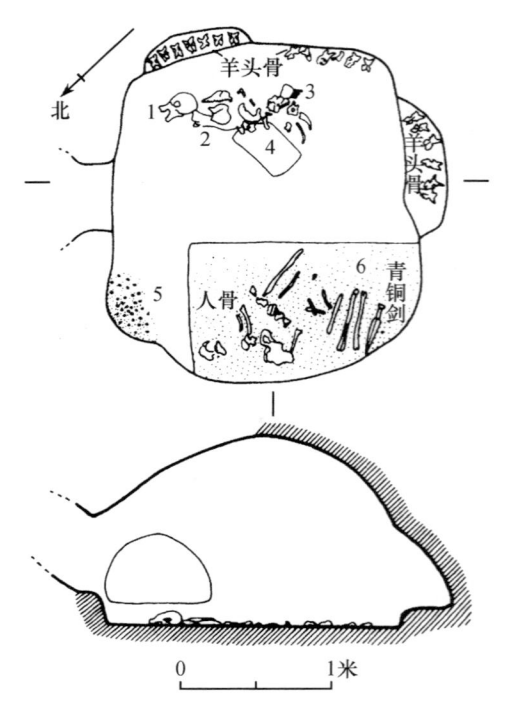

图2-3　西藏皮央格林塘M6墓室平、剖面图
1.陶罐　2、4.桦树皮残件　3.石镞　5.植物种子　6.青铜短剑
（采自四川大学历史中国藏学研究所、四川大学历史文化学院考古学系、西藏自治区文物事业管理局：《皮央·东嘎遗址考古报告》，成都：四川人民出版社，2008年，第218页，图8-68）

（二）埋葬习俗

从目前已发掘清理的墓葬来看，死者采取的葬式以屈肢葬、二次拣骨葬和火葬等方式为主，尤其是以侧身屈肢葬式和二次拣骨葬占据主流。大部分墓葬均未发现葬具的痕迹，但少数墓葬中发现有木棺的残痕。最初发现使用"箱式木棺"的报道见于札达县卡尔普墓地[1]，后来在噶尔县门士乡的故如甲木墓地、札达县托林镇的曲踏墓地中也发现了使用木棺的痕迹，经过正式考

---

[1] 在札达县托林寺内所设的"札达文物陈列室"内，笔者观察到这些箱式木棺的残片，并可参见吕红亮：《西喜马拉雅地区早期墓葬研究》，《考古学报》2015年第1期。

古发表的资料以故如甲木墓地M1出土的一具木棺最为完整,这具木棺发现于墓底西端,出土时残存四足及盖板残片(图2-4),根据四足位置、形状判断,应是长方形箱式木棺,长约0.9、宽约0.76米。原来的木棺构件大部分被寺院僧人拆除取走,后经复原后可知这具木棺高约0.7米,由四足、底板和盖板榫卯结构拼接而成(图2-5)。

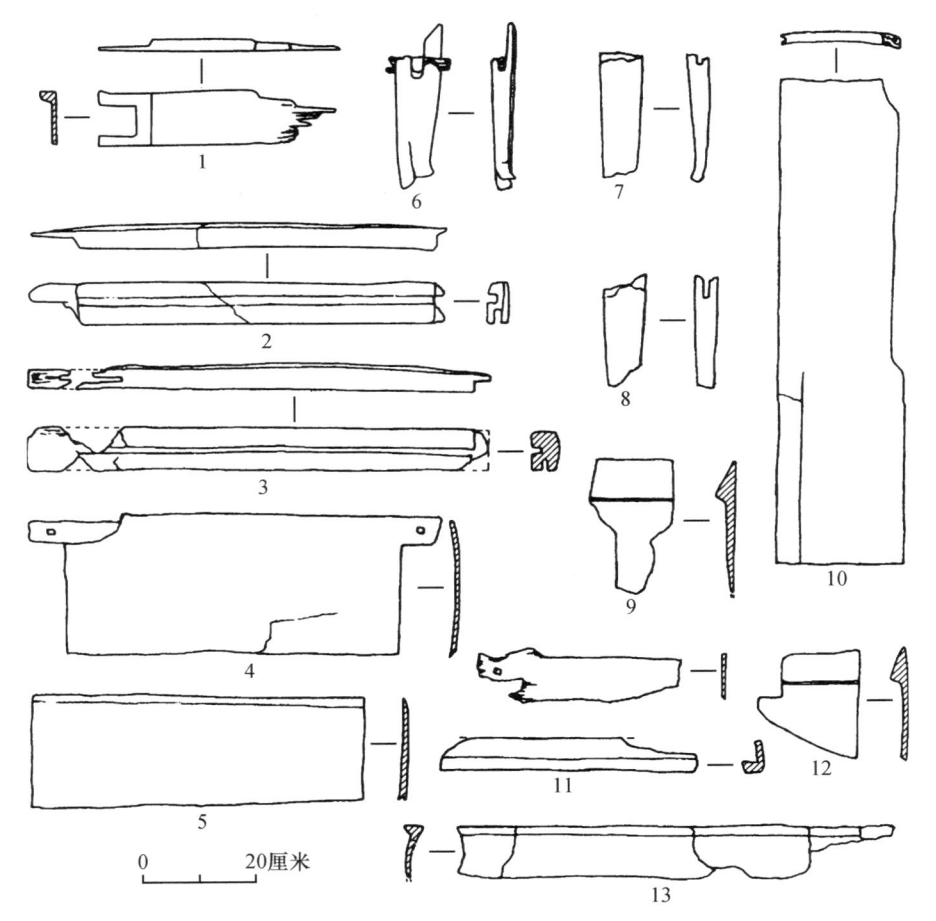

图2-4 西藏噶尔故如甲木墓地出土木棺残片

(M1:15)

(采自中国社会科学院考古研究所、西藏自治区文物保护研究所:《西藏阿里地区噶尔县故如甲木墓地2012年发掘报告》,《考古学报》2014年第4期,图一八)

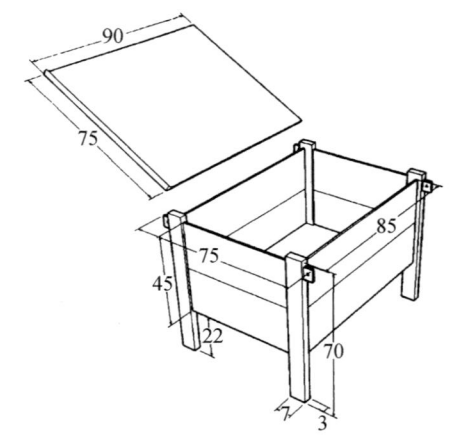

图2-5 西藏噶尔故如甲木墓地出土
木棺复原图
（长度单位：厘米）
（采自中国社会科学院考古研究所、西藏自治区文物保护研究所：《西藏阿里地区噶尔县故如甲木墓地2012年发掘报告》，《考古学报》2014年第4期，图一九）

值得注意的是，在故如甲木同一墓地发掘的4座墓葬中，仅发现M1使用木棺，其他各墓均未发现木棺的残迹，其原因可能与死者的身份、地位相关。据最初打开这具木棺的故如甲木寺僧人描述，死者葬入棺内，双手作束缚状置于胸前，头骨包裹有"王侯"文字鸟兽纹锦，棺内发现大量丝织物，在木棺周围还发现其他金属器、陶器和木器[1]，可知死者的身份特殊，故能够使用木棺作为葬具。

本区内个别墓葬还发现死者戴有黄金面具（覆面）的习俗。故如甲木M1死者的面部便覆盖有这样的黄金面具，面具为正方形，由金片压制而成，长4.5、宽4.3、厚0.1厘米，正面用红、黑、白三色颜料绘出人物面部五官特征，在面具的周边均匀地分布有八个小圆孔，直径0.2厘米，应为缝缀在较软质地的材料上使用，在面具周围还发现有较多的费昂斯串饰[2]。另在札达县曲踏墓地Ⅰ区M1也发现过一件黄金面具，大小与真人面部相仿，由冠部和面部两部分连缀而成，冠部长方形，长约14.2、宽14、厚0.01厘米，冠部正面并列錾刻出雉堞、立鸟、羊、穗状物等图案，冠部之下为面部，其上压印出五官，冠部和面部的边缘都有直径为0.2厘米的小孔，两两一组，背后衬有多层丝织物，并残留有打结的系带，冠部背后的丝织物还用薄木片加固。此外，

---

1 故如甲木墓地的发现系因一次偶发事件，最初打开M1的是其附近的故如甲木寺院的僧人，后来才由考古工作者进行正式的发掘清理。有关情况可参见金书波：《从象雄走来》，拉萨：西藏人民出版社，2012年，第81—97页。

2 仝涛、李林辉：《欧亚视野内的喜马拉雅黄金面具》，《考古》2015年第2期。

札达县曲踏墓地Ⅱ区也曾出土过一件黄金面具，呈椭圆形，长5.5、宽4.1、厚0.01厘米，由金片压制面部轮廓及眉眼、口鼻等五官，边缘处向后折转，可能用以固定在其他质地的材料上使用。

此外，本区早期墓葬中还有一些特殊的葬俗也十分引人注目。例如，故如甲木墓地的发掘者发现："根据填土中的堆积及随葬动物摆放情况，判断为二次葬，埋葬顺序应是先放置随葬动物，预留出圆形区域用以放置墓主人尸骨。墓坑可能敞开过一段时间，导致自然淤沙将墓底动物骨骼和随葬品掩埋，后尸骨埋入，与随葬品之间形成自然的地层分割。墓坑敞开的一段时间很可能是停厝待葬或进行尸体处理，并进行某种形式的祭祀。"[1]联系到墓葬出土的死者尸骨均十分散乱的情况来看，这种"停厝待葬"的丧葬风俗应为一种二次拣骨葬法。又如，该墓地M1在木棺下偏南置一方形腰坑，由四块砾石拼成正方形，内置小石块及铁器的残片，应为埋葬前的某种祭祀遗迹。再如，故如甲木墓地还发现一部分用来垒砌墓壁的石块上有涂朱的现象，也应与埋葬习俗中的原始信仰观念有关。

（三）动物殉葬习俗

本区内发现的墓葬均普遍流行以动物殉葬的习俗，其中既有完整的马、羊、狗等骨骼的发现，也有用大量的羊头、马头、动物肢骨等殉葬的情况。如在皮央格林塘墓地M6中出土羊头17个。另在故如甲木墓地M4中，动物殉葬还出现明显的分层现象：在距墓坑口深约0.5米处发现完整的马、狗骨各一具，可能为石砌墓室上方的祭祀层；墓室的底部随葬有完整的羊骨架7具和羊头5个，形成一个直径约1米的圆形动物祭祀区。

---

[1] 中国社会科学院考古研究所、西藏自治区文物保护研究所：《西藏阿里地区噶尔县故如甲木墓地2012年发掘报告》，《考古学报》2014年第4期。

（四）器物随葬习俗

本区墓葬中出土的随葬器物除极少发现的黄金面具、银饰件、丝绸等珍稀器物之外，较多出土陶器、竹木器、石器以及少量铜器、铁器。陶器以圜底形器较多，多见罐、钵等器形，带单柄和带流的器物也较常见，陶色以红褐色为主，少见平底器和带足器。竹木器类有方形的四足木案、马蹄形木梳、木奁、钻木取火器、竹编器、桦树皮袋等器类。铜器有剑、泡饰、马饰以及盆、钵、壶、釜、碗、杯等生活用具。铁器有长剑、矛、镞、马衔等器物。石器有纺轮、镞、磨刀石等物。

上述墓葬做过^{14}C测年的有皮央、东嘎墓地和故如甲木墓地等处，其中格林塘墓地M6出土木片的测年数据为距今2725—2170年，东嘎第Ⅴ区M6出土标本的测年数据为距今2370±80年[1]，故如甲木墓地的4座墓葬年代为距今1715—1855年，即2世纪至3世纪前半，总体而言相当于中原秦汉或汉晋时期，均早于唐代吐蕃王国的年代（7—9世纪），所以学术界一般将其归入到"西藏史前时期"或"前吐蕃时期"这个发展阶段来看待，本书则称其为"西藏西部早期墓葬"。

二、早期墓葬中的文化因素分析

西藏西部新发现的这批墓葬考古资料，给学术界提出了不少新的思考和新的问题。它们是否存在着自身的发展体系？与周边地区的考古学文化之间有何共性？是否与尼泊尔穆斯塘等地发现的早期墓葬同属于一个"跨喜马拉雅文化带"内的考古学文化？在目前有限的资料条件下，我们只能通过对墓葬文化因素的具体分析，提出一些初步的认识。

---

[1] 四川大学中国藏学研究所、四川大学历史文化学院考古学系、西藏自治区文物事业管理局：《皮央·东嘎遗址考古报告》，成都：四川人民出版社，2008年，第259页。

西藏西部地区早期古代墓葬最重要的特征之一，仍是在地表封树以石丘，在地下"以石筑墓"，从而形成石丘墓和石室墓这种基本的墓葬形制。石丘墓和石室墓是西藏高原早期普遍流行的墓葬形制，年代最早者可举拉萨曲贡墓地发现的同类墓葬[1]，曲贡墓地石室墓的用材和构筑方式与本区内东嘎、皮央等地发现的石丘墓、石室墓均十分相似。20世纪20年代中亚考古队的罗列赫（N.Roerich）在藏北高原、西藏中部也发现过石丘墓，特点是在墓上以石块或石板环绕，出土器物有青铜镞和铁镞[2]。所以，石丘墓和石室墓这一基本面貌表现出西藏西部与藏北和西藏中部地区墓葬所具有的某些共性。

若从更大的视野来加以考察，这类石丘墓在我国新疆地区、蒙古高原、前苏联阿尔泰及贝加尔湖地区以及中亚北方草原地带都有广泛的分布，而且在葬式上也主要流行屈肢葬、二次葬、火葬等葬法，在墓葬中以马、羊、狗等动物殉葬的习俗十分普遍，学术界一般将这类石丘墓和石室墓视为具有北方草原文化因素的考古学遗存，认为其与北方游牧文化带的古代游牧民族关联性很强[3]，西藏高原发现的石丘墓和石室墓也应归入这个大的文化体系当中来加以认识。

故如甲木墓地发现的4座石室墓是西藏西部石室墓系统当中级别较高的墓葬，所以在石室墓这个共性之外另具有特性。例如，M1不仅出土黄金面具、大量铜器、铁器和珍贵的丝织品，而且十分难得地还用木材来修筑墓室，墓顶用圆木封盖，墓壁可能还用了木材加以支撑。发掘者经实验室测试证实这

1　中国社会科学院考古研究所西藏工作队、西藏自治区文物管理委员会：《西藏拉萨市曲贡村石室墓发掘简报》，《考古》1991年第10期。
2　童恩正：《西藏考古综述》，《文物》1985年第9期。
3　有关中亚地区早期铁器时代墓葬的资料可参见［法］A.H.丹尼、［法］V.M.马松主编，芮传明译，余太山审订：《中亚文明史》第一卷《文明的曙光：远古时代至公元前700年》，北京：中国对外翻译出版公司，2002年，第312—358页。

些木材很可能是印度三尖杉属（*Cephalotaxus* sp.）[1]，这类树木可能来自喜马拉雅山麓的南坡，推测应是通过远程贸易获得。类似这种用圆木搭盖石室墓顶的做法，在"早期铁器时代"欧亚草原文化较高等级的墓葬中较为常见[2]，后来青海都兰唐代吐蕃墓葬也较多采用了这种构筑墓葬的方式[3]，可见这种传统延续的时间很长，而故如甲木墓地则是目前在青藏高原发现的使用这种筑墓方式最早的例证。

西藏西部发现的另一类墓葬是洞室墓，其形制较一般的石丘墓更显复杂，其构筑方式是"深挖土洞"而并非"以石筑墓"，所以从建墓方式来看应有别于石丘墓和石室墓系统。在这种洞室墓死者尸体和随葬器物之下铺垫一层红色的朱砂，这种现象令人联想到故如甲木墓地在筑墓的石块上"涂朱"的情形，两者显然均具有某种独特的原始宗教含义在内，表明这两类墓葬虽然形制有别，但也并非毫无联系。它们之间的差异究竟是由于文化系统上的相异或者年代上的差异造成的，还是因为死者的身份等级、社会地位的不同造成的，由于目前材料太少还难下结论，但笔者认为从皮央格林塘洞室墓M6出土的随葬器物种类较丰，并且一次可以随葬17个羊头的情况分析，后一种原因的可能性会更大。这类洞室墓以往在西藏高原尚未见到披露，应是具有本地文化特点的一种墓葬形制。

值得注意的是，在西藏西部迄今为止尚未发现与之毗邻的尼泊尔穆斯塘地区常见的"崖洞葬"葬法。过去在古格王国故城札不让的洞窟当中曾经发

---

1 王树芝：《故如甲木墓地M1所出木材的鉴定和树轮分析》，中国社会科学院考古研究所、西藏自治区文物保护研究所：《西藏阿里地区噶尔县故如甲木墓地2012年发掘报告》附录，《考古学报》2014年第4期。

2 典型的例子如苏联国立民族学博物馆于1929年发掘的阿尔泰巴泽雷克古墓，五座巨大的石室墓都采用了大量圆木构筑墓室，参见［苏联］А. Л. 蒙盖特：《苏联考古学》，中国科学院考古研究所资料室译，1963年，第138—139页。

3 参见北京大学考古文博学院、青海省文物考古研究所：《都兰吐蕃墓》，北京：科学出版社，2005年，第125—127页。

现过在窟内壁上开出龛室埋藏尸体的情况，与尼泊尔穆斯塘地区的葬俗似有相似之处，但如果联系到古格王国佛教盛行的历史背景来看，也不排除其属于利用佛教石窟掩埋僧人遗体的"瘗窟葬"这种可能性[1]。即使将其纳入到"崖洞葬"这一系统当中来加以考虑，目前在本区内也属孤例，还不能确定其与境外尼泊尔等地的崖洞葬有明确的关系。再从年代上来看，古格发现的这例材料也要比尼泊尔穆斯塘地区的崖洞葬晚得多，两者之间很难具有可比性。此外，虽然过去在考古调查中曾在西藏吉隆县境内也曾发现过葬尸于崖洞中的习俗[2]，但其年代多为近现代，与本节所论的早期墓葬也难以比较。所以，从总体上来看，西藏西部的这批早期墓葬与尼泊尔穆斯塘地区的崖洞葬在文化面貌上还是存在着较大的差别，目前还很难将二者纳入到一个共同的考古学文化系统当中来考虑。

若干线索表明，西藏西部早期墓葬以石丘墓、石室墓为主体的基本文化面貌，应当主要还是受到北方草原游牧文化系统的影响，但同时也可以观察到与周边文化之间的交流和联系。

首先，我们可以观察到来自汉地西域文化的影响[3]，这些影响很可能通过西域"丝绸之路"传入高原西部。其中最具代表性的是故如甲木墓地中带有"王侯"字样和鸟兽纹样的丝绸，与之相类似的带有"胡王"汉字的丝绸过去也曾在新疆吐鲁番阿斯塔那墓地和新疆营盘墓地中出土[4]，一般认为是由中原官方织造机构制作、赐予边疆地方王侯贵族或部落首领的标志性物品。故

---

1 霍巍：《古格故城壁葬为佛教瘗窟葬考》，《中国文物报》1995年7月16日第3版。
2 霍巍、李永宪：《藏南吉隆崖葬习俗的调查与初步研究》，四川大学博物馆、中国古代铜鼓研究学会编：《南方民族考古》（第三辑），成都：四川科学技术出版社，1991年，第271—286页。
3 "西域"这一概念有狭义与广义之分，本书所指的西域取其狭义，主要指我国玉门关以西甘肃、新疆一带，汉晋时期这一区域被中原中央王朝控制，汉文化通过"丝绸之路"传入这一地区，并占据主导地位。
4 赵丰：《纺织品考古新发现》，香港：艺纱堂服饰出版社，2002年；新疆文物事业管理局、新疆博物馆、新疆文物考古研究所等：《新疆维吾尔自治区丝路考古珍品》，上海：上海译文出版社，1998年，第130页。

如甲木墓葬中出土的一字格铁剑也具有中原文化的特点，发掘者认为其"有可能是仿汉地铁剑"。此外，故如甲木和曲踏墓地中出土的方形四足箱式木棺，是汉晋以来流行于西域的汉式葬具之一，虽然被西域各国有所改造，但其基本形制的源头应是来自于汉地[1]。故如甲木墓地和曲踏墓地中还出土有大量木竹器和草编器，如马蹄形木梳、方形四足木案、旋制的木盉、钻木取火器、草编器等，这些器物在新疆汉晋时期的墓葬中多有出土，形制特点也十分接近[2]。考虑到新疆南疆地区与西藏阿里高原自古以来就存在着交通路线与文化交流[3]，西藏西部早期墓葬中的这些具有浓厚汉文化色彩的因素很有可能是通过汉地西域南疆一带南传至阿里高原。

故如甲木墓地和曲踏墓地中均发现黄金面具，已有学者关注到在与之相毗邻的印度北方邦马拉里墓地、尼泊尔穆斯塘地区萨木宗墓地中也有相似的黄金面具发现，并提出这是一种在西喜马拉雅高山区域流传甚广的葬仪[4]。实际上，类似的丧葬习俗在我国新疆地区也十分常见，如伊犁哈萨克自治州昭苏波马墓葬中也同样出土过与之形制极为相似的黄金面具[5]，同时还在伊犁营盘墓地中发现过死者面部覆盖有贴金麻质的面具[6]、吐鲁番墓地中出土过鎏金铁面具[7]。若从更为广阔的视野加以考察，欧亚大陆这种制作和使用黄

---

1 这类汉式木棺在新疆汉晋时期墓葬中多有发现。可参见中国社会科学院考古研究所：《中国考古学·秦汉卷》，北京：中国社会科学出版社，2010年，第874—882页。

2 相关资料可参见：新疆文物考古研究所：《新疆伊犁县营盘墓地1999年发掘简报》，《考古》2002年第6期；新疆维吾尔自治区博物馆：《新疆民丰县北大沙漠中古遗址墓葬区东汉合葬墓清理简报》，《文物》1960年第6期；新疆维吾尔自治区博物馆、新疆文物考古研究所：《中国新疆山普拉——古代于阗文明的揭示与研究》，乌鲁木齐：新疆人民出版社，2001年。

3 有关新疆南部与西藏西部地区远古以来交通路线与文化交流等问题，可参见霍巍：《于阗与藏西：新出考古材料所见两地间的古代文化交流》，四川大学中国藏学研究所主编：《藏学学刊》（第3辑），成都：四川大学出版社，2007年，第146—156页。

4 参见吕红亮：《西喜马拉雅地区早期墓葬研究》，《考古学报》2015年第1期；仝涛、李林辉：《欧亚视野内的喜马拉雅黄金面具》，《考古》2015年第2期。

5 安英新：《新疆伊犁昭苏县古墓葬出土金银器等珍贵文物》，《文物》1999年第9期。

6 新疆文物考古研究所：《新疆尉犁县营盘墓地15号墓发掘简报》，《文物》1999年第1期。

7 ［俄］E·И·鲁伯-列斯尼契科夫著，李琪译：《阿斯塔那古代墓地》，《西域研究》1995年第1期。

金面具的葬俗曾广泛流行于公元前三千纪至公元前一千纪后半,在北非、西亚、中亚等各个地区都有发现[1]。从总体上讲,我国新疆、西藏甚至包括上述印度、尼泊尔一带所流行的黄金面具,都与这个大的文化背景有着密切的联系,可能都与欧亚大陆民族和文化之间通过西域"丝绸之路"的互动有关。有必要指出的是,我国中原地区早在商周之际,也流行掩蔽死者面部的"面衣""覆面"之制,甚至也有用玉、青铜等制作面具或五官掩蔽死者面部的习俗[2],但它和欧亚大陆这种黄金面具在丧葬文化背景上是有所区别的,不可简单地纳为一体看待。

此外,在西藏西部墓葬中出土了一批竹编器和桦树皮制品的残片,如皮央、东嘎墓葬中发现的桦树皮袋残片,表面有长条形和折线带状纹构成的几何图案[3],有意见认为它们可能来自喜马拉雅山南坡的低海拔山区,在尼泊尔穆斯塘地区的崖洞葬中也发现过同类制品,表面也雕刻有带状纹饰[4]。由于今天西藏西部地区已经没有森林,也不适合竹子的生长,所以这种可能性不能排除。但另一方面我们也应当注意到,这类桦树皮制品在公元前一千纪欧亚北方草原"斯基泰—西伯利亚文化"中也曾经十分流行,与北方游牧民族关系密切,在我国新疆地区汉晋时期墓葬中也有发现[5],所以,我国西藏和尼泊尔穆斯塘地区发现的这种桦树皮容器的残片,是否也是通过古代游牧部族从北方传来值得考虑。

西藏西部早期墓葬中发现的青铜器主要包括兵器、泡饰和容器等,其中皮央格林塘墓地中出土的青铜兵器、泡饰、扣饰残片等均具有较为明显的北

---

1 仝涛、李林辉:《欧亚视野内的喜马拉雅黄金面具》,《考古》2015年第2期。
2 王㭬:《复面、眼罩及其他》,《文物》1962年第7、8期合刊;武伯纶:《唐代的覆面和胡部新声》,《文物》1961年第6期。
3 四川大学中国藏学研究所、四川大学历史文化学院考古学系、西藏自治区文物事业管理局:《皮央·东嘎遗址考古报告》,成都:四川人民出版社,2008年,第218—219页。
4 吕红亮:《西喜马拉雅地区早期墓葬研究》,《考古学报》2015年第1期。
5 Christoph Baumer, *The History of Central Asia*, London: I. B. Tauris, 2012, p.222.

方草原地带游牧文化色彩（图2-6），尤其是格林塘M6出土的一件双圆饼首青铜短剑，与我国西南地区盐源出土的青铜短剑柄部的装饰几乎相同，吕红亮认为它有可能是从"金沙江流域西渐而来，属于远程交换物"[1]，由于目前材料有限，这个推测是否成立尚无定论，但这个现象至少提示我们关注西藏西部早期墓葬和青藏高原东部以及四川盆地等地青铜文化的联系是很有必要的。此外，故如甲木墓地还出土了一批青铜容器，器形有盆、钵、壶、碗、杯等（图2-7），其特点是器壁轻薄，表面均有烟熏过的痕迹，说明是用死者

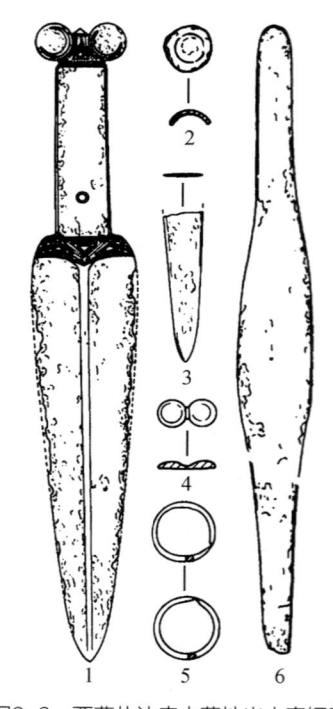

图2-6　西藏札达皮央墓地出土青铜器
1. 短剑（PGM6∶4）　2. 泡饰（PGM2∶1）　3. 剑残件（PSM4∶1）　4. 扣饰（PSM5∶5）
5. 环（PSM6∶1）　6. 铜片（PGM5∶3）
（采自四川大学中国藏学研究所、四川大学历史文化学院考古学系、西藏自治区文物事业管理局：
《皮央·东嘎遗址考古报告》，成都：四川人民出版社，2008年，第227页，图8-81）

1　吕红亮：《西喜马拉雅地区早期墓葬研究》，《考古学报》2015年第1期。

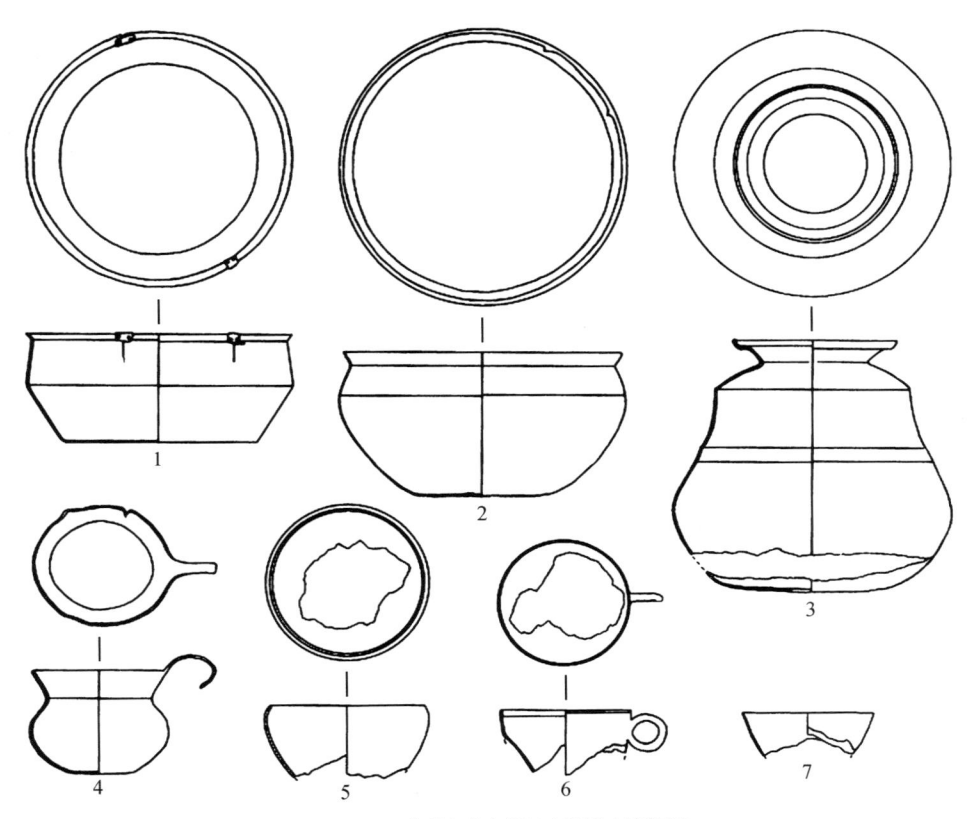

图2-7 西藏噶尔故如甲木M1出土青铜器

1. 盆（M1:10） 2. 钵（M1采:2） 3. 壶（M1:9） 4. 釜（M1:12） 5、7. 碗（M1采:4、M1采:3） 6. 杯（M1采:5）

（采自中国社会科学院考古研究所、西藏自治区文物保护研究所：《西藏阿里地区噶尔县故如甲木墓地2012年发掘报告》，《考古学报》2014年第4期，图一四）

生前的实用器物随葬。过去在西藏西部墓葬中没有发现过可与之相比较的同类青铜器物，目前还没有线索将其与周边地区的青铜器联系在一起，它们究竟是本地传统下的产物还是外来影响的产物尚有待进一步讨论。尤其值得注意的是，在其中一件铜壶的内壁和一件勺子的内壁均发现有"茶叶状植物叶片"残留，如果经鉴定可以确认为茶叶的话，那将是西藏高原发现的年代最早的煮茶和饮茶的考古实物遗迹，意义十分重大。茶叶传入西藏高原的路径可从汉地中原和南亚印度两个方向来设定，但若联系到西藏高原与汉地在文化上的密切关系来考虑，我们认为这些茶叶通过汉地（尤其是西域或者西南山地）传入的可能性也许更大。唐宋时期形成的汉藏之间的茶马贸易和所谓"茶马古道"，或许正是由此滥觞。

最后，我们再来观察讨论西藏西部早期墓葬出土的陶器群。从目前已知材料来看，出土陶器数量相对较多、器形比较完整的有札达县皮央、东嘎墓地和噶尔县故如甲木墓地等。皮央、东嘎墓地出土陶器主要的器形为圜底的钵、单耳圜底罐、单耳折肩圜底罐等，多为红褐陶，以绳纹为主，少数饰有几何刻划纹（图2-8）。故如甲木墓地出土陶器主要有圜底罐、圜底杯、平底杯、高足杯等器形，多为红陶，素面无纹饰（图2-9）。两相比较不难发现，这两处墓地出土的陶器很明显不是一个考古学文化系统，故如甲木墓地中出土的一侧带流的平底杯、高足杯等均不见于皮央、东嘎墓地，两者的圜底罐形制差别也十分明显，所以很难将其放置在一个考古文化系列之内加以排比。不过，这种一侧带流的平底器（主要是罐而不是杯）在新疆地区察吾呼沟口墓地较为流行[1]，两者之间是否有一定关联可以进一步关注。但就目前仅有的材料来看，还看不出西藏西部早期墓葬存在一个由早到晚较为明显的统一发展序列，各个墓地陶器群之间彼此的相关度仍然较低，可能与不同人群或者文化传统有关，还需要等待更多出土材料才能观察得更为清楚。

三、区域性中心的形成与跨区域文化的互动

近年来西藏西部早期墓葬的不断发现，对于藏族古代历史研究具有着重要的意义。有关西藏西部地区早期历史的文献记载，晚至唐代方开始出现，在《唐会要》《通典》《文献通考》《册府元龟》等汉文献记载当中，将这一地区

---

[1] 新疆文物考古研究所：《新疆察吾呼——大型氏族墓地发掘报告》，北京：东方出版社，1999年。

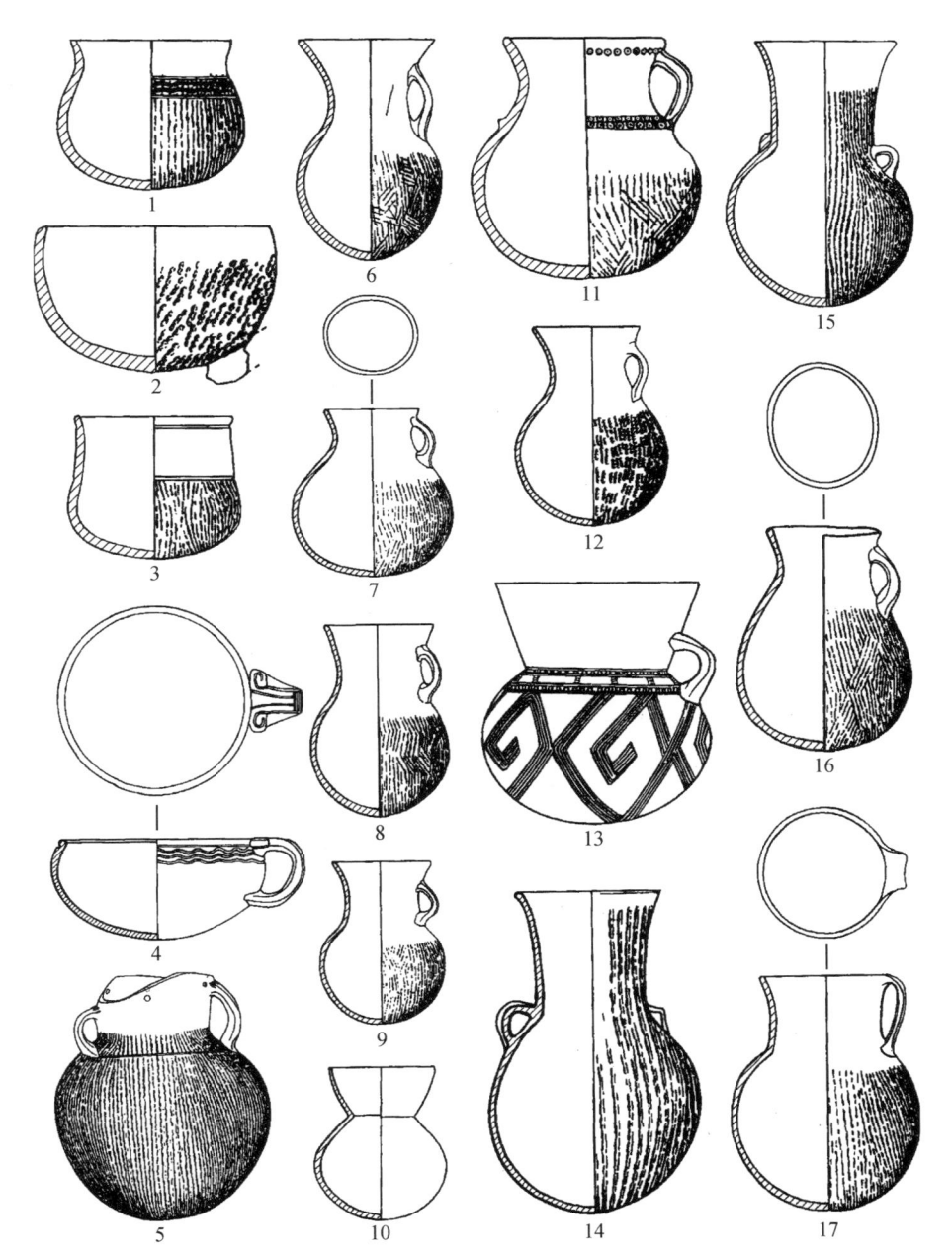

第二章 西藏西部史前交通网络的形成　061

图2-8 西藏札达皮央、东嘎墓地出土陶器
1—3. 圜底钵（DVM1∶1、PSM1∶2、DVM1∶2） 4. 单耳圜底钵（DVM1∶3）
5、14—15. 双耳圜底罐（PSM1∶3、PGM6∶1、PGM5∶1） 6—9、11—12、16—17. 单耳圜底罐（PGM3∶6、PGM3∶4、PGM9∶2、PGM9∶1、PGM3∶5、PGM3∶3、PGM3∶1、PGM5∶2） 10、13. 单耳折肩圜底罐（PGM3∶2、PSM1∶1）
（采自吕红亮：《西喜马拉雅地区早期墓葬研究》，《考古学报》2015年第1期，第17页，图三）

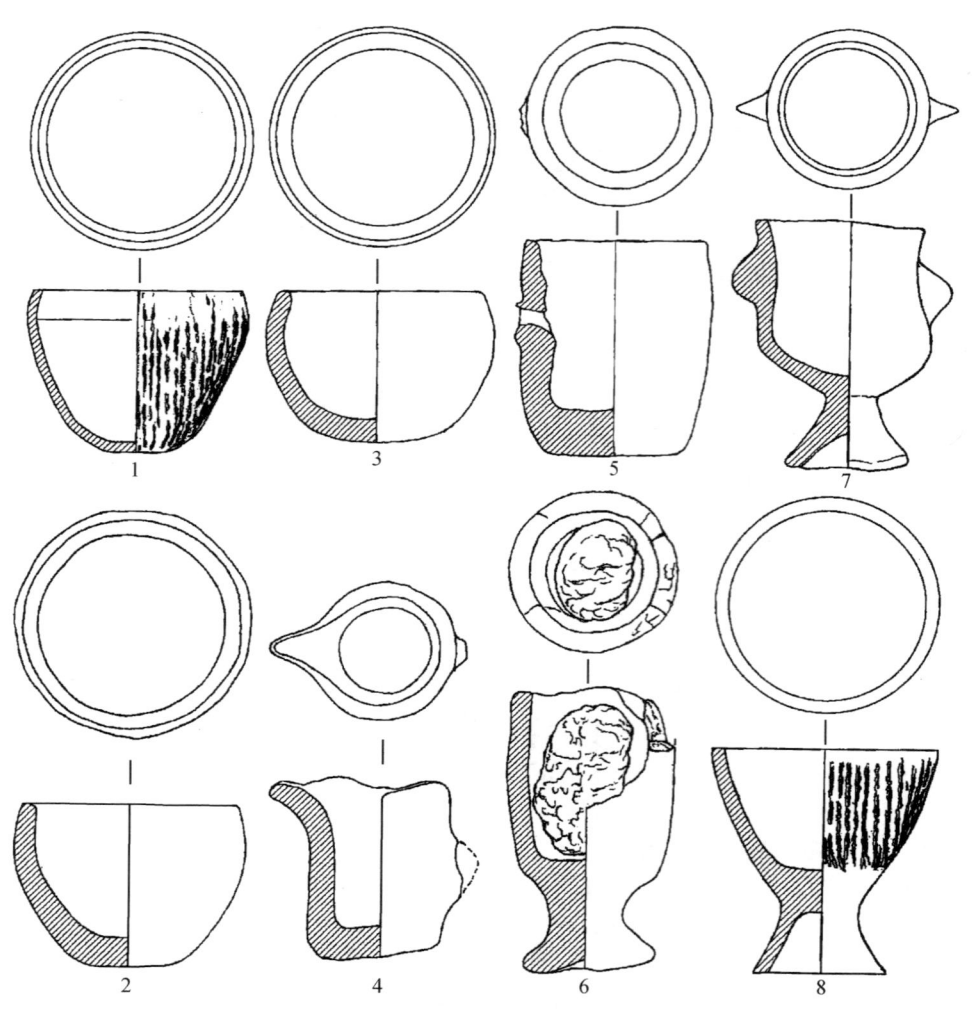

062 史前至唐代高原丝绸之路考古研究

图2-9 西藏噶尔故如甲木墓地出土陶器
1—3. 圜底杯（M4∶1、M1采∶27、M1采∶28） 4—5. 平底杯（M1采∶29、M1采∶30）
6—8. 高足杯（M1采∶31、M4∶2、M4∶3）
（采自中国社会科学院考古研究所、西藏自治区文物保护研究所：《西藏阿里地区噶尔县故如甲木墓地2012年发掘报告》，《考古学报》2014年第4期，图一三）

称之为"大羊同""小羊同",如《通典·边防六》"大羊同"条下载:

> 大羊同,东接吐蕃,西接小羊同,北直于阗。东西千余里,胜兵八九万人。其人辫发毡裘,畜牧为业。地多风雪,冰厚丈余,所出物产,颇同蕃俗。无文字,但刻木结绳而已。刑法严峻。其酋豪死,抉去其脑,实以珠玉,剖其五脏,易以黄金,假造金鼻银齿,以人为殉,卜以吉辰,藏诸岩穴,他人莫知其所,多杀牦牛羊马,以充祭祀,葬毕服除。其王姓姜葛,有四大臣分掌国事。自古未通,大唐贞观十五年,遣使来朝[1]。

唐人的一些游记当中也出现了类似的记载。如唐代著名僧人道宣(596—667年)所著《释迦方志》卷上《遗迹篇第四》记载"婆罗吸补罗(北印度)"的道路情形时,特别指出与之相邻近的西藏西部地区的情况:

> 国北大雪山有苏伐剌拏瞿呾罗国,(言金氏也。)出上黄金。东西地长,即东女国,非印度摄,又即名大羊同国,东接土蕃,西接三波诃,北接于阗。其国世以女为王,夫亦为王,不知国政。男夫征伐种田而已[2]。

唐代史料当中所记载的羊同(女国),目前学术界一般认为也就是藏语中的象雄。如张毅曾论述说:"杨同,两《唐书》作羊同,即藏语中的象雄。……羊同在日喀则以西,直至阿里的广大区域内,人口也相当众多。它在吐蕃的十二小邦中名列第一。苯教古代传说中把吐谷浑、党项、苏毗、羊同列为内四族,孟族、突厥、吐蕃、汉族列为外四族。这说明吐蕃兴起之先羊同在古代西藏的重要性。羊同不仅人口众多,藏文有所谓'一切象雄部落'之称,又处于西藏西部的高峻地带,与后藏仅有玛法木湖一水之隔,对

---

[1] (唐)杜佑撰,王文锦、王永兴、刘俊文等点校:《通典》卷190《边防六》,北京:中华书局,1988年,第5177—5178页。

[2] (唐)道宣著,范祥雍点校:《释迦方志》卷上《遗迹篇第四》,北京:中华书局,1983年,第37页。

吐蕃有居高临下之势。吐蕃兴起向外扩张时，为了除去后顾之忧，首先就征服羊同"[1]。羊同被吐蕃征服之事在《敦煌本吐蕃历史文书》P.T.1228"大事记年"中有明确记载："此后三年，墀松赞赞普之世，灭'李聂秀'，将一切象雄部落均收于治下，列为编氓"[2]。

如上所述，汉藏文献记载都认为早在7世纪吐蕃王朝兴起之前，这个地区已经存在着古老的文明，其特点是以游牧为主、兼以农作，出现了早期的国家形态，并在唐贞观年间与中原唐王朝有过朝贡关系，其后才被强大起来的吐蕃王国所兼并。但是，长期以来，由于考古材料的缺乏，我们还无法更多地了解这个被称为"羊同"或"象雄"的部落集团早期的历史以及社会生活方面具体的情况。

从近年来西藏西部地区考古发现的早期墓葬当中，我们可以观察到不少考古现象可与文献记载进行参互比较。例如，从故如甲木墓地M1出土带有"王侯"字样的汉地丝绸、黄金面具，随葬较多器物的情况来看，墓葬的死者很可能身份等级较高，与文献记载的当地"酋豪"地位相当，并且与中原王朝之间早在汉晋时期便已经通好往来。文献记载这些"酋豪"死后要采取特殊的丧葬仪式："抉去其脑，实以珠玉，剖其五脏，易以黄金，假造金鼻银齿，以人为殉"，这与墓葬出土的情况也十分相近。

在故如甲木墓地附近，考古发现了具有城堡性质的卡尔东遗址[3]，有学者认为两者之间有着密切的关系，"可以推测墓葬的主人应是卡尔东城址的修建者或者使用者"[4]。还可关注的是，在这处城址附近还发现了一处名为

---

1 （唐）慧超原著，张毅笺释：《往五天竺国传笺释》，北京：中华书局，2000年，第66页。
2 王尧、陈践译注：《敦煌本吐蕃历史文书》（增订本），北京：民族出版社，1992年，第145页。
3 霍巍：《西藏西部象泉河流域穹隆遗址的考古调查》，中国藏学研究中心、奥地利维也纳大学编：《西部西藏的文化历史——来自中国藏学研究机构和维也纳大学的最新研究》，北京：中国藏学出版社，2008年，第20—34页。
4 中国社会科学院考古研究所、西藏自治区文物保护研究所：《西藏阿里地区噶尔县故如甲木墓地2012年发掘报告》，《考古学报》2014年第4期。

"泽蚌"的古墓地，墓地中建构有两座高大的积石冢，墓丘残存高度达到2—6米，最大边长达到62米，逐层向上收分，形如阶梯[1]。如此规模巨大的积石冢在西藏周边欧亚草原地带均有发现，其墓主人往往被认为是游牧部落的贵族和首领[2]，所以可以初步推定卡尔东遗址附近的这两座巨大的积石冢也应是当地"酋豪"的墓葬，代表着社会最高等级，处在社会结构当中"金字塔"的顶端。而被考古学者命名为"卡尔东"的这座城堡遗址，现代故如甲木寺院的僧人和当地群众都认为它就是后期藏文文献记载和口碑传说当中的"穹隆银城"，称其为"穹隆·俄卡尔（Khyung lung dngul mkhar）"，或"穹隆·卡尔东（Khyung lung mkhar bdong）"，并认为其在藏语中的含义即为"穹隆银城"[3]。近年来在对这座城堡遗址进行考古调查和发掘过程中，不仅在城堡内发现石砌的房屋建筑遗址、祭坛、通向山下的暗道、石块与土砖混合砌成的城墙，还出土石磨盘、石磨杵、铁三角、铁甲片、铁箭镞、羊距骨等大量遗物[4]，可以初步断定其的确是当时西藏西部地区一个重要的中心城堡。

处在这个社会结构中层和基层的民众，也形成与自身地位相适合的丧葬礼仪。从皮央和东嘎墓地、故如甲木墓地、曲踏墓地等几处相对地理位置较为接近的墓地所反映出的文化面貌上看，它们既有着本区内早期墓葬若干相似的共性，但也有明显的特性，很可能是由这个区域内不同的部落人群各自形成的墓地，等级有高有低，文化传统保持着不同的特点。

1　霍巍：《西藏西部象泉河流域穹隆遗址的考古调查》，中国藏学研究中心、奥地利维也纳大学编：《西部西藏的文化历史——来自中国藏学研究机构和维也纳大学的最新研究》，北京：中国藏学出版社，2008年，第20—34页。
2　林梅村：《阿尔泰山和天山的大石冢》，余太山主编：《欧亚学刊》（第三辑），北京：中华书局，2002年，第101—115页。
3　为笔者提供这一看法的主要为现故如甲寺本教住持格龙丹增旺扎。
4　霍巍：《西藏西部象泉河流域穹隆遗址的考古调查》，中国藏学研究中心、奥地利维也纳大学编：《西部西藏的文化历史——来自中国藏学研究机构和维也纳大学的最新研究》，北京：中国藏学出版社，2008年，图11。

上述这些考古现象已经足以表明，最迟在公元一千纪前后，在这个区域内已形成了一个区域性的古老的文明中心，这个中心已经具有较为复杂的社会结构，来自各地的人群汇聚于中心之内，不仅带来和保持着自身的传统文化特点，而且也逐渐开始形成区域性的有若干共同特点的文明标志，积石冢、石丘墓、石室墓、黄金面具、箱式木棺、青铜器、丝绸和茶叶的远程贸易等各项因素的出现，显示出跨区域文化之间的交流与互动。那么，如果从文献与考古资料相互整合的结果来看，历史上与这个文明中心最相符合的古代族群，就只能非"象雄"（羊同）莫属了。当然，由于象雄是一个地域辽阔、族群成分极为复杂、历史传承十分久远的历史和民族的概念，目前的考古材料所能揭示出的仅仅是这座庞大冰山的一角，但其所蕴含的学术价值和意义，却是不能低估的。

第二节　羊同"酋豪"与丝路开通

在中原汉族史家和藏地历史学家的文献记载当中，西藏西部直到吐蕃王朝兴起之前，似乎还处在一个极为蛮荒、落后的社会发展阶段。最常被人们引证的史料之一，是前引唐人杜佑《通典·边防六》"大羊同"条下对这个区域的那段描述。汉文史书中的"大羊同"，大体可以比定为藏文史书中所称的"象雄"之主体部分，学术界通常认为也包括了今天西藏西部地区在内。但即使是在汉族史家带有浓厚传说色彩的文字当中，也仍然透露出一些重要的历史信息值得注意。

第一，这个区域虽然自然条件极差，"地多风雪，冰厚丈余"，但已经有了较为复杂的社会分层，出现了最高统治者"酋豪"，其下设有"四大臣分掌国事"，可见其已具有基本的社会管理和组织形态。第二，这些"酋豪"享有区别于其他民众的特殊葬礼，采用外科手术式的遗体处理方式，不仅要"抉去其脑,实以珠玉,剖其五脏,易以黄金,假造金鼻银齿",而且还要以大量"牸牛羊马,以充祭祀",甚至不惜"以人为殉"。这些特点均表明当时的社会阶级分化严重,人与人之间贵贱分明。第三,与中原王朝之间已经建立起联系,但在晚至唐代初年贞观十五年(641年)方才正式有了通使往来。

汉、藏文献中对于西藏高原早期人类及其活动的记载都较为晚近,对于号称"世界屋脊之上的屋脊"的西藏高原西部地区,中原史家和藏族史家留给我们的文献记载则更为鲜见。直到唐代及其以后,才在诸如《唐会要》《通典》《文献通考》《资治通鉴》等官修史书以及慧超《往五天竺国传》、道宣《释迦方志》等巡礼西天的佛教僧侣的游记当中,出现了记载"羊同"的一些片段。学术界长期以来一般倾向认为,唐代以来汉文史料中所记载的"羊同",大致地理范围可以比定在本书所论的西藏高原西部、西南部和北部局部地区这一广袤空间,与藏文史书中所载的"象雄"或可对应[1]。然而,如果再向上追溯到汉晋时期,对于这一区域的历史记载则几乎为空白。近年来,随着这一地区考古工作的深入开展,揭示出一些重要的线索,极大地弥补了文献史料之不足,也为汉晋时期陆上丝绸之路的延伸与开拓提供了新的认识。

一、西藏西部发现的"酋豪"墓及其丧葬习俗

唐代以来的汉文文献当中,对于西藏西部和北部地区多记载为"羊同",认为其有大、小羊同之分,二者紧相毗邻。关于"大羊同"的地望,由于近年来在西藏吉隆县境内考古调查发现的唐代显庆年间唐使王玄策使团

---

[1] 才让太:《古老象雄文明》,《西藏研究》1985年第2期;霍巍:《从新出唐代碑铭论"羊同"与"女国"之地望》,《民族研究》1996年第1期;范祥雍:《唐代中印交通吐蕃一道考》,朱东润、李俊民、罗竹风主编:《中华文史论丛》(总第二十四辑),上海:上海古籍出版社,1982年,第195—228页。

所刻《大唐天竺使之铭》上有"（唐）显庆三年……届于小杨童（同）之西"的字句，可以由此确定小羊同位于今后藏日喀则一带，而大羊同则应在小羊同之西，正好与今天西藏阿里、藏北等地大致相当[1]。

在汉人史家的笔下，这个地区自然环境严酷，文明发展水平较低，主要以畜牧为业，没有创造出文字，记事采用刻木结绳等原始的方式。但是，其中的"酋豪"（大约相当于部落首领一类人物）却与众不同，尤其是他们的丧葬习俗及其鲜明的特点给人以十分深刻的印象。归纳其特点，大体有三：第一，从遗体的处理上看，这些酋豪死后要对其遗体采取一些特殊的处理方法，不仅要采用外科手术式的方法将遗体中易腐的脑、内脏等加以清除，再用珠宝、黄金等贵重物品加以填充，另外还要对面部的五官以金银类物品加以美化。第二，从葬所的选择上看，经过巫者的占卜之后，将葬地"藏诸岩穴"，不让他人知其去向。第三，在丧葬过程中"多杀牦牛羊马"，进行祭祀活动，等活动结束之后一切恢复原状。

长期以来，史学界对于这些文献记载并未引起足够的重视，它们究竟是些不足征信的汉族史家们的道听途说，还是某种真实历史片段的反映？在没有足够的证据之前，对于这片距离中原千里之遥的西部边陲，人们只能是隔雾观花，停留在历史的想象之中。近年来，随着西藏考古工作的开展，新出土的考古材料对于这段文字的解读提供了大量形象、具体的实物证据，让我们得以重新审视有关古代"羊同"及其"酋豪"的若干历史线索。

2005年，在西藏阿里境内噶尔县象泉河北岸的一个河谷台地上，由于偶然的原因，发现了故如甲木墓地[2]。随后，考古学者连续三年在此进行考古发

1　霍巍：《从新出唐代碑铭论"羊同"与"女国"之地望》，《民族研究》1996年第1期。
2　金书波：《从象雄走来》，拉萨：西藏人民出版社，2012年，第81—91页；霍巍：《一方古织物和一座古城堡》，《中国西藏》2011年第1期；仝涛：《西藏阿里象雄都城"穹隆银城"附近发现汉晋丝绸》，《中国文物报》2011年9月23日第4版；中国社会科学院考古研究所、西藏自治区文物保护研究所：《西藏阿里地区噶尔县故如甲木墓地2012年发掘报告》，《考古学报》2014年第4期。

掘，并同时开始调查和发掘与之相距约200千米的阿里札达县境内的曲踏墓地[1]。在这两处墓地中，相继出土了多座形制不同、规格不等的墓葬和各种质地的随葬器物[2]。观察分析这批新出土的墓葬材料，既有不少与文献记载似可暗合之处，更有许多文献记载所缺失的更加丰富的细节。

首先，这两处墓地中都发现了大量动物随葬、殉葬的现象，既有用全牲整体下葬的，也有肢解之后下葬的，所埋葬的层次也各不相同，有的是用于墓葬顶部；有的是用于墓内不同的位置；还有些动物甚至与人骨相互混杂在一起，这可能与丧葬过程中杀牲祭祀的不同仪轨有关，印证了文献记载中"多杀犷牛羊马"的风俗的确存在。

其次，这两处墓地目前在地表上都没有发现明显的标识物，如封土、石丘之类，曲踏墓地所发掘出土的墓葬有的为带有竖穴墓道的洞室墓形制，有的全部采用深而狭窄的直下式墓坑，其总体特点都是"深藏不露"，与文献记载所称"藏诸岩穴，他人莫知其所"习俗亦有相互吻合之处。

最后，死者遗体大多有经过人为处理的痕迹。其中，故如甲木2012年发掘出土的1号墓（编号为M1）是出土器物最为丰富、丧葬特点最为突出、墓主身份最为显赫的一座墓葬。据发掘简报记述，此墓形制为长方形竖穴土坑石室墓，长约4、宽约2米，四壁均用石块垒砌，个别石块表面尚余涂朱痕迹，顶部用圆木横置覆盖。由于出土时已经被人为破坏，墓中死者的葬式系由墓地附近寺院僧人追述："人骨发现于木棺内，双手作束缚状置于胸前，人骨发黑，具体葬式不明，头骨包裹有'王侯'文鸟兽纹锦，棺内发现大量

1　吕红亮：《西喜马拉雅地区早期墓葬研究》，《考古学报》2015年第1期；仝涛、李林辉：《欧亚视野内的喜马拉雅黄金面具》，《考古》2015年第2期；中国社会科学院考古研究所、西藏自治区文物保护研究所、阿里地区文物局、札达县文物局：《西藏阿里地区故如甲木墓地和曲踏墓地》，《考古》2015年第7期。

2　霍巍：《西藏西部的早期墓葬及其与周边文化的关系》，中国人民大学北方民族考古研究所、中国人民大学历史学院考古文博系编：《北方民族考古》（第2辑），北京：科学出版社，2015年，第103—121页。

丝织物，具体位置不详"[1]，后来考古工作者所收集到的其他金属器、陶器和木器等大多发现于木棺周边范围，并且推测"人骨经鉴定为30—35岁的男性，根据木棺形制、大小，应是二次葬"[2]。从死者的性别、年龄和随葬品的丰厚程度看，其"酋豪"的身份大致可以确认。

2012年度发掘出土的其他几座墓葬墓主人骨都很散乱，推测均为二次葬，发掘者还观察到一个很重要的现象："根据填土中的堆积及随葬动物摆放情况，判断为二次葬，埋葬顺序应是先放置随葬动物，预留出圆形区域用以放置墓主人尸骨。墓坑可能敞开过一段时间，导致自然淤沙将墓底动物骨骸和随葬品掩埋，后尸骨埋入，与随葬品之间形成自然的地层分割。墓坑敞开的一段时间很可能是停厝待葬或进行尸体处理，并进行某种形式的祭祀"[3]。虽然发掘者没有进一步推测死者的尸体是采用了何种处理方式，但很显然可以证实这种葬法与正常的下葬是有所区别的。2013年这个墓地中发现的墓主人骨骸的情况更为散乱，也多为二次葬，有的墓室内发现人头骨多达10个，还多见人头骨与躯干、四肢骨骸甚至与动物骨骸混杂在一起的现象[4]。这或有可能与某种特殊的杀牲祭祀仪轨有关，也有可能反映出对死者尸体进行处理的某种特殊现象。

尤其引人注目的是，在故如甲木M1中出土了一件黄金面具，系用金片压制而成，正面用红、黑、白三色颜料绘出人物面部，周边有八个小孔，可以用来缝缀在其他质地较软的材料上。这就印证了该墓中死者的面部覆盖有

1　中国社会科学院考古研究所、西藏自治区文物保护研究所：《西藏阿里地区噶尔县故如甲木墓地2012年发掘报告》，《考古学报》2014年第4期。

2　中国社会科学院考古研究所、西藏自治区文物保护研究所：《西藏阿里地区噶尔县故如甲木墓地2012年发掘报告》，《考古学报》2014年第4期。

3　中国社会科学院考古研究所、西藏自治区文物保护研究所：《西藏阿里地区噶尔县故如甲木墓地2012年发掘报告》，《考古学报》2014年第4期。

4　中国社会科学院考古研究所、西藏自治区文物保护研究所、阿里地区文物局、札达县文物局：《西藏阿里地区故如甲木墓地和曲踏墓地》，《考古》2015年第7期。

黄金面具。曲踏墓地位于札达县县城附近，此处墓地墓主人尸骨的情况有仰身直肢葬、侧身屈肢葬、二次葬等多种葬式，也出土了两件黄金面具：其中一件面具为椭圆形，在金片上压制出面部轮廓和五官，边缘处折向背面，可以固定在其他物品之上。另一件面具大小与真人面部相仿，额部有一长方形牌饰，如同冠饰，上刻有动物与植物图案，面部錾刻出五官，面具边缘有两个一组的小孔，用系带与背面的多层丝织物缝缀在一起。这些黄金面具的发现，与文献记载的以金银类物品对死者面部加以美化的做法也暗相吻合。

综上所述，上述这些考古发现，与文献记载中关于古代羊同"酋豪"的丧葬习俗有着十分惊人的相似之处，这就让我们不得不再次审视这个区域古代文明发展的真实水平，通过考古发现所揭示出的若干细节，来重新构建和复原一个业已消逝的时代风貌。

二、羊同"酋豪"的对外联系与交流

据《通典》所载，羊同已经进入到阶级社会，有了地方性的权力组织形态："其王姓姜葛，有四大臣分掌国事"。与之大体上可能同时的敦煌出土古藏文写卷P.T.1287《赞普传记》中，也记载象雄（羊同）在松赞干布时期曾与吐蕃联姻结好，松赞干布派遣"赞蒙赛玛噶往象雄作李迷夏之王妃"，象雄王与王妃居住在"琼垄堡寨"之中，最后由王妃作为内应，引导吐蕃"发兵攻象雄之王，统其国政，象雄王李迷夏失国，象雄一切部众咸归于（吐蕃）辖下收为编氓"诸事[1]，由此可见，羊同的社会形态很可能是一个庞大的部落联盟，其部落首领可统率"一切部众"；国中已经有定居的城堡，其最高首领之下还有所谓"大臣"分掌国政，由此可见，其文明发展的程度应当已经具有相当的水平。

---

1 王尧、陈践译注：《敦煌本吐蕃历史文书》（增订本），北京：民族出版社，1992年，第167—168页。

从考古发现的资料来看，故如甲木墓地附近的山头上就有一座规模巨大的城堡遗址，当地群众指认其为"琼垄银城"，城内发现有房屋、城墙、祭坛、暗道等各类遗址和铁甲片、铁三角、石器、青铜像等遗物。城堡下的河谷平原上分布着大量的古墓葬，其中包括体量巨大的两座石丘墓和具有祭祀性质的大型石构遗迹[1]。这些遗存的年代可能延续的时间较长，但与故如甲木墓地和曲踏墓地应有相互重合的时段[2]，可以作为一个旁证，证明这个区域内社会的复杂化程度。综合这些因素分析，故如甲木和曲踏墓地很可能与这座城堡同属于羊同时代，虽然这两处墓地目前均未全面揭露，但可以初步肯定当中构建相对复杂、随葬品较为丰厚的墓葬，其墓主人很有可能就是羊同的"酋豪"。

《通典》的记载还反映出，这个位于西藏西部古老的边地王国在唐太宗贞观十五年（641年），还曾作为一个独立的政治实体遣使中原，与中原王朝建立过联系，其时应当是在被吐蕃松赞干布灭亡之前。从故如甲木墓地和曲踏墓地出土的材料来看，这种联系可能早已存在，其中最为重要的证据，是丝绸、茶叶、黄金面具等高级奢侈品的发现。

故如甲木墓地M1中出土了大量的丝绸，据初步检视，有四种不同的纺织品，包括织锦和平纹织物两类，材质有桑蚕丝、柞蚕丝和麻[3]，其中墓主人头骨所包裹的丝绸为鸟兽纹锦，基本构图最下层为波状纹饰，每个波曲内饰一组对鸟，足踏祥云，波曲间饰背对的鸟首纹饰，每个单元内围绕中心的神

1　霍巍：《西藏西部象泉河流域穹隆遗址的考古调查》，中国藏学研究中心、奥地利维也纳大学编：《西部西藏的文化历史——来自中国藏学研究机构和维也纳大学的最新研究》，北京：中国藏学出版社，2008年，第20—34页。

2　霍巍：《西藏西部的早期墓葬及其与周边文化的关系》，中国人民大学北方民族考古研究所、中国人民大学历史学院考古文博系编：《北方民族考古》（第2辑），北京：科学出版社，2015年，第103—121页。

3　这座墓葬中出土丝绸的情况至今未见具体的数量统计公布，在金书波《从象雄走来》一书中披露数量极多（拉萨：西藏人民出版社，2012年，第81—91页）。

树有对称分布的朱雀、白虎，四角对称分布青龙和玄武等"四神"，四神之间有汉字"王侯"字样。最上层以神树为对称轴饰以背对而立的虎状有翼神兽，尾部放置一件三足汉式鼎，其旁有汉字"宜"[1]。这件丝绸无论是图案元素中的四神、汉式鼎，还是汉字"王侯""宜"等字样的出现，都充分显示出它所具有的中原文化因素的特征，鉴于西藏当地从来没有制作丝绸的传统，它只能是从汉地经过某种途径传来。过去在新疆吐鲁番阿斯塔那汉晋时期墓葬和新疆营盘墓地中也出土过带有"胡王""王侯"等字样的织锦[2]，构图的形式也与西藏所出的这件"王侯"锦基本一致，所以学术界一般认为，这类织锦很可能都是由汉地工匠或织造机构专为边疆定制，通过商贸交换、官方赏赐等不同的方式流传到边地，成为专供"酋豪"享用的高级奢侈品。

除丝绸之外，在墓地中发现的另一类高级奢侈品还有茶叶。如在故如甲木M1的一件铜盆、一件铜壶内都分别发现了"疑似茶叶"的痕迹，铜盆内发现"茶叶状植物叶片结块，由于铜锈染作绿色"；铜壶内"发现有褐色茶叶状植物叶片残留，部分被铜锈染为绿色"[3]；曲踏墓地M4内发现木案3件，其中一件为四足鼎形，案面呈圆盘状，"内盛茶叶状食物残渣"[4]。对于这批"疑似茶叶"经自然科学家对其植硅体和植钙体进行鉴定后表明，"这些考古植物样品中都含有只有茶叶才同时具有的茶叶—植钙体、丰富的茶氨酸和咖啡因等可以相互验证的系统性证据，组成一个证据链"，从而确认其"都

---

1 中国社会科学院考古研究所、西藏自治区文物保护研究所：《西藏阿里地区噶尔县故如甲木墓地2012年发掘报告》，《考古学报》2014年第4期。
2 赵丰：《纺织品考古新发现》，香港：艺纱堂服饰出版社，2002年；新疆文物事业管理局、新疆博物馆、新疆文物考古研究所等：《新疆维吾尔自治区丝路考古珍品》，上海：上海译文出版社，1998年，第130页。
3 中国社会科学院考古研究所、西藏自治区文物保护研究所：《西藏阿里地区噶尔县故如甲木墓地2012年发掘报告》，《考古学报》2014年第4期。
4 中国社会科学院考古研究所、西藏自治区文物保护研究所、阿里地区文物局、札达县文物局：《西藏阿里地区故如甲木墓地和曲踏墓地》，《考古》2015年第7期。

是茶叶"[1]。这个极为重要的考古发现表明，早在汉晋时代（故如甲木墓地的年代经 ^{14}C 测年约当2—3世纪），茶叶便已经传入到西藏西部地区，这是迄今为止西藏高原最早的有关茶叶出土的考古实物证据。

如前如述，在故如甲木M1、曲踏墓地中还一共出土了3件黄金面具，考古发现的类似这样的黄金面具在喜马拉雅地区的中段和西段共发现5件，分别为：西藏故如甲木墓地1件、西藏曲踏墓地2件、印度北方邦马拉里墓地出土1件、尼泊尔穆斯塘萨木宗墓地出土1件。与喜马拉雅地区出土的这类黄金面具最为近似的黄金面具，还包括我国新疆昭苏波马墓地出土的1件、中亚吉尔吉斯斯坦萨石墓地出土的1件。据研究，这一习俗在欧亚大陆起源甚早，在欧亚大陆东部地区主要流行于公元前后到公元6世纪之间，"其出现、流行和传播可能与帕提亚波斯和萨珊波斯的文化密切相关。中亚地区包括新疆是丧葬用黄金面具发现比较集中的区域"[2]。西藏阿里这两处墓地中发现的3件黄金面具，有的背面还残留着穿缀丝绸的痕迹，证明其是以丝绸覆面作为衬底，两者配合使用，仝涛等认为这是"西方起源的金属面具传统与东方起源的丝绸覆面传统相结合而形成的独特文化现象"[3]，这不失为一种很有说服力的推断。

上述丝绸、茶叶和黄金面具的发现，一方面显示出羊同酋豪具有显赫的社会地位，可以占有和享用一般人所无法企及的高级奢侈品；而另一方面则表明这个区域具有很强的开放性特征，与周边国家和地区已经建立起不同程度的联系与交流，才有可能通过商贸、交换、赏赐等不同的途径和方式获得这些物品。关于上述三类器物的发现，我们将在下文中还会专题进行讨论。实际上，除了上述这三大类高级奢侈品之外，从故如甲木和曲踏墓葬的出土

---

1 吕厚远：《1800年前丝绸之路穿越青藏高原的茶叶证据》，《中国西藏》2016年第2期。
2 仝涛、李林辉：《欧亚视野内的喜马拉雅黄金面具》，《考古》2015年第2期。
3 仝涛、李林辉：《欧亚视野内的喜马拉雅黄金面具》，《考古》2015年第2期。

器物中，还可以发现一些与地域文化交流有关的器物。

例如，在故如甲木M1墓主人身边还发现了一组料珠，其中包括浅绿色珠子、红色珠子、近绿松石的绿色珠子等，从质地上分析可能为"费昂斯珠"（faience beads）[1]。另在曲踏墓地中也出土有大量珠饰，其中编号为2014M4的一座墓葬中出土有蚀花玛瑙珠2颗、编号为2014M2的另一座墓葬中出土有玛瑙珠37颗、玻璃珠756颗、费昂斯珠8颗[2]。关于"费昂斯珠"的起源地，学术界历来有不同的观点，或认为其最早起源于古代埃及、美索不达米亚和地中海地区，时代约为公元前三千纪，稍后在印度、中国也开始出现，中国最早发现的此类珠子年代可早到西周时期[3]。从西藏西部所处的地理位置、交通孔道以及墓葬中其他器物的年代综合考虑，笔者认为西藏这两座墓中所出的费昂斯珠只可能是从外部传入，既有可能来源于西域新疆地区，也有可能来源于邻近的印度西北部和巴基斯坦等地。另一类蚀花玛瑙珠即为藏族人民习称的"天珠"，藏语中也称为"Gzi"，以往在青藏高原的山南隆子县吞玛乡石棺葬[4]、青海省大通上孙家寨汉墓[5]中曾各发现一例，其特点是珠体表面有白色、黑色相间的条形纹饰，如同眼睛状纹饰。此次曲踏墓地中的这两颗蚀花珠子发现时位于墓主人的头颈部，与发辫放置在一起，这是迄今为止首例与墓主人体位置关系清晰的出土材料，表明其是作为墓主人的身体装饰品使用于头颈等部位。这两颗珠子的珠体呈橄榄形，两端截平，纵向穿孔内残留有细绳，器表有深褐色和乳白色相间的纹饰。对于此类珠饰，过去曾有意大

1　中国社会科学院考古研究所、西藏自治区文物保护研究所：《西藏阿里地区噶尔县故如甲木墓地2012年发掘报告》，《考古学报》2014年第4期。

2　中国社会科学院考古研究所、西藏自治区文物保护研究所、阿里地区文物局、札达县文物局：《西藏阿里地区故如甲木墓地和曲踏墓地》，《考古》2015年第7期。

3　赵德云：《西周至汉晋时期中国外来珠饰研究》，北京：科学出版社，2016年，第38—48页。

4　西藏自治区文管会文物普查队：《西藏山南隆子县石棺墓的调查与清理》，《考古》1994年第7期。

5　青海省文物考古研究所：《上孙家寨汉晋墓》，北京：文物出版社，1993年，第161—164页。

利学者杜齐[1]、我国学者童恩正[2]和汤惠生[3]等做过研究，均倾向认为青藏高原的此类珠饰其来源很可能是伊朗、印度或西域于阗等地，不是西藏的原产品，也是作为一种高级奢侈品从外部输入。

再如，考古工作者还注意到，两处墓地中出土的带柄铜镜、铜铃项饰、木柄匕首、刻纹木牌、木盘、木梳、草编器等，都与新疆地区的同类器物具有可比性，极有可能也受到新疆地区的影响或直接从新疆输入；大量的束腰形铜饰片、铜铃项饰和带柄铜镜在邻近的拉达克地区也有发现；一字格铁剑则受到中原地区的影响[4]。上述这些考古发现都充分地证明，羊同地区（也即藏文史书中所称的象雄地区）早在汉晋时期，其部落首领——酋豪已经具有广阔的对外交流能力，不仅与中原内地建立了联系，而且还与周边南亚、中亚等地区有着不同程度的物质文化交流，成为当时西藏西部一个重要的文明中心，通过一定的交通网络与周边的其他各文明中心保持着密切的联系。那么，我们不能不由此提出一个值得思考的问题：早在汉晋时代，是否便已经存在着一条丝绸之路的支线，将西藏阿里高原与丝绸之路联系在一起呢？如果答案是肯定的，那么，谁又是这条路线最早的开拓者呢？

三、西藏西部"高原丝路"的早期开拓

文献记载表明，在4世纪前后，西藏高原先后形成了三个大的部落联系，一是位于雅鲁藏布江以南雅砻河谷地带的吐蕃部落，一是位于雅鲁藏布江以北唐古拉山脉南北草原地带的苏毗部落，一是位于藏西和藏北高原的象雄部落。广袤的西藏高原西部和北部地区，藏语称其为"羌塘高原"，在吐蕃王

1　[意]G·杜齐著，向红笳译：《西藏考古》，拉萨：西藏人民出版社，1987年，第7页。
2　童恩正：《西藏考古综述》，《文物》1985年第9期。
3　汤惠生：《藏族饰珠"Gzi"考略》，氏著：《青藏高原古代文明》，西安：三秦出版社，2003年，第321—343页。
4　中国社会科学院考古研究所、西藏自治区文物保护研究所、阿里地区文物局、札达县文物局：《西藏阿里地区故如甲木墓地和曲踏墓地》，《考古》2015年第7期。

朝统一西藏高原各部之前，藏文史书记载这里曾经是象雄部落的故地。前文已经论及，藏文史料中的象雄，和汉文史料中所记载的羊同、女国等地望大体可比[1]，而象雄部落被认为是在继西藏历史上的"小邦时代"之后，"形成年代最早、历史最为古老"的部落联盟[2]。

法国学者石泰安对于古代羊同（象雄）与外界的交流曾有过高度评价：西藏"西部地区对西藏文明的形成曾起过重大作用。那里既与犍陀罗和乌苌国（斯瓦特）接壤，又与该地区的其他小国毗邻，希腊、伊朗和印度诸文明中的古老成分都经由那里传至吐蕃"[3]；关于具体可能存在的交通路线，石泰安认为："象雄肯定是向印度开放的，或是通过尼泊尔，或是通过克什米尔和拉达克"[4]。

多年来，中外学术界一直十分关注这一地区与外界的交流和联系，从多个层面和角度进行过观察与分析。例如，许多学者注意到通过这一地区宗教文化之间的交流。首先是西藏的本教。如法国学者石泰安指出："象雄国曾起过重要作用，因为西藏传说把那里说成是吐蕃苯教的发源地，吐蕃人在接受佛教之前曾信仰过此教"[5]。意大利学者杜齐也认为："苯教传说中本身就含有暗示其最著名的大师及其教理的编纂者们各自出身地的内容，如勃律（吉尔吉特）及其附近地区和象雄"[6]。藏文史书《西藏王统记》记载："苯教之经如'康钦波吉'八大部等皆传译自象雄地方"[7]。一些藏文史料还认

1　张云：《上古西藏与波斯文明》，北京：中国藏学出版社，2005年，第86—87页。
2　西藏自治区交通厅、西藏社会科学院：《西藏古近代交通史》，北京：人民交通出版社，2001年，第48页。
3　[法]石泰安著，耿昇译：《西藏的文明》，北京：中国藏学出版社，2012年，第20页。
4　[法]石泰安著，耿昇译：《西藏的文明》，北京：中国藏学出版社，2012年，第20页。
5　[法]石泰安著，耿昇译：《西藏的文明》，北京：中国藏学出版社，2012年，第20页。
6　[意]图齐、[西德]海西希著，耿昇译，王尧校订：《西藏和蒙古的宗教》，天津：天津古籍出版社，1989年，第266页。
7　索南坚赞著，刘立千译注：《西藏王统记》，拉萨：西藏人民出版社，2000年，第35页。

为,本教的始祖辛饶是"生在象雄的韦莫隆仁"[1]。除此之外,西藏古代的一些丧葬习俗被认为是来自西藏西部并且多与本教的丧葬仪轨有关,如藏文史书《五部遗教·国王遗教》记载,"大王止贡赞普时,请来大食、阿豺的本波,他们将两勺黑石与被肢解的肉块合成一团,剥去人皮"[2]。还有学者认为,来自伊朗波斯的祆教(拜火教)也曾由此进入到西藏高原,因为"伊朗祆教的发源地即与古代吐蕃人所在的青藏高原地区密切相接,尤其与居于青藏高原西部(今阿里)及以西的象雄地区相接壤,这为两地区间的文化交流提供了良好的条件"[3]。

上述这些观点,都充分考虑到了西藏西部在地缘上与南亚、中亚等地紧相毗邻的这一地理位置上的特点,将这一地区的古代文明放眼于欧亚文明的历史大背景下加以考察,这是很有意义的。换言之,各方面的线索都暗示着:西藏西部应当是青藏高原沟通外部世界的前沿地带。如果将"丝绸之路"这个概念正确地理解为历史上有关中西文化交流的所有路网,那么无可否认地从理论上讲,历史上曾经有过一条将西藏西部与传统的丝绸之路相互联系在一起的线路——我们或可将其称为"高原丝绸之路",应当是可以成立的。目前的问题在于,我们还需要大量可靠的证据来梳理这条路线的有关细节,包括它的具体线路走向、开拓与利用的时间、所承担的不同功能等。除了文献上可能提供的线索以外,考古学所能提供的线索也十分重要。

过去,学者曾经注意到西藏古代岩画中曾经出现的商队、车辆、具有欧亚草原文化意匠的"斯基泰风格动物形象"、青铜器中的带柄铜镜和双圆饼

---

1 土观·罗桑却季尼玛著,刘立千译注:《土观宗派源流》,拉萨:西藏人民出版社,2000年,第193页。
2 乌坚林巴掘出（གུ་རུ་ཨོ་རྒྱན་གླིང་པས་གཏེར་ནས་བཏོན་པའི་ཆོས་སྐོར་བཞུགས་སོ།），多吉杰博整理:《五部遗教》(藏文),北京:民族出版社,1986年,第115页。
3 张云:《上古西藏与波斯文明》,北京:中国藏学出版社,2005年,第102—103页。

首青铜短剑、地表发现的石丘墓、"大石遗迹"等诸多线索[1]，来考察西藏西部与周边地区之间的联系与交流。

近年来阿里地区故如甲木和曲踏墓地的考古发现，再次为我们提供了新的证据。从上文的分析中可以看到，从高等级的当地酋豪墓中出土了带有汉字"王侯""宜"等吉祥语的丝绸，还有煮食用的茶叶的残留物质，这再次提示我们注意西藏西部与中原文化之间的联系。如前所述，这类带有汉字吉祥语的丝绸通常均由汉地官家工匠织造，是销往边疆地区具有专供性质的奢侈品。而植物考古学的研究表明，"茶树一般生长在年温度10度以上，海拔2000米以下温暖、湿润环境，在高寒的青藏高原地区无法生长。印度从中国引进茶种开始种茶的历史也仅有200年左右。这些茶叶不可能来自印度，茶叶到达西藏阿里一个最可能的途径是与2200年前后汉代开通的丝绸之路有关"[2]。结合这两处墓地中同时还发现与丝绸缝缀在一起的黄金面具，具有新疆古代文化风格的木牌饰、木盘、木梳、草编器等，就为我们勾勒出一条较为清晰的路线：这些器物很有可能是通过新疆南疆一带向西传入西藏西部的阿里高原；其中的丝绸、茶叶等具有中原文化特色的高级奢侈品则是辗转地从汉地输入到新疆南疆一带，进而传入到阿里。如果这个推测大体可以成立，就意味着早在汉晋时代，在从中原通向西域的陆上丝绸之路开通不久或者几乎同时，就有一条与之直接相连接的主干道已经穿越青藏高原的西部，通向阿里地区。

这里，我们不能不注意到《隋书·西域传》下有一条关于"女国"的记载："女国，在葱岭之南，其国代以女为王。……出鍮石、朱砂、麝香、牦牛、骏马、蜀马。尤多盐，恒将盐向天竺兴贩，其利数倍。亦数与天竺及党

1　霍巍、王煜、吕红亮：《考古发现与西藏文明史·第一卷：史前时代》，北京：科学出版社，2015年，第249—272页。
2　吕厚远：《1800年前丝绸之路穿越青藏高原的茶叶证据》，《中国西藏》2016年第2期。

项战争。……开皇六年，遣使朝贡，其后遂绝"[1]。此处所载的"女国"，在《大唐西域记》《释迦方志》等唐人文献中也有提及，称其名为"苏伐剌拏瞿呾罗国"，指其地望"东接吐蕃国，北接于阗国，西接三波诃国"。目前学术界根据这一地理位置一般倾向于其即为羊同国，亦即藏文史书中所载的象雄国[2]。如是，则女国不仅出产鍮石、朱砂、麝香、牦牛、骏马、蜀马等多种可供交换贸易的商品，并且以向天竺贩盐作为其重要的产品输出。女国（即羊同、象雄）所在的西藏西部和北部地区，历来是湖盐的产地，至今当地还有多座湖泊为高原盐湖[3]。所以，也许最早开辟的通向天竺等地的交通路线，正是这条被学者们称为"食盐之路"的贸易通道。如果我们认同女国即为羊同、象雄（或者至少为这一部落联盟成员），那么隋开皇六年（586年）女国的"遣使朝贡"，是羊同酋豪向中原王朝朝贡最早的一次历史记载，年代早出其后唐贞观十五年（641年）羊同遣使朝贡半个多世纪。这条记载进一步说明，西藏西部地区与中原、南亚地区均有着悠久的交往历史，上至汉晋，下迄隋唐，这种交往一直延绵不绝，始终保持着交通路线的畅通，虽然这一路线的具体走向可能并非十分固定，也不是一成不变，可能会随高原季节、水草、风雪、河流、沙漠等诸多因素的变化而变化，但这一走向明显的路网确实一直存在着。

唐贞观十五年，史载大羊同国的"酋豪"再度遣使中原朝贡，与唐王朝建立起直接的联系，他们显然对于当时通向中原的各条道路是相当熟悉的。前述这些墓葬出土的丝绸与茶叶，是否有可能就是他们从唐王朝朝贡所获的赏赐之物，也未可知。7世纪，羊同被兴起的吐蕃所吞并，纳入到吐蕃王朝的

---

1 （唐）魏征、令狐德棻：《隋书》卷83《西域传》，北京：中华书局，1973年，第1850页。
2 霍巍：《从新出唐代碑铭论"羊同"与"女国"之地望》，《民族研究》1996年第1期。
3 据《西藏自治区地理》一书记载，西藏的湖泊在藏北内陆湖区的矿化度明显高于藏东南和藏南两湖区，湖泊种类主要是咸水湖和盐湖，"藏北高原北部湖区盐湖广布，盐矿资源种类多，储量大，是西藏一项重要的自然资源"，参见徐华鑫编著：《西藏自治区地理》，拉萨：西藏人民出版社，1986年，第92—94页。

版图。吐蕃人很显然继承了这份历史遗产。从吐蕃时期唐代僧人出使印度、西域所选择的路线来看,已经开始有多人选择了从吐蕃腹地穿越青藏高原的新路,其中最具代表性者可举玄照所行路线[1],他不仅利用了唐初新开的"吐蕃—泥婆罗道",还很可能沿着雅鲁藏布江西行至西藏西部,再由此抵达西域和中亚地区[2]。王小甫对吐蕃时期进出中亚的主要路线进行研究分析之后也认为,由于自然地理条件的限制,古往今来青藏高原向北去塔里木盆地的大道可分三条,其中的"中道"不仅最为捷近,而且由于它是在羊同(女国)早已开始利用的古道基础上拓展继承的,故"最易为刚兴起不久的吐蕃所利用",吐蕃最初还是越过于阗南山进入到西域的,其走向很可能是从西藏阿里通过今新藏公路穿越阿克塞钦地区进入叶城、于阗,此道虽然文献记载较少,但"直到清代,西藏北去新疆主要仍经由阿里"[3]。而这条道路,极有可能即为汉晋时期丝绸、茶叶传入阿里高原的道路,在后世一直沿用。

综上所论,主要结论有三:其一,早在汉晋时期(2—4世纪),西藏西部便已经存在着一条与汉代开通的陆上丝绸之路相连通的主干道,它很可能是一个网状结构的路网,由一条主干道和多条支线、甚至细如毛细血管般的山间小道共同构成,向北可通往新疆,进而可东去于阗、敦煌,汇合于丝绸之路南北两道,从而走向中原内地;向西可走叶城、喀什、越过喀喇昆仑山

---

[1] "沙门玄照法师者,太州仙掌人也。……以贞观年中,乃于大兴善寺玄证师处初学梵语。于是杖锡西迈,挂想祇园。背金府而出流沙,践铁门而登雪岭。漱香池以结念,毕契四弘;防葱阜而翘心,誓度有三。途经速利,过睹货罗,远跨胡疆,到土蕃国。蒙文成公主送往北天,渐向阇阙陀国。……经于四载。蒙国王钦重,留之供养。……后因唐使王玄策归乡,表奏言其实德,遂蒙降敕旨,重诣西天,追玄照入京。路次泥波罗国,蒙国王发遣,送至土蕃。重见文成公主,深致礼遇,资给归唐。于是巡涉西蕃。而至东夏。以九月而辞苦部,正月便到洛阳,五月之间,途经万里"。参见(唐)义净原著,王邦维校注:《大唐西域求法高僧传校注》卷上,北京:中华书局,1988年,第9—10页。

[2] 王邦维对玄照所行路线的理解为:"(玄照)从土蕃往北天,似乎也未取道泥波罗,而是直接到阇阙陀国。如此玄照则只能沿今西藏西南部冈底斯山与喜马拉雅山之间,雅鲁藏布江上游马泉河河谷西北行,即略当于今新藏公路南段的路线,然后顺萨特累季河上游河谷入北印度"。参见(唐)义净原著,王邦维校注:《大唐西域求法高僧传校注》卷上,北京:中华书局,1988年,第19页。

[3] 王小甫:《唐·吐蕃·大食政治关系史》,北京:北京大学出版社,1992年,第32—36页。

进而进入中亚地区；向南、向西则可通向南亚天竺、拉达克、列城等地。

其二，这条道路几乎与汉代丝绸之路的开通同时，便发挥着联系祖国西部极边地区和中央王朝及周边地区的重要作用。这条道路的功能是多方面的，它既是一条"朝贡之路"，联系起中央王朝与边疆民族政权之间的密切往来；同时也是一条"求法之路"，来自内地和西域的高僧曾经也不畏艰险踏上西藏高原，以求更为近捷地去往"西天"求法；它也是一条"商贸之路"，来自中原的丝绸、茶叶，以及周边地区的各种物质源源不断地输往高原，同时也将食盐、输石、朱砂、麝香、牦牛、骏马等高原特产输往各地，使羊同形成为当时西藏西部最为重要的一个政治、宗教与商贸中心。

其三，这条路网最初的开拓者，与羊同的"酋豪"有着密不可分的关系，他们出于多种内在和外在的驱动力，如出于对中原王朝的倾慕之情；出于对汉地和周边各国包括丝绸、茶叶、黄金、珠宝等多种高级奢侈品在内的追求；出于对当地所必需的各种生活和生产物品（如粮食、生产工具、建筑材料等）的消费需求以及输出当地土特产品的渴望等诸多因素，与当地民众一道共同创建、凿通了这条"高原丝绸之路"。在羊同覆灭之后，继起的吐蕃王朝在此基础上进一步对这条通道加以利用与开拓，使其成为吐蕃进出中亚最为重要的路线之一，也成为唐蕃友好期间唐代官方使节、高僧去往南亚、中亚地区的一条便捷之路。

第三节　西藏西部汉晋丝绸之路的深远影响

一、丝路交通与区域文明中心的形成

近年来随着西藏西部地区考古工作的开展，获取了上述这批极为重要的实物材料，可与文献记载相互印证、补充，进而得出一些新的认识。概括而论，这批考古资料可以从下述几个方面反映这个地区社会状况的某些特征。

其一，在噶尔县境内发现了卡尔东遗址，这处遗址由城内的暗道、城墙、住所等构成，是一处规模宏大、具有强烈军事防卫性质的堡塞。在卡尔东遗址的四周分布着密集的墓葬群、石砌房屋基址和搭建营帐的石圈遗迹，其中两座巨大的石丘墓尤其突出，在其周边还发现有列石和石柱等构成的"大石遗址"[1]，这些考古遗存与过去在蒙古草原、俄罗斯南西伯利亚等地发现的草原游牧民族的高等级营地具有极为相似的特点[2]。

其二，在西藏西部象泉河流域发现了噶尔县境内的故如甲木、札达县境内的曲踏等处墓地，墓地中出土了大量铜器、铁器、陶器、木器等随葬器物。尤其值得注意的是，在故如甲木墓地M1发现了一人骨遗骸头部包裹有丝绸，丝绸上面有汉字"王侯"和鸟兽纹锦，棺内还发现大量丝织物，木棺周围有其他的金属器、陶器和木器，人骨双手作束缚状置于胸前，死者年龄经鉴定为30—35岁的男性。另外在墓室的中南部发现的铜器中有一件铜盆和一件铜壶内均装盛有茶叶状的残留物，并出土有黄金面具一件[3]。此墓的死者，面上覆盖有黄金面具，头部包裹以丝绸，棺内随葬大量丝织物，棺外也有大量随葬器物，其身份等级显然十分高贵，与文献史料中所记载的大羊同"酋豪"的身份相当。

其三，考古学者对上述两处墓地中流行的丧葬习俗进行细致观察之后发现，在墓坑内发现有人殉现象，墓主人使用黄金面具暗示出尸体在下葬之前经过一定的处理，墓内还有各种动物殉葬的骨骸堆积，各种动物图案也十分

1　霍巍：《西藏西部象泉河流域穹隆遗址的考古调查》，中国藏学研究中心、奥地利维也纳大学编：《西部西藏的文化历史——来自中国藏学研究机构和维也纳大学的最新研究》，北京：中国藏学出版社，2008年，第20—34页。

2　林梅村：《阿尔泰山和天山的大石冢》，余太山主编：《欧亚学刊》（第三辑），北京：中华书局，2002年，第101—115页。

3　中国社会科学院考古研究所、西藏自治区文物保护研究所：《西藏阿里地区噶尔县故如甲木墓地2012年发掘报告》，《考古学报》2014年第4期；中国社会科学院考古研究所、西藏自治区文物保护研究所、阿里地区文物局、札达县文物局：《西藏阿里地区故如甲木墓地和曲踏墓地》，《考古》2015年第7期。

盛行，认为这些特征与古代文献记载中的"大羊同"的丧葬习俗有许多相似之处[1]。

其四，也是最值得关注的一点：上述考古发现还为我们提供了这个区域与中原汉地政治上的联系以及和周边地区在远程交通、贸易等方面的诸多重要线索。故如甲木M1墓主头上包裹的丝绸上有汉字"王侯"等字样，其显然是来自于汉地，它在西藏西部被发现可以证实文献记载"大羊同"与中原王朝早有通使往来所言不谬，因为这类带有"胡王""王侯"等字样的汉地丝绸，往往会作为中原王朝赏赐给边疆地区各族"酋豪"（即部落首领）的信物，过去在新疆吐鲁番等地汉晋时期的墓葬中也有发现[2]。上引唐人著作《通典》记载唐代初年贞观十五年（641年）大羊同国曾经派遣使节出使中原唐王朝，这是双方正式建立"朝贡关系"的标志。而新发现出土丝绸的故如甲木墓葬据^{14}C测年和出土器物的观察表明其年代要早到距今2000—1800年，相当于中原汉晋时代，这就说明双方实际上发生文化交流与往来的时间可能要大为提前。

此外，如同前文中笔者多次提及的，在该墓中还发现了另一项重要的考古发现，就是随葬铜器中发现有"疑似茶叶"的植物残渣痕迹。经过中国科学院自然科学研究所吕厚远研究员的鉴定，他认为这些残渣具备茶叶的两个重要标志，即存在着只有茶叶才有的咖啡因和茶氨酸，可以确认其为茶叶无疑，他还就此作出推断："茶树一般生长在年温度10度以上，海拔2000米以下温暖、湿润环境，在高寒的青藏高原地区无法生长。印度从中国引进茶种开始种茶的历史也仅有200年左右。这些茶叶不可能来自印度，茶叶到达西

---

1 中国社会科学院考古研究所、西藏自治区文物保护研究所、阿里地区文物局、札达县文物局：《西藏阿里地区故如甲木墓地和曲踏墓地》，《考古》2015年第7期。

2 赵丰：《纺织品考古新发现》，香港：艺纱堂服饰出版社，2002年；新疆文物事业管理局、新疆博物馆、新疆文物考古研究所等：《新疆维吾尔自治区丝路考古珍品》，上海：上海译文出版社，1998年，第130页。

藏阿里一个最可能的途径是与2200年前后汉代开通的丝绸之路有关……至少在1800年前，茶叶已经被输送到海拔4500米的西藏阿里地区，推测当时丝绸之路有一个分支穿越青藏高原"[1]。笔者认为，吕厚远的这些推断是很有根据的，结合前述带有汉字"王侯"的丝绸发现在同一座墓葬的情况来看，茶叶、丝绸这类在当时来说带有奢侈品性质的物品，既不是西藏高原自产，也不是来自印度和中亚，最大的可能性就是沿着汉代凿通的从中原通往西域的丝绸之路，从新疆的南疆一带南下阿里高原，作为中原王朝赏赐给羊同"酋豪"的珍贵礼物被死者享用，并在死后也隆重地随葬入墓。

除了茶叶、丝绸之外，在故如甲木墓地、曲踏墓地中还发现了多具黄金面具，这类特殊的丧葬用具在欧亚大陆诸多考古学文化中都有发现，对此已有学者作过详细的论证，并且关注到西藏西部与新疆之间可能存在的联系："可以说新疆地区是喜马拉雅地带与中原和中亚地区建立联系的纽带，通过新疆的丝绸之路进一步延伸到了青藏高原西部地区。黄金丧葬面具的出现和使用，可能也是这条丝绸之路联通的结果"[2]。实际上，透过近年来西藏西部新发现的这批墓葬，所反映出的这个区域与外界多方面的交流还远远不止于此。考古工作者还注意到，在这批墓葬中出土的刻纹木牌、木盘、木梳、草编器等，都和新疆地区具有非常密切的联系；除了发现来自中原的一字格铁剑之外，还有一些铜镜、铜盆、木柄小刀可能来自尼泊尔；发现的蚀花玛瑙珠、玻璃珠等则可能与新疆、南亚次大陆及印度洋等地的远程贸易有关；而大量发现的束腰形铜饰片、铜铃项饰和带柄铜镜等则与邻近的拉达克列城地区有所联系[3]。

1　吕厚远：《1800年前丝绸之路穿越青藏高原的茶叶证据》，《中国西藏》2016年第2期；霍巍：《西藏西部考古新发现的茶叶与茶具》，《西藏大学学报》2016年第1期。
2　仝涛、李林辉：《欧亚视野内的喜马拉雅黄金面具》，《考古》2015年第2期。
3　中国社会科学院考古研究所、西藏自治区文物保护研究所、阿里地区文物局、札达县文物局：《西藏阿里地区故如甲木墓地和曲踏墓地》，《考古》2015年第7期。

综上所述，我们可以得出一个重要的研究结论：西藏西部地区早在汉晋时代其文明发展的程度便已经较高，绝非后世文献所描述的"蛮荒之地"。它在当时已经成为一个与西域新疆、中亚、南亚次大陆等地有着密切联系的区域性政治、文化、商贸中心，不仅将当地"酋豪"所掌握的地方性资源（如黄金、羊毛、盐、香料等）与上述地区进行广泛的交流与贸易，而且这一区域已经和中原王朝建立起了某种朝贡关系，可以直接得到中原王朝的赏赐。茶叶、丝绸、黄金面具等高级的奢侈品已经通过各种渠道输入当地以供"酋豪"享用。而这一切都显示出，汉代开通的陆上丝绸之路，几乎在同一时期或稍晚（汉晋时代）也已经和西藏西部相连接，成为从西域新疆通向阿里高原的一条重要支线，成为丝绸之路不可或缺的一个重要组成部分。概括而言，如果我们将这条支线称之为藏西"高原丝绸之路"的话，那么它的开通与形成可以上溯到距今约2000—1800年的汉晋时期，与中原与西域交通线路的凿通几乎同时，这是高原先民为中华民族多民族疆域的形成、各民族之间和平共处和相互交融作出的一个重要贡献。

二、汉晋"高原丝路"的深远影响

7世纪，随着青藏高原统一的吐蕃王朝的建立，尤其是在其后吐蕃势力向外扩张，吐蕃与中亚、南亚和中原唐王朝之间的联系和交流得到进一步的发展，其对外交通的路线也形成多条重要的干线[1]。我们不难看到，在汉晋时代业已形成的、以西藏西部作为交通枢纽和中心通往中亚、南亚一带的路线，在纳入到吐蕃王朝版图之后，已经成为青藏高原对外发展和交流最为重要的干线，由此可见其影响之深远。

吐蕃王朝时期对外（主要指中国境外）交通的路线总体上有两个大的方

---

[1] 杨铭：《吐蕃与南亚中亚各国关系史述略》，《西北民族研究》1990年第1期。

向：一是向西进入西域，然后进入到中亚各国；二是向南经泥婆罗（今尼泊尔）、北天竺进入到南亚地区。这里，我们重点讨论其中向西进入西域的路线。如果以今天西藏西部作为中心来考察吐蕃王朝进入中亚的路线，可以细分为东、西、中三线：东线是从汉唐"陆上丝绸之路"由青海湖以西、沿柴达木盆地经南疆婼羌等地通向中亚；西线是由吐蕃西北经由大、小勃律（今克什米尔西北部）经护密（今阿富汗境内）进入中亚；中线大体是由阿里高原向北越过喀喇昆仑山进入新疆南疆的叶城，或者由阿里向西进入拉达克（今克什米尔列城），然后再由拉达克通向西北印度和中亚阿富汗等国[1]。上述这三条吐蕃通向中亚各国的路线，很显然都充分利用了自汉晋以来以"大羊同"国作为战略基地和交通枢纽的地理环境、资源优势、民族属性等有利条件。《旧唐书·吐蕃传》载："贞观八年（634年），其赞普弃宗弄赞始遣使朝贡。弄赞弱冠嗣位，性骁武，多英略，其邻国羊同及诸羌并宾伏之"[2]。实际上我们知道此时吐蕃还并没有征服羊同，但松赞干布建立统一的吐蕃王朝，已经对羊同和高原诸部族产生了强烈的影响和向心力，其后吐蕃在其扩张发展的过程当中最终击灭位于青藏高原极西的羊同国（约在644年），将其纳入吐蕃王朝版图之后，吐蕃向西域和中亚发展势力，势必对早在汉晋时代已经形成的羊同与新疆的通道以及由羊同通往克什米尔、拉达克一带的通道加以利用、拓展和扩充。如同王小甫所言："吐蕃征服了羊同，就开辟了直接进入唐朝西域的第一条通道"[3]，但需要略作补充的是，这条道路的开辟者并非吐蕃人，而是更早时期的羊同人。

汉晋以来所开辟出的这条以西藏西部为中心的"高原丝绸之路"，在吐蕃王朝对西域和中亚的经略中发挥了重要的作用。首先，从政治、军事的层

1　王小甫：《唐·吐蕃·大食政治关系史》，北京：北京大学出版社，1992年，第20—42页。
2　（后晋）刘昫等：《旧唐书》卷196上《吐蕃传上》，北京：中华书局，1975年，第5221页。
3　王小甫：《唐·吐蕃·大食政治关系史》，北京：北京大学出版社，1992年，第20页。

面上看，吐蕃王朝在其盛世时对唐朝、西突厥、大食、黠嘎斯等的用兵及其与唐争夺安西四镇，其兵力运作多从此线展开，对此王小甫已多有论述[1]，本书从略。其次，从经济、商贸的层面上看，吐蕃人显然通过对敦煌的占领和对安西四镇的控制，对原有的通过西域、新疆、敦煌等地与吐蕃之间的丝绸、金银制品、香料、食盐、皮毛、马匹、粮食、纸张等诸多重要的生产和生活物资实施了有效的掌控，其中尤其是麝香从吐蕃输入阿拉伯帝国，更是带动了吐蕃与阿拉伯世界之间的文化交流[2]。最后，从宗教文化交流的层面上看，吐蕃王朝通过西藏西部这些古老而又富有活力的交通孔道，更是将其发展成为向吐蕃本土和东方唐王朝输入多种宗教文化的重要集结地与中转站。对于此点本书略作更为深入的讨论。

首先，是西藏土著宗教本教与西藏西部关系密切。国内外学术界有学者研究认为，在本教发展的进程中，从波斯大食吸收了不少外来的因素，尤其是具有独特仪轨的一套丧葬仪式[3]，可能即是通过波斯、大食首先传入到象雄（羊同），进而再传播到吐蕃腹地。后期的藏文史料《五部遗教·国王遗教》记载："大王止贡赞普时，请来大食、阿豺的本波，他们将两勺黑石与被肢解的肉块结合成一团，剥去人皮"[4]，结合到前引唐人杜佑《通典》等文献记载羊同的"酋豪"死后要施行"抉去其脑，实以珠玉，剖其五脏，易以黄金，假造金鼻银齿"这样一套丧葬仪式来看，两者之间的关系值得注意。在西藏西部新近考古发现的墓葬当中，不仅采用大量种类不同的动物殉葬，而且有迹象表明对死者尸体的处理方式也有特殊之处。如在喜马拉雅山地与藏西相毗邻的尼泊尔穆斯塘地区萨木宗墓地当中，有许多尸骨上都带有刀

1　王小甫：《唐·吐蕃·大食政治关系史》，北京：北京大学出版社，1992年。
2　张云：《丝路文化·吐蕃卷》，杭州：浙江人民出版社，1995年，第273页。
3　［挪威］帕·克瓦尔耐著，褚俊杰译：《西藏苯教徒的丧葬仪轨》，王尧主编：《国外藏学研究译文集》（第五辑），拉萨：西藏人民出版社，1989年，第120—148页。
4　乌坚林巴掘出（གུ་རུ་རྒྱལ་པོ་བཀའ་ཡང་སྐྱོང་གི་བཀའ་ཐང་ནས་བཏོན་པ），多吉杰博整理：《五部遗教》（藏文），北京：民族出版社，1986年，第55页。

痕，考古工作者观察认为这些刀痕"不是出自乱砍或猛击，很可能是在死后为制作干尸而剔除皮肉、分解尸体所留下的，最后仅将尸骨入葬"，而故如甲木墓地中发现的尸骨很多也都是二次葬，尸体很可能也经过一定处理，包括使用黄金面具覆盖其面部等做法[1]。这些现象，的确和文献记载的来自大食、波斯的所谓"本波祭师"处理尸体的仪轨具有一定的吻合之处。这些迹象可以在一定程度上印证本教丧葬仪轨通过藏西传入的认识。

其次，吐蕃王朝时期汉地佛教高僧前往印度等地求法，所去往的路线发生了一个重要的变化，就是不仅仍然继续利用汉代以来开通和形成的陆上丝绸之路，也开始更多地利用通过西藏高原直接通往印度、尼泊尔的"高原丝绸之路"[2]。这里，特别值得提及的是唐代高僧玄照的求法行经路线。据义净《大唐西域求法高僧传》记载：

> 沙门玄照法师者，太州仙掌人也。……以贞观年中，乃于大兴善寺玄证师处初学梵语。于是杖锡西迈，挂想祇园。背金府而出流沙，践铁门而登雪岭。漱香池以结念，毕契四弘；陟葱阜而翘心，誓度有三。途经速利，过睹货罗，远跨胡疆，到土蕃国。蒙文成公主送往北天，渐向阇阑陀国。……经于四载。蒙国王钦重，留之供养。……后因唐使王玄策归乡，表奏言其实德，遂蒙降敕旨，重诣西天，追玄照入京。路次泥波罗国，蒙国王发遣，送至土蕃。重见文成公主，深致礼遇，资给归唐。于是巡涉西蕃，而至东夏。以九月而辞苦部，正月便到洛阳，五月之间，途经万里[3]。

1　仝涛、李林辉：《欧亚视野内的喜马拉雅黄金面具》，《考古》2015年第2期。
2　季羡林：《玄奘与〈大唐西域记〉——校注〈大唐西域记〉前言》，（唐）玄奘、辩机原著，季羡林等校注：《大唐西域记校注》，北京：中华书局，1985年，第101页。
3　（唐）义净原著，王邦维校注：《大唐西域求法高僧传校注》卷上，北京：中华书局，1988年，第9—10页。

这段记载表明，玄照法师在唐贞观年中西行求法的路线，既利用了传统的陆上丝绸之路（也可称为"沙漠丝绸之路"）；同时他在唐代入蕃的唐文成公主的帮助之下，也充分利用了汉晋以来开通的藏西"高原丝绸之路"。细察其行程可知，他曾"途经速利，过睹货罗，远跨胡疆，到土蕃国"；其后由"蒙文成公主送往北天，渐向阇阑陀国"；后来在归途中又"路次泥波罗国，蒙国王发遣，送至土蕃，重见文成公主，深致礼遇，资给归唐"，最终完成了"巡涉西蕃，而至东夏"的长途旅行。

对于玄照行经的路线，如同王邦维所推测的那样，玄照"从土蕃往北天，似乎也未取道泥波罗，而是直接到阇阑陀国。如此玄照则只能沿今西藏西南部冈底斯山与喜马拉雅山之间，雅鲁藏布江上游马泉河河谷西北行，即略当于今新藏公路南段的路线，然后顺萨特累季河上游河谷入北印度"[1]。如果这个推测不误的话，玄照法师所走的路线，正是本书所讨论的通过西藏西部北接新疆和中亚、西行阿里高原，穿越印度河上游（即萨特累季河）河谷进入北印度的"高原丝绸之路"南段。他之所以能够采用这条"新道"，大约应当与这几个新出现的历史条件相关：其一，是唐代初年唐蕃关系正处在友好发展阶段，加之有唐文成公主的大力协助，他可以得到文成公主和吐蕃朝野各方面的帮助；其二，可能除他之外，还有其他一些印度和汉地的僧人早已利用过此道，有"前车之鉴"可寻；其三，更为重要的是，这条以藏西为中心的"高原丝绸之路"因其早已在汉晋时代便已开通，已为时人所知晓，它较之以往绕行沙漠、雪山的传统丝绸之路更为便捷，在吐蕃时代已经不再是一条"畏途"，所以才会有像玄照这样的求法高僧因"天时、地利、人和"之便而选择此道。

总结本节所论，可以归结为以下各点：第一，在中西文化交流的历史

---

1 （唐）义净原著，王邦维校注：《大唐西域求法高僧传校注》卷上，北京：中华书局，1988年，第19页。

上,"一带一路"的开通从一开始便有西藏高原古代先民的参与,他们对于构建联系我国与中亚、南亚各国对外交流的孔道功不可没,贡献甚巨,我们在讨论"陆上丝绸之路"的形成历史时,如果忽视了汉晋时代在藏西便已经形成的这条"高原丝绸之路",便无疑是"一带一路"这个网络结构的一个重大缺环。

第二,汉晋时代藏西的"高原丝绸之路"在其初开之始,便接受了来自中原汉地的文化影响,尤其是接受了以带有汉字"王侯"字样的丝绸、茶叶等最具有中原文化特征的珍贵赏赐品,与中原王朝发生了直接或间接的联系。

第三,这条主要通道的走向很可能是通过西域新疆一带至藏西阿里高原,再由此可向西、向南进入中亚和南亚各国,是传统东西走向的"丝绸之路"上由北向南、由东向西的一条重要支线。吐蕃王朝建立之后,充分利用和进一步拓展了这些业已形成的高原古道,将其进一步发展成为通向西域中亚、南亚等地的战略基地、交通要冲、商贸集散地和宗教传播中心与周转站,对于稳定和发展我国西部境域,发展与中亚、南亚各国之间的友好往来,促进边疆各古代民族之间的交往融合,为最终形成祖国"多元一体"的西部边疆政治、经济与文化共同体都曾发挥过重要的历史作用,至今也仍然具有重大的现实意义。

综上所述,我们现在已经可以比较有把握地推测,"高原丝绸之路"的初创,可以上溯到"前吐蕃时期",即7世纪以前。青藏高原西部和北部地区大致在相当于中原汉晋时期,已经和西域新疆、中亚、南亚等地建立起相当程度的联系与交流,从而迈出了高原古部族走出雪域高原、融入到中华文明体系,并参与到欧亚文明体系的交往、交流具有历史性意义的一步。

第三章
青藏高原东部的史前通道

与西藏西部相比较，青藏高原东部所处的地理环境有很大的不同，这里有著名的横断山系，从而将中国西部大多东西走向的山脉和河谷向南北方向折转，形成天然的南北向河谷，这些崇山峻岭之间的河谷自古以来便是人类可供利用的通道。从考古发现来看，新石器时代的远古人类便开始利用这些天然通道进行文化、技术的交流与传播，我们在第一章中曾列举过大量的例证。本章拟从青铜时代以"石棺葬文化"为代表的族群之间的互动来讨论青藏高原东部地区史前通道的形成等问题。

第一节 炉霍石棺葬与史前文化通道

一、炉霍石棺葬是我国最早的石棺葬文化之一

石棺葬，顾名思义就是"以石为葬""以石为棺"的一种丧葬习俗。这种葬俗在我国东北、西南和西北等地区从新石器时代到青铜时代以及不同历史时期都有过考古发现。我国西南地区的"石棺葬文化"这一概念，学术界已经对其有过较为明确的界定，是特指从新石器时代至汉代这一历史阶段以石板砌筑棺室，以陶大双耳罐、青铜器等作为随葬器物的一类墓葬及其考古学文化。在西南地区，石棺葬的分布范围主要集中在横断山脉的所谓"六江流域"（即岷江、大渡河、雅砻江、金沙江、澜沧江、怒江）地区。由于这

六条江河及其支流流经今川、滇、藏三个民族分布众多的省区，所以也被称为"藏彝走廊"地区。

西南地区最早发现的石棺葬可以上溯到新石器时代。童恩正在其名作《试论我国从东北至西南的边地半月形文化传播带》一文中就曾指出在云南元谋大墩子、永仁菜园子等遗址中发现过当地新石器时代（相当于中原商代）的石棺葬[1]。但李水城已经指出，云南发现的这批石棺葬很可能与川西北地区的石棺葬并不属于同一个系统，对其起源与发展的线条还需作进一步的梳理[2]。近年来在四川省汉源县麦坪新石器时代遗址中也曾发现过石棺葬[3]，但由于数量很少，出土物也十分缺乏，其文化谱系也还不甚清晰。

自20世纪30年代末岷江上游石棺葬的科学考古调查以来，随着考古工作的不断开展，石棺葬文化的调查、发掘与研究工作也在不断深入，先后在岷江上游地区、大渡河流域、青衣江流域、金沙江流域、雅砻江流域、澜沧江流域和西藏东部、南部以及与西南地区相邻近的甘肃、青海等地发现了大批石棺葬[4]，对于我们全面认识石棺葬文化提供了更为科学的依据。其中，炉霍石棺葬的考古调查与发现具有重要的学术意义和价值。

据介绍，目前在炉霍县境内共发现28处、1800余座石棺葬。其中经过较大规模考古发掘、可以确认具有较为明显的时代特征、并有^{14}C测年数据可以证明其属于早期石棺葬遗存，主要有雅砻江流域的炉霍卡莎湖、宴尔龙两处

1　童恩正：《试论我国从东北至西南的边地半月形文化传播带》，文物出版社编辑部编：《文物与考古论集》，北京：文物出版社，1986年，第23页。

2　李水城：《石棺葬的起源与扩散——以中国为例》，《四川文物》2011年第6期。

3　有关这一石棺葬的资料尚未公开发表，在四川省文物考古研究院编《瀑布沟水电站工程淹没区考古成果汇报会资料汇编》（内部资料，成都，2010年）中有如下描述："四川地区石棺葬所见材料年代多为战国至汉代，少量可早至商周。1979年在大瑶村发现1座石棺葬，为首次在该流域发现石棺葬。开口于新石器地层下的麦坪石棺葬为研究这种葬式在四川地区的起源及发展提供了重要材料，同时也对遗址先民的种族研究、葬俗研究等提供了新的线索和材料"。

4　有关资料可参见阿坝藏族羌族自治州文物管理所、成都文物考古研究所编：《中国西南地区石棺葬文化调查与发现（1938—2008）》，成都：四川大学出版社，2009年。

石棺葬。其中，卡莎湖石棺葬墓地发现于20世纪80年代[1]，宴尔龙石棺葬墓地发现于2008年，是近年来中日合作进行"西南地区北方谱系青铜器及石棺葬文化研究"课题的共同成果之一[2]。关于这两处石棺葬墓地的年代，还有不同的看法。炉霍卡莎湖石棺葬由于未出土陶器、铁器和铁币，仅有铜器、石器和骨器，原简报将其时代定为"上起春秋下至战国中期前，最晚也不会晚过战国中期"。但这处墓地规模较大，清理出的石棺葬多达275座，分为南、北两区，北区的38座石棺葬中均未随葬铜器，而南区的237座石棺葬中却出土种类较多的青铜器。罗二虎据此认为应将卡莎湖石棺葬的年代分为早、晚两期，早期或可早到西周，晚期可分两段：前段约在春秋中期或稍早，后段大体在春秋晚期至战国早期[3]。宴尔龙石棺墓地位于炉霍县雅德乡宴尔龙村，共清理出石棺葬13座及建筑基址1处。发掘简报执笔者金国林等认为"宴尔龙石棺葬是雅砻江流域乃至川西高原上目前发现的年代最早的石棺葬"。对于其年代的认定意见为："墓地共选择9个碳14标本，校正后年代距今1670～830年，……综合分析，宴尔龙墓地年代上限可到殷商早期，下限不晚于西周中期"[4]。

综上所述，卡莎湖石棺葬中年代最早者和宴尔龙石棺葬中年代最早者均有可能早到商周时期，可以确认这是目前在川西北地区发现的最早的一批石棺葬。不仅如此，笔者在炉霍县博物馆中还观摩到，炉霍石棺葬出土陶器中还有一批彩陶器和小双耳陶器，其器形与纹饰风格均与黄河上游甘青地区马

1　四川省文物考古研究所、甘孜藏族自治州文化局：《四川炉霍卡莎湖石棺墓》，《考古学报》1991年第2期。

2　四川省文物考古研究院、日本九州大学考古学研究室、甘孜藏族自治州文化旅游局、炉霍县文化旅游局：《炉霍县宴尔龙石棺葬墓地发掘报告》，四川省文物考古研究院：《西南地区北方谱系青铜器及石棺葬文化研究》，北京：科学出版社，2013年，第11～34页。

3　罗二虎：《文化与生态、社会、族群：川滇青藏民族走廊石棺葬研究》，北京：科学出版社，2012年，第149页。

4　该墓地的发掘简报附有北京大学加速器质谱（AMS）^{14}C测年报告，其中包括7座石棺葬中出土的人骨和木头标本，其中最早的为距今3075±40年，最晚的为距今2790±40年。

家窑、齐家、马厂、寺洼等考古学文化相似，虽系采集品，但却透露出一个极为重要的信息：炉霍石棺葬文化的上限，很有可能随着考古工作的进展朝前推进到新石器时代晚期和青铜时代早期。如这一推测最后可以成立的话，炉霍石棺葬将会是我国"石棺葬文化圈"中年代最早的遗存之一，对于解决西南地区石棺葬文化的起源问题也会提供科学的依据。

二、石棺葬文化的扩散与史前南北通道

通过对炉霍石棺葬文化中考古学文化因素的分析，我们可以明显地观察到北方青铜文化的影响。宴尔龙石棺葬中随葬有一种形似刀状的青铜戈，截面呈梯形，援背微弧，刃微凹，在背部形成凸起，这种青铜戈的形制与内蒙古朱开沟遗址中出土的青铜戈（M1052：1）比较相似[1]，而明显有别于巴蜀地区的无胡戈，其源头应来自北方草原文化。在卡莎湖石棺葬出土的青铜器中出现了具有较为明显的北方青铜文化色彩的器物，如曲柄剑、弧背形小刀、动物形牌饰等。除曲柄剑之外，卡莎湖石棺葬中出土的弧背形青铜小刀、铜手镯、动物纹铜牌饰、螺旋式铜环、铜羊形饰、双联铜泡、玛瑙珠、绿松石饰品等均具有北方青铜文化的特征，尤其是在墓葬中还出土有大量细石器，更具北方游牧民族文化的特点。卡莎湖后期墓葬中出土的铜管，在北方草原地带的毛庆沟文化、桃红巴拉文化、杨郎文化、北辛堡文化春秋中期至战国早期的墓葬中也有出土[2]，也表明两者之间有密切的关系。因此，川西北早期石棺葬中这些北方青铜文化因素的源头十分清楚，其系统也非常鲜明，成为西南地区石棺葬文化中具有北方青铜文化因素的最早的一批考古遗存。

---

1 内蒙古自治区文物考古研究所、鄂尔多斯博物馆：《朱开沟——青铜时代早期遗址发掘报告》，北京：文物出版社，2000年，第220页。
2 乌恩：《欧亚大陆草原早期游牧文化的几点思考》，《考古学报》2002年第4期。

考古材料显示，炉霍石棺葬中这些北方青铜器文化因素随着时代的发展，开始从北向南不断扩散，其影响区域也从川西高原不断向南延伸。有学者曾将川西北地区石棺葬中具有北方青铜文化因素的青铜器进行分类整理，划分为曲柄剑、山字格剑、带柄镜、小刀、动物形牌饰等各个门类来探究其源流，发现它们当中大多数器形均出现于卡莎湖石棺葬，并由此向川西北石棺葬文化中不断扩散，甚至对"西南夷"地区青铜时代文化产生深远的影响[1]。在这个考古现象的背后，很可能隐藏着一个久远的历史事实：即从史前时期开始，炉霍就是北方与南方之间一个重要的交通要冲，北往南来的人群曾在这片土地上停驻、繁衍和生存发展。

具体而论，炉霍及川西北高原石棺葬文化中出现的这些北方青铜文化因素，显然与北方草原文化传入川西北地区有关，其年代可以至少上溯到商周时期。这就意味着，川西北高原施行石棺葬的古代族群中，一部分可能是来自北方的甘青地区，他们是北方青铜文化南下的直接传播者。但是，这些族群可能还并不是最早从北方迁徙到川西高原的人群，四川地区近年来的考古发现证明，黄河上游甘青地区与西南山地之间考古学文化的交流与互动开始得很早，大约在相当于中原地区新石器时代仰韶文化的中期偏晚阶段，川西高原岷江上游和大渡河上游便已经零星出现了来自甘、青地区的新石器时代文化因素；其后在以营盘山文化为代表的岷江上游新石器时代文化中，更是明显地出现了马家窑文化、仰韶文化的双重影响，出现了彩陶器；到了龙山时代以及夏商时期，在岷江上游、大渡河上游与中游、雅砻江下游、金沙江和澜沧江中游、澜沧江上游等地的新石器时代文化当中，也都程度不同地出现了来自甘青地区的新石器时代文化因素，影响范围逐渐扩大[2]。在岷江上游

1　霍巍：《论川西高原石棺葬中北方青铜文化因素的几个问题》，佟柱臣纪念文集编委会编：《无限悠悠远古情——佟柱臣先生纪念文集》，北京：科学出版社，2014年，第597—618页。

2　陈苇：《先秦时期的青藏高原东麓》，北京：科学出版社，2012年，第293—324页。

曾多次发现石棺葬文化与当地含有北方彩陶文化因素的新石器时代遗存存在着相互叠压关系的情况，也表明早在具有北方青铜文化因素的石棺葬文化族群进入到川西北高原之前，一部分更早的来自北方的人群便已经由北向南迁徙到这里定居，他们或许是一批最早的来自北方的"移民"。在前文中笔者已经提及，事实上，炉霍石棺葬文化当中也发现含有甘青地区新石器时代彩陶文化因素的器物出土，只是未经正式的考古发掘，故尚未得到证实，但这些迹象已经很值得注意。我们可以比较有把握地推测，炉霍最早的一批来自北方的"移民"，大体上与川西北高原其他河谷迁移而来的人群应当同时，不会晚于新石器时代。

那么，谁最有可能是炉霍石棺葬的主人呢？从目前的情况来看，他们很可能是在不同的时代从北方不断通过这条史前通道南下而来的不同人群，他们绝不只是一个部族，而是有着复杂的族群支系与社会组织结构，正是随着这些族群的迁移南下，石棺葬这种葬俗也不断向南扩散，并逐渐影响到整个"西南夷"地区。

童恩正曾经推测，来自北方的氐羌民族，远在战国以前就不断地向西南迁徙，他们或有可能与北方青铜文化因素的传播有关。他虽然没有直接指出他们与石棺葬文化之间的关系，但他和冯汉骥均主张石棺墓的建造者所表现的文化"带有极清晰的北方草原地区文化的色彩……所以，他们很可能原系青海、甘肃东南部的一种部族，大约在战国或秦汉之际，因种种原因而南下留居于此"[1]。张增祺也曾推测，云南青铜时代的外来文化中可能有来自欧亚草原"斯基泰文化"的因素，"将斯基泰文化传入云南的承担者是欧亚草原的游牧民族，而不是滇国商人"[2]。他认为云南青铜时代的外来文化，"主要

---

[1] 冯汉骥、童恩正：《岷江上游的石棺葬》，《考古学报》1973年第2期。
[2] 张增祺：《再论云南青铜时代"斯基泰文化"的影响及其传播者》，云南省博物馆编：《云南青铜文化论集》，昆明：云南人民出版社，1991年，第320—354页。

是由石棺墓民族的'白狼'人及牦牛羌和僰人等北方游牧民族传播的"[1]。汪宁生也注意到川西高原对云贵高原可能产生的影响，更加明确地指出："川西北的茂汶地区分布着一种石板墓……其年代大约相当战国至西汉时期。从出土物来看，它们似乎就是北方青铜文化和石寨山文化之间的中介人"[2]。

在上述这些来自北方的不同"移民集团"当中，笔者认为应当特别关注炉霍卡莎湖石棺葬墓地的主人，因为这处石棺葬墓地分布密集、排列整齐，相互间没有打破或叠压现象；墓地分为南北两区，各区内墓葬的方向基本一致，南区为东北向，北区为东向，这都暗示着南北两区或者有着时代早晚的不同，或者有着社会等级的不同，但都可能与一个相对较为成熟的游牧社会有关，他们或有可能是以部落为单位成建制地迁徙到川西北高原，这样的材料在石棺葬文化中是十分难得的，通过对这处石棺葬墓地墓主人的身份、性别、血缘关系等各方面情况的深入分析，可以获得关于游牧人群与石棺葬文化之间更多的信息。

三、炉霍石棺葬与"霍尔"文化

笔者认为，炉霍古代民族当中的"霍尔"一词，可能含有北方"胡"的因素在内，这一概念从总体上看应与北方民族的南下有关。炉霍地区的"霍尔文化"可能包含着相当久远的南北史前文化交流的历史记忆在内，不仅仅限于元代蒙古人所代表的"霍尔"一词的含义。这可以从下述几个方面来加以理解。

其一，如同本节所论，炉霍石棺葬是迄今为止川西北高原所发现的年代最早的石棺葬，并且具有明显的北方草原文化特色，这一考古学文化的主人

1　张增祺：《云南青铜时代的"动物纹"牌饰及北方草原文化遗物》，《考古》1987年第9期。
2　汪宁生：《试论石寨山文化》，中国考古学会编辑：《中国考古学会第一次年会论文集》，北京：文物出版社，1980年，第278—293页。

很可能是不同时期来自北方的草原游牧民族，来到炉霍之后才定居下来。

其二，川西北高原石棺葬文化是介于北方草原游牧文化与"西南夷"文化之间最为重要的集散地和中转站，而炉霍石棺葬无疑是其最早的"始发点"之一。从史前新石器时代开始，直到青铜时代、战国秦汉时代，这种北方草原族群的南下迁移一直没有中断，所以经过久远的历史积淀，这一带对于北方族群南下的历史记忆被不断加强，信号被不断放大，最后终于形成为南方系统人群对北方系统的"胡系民族"最具代表性的认识，即将其称为"霍尔"，而将这种带有明显北方游牧文化色彩的地方性文化系统称为"霍尔文化"。

其三，从目前已知考古材料来看，炉霍石棺葬文化兼具游牧与农业双重性质，这一变化很可能产生于地理条件优越的鲜水河流域，从而在一定程度上改变了以往"石棺葬文化"的单一属性。所以，炉霍的"霍尔文化"也显然受到这种变化的影响，带有浓厚的农业与游牧相结合的特点，而不同于西藏、蒙古等地对"霍尔"这一概念的理解。

第二节　川西高原石棺葬中的北方青铜文化因素

一、"西南夷"考古资料中"北方青铜文化因素"的提出

已故著名考古学家童恩正曾经系统地梳理过西南地区出土的青铜剑和青铜戈[1]。他将春秋战国、秦汉时期西南地区青铜剑分为巴蜀系统和"西南夷"系统两个大的体系，认为在"西南夷"系统的青铜短剑中已经出现了某些北方游牧民族的因素。此外，在云南滇池地区发现的一些青铜戈，也和青铜剑一样带有某些北方草原文化的色彩。这个现象与过去在云南青铜文化中发现

---

[1] 童恩正：《我国西南地区青铜剑的研究》，《考古学报》1977年第2期；童恩正：《我国西南地区青铜戈的研究》，《考古学报》1979年第4期。

过较为明显的北方草原文化色彩的器物（其中以各种动物为母题的铜牌饰最为突出）一样，反映出某些北方草原民族向南迁徙的历史片段。后来，汪宁生在《试论石寨山文化》一文中也提出，石寨山文化"或曾受过北方青铜文化的影响"，并具体列举了诸如双圆圈状或饰双圈纹的青铜短剑、曲茎剑、曲刃剑、动物牌饰以及饰以鸟、羊和鹿等动物形象的杖首或柱头铜饰、铜斧等器物加以论证，使得问题的讨论进一步深化[1]。张增祺在《云南青铜时代的"动物纹"牌饰及北方草原文化遗物》一文中则利用云南出土的"动物纹"牌饰、双环首青铜短剑、曲柄青铜短剑、弧背形青铜刀、卧马纹装饰品、立鹿、马饰、带柄铜饰（镜）、金珠与金片、双耳陶罐、和田玉、有翼虎银带扣、狮身人面形铜饰、蚀花肉红石髓珠等更为丰富的考古材料讨论了这一问题[2]。

迄今为止，对于这个问题的认识虽然基本观点趋于一致，学术界认定西南地区的北方青铜文化的存在并倾向于它们的来源是某些北方民族的南下，但在若干细节上则还有讨论的余地。例如，这些北方青铜文化因素有哪些标志性的特征？它们是如何传播到西南地区的？其中的中间环节如何衔接？谁有可能是这些北方青铜文化的传播者？

在问题不断深化的过程中，学者们的目光开始聚焦到川西北高原的"石棺葬文化"。童恩正推测，来自北方的氐羌民族，远在战国以前就不断地向西南迁徙，他们或有可能与北方青铜文化因素的传播有关。他虽然没有直接指出与石棺葬文化之间的关系，但他和冯汉骥均主张石棺墓的建造者所表现的文化"带有极清晰的北方草原地区文化的色彩……所以，他们很可能原系青海、甘肃东南部的一种部族，大约在战国或秦汉之际，因种种原因而南下

---

[1] 汪宁生：《试论石寨山文化》，中国考古学会编辑：《中国考古学会第一次年会论文集》，北京：文物出版社，1980年，第278—293页。

[2] 张增祺：《云南青铜时代的"动物纹"牌饰及北方草原文化遗物》，《考古》1987年第9期。

留居于此"[1]。张增祺则从更为广阔的视野推测，云南青铜时代的外来文化中可能有来自欧亚草原"斯基泰文化"的因素，"将斯基泰文化传入云南的承担者是欧亚草原的游牧民族，而不是滇国商人"[2]。他认为云南青铜时代的外来文化，"主要是由石棺墓民族的'白狼'人及牦牛羌和巂人等北方游牧民族传播的"[3]。

汪宁生也注意到川西高原对云贵高原可能产生的影响。他指出："北方广大地区与云贵高原在地理上并不相接，彼此是如何发生接触的呢？原来这两者之间存在一个走廊，这就是川西高原地区。川西高原位于横断山脉地区，几条大的河流（大渡河、雅砻江、安宁河、金沙江的上段）均是南北走向，远古民族沿着这些河谷迁徙，就使北方广大地区通过甘青地区而和云贵高原发生了文化联系"。不仅如此，他还更加明确地指出："川西北的茂汶地区分布着一种石板墓……其年代大约相当战国至西汉时期。从出土物来看，它们似乎就是北方青铜文化和石寨山文化之间的中介人"[4]。

自20世纪30年代末岷江上游石棺葬的科学考古调查以来，随着考古工作的不断开展，石棺葬文化的调查、发掘与研究工作也在不断深入，先后在岷江上游地区、大渡河流域、青衣江流域、金沙江流域、雅砻江流域、澜沧江流域和西藏东部、南部以及与西南地区相邻近的甘肃、青海等地发现了大批石棺葬[5]，为观察其中所反映的北方草原文化因素提供了更为丰富的材料。近年来四川省文物考古研究所与日本九州大学合作，在四川省甘孜藏族自治州

1　冯汉骥、童恩正：《岷江上游的石棺葬》，《考古学报》1973年第2期。
2　张增祺：《再论云南青铜时代"斯基泰文化"的影响及其传播者》，云南省博物馆编：《云南青铜文化论集》，昆明：云南人民出版社，1991年，第320—354页。
3　张增祺：《云南青铜时代的"动物纹"牌饰及北方草原文化遗物》，《考古》1987年第9期。
4　汪宁生：《试论石寨山文化》，中国考古学会编辑：《中国考古学会第一次年会论文集》，北京：文物出版社，1980年，第278—293页。
5　有关资料可参见阿坝藏族羌族自治州文物管理所、成都文物考古研究所编：《中国西南地区石棺葬文化调查与发现（1938—2008）》，成都：四川大学出版社，2009年。

的雅江、炉霍两县又调查发掘了一批石棺葬，并且对四川境内雅安、阿坝、凉山等地收集的所有石棺葬出土文物标本进行了记录。在这一最新的研究成果当中，日本九州大学考古学教授宫本一夫著有《川西高原石棺墓文化和北方青铜器》一文，同时还与松本圭太、森贵教等合作，著有《川西高原青铜器集成》一文，更加明确地提出了川西高原石棺葬文化与北方青铜器的关系问题，也发表了一些值得加以深入讨论的观点[1]。本节的讨论，将以这些成果为基础进一步展开。

二、早期石棺葬中的北方青铜文化因素

"石棺葬"是"以石砌棺"的一种考古文化现象，在我国主要发现在东北、西北和西南三个区域内。而在西南地区分布范围又主要集中在横断山脉的所谓"六江流域"（即岷江、大渡河、雅砻江、金沙江、澜沧江、怒江）地区。由于这六条江河及其支流流经今川、滇、藏三个民族分布众多的省区，所以也被称为"藏彝走廊"地区。

西南地区最早发现的石棺葬可以上溯到新石器时代。童恩正在其名作《试论我国从东北至西南的边地半月形文化传播带》一文中就曾指出在云南元谋大墩子、永仁菜园子等遗址中发现过当地新石器时代（相当于中原商代）的石棺葬[2]。但李水城等已经指出，云南发现的这批石棺葬很可能与川西北地区的石棺葬并不属于同一个系统，对其起源与发展的线条还需作进一步的梳理[3]。近年来在四川省汉源县麦坪新石器时代遗址中也曾发现过石棺

---

[1] 四川省文物考古研究院：《西南地区北方谱系青铜器及石棺葬文化研究》，北京：科学出版社，2013年。

[2] 童恩正：《试论我国从东北至西南的边地半月形文化传播带》，文物出版社编辑部编：《文物与考古论集》，北京：文物出版社，1986年，第23页。

[3] 李水城：《石棺葬的起源与扩散——以中国为例》，《四川文物》2011年第6期。

葬[1]，但由于数量很少，出土物也十分稀少，其文化谱系也还不甚清晰。

目前具有较为明显的时代特征，并有^{14}C测年数据可以证明其属于早期石棺葬的遗存，主要有雅砻江流域发现的炉霍卡莎湖、宴尔龙等处石棺葬。其中，卡莎湖石棺葬墓地发现于20世纪80年代[2]，宴尔龙石棺葬墓地发现于2008年，是近年来中日合作进行"西南地区北方谱系青铜器及石棺葬文化研究"课题的共同成果之一[3]。关于这两处石棺葬墓地的年代，还有不同的看法。炉霍卡莎湖石棺葬由于未出土陶器、铁器和铁币，仅有铜器、石器和骨器，原简报将其时代定为"上起春秋下至战国中期前，最晚也不会晚过战国中期"。但这处墓地规模较大，清理出的石棺葬多达275座，分为南、北两区，北区的38座石棺葬中均未随葬铜器，而南区的237座石棺葬中却出土种类较多的青铜器。罗二虎据此认为应将卡莎湖石棺葬的年代分为早、晚两期，早期或可早到西周，晚期可分两段：前段约在春秋中期或稍早，后段大体在春秋晚期至战国早期[4]。

宴尔龙石棺墓地位于炉霍县雅德乡宴尔龙村，共清理出石棺葬13座及建筑基址1处，是近年来川西高原石棺葬文化的一次重要的新发现。发掘简报执笔者金国林等认为"宴尔龙石棺葬是雅砻江流域乃至川西高原上目前发现的年代最早的石棺葬"。对于其年代的认定意见为："墓地共选择9个碳14标

1　有关这一石棺葬的资料尚未公开发表，在四川省文物考古研究院编《瀑布沟水电站工程淹没区考古成果汇报会资料汇编》（内部资料，成都，2010年）中有如下描述："四川地区石棺葬所见材料年代多为战国至汉代，少量可早至商周。1979年在大瑶村发现1座石棺葬，为首次在该流域发现石棺葬。开口于新石器地层下的麦坪石棺葬为研究这种葬式在四川地区的起源及发展提供了重要材料，同时也对遗址先民的种族研究、葬俗研究等提供了新的线索和材料"。

2　四川省文物考古研究所、甘孜藏族自治州文化局：《四川炉霍卡莎湖石棺墓》，《考古学报》1991年第2期。

3　四川省文物考古研究院、日本九州大学考古学研究室、甘孜藏族自治州文化旅游局、炉霍县文化旅游局：《炉霍县宴尔龙石棺葬墓地发掘报告》，四川省文物考古研究院：《西南地区北方谱系青铜器及石棺葬文化研究》，北京：科学出版社，2013年，第11—34页。

4　罗二虎：《文化与生态、社会、族群：川滇青藏民族走廊石棺葬研究》，北京：科学出版社，2012年，第149页。

本，校正后年代距今1670～830年。……综合分析，宴尔龙墓地年代上限可到殷商早期，下限不晚于西周中期"[1]。对于宴尔龙石棺葬与卡莎湖石棺葬两者之间的年代关系，文中认为两者之间有一定的相似之处，只是后者出土铜器种类要较前者更显丰富，而"这种差异可能是由两墓地年代上的差别造成的（卡莎湖墓地年代被报告定为'上起春秋，下至战国中前期'）"。言下之意，宴尔龙石棺葬的年代要早于卡莎湖石棺葬的年代。不过，即使是在同一部综合研究成果中，中日双方学者的认识也有差别，日本学者宫本一夫的观点就与中方学者相反，他在《川西高原石棺墓文化和北方青铜器》一文中提出，卡莎湖石棺葬的年代要早于宴尔龙石棺葬，其根据是他对两个墓地中铜戈的排序，认为是卡莎湖的曲柄铜戈"退化""小型化"之后变成了宴尔龙墓地中的刀形铜戈[2]。这种排序方法是否合理，还值得讨论，因为这两类铜器是否属于同一谱系显然还存在疑问。在没有更多可靠的证据之前，笔者支持中方学者的观点，即从总体上看宴尔龙墓地要早于卡莎湖墓地。

从上可知，卡莎湖石棺葬中年代最早者和宴尔龙石棺葬中年代最早者均有可能早到西周时期，这是目前在川西北地区发现的最早的一批石棺葬。在这批石棺葬出土器物中，具有明显的北方青铜文化特色已经引起中外学者的关注。如日本学者宫本一夫将川西高原青铜文化分为三期：第1期以炉霍卡莎湖石棺葬、宴尔龙石棺葬为代表，这一期的年代划定在"公元前15—前12世纪"，亦即相当于中原商代晚期至西周初年。他认为："这一阶段是本区域制造青铜器的开端，其通过与中国西北地区的北方系青铜文化的接触，以北方青铜器文化为基础，发展成为本地区的青铜器文化。卡莎湖石棺葬随葬的曲柄戈和有銎戈应是在北方青铜器文化的影响下产生的，其他的装饰品也与

---

[1] 该墓地的发掘简报附有北京大学加速器质谱（AMS）^{14}C测年报告，其中包括7座石棺葬中出土的人骨和木头标本，其中最早的为距今3075±40年，最晚的为距今2790±40年。

[2] 参见［日］宫本一夫：《川西高原石棺墓文化和北方青铜器》，四川省文物考古研究院：《西南地区北方谱系青铜器及石棺葬文化研究》，北京：科学出版社，2013年，第106页，图一。

北方青铜器文化有关"[1]。中方发掘主持者金国林等也认为："宴尔龙墓地出土的大部分器物具有明显的北方草原文化的风格，表明与北方草原文化之间有着较密切的联系"[2]。

下面，我们具体分析这批早期石棺葬中的北方青铜文化因素。宴尔龙石棺葬中出土的青铜器很少，主要随葬有一种形似刀状的青铜戈。如M7在死者颅骨右上方出土有一件铜戈，形似小刀，截面呈梯形，援背微弧，刃微凹，在背部形成凸起。M11在死者的胸前置有石戈、铜戈各一件，这件铜戈的形制也如同小刀，背部略弧。同样的情况也发现于M13，死者的腰部置有铜戈一件，其形状仍如同弧背形的青铜小刀。这种青铜戈的形制与内蒙古朱开沟遗址中出土的青铜戈（M1052：1）比较相似[3]，而明显有别于巴蜀地区的无胡戈，其源头应来自北方草原文化。

在卡莎湖石棺葬出土的青铜器中，出现了具有较为明显的北方青铜文化色彩的器物，如曲柄剑、弧背形小刀、动物形牌饰等（图3-1）。本节所称的曲柄青铜剑，即原发掘简报划分的"Ⅱ式"青铜戈，该器物最大的特点在于其柄部（内部）弯曲，其形制与北方地区商周时期流行的曲柄短剑十分相似，因而学术界一般都认为其是从北方地区传来或是受到北方青铜文化因素的影响而产生，并且多将其定名为"曲柄剑"而非"曲柄戈"。

四川的考古学者将其定名为戈是有一定根据的。因为在卡莎湖石棺葬M219中一件曲柄剑出土时尚存有一节木柄，剑柄平薄部分插入木柄上端的槽口内，然后再用皮绳加以绑扎，绑扎的方式是柄身上下段皆用皮绳按顺时

1　[日]宫本一夫：《川西高原石棺墓文化和北方青铜器》，四川省文物考古研究院：《西南地区北方谱系青铜器及石棺葬文化研究》，北京：科学出版社，2013年，第117页。

2　四川省文物考古研究院：《西南地区北方谱系青铜器及石棺葬文化研究》，北京：科学出版社，2013年，第32页。

3　内蒙古自治区文物考古研究所、鄂尔多斯博物馆：《朱开沟——青铜时代早期遗址发掘报告》，北京：文物出版社，2000年，第220页。

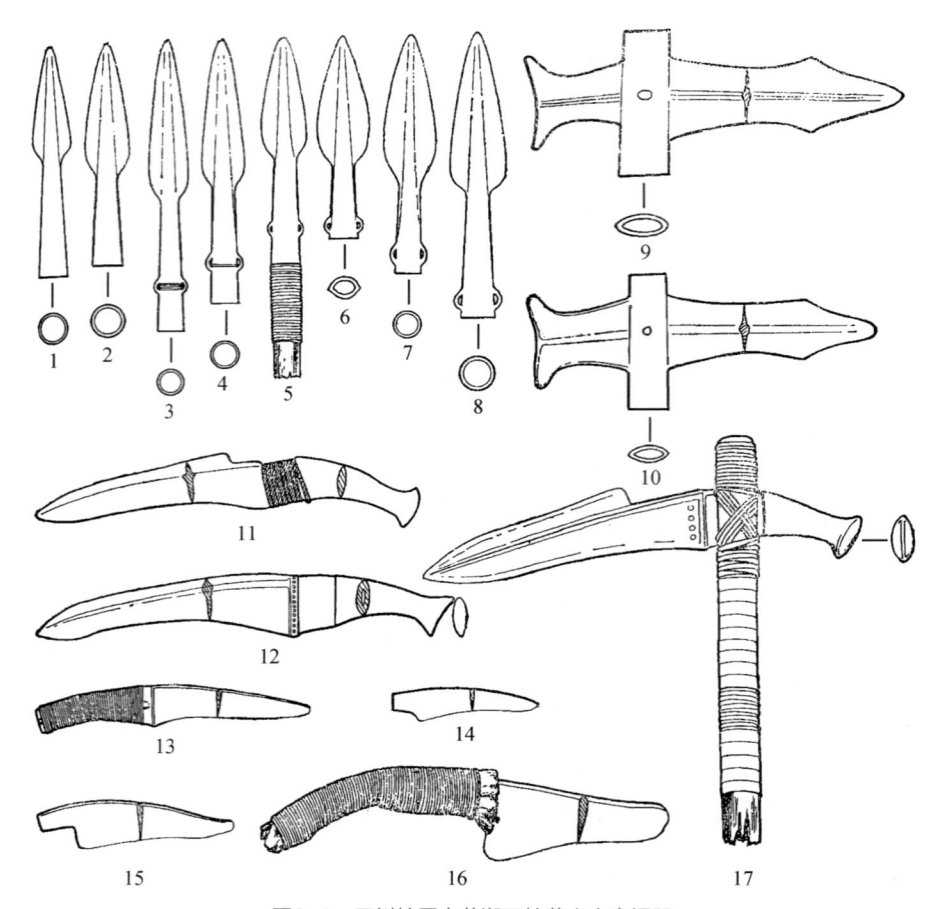

图3-1　四川炉霍卡莎湖石棺葬出土青铜器

1—2. Ⅰ式矛（M31:2、M236:1）　3—5. Ⅱ式矛（M217:1、M241:1、M127:1）
6—8. Ⅲ式矛（M192:1、采集）　9—10. Ⅰ式戈（M215:2、M31:1）　11—12、17. Ⅱ式戈
（M128:1、采集、M219:2）　13—14. Ⅰ式削（M236:2、M219:1）　15. Ⅱ式削
（M241:2）　16. Ⅲ式削（M158:1）

（采自四川省文物考古研究所、甘孜藏族自治州文化局：《四川铲霍卡莎湖石棺墓》，《考古学报》1991年第2期，图一九）

方向缠绕，柄与器物的夹接部分用皮绳十字交叉绑扎，出土时仍然十分牢固（图3-1-17）。正是因为这一现象，所以发掘者认为，过去将这类器物均命名为剑，现在应更名为戈，"这种戈形源于北方草原民族常见的弯柄铜剑和中原商周时期的曲内式戈，富有早期青铜器的特色"[1]。但是，同样是这种兵器，在云南德钦纳古石棺葬M22中出土时却佩带于死者腰间，并未发现木柄之类的遗痕[2]，说明其也是可以作为随身佩带的短兵器使用的，将其命名为青铜短剑也并无不可。根据这种情况，笔者认为很可能在石棺葬文化当中这种兵器存在着"一器两用"的可能性，既可作为随身佩带的短兵器青铜短剑使用，也可以加上木柄之后作为长兵器青铜戈来使用，所以定名为剑或者戈可视出土情况而论。

在北方青铜文化中，这种兵器多被命名为青铜短剑，因为在北方草原地带常见的"鹿石"图像中，它们往往都是作为佩带在人物身上的短兵器来加以表现的（图3-2），所以学者们一般将其定名为剑而不是戈[3]。那么，是否是在川西高原石棺葬人群中才发生了新的变化，将这种兵器也加上木柄作为戈来使用，值得关注。笔者注意到，在宴尔龙石棺葬中有一个现象：出土的铜戈实际上形状如同小刀，但却在下葬时都附带有木柄，所以才称其为戈。如M7在死者颅骨右上方出土的这件铜戈，形似小刀，但在出土时却保存有与内部垂直方向的木纤维。M11在死者的胸前置有石戈、铜戈各一件，这件铜戈的形制也如同小刀，在其内部有呈垂直方向分布的木块残渣，并有交叉的捆绑痕迹。M13死者的腰部置有铜戈一件，其形状仍如同弧背形的青铜小刀，但在近内部有明显的交叉捆绑痕迹（图3-3）。发掘者已经十分敏锐地指

---

1 四川省文物考古研究所、甘孜藏族自治州文化局：《四川炉霍卡莎湖石棺墓》，《考古学报》1991年第2期。
2 云南省博物馆文物工作队：《云南德钦县纳古石棺墓》，《考古》1983年第3期。
3 参见林沄：《中国北方长城地带游牧文化带的形成过程》，氏著：《林沄学术文集》（二），北京：科学出版社，2008年，图六（a）鹿石反映的服饰和器用。

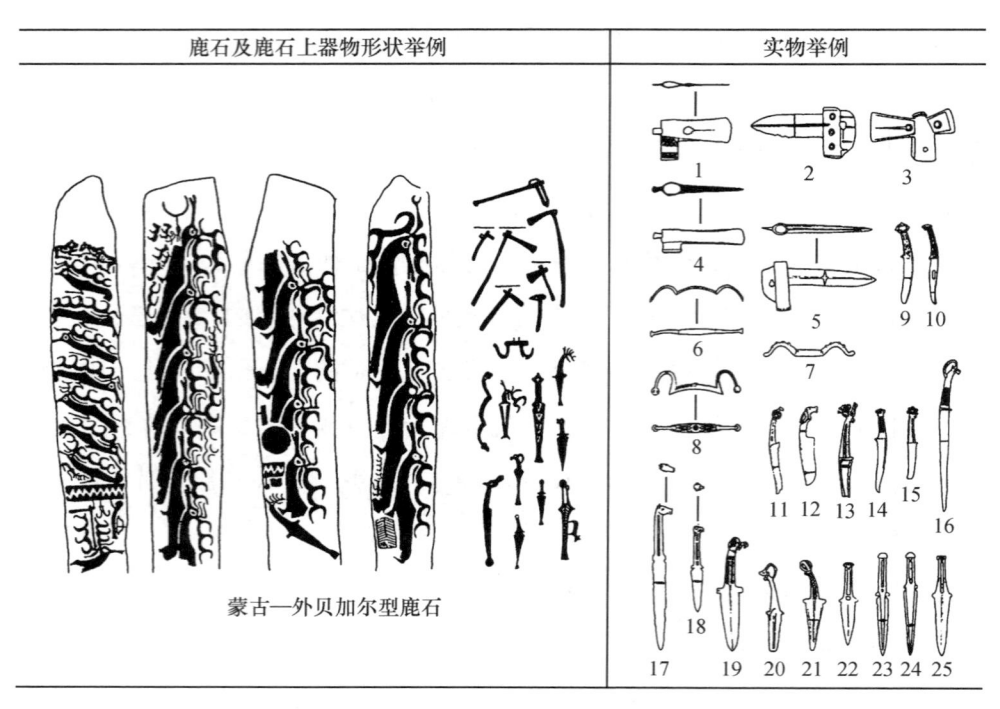

图3-2 鹿石上的器物与装饰

1、3—4. 銎内战斧　2、5. 銎内啄戈　6—8. 挂缰钩　9—16. 刀子　17—25. 短剑（均为青铜器）
（1—2、4、6、8—12、17—18、21、23—24. 中国，3、14—16、19、22、25. 蒙古，
5、20. 外贝加尔，7、13. 米努辛斯克盆地）

出："墓地发现的其他几件铜戈形似刀形，其内部的捆绑痕迹表明其使用方式应是作为戈用，这种刀形戈极为少见，表明早期青铜兵器的多功能化"[1]。如果不考虑其内部有木质纤维和近内部有捆绑痕迹而单单从青铜器本身来观察，它们与北方草原地带流行的弧背青铜小刀并无二致，但从其已经捆绑木柄这一点来看，它们的确又具备了铜戈的功能，不仅可用作刺兵，也可以用作砍兵。这种情况在早期北方青铜器当中也有发现，日本学者三宅俊彦曾指

---

[1] 四川省文物考古研究院、日本九州大学考古学研究室、甘孜藏族自治州文化旅游局、炉霍县文化旅游局：《炉霍县宴尔龙石棺葬墓地发掘报告》，四川省文物考古研究院：《西南地区北方谱系青铜器及石棺葬文化研究》，北京：科学出版社，2013年，第32页。

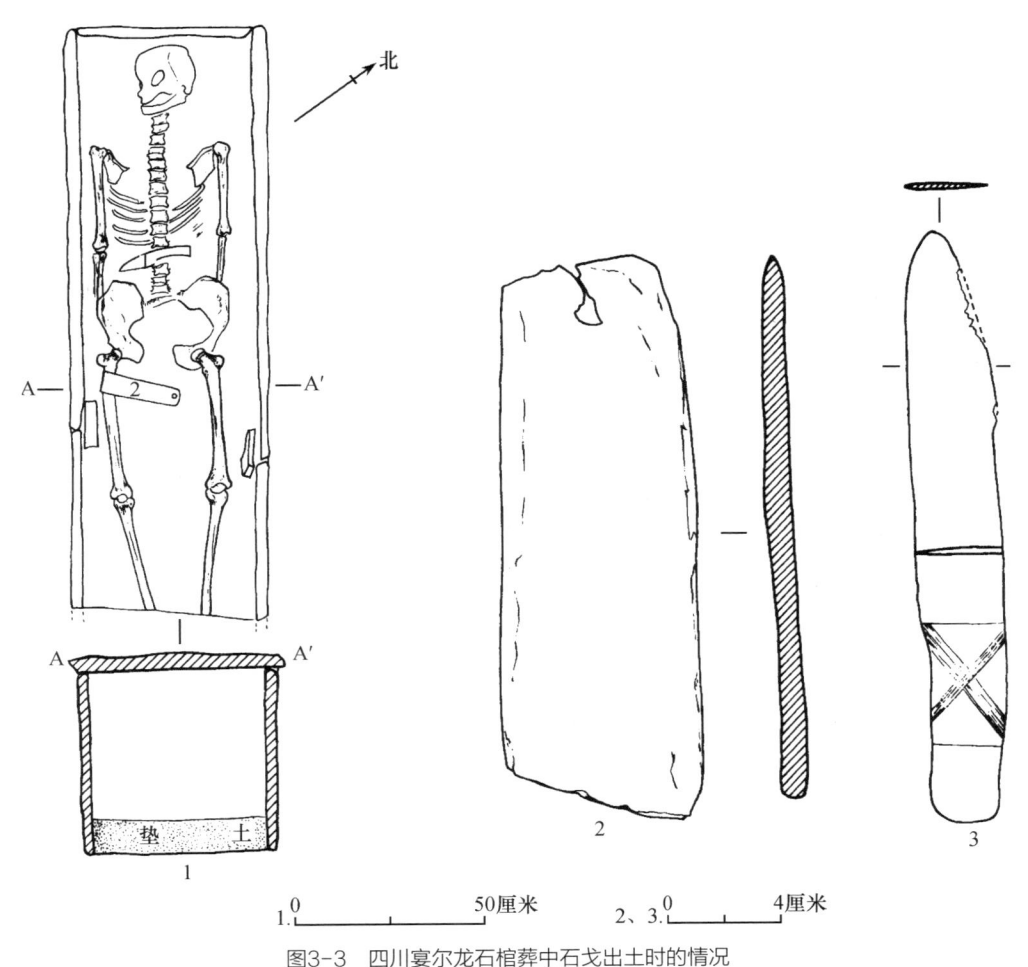

第三章 青藏高原东部的史前通道 109

图3-3 四川宴尔龙石棺葬中石戈出土时的情况
1. M13平、剖面图　2. 石斧（M13：2）　3. 铜戈（M13：1）
（采自四川省文物考古研究院、日本九州大学、甘孜藏族自治州文化旅游局、炉霍县文化旅游局：
《四川炉霍县宴尔龙石棺葬墓地发掘简报》，《四川文物》2012年第3期，图二二、图二三）

出，在相当于商末周初时期的早期北方系统青铜文化中，初期的曲柄短剑和弧背形青铜小刀除在柄部的装饰上有许多相似之处外，在用途上也有许多相似之处，不能截然将它们分别划为武器类和工具类，事实上完全有可能同时具备两种功能[1]。结合前文所论川西和滇西北高原曲柄剑与曲柄戈也呈现"一器两用"的现象来看，我们有理由推测在早期石棺葬出土的青铜兵器中，这种"多功能化"的倾向起源甚早，在商周时已经初显端倪，并一直沿袭到战国西汉时期。

除曲柄剑之外，卡莎湖石棺葬中出土的弧背形青铜小刀、铜手镯、动物纹铜牌饰、螺旋式铜环、铜羊形饰、双联铜泡、玛瑙珠、绿松石饰品等均具有北方青铜文化特征，尤其是在墓葬中还出土大量细石器，更具北方游牧民族文化的特点。后期墓葬中出土的铜管，在北方草原地带的毛庆沟文化、桃红巴拉文化、杨郎文化、北辛堡文化春秋中期至战国早期的墓葬中也有出土[2]，也表明两者之间密切的关系。因此，川西北早期石棺葬中这些北方青铜文化因素的源头十分清楚，其系统也非常鲜明，成为西南地区石棺葬文化中北方青铜文化最早一批考古遗存。

三、北方青铜文化因素的影响与扩散

考古材料显示，早期石棺葬中的北方青铜文化因素随着时代的发展开始从北向南不断扩散，其影响区域也从川西高原不断向南延伸。宫本一夫在其《川西高原石棺墓文化和北方青铜器》一文中，将这个区域的青铜文化继第1期之后的第2期划定在"公元前11—前10世纪"[3]，即相当于中原西周早期至中期，其特点是以具有卡拉苏克文化要素的"曲柄青铜剑"等为代表，陶大双耳罐开始制作。随后的第3期出现了"原型山字格剑"与巴蜀式铜戈并存，前者产生的基础有可能受到卡拉苏克文化的影响，年代为"公元前9—前

1　[日]三宅俊彦：《关于初期曲柄短剑的用途》，教育部人文社会科学重点研究基地吉林大学边疆考古研究中心编：《边疆考古研究》（第1辑），北京：科学出版社，2002年，第81—90页。

2　乌恩：《欧亚大陆草原早期游牧文化的几点思考》，《考古学报》2002年第4期。

3　[日]宫本一夫：《川西高原石棺墓文化和北方青铜器》，四川省文物考古研究院：《西南地区北方谱系青铜器及石棺葬文化研究》，北京：科学出版社，2013年，第117页。

7世纪",即相当于中原西周晚期至春秋中期。根据既往的发掘简报和宫本一夫、松本圭太、森贵教合著的《川西高原青铜器集成》一文[1],笔者将川西石棺葬中具有北方青铜文化因素的青铜器重新进行分类整理,划分为曲柄剑、山字格剑、带柄铜镜、青铜小刀、动物形牌饰等各个门类来探究其源流,由此可以窥见北方青铜文化因素在川西北石棺葬文化中的扩散,及其对"西南夷"地区青铜时代文化所产生的深远影响。

(一)曲柄剑

本节所论的曲柄剑(或可称为戈,但为讨论方便本节统称为剑),在川西北石棺葬中最早出现于卡莎湖,其后随着时代的发展逐渐扩散到整个"西南夷"地区(图3-4)。如在四川宝兴瓦西沟石棺葬[2]、泸定县德威乡[3]等地曾有出土。宝兴瓦西沟石棺墓的年代原简报将其定在"西汉时期";但也有意见认为断在"西汉时期"可能太晚,宋治民、罗开玉等学者均主张可提早到"战国至汉初"[4]。

凉山盐源盆地的这类曲柄剑曾发现于老龙头墓地[5],出土曲柄剑的老龙头墓地M7伴出器物较少,同墓中仅出了少量的铜钉和残陶片,原报告根据陶片推测该墓的年代"可能在西汉中晚期"[6]。凉山一带发现曲柄剑的地点

---

1 [日]宫本一夫、松本圭太、森贵教:《川西高原青铜器集成》,四川省文物考古研究院:《西南地区北方谱系青铜器及石棺葬文化研究》,北京:科学出版社,2013年,第88—104页。
2 宝兴县文化馆:《四川宝兴县汉代石棺墓》,《考古》1982年第4期,图二。
3 [日]宫本一夫、松本圭太、森贵教:《川西高原青铜器集成》,四川省文物考古研究院:《西南地区北方谱系青铜器及石棺葬文化研究》,北京:科学出版社,2013年,第99页,图九,89—90。
4 宋治民:《试论川西和滇西北的石棺葬》,《考古与文物》1987年第3期;罗开玉:《川滇西部及藏东石棺墓研究》,《考古学报》1992年第4期。
5 刘弘、唐亮:《盐源发现古代民族墓葬和祭祀坑》,《中国文物报》2001年9月14日第1版;凉山彝族自治州博物馆、成都文物考古研究所:《老龙头墓地与盐源青铜器》,北京:文物出版社,2009年,第39页,图二七,1(M7:1)。
6 凉山彝族自治州博物馆、成都文物考古研究所:《老龙头墓地与盐源青铜器》,北京:文物出版社,2009年,第184—185页。

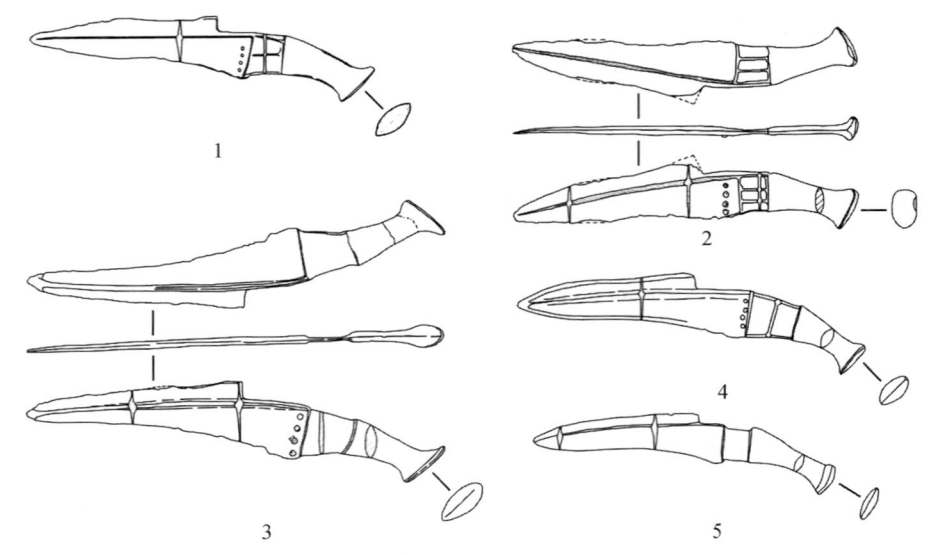

图3-4 川西石棺葬出土的曲柄铜剑

1. 汉塔山石棺墓 2. 泸定县 3. 泸定县冷碛镇 4. 卡莎湖M129 5. 卡莎湖M128

（采自［日］宫本一夫、松本圭太、森贵教：《川西高原青铜器集成》，四川省文物考古研究院：《西南地区北方谱系青铜器及石棺葬文化研究》，北京：科学出版社，2013年）

还有西昌西郊公社一号墓，该曲柄剑剑柄为铜铸，呈弧形，中部镂空，以斜条纹为饰，剑首作兽形，剑身为铁铸[1]。另在会理也有采集品[2]。考虑到它们的形制与老龙头墓地所出者相似，故年代也应相近，可能是在战国至汉代，或有可能更晚。刘弘曾经在总体分析盐源青铜器之后指出："盐源征集的青铜器及相关文物大部分的年代定在西汉时期当不会有大的问题，另外'大布黄千'钱币的出土，至少说明，盐源地区青铜文化遗存的时代最晚可能已经进入新莽时期（即西汉末期至东汉初期），这可能是该地区青铜墓葬最晚的年代"[3]。

---

1 凉山彝族自治州博物馆：《四川西昌一号墓发掘简报》，《考古》编辑部编：《考古学集刊》（第3集），北京：中国社会科学出版社，1983年，第143—149页。

2 唐翔：《会理新近收藏的几件青铜器》，《四川文物》1996年第3期，图一，2。

3 凉山彝族自治州博物馆、成都文物考古研究所：《老龙头墓地与盐源青铜器》，北京：文物出版社，2009年，第185页。

滇西北高原曾在云南永胜金官龙潭水库工地出土5件曲柄剑，其中一件剑茎扁平且柄部弯曲，剑首为"触角式"，其他4件形制基本相同，大小相近，皆剑柄弯曲，剑茎分为三段[1]。另外，在云南德钦纳古石棺葬M22中也出土过一件曲柄剑，出土时佩带于死者腰间，剑茎弯曲呈磬形，其上装饰有线条形镂空，剑身呈长方形，中起脊，无格[2]。德钦纳古石棺葬的年代原简报推测其"约为春秋早中期，或可早到西周晚期"，但宋治民根据该墓中同出的双大耳罐的年代分析认为："纳古石棺葬似不可能早到春秋时期，而定在汉初或秦汉之际是较为恰当的"[3]。联系整个石棺葬文化传播与扩散的时空状况综合考察，宋治民的意见可能更为妥当。

综上所述，川西高原早期石棺葬文化中的曲柄青铜剑在西周、春秋时期开始出现之后，在战国至西汉时期已经扩散到整个西南夷地区[4]。

（二）山字格剑

山字格剑或称为三叉格剑、花蒂形格剑等，因其剑格的形状呈三叉形或山字形而得名。在川西北高原早期的石棺葬中尚未发现这种青铜剑，但在随后出现了宫本一夫所称的"原型山字格剑"与巴蜀式铜戈并存。目前所知西南地区发现的这种山字格剑有四川茂县牟托一号石棺墓出土2件，均为椭圆形剑首，茎上铸有螺旋状纹，剑格分叉如山字形，发掘简报将石棺葬的年代定在战国中晚期[5]。四川理县龙袍碛一座石棺葬残墓中采集到1件山字格铜柄铁剑的铜柄，剑格较宽，剑茎上铸有凸起米粒纹，伴出有西汉时期的半两钱[6]。

---

1 云南省博物馆保管部：《云南永胜金官龙潭出土青铜器》，《云南文物》总第19期，1986年，图二，下。
2 云南省博物馆文物工作队：《云南德钦县纳古石棺墓》，《考古》1983年第3期。
3 宋治民：《试论川西和滇西北的石棺葬》，《考古与文物》1987年第3期。
4 苏奎：《西南夷地区三种含北方系青铜文化因素短剑的研究》，四川大学硕士学位论文，2005年。
5 茂县羌族博物馆、阿坝藏族羌族自治州文物管理所：《四川茂县牟托一号石棺墓及陪葬坑清理简报》，《文物》1994年第3期。
6 冯汉骥、童恩正：《岷江上游的石棺葬》，《考古学报》1973年第2期。

另在宝兴瓦西沟石棺葬、雅安汉塔山石棺葬、茂县营盘山石棺葬墓地中均有出土[1]（图3-5）。

关于这种山字格青铜剑的来源，宫本一夫认为是受到卡拉苏克文化的影响，宋治民在其《三叉格铜柄铁剑及相关问题的探讨》一文中举出近年来甘

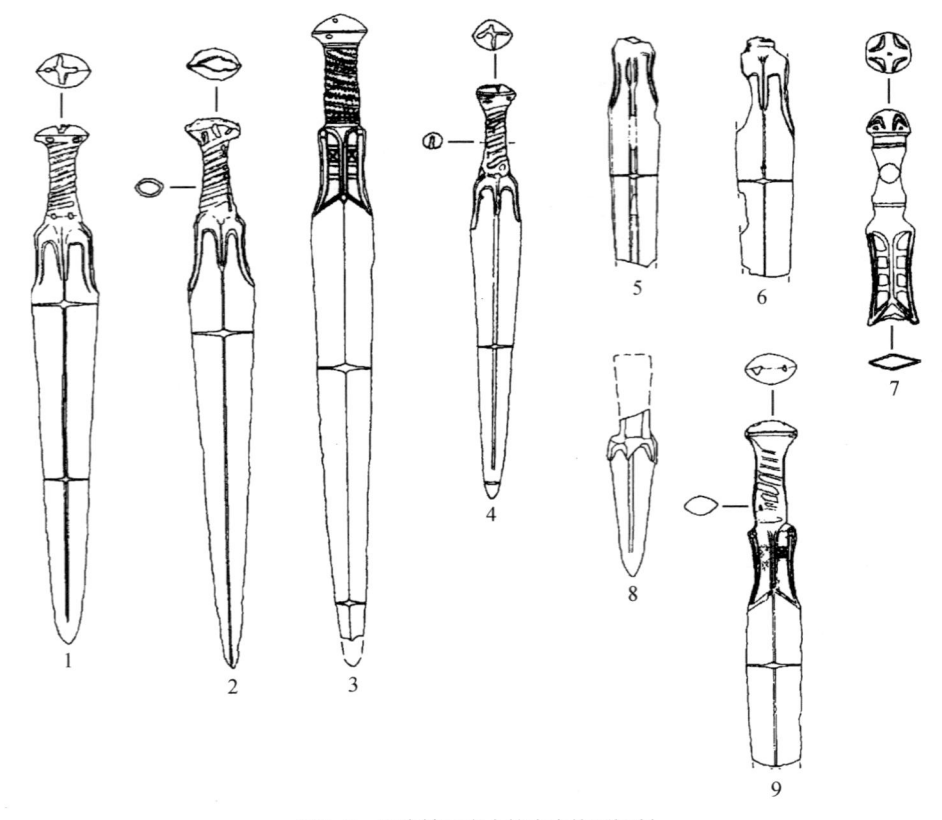

图3-5 西南地区出土的山字格形铜剑
1—2. 汉塔山石棺墓　3. 宝兴县瓦西沟石棺墓　4. 营盘山石棺墓　5—7、9. 宝兴县采集品
8. 宝兴县瓦西沟M5
（采自［日］宫本一夫、松本圭太、森贵教：《川西高原青铜器集成》，四川省文物考古研究院：《西南地区北方谱系青铜器及石棺葬文化研究》，北京：科学出版社，2013年）

1　[日]宫本一夫、松本圭太、森贵教：《川西高原青铜器集成》，四川省文物考古研究院：《西南地区北方谱系青铜器及石棺葬文化研究》，北京：科学出版社，2013年，第93—96页，图五，40—42；图六，63—65。

肃庆阳城北葬马坑、宁夏中卫狼窝子坑墓群、宁夏固原等地出土的共计6件山字格剑（其文中称为三叉格剑），其年代大致在春秋战国至西汉早期，而西南地区发现的这类山字格剑年代在战国晚期至西汉前期，上限不早于战国中期，由此得出结论认为"北方出土的三叉格铜柄铁剑的年代的上限早于西南，它们不可能由南向北传播，而只能由北向南传播"，"西南地区的这种三叉铜柄铁剑系受北方系青铜文化的影响或传播而产生"[1]。

山字格剑在西南夷地区传播和流行的过程中，可能发生了一些变化，地方性色彩不断渗透，从而产生出新的样式和变体，但其本源为北方青铜文化，川西北石棺葬是其重要的中转站而不是原产地看来是可以肯定的。所以宫本一夫将川西高原石棺葬文化中出土的这类青铜剑称为"原型山字格剑"，而与后来西南夷地区（尤其是滇文化地区）的晚期山字剑格相区分，是有一定道理的。

（三）带柄铜镜

在茂县城关撮箕山、荥经烈太、芦山县官田坝等地曾出土过青铜带柄镜（图3-6）[2]。2010年中日合作在四川炉霍县呷拉宗遗址石棺葬M2中又发现了一面带柄铜镜，这是川西北高原石棺葬文化中新发现的带柄镜资料[3]。这面带柄铜镜为圆形，带有一短柄，柄末有一小穿，镜背饰有四组蛇形纹，直径6厘米（图3-7）。

这类铜镜早在公元前第三千纪已见于西亚，在欧亚草原最早见于前苏联

---

[1] 宋治民：《三叉格铜柄铁剑及相关问题的探讨》，《考古》1997年第12期。

[2] [日]宫本一夫、松本圭太、森贵教：《川西高原青铜器集成》，四川省文物考古研究院：《西南地区北方谱系青铜器及石棺葬文化研究》，北京：科学出版社，2013年，第92—96页，图四，34；图七，67—68；图八，79。

[3] 四川省文物考古研究院、日本九州大学考古学研究室、甘孜藏族自治州文化旅游局、炉霍县文化旅游局：《四川炉霍呷拉宗遗址考古发掘简报》，四川省文物考古研究院：《西南地区北方谱系青铜器及石棺葬文化研究》，北京：科学出版社，2013年，第65页，图二九，6。

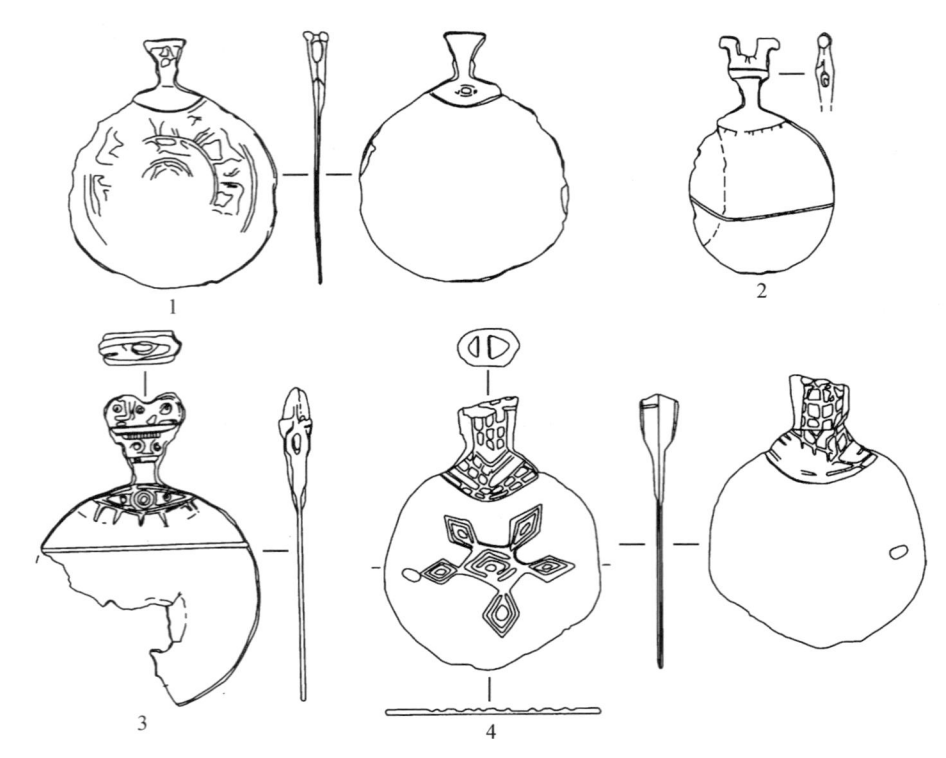

图3-6　西南地区出土的带柄铜镜

1. 荥经县列太公社M1　2—3. 芦山县恩延山官田坝　4. 茂县城关撮箕山

（采自［日］宫本一夫、松本圭太、森贵教：《川西高原青铜器集成》，四川省文物考古研究院：《西南地区北方谱系青铜器及石棺葬文化研究》，北京：科学出版社，2013年）

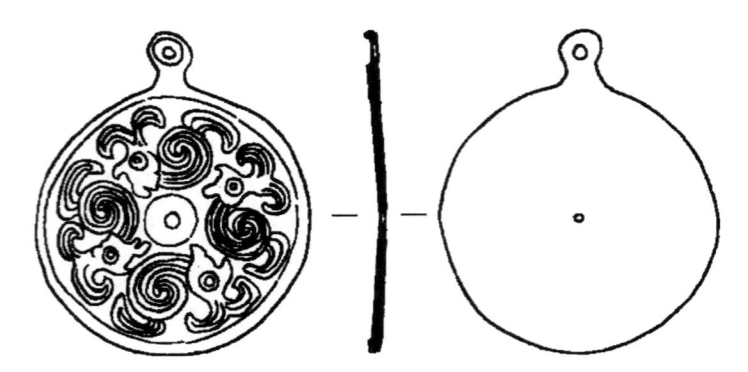

图3-7　四川炉霍呷拉宗遗址石棺葬M2出土的带柄铜镜

（采自四川省文物考古研究院、日本九州大学、甘孜藏族自治州文化旅游局、炉霍县文化旅游局：《四川炉霍县呷拉宗遗址发掘简报》，《四川文物》2012年第3期，图二九，6）

中亚地区的青铜时代考古学文化，其后在所谓"斯基泰文化"中（约公元前700—前200年之际）流行更广，成为中亚青铜时代至早期铁器时代广泛流行的一种镜形[1]。后来，这类铜镜在我国新疆、西藏和西南地区的四川、云南等地均有发现，学术界曾对此有过讨论，总体上意见比较一致，认为其与中国传统的"具纽镜"系统不同，而与西亚、中亚一带流行的带柄镜属于同一系统，但对其具体的产地、传播路径、装饰风格等问题却还存在着不同意见，大体上有来源于南亚说、来源于西亚、中亚说及本地改造说等看法[2]。

新近在炉霍县呷拉宗石棺葬M2出土的这面带柄镜，发掘者结合^{14}C测年数据将其年代定在"春秋晚期至战国早期"，与以往在西南夷地区出土的带柄镜年代大体相同。观察上述各例西南地区出土的带柄镜，与西北新疆地区出土的带柄镜虽然属于同一大的系统，但在镜背和镜柄的装饰手法、纹饰上却仍然存在着明显的差异，其最大特点是镜柄普遍较短，多呈管状，柄部末端多有小穿，可以系挂，因此已有学者认为其原因是"可能属于受到上述欧亚草原铜镜传统影响下，中国西南早期铁器时代畜牧部落的地方性创造"[3]。呷拉宗石棺葬M2出土的这面带柄镜背面装饰纹样为四组蛇形纹，这与欧亚草原地带和我国西北新疆地区的带柄镜纹饰均有区别，而在"西南夷"地区青铜时代至早期铁器时代的装饰风格中较为常见，显示出此类铜镜在传播扩散的过程中不断被当地族群加以改进的迹象。

1　[俄]库巴列夫·弗拉基米尔著，周金玲译：《亚洲游牧民族使用的铜镜是宗教考古学的原始资料》，《新疆文物》2005年第1期。
2　有关论文可参见：霍巍：《西藏曲贡村石室墓出土的带柄铜镜及其相关问题初探》，《考古》1994年第7期；霍巍：《再论西藏带柄铜镜的有关问题》，《考古》1997年第11期；霍巍：《从新出考古材料论我国西南的带柄铜镜问题》，《四川文物》2000年第2期；赵慧民：《西藏曲贡出土的铁柄铜镜的有关问题》，《考古》1994年第7期；吕红亮：《西藏带柄铜镜补论》，四川大学中国藏学研究所编：《藏学学刊》（第5辑），成都：四川大学出版社，2009年，第33—45页；仝涛：《三枚藏式带柄铜镜的装饰风格来源问题》，四川大学中国藏学研究所编：《藏学学刊》（第6辑），成都：四川大学出版社，2010年，第137—148页。
3　吕红亮：《西藏带柄铜镜补论》，四川大学中国藏学研究所编：《藏学学刊》（第5辑），成都：四川大学出版社，2009年，第33—45页。

（四）青铜小刀

川西高原石棺葬文化中出土有各种不同形制的青铜小刀，其中既有弧背形的，也有刀口向上翘起的（图3-8），这在中国北方系统青铜文化中都是十分常见的器形，而且出现的年代可早至夏代，在甘肃地区的四坝文化、黄河河套地区的朱开沟文化、内蒙古东南部的夏家店下层文化和分布在河北北部的大坨头文化中都曾有过出土[1]。川西高原石棺葬文化中的这些青铜小刀显然都可归入北方青铜文化系统，主要为游牧民族生前所使用之物，死后随葬于墓，常常与其他具有北方草原文化因素的器物同出。

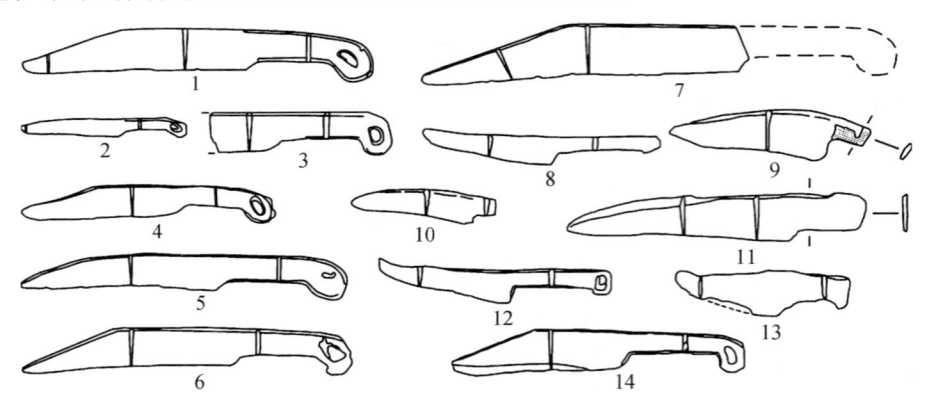

图3-8 川西石棺葬出土的青铜刀
1. 宝兴县瓦西沟口M2　2—3、5—6. 汉塔山石棺墓　4、7. 汉塔山石棺墓采集　8—10. 卡莎湖石棺墓　11—13. 炉霍县绒巴龙　14. 泸定县冷碛镇

（采自［日］宫本一夫、松本圭太、森贵教：《川西高原青铜器集成》，四川省文物考古研究院：《西南地区北方谱系青铜器及石棺葬文化研究》，北京：科学出版社，2013年）

（五）动物形牌饰

动物纹铜牌饰在川西高原石棺葬文化中过去曾有发现。如在炉霍卡莎湖石棺葬中曾出土过5件铜牌饰，均为残件，但仍可观察到上面的动物纹

---

[1] 林沄：《夏代的中国北方系青铜器》，氏著：《林沄学术文集》（二），北京：科学出版社，2008年，图一，1—6。

饰有回首扭头者、也有饰变形之双角者，具有浓厚的北方草原文化色彩[1]（图3-9）。2001年，在炉霍县城西朱德寨子清理出的石棺葬中又发现了一例虎咬羊的铜牌饰（图3-10）[2]，造型更为精美，体形也更大。这类动物相互争斗、撕咬的青铜牌饰在所谓"鄂尔多斯式青铜器"系统中十分多见[3]，朱德寨子石棺葬中出土的这件牌饰和内蒙古博物院收藏的一件虎咬羊牌饰（图3-11）无论是造型还是纹饰都十分相近，都是虎作站立状，抬头张嘴咬住羊的颈部，羊前腿下垂与底部边缘连接，羊身搭在虎颈之上，后腿下垂，虎尾夹在后腿之间，作行走状，虎身纹饰都似虎皮状斑纹[4]，两者之间的相似程度如此之高，或有可能朱德寨子石棺葬所出的这件牌饰系直接从北方青铜文化中传来。

四、人群迁徙与文化交流

综上所述，川西高原石棺葬文化中出现了大量北方青铜文化因素，这显然与北方草原文化传入川西北地区有关，其年代可以上溯到西周时期。换言之，川西北高原施行石棺葬的古代族群有一部分可能来自北方甘青地区，他们是北方青铜文化南下的直接传播者。但是，这些族群可能还并不是最早从北方迁徙到川西高原的人群，四川地区近年来的考古发现证明，黄河上游甘青地区与西南山地之间考古学文化的交流与互动开始得很早，大约在相当于中原地区新石器时代仰韶文化的中期偏晚阶段，川西高原岷江上游和大渡河上游便已经零星出现了来自甘青地区的新石器时代文化因素；其后在以营盘

---

1 四川省文物考古研究所、甘孜藏族自治州文化局：《四川炉霍卡莎湖石棺墓》，《考古学报》1991年第2期，图二〇，27、29、30。
2 ［日］宫本一夫、松本圭太、森贵教：《川西高原青铜器集成》，四川省文物考古研究院：《西南地区北方谱系青铜器及石棺葬文化研究》，北京：科学出版社，2013年，第92—96页，图二，15。
3 内蒙古自治区文物工作队田广金、郭素新编著：《鄂尔多斯式青铜器》，北京：文物出版社，1986年，第159—178页。
4 内蒙古自治区文物工作队田广金、郭素新编著：《鄂尔多斯式青铜器》，北京：文物出版社，1986年，图六一，3。

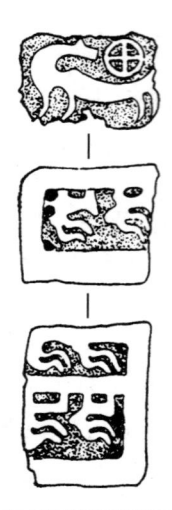

图3-9 四川炉霍卡莎湖石棺葬出土的动物形牌饰
（采自四川省文物考古研究所、甘孜藏族自治州文化局：《四川铲霍卡莎湖石棺墓》，《考古学报》1991年第2期，图二〇，27、29—30）

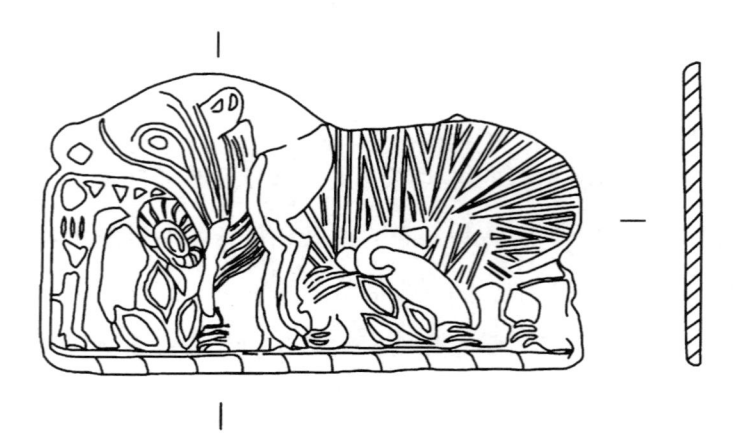

图3-10 四川炉霍县城西朱德寨子出土铜牌饰
（采自[日]宫本一夫、松本圭太、森贵教：《川西高原青铜器集成》，四川省文物考古研究院：《西南地区北方谱系青铜器及石棺葬文化研究》，北京：科学出版社，2013年，图二，15）

图3-11　内蒙古博物院藏"鄂尔多斯式"青铜动物牌饰
（采自内蒙古自治区文物工作队田广金、郭素新编著：《鄂尔多斯式青铜器》，北京：文物出版社，1986年，第93页，图六一，3）

山文化为代表的岷江上游新石器时代文化中，更是明显地出现了马家窑文化、仰韶文化的双重影响，出现了彩陶器；到了龙山时代以及夏商时期，在岷江上游、大渡河上游与中游、雅砻江下游、金沙江和澜沧江中游、澜沧江上游等地的新石器时代文化当中，也都程度不同地出现了来自甘青地区的新石器时代文化因素，影响范围逐渐扩大[1]。在岷江上游曾多次发现石棺葬文化与当地含有北方彩陶文化因素的新石器时代遗存存在着相互叠压关系的情况，也表明早在具有北方青铜文化因素的石棺葬文化族群进入到川西北高原之前，一部分更早的来自北方的人群便已经由北向南迁徙到这里定居，他们或许是一批最早的来自北方的"移民"。

李水城曾经指出："川西北石棺葬的出现与中国西北地区的史前和青铜文化的不断南下有密切的关系"[2]。在新石器时代文化之后，继之而来的青铜时代的人群看来继续延续了这种由北向南的迁徙活动，北方青铜文化因素开始出现在川西北高原石棺葬文化当中，这是继新石器时代之后第二波"移民"浪潮带来的结果。从上述分析中我们还可以看到，这些北方青铜文化因

1　陈苇：《先秦时期的青藏高原东麓》，北京：科学出版社，2012年，第293—324页。
2　李水城：《石棺葬的起源与扩散——以中国为例》，《四川文物》2011年第6期。

素并没有仅仅停驻在川西北高原，而是随着石棺葬文化的扩散迁徙逐渐向更为广阔的"西南夷"地区流动，川西北高原石棺葬文化是介于北方青铜文化与"西南夷"青铜文化之间最为重要的集散地和中转站，这一点看来已成为不易之论。在四川盐源盆地、滇西北高原、云贵高原等地发现的若干具有北方青铜文化因素的青铜器和其他器物，也应当主要是从石棺葬文化传播而来。当然，在云南"滇文化"系统发现的一些器物虽然可以确认也带有北方青铜文化的因素，但目前还没有从川西北石棺葬青铜文化中找到其源头，不排除其另有来源的可能性，还需要做更深入的研究。

对于这种由南向北的迁徙活动背后的原因，有不少学者都援引童恩正著名的"从东北至西南的边地半月形文化传播带理论"[1]加以论证，认为较为一致的气温、气候、降水量等自然环境条件创造了这种文化传播的客观条件，加上距今5500年左右我国大部分地区所经历的一次降温过程，对整个北方地区造成较大的影响，而四川西北地区的自然条件要优越于秦岭以北地区，由北向南的横断山脉"六江流域"的高山峡谷通道也为人群由北向南的迁徙移动提供了可能性，所以"气候优越性也是造成自仰韶晚期以来甘青地区各考古学文化持续向岷江上游地区迁徙的原因之一"[2]。

自然环境对古代族群的影响固然是重要的因素之一，但笔者认为，还应当尤其重视游牧人群生业形态以及传统游牧社会的特质在这一方面的作用与影响。换言之，即便没有突发性的自然灾变（如全球性或区域性的气候变化），在以游牧经济为主体的古代族群中，这种迁徙性的活动也会时有发生，而不一定与自然气候的变化有直接的关联性。王明珂曾经对于"游牧"

1　童恩正：《试论我国从东北至西南的边地半月形文化传播带》，文物出版社编辑部编：《文物与考古论集》，北京：文物出版社，1986年，第17—43页。

2　类似的观点见于陈苇：《先秦时期的青藏高原东麓》，北京：科学出版社，2012年，第320页；宋治民：《三叉格铜柄铁剑及相关问题的探讨》，《考古》1997年第12期；陈卫东、唐飞：《雅砻江流域中上游地区石棺葬文化初论》，四川省文物考古研究院：《西南地区北方谱系青铜器及石棺葬文化研究》，北京：科学出版社，2013年，第147—148页等文。

的性质作过以下表述:"从最基本的层面来说,是人类利用农业资源匮乏之边缘环境的一种经济生产方式。利用草食动物之食性与它们卓越的移动力,将广大地区人类无法直接消化、利用的植物资源,转换为人们的肉类、乳类等食物以及其他生活所需"[1]。所以,在游牧社会中,每一个游牧家庭与牧团、部落之间的关系都具有与农业民族不同的特点,王明珂将其称之为"移动性"——即游牧社会基层人群的行动抉择能力[2],除环境变迁之外,人口压力、资源掠夺、远程贸易等若干因素都会导致人群的迁徙移动,而"移动性"正是游牧社会的本质。

基于这样的认识,再来观察川西北高原石棺葬文化中出现的北方草原青铜文化的因素,自然会有更多的解释路径与空间,而不必拘泥于陈说。在本节的最后,笔者还想特别强调指出,在目前川西高原发现的石棺葬文化中,应当特别关注炉霍卡莎湖石棺葬墓地,因为这处石棺葬墓地分布密集、排列整齐,相互间没有打破或叠压现象;墓地又分为南、北两区,各区内墓葬的方向基本一致,南区为东北向,北区为东向,这都暗示着南北两区或者有着时代早晚的不同,或者有着社会等级的不同,但都可能与一个相对较为成熟的游牧社会有关,他们或有可能是以部落为单位成建制地迁徙到川西北高原,这样的材料在石棺葬文化中是十分难得的。在该墓地275座墓葬当中,有随葬器物者仅有148座,其中随葬铜器的墓葬44座,随葬铜兵器的10座,这些信息都为观察其社会分层与内部结构等问题提供了宝贵的线索。过去的研究者较少关注石棺葬文化的族群社会、生业方式、迁徙活动、与当地定居农业居民之关系等问题,在今后都应当利用这些宝贵的出土资料加以进一步的研究。

---

[1] 王明珂:《游牧者的抉择》,桂林:广西师范大学出版社,2008年,第3页。
[2] 王明珂:《游牧者的抉择》,桂林:广西师范大学出版社,2008年,第83页。

第三节　考古学视野下的"藏羌彝走廊"

石棺葬文化的考古新发现引发的另一个重要议题，是中国西南古代"藏羌彝走廊"经不同历史时期形成、发展，至今仍然成为我国著名的多民族之间交往、交流与交融的摇篮，那么，考古学为此提供了哪些重要的实物证据呢？

"走廊"一词原本是一个建筑学、地理学的概念，与后来"丝绸之路"这个概念的提出一样，很可能均与德国地理学家李希霍芬有关[1]。当时中国被称为"走廊"的地带，最为著名的是"河西走廊"，也称为"甘肃走廊"，由于它与古代"丝绸之路"有相当一段是相互重合的，所以后来这个概念产生出更为丰富的人文内涵。

在中国大地上，另一个与我国西北"河西走廊"可以相提并论的所谓"走廊"，则是西南地区的"藏彝走廊"或"藏羌彝走廊"。只是这条走廊的提出，从一开始便是一个民族学与自然地理学相互融合的产物。从地理学角度来看，西北地区的"河西走廊"地处甘青，南北两面均为沙漠，中间有一条东西向的祁连山脉，山脉下的南北两麓较为平坦并有雪山融水的灌溉，由此形成沙海之中的一个个绿洲，可供人们在此之间通行来往；西南地区的"藏彝走廊"则是因为"喜马拉雅造山运动"形成闻名于世的"横断山脉地带"，怒江、澜沧江、金沙江、雅砻江、大渡河、岷江等六条大江大河分别从北自南从这里川流而过，在南北向的崇山峻岭之中开辟出一条条天然的河谷通道，从而也为人们在这些河谷之中通行来往提供了便利。如果说"河西走廊"最为重要的作用是形成"陆上丝绸之路"中国境内最为重要的主干

---

[1] 艾南山：《从地理学谈"藏彝走廊"》，石硕主编：《藏彝走廊：历史与文化》，成都：四川人民出版社，2005年，第139页。

道，那么毫无疑问，"藏彝走廊"最为重要的作用是自古以来众多民族或族群南来北往、迁徙流动的场所，也是历史上西北与西南各民族之间沟通往来的重要孔道，所以费孝通才从这若干民族当中选择了"藏"和"彝"这两个西南地区最为重要的民族作为"藏彝走廊"一词的指代[1]。

不少学者都认识到，这条被称为"藏彝走廊"的南北民族大通道是一条"活的通道"，直到今天对于西部各民族都还在发挥着重要的作用。另一方面，这条大通道开启和被远古人们所利用也具有更为古老的历史。如同石硕曾经论及的那样："由于各种文化的不断交汇流动，正像考古遗址层层叠压的文化地层一样，在'藏彝走廊'中保留了大量古老的历史文化积淀。今天，我们在'藏彝走廊'中可以看到许多在其他地区已完全消失或极为罕见的古老而独特的社会形态、文化现象与文化遗存"[2]。透过在"藏彝走廊"发现的这些独特的考古学文化遗存，我们可以观察到一个重要的历史事实："藏彝走廊"与"一带一路"关系极其密切，从某种意义而言，正是由于"藏彝走廊"的存在，才将"一带"和"一路"紧密相连，从而形成一个连续的整体链条。

一、"藏彝走廊"是联通西南、西北地区的主干道

由西南通向西北地区，"藏彝走廊"形成的南北向的多条河谷通道，应当是早期人类活动能够利用的最为便捷的通道。从现在已知的考古发现来看，早在新石器时代，来自黄河上游甘青地区的马家窑文化的彩陶器便已经

---

[1] 石硕：《"藏彝走廊"：一个独具价值的民族区域——谈费孝通先生提出的"藏彝走廊"概念与区域》，氏主编：《藏彝走廊：历史与文化》，成都：四川人民出版社，2005年，第13页。事实上，从这条走廊早期形成的历史来看，古代羌人在这条通道上的活动要远远早于藏族和彝族，他们是这条通道上最早的古代族群。因此，将它命名为"藏羌彝走廊"也并无不可。

[2] 石硕：《"藏彝走廊"：一个独具价值的民族区域——谈费孝通先生提出的"藏彝走廊"概念与区域》，氏主编：《藏彝走廊：历史与文化》，成都：四川人民出版社，2005年，第28—29页。

顺着岷江上游等地绕过成都平原南下到汉源狮子山遗址[1]，近年来相似的文化现象在茂县营盘山遗址中也有发现[2]。到了龙山时代以及夏商时期，在岷江上游、大渡河上游与中游、雅砻江下游、金沙江和澜沧江中游、澜沧江上游等地的新石器时代文化当中也都程度不同地出现了来自甘青地区的新石器时代文化因素，影响范围逐渐扩大[3]。

进入青铜时代，这种来自北方草原民族的青铜文化更是渗透到川西高原各地的"石棺葬文化"当中。其中，具有代表性的例证可举出炉霍石棺葬。目前，在炉霍县境内共发现28处、1800余座石棺葬。其中经过较大规模考古发掘、可以确认具有较为明显的时代特征、并有^{14}C测年数据可以证明其属于早期石棺葬遗存，主要有雅砻江流域的炉霍卡莎湖、宴尔龙两处石棺葬墓地。其中，卡莎湖石棺葬墓地发现于20世纪80年代[4]，宴尔龙石棺葬墓地发现于2008年，是近年来中日合作进行"西南地区北方谱系青铜器及石棺葬文化研究"课题的共同成果之一[5]。

卡莎湖石棺葬中年代最早者和宴尔龙石棺葬中年代最早者均有可能早到商周时期，可以确认这是目前在川西北地区发现的最早的一批石棺葬。不仅如此，笔者在炉霍县博物馆中还观摩到，炉霍石棺葬出土陶器中还有一批彩陶器和小双耳陶器，其器形与纹饰风格均与黄河上游甘青地区马家窑、齐家、马厂、寺洼等考古学文化相似，虽系采集品，但却透露出一个极为重要

1　马继贤：《汉源县狮子山新石器时代遗址》，中国考古学会编：《中国考古学年鉴》（1991），北京：文物出版社，1992年，第270页。

2　陈剑：《营盘山遗址再现"藏彝走廊"5000年前的区域中心——岷江上游史前考古的新进展》，石硕主编：《藏彝走廊：历史与文化》，成都：四川人民出版社，2005年，第300—314页。

3　陈苇：《先秦时期的青藏高原东麓》，北京：科学出版社，2012年，第293—324页。

4　四川省文物考古研究所、甘孜藏族自治州文化局：《四川炉霍卡莎湖石棺墓》，《考古学报》1991年第2期。

5　四川省文物考古研究院、日本九州大学考古学研究室、甘孜藏族自治州文化旅游局、炉霍县文化旅游局：《炉霍县宴尔龙石棺葬墓地发掘报告》，四川省文物考古研究院：《西南地区北方谱系青铜器及石棺葬文化研究》，北京：科学出版社，2013年，第11—34页。

的信息：炉霍石棺葬文化的上限，很有可能随着考古工作的进展朝前推进到新石器时代晚期和青铜时代早期。

上述两处石棺葬文化中都发现了大量与北方系统青铜器类似的器物，如曲柄剑、弧背形小刀、动物形牌饰等。除曲柄剑之外，卡莎湖石棺葬中出土的弧背形青铜小刀、铜手镯、动物纹铜牌饰、螺旋式铜环、铜羊形饰、双联铜泡、玛瑙珠、绿松石饰品等均具有北方青铜文化的特征，尤其是在墓葬中还出土有大量细石器，更具北方游牧民族文化的特点。炉霍及川西北高原石棺葬文化中出现的这些北方青铜文化因素，显然与北方草原文化传入川西北地区有关，其年代至少可以上溯到商周时期。这就意味着，川西北高原施行石棺葬的古代族群有一部分可能是来自北方的甘青地区，他们是北方青铜文化南下的直接传播者。

由此可见，这条南北向大走道的开启，至少可以上溯到新石器时代晚期至青铜时代。进入到战国、秦汉以后的各个历史时期，这条通道更是成为连通西南、西北地区重要的干道之一。延续到战国、秦汉时期的"石棺葬文化"当中，至商周以来便已出现的北方草原文化因素一直存在，人们对这条通道的利用程度有增无减。

文献记载表明，这条通道至迟从汉晋南北朝时代开始，其地位日显突出，一度甚至成为南朝政权连接北方"丝绸之路"的主要通道。唐长孺在《南北朝期间西域与南朝的陆道交通》一文中论述："汉代以来，由河西走廊出玉门、阳关以入西域，是内地和西北边区间乃至中外间的交通要道。但这并非唯一的通路，根据史籍记载，我们看到从益州到西域有一条几乎与河西走廊并行的道路。这条道路的通行历史悠久，张骞在大夏见来自身毒的邛竹杖与蜀布是人所共知的事，以后虽然不那么显赫，但南北朝时对南朝来说却是通向西域的主要道路，它联结了南朝与西域间的政治、经济和文化，曾经起颇大的作用"[1]。据唐长孺考证，西晋末年以来，东晋、刘宋等南朝政权在北方的前凉、西凉和北凉这几个割据政权占领河西走廊期间，还一直与其保持着通使往来，但在当时的形势下，由于秦陇地区多被中原或地方政权所隔绝，自江南通往西域，多从长江溯江而上，先西行入益州，再由青海入吐谷浑境，然后借道前往西域[2]。而我们知道，从益州进入到青海境内，所取道路往往就是循着本节所称的"藏彝走廊"溯江而上，北入青海，再与汉代以来开通的北方丝绸之路相连接，进而便可通向西域和中亚。由此可见，历史上这条通道所发挥的功能和作用绝不可低估，它已经远远不再是一条中国内部区域性的通道，而是成为北方"丝绸之路"这样具有国际性通道的重要组成部分，影响十分深远。

二、"藏彝走廊"是通向云南、东南亚的重要通道

我们进而还可以发现，"藏彝走廊"这条南北向的大通道不仅可以联系起西北、西南地区，顺着江河峡谷一直向南，即可进入到云南、东南亚各地。近年来，中国社会科学院考古研究所边疆考古中心和云南省文物考古研究所等合作，对云南南部耿马县境内的石佛洞遗址进行了考古发掘，遗址中出土的陶器以刻画、剔刺、压印等手法模仿涡纹、连弧纹、水波纹等纹样，发掘者认为，这种做法实际上是受到黄河上游马家窑文化彩陶纹饰的影响，可能暗示着马家窑文化的南下已经不仅仅局限在地理学上的横断山脉，而是已经影响到滇南地区[3]。

1　唐长孺：《南北朝期间西域与南朝的陆道交通》，氏著：《魏晋南北朝史论拾遗》，北京：中华书局，1983年，第168—169页。

2　唐长孺：《北凉承平七年（449）写经题记与西域通往江南的道路》，阎文儒、陈玉龙编：《向达先生纪念论文集》，乌鲁木齐：新疆人民出版社，1986年，第104—117页。

3　石佛洞遗址以往的发掘资料可参见：吴学明：《石佛洞新石器文化与沧源崖画关系探索》，《云南文物》总第25期，1989年；王大道：《再论云南新石器时代文化的类型》，云南省文物考古研究所：《云南考古文集》，昆明：云南民族出版社，1998年，第41—61页。中国社会科学院考古研究所王仁湘先生于2003年11月在四川大学考古系举办的学术报告会上披露了新近的考古发现情况，正式报告尚待刊布。

已经有不少学者关注到，在云南青铜文化中出现了不少与北方草原文化有关的因素，如动物纹铜牌饰、双环首青铜短剑、曲柄青铜短剑、弧背青铜刀、"卧马纹"装饰品、立鹿、马饰、有翼虎银带扣、狮身人面形图案、金珠与金饰片、蚀花肉红石髓珠等，有学者认为其中"有一部分来自斯基泰文化；有的是我国北方草原文化遗物；还有一部分是受了以上两种文化的影响，由当地民族改制和创新的"[1]。笔者从带柄铜镜、双环首青铜短剑这两类器物与之的比较，认为其也可以归入北方草原文化影响到西南地区青铜文化的例证[2]。

国外学者也注意到北方草原文化和中国西南地区、东南亚等地考古学文化中的相似因素，认为尤其是在"最近的数十年间，中国西南地区和东南亚的考古研究取得了长足的进展，发现了大量和鄂尔多斯地区、中亚和欧亚草原的遗存非常相似的器物"[3]，并试图采用西方人类学的"文化变迁理论"从进化、影响、传播与移民等不同的层面和角度对此进行解释。在他们当中，也开始有人认识到这些考古遗存之间出现的相似性因素，离不开特殊的地理环境，认为"论及中国西南及其邻近地区，我们遇到的是一种极其多样的自然环境，不同生态区在这里以一种特殊方式互相交融。高耸山脉之间的深谷及主要是自北向南流动的密集河网连接了各个方向的多条道路。这使多样、多向的交换成为可能；或者可以说交换是不可或缺的，因为各种经济和资源分布不均。鉴于交换路径的多样性，不仅仅需要考虑被广为引用的'草原联系'，还要关注和西藏、印度、东南亚及其他或远或近的诸地区之间的

---

[1] 张增祺：《中国西南民族考古》，昆明：云南人民出版社，1990年，第201—227页。
[2] 霍巍：《论横断山脉地带先秦两汉时期考古学文化的交流与互动》，石硕主编：《藏彝走廊：历史与文化》，成都：四川人民出版社，2005年，第288—292页。
[3] 安可著，陈心舟译：《文化传播、人群移动和文化影响：以西南地区与北方草原文化关系的研究为例》，四川大学博物馆、四川大学考古学系、成都文物考古研究所编：《南方民族考古》（第十一辑），北京：科学出版社，2015年，第67—80页。

联系"[1]。

在现有考古资料的背景之下,我们还难以清晰地勾勒出这种远距离文化传播和交流的具体路径、方式以及中转站、节点(集散地)、目的地等诸多细节,不过作一个最为宏观的观察也可以发现,来自青海、西藏和四川的古代族群如果沿着"藏彝走廊"进入到云南,再通过云南、广西等地进入到东南亚各国,在地理环境和交通路线上不仅可以说是完全可以支持的,甚至可以说这也是唯一可行的通道。已故学者李绍明曾指出:"古代西南丝绸之路是从成都出发,经四川西南部,再经云南,越缅甸、印度、中亚,直至西欧的商道。这条道路所经之地有很大一部分在'藏彝走廊'地区"[2]。这是一个很有见地的认识。古代"西南丝绸之路"虽然也是一个有待考古发现来进一步加以深化、坐实的概念,但从文献记载及自然环境条件综合考虑,其中有很大一部分的确可能与"藏彝走廊"相互重合,只是前者的开辟年代或许更早。流经"藏彝走廊"的六江(怒江、澜沧江、金沙江、雅砻江、大渡河、岷江)当中,怒江、澜沧江都流出国境成为跨国界的河流,其间的河谷地带成为通向东南亚地区的天然通道也是顺理成章的。李绍明还推测:"目前,中国西南部、中南半岛以及南亚的印度、尼泊尔、不丹、锡金诸国分布着大量的藏缅语族的各族,这不仅说明北南交通早已存在,而且还说明这些民族的先民,有不少是沿着上述六江流域亦即藏彝走廊由北向南逐渐迁徙到现在住地的"[3],这些都是有可能的。

---

1 安可著,陈心舟译:《文化传播、人群移动和文化影响:以西南地区与北方草原文化关系的研究为例》,四川大学博物馆、四川大学考古学系、成都文物考古研究所编:《南方民族考古》(第十一辑),北京:科学出版社,2015年,第67—80页。
2 李绍明:《"藏彝走廊"研究与民族走廊学说》,石硕主编:《藏彝走廊:历史与文化》,成都:四川人民出版社,2005年,第8—9页。
3 李绍明:《西南丝绸之路与民族走廊》,氏著:《李绍明民族学文选》,成都:成都出版社,1995年,第872页。

三、"藏彝走廊"是"高原丝路"的重要节点

如上文所论,"藏彝走廊"从纵向上可自北而南,发挥分别连通我国西北、西南以及东南亚等国家和地区的历史作用。此外,从横向上的东西方向而论,"藏彝走廊"还是连通青藏高原"丝绸之路"(以下简称为"高原丝路")的重要节点。

"藏彝走廊"的现实行政区划大体上涵盖了今天甘肃甘南藏族自治州及武都地区所辖部分县地,青海果洛藏族自治州以及黄南、海南、玉树藏族自治州所辖部分县地,四川阿坝藏族羌族自治州、甘孜藏族自治州等藏族聚居地[1]。毫无疑问,这个现实状况也是历史形成的这条民族通道上以藏族作为主体民族之一的客观反映。这些居留在青藏高原的藏族及其先民们,不仅开辟了这条民族大通道,而且在唐、宋、元、明、清各个历史时期不断地继承和发展了这条通道,将其与青藏高原的"高原丝路"东西相接,连为一体,从东向上加强了祖国内地与青藏高原各民族之间的广泛交流与密切联系;从西向、南向上则通过"高原丝路"拓展了与中亚、南亚及东南亚各国人民之间的交流与联系。

与之相关的考古学遗存也是相当丰富的。首先可以提及的是,在西藏藏东昌都境内发现的卡若遗址、林芝河谷等地发现的新石器时代文化和墓葬当中,其陶器形制、长条形磨光石斧、半地穴式房屋遗址、粟的发现等因素,与川西北高原、黄河上游甘青地区新石器文化有诸多相似因素,可以肯定受到这些地区的影响[2]。"石棺葬文化"在藏东和藏南地区也有不少发现,在埋

---

[1] 李星星:《论"藏彝走廊"》,石硕主编:《藏彝走廊:历史与文化》,成都:四川人民出版社,2005年,第34页。

[2] 西藏自治区文物管理委员会、四川大学历史系:《昌都卡若》,北京:文物出版社,1985年,第150页。

藏习俗上有一定相似性[1]。广泛分布于四川藏羌地区的石砌"碉楼",在西藏高原的昌都、林芝、山南等地也有类似的遗存发现,石硕认为这也是在"藏彝走廊"上所保留下来的一种独特的古代文化遗存,与《后汉书》中所记载的"邛笼"之间有着密切的联系,并且与石棺葬的分布、石砌房屋建筑分布等文化现象之间也存在着某种微妙的对应关系[2]。

唐代吐蕃时期,在吐蕃王朝最为强盛之时,"藏彝走廊"的北端完全已经并入到吐蕃版图之内,并且这一通道业已成为吐蕃王朝对唐之益州、南诏等西南诸地用兵、交往的重要干道之一。有学者考证认为,唐代吐蕃经藏东地区向东通往四川主要有南、北两道:南道经今巴塘、理塘、康定一带抵嶲州、黎州和雅州;北道经今甘孜、丹巴、小金川一带抵维州、松州[3],两道还连接和贯通青海东部的玉树地区,经玉树可与西北通长安、吐蕃的"唐蕃大道"相连接,这条道路可由长安经今宝鸡、天水、文县、松潘进入康区,由康区沿河谷西行,抵金沙江河谷,再经邓柯进入青海,经玉树及通天河河谷进入西藏境内。由于此道可以避开北面昆仑山之险,也可避开东面横断山脉险隘,所以成为当时吐蕃对唐朝用兵及双方使臣往来的重要通道之一。近年来,我国汉藏两族的文物考古工作者相继在汉藏交界的西藏高原东麓地带发现了一批吐蕃时期的摩崖造像[4]。由于这批造像的年代大多集中在9世纪,又都位于"唐蕃古道"沿线,所以从其陆续发现和公布开始,便引起了国内外学术界的高度重视和讨论。笔者认为,这批吐蕃造像发出强烈的信号提示我们注意,在唐蕃交流史上,不能忽略经过川西北高原和青海、藏东昌都一带进入吐蕃腹心地带这条路线的存在及其历史上发挥的作用,从某种意义而

1　霍巍:《西藏古代墓葬制度史》,成都:四川人民出版社,1995年,第59—60页。
2　石硕:《青藏高原碉楼分布所对应的若干因素探讨》,氏著:《青藏高原东缘的古代文明》,成都:四川人民出版社,2011年,第385—407页。
3　冯汉镛:《川藏线是西南最早国际通道考》,《中国藏学》1989年第1期。
4　霍巍:《青藏高原东麓吐蕃时期佛教摩崖造像的发现与研究》,《考古学报》2011年第3期。另可参见本书第六章。

论，这正是这条"藏彝走廊"横向联系"高原丝路"的一个有力物证。

唐宋之后，随着藏地与内陆之间茶马贸易的兴起，"茶马古道"也开始形成。李绍明认为，两者之间也有密切的关系，他甚至还勾勒出了在"藏彝走廊"中"茶马古道"两条主干线的具体走向："还有着横跨横断山脉从东到西的古道。这便是通常所称的'茶马古道'。其中一条西起今四川雅安，途经（天全）、泸定、康定、理塘、巴塘、昌都而达拉萨；从拉萨便可南下不丹、尼泊尔与印度。这条道路大体相当于今日的川藏公路。另外还有一条从今云南大理起，途经丽江、中甸、德钦、盐井到昌都再往西去拉萨的古道，这条路大体相当于今日的滇藏公路"[1]。笔者认为这个看法是完全成立的。

综上所述，我们可以看到，"藏彝走廊"不仅仅只是在纵向上连通了西北、西南地区，与北面的"河西走廊"、陆上丝绸之路（包括所谓"沙漠丝绸之路""草原丝绸之路"等）相接；而且向南则可直通云南、东南亚地区，从而与"南方丝绸之路""海上丝绸之路"直接或者间接地相接；在东西方向上，则与路经青海、西藏等地的"高原丝绸之路""茶马古道"等横向相连接，成为中国最为重要的、也是名副其实的"走廊"之一。

四、"藏彝走廊"与"一带一路"

总结本节所论，我们可以透过一个新的视野来重新审视"藏彝走廊"（或称为"藏羌彝走廊"）在"一带一路"中的历史作用与现实意义。首先，这条走廊形成历史非常悠久，从自然地理上看先于人类的诞生便已经成形，但此时还并不具备任何社会学的意义，还仅仅是一个地理学的概念。随着人类对这一天然通道的利用，开始频繁地在高山河谷中迁徙往来、留驻生息，这条自然大走廊后来便被赋予了更多的社会学、民族学的含义，成为民

---

[1] 李绍明：《西南丝绸之路与民族走廊》，氏著：《李绍明民族学文选》，成都：成都出版社，1995年，第874页。

族学家们所指的"主要是汉藏语系诸民族，尤其是藏缅语族诸民族迁移的地带"[1]。但若从考古学遗存加以考察，早在这些民族形成之前，这里实际上已经成为早期人类迁徙活动的通道，同时也为后来"藏彝走廊"的开启和最终定型奠定了基础。所以从这个意义而言，"藏彝走廊"更是人类交通史上具有独特意义和价值的研究对象，绝不仅限于民族学、人类学领域。

其次，从"网路结构"而言，这条从北而南的天然大通道其本体虽然主要是在横断山脉地带，但其两端却一头与西北"河西走廊"——北方丝绸之路相接；另一头通过怒江、澜沧江等跨国河流经云南连接东南亚，从而直接或间接地与"海上丝绸之路"相接；其中腰处通过川西北高原、甘肃、青海等山脉峡谷地带还与青藏高原上的"高原丝路"可以横向连通，如同一个扁担挑起了南北向与东西向的各个区域性文明中心，并向中亚、南亚、东南亚等国家和地区浸透与辐射，在我国内陆"一带一路"的网路节点上，其重要价值是独一无二的。

最后还必须看到，如同马克思和恩格斯所指出的："一个民族本身的整个内部结构都取决于它的生产以及内部和外部的交往的发展程度。"[2]王子今、王遂川也曾强调："交通系统的完备程度决定古代国家的领土规模、防御能力和行政效能。交通系统是统一国家维持生存的必要条件。社会生产的发展也以交通发达程度为必要条件。生产技术的革新、生产工具的发明以及生产组织管理形态的进步，通过交通条件可以成千成万倍地扩大影响，收取效益，从而推动整个社会的前进"[3]。正是由于"藏彝走廊"所形成的交通网路，促进了西北、西南各族之间及其与我国中原地区、中亚、南亚、东南亚

1　李绍明：《"藏彝走廊"研究与民族走廊学说》，石硕主编：《藏彝走廊：历史与文化》，成都：四川人民出版社，2005年，第11页。

2　[德]马克思、恩格斯：《德意志意识形态》，中共中央马克思恩格斯列宁斯大林著作编译局编译：《马克思恩格斯选集》（第一卷），北京：人民出版社，2012年，第147页。

3　王子今、王遂川：《康巴草原通路的考古学调查与民族史探索》，《四川文物》2006年第3期。

国家和地区之间密切的交流与互动，也才大大提高了中国西部地区各族群整体的政治、经济、文化发展水平，为秦汉以来中央王朝开发与治理西南边疆地区，使之最后融入到中华民族"多元一体"的共同体当中发挥着重要的历史作用。

第四节　藏西与横断山脉：双圆饼形剑首青铜短剑的启示

一、西藏西部出土的双圆饼形首青铜短剑

1999年，在西藏西部札达县皮央遗址墓葬的考古发掘中，在格林塘墓地M6出土了一柄青铜短剑。格林塘墓地M6是一座穹隆顶式的洞室墓，墓室平面为椭圆近方形，在墓室中部向下挖深约10厘米的浅坑埋葬尸骨。死者葬式为屈肢葬，在尸骨下铺有桦树皮、朱砂等物，这柄青铜短剑出土时压在死者大腿骨的下方[1]。因死者系采取弯曲程度很高的屈肢葬式，所以推测其当时入葬的位置应当是在靠近死者腰部，当系死者所佩之剑。这件编号为PGM6∶7的短剑剑柄为直刃式剑，剑柄与剑身铸成一体，其剑柄部的装饰手法很具特征：剑茎的格与剑首部位均饰有用连珠纹连缀而成的三角形纹样，表面似原有鎏金，三角纹饰之外饰有一周小圆点组成的连珠纹，剑柄的两端各有一呈涡状的圆饼形饰，内有同心圆纹线（图3-12-1）。

由于这是西藏高原首次发掘出土的一柄青铜短剑，所以给我留下了很深的印象。皮央墓地发掘工作的次年，应四川省凉山彝族自治州博物馆之邀，我赴四川省西昌市出席由该馆主持召开的西南地区青铜时代考古研讨会，会议期间凉山彝族自治州博物馆展示了该馆近年来考古发掘调查所获的一批青铜器，我无意中发现，其中的一柄青铜短剑与西藏西部所出土的这柄青铜剑

---

[1] 四川大学中国藏学研究所、四川大学考古学系、西藏自治区文物局：《西藏札达县皮央·东嘎遗址古墓群试掘简报》，《考古》2001年第6期。

形制竟然极其相似。这柄青铜剑发现于四川省盐源县干海，现收藏于四川省凉山彝族自治州博物馆，编号为A135号，短剑也为直刃剑，柄端各有一呈涡状的圆饼形饰，尤其是剑茎的格与剑首部的纹饰也是用连珠纹连缀成的三角形纹样，在三角形的外周同样饰以一周小圆点组成的连珠纹（图3-12-5），这两柄青铜短剑的形制、纹饰和风格如同姊妹，如果不仔细辨识，很难加以区分。

这个发现让我感到十分震撼。须知西藏皮央格林塘与四川盐源干海两地之间的直线距离已达数千千米，且不论当中还横亘着数不尽的高山大河、雪岭荒漠，但是在这相距数千千米之遥的两个地点却出土了两柄几乎一模一样的青铜短剑，这难道仅仅是一种巧合或者偶然？其间的关系不能不令人深思。这个现象背后可能隐藏的文化背景也是颇具吸引力的一个研究课题，驱使我开始关注这一问题。

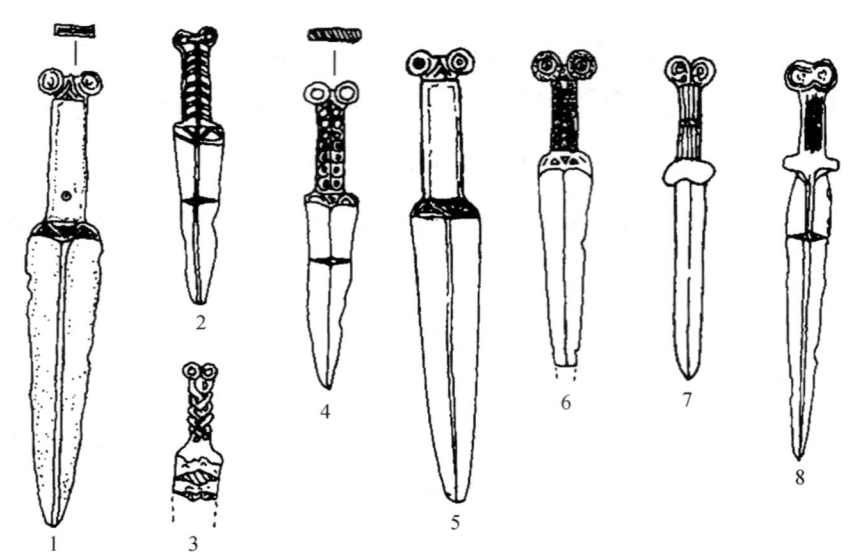

图3-12 双圆饼形剑首青铜短剑
1. 札达皮央格林塘M6 2. 德钦纳古石棺墓 3. 宁蒗大兴M5 4. 剑川鳌凤山墓葬 5. 盐源干海
6. 永胜金官龙潭 7. 河北怀来北辛堡墓地 8. 河北隆化骆驼梁M2
（采自霍巍：《西南考古与中华文明》，成都：巴蜀书社，2011年，第341页，图17-1）

二、中国西南地区出土的双圆饼形剑首青铜短剑

初步翻检资料，这种形制特征为双圆饼形剑首的青铜短剑在中国西南地区并非孤例，过去曾有过发现。最早注意到这类考古材料的是长期从事西南地区民族考古的汪宁生教授，他指出："我国西起内蒙古、东到辽东半岛、南至长城一线的广大北方地区发现的青铜器，别具风格，它们和远在云贵高原上的石寨山文化之间也存在着一定的联系。北方青铜器中一些典型器物在石寨山文化中仍可找到痕迹。内蒙古、河北一带发现一种青铜短剑，剑首作双圆圈状或饰双圈纹，过去称'鄂尔多斯式剑'，这种剑在永胜九龙潭曾发现多件。"[1]后来，童恩正教授在其《我国西南地区青铜剑的研究》一文中，将我国西南地区的青铜剑分为"巴蜀系统"与"西南夷系统"两大体系，提出在"西南夷系统"的云南洱海地区曾出土过一类青铜剑，"茎端作双圆饼状，此式剑，不见于中原地区，在西南其他地区亦未发现，但在我国北方草原地区所谓'鄂尔多斯'式铜剑中则有与之相似者"[2]。其后，在他的另一篇颇有影响的论文《试论我国从东北至西南的边地半月形文化传播带》一文中又再次引证道："（云南）德钦纳古所出茎首作双饼形的短剑，是长城以北战国时代最常见的一种形式，高浜秀《鄂尔多斯青铜短剑的型式分类》一文中的FⅠ式、FⅡ式、GⅡ式、GⅢ式均属此类。"[3]

综上所述，就目前材料来看，我国西南地区发现的此类青铜短剑除上述在四川凉山盐源县内出土过，主要发现于滇西北高原，可举下述几例为代表：滇西北德钦县纳古石棺葬采集到的一柄青铜短剑为长三角形，中起

---

[1] 汪宁生：《试论石寨山文化》，中国考古学会编辑：《中国考古学会第一次年会论文集》，北京：文物出版社，1980年，第278—293页。

[2] 童恩正：《我国西南地区青铜剑的研究》，《考古学报》1977年第2期。

[3] 童恩正：《试论我国从东北至西南的边地半月形文化传播带》，文物出版社编辑部编：《文物与考古论集》，北京：文物出版社，1986年，第17—43页。

圆柱形脊，下端饰以三角形纹，无格，茎扁平，茎首作双圆饼形[1]（图3-12-2）。云南剑川鳌凤山墓葬出土的Ⅰ型剑，茎较扁平，上饰圆圈纹或回形纹，无格，茎首作双圆饼形，剑身呈长三角形，柱脊，后端饰三角形纹[2]（图3-12-4）。滇西洱海地区永胜县金官区在修建龙潭水库时曾出土这类双圆柄首剑25件，这是出土数量最大的一批[3]，据描述其茎部为扁平的长条形，其上布满同心圆纹，茎首作成双圆饼形，内有同心圆纹线[4]（图3-12-6）。云南西北部宁蒗县大兴镇古墓葬M5近棺顶处的填土中曾发掘出土过一柄铜柄铁剑，形制也为双圆饼首，但与上述各例不同之处在于其一为铜柄铁剑，其二柄作镂孔纽瓣状，无格[5]（图3-12-3）。此外，据张增祺介绍，云南陆良县板桥一带也曾发现过这种双圆饼形首的铜剑，器形和云南传统的青铜短剑不同[6]。

有关上述出土材料的考古学年代，曾有过不同的意见。云南剑川鳌凤山墓葬中出土此类青铜短剑的土坑墓的时代原简报定为"大致在战国末至西汉初期"。滇西北德钦纳古石棺葬的一例系采集品，原简报认为其形制与云南永胜县出土的同类器物相似，同时又与北方和林格尔范家堡子及怀来北辛堡发现的同类短剑相似，故将这批石棺葬的年代定在"约为春秋早中期，或可早到西周晚期"。滇西洱海永胜县出土的这批双圆柄首青铜短剑至今未见正式材料公布，其年代据称"与石寨山相当"。宁蒗大兴镇采集的这件双圆饼首铜柄铁剑因出自墓地中M5的近棺处填土中，故原简报认为其年代"当略晚于德钦纳古而早于岷江上游和喜德拉克的墓葬年代"，即"上限不早于春秋晚期，下限晚不到西汉，与祥云大波那相当，约为战国中期"。对于上述

1　云南省博物馆文物工作队：《云南德钦县纳古石棺墓》，《考古》1983年第3期，图六，2。
2　云南省文物考古研究所：《剑川鳌凤山古墓发掘报告》《考古学报》1990年第2期，图二十，3。
3　云南省博物馆文物工作队：《云南德钦县纳古石棺墓》，《考古》1983年第3期，注释4。
4　引自童恩正：《我国西南地区青铜剑的研究》，《考古学报》1977年第2期。
5　云南省博物馆文物工作队：《云南宁蒗县大兴镇古墓葬》，《考古》1983年第3期。
6　张增祺：《中国西南民族考古》，昆明：云南人民出版社，1990年，第206页。

滇西青铜文化的年代推测，徐学书发表过不同的看法。他综合分析与这类青铜短剑伴出的器物群的总的时代特征之后，认为"滇西青铜文化的年代应为西汉早期至西汉晚期，而不是多年来据碳十四测定年代推定的商末周初至西汉"[1]。具体说来，他认为剑川鳌凤山M76所出的那件双圆饼首扁平茎短剑的形制与德钦纳古石棺葬中所采集到的那件同类剑相似，都应当定在西汉早期。洱海永胜金官龙潭水库出土的大量青铜兵器大多与川西南、滇西北地区发现的西汉早期石棺葬文化，以及滇西和滇池区域已发现的同类青铜器相同或近似，故其年代也应当定在西汉早期。宁蒗大兴镇所出土的那件双圆饼形首铜柄铁剑，他认为"器形与德钦纳古石棺墓所出的双圆饼形首铜短剑很近似，时代应与此类铜剑相当或略晚。因此，宁蒗大兴镇木椁墓的年代应为西汉早期"。笔者基本赞同徐学书的意见。

四川凉山盐源发现的这件双圆饼首青铜短剑因系采集品，无明确出土地点，据介绍有可能系从当地大石墓中出土[2]，从其他与之同出器物的特征来看，也具有大石墓文化出土器物的特点。四川西昌以安宁河流域为中心的大石墓的年代，一般认为是在西汉时期[3]，结合滇西青铜器中同类青铜短剑的年代，可以将盐源干海发现的这件青铜短剑的年代基本断在西汉时期。

西藏皮央格林塘遗址出土这柄青铜剑的M6有^{14}C测定数据，年代为距今2730±80年[4]，另DVM6也有一个^{14}C测定数据，年代为距今2370±80年，综合这两个^{14}C测年数据加以考察，其年代大体相当于中原秦汉时期，在西藏高原则相当于吐蕃王朝建立之前的西藏史前时期，藏文史书中将这个时代称之为

---

1 徐学书：《关于滇文化和滇西青铜文化年代的再探讨》，《考古》1999年第5期。
2 此系凉山彝族自治州博物馆刘弘先生见告。
3 中国社会科学院考古研究所编：《新中国的考古发现与研究》，北京：文物出版社，1984年，第492—494页。
4 四川大学中国藏学研究所、四川大学考古学系、西藏自治区文物局：《西藏札达县皮央·东嘎遗址古墓群试掘简报》，《考古》2001年第6期。

诸"小邦"统治时期[1]。如果这一推测无误，则西藏出土的这件青铜剑的年代与西南地区同类器物也应当大致同时。

通过上面的分析，我们可以看到这样一个基本事实，即大约在相当于中原地区汉代这个历史阶段当中，从西藏西部横越西藏高原，一直到横断山脉南端的滇西北、四川西南这样一个环形地带，都曾有过这类以双圆饼形剑首为主要特征的青铜短剑流行（图3-13）。从其分布地域和出土环境上来看，均处在非汉民族统治区域，明显属于类似"西南夷"这样的古代民族的青铜兵器，它们之间可能存在的某些文化上的联系是非常引人注目的。

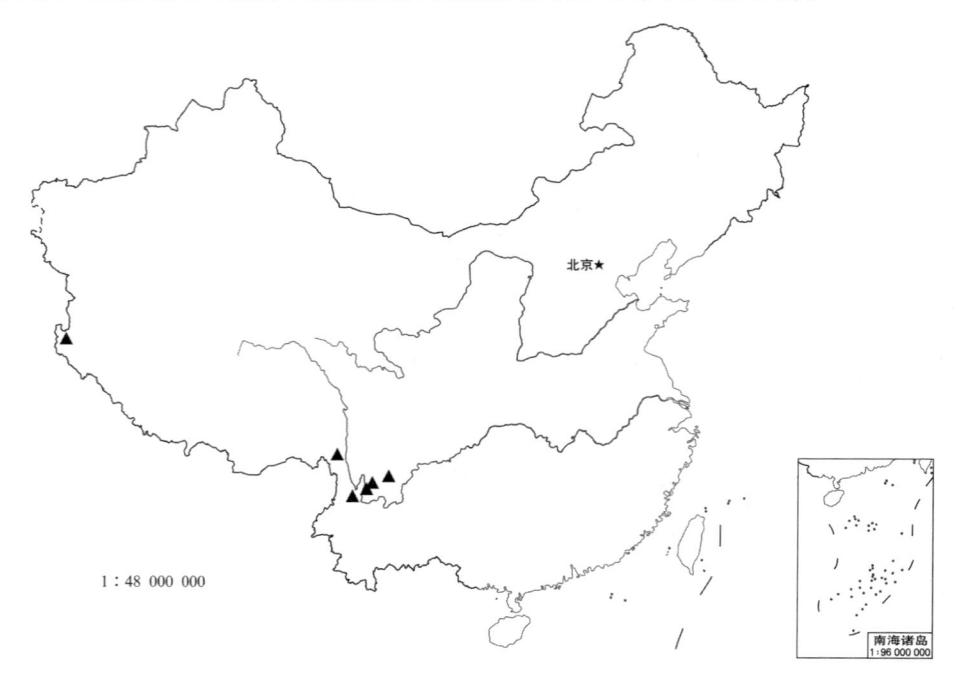

图3-13 中国西南地区双圆柄形首青铜短剑出土地点示意图

---

1 王尧、陈践译注：《敦煌本吐蕃历史文书》（增订本），北京：民族出版社，1992年。

三、与北方地区青铜剑群之间的关系

如同有学者已经注意到的那样，西南地区出土的这类双圆饼形剑首青铜短剑，似乎可以从北方地区的青铜剑中去追溯其渊源关系。但是，笼统地讲"北方地区"还不够准确。由于我国北方地区青铜短剑分布地域广阔，出土数量众多，对其不同系统的划分和研究相当复杂，意见也不尽一致。因此，我们有必要首先对北方青铜剑中双圆饼形剑首青铜短剑的发展基本脉络作一番梳理，才有可能作出较为准确的分析和判断。

对于我国北方地区青铜剑的研究，日本学者江上波夫[1]、冈崎敬[2]、高浜秀[3]以及我国学者林沄[4]、乌恩[5]、田广金和郭素新[6]、靳枫毅[7]、张锡瑛[8]、郑绍宗[9]、杜正胜[10]、翟德芳[11]等都做过很好的研究工作。其中，根据我国北方地区铜剑的分布地区及其形制特征，翟德芳大致将其划分为西、中、东三群。西群主要分布于内蒙古鄂尔多斯至山西保德、石楼、柳林一线，更远者分布到北京昌平、河北张家口及承德地区；东群主要分布于辽宁省及吉林省吉长地区；中群以内蒙古赤峰为中心，向北分布至呼伦贝尔东部，向东至辽西建平、喀左一线，向南达河北承德地区。我认为，翟文的这一划分方法对各群

1　[日]江上波夫：《径路刀考》，《東方学報》第3册，1932年。
2　[日]冈崎敬：《北方系銅劍と中国式銅劍》，大阪市立美術館编：《古代北方美術》，1954年，京都：综芸舍，第12—29页。
3　[日]高浜秀：《オルドス青銅短劍の型式分類》，《東京国立博物館紀要》通号18，1982年。
4　林沄：《中国东北系铜剑初论》，《考古学报》1980年第2期。
5　乌恩：《关于我国北方的青铜短剑》，《考古》1978年第5期。
6　内蒙古自治区文物工作队田广金、郭素新编著：《鄂尔多斯式青铜器》，北京：文物出版社，1986年。
7　靳枫毅：《论中国东北地区含曲刃青铜短剑的文化遗存》（上），《考古学报》1982年第4期；靳枫毅：《论中国东北地区含曲刃青铜短剑的文化遗存》（下），《考古学报》1983年第1期。
8　张锡瑛：《试论我国北方和东北地区的"触角式"剑》，《考古》1984年第8期。
9　郑绍宗：《中国北方青铜短剑的分期及形制研究》，《文物》1984年第2期。
10　杜正胜：《欧亚草原动物文饰与中国古代北方民族之考察》，《中研院历史语言研究所集刊》第六十四本第二分册，1993年。
11　翟德芳：《中国北方地区青铜短剑分群研究》，《考古学报》1988年第3期。

青铜剑的分布地域及其特征都归纳得较为清晰。以下，笔者利用这一研究成果将其与本书所论及的青铜剑进行粗略比较。

不难发现，北方地区青铜剑当中的"东群铜剑"其基本特征均为双侧曲刃、柱脊短茎，附加丁字形铜柄，与本书所论铜剑无关，可以首先加以排除。"中群铜剑"的形式较为繁杂，但依据柄部的不同，可以大致划分为銎柄类和兽首柄类两大类。其中銎柄类是中群铜剑的典型代表，也与本书铜剑形制相差甚远，可以再行排除。中群铜剑中的兽首柄剑系由兽首柄发展成为双环式柄，最后发展成为所谓"触角式柄"。这一环节中的"双环式柄"与本书所论的双圆首形剑柄似有一定相似性，可纳入考虑范围。"西群铜剑"即所谓"鄂尔多斯式"青铜短剑，在其整个发展序列中，当进入到春秋早中期至战国初期这个发展阶段时，明显可以观察到大量青铜短剑柄首的总体形制已演变为双环或触角式，并与整个欧亚草原地带的所谓"斯基泰式"剑的总体风格相似。由此可见，在北方系统的各青铜剑群当中，实际上只有中群的部分兽首柄剑和西群铜剑中的某一发展阶段，与西藏和西南地区的双圆饼形首铜剑之间可能具有一定的相似因素。

进一步仔细进行对比，在中群的兽柄式剑中，实际上仅有翟文所划分的Ⅲ式铜剑与本书所论铜剑大体近似，如河北隆化骆驼梁M2出土的一件青铜剑剑首为双连环式，柄体扁平，有一字形剑格，柱脊中部起凸棱，叶刃较平直（图3-12-8），而其他的各式"兽首触角式柄"与西南和西藏地区所出的双圆饼形柄之间仍然存在着较大的差距。相对比较接近西南和西藏地区双圆饼形柄的青铜剑，还是翟文所划分的西群铜剑中的相同类型，亦即所谓"鄂尔多斯式青铜短剑"系统中的"双环式柄剑"。

在田广金、郭素新对"鄂尔多斯式"青铜短剑的分类研究中，曾划分出一类"DⅢ式短剑"，亦即为翟文所论的"双环式剑柄"。该式短剑的剑首被认为是从"触角式"首向双环首的过渡型，其特点均近似双圆饼形或双环形，其中既有青铜剑，也有铁短剑（图3-14）。其中内蒙古毛庆沟M60出土的一件青铜短剑柄首饰双涡纹，中有两个圆形孔，剑柄中间有两道凹槽，中间饰有倒人字形纹，剑格略呈长方形，与西南和西藏出土的双圆饼形柄剑颇为类似[1]。还值得注意的是，这件青铜短剑出土时位于死者尸骨的骨盆下方，与西藏皮央格林塘M6出土青铜短剑的位置相同，说明两者都是佩挂在死者相同的部位（图3-15）。根据毛庆沟和林格尔范家窑子与这类短剑伴出的战国早期铜戈判断，这类青铜短剑的时代至少可上溯到战国早期[2]。如果考虑到河北怀来北辛堡墓地中也曾出土类似的青铜短剑（图3-12-7），故其年代可以

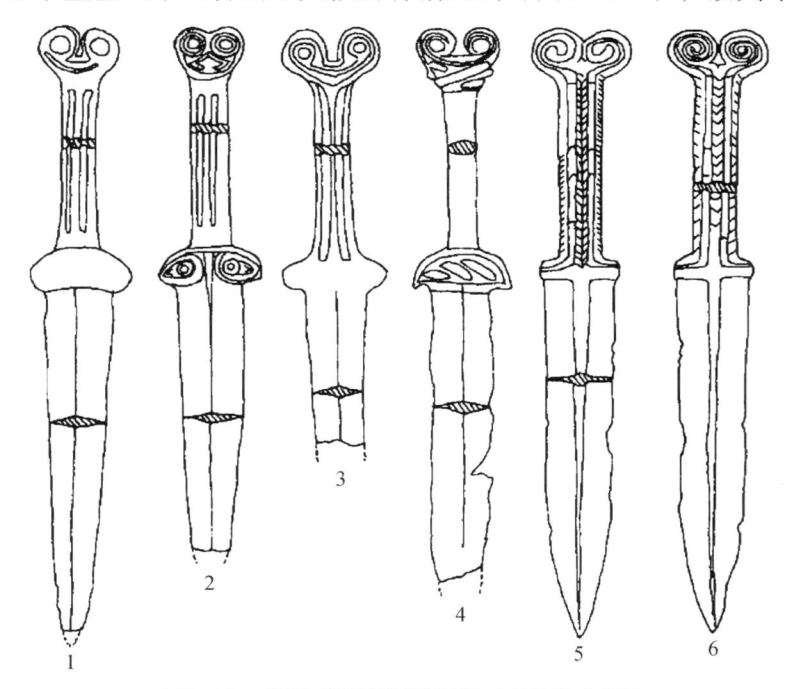

图3-14 "鄂尔多斯式青铜短剑"中的双环式剑柄

（采自霍巍：《西南考古与中华文明》，成都：巴蜀书社，2011年，第349页，图17-3）

---

1 内蒙古自治区文物工作队田广金、郭素新编著：《鄂尔多斯式青铜器》，北京：文物出版社，1986年，第259—260页。
2 内蒙古自治区文物工作队田广金、郭素新编著：《鄂尔多斯式青铜器》，北京：文物出版社，1986年，第14页。

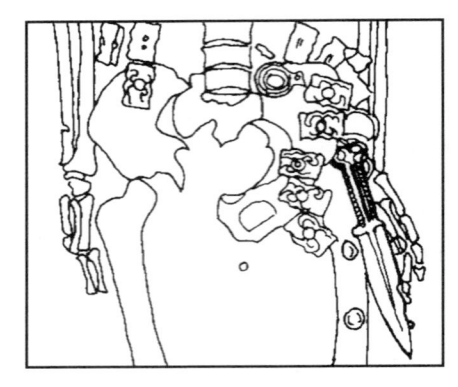

图3-15 北方系统的双环首青铜短剑出土时情景

（采自内蒙古自治区文物工作队田广金、郭素新编著：《鄂尔多斯式青铜器》，北京：文物出版社，1986年，第110页，图七四）

上溯到春秋时代[1]。

总而言之，通过上述比较可以看到，在春秋战国时代长城地带的北方草原民族遗存中，这类以往被称之"鄂尔多斯式青铜短剑"当中，的确有一类由"触角式"首发展而来的"双环首"青铜剑以及后来在此基础上发展起来的铁剑，其形制与西南和西藏地区考古发现的双圆饼形首青铜短剑具有诸多相似特点。汪宁生、童恩正等当年作出的观察判断至今看来也仍然是相当准确的。但是，也必须注意到，两者之间存在着这种相似性的同时，也有一定的差异性。具体而言，西南和西藏地区发现的这类铜剑，缺乏如同北方地区双环首式剑从"触角式"向"双环首"发展的完整系列，柄首只有两个对称平行的圆圈纹，而不见兽首触角纹、双环形纹等丰富多彩的造型，这说明它的形制一方面吸收了北方地区近似器物总体风格，但同时又有自身的演变，两者之间的类似，更多的是一种文化因素上的相似，而并不一定是直接传播而来的器形，我们还并不能排除它们当中有一些系本地铸造这样一种可能性。不过，可以肯定的是，西南和西藏发现的这类青铜短剑的意匠、风格都不是在本地形成的，毫无疑问，它们的源头，应当到北方草原文化当中去寻求。

---

1 翟德芳：《中国北方地区青铜短剑分群研究》，《考古学报》1988年第3期。

四、北方草原文化的南下与西进

从年代上看，西南和西藏地区发现的双圆饼式柄青铜短剑的年代均为汉代，都要普遍晚于长城地带北方草原文化中的相类似器物。所以，从文化传播论的观点来解释，前者所反映出的这种文化因素应当是从后者传播而来或受其影响而产生。这里，难免就会重提一个旧话——关于北方草原文化的南下与西进问题。

目前，从事中国边疆民族考古的学者都不同程度地注意到了这样一个事实：即中国北方草原文化的某些因素曾经南下进入到西南地区。如张增祺认为，在云南的青铜文化中发现过诸多较明显的北方草原文化的色彩，其中最为突出的是以各种动物为母题的铜牌饰，以及包括双环首青铜剑在内的曲柄青铜剑、弧背青铜刀、带柄铜镜、双耳陶罐、蚀花肉红石髓珠等诸多器物。这些遗物与我国北方草原文化有密切关系，有的可能直接来源于中亚或西亚地区[1]。林沄则注意到，在宁夏南部的清水河流域以及甘肃省东部的庆阳地区出土有一种三叉式护手的铜剑或铜柄铁剑，为长城地带其他各区所无，但却在川西高原和滇西地区分布甚广。他认为"这为研究北方草原青铜文化南下的问题，提供了重要的新线索"[2]。童恩正则指出，"西南夷"系统的青铜剑等器物，既具有浓厚的地方特点，又带有北方民族的因素，他进而还提出过一个著名的"我国从东北至西南的边地半月形文化传播带"的理论，试图从生态环境、经济类型、民族心理气质等各个方面来解释两地间包括青铜剑、石棺葬、大石文化等遗存在内的考古学文化上的联系，及其所产生的

1　张增祺：《云南青铜时代的"动物纹"牌饰及北方草原文化遗物》，《考古》1987年第9期。
2　林沄：《关于中国的对匈奴族源的考古学研究》，氏著：《林沄学术文集》，北京：中国大百科全书出版社，1998年，第374页。

原因[1]。

　　从历史上来看，北方边地民族通过一定的路线东进、南下的事实，考古学能够提供的证据至少可以上溯到新石器时代的晚期。早年在四川岷江上游地区的姜维城和箭山寨便曾发现过马家窑文化时期的彩陶[2]，近年来四川的考古工作者在茂县营盘山遗址又再次发现了大量的彩陶片，彩陶图案题材中有弧线三角形、变体鸟纹、蛙纹等种类，据观察与秦安大地湾遗址第四期为遗存为代表的文化类型——石岭下类型的同类器物极为相似，表明甘青地区史前文化的影响已在新石器时代晚期南入到四川地区[3]。《后汉书·西羌传》记载，约当公元前4世纪中叶，北方氐羌系统民族曾有过大规模的西进与南下，"至爱剑曾孙忍时，秦献公初立，欲复穆公之迹，兵临渭首，灭狄獂戎。忍季父卬畏秦之威，将其种人附落而南，出赐支河曲西数千里，与众羌绝远，不复交通。其后子孙分别，各自为种，任随所之。或为牦牛种，越嶲羌是也；或为白马种，广汉羌是也；或为参狼种，武都羌是也"[4]。不仅治西南民族史者大多引证这条材料证明西南诸羌之由来，而且在相当长的一段时间，这条史料也成为治西藏历史者论证氐羌系民族西进并成为藏族族源之重要来源的文献依据之一。

　　西南地区的双圆饼形首铜剑多出自滇西北高原和四川西昌凉山一带，这个地带地处横断山脉的南端。横断山脉自古以来就是游牧民族南北向迁徙活动的一条"民族走廊"，与北方草原民族的联系多通过这条走廊相沟通。其中，以洱海为中心的滇西北地区按照汉代司马迁《史记·西南夷列传》的记

　　1　童恩正：《试论我国从东北至西南的边地半月形文化传播带》，文物出版社编辑部编：《文物与考古论集》，北京：文物出版社，1986年，第17—43页。
　　2　安志敏：《略论我国新石器时代文化的年代问题》，《考古》1972年第6期。
　　3　成都市文物考古研究所、阿坝藏族羌族自治州文管所、茂县博物馆：《四川茂县营盘山遗址试掘报告》，成都市文物考古研究所：《成都考古发现》（2000），北京：科学出版社，2002年，第1—77页。
　　4　（南朝宋）范晔撰，（唐）李贤等注：《后汉书》卷87《西羌传》，北京：中华书局，1965年，第2875—2876页。

载，主要生活着嶲、昆明等民族："……其外西自同师以东，北至楪榆，名嶲、昆明，皆编发，随畜迁徙，毋常处，毋君长，地方可数千里"[1]。《后汉书》中所记载的"越嶲羌"，在汉代设有"越嶲郡"为其所居，其地望大致也在今云南宁蒗、永胜和四川西昌凉山一带。关于嶲、昆明和越嶲羌这类民族，从文献材料来看主要从事畜牧业，是随畜迁徙的游牧民族。这类游牧民族"地方可数千里"，说明其迁徙活动的范围十分广阔。因而，日本学者白鸟芳郎早年曾已提出，云南青铜时代北方草原的传播者，或许就是《史记·西南夷列传》中所记的"昆明"。他认为"昆明"一词可能与乌孙的王号有关，在《后汉书·西域传》中记载乌孙的王号即为"昆弥"，实际上是一支混合有乌孙血统的古羌人[2]。这个说法虽然不一定严密，但他提出的"昆明"传来了北方草原文化的因素，却是可以得到考古材料支持的观点，后来进一步被国内学术界所接受和发展。如童恩正便认为，"以洱海地区为中心的嶲、昆明等族，从他们随畜迁徙的生产方式和编发的习惯来看，很可能是从北方南下的氐羌系统的一支。其中有一部分很早就迁到滇池地区和滇东北地区，汉晋之际南中的叟族，有可能即指此而言。在越嶲境内，他们和邛都杂居，与徙、筰都等的族属也相近，C型剑（引者按：本书所论的双圆饼形首青铜剑为其中的一式）的分布以洱海区为中心，北达甘孜、阿坝，东到滇池区域，看来也是和这一民族的迁徙相联系的"[3]。笔者认为，至今为止，这仍然是我们有关北方草原文化南下进入西南地区这一宏大的历史背景当中一个最为基本的认识框架和解释体系，尚无新的论据可作修正。本书有关双圆饼形柄首青铜短剑的比较研究，也依然支持着这一框架体系的成立。

这里，我们尤其值得注意远隔数千千米之遥的西藏西部新出土的这件双

1　（汉）司马迁：《史记》卷116《西南夷列传》，北京：中华书局，1959年，第2991页。
2　［日］白鸟芳郎：《石寨山文化的承担者》，《石棚》1976年第10期。
3　童恩正：《我国西南地区青铜剑的研究》，《考古学报》1977年第2期。

圆饼形剑首青铜短剑。它的发现，拓展了我国北方系统青铜短剑的分布范围，成为这类短剑迄今为止分布范围的最西缘。如果仅仅从地理位置上分析，西藏的这件青铜剑从理论上讲既有可能源于我国北方系统的青铜短剑，也有可能直接受到来自中亚、西亚"斯基泰文化"的影响。但是，将其与斯基泰文化的青铜短剑相比较，它的形制明显更接近于我国北方系统的青铜短剑，如前所述，它与四川凉山盐源干海所出的同类青铜短剑甚至在细部纹饰的处理上都如出一辙，显示很高的相似程度。隐藏在这个发现后面更为重要的意义还在于，它对于从考古学的角度来认识藏族族源问题也提供了新的线索。

虽然随着西藏高原考古工作的新进展，尤其是昌都卡若遗址、拉萨曲贡遗址等史前遗址的科学考古工作的开展，过去传统的藏族起源"外来说"受到"土著说"的强烈挑战。但是，进入西藏高原的古羌人部落的确与藏族有着十分密切的关系，至少是构成后来藏民族的重要来源之一这个观点，也仍然具有着相当的影响力。前引《后汉书·西羌传》关于羌人支系爰剑"出赐支河曲西数千里"的记载，过去学术界一般认为系指从今黄河发源地西进至今青海西部至西藏东北部一带，后来的汉文文献中称其为"发（音Bod）羌"。《后汉书·西羌传》还记载："爰剑后，子孙支分凡百五十种，其九种在赐支河首以西，及在蜀、汉徼北，前史不载口数。……发羌、唐旄等绝远，未尝往来。"[1]可见在爰剑之后，还有相当数量的古羌族南迁至黄河发源处的甘青地区，与四川北部相接，其中"发羌""唐旄"等支系，则迁徙到更为遥远的西部的"绝远"之地，不通往来。在后代史家的笔下，已经认为这些西迁的古羌人部落与藏族先民——吐蕃有关。如《旧唐书·吐蕃传》记载："吐蕃，在长安之西八千里，本汉西羌之地也。其种落莫知所出也。"[2]

1　（南朝宋）范晔撰，（唐）李贤等注：《后汉书》卷87《西羌传》，北京：中华书局，1965年，第2898页。

2　（后晋）刘昫等：《旧唐书》卷196上《吐蕃传上》，北京：中华书局，1975年，第5219页。

虽然文中没有直接讲明吐蕃的先祖即为西羌，但却认为汉之西羌属地后来成为吐蕃所居之处，两者之间有某种联系。《新唐书·吐蕃传》则明确认为，这些西进的古羌人部落，就是后来藏族先民——吐蕃的祖先："吐蕃本西羌属，盖百有五十种，散处河、湟、江、岷间；有发羌、唐旄等，然未始与中国通。居析支水西。祖曰鹘提勃悉野，健武多智，稍并诸羌，据其地。蕃、发声近，故其子孙曰吐蕃，而姓勃悉野。"[1]

如果从广义的我国北方草原文化而论，其中心区域在长城地带，向东经京、津、唐地区可达沿海之滨；向北越辽西丘陵、蒙古高原可达外贝加尔；向西则可跨越甘、青、宁北部达新疆巴里坤草原，向南可伸入到中原腹地，进入到西南地区。那么，既然在如此辽阔的疆域里都能够发现相似考古学文化因素，说明古代游牧民族的迁徙活动能力绝不能低估，他们沿着宽阔的北方草原向西既然可以到达新疆，又为什么不能到达西藏呢？我相信我国古代典籍中有关"西羌"远徙青藏高原的传说，虽然有可能被夸大、被曲解，但不会是完全没有根据的无源之水、无根之木，很可能在这些古老的记载后面隐含着相当程度的真实的历史成分。西藏西部出土的这件青铜短剑，应当说从考古学上暗示了这种可能性的存在。如这一判断成立的话，这就再次证明：西藏与中原北方地区和西南地区在考古学文化上的联系是源远流长的，藏族在其形成和发展的历史过程当中曾接受了来自中原北方地区直接的影响。

---

1 （宋）欧阳修、宋祁：《新唐书》卷216上《吐蕃传上》，北京：中华书局，1975年，第6071页。

第四章
吐蕃王朝时期"高原丝绸之路"的确立与拓展

经历了史前时代的初创,当青藏高原的先民们跨过石器时代和早期金属时代之后,高原丝绸之路迎来了一个空前繁荣发展的历史时期。唐代吐蕃王朝的兴起和强盛,一方面进一步密切了与唐代中央王朝之间的联系,从祖国内陆不断输入先进文化、技术和思想观念,同时也和周边国家与地区建立了较为稳定的交流通道,不仅确立了高原丝绸之路的基本框架与格局,而且在史前时期高原路网的基础上有了新的拓展,本章基于考古发现的实物资料,结合文献对其概况以及其中最为重要的路线及其主要的考古学证据加以论述。

第一节 7—9世纪吐蕃王朝形成的对外交流路网

7世纪初,一代雄王松赞干布在征服了苏毗、象雄等高原境内各部族之后,最终完成了统一大业,建立起统一的吐蕃王朝。随着吐蕃势力的不断扩张,至9世纪下半叶,吐蕃版图空前辽阔,成为当时亚洲腹地与大唐帝国、阿拉伯帝国三足鼎立的强大王朝之一。唐朝贞观初年,松赞干布统一高原诸部,定都逻些(今拉萨)之后,吐蕃王朝正式成立并且迅速地走向强大。7—9世纪,吐蕃一方面向东发展,与中原的唐王朝发生密切的关系,另一方面,则凭借征服象雄后的有利态势,以象雄旧地为基地,向西、向南发展其势力,先后与勃律、迦湿弥罗、吐火罗、于阗等中亚各地以及天竺、泥婆罗等南亚各国进行过不同程度的接触与交往，发生政治、经济、文化等各方面的联系，由此形成与这些国家或地区主要的一些交通路线。在这个历史时期，青藏高原和外部世界的联系进一步加强，形成了多条国际通道和与之相互交织的交通网络，进入到一个新的发展阶段。吐蕃王朝外向型的国际路线主要是朝着两个方向，一是通向南亚地区，二是通向中亚地区，其中最为重要的通道可列举如下。

一、"新道"——"蕃尼道"的开通

吐蕃王朝时期对于高原丝绸之路最大的贡献，是在唐初与唐王朝"和亲"之后，开通了从长安到吐蕃都城逻些，然后沿雅鲁藏布江溯江而上之后南下，直抵南亚泥婆罗（今尼泊尔），继而进入天竺古国（古印度）的一条"新道"。唐人释道宣在约成书于7世纪中叶的《释迦方志·遗迹篇》中，列出了这条新出现的"东道"，这是不见于《大唐西域记》和同时代其他著作的一条新道。对此，道宣写道：

> 自汉至唐往印度者，其道众多，未可言尽。如后所纪，且依大唐往年使者，则有三道。依道所经，且睹遗迹，即而序之。其东道者，从河州西北度大河，上漫天岭，减四百里至鄯州。又西减百里至鄯城镇，古州地也。又西南减百里至故承风戍，是隋互市地也。又西减二百里至清海，海中有小山，海周七百余里。海西南至吐谷浑衙帐。又西南至国界，名白兰羌，北界至积鱼城，西北至多弥国。又西南至苏毗国，又西南至敢国，又南少东至吐蕃国，又西南至小羊同国。又西南度呾仓法关，吐蕃南界也。又东少南度末上加三鼻关，东南入谷，经十三飞梯、十九栈道。又东南或西南，缘葛攀藤，野行四十余日，至北印度尼波罗国。（此国去吐蕃约为九千里）[1]。

---

[1] （唐）道宣著，范祥雍点校：《释迦方志》卷上《遗迹篇第四》，北京：中华书局，1983年，第14—15页。

著名学者季羡林在其《玄奘与〈大唐西域记〉——校注〈大唐西域记〉前言》中对于这条"新道"给予了很高的评价,他说:"在中印交通的道路方面,从初唐起开辟了一个新阶段。……陆路还有一条道路,就是经过西藏、尼泊尔到印度去。这一条路过去走的人非常少。到了初唐义净时代,走这一条路的和尚也多了起来,这主要是由于政治方面的原因。文成公主嫁到西藏去,一方面把中国内地的文化带到了西藏,加强了汉藏两个民族的互相学习,互相了解。另一方面,又给到印度去留学的和尚创造了条件。……初唐中印交通的另一个特点:走西藏、尼泊尔路,这在《大唐西域求法高僧传》里有足够的例证可以说明。"[1] 其后,宋人志磐在《佛祖统纪》一书中,进一步指出此道:"……东北至弗栗恃(北印境),西北至尼婆罗(其国北境即东女国,与吐蕃接。人来国命往还率由此地)"[2]。这里,我们尤其要注意到宋人志磐所称的"人来国命往还率由此地"这句十分关键性的评价,这表明这条道路不仅仅只是求法高僧们前往"西天"的便捷之路,而更为重要的在于,从此道开通之后,奉使印度的中原官方使节所行之道路,也多由此道而行,它不仅对于当时的中印国际交通起到了重大的改良作用,同时在联系和加强内地中央王朝与边地政权之间的政治功能与历史作用方面更加值得注意。

事实也的确如此。唐代官方使节王玄策多次出使印度,便是利用了这条唐初新开通的国际路线,1990年在中尼边境的吉隆县发现的唐代《大唐天竺使之铭》摩崖题铭,便是王玄策在这条古道上遗留下来的极为重要的考古证据[3]。过去也有学者关注从西藏西南的聂拉木、定日、定结一线通往泥婆罗的

---

1 季羡林:《玄奘与〈大唐西域记〉——校注〈大唐西域记〉前言》,(唐)玄奘、辩机原著,季羡林等校注:《大唐西域记校注》,北京:中华书局,1985年,第101页。

2 (宋)志磐:《佛祖统纪》卷32,《大正新修大藏经》第4册,台北:新文丰出版公司,1983年,第315页a。

3 霍巍:《〈大唐天竺使出铭〉及其相关问题的研究》,《東方学報》第66册,1994年。

路线，但迄今为止在汉藏文献中没有发现10世纪以前利用这条路线的记载。根据《大唐天竺使之铭》的发现，可以确认唐代和唐以前吐蕃通往泥婆罗的主干道即为"吉隆道"（也可称为"蕃尼道"），从吉隆河谷直抵中尼边境界河吉隆河上的热索桥，即可通向尼境，并由此去往中天竺。有关细节详见下文所述。

二、吐蕃通往中亚的交通路线

随着势力的向外扩张，吐蕃人开始频繁地进出中亚地区[1]。关于吐蕃王朝时期通往中亚地区的交通路线，北京大学王小甫有过详细的实地考察和研究报告，他认为古往今来从西藏高原通往其西北的道路主要有两条，一条是向北去塔里木盆地，由此东到和田（于阗）、西去叶城，由此进出西域和中亚；一条是向西跨越帕米尔高原，经勃律地区（今巴控克什米尔地区）去往中亚。以这两条道路为主干，实际上已经形成为一个交通网络[2]。具体对于吐蕃进出中亚的路线，他认为"可以有好些交通路线"，如通过洪扎河谷、吉尔吉特河谷、瓦罕走廊等，吐蕃人都有不同程度的利用[3]。

这里，也涉及唐代中外交通史上一桩悬而未解之谜，即唐代求法高僧玄照西行所采取的路线。史载：

> 沙门玄照法师者，太州仙掌人也。……以贞观年中，乃于大兴善寺玄证师处初学梵语。于是杖锡西迈，挂想祇园。背金府而出流沙，践铁门而登雪岭。漱香池以结念，毕契四弘；陟葱阜而翘心，誓度有三。途经速利，过睹货罗，远跨胡疆，到土蕃国。蒙文成公

1　[日]森安孝夫著，钟美珠、俊谋译：《中亚史中的西藏——吐蕃在世界史中所居地位之展望》，《西藏研究》1987年第4期。
2　王小甫：《七至十世纪西藏高原通其西北之路》，氏著：《边塞内外：王小甫学术文存》，北京：东方出版社，2016年，第55—86页。
3　王小甫：《七至十世纪西藏高原通其西北之路》，氏著：《边塞内外：王小甫学术文存》，北京：东方出版社，2016年，第70—80页。

主送往北天，渐向阇阑陀国。……经于四载。蒙国王钦重，留之供养。……后因唐使王玄策归乡，表奏言其实德，遂蒙降敕旨，重诣西天，追玄照入京。路次泥波罗国，蒙国王发遣，送至土蕃。重见文成公主，深致礼遇，资给归唐。于是巡涉西蕃，而至东夏。以九月而辞苦部，正月便到洛阳，五月之间，途经万里[1]。

对于这桩"公案"，王邦维曾经十分敏锐地注意到玄照所行路线既远跨中亚、又经过吐蕃的这一新特点，他推测玄照"从土蕃往北天，似乎也未取道泥波罗，而是直接到阇阑陀国。如此玄照则只能沿今西藏西南部冈底斯山与喜马拉雅山之间，雅鲁藏布江上游马泉河河谷西北行，即略当于今新藏公路南段的路线，然后顺萨特累季河上游河谷入北印度"[2]。他进而断定："玄照经土蕃到北印度，而不言经泥波罗，似与此有别。看来土蕃确有两条到印度的路线：一经泥波罗到中印度，此道最捷；一西北行到北印度，此道多不为人所知"[3]。王小甫的基本观点也大体与之相同，他认为"实际上，从吐蕃通北天竺至少有两条路线：一条从女国经三波诃（Zanskar）、洛护罗（Lahul）和屈露多（Kulu）等国；另一条大致循象泉河/萨特累季河而下，经过古格、毕底（Spiti）及西姆拉等地。……玄照由吐蕃往北天阇兰陀（Jalandhar，即贾郎达尔）之路，恐即循象泉河而下一线"[4]。

在当时尚无考古出土材料与之相互印证的情况下，前贤们作出的这些推测都是很富远见的。如前所述，近年来在西藏西部象泉河流域的札达县、噶

---

1 （唐）义净原著，王邦维校注：《大唐西域求法高僧传校注》卷上，北京：中华书局，1988年，第9—10页。

2 （唐）义净原著，王邦维校注：《大唐西域求法高僧传校注》卷上，北京：中华书局，1988年，第19页。

3 （唐）义净原著，王邦维校注：《大唐西域求法高僧传校注》卷上，北京：中华书局，1988年，第43页。

4 王小甫：《七至十世纪西藏高原通其西北之路》，氏著：《边塞内外：王小甫学术文存》，北京：东方出版社，2016年，第79页。

尔县（均系后来的古格王国境内）相继发现了时代相当于中原汉晋时期的古墓葬，从中出土了具有丝绸之路典型商贸特点的物品，如丝绸（有的带有汉字"王侯"）、茶叶、黄金面具等遗物，充分证明远在唐代之前，从阿里象泉河流域北接西域、西接中亚、南接天竺的路线就已经存在，并为当地的古代部族所利用。当7—9世纪吐蕃灭亡位于西藏西部的象雄（羊同）部族之后，进一步对这些已有的道路加以了改造、整治，将其纳入到吐蕃王朝宏大的道路体系之中。不仅吐蕃人可以借此自由进出于中亚、南亚等地，在唐蕃友好的历史背景之下，来自中原内地的求法高僧、官方使节、商旅也都显然熟悉了这些通过高原前往外域的近捷之路并加以了利用，玄照只是其中的代表者之一。

三、吐蕃东部从"蜀身毒道""滇缅道"进入天竺的通道

除了上述通过吐蕃西南、西北两个主要方向进入中亚、天竺之外，从吐蕃东部与所谓"南方丝绸之路"，亦即历史文献中所载的"蜀身毒道""滇缅道"一线相接，继而进入古代印度的交通路线，也是值得注意的。关于"蜀身毒道"学术界早有论及，其中多举出唐代高僧义净《大唐西域求法高僧传》中的一条记载："那烂陀寺东四十驿许，寻殑伽河而下，至蜜栗伽悉他钵娜寺。去此寺不远，有一故寺，但有砖基，厥号支那寺。古老相传云是昔室利笈多大王为支那国僧所造。于时有唐僧二十许人，从蜀川牂牁道而出，向莫诃菩提礼拜。王见敬重，遂施此地，以充停息，给大村封二十四所。于后唐僧亡灭，村乃割属余人"[1]。这条史料中所称从"蜀川牂牁道而出"一语，唐代另一位高僧慧琳在其《一切经音义》一书中作出了进一步的解释：

---

[1] （唐）义净原著，王邦维校注：《大唐西域求法高僧传校注》卷上，北京：中华书局，1988年，第103页。

……今因传中说，往昔有二十余人，从蜀川出牂柯往天竺得达，因有此说，遂检寻《括地志》及诸地理书、《南方记》等，说此往五天路经，若从蜀川南出，经余姚、越嶲、不喜、永昌等邑，古号哀牢王，汉朝始慕化，后改为身毒国，隋王之称也。此国本先祖龙之种胤也。今并属南蛮，北接氐羌，杂居之西，过此蛮界，即入土蕃国之南界。西越数重高山峻岭，涉历川谷，凡经三数千里，过土蕃界，更度雪山南脚，即入东天竺东南界迦摩缕波国，其次近南三摩呾吒国、呵利鸡罗国及耽摩立底国等。此山路与天竺至近，险阻难行，是大唐与五天陆路之捷径也，仍须及时。盛夏热瘴毒虫，不可行履，遇者难以全生。秋多风雨，水泛又不可行。冬虽无毒，积雪冱寒，又难登陟。唯有正、二、三月乃是过时，仍需译解数种蛮夷语言，兼赍买道之货，仗土人引道，展转问津，即必得达也。山险无路，难知通塞，乃为当来乐求法巡礼者故作此说，以晓未闻也[1]。

从上述两位唐代高僧的记述来看，唐人已知晓从蜀地借道，可以通往天竺，认识到这是从西南夷经吐蕃（土蕃）东界通往古代印度最为近捷的通道，但同时对这条通道受到诸多条件（气候、地理、语言、风俗等）的限制，其难度也是诸条往天竺道中最为险峻的也有相当程度的了解。王邦维在注释这条史料时也曾经总结说："以时间与距离计，这大约要算古代中国与印度之间最近捷的通道，唯因路途难险，少为人取而已"[2]，确为中的之语。

目前有关这条道路的直接考古材料尚未发现。但近年来值得注意的是，在青藏高原东麓的西藏芒康和察雅、青海玉树、四川石渠等地连续发现了一

---

1 （唐）慧琳：《慧琳音义》卷81，徐时仪校注：《一切经音义三种校本合刊》，上海：上海古籍出版社，2008年，第1943—1944页。

2 （唐）义净原著，王邦维校注：《大唐西域求法高僧传校注》卷上，北京：中华书局，1988年，第110页。

批唐代吐蕃时期的佛教摩崖造像[1]，将这些摩崖造像的地点如果连成一线，恰好构成一条沿着青藏高原东缘横断山脉由北向南延伸的纵向路线，直接抵达蜀地西北部高原。这至少可以表明，这条路线应是吐蕃东部通向四川、云南的一条主要干线，过去吐蕃用兵南诏和四川，很有可能也曾利用过这条路线。只是限于目前的考古工作，我们还无法对从蜀地经滇缅、进而抵天竺的具体路线找到考古学的可靠证据。

第二节 《大唐天竺使之铭》与唐初"新道"蕃尼道

1990年6月，西藏自治区开展第一次文物普查，于吉隆县境内发现了额题为"大唐天竺使之铭"[2]的摩崖碑铭（图4-1—4-2）。

这通石碑发现于西藏自治区日喀则地区吉隆县县城（旧称"宗喀"）以北大约4.5千米处的阿瓦呷英山嘴。石碑所在的位置北面为宗喀山口，系过去进入吉隆盆地的古道入口，其东、西两面为起伏的群山环抱，南面为通向县城所在地宗喀的公路。由宗喀再向南行约70千米，即可达今中尼边境界桥——热索桥，由此出境至尼泊尔（图4-3）。

石碑镌刻在山口处一呈西北—东南走向的崖壁之上，宽81.5、残高53厘米，其下端因当地藏族修筑现代水渠已损毁残缺，1990年发现碑铭时，崖壁下原有现代水渠从崖脚下环绕而过；2017年调查时水渠已填平，并于崖壁前建平房保护。现仅残存阴刻楷书24行，满行估计原为30—40字，上端无缺字，下端因损毁严重，现残存仅222字，其中多已损泐，漫漶不清。行、字间阴刻细线方格。碑铭的正中为篆刻阳文一行7字"大唐天竺使之铭"。每字间

---

1 霍巍：《青藏高原东麓吐蕃时期佛教摩崖造像的发现与研究》，《考古学报》2011年第3期。本书第六章也将集中论述藏东佛教传播的通道。
2 此前笔者均释定为"大唐天竺使出铭"，后经诸多学者考订，认为"出"当为"之"字之误，今从之。

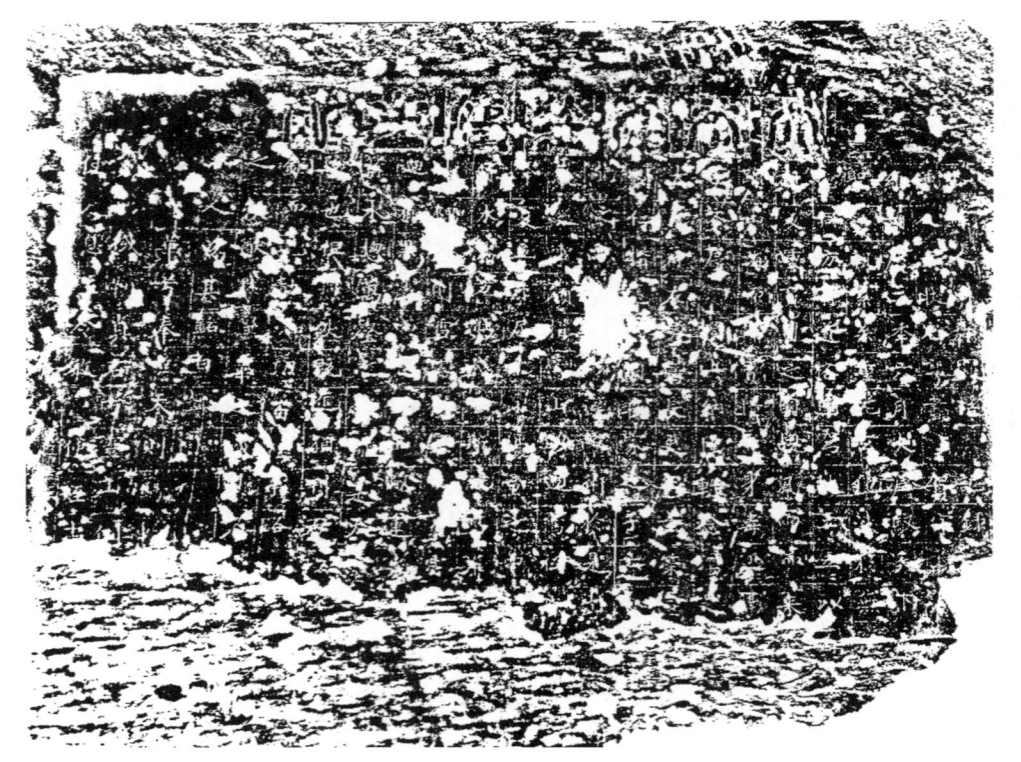

图4-1 "大唐天竺使之铭"碑刻拓片
（作者拍摄）

亦有阴刻方框相间，每个方框约5厘米见方，字体、大小相同。关于此碑文的抄录、释读，还有林梅村、巴桑旺堆等学者相继开展过研究工作。非常幸运的是，在现存碑文中，主要勒石题名者的姓名、大概时间、事由、部分地名都基本可以辨识，并经诸位研究者的考释而明晰，为吉隆道的开通时间、具体走向，唐代的出使印度道路究竟是出聂拉木还是出吉隆等关键性问题的解决提供了考古实物的证据。

石碑正文因损泐过甚，文义多不能连贯，但仍有一些关键性的词句清晰可识。如第三行有"维显庆三年六月大唐驭天下之（下缺）"等语；第九行文字中有"大□□左骁卫长史王玄策（下缺）"等语，有学者曾依据有关的文献材料考证认为此通石碑是唐显庆三年（唐高宗李治年号，658年）唐使节

第四章 吐蕃王朝时期"高原丝绸之路"的确立与拓展　159

1　　　　　　　　　　　　　　2
图4-2　"大唐天竺使之铭"碑刻局部
1. 碑文第8—13行残存文字（局部）　2. 碑文第1—6行残存文字（局部下）
（作者拍摄）

图4-3　"大唐天竺使之铭"碑刻发现地点吉隆河谷景观
（作者拍摄）

王玄策第三次奉旨出使天竺时途经吐蕃西南边境勒石记功之遗物。

《大唐天竺使之铭》的考古发现及研究，解决了大唐使节王玄策第三次出使印度事迹中的诸多争议问题。例如，其一，关于此次出使的时间。碑铭中记载，"维显庆三年六月，大唐驭天下之……大□□左骁卫长史王玄策……刘仁楷选关内良家之子六（人？）"，于"……季（年）夏五月，届于小杨童（同）之西"，据此可以推断，王玄策第三次出使印度、离开长安的出发时间应是在唐显庆三年（658年）的六月，然后途经吐蕃，很可能路途中经过十一个月左右的旅途跋涉，于次年（显庆四年）的夏五月抵达吐蕃西南边界的吉隆，并勒石以纪念此行。

其二，此次出使的路线。《大唐天竺使之铭》的考古发现，首次从可靠的实物证据上证实了当时新开通的一条国际通道——"吐蕃—泥婆罗道"的出山口位置，从而为廓清这条路线的南段（即从吐蕃首都逻些至泥婆罗一段）的走向提供了宝贵的标志性遗迹。汉文史书中对于吐蕃—泥婆罗道的记载，过去首推约成书于7世纪中叶的唐释道宣《释迦方志·遗迹篇》所载之"东道"：

其东道者，从河州西北度大河，上漫天岭，减四百里至鄯州。又西减百里至鄯城镇，古州地也。又西南减百里至故承风戍，是隋互市地也。又西减二百里至清海，海中有小山，海周七百余里。海西南至吐谷浑衙帐。又西南至国界，名白兰羌，北界至积鱼城，西北至多弥国，又西南至苏毗国，又西南至敢国。又南少东至吐蕃国，又西南至小羊同国。又西南度呾仓法关，吐蕃南界也。又东少南度末上加三鼻关，东南入谷，经十三飞梯、十九栈道。又东南或西南，缘葛攀藤，野行四十余日，至北印度尼波罗国。（此国去吐蕃约为九千里）[1]

---

[1] （唐）道宣著，范祥雍点校：《释迦方志》卷上《遗迹篇第四》，北京：中华书局，1983年，第14—15页。

第四章　吐蕃王朝时期"高原丝绸之路"的确立与拓展　161

　　这条路线，大体上可以分为南北两段：北段系自青海至拉萨，641年文成公主入藏，大约即取此道[1]，南段系从拉萨经后藏边地出境，入北印度泥婆罗国，亦即唐代泥婆罗赤尊公主进藏的路线。汉文史籍中没有吐蕃与泥婆罗联姻之事的记载，但据《新唐书·吐蕃传》以及《敦煌本吐蕃历史文书》的记载，吐蕃在这之后利用其国内内乱，曾采用武力扶持那陵提婆为王[2]。也许正是这一点，使得吐蕃—泥婆罗道的利用程度也随之大为提高。

　　《大唐天竺使之铭》的发现，为《释迦方志》中所载中印交通"东道"南段一些争议性古地名与今地名之间的对勘提供了可靠的考古实物依据，证实了经吐蕃南界所出山口应该就是吉隆的马拉山口，"咀仓法关"则对应今吉隆县城宗喀镇的旧称"答仓·宗喀"，王玄策所刻碑铭就在今宗喀镇附近；"末上加三鼻关"则很可能就在今中尼边境热索桥，清代以来通尼泊尔的道路之一，即自宗喀继续向南进入吉隆藏布峡谷，经今热索桥而出境。道宣所记之"东道"，就是当年由王玄策辟通的吐蕃—泥婆罗道[3]。

　　其三，关于唐使团通过中尼边境的出山口问题。过去，对于吐蕃—泥婆罗道的具体走向，并不是十分清楚，尤其是在这条路线的出口问题上，因诸史缺载，颇存疑义。如有的学者推测，唐使李义表出使可能是采取的吉隆出山口，而王玄策出使天竺则有可能取道固帝（聂拉木）山口。黄盛璋则认为唐代使泥道路只能有一条，而不能有两道。清代入泥虽有聂拉木和吉隆两道，仍以聂拉木最为近捷，故最早开通的吐蕃—泥婆罗道当出聂拉木[4]。现在可以根据《大唐天竺使之铭》的发现及其所在位置判断，吉隆当系吐蕃—泥婆罗道南段的主要路线，也是唐代中印交通的重要出口。王玄策出使天竺，

1　黄显铭：《文成公主入藏路线初探》，《西北民族学院学报》1980年第1期。
2　王尧、陈践译注：《敦煌本吐蕃历史文书》（增订本），北京：民族出版社，1992年，第145页记载"……赞蒙文成公主由噶尔·东赞域宋迎至吐蕃之地，杀泥婆罗之'宇那孤地'，立'那日巴巴'为（泥）王"，虽译名不同，但可能实指一事。
3　霍巍：《〈大唐天竺使出铭〉相关问题再探》，《中国藏学》2001年第1期。
4　黄盛璋：《关于古代中国与尼泊尔的文化交流》，《历史研究》1962年第1期。

当出吉隆而非聂拉木。

其四，对于文献记载的道路情况的对照。对照《释迦方志》中"又南少东至吐蕃国"以下所记的路程，笔者认为是完全可以同经吉隆出泥境的道路相吻合的。小羊同，即《大唐天竺使之铭》所记"……季（年）夏五月，届于小杨同之西"的"小杨同（童）"；"呾仓法关"，亦即前文所述之"答仓·宗喀"，实际上就是指吉隆山口。而《释迦方志》所云之"又东少南度末上加三鼻关"，日本学者足立喜六注云："末上加Mashangchia是Marsyangdi的音译。撒罢、三坝、三鼻在西藏语是桥的意思，故'末上加三鼻'从语法构词上可理解为在Marsyangdi河上有桥，其处设关。……此地形逼居于Marsyangdi河上游，从北入大雪山溪谷的正门口"[1]。此Marsyangdi河史载不详，笔者经实地考察，认为其很可能是指发源于吉隆北部马拉山脉的吉隆藏布江，它的上游，正好处在"北入大雪山（按：指喜马拉雅山）溪谷的正门口"；而其下游，在今中尼交界的热索桥一带与东林藏布江汇合后流入尼泊尔境内。河上所设之热索桥，即为中尼边境的最后关口，也是中尼之间的传统边界线。清人黄沛翘《西藏图考》卷2载："由后藏行二十驿至济咙（按：即吉隆）之铁索桥，为藏地极边，逾桥而西则廓尔喀（尼泊尔），自古不通中国。"[2] 又同书所引清末赵咸丰《使廓记略》记热索桥云："大河一道水西流，有木桥以通往来，南岸为廓尔喀界，北岸为西藏界。"这些记载虽系晚出，但所反映出的中尼传统边界上的这座界桥，看来却是古已有之。若推测无误，这座界桥，应当为"末上加三鼻关"，亦即Marsyangdi河上之界桥。

《释迦方志》"东南入谷，经十三飞梯，十九栈道"这段文字，笔者认为其所指的地形，当系补记前文"又东少南度末上加三鼻关"这段路途的情

1　［日］足立喜六：《唐代の泥波羅道》，《支那仏教史学》第3卷第1号，1937年。
2　（清）黄沛翘：《西藏图考》卷2《西藏源流考》，拉萨：西藏人民出版社，1982年，第75页。

形。细审《释迦方志·遗迹篇》关于东道的记述方式，凡举某段路程，行文上皆以"又……"起首，以示区别。而在"又东少南度末上加三鼻关"这段文字之下，紧接"东南入谷，经十三飞梯，十九栈道"之语，其间无间隔。再以吉隆热索桥以南的实际地形而论，自宗喀（咀仓法关）以下至界桥热索桥一线，恰自东南进入吉隆藏布江溪谷。由于河流下切强烈，形成高原深峡，地形十分险要。尤其是素以天险著称的察木卡一线，更是天然要隘，"左壁右湍，不容一骑"[1]。清人杨揆《自宗喀赴察木即事诗》"危坡下注忽千丈，断涧惊流晚来长。……道旁山势高刺天，太古萧瑟无人烟。连鸡作队猿臂牵，度涧无术还升巅。"[2] 可见其险峻之一斑。因此，笔者推测道宣《释迦方志》中"东南入谷，经十三飞梯，十九栈道"句中，所谓"谷"，当指末上加三鼻关（热索界桥）之前吉隆藏布溪谷中的一段路程；"十三飞梯，十九栈道"，则系对溪谷内险峻难行之路况的描述。

再其下"又东南或西南，缘葛攀藤，野行四十余日，至北印度尼波罗国"句，对路段的描述显然已较前模糊，多带推测之意。估计是道宣对于进入泥婆罗国境内的路况、走向已知之不详，只能略记一笔，采取谨慎态度。

由于《释迦方志》成书之时（650—655年），吐蕃—泥婆罗道初开不久，所以道宣对于吐蕃国以下路段的记载应当说是基本可靠的，大体上勾勒出了吉隆道的路线走向，与考古发现的《大唐天竺使之铭》在许多地方均可相互印证。

其五，碑刻所反映的历史背景。吐蕃征服象雄之后，一方面向西打通了通向迦湿弥罗、天竺的通道，而另一方面，也为其在西南方向开通经泥婆罗去天竺的道路创造了条件。藏文史籍中记载吐蕃与泥婆罗发生关系，始于松赞干布时代。7世纪初，松赞干布曾从泥婆罗迎请泥婆罗库塔里王朝鸯输伐摩

1　（清）黄沛翘：《西藏图考》卷2《西藏源流考》，拉萨：西藏人民出版社，1982年，第76页。
2　（清）黄沛翘：《西藏图考》卷2《西藏源流考》，拉萨：西藏人民出版社，1982年，第117页。

王（Amsuvarman，意为光胄）之女毗俱胝（Bhrikunt，藏文史料称为赤尊）为其妃。关于赤尊公主入蕃的时间，诸史所载不尽相同，但均以松赞干布16岁这一年为迎请泥妃的时间。而有关松赞干布的生年，分别有569、593、617、629年诸说。据考，其中以617年之说最为合理[1]。由此推算，则可将赤尊公主进藏的时间定在633年左右。关于赤尊公主入藏所采取的路线，据《西藏王统记》，是通过今西藏西南边境的"芒域"，这一地名约当今后藏地区吉隆县一带。吉隆现为西藏自治区日喀则地区西部的一县，在西藏古史中系"芒域·贡塘"的中心区域，藏文旧称其为"答仓·宗喀"。答仓·宗喀之北面的贡塘拉山，历来即为吐蕃南界的重要关口。据《西藏王统记》记载，印度莲花生大师最初入藏，便是经由此处。藏文史籍《世界广说》记载莲花生收伏十二丹玛女神，让她们守着此山，不让印度外道进入，也是指的这座山口[2]。这表明，至迟在7世纪上半叶，吐蕃与泥婆罗之间官方的通道已经存在。这是史籍中有关吐蕃—泥婆罗道最早凿通时间的记载。

此道的开通，与唐代初年吐蕃王朝与唐代中央关系的不断密切，尤其是唐文成公主的进藏，加强了唐朝与边地政权的政治联姻有直接的关系。碑铭出现的唐代使节王玄策，《新唐书·西域传》天竺国条下载："（贞观）二十二年（648年），遣右卫率府长史王玄策使其国，以蒋师仁为副；未至，尸罗逸多死，国人乱，其臣那伏帝阿罗那顺自立，发兵拒玄策。时从骑才数十，战不胜，皆没，遂剽诸国贡物。玄策挺身奔吐蕃西鄙，檄召邻国兵。吐蕃以兵千人（《旧唐书》作"精锐二千人"）来，泥婆罗以七千骑来，玄策部分进战茶镈和罗城，三日破之。"[3] 以此分析，王玄策去天竺之路线，当

---

1 蒲文成：《吐蕃王朝历代赞普生卒年考》（一），《西藏研究》1983年第4期。
2 索南坚赞著，刘立千译注：《西藏王统记》，拉萨：西藏人民出版社，2000年，第57页记载："赤尊公主乘一白骡，偕同美婢十人，连同负载珍宝多骑，吐蕃使臣为之侍从，遂同向藏地而来。尼婆罗臣民皆送行于孟域（按：即芒域）之间。传闻牛马行于崖水相逼之狭谷，曾下卸其负载，以肩荷诸宝，接踵而行，佛像等亦下骑步行云。"从其所描述的道路险峻情况来看，与吉隆河谷至尼境一线十分相似。
3 （宋）欧阳修、宋祁：《新唐书》卷221上《西域传上》，北京：中华书局，1975年，第6238页。

从吐蕃—泥婆罗道,方能"奔吐蕃西鄙",召来吐蕃与泥婆罗兵。也可为王玄策使团多次奉诏出使天竺正是利用此道提供重要的佐证。

随着吐蕃—泥婆罗道的开通,北印度泥婆罗的佛教也开始不断地传播到吐蕃。藏文史料记载松赞干布迎请泥婆罗赤尊公主进藏,她随身带到吐蕃一尊不动佛像并供奉于由她所修建的大昭寺中。755年,吐蕃赞普赤德祖赞死后,吐蕃王朝中信奉本教的贵族大臣发布了禁佛的命令,出现了吐蕃时期第一次"禁佛运动",在其主要的内容中,有两点十分值得注意:一是下令驱逐汉僧与泥婆罗僧人;二是将文成公主带到吐蕃去的佛像先是埋入地下,后来又取出来送到"芒域"(即吉隆),这反映出当时通过"芒域"一线的吐蕃—泥婆罗道,大概已有为数不少的泥婆罗僧人进入吐蕃;而芒域这一地区,则很可能由于这条通道的存在,已经成为一处重要的文化中心或集散地。至8世纪中叶,赤松德赞继位后,佛教得到复兴。史载赤松德赞曾从印度请来密宗大师莲花生,而莲花生进藏也同样是经过"芒域",他进藏后所做的一件大事,即主持修建桑耶寺。桑耶寺的兴建,动用了大量来自天竺、泥婆罗和勃律的工匠,这在藏文史料中多有记载。笔者认为这些工匠很有可能也是跟随着莲花生一道,通过芒域即吐蕃—泥婆罗道进藏的。在这之后,天竺—泥婆罗的佛教建筑、绘画、雕刻艺术等,源源不断地进入吐蕃,所产生的影响一直延续到15世纪。

此外,碑铭中也提供了一些过去的历史文献中所没有记载的新资料和新信息。例如,碑铭第1行有"记录人刘嘉宾撰　记录人……"、第2行有"□人□扶□粤书　贺守一书……"等残存文字,可以获知王玄策使团中有专门的记录人和不止一位书写者,碑铭上的文字典雅,书法秀丽,都与这些专业人士的随行有关。联系到文献记载中有关王玄策使团在出使天竺各地时都有树碑刻铭、摹写西国"瑞像"的惯例,此次也不例外。又如,碑铭第10行残存有"刘仁楷选关内良家之子六(人?)……"的字句,由此可知使团中的

"刘仁楷"其人很可能也是此次出使印度使团中的重要人物,由他来挑选优秀的关内"良家之子"(意即优秀青年人才)加入使团,他的身份是否是王玄策的副使史籍无载,但这种可能性也许不能排除。由于"良家之子六"后面的字已残缺,我们无法得知是"六人"?还是"六十人",不过从以往王玄策使团的人数从来没有低于数十人来看,"六十人"的可能性更大一些。再如,碑铭第24行残存有"使人息王令敏　使侄(王?)……"的字句,这很可能表明使团中还有王玄策的儿子(使人息)王令敏以及他的侄子王某人。王玄策儿子的名字过去史书从未记载过,这次首次出现在考古实物当中,增补了一个重要的史实:王玄策本人很可能也是一位虔诚的佛教信徒,所以在出使印度时也将自己的亲人随身从行,去往西天求法。关于王玄策使团中曾有他的侄子随行一事,过去史料中有一些线索,冯承钧曾在义净所撰写的《大唐西域求法高僧传·彼岸传》中发现一条材料,其中讲到有彼岸法师同智岸法师"与使人王玄廓相随",此处所记的"王玄廓"应当就是王玄策之别写,此书卷下还有一位洛阳籍的高僧智弘律师,冯先生认为他即"聘西域大使王玄策之侄也",王玄策的祖籍也是洛阳人。结合此次新发现的《大唐天竺使之铭》提供的线索来看,王玄策的使团中除了带着他的儿子,甚至也带上了他的侄子等亲属随行一事,可能确为事实。

总之,这通唐代碑铭的发现,让我们确认了唐初新开中印之间这条通道的存在,对唐代王玄策使团前三次奉命出使的具体线路、出山口岸、使团成员构成等诸多问题的研究都有了重大的历史性突破,意义十分重大。目前,对于这通唐代碑铭的研究还在继续,将来或许还会有新的研究成果不断涌现,对于中印古代交通史、唐蕃古代交流史等诸多方面的研究都有所贡献。

第三节 吉隆河谷中尼文化交流的考古新发现

《大唐天竺使之铭》这一重要唐代碑铭的调查发现，成为研究唐代中印、中尼和唐蕃古代交通的新史料，引起国内外学术界的高度关注[1]。就是在这次考古调查中，在吉隆古道沿线还发现了其他一些与唐代吐蕃和泥婆罗有关的文化交流遗存，有关情况在后来正式出版的《吉隆县文物志》中有所介绍[2]，对于认识这个时期吐蕃与南亚之间的交通路线很有帮助。

2017年，按照国家文物局和西藏文物局的统一部署，由四川大学考古学系、四川大学中国藏学研究所再次组成调查队，展开"南亚廊道吉隆线"的考古调查，此次调查不仅重新核查了以往发现的诸多文物考古遗存，同时还发现了多处新的文物点，并获得了关于吉隆河谷中尼文化交流的不少新资料[3]。

一、日松贡布摩崖石刻遗存的新发现及其研究[4]

1990年的考古调查首次发现了吉隆河谷冲堆"日松贡布"（意为"三怙主像"）摩崖石刻造像这处遗存。2017年，再次对此处摩崖造像做了更为细致、全面的复查工作。通过此次复查，在摩崖石刻上新发现了梵文、藏文合璧的题刻，从而对摩崖石刻的造像身份、艺术源流、遗存性质等问题都有了新的认识。本节以最新的调查资料为基础，并结合图像、题记和历史文献

---

1 霍巍：《西藏吉隆县境内发现〈大唐天竺使出铭〉摩崖石碑》，《中国文物报》1994年4月10日第1版；西藏自治区文管会文物普查队：《西藏吉隆县发现唐显庆三年〈大唐天竺使出铭〉》，《考古》1994年第7期；霍巍：《〈大唐天竺使出铭〉及其相关问题的研究》，《東方学報》第66册，1994年；霍巍：《〈大唐天竺使出铭〉相关问题再探》，《中国藏学》2001年第1期等文。

2 索朗旺堆主编，霍巍、李永宪、尼玛编写：《吉隆县文物志》，拉萨：西藏人民出版社，1993年，第134—138页。

3 本节撰写利用了四川大学中国藏学研究所、四川大学考古学系2017年度"南亚廊道考古调查报告"的部分资料，特此致谢！

4 此节由西藏大学中国藏学研究所夏吾卡先撰写初稿，笔者进行了修改与补充。

等，对此处石刻遗存的相关问题提出新的认识。

冲堆"日松贡布"摩崖造像石刻遗存位于吉隆县至吉隆镇宗吉公路北侧的达曼村南侧，小地名为"冲堆"（意为市集）的平地之上，东南距吉隆镇约5千米，历史上这是传统中尼边民互市贸易的重要场所。该处遗址由"日松贡布"摩崖石刻造像、独立石塔、108座石丘塔和数条呈南北纵长方形的围垣构成。地理坐标为东经85°18′9.65″、北纬28°24′36.85″，海拔2910米。

其中，"日松贡布"摩崖造像雕刻在名为"曲丹加桑"的一块巨石的壁面上，目前砌有一间土石构建的敞篷加以保护。雕刻造像的这块崖壁形状不规则，最高处约3.8、最宽5.1米，壁面开三龛，龛形均为肩部内收长方形，上接马蹄形。造像技法为先在壁面向内开凿出浅龛，再减地高浮雕出造像（图4-4—4-5）。此次调查新发现了以往公布资料中未曾披露过的梵文、藏文铭刻题记，对于重新认识此处石刻的年代、性质及其与附近发现的其他几处历史遗迹的关系等问题有所帮助，对于从总体上认识"高原丝绸之路"

图4-4　西藏吉隆冲堆摩崖石刻
（作者拍摄）

第四章　吐蕃王朝时期"高原丝绸之路"的确立与拓展　169

图4-5　西藏吉隆冲堆摩崖石刻线图

吉隆道的意义也有了新的研究进展。以下，我们按照此处石刻的主尊、主尊右侧、主尊左侧的顺序依次介绍。

1. 主尊观音

　　龛高2.62、宽1.16米。观音像通高2.38、肩宽0.61米，其中仰覆莲座高0.16、宽0.47米。观音跣足，站立于仰覆双层莲瓣莲座之上，髋部略向右倾。整个身体微呈"S"状。头戴三叶冠，有火焰形光头，宝冠正中嵌有一尊小佛像，双目圆润大睁，鼻梁突出，两耳垂肩，耳佩连环状大耳环一对，项上有宝珠串饰，双手佩手镯。全身赤裸，腰系扎带，扎带中央垂悬一宽带，直至两脚之间的足踝部。左肩膀至右腿系一圣带，右髋部至左大腿斜系一宽带。右手下垂，抚摸一莲蓬，左手扶左腿饰带边持一莲茎，莲茎绕手臂内侧向肩膀左侧延伸，莲花盛开，茎上有莲蓬及荷叶各一。

　　观音像左右两侧下方各有一女性供养人，女供养人高0.65米，莲座高

0.12、宽0.36米。均为高发髻，佩大耳环，戴项饰，腰系T字形腰带。两像均赤裸上身，乳房丰满。双手合十，侧身跪于仰覆莲台之上。

在观音右侧壁龛内空白处，新发现阴线刻梵文9行；观音左侧壁龛内空白处新发现阴线刻藏文13行（图4-6）。现将梵文、藏文题记录文转写如下。

梵文题记：*ye dharmmā/hetuprabha/vā hetuketu/taṣā tathāga/te hy avadat/ṣāṃ ca yo ni/rodho evamvādī mahā/śramaṇa //

译文：若法因缘生，法亦因缘灭；是生灭因缘，佛大沙门说。

藏文题记：

*sems/can mtha/dag ji snyed/po bla mye/d byang/cub pa/sgrub ba'i/phyIr sbyan/ras gzIgs dbang/thug rje'I *bdag/yon* bdag *dpal*/gI gzhon nus/*byas*[1]

译文：为所有诸众生证得无上菩提的缘故，施主吉祥童建立这尊慈悲观自在主。

2. 主尊右侧的菩萨立像

龛高2.46、宽0.72米。菩萨像通高2.27、肩宽0.62米，其中仰覆莲座高0.18米。菩萨跣足，站立于仰覆双层莲瓣莲座之上。造像高发髻，发髻中央雕刻出一佛塔。耳饰硕大，与项饰连为一体。全身赤裸，从左肩斜向下有一圣带至腰际，腰系宽带。自右髋至左大腿亦系有宽带，束结于左大腿外侧。双手自然下垂，右手掌心向外，抚摸一对莲蓬。根据其高发髻中央雕刻出佛塔，则此尊应为弥勒菩萨。

3. 主尊左侧菩萨立像

龛高2.45、宽0.78米。菩萨像通高2.22、肩宽0.78米，其中仰覆莲座高0.14米。菩萨跣足，站立于仰覆双层莲瓣莲座之上。造像高发髻，有头光，

---

1 转写中*表示起行符号，字母斜体表示缩写字。

图4-6 西藏吉隆冲堆摩崖石刻梵文、藏文题记拓片
（作者拍摄）

两耳佩大耳垂饰一对，项系连珠项链，臂钏。全身赤裸，腰系T字形腰带，自右髋至左大腿系扎宽松的飘带，束结于左大腿之外侧。右手下垂，掌心向外，置于一莲蓬之上，左手扶左腿饰带，边持一莲茎，莲茎绕手臂内侧向肩膀左侧延伸，白莲蓬及荷叶各一。莲蓬含苞欲放，茎上雕有花蕾及荷叶各一。从花蕾看是邬波罗或青莲花，与观音等所持莲花有异，一般其表现形式上花蕾簇成一团，不展开，故应是文殊像。

二、日松贡布摩崖石刻与其他遗存之间的关系

与日松贡布摩崖造像相邻近的还有其他几处古代遗存，包括冲堆独立石塔、108座石丘塔、石砌围垣等。对于这些古代遗存的年代、性质及其与日松

贡布摩崖造像之间的关系，过去的研究工作中曾提出过一些初步的认识，随着此次调查的进一步深入，尤其是日松贡布摩崖造像梵文、藏文题记的新发现，也有了新的认识。

冲堆石塔系以一白色石灰岩质整石雕刻而成，通高2.4米，分为塔基和塔瓶两部分。塔基由基座和台座构成，通高1.6、直径2.08米。基座为须弥座式，分三级向上叠涩收分，高约0.3米；基座之上雕成一梯形台座，高约1.3米。塔基之上为半圆形覆钵塔瓶，下部雕刻出覆莲一周，高约0.8、直径为1.4米。其上所承之塔刹，为后期修补而成（图4-7）。

在1993年出版的《吉隆县文物志》中，我们曾对"日松贡布"摩崖造像与冲堆石塔之间的关系进行了推测：

第一，此处摩崖石刻根据主尊观音像身份的辨认，结合当地的传说，辨识为由观音、文殊、金刚手组合的三怙主即所谓"日松贡布"像，其年代结合古印度形象与之相近的石雕遗存和现存于拉萨查那路石窟造像第一期遗存与其具有相似性等因素综合分析，推定其年代在7世纪中叶至9世纪中叶。

第二，将冲堆独立石塔与印度阿旃陀佛塔进行比较之后，初步推测石塔可能为7世纪中叶后的雕刻作品。

第三，结合历史文献中莲花生大师从尼泊尔途经此地的传说和记载，认为这两处遗迹都具有十分鲜明的时代特色和印度—尼泊尔造像的风格，应与吉隆道上中尼古代文化交流相关。

经过此次新的调查资料——尤其是过去没有著录的梵文、藏文题记的发现与研究，对于"日松贡布"摩崖造像和冲堆独立石塔这两处遗存，可以提出一些新的认识。

首先，冲堆"日松贡布"摩崖石刻造像的性质，可以确认应是弥勒、观音、文殊的三尊像组合像，而不是吉隆当地传说中藏传佛教的"三怙主"像，石刻艺术风格也具有鲜明的时代和地域特征。从造像的细节特征如深浮

图4-7 西藏吉隆冲堆石塔
（作者拍摄）

雕龛形接近"凸"字长方形外框到菩萨的冠饰发髻到圆润的面相，全身赤裸，左肩膀至右腿系一圣带，腰系扎带，右髋部至左大腿斜系一宽带，甚至左、右手掌心向外放在莲蓬之上等，均是尼泊尔中古时期造像艺术的典型特征，在尼泊尔帕坦和加德满都城8—10世纪石刻遗存中有较多的发现[1]。具体特征如深浮雕近"凸"字长方形外框为例，其来源于6世纪里查维王朝恰巴浩（Cha bahil）石雕佛塔基座[2]，而加德满都7世纪达瓦喀巴哈寺（Dhvaka baha）佛塔四面深浮雕，从外框做法到其余图像特征均与冲堆日松贡布摩崖造像如出一辙[3]。同一时期的印度那烂陀石雕遗存中有相似的外框，但近方形而不是长方形。另一大特征如左肩膀至右腿系一圣带的图像传统在古印度从笈多王朝时期一直延续到帕拉王朝时期，但与尼泊尔相比，穿戴上有一个细微的差异，后者在腿部宽带处外翻成U字形，这一点在印度石刻传统中却极为罕见，但冲堆日松贡布摩崖造像却同样具备这一特征；最后一大特征除了T字形腰带加腿部斜系宽带及侧面打结下垂飘带的做法在古印度艺术中可以追溯至帕拉艺术乃至更早的笈多时期，在具体系法上也呈U字形或直线的形式出现。在尼泊尔石刻中亦如冲堆摩崖石刻一样基本呈斜形出现。另外，诸菩萨下垂手掌，掌心向外并放到各类花蕾上，或观音左右两侧下方两位女性供养人双手合十等亦是尼泊尔7—10世纪加德满都盆地河谷石刻遗存中比较流行的做法。

除以上所列举的风格类似的吉隆邻近尼泊尔地区不可移动性石雕造像外，在其他材质的艺术品中也能找到类似的作品，如美国达拉斯博物馆收藏的一尊青铜观音菩萨像[4]，在拉萨大昭寺早期的木雕作品当中也能找到与冲堆摩崖石刻风格几乎完全一致的作品。综合上述分析，从艺术风格的角度，我

1　Pratapaditya Pal, *The Arts of Nepal*, Leiden: Brill, 1974, fig.13, 14, 15, 187, 188, 189, 190, 191, 192.

2　Pratapaditya Pal, *The Arts of Nepal*, Leiden: Brill, 1974, fig.24, 25.

3　Pratapaditya Pal, *The Arts of Nepal*, Leiden: Brill, 1974, fig.13, 14, 15, 16.

4　Anne R. Bromberg, *The Arts of India, Southeast Asia, and the Himalayas at the Dallas Museum of Art*, New Haven: Yale University Press, 2013, fig.89.

第四章　吐蕃王朝时期"高原丝绸之路"的确立与拓展　175

们可将冲堆日松贡布摩崖石刻的时代重新推定在8—10世纪左右。过去将其年代推定在"7世纪中叶至9世纪中叶"，可能偏早。

其次，对于新发现的造像题记的解读，也有利于把握此处造像的大体时段。造像梵文题记内容经过牛津大学迪瓦卡·阿查里亚（Diwakar Acharya）教授和川大罗鸿教授的先后辨识，被确定为《缘起法颂》，梵文字体的流行时间为8—12世纪。前者与常见的《缘起法颂》字句有出入[1]。《缘起法颂》的藏文石刻译本，最早出现于藏东贝纳沟吐蕃摩崖线刻佛塔题记中，其时代集中在9世纪初。而冲堆石刻题记不仅未使用译文或藏式梵文，而是直接使用了梵文原文。这既是冲堆石刻的一大特点，又表明其时代应早于藏东贝纳沟吐蕃摩崖线刻题记；藏文题记由29个字母组成。值得注意的是，居然反复出现四次辅音字母"古格"反写体的现象，如bla med被写成bla myed，byang chub被写成byang cub，还有bdag，yon，dpal，byas等四字转为缩写体。这些藏文语法特征主要流行于吐蕃时期，字母之间区分用的点字符号居中更是8世纪末至9世纪所独有的文法特征现象。至于题记中出现的施主"吉祥童"身份，存在两种可能。第一种可能为捐资开凿题记的吐蕃供养人，但这名字既非吐蕃所流行的名字，且名字中间出现介词差错现象，既不符合常规，也影响押韵。另一种可能性为将梵文翻译成藏文的尼泊尔人，其名字原文直译为"śrīkumāra"或"kumāraśrī"，属于比较典型的南亚人名，在吐蕃时期的经文译师中，存在较多有类似的名字。

最后，冲堆独立石塔的形制也具备一些明显的时代特征。石塔基座之上为雕成一较高梯形的台座，上方为半圆形覆钵式塔瓶，上承以十三轮塔刹。

1　题记《缘起法颂》: ye dharmmā/hetuprabha/vā hetuketu/taṣā tathāga/te hy avadat/ṣāṃ ca yo ni/rodho evamvādī mahā/śramaṇa //

《缘起法颂》常见版本为: ye dharmā hetuprabhavā hetuṃ teṣāṃ tathāgato hy avadat/teṣāṃ ca yo nirodho evaṃvādī mahāśramaṇaḥ //

在此谨对两位教授对梵文题铭的解读深表谢忱！

类似的半浮雕形制石塔早在5世纪的阿旃陀石窟中就已出现,虽是半浮雕造型,但也不完全相同。在形制上与冲堆独立石塔最为接近的是7—8世纪的尼泊尔石塔,从帕坦到加德满都城内都多有保存[1]。但在风格上,冲堆石塔的台座四面为素面,且无雕刻,而目前所存的尼泊尔里查维时期的佛塔台座四面几乎都带有深浮雕像。

综上所述,以冲堆"日松贡布"摩崖造像石刻和冲堆独立石塔为代表的冲堆石刻遗存的时代应当集中在8—9世纪,是在我国境内中尼边境"吉隆道"上出现年代最早的一处以尼泊尔河谷艺术为蓝本的摩崖石刻造像。

三、藏文史料中的相关记载

冲堆石刻遗存所在的吉隆河谷地处历史上的"蕃尼古道"门户之地,这是古代吐蕃与南亚地区进行政治、经济、文化交流的"第一要塞"。历史上无论是前往南亚的大唐使者王玄策,还是嫁到吐蕃的尼泊尔赤尊公主,或是传经布道的如莲花生大师为代表的宗教译师,都曾经从这里经过往返于中印、中尼之间。《大唐天竺使之铭》的考古发现,和唐代的汉文史料相互印证,证明了唐代初年新开辟出的由吐蕃吉隆一道通往泥婆罗,再经加德满都盆地前往印度的"新道"的历史价值及其活跃程度[2]。但是,在现存的唐代以来汉文史料中,缺乏关于冲堆石刻遗存直接的文献记载,在西藏历史著作当中,对于诸多高僧大德是如何途经吉隆的路线,也没有找到太多的记录。我们以藏文莲花生传记和吉隆帕巴寺作为突破口,通过查阅相关高僧传记,终于获得了一些相关的历史信息,这些藏文史料的成书年代虽然相对较晚,但对于进一步认识冲堆石刻和吉隆古道在"南亚廊道"中的历史作用和价值,

---

1 Mary Shepherd Slusser, *Nepal Mandala: A Cultural Study of the Kathmandu Valley*, Vol. 2, Princeton: Princeton University Press, 1982, fig.255, 287.

2 霍巍:《〈大唐天竺使出铭〉及其相关问题的研究》,《東方学報》第66册,1994年;霍巍:《〈大唐天竺使出铭〉相关问题再探》,《中国藏学》2001年第1期。

第四章 吐蕃王朝时期"高原丝绸之路"的确立与拓展 177

也是有所帮助的。

在16世纪成书的西藏高僧罗追坚赞大师所著《金刚橛史神奇海涛》一书当中,曾梳理了"金刚橛教法"如何传到西藏及藏地的法脉传承史。尽管该书主题看似与吉隆毫无关联,但在记载法脉祖师如何途经吉隆时留下了珍贵的笔墨:

> 吐蕃赞普(赤松德赞)派遣那囊·多吉堆迥、琛·释迦扎巴、许布·白吉森格三位大臣配备坐骑,携带大量黄金去邀请莲花生……当邀请莲花生到芒域(吉隆)冲塞城,当时那里只有七户人家。冲塞上方建了一座寺庙,当时就叫门巴拉康,庙内供奉观音像。又降伏该地无人敢碰泉水之龙神,水成功引入农田。防止从尼泊尔跟随来的鬼怪,又在该地建了一座石塔。考虑寺庙上方有孔吹风之地有害藏地风水,建寺名为芒域强准寺。由此至琼之地,鬼怪虽未能伤及大师,众随从先后发疯,因此得名为宁塘(意为发疯之地),为防止这一邪气,就地修建了108塔[1]。

上述文献记载虽然带有较重的神话色彩,但文中记载的"赞普选派的人员和强准寺"等信息与主流史料基本一致,也提到了"观音等摩崖石刻和石塔""108塔"等重要信息,但文中108塔与冲堆108塔在地理位置上稍有出入。

16世纪白玛巴扎所著《第二佛陀莲花生大士传:消除心中之暗》一书系统介绍了莲花生大士一生的事迹。此书其最大的特点就是收录了多种版本的《拔协》史料,并对其真伪性进行了考证,是一部难得的藏文史学论著。其中,对于莲花生大士在吉隆境内的事迹有如下记载:

---

[1] Sog bzlog pa blo gros rgyal mtshan, Dbal rdo rje phur ba'i chos 'byung ngo mtshar rgya mtshoa'i rba rlabs, Rdi le gsar ba, 1975, p.9.

赞普（赤松德赞）为邀请莲花生再次派遣那囊、琛、许布三位大臣至尼泊尔；派巴·塞囊去邀请寂护（Shantarakshita），当那囊等抵达尼泊尔时，莲花生、尼泊尔工匠、占卜者已准备妥当，即可出发前往吐蕃……冲堆附近罗刹女经常派其部下玉米危害当地人，因此地名亦叫玉米道，当莲花生一行抵达附近长条形巨石旁边，玉米冲向莲花生一行，莲花生挥舞金刚橛，附近巨石碎三块。莲花生还将玉米三大变身之蛇变攻击处修建了三怙主寺，寺名取为玉德寺（意为制伏玉米之寺）；又变身乌龟设法跳脱处修建108塔；最后又一次变身山羊消失在一巨石中，用金刚橛击中，巨响哭叫声，当取回金刚橛处有出血迹象，为了降伏，上方建了一座石塔。至此，寂护一行先前往桑耶寺。而莲花生、占卜者、尼泊尔工匠一行三人继续住在此地，先对芒域强准寺进行开光，埋伏藏。后在埃布沟内修行，先后降伏了龙神金刚七兄和金刚不催女，任命为护法神。至热玛宁塘，莲花生使十明王而前来阻挠的一凶神和罗刹女发疯，为了降伏宁塘下方修建了108塔[1]。

上述文献虽然在叙事的角度、详略程度上有所不同，但值得注意的是，两者在介绍冲堆建寺一事上较为一致，只不过在称谓上有所不同：《金刚橛史神奇海涛》中介绍的108塔通过与《第二佛陀莲花生大士传：消除心中之暗》的文献比较可知，它是指另一处塔，位于强准寺西侧。而"日松贡布"摩崖石刻被佛教信徒辨认为"三怙主"的说法，大约也可以追溯到这一时期。

第三部文献是吐蕃镇佛寺之一吉隆镇《帕巴瓦迪观音史神奇信海》的寺志，由吉隆当地高僧扎嘎·曲吉旺秀（1775—1837）所著。这部寺志中对于

1　Bad ma ba zda, Slob dpon sang rgyas gnyis pa bad ma 'byung gnas kyi rnam thar yid kyi mun sel zhes by aba zhung so, bod ljong mi dmang dpe skrun khang, 2013, pp.37-38.

吉隆冲堆一带的遗存也有较为详细的记载，其中提到：

> 冲堆……莲花生因制伏罗刹女时修建有108塔，石雕"三怙主"像和石塔……强准寺……宁塘地若按照莲花生传记另有108塔，后于铁龙年（1700或1760年）吉、热因防火烧林被毁[1]。

这一文献虽然直接省略了诸多细节，但同样将冲堆石刻的兴修直接归功于莲花生大师。有意思的是，史料中还对位置不太确定的另一处108塔消失不见的原因作出了说明[2]。同一时期的另一部《帕巴瓦迪》史料中也录有大体相同的说法[3]。

综上所述，如果我们将后期藏文文献线索作为参照依据，可以得出一些新的认识。首先，是冲堆石刻的雕凿与吐蕃时期佛教高僧莲花生大师进藏这一大的历史背景有关，在其他的藏文史书中，类似的记载也不乏见。但是，上述史料中明确提及随同莲花生大师一同进藏的还有尼泊尔工匠和占卜者，这和现存的摩崖造像以及石塔的尼泊尔艺术风格可以形成互证。其次，上述史料中叙述莲花生大师是在一块巨石旁边建立了一座"三怙主寺"，这是否暗示着现存的"日松贡布"摩崖造像最初是与早期的寺庙共存，后来寺庙废弃之后，便仅遗留下来造像和石塔。换言之，现存于此的摩崖造像和独立石塔，有可能均为一处废弃之后的佛寺遗址遗存下来的部分建筑遗迹。而"三怙主寺"这一名称，也即后来藏语中"日松贡布"造像的直接来源，很可能出现于16世纪之后。第三，对于目前年代不甚明确的冲堆108座石丘塔的来

1　Kun mkhyen brag dkar ba chos kyi dbang phyug, 'pags mchog rang byung wa ti bzang boa'i rnam thar ngo mtshar rmad du byung ba'i gtam dad ba'i nyin byed, Kathmandu, Nepal, 2011, pp.47–49.

2　除了现存冲堆108石丘塔遗存外，吉隆镇东北部另有穆拉108石丘塔（文献有记载），穆拉经2013年的清理，还出土过擦擦。参见西藏自治区文物保护研究所：《吉隆县冲堆108塔、穆拉108塔调查清理简报》，西藏自治区文物保护研究所：《西藏文物考古研究》（第2辑），北京：科学出版社，2016年，第54—71页。

3　Btsaun pa shrai man Au da ya, Rang byon jo bow a ti bang poa'I rnam thar nyi ma'i dkyil 'khor, Dharamsala: Amye machen institute, 2008, p.37.

历，这些后期文献也均将其年代上溯到莲花生大师时期，可以作为我们综合考古资料判定其年代的参考。第四，我们甚至可以根据这些成书于16世纪以后的藏文史料进一步推测，早年吉隆境内的冲堆一带，很可能是中尼边境上一个较为繁华的政治、经济和文化中心，围绕着佛寺建筑可能出现相应配套的佛塔和摩崖石刻，寺庙周边由于来往于边境的人员密集，也为后来这一带发展成为重要的边贸集市（冲堆）创造了良好的条件。

四、弥勒、观音、文殊的三尊像组合传统

尽管学术界对西藏地区流行观音信仰的时代仍有争议，如美国学者凯普斯坦曾经提出，西藏的观音信仰系佛教后弘初期即11世纪后产物[1]。但应当注意的是，在奉莲花生为祖师的宁玛派吐蕃教法中，观音信仰同样占有十分重要的地位。在多数吐蕃教法的著作中，都会出现观音教法的章节记载。近期万·恰克在系统梳理敦煌文献与画稿遗存后指出，至迟在10世纪开始，观音在敦煌的藏裔族群的宗教信仰中就占有十分重要的地位[2]。冲堆"日松贡布"摩崖石刻所发现的弥勒、观音、文殊的三尊像组合传统，从考古遗存上证明，藏地的观音信仰及其艺术表现形式，亦可追溯到10世纪乃至更早。在藏传佛教后弘期高僧拉喇嘛·益西沃的传记中，就有如下记载：

> 赤德松祖赞（即拉喇嘛·益西沃）在前往普兰的第11年即火猪年（987年），商讨如何治理庶民，在加如卡达地修建了一座祖拉康寺庙，仿照昌珠寺，在石材上进行雕刻，敬造出弥勒、文殊、观

---

1 Matthew T. Kapstein, *The Tibetan Assimilation of Buddhism: Conversion, Contestation, and Memory*, New York: Oxford University Press, 2000, pp.144–155.

2 Sam Van Schaik, "The Tibetan Avalokiteshvara Cult in the Tenth Century: Evidence from the Dunhuang Manuscripts", in R. Davidson and C. Wedemeyer, eds., *Tibetan Buddhist Literature and Praxis: Studies in its Formative Period, 900–1400*, Vol.4, Leiden: Brill, 2006, pp.55–72.

音三尊像[1]。

哈佛大学范德康教授也曾指出，传统意义上的"三怙主"像即金刚手、观音、文殊的组合与11世纪传入西藏并逐渐流行的《时论根本续》有关，在吐蕃时期的西藏，还没有"三怙主"（Rigs gsum mgon po）这样的概念[2]。从地理位置上看，西藏吉隆地处中尼边境门户，远离吐蕃王朝腹心地带，而与之紧邻的尼泊尔地区自里查维王朝时期开始观音信仰文化就较为兴盛，因此吉隆地区早在吐蕃时期便已经出现以观音、文殊、弥勒等三尊像组合形式的摩崖石刻，正是通过"高原丝绸之路"上的"吉隆道"，将尼泊尔地区流行的观音信仰及其图像表现形式传入到西藏高原，这也从考古实物上再次充分说明了唐代中尼两国之间的友好交流、文化互动有着十分悠久的历史，这种传统友谊一直绵延至今。

五、梵式佛塔建筑以及新发现的石碑跌

吉隆河谷其他重要考古遗存是几座具有"梵式"也称为"尼泊尔式样"的古代建筑，位于今吉隆县吉隆镇附近。这三座式样独特的佛寺建筑，分别为强准寺（强准祖布拉康）、帕巴寺和玛尼拉康，这三座佛寺的主体建筑都是木结构的楼阁式建筑，而与传统的西藏佛寺式样有所不同。

强准祖拉康为一座四层的楼阁式佛塔建筑，塔身方形，塔内中空，内部设有木质的楼梯可达塔顶。塔体内各层均建有挑檐及门窗，自下而上第三层设有三座桃形壶门，顶层四角以铜套饰挑出飞檐，其上为塔刹。塔刹饰火焰宝珠。塔底四周以木栏杆围绕成外环廊，廊周原设有玛尼经筒。塔高约16米，底层最大宽度为22米（图4-8—4-9）。

---

1 Gu ge grags pa rgyal mtshan, Lha bla la ye shes 'od kyi rnam thar rgyas pa bzhugs so, bod ljong mi dmang dpe skrun khang, 2013, pp.12–13.

2 ［美］范德康：《西藏的时轮发展研究：对文本批评问题的特别关注》，刊于讲座通讯，四川大学中国藏学研究所微信公众平台推出，发布时间为2017年6月15日。

图4-8　西藏吉隆强准寺现状
（作者拍摄）

图4-9　西藏吉隆强准寺正视图
（李永宪先生绘制）

第四章 吐蕃王朝时期"高原丝绸之路"的确立与拓展 183

帕巴寺建筑式样也是楼阁式的木石结构佛塔，塔中心亦有楼道可盘旋至塔顶，塔体从下至上共有四层，层层出檐，逐层收分，每层均设有壶门、小窗，建有挑檐、檩枋、椽子、飞头、瓦垄等。塔之四角自下而上的第一、第二层檐角上套有黄铜质的刹顶，以圆光、仰月、宝盖、宝珠连接而成，塔面用红铜盖顶。在第三、第四层的四周壶门之上绘制有小佛像（图4-10）。

玛尼拉康规模较小，但其楼阁式的建筑特点同样鲜明，共有三层楼阁，出四重檐，只是无挑檐、壶门及各层门窗。

这几座佛寺均位于中尼边境的吉隆镇附近，而北面吉隆县城宗喀一带则看不到这种楼阁式的佛寺建筑，在西藏其他地区也基本不见此类佛寺建筑，其分布具有明显的地域特点。

唐道宣《释迦方志》记泥婆罗国"城内有阁，高二百余尺，周八十步，

图4-10 西藏吉隆帕巴寺
（作者拍摄）

上容万人。面别三叠，叠别七层。徘徊四厦，刻以奇异，珍宝饰之"[1]，其所描述的正是这类楼阁式的佛寺建筑。据《西藏王臣记》《西藏王统记》等文献典籍记载，强准寺是吐蕃王朝松赞干布时期，于汉地及泥婆罗分别迎请文成公主、赤尊公主入藏之后，按照所谓"五行算图"修建的镇边寺之一；而帕巴寺也据记载与泥婆罗赤尊公主入藏有关。因此，在中尼边境地区集中出现具有泥婆罗式样的佛寺建筑，应当是中尼两国古代文化交流遗留下来的遗存。虽然今天这几座尼式建筑几经维修重建，但仍然保持了其早期的建筑风格与式样，为我们留下了珍贵的中尼文化交流的实物证据。

2017年实地调查中的新发现是在强准寺大殿四周，因寺中修建排水沟从地层中清理出大量石柱础（图4-11）。这些石柱础造型古拙，为覆盆式、上雕饰以宝妆莲瓣，具有典型的唐代柱础的特征，当系寺庙早期的建筑遗存。这也从实物遗存的角度证明强准寺应修建于吐蕃时期。尽管强准寺、帕巴寺

图4-11　西藏吉隆强准寺石柱础
（作者拍摄）

1　（唐）道宣著，范祥雍点校：《释迦方志》卷上《遗迹篇第四》，北京：中华书局，1983年，第50页。

后来均历经重修，但是按照西藏佛寺修葺或重建均须按其原式样复原的基本做法，它的基本样式应当还是沿袭了旧制。依据上述文献及考古证据，再次确认吉隆境内发现的这几座佛寺建筑，应当正是《释迦方志》所载的尼泊尔楼阁式样的佛寺。

尼泊尔现存楼阁式建筑据研究时代均较晚，大多是15世纪至18世纪初年的建筑物，其中比较典型的如尼泊尔巴德岗的昌果纳拉扬三层楼殿和尼雅塔卜五层楼殿，以及帕坦的马亨德拉纳特三层楼殿和迪奥塔利五层楼殿等。但据《释迦方志》记载则至少唐代时泥婆罗已经修建有楼阁式佛塔建筑，中国的早期楼阁式木塔如白马寺塔、永宁寺塔均未能保存下来，但在敦煌初唐至西夏时期壁画中较为多见，应该反映出当时中国楼阁式木塔仍比较流行的面貌。曾有学者提出，尼泊尔寺庙中的层塔式建筑，可能受到来自中国的影响，是中国古代亭阁楼塔影响的产物。若如此，则其传播路线很值得考证。今拉萨曲水县内温江岛宫遗址（或译"吾香多"），据文献记载是建于吐蕃赞普热巴巾时期，其中主殿的形制据后世清代唐卡画上的描绘，也是一座楼阁式石木佛塔建筑。有学者认为其建筑样式应模仿中原汉地的楼阁式佛塔。因此，中原汉地的楼阁式佛塔，与吐蕃境内的吾香多宫佛塔、吉隆境内的早期楼阁式木塔，以及尼泊尔古代所流行的楼阁佛塔，或许正好构成了一条建筑文化交流的链条。而恰好位于中印交通东道或曰"蕃尼道"沿线的吉隆佛寺建筑显然处于重要的交接地带，当然其中的传播序列究竟如何，尚需要更多证据来探究。

另一个十分重要的考古新发现，是在吉隆镇帕巴寺大殿西侧近围墙处的泥土中清理出土一花岗岩石龟趺（图4-12）。出土时石龟呈东西向，头部位于东侧面朝主殿西墙，头部较小、前伸，上阴线刻双眼和嘴部，嘴部有残缺，龟身前半部左右两侧浅浮雕出前爪，形制古拙、雕刻技法粗放；在龟背上向下凹凿出方形榫孔，上原应立有碑身。从石龟出土位置推测应为后期移

图4-12　西藏吉隆帕巴寺石龟趺
（作者拍摄）

到目前位置，清理时于石龟周围及身下发现较厚的灰烬层，灰烬取样经 ^{14}C 测年，校正数据为 1025—1165 cal AD、1028—1184 cal AD。综合龟趺的形制特征及测年数据，可以确定应属于吐蕃时期与建寺有关的石碑龟趺碑座，碑身现已不存。帕巴寺石龟趺碑座的样式是吐蕃王朝时代流行的石碑座样式，过去在西藏地区传世的唐代吐蕃石碑中多有发现，如著名的《唐蕃会盟碑》《赤德松赞墓碑》等石碑都是采用了这种以龟趺为座的石碑底座样式[1]，今西藏曲水县吾香多宫殿建筑遗址内也残存着一件大型的石碑龟趺（图4-13），反映出唐代吐蕃王朝境内这种碑座样式的盛行情况。吐蕃王朝这种龟趺碑座直接摹仿了中原唐碑的式样。帕巴寺新发现的这件石碑龟趺，应是迄今所知在西藏境内发现的距吐蕃腹心区域最远的一处石制龟趺碑座，意义十分重大。首先，它再次为帕巴寺始建于吐蕃王朝时代提供了重要的旁证。其次，

1　国家文物局主编：《中国文物地图集·西藏自治区分册》，北京：文物出版社，2010年，第116—117、126页。

第四章 吐蕃王朝时期"高原丝绸之路"的确立与拓展 187

图4-13 西藏曲水吾香多遗址残存的石龟趺
（作者拍摄）

它说明在唐代吉隆河谷境内所立的石碑既有已经被考古发现证明的用汉字撰写、镌刻的唐代石碑，如《大唐天竺使之铭》，同时很可能还在佛寺前树立过用藏文（或汉、藏双体）撰写、镌刻下来的其他碑刻材料，如果将来能够发现帕巴寺现已佚亡的这通石碑碑体，一定能够从中找到更多的关于这条中尼古道"吉隆道"的历史线索，值得考古工作者开展更为深入细致的调查工作。

此外，前文所述在吉隆强准寺出土大量雕饰莲花瓣的覆盆状石柱础，石柱础环绕大殿规范排列，与之伴出的还有大量具有早期特征的石质建筑残件，这与文献中所载吐蕃时代兴建镇边古寺的历史可相印证。可以与之进行相互比较的可举拉萨市郊噶迥寺内残存的石碑体，除了多块碑刻残段以外，还有大量石柱础、庑殿顶式碑帽残块等露天散落放置，柱础形制与强准寺出土者极为近似（图4-14）。

综上所述，在吉隆河谷内多年来的考古调查工作取得了大量重要的实物证据，有力地证明了唐代初年对于这条史称"新道"的中尼古道的开通和利

图4-14　西藏拉萨市郊噶迥寺石柱础
（作者拍摄）

用，而事实上早在唐代中央王朝正式启用这条新道作为官方通道之前，吐蕃先民们早已开始利用这条与泥婆罗的交通路线进行宗教、文化、经济等多方面的交流活动，为最终在唐代吐蕃时期纳入中原王朝直接管理、利用奠定了基础，意义十分深远。

第四节　藏西汉晋丝绸的发现与西北方向通道

本书所称的"西藏西部"（简称藏西），主要指今西藏自治区阿里地区。这一地区与唐代汉文文献中所记载的"女国""羊同"等吐蕃西陲边地有着密切关联，在藏文文献中则多记载其为古代"象雄"的属地，在前文中已多有论述。由于这一地区扼控着吐蕃通往中亚、南亚的交通要冲，其地理位置十分重要，所以学术界历来都对其十分关注，并从文献上对这一地区的历史地理、族群关系、对外交通等若干问题都做过大量的资料整理与研究工

第四章　吐蕃王朝时期"高原丝绸之路"的确立与拓展　189

作[1]。但是，一个不可回避的问题在于，除文献记载之外，与之有关的、相当于唐代吐蕃时期及其以前的考古实物资料在这一地区却十分匮缺，使我们无法将实物材料和文献记载相互对照。近年来，随着西藏西部地区文物考古工作的不断开展，这种状态正在逐步改善。其中尤其值得注意的，是近年来在象泉河上游噶尔县境内古代墓葬中出土了一批可能是来自汉地的丝织物，当中所包含的大量丰富的历史信息极具研究价值。

一、古代丝织物的发现经过与年代推测

2009年10月，西藏自治区昌都地委副书记程越先生受西藏自治区纪委书记金书波先生委托，给笔者赠送了一本新出版的《中国国家地理》杂志（2009年第9期），上面刊载金书波先生在阿里实地考察后撰写的《寻找象雄故都穹隆银城》一文，正是在这篇文章的附图当中，笔者第一次看到由金书波先生拍摄的一张西藏西部出土的古代丝织物的照片和相关的一些出土文物。这张丝织物照片下面所附的说明文字为："这是2006年，在噶尔县门士乡古如加木寺的大门外发现的古墓葬中出土的丝织物，上面有虎、羊、鸟等对称的图案和'王'、'侯'等小篆字，鸟的身上也有'王'字"[2]。同期刊载的另一张照片为一个木盘上承托着的四件陶器，其说明文字为："图为门士乡古如加木寺门外古墓葬中出土的陶器"[3]。由此可知两个重要的信息：第

---

[1] 涉及西藏西部历史上的羊同、女国、象雄等问题的讨论国内外论著颇丰，恕不能一一列举，仅举出以下各例作为代表：周伟洲：《苏毗与女国》，氏著：《唐代吐蕃与近代西藏史论稿》，北京：中国藏学出版社，2006年，第3—27页；才让太：《古老象雄文明》，《西藏研究》1985年第2期；王小甫：《唐·吐蕃·大食政治关系史》，北京：北京大学出版社，1992年；张云：《上古西藏与波斯文明》，北京：中国藏学出版社，2005年；［日］佐藤長：《チベット歴史地理研究》，東京：岩波書店，1978年；［日］桑山正進編：《慧超往五天竺国伝研究》，京都：京都大学人文科学研究所，1992年；［日］山口瑞鳳：《吐蕃王国成立史研究》，東京：岩波書店，1983年；［日］森安孝夫：《吐蕃の中央アジア進出》，金沢大学文学部編：《金沢大学文学部論集·史学科篇》通号4，1983年，第1—85页；［日］山口瑞鳳：《吐蕃王国成立史研究》，東京：岩波書店，1983年。

[2] 金书波：《寻找象雄故都穹隆银城》，《中国国家地理》2009年第9期，第135页。

[3] 金书波：《寻找象雄故都穹隆银城》，《中国国家地理》2009年第9期，第136页。

一，这座出土丝织物的古墓葬确切的发现地点是在阿里地区象泉河上游噶尔县境内的"古如加木寺"门前；第二，与丝织物同时出土的还有陶器、木器等其他随葬器物。

金书波文中的"古如加木寺"是藏文Gur gyam的译音，其全称为"穹隆古鲁甲寺（Khyung lung gur gyam）"，也译作"古鲁甲寺""故如甲木寺"等（本书中统一采用故如甲木这一译法）。这是西藏阿里境内唯一保存下来的一座本教寺院。此前从阿里地区方志办公室获取的信息也基本相同，称在故如甲木寺门前，某日因汽车碾压导致地面坍塌，暴露出地下的古墓葬，从中出土有成捆的丝织物和其他文物，已被寺中僧人悉数挖出并收藏于该寺。在这座本教寺院的周边地带，已开展过考古调查，发现有古代城堡、暗道、墓葬、列石遗迹、居住遗址、祭祀遗址等古代遗存[1]。这些考古发现足以表明这一区域有着悠久的发展历史，蕴藏着十分丰富的古代文物。因而，综合这些因素来看，这次在故如甲木寺门前发现古代墓葬并出土古代丝织物和其他随葬品，可以说是在偶然性中寓含着必然性。唯一令人感到遗憾的是，此次发现没有经过科学的考古清理，对于墓葬的构造、随葬器物的埋藏方式，尤其是出土丝织物的总体情况我们无从获知，尚有待于今后相关资料的进一步披露才有可能作更为深入的研究探讨，但根据现已公布的这幅丝织物的照片，仍可作出一定的考古学年代推断。

从公布的阿里出土丝织物的照片上观察，这幅丝织物以藏青色和橙黄色双色呈现图案，其构图似可分为三层结构：最下一层为波浪形的曲波纹，类似西方建筑物中的拱形柱廊，每组波浪纹当中各有一对相向而立的对鸟，对鸟身下脚踏着植物纹样，下面有山字形的纹样相衬托，波纹中有四蒂纹显现；第二层为如意树构成几何形的空间，在其间布置以双龙、双凤、双羊

1　霍巍：《西藏西部早期文明的考古学探索》，《西藏研究》2005年第1期。

第四章　吐蕃王朝时期"高原丝绸之路"的确立与拓展　191

等，双龙仅具头部，与两两相从的双凤与双羊头向相反，每组动物纹饰在空白处有四个篆字，经初步释读应为"王侯"及其镜像反字共四字；第三层也为如意树相间隔形成的几何形空间，树之两侧各有一相背而立的狮子，狮子狮口大张，带有三重短羽的双翼，鬃毛上扬（图4-15）。

与之构图和纹饰较为相近的丝织物标本在新疆吐鲁番、青海都兰吐蕃墓葬当中曾有发现，可作为对比资料。新疆吐鲁番阿斯塔那墓地曾出土一方藏青地禽兽纹锦（编号为72TAM177：48-1），是在靛青色地上以酱红、土黄、灰蓝三色显花，图案是以四神和如意树中夹以各种野兽、禽鸟组成，构图方式与阿里出土的这方丝织物有相似之处[1]（图4-16）。

日本学者坂本和子认为，这种装饰图案汲取了汉锦的风格，但更为复杂，可以考虑其是否即为吐鲁番文书中所记载的"故魏锦"之类[2]。我国学者周伟洲也认为吐鲁番出土的这件织物纹饰繁复，"与汉、魏晋以来内地丝绸工艺图案系一脉相承"[3]。赵丰将类似这方织物的构图方式称之为"列堞骨架"，指出此类骨架出现在藏经洞发现的早期敦煌织物中，其特点是"涡卷状的云气纹构成曲波形骨架，每层曲波有直线相连，形成类似西方建筑中的拱形柱廊"。并推测"此类锦就应是隋唐文献中记载的'列堞锦'"[4]。关于这件织物的年代，由于它出土时是穿在墓中男性死者身上的锦袍，墓中伴出刻写有汉字的石墓表，其中有明确纪年"大凉承平十三年"等语。周伟洲根据出土的石墓表和木令等考证死者下葬时间为455年[5]。所以，这件织物的年代下限最晚也不会超过455年。此外，1982至1985年，青海省文物考古研究

1　新疆维吾尔自治区博物馆编：《新疆出土文物》，北京：文物出版社，1975年，图版56。
2　［日］シルクロード学研究センター編：《トルファン地域と出土絹織物》，《シルクロード学研究》Vol.8，2000年，第117页。
3　周伟洲：《试论吐鲁番阿斯塔那且渠封戴墓出土文物》，《考古与文物》1980年第1期。
4　赵丰主编：《敦煌丝绸与丝绸之路》，北京：中华书局，2009年，第104页。
5　周伟洲：《试论吐鲁番阿斯塔那且渠封戴墓出土文物》，《考古与文物》1980年第1期。

图4-15 西藏阿里出土的带有汉字的丝绸
(采自金书波:《寻找象雄故都穹隆银城》,《中国国家地理》2009年第9期,第134页)

第四章 吐蕃王朝时期"高原丝绸之路"的确立与拓展　193

图4-16　新疆吐鲁番阿斯塔那墓地出土丝绸
（作者拍摄）

所在青海省都兰县发掘了一批唐代墓葬，墓葬中出土了大量丝绸文物[1]。其中在都兰热水血渭一号大墓中出土的一件对鸟纹锦采用小花为联纽，形成对波纹骨架排列，各骨架内均填以对鸟纹，对鸟的造型风格与阿里新出土的这件丝织品上的对鸟纹相似，对鸟双脚下也踏着植物纹样（编号为M1∶S36）[2]（图4-17）。

关于都兰热水一号大墓中出土丝织物的年代，许新国、赵丰将其大体上分为四期，即第一期为北朝晚期，时间约相当于6世纪中叶；第二期为隋代前期，约在6世纪末到7世纪初；第三期为初唐时期，约相当于7世纪初到7世纪

---

[1] 有关情况参见许新国、赵丰：《都兰出土丝织品初探》，《中国历史博物馆馆刊》（15—16），1991年。

[2] Schorta Regula, *Central Asian Textiles and Their Contexts in the Early Middle Ages*, Riggisberg: Abegg-Stiftung, 2006, fig.226.

图4-17　青海都兰热水血渭一号大墓出土的对鸟纹锦
（采自Schorta Regula, *Central Asian Textiles and Their Contexts in the Early Middle Ages*, Riggisberg: Abegg-Stiftung, 2006, fig. 226）

中叶；第四期为盛唐时期，约为7世纪末至开元天宝时期。他们同时还指出，丝织物构图发生的最为明显的转折期是在第一、二期到三、四期之间，即北朝晚期、隋代的丝织物主要流行骨架式排列，到初唐时期虽然还保存着骨架式排列的图案，但团窠式的图案排列方式开始占据主导地位[1]。按照这一规律同时参照前述新疆吐鲁番阿斯塔那墓地出土丝织物的情况来看[2]，他们将都兰热水血渭一号大墓这件对鸟纹锦的年代大致比定在6世纪中叶至7世纪初期这一范围内。

综上所述，可以归纳出以下认识：第一，阿里新出土的这方丝织物是出土于一座伴出有陶器、木器的古代墓葬当中，出土地点可以确认是位于今西藏西部象泉河上游噶尔县境内的本教寺院故如甲木门前；第二，故如甲木是迄今为止西藏西部地区唯一保存流传下来的本教寺院，在其周围曾经调查发现过包括古墓葬在内的大量文物古迹，所以在这里发现古墓葬并出土丝织物并非偶然，应是同一时期的遗存；第三，在没有其他可供断代的出土器物加以参照的情况下，我们参考新疆、青海、敦煌等地出土丝织物的年代，可将阿里新发现的这方丝织物大致比定在北朝至初唐时期。

二、唐初的"羊同"（象雄）

西藏西部新出土的这方丝织物上织有"王侯"等汉字，结合吐蕃当时的生产状况来看，可以基本上排除其为本地织造的可能性[3]，只能是从汉地输入的高级奢侈品。在丝织物上织有汉字"王""胡王"等字样，这样的遗物曾经也发现于吐鲁番阿斯塔那墓地，该墓地隋代墓中出土的胡王牵骆驼锦上

1　许新国、赵丰：《都兰出土丝织品初探》，《中国历史博物馆馆刊》（15—16），1991年。
2　赵丰主编：《敦煌丝绸与丝绸之路》，北京：中华书局，2009年，第103—104页。
3　据王尧考证认为，吐蕃人始终没有学会种桑养蚕和缫丝织绸的技术，一直依靠唐廷馈赠、贸易或通过战争手段去掠夺这种纺织品。参见王尧：《吐蕃文化》，长春：吉林教育出版社，1989年，第199—200页。

便织有"胡王"两个汉字[1],这种做法被认为是当时人们印象中的"胡地风情"[2]。西藏出土的这方丝织物上也织出汉字,含义或许也与之相同。"王侯"与"胡王"寓意相同,应泛指西藏西部高等级贵族或部族首领。如果再进一步联系到西藏西部特殊的历史背景来考虑,还让人不能不联想到唐初曾经与吐蕃一度称雄于青藏高原的另一个强大的部落联盟——汉文文献中所记载的"羊同"或藏文文献中所称的"象雄"。这些部族的首领,或许便是丝绸中的"王侯"。

关于"羊同",在《通典》《唐会要》《太平御览》等唐宋典籍中多有记载,可分为大羊同、小羊同。如《通典》六"大羊同"条下载:

> 大羊同,东接吐蕃,西接小羊同,北直于阗。东西千余里,胜兵八九万人。其人辫发毡裘,畜牧为业。地多风雪,冰厚丈余,所出物产,颇同蕃俗。无文字,但刻木结绳而已。刑法严峻。其酋豪死,抉去其脑,实以珠玉,剖其五脏,易以黄金,假造金鼻银齿,以人为殉,卜以吉辰,藏诸岩穴,他人莫知其所,多杀牦牛羊马,以充祭祀,葬毕服除。其王姓姜葛,有四大臣分掌国事。自古未通,大唐贞观十五年,遣使来朝[3]。

唐代僧人道宣所著《释迦方志》卷上《遗迹篇第四》记载婆罗吸补罗(北印度)"国北大雪山有苏伐剌拏瞿呾罗国,(言金氏也。)出上黄金,东西地长,即东女国,非印度摄,又即名大羊同国,东接土蕃,西接三波诃,北接于阗。其国世以女为王,夫亦为王,不知国政。男夫征伐种田而

---

1 新疆文物事业管理局、新疆博物馆、新疆文物考古研究所等:《新疆维吾尔自治区丝路考古珍品》,上海:上海译文出版社,1998年,第130页。
2 赵丰主编:《敦煌丝绸与丝绸之路》,北京:中华书局,2009年,第220页。
3 (唐)杜佑撰,王文锦、王永兴、刘俊文等点校:《通典》卷190《边防六》,北京:中华书局,1988年,第5177—5178页。

已"[1]。道宣这里将苏伐剌拏瞿呾罗国比定为"东女国"和"大羊同国",亦称为"金氏",但应当注意到他在叙述该国方位时,与《通典》相比较,《通典》中"东接吐蕃,西接小羊同,北直于阗"一句在《释迦方志》中作"东接吐蕃,西接三波诃,北接于阗",这与唐玄奘《大唐西域记》卷4"婆罗吸摩补罗国"条下所载"苏伐剌拏瞿呾罗国(唐言金氏)"的方位完全一致。道宣与玄奘为同时代人,他们所记载的大羊同国的方位,东接吐蕃、北直于阗是十分清楚的,唯其西所临是"小羊同"还是"三波诃"则在唐代史料记载中各有不同,过去学术界对于大、小羊同之间的位置关系也由此颇存争议[2]。1990年6月,考古调查队在西藏自治区吉隆县中尼边境山口发现了由唐代使节王玄策使团于唐代显庆年间所镌刻的《大唐天竺使之铭》摩崖石刻,石刻文字中明确记载王玄策使团"……季(年)夏五月,届于小杨童(同)之西",由此考古实物资料考证,唐代文献中所载的"小羊同(也作小杨童)"的地理方位应当是在大羊同之东南,而并非是在其西面,大体说来,应当即在包括吉隆在内的今西藏自治区日喀则地区一带,《通典》的记载显然有误[3]。如此说成立,则多年来悬而未解的大羊同的地理方位也随之可以结案,它只能是在与今日喀则地区(小羊同)紧相毗邻的阿里地区。过去虽然也曾有不少学者提出过相同意见[4],但始终无法从文献和考古两方面加以确证,新发现的考古材料无疑将支持这一观点的成立。

1　(唐)道宣著,范祥雍点校:《释迦方志》卷上《遗迹篇第四》,北京:中华书局,1983年,第37页。
2　国内外学术界对汉文史料中大、小羊同地理位置的讨论多存争议,可参见张云:《上古西藏与波斯文明》一书第82—83页所作评述(张云:《上古西藏与波斯文明》,北京:中国藏学出版社,2005年)。
3　霍巍:《〈大唐天竺使出铭〉及其相关问题的研究》,《東方学報》第66册,1994年;霍巍:《从新出唐代碑铭论"羊同"与"女国"之地望》,《民族研究》1996年第1期。
4　如王小甫认为:"我们可以肯定地说,汉文史料中的女国/大羊同就是指的西藏高原西北部包括今天阿里地区北部和拉达克在内的这片地区,即藏文史料中的Zhang zhung stod",他还认为《通典》中"西接小羊同"一句是明显的错误记载。参见其所著《唐·吐蕃·大食政治关系史》,北京:北京大学出版社,1992年,第24页。

还可以提供的佐证材料是，比玄奘和道宣年代稍晚的唐代新罗僧人慧超（也作惠超）曾在巡游天竺之后撰有《往五天竺国传》一书，书中记载："又一月程过雪山，东有一小国，名苏跋那具怛罗，属土蕃国所管，衣著共北天相似，言音即别。土地极寒也"，同传还记载："又迦叶弥罗国东北，隔山十五日程，即是大勃律国、杨同国、娑播慈国，此三国并属吐蕃所管，衣著言音人风并别"[1]。慧超所记载的"杨同"亦即"羊同"，而大勃律一般认为在今巴尔蒂斯坦（Baltistan），日本学者山口瑞凤考证"娑播慈国"可能即为今与西藏西部相毗邻的拉达克、列城以西的"Sa spo rtse"[2]，但王小甫认为娑播慈（三波诃）更有可能是在"Lahul北面今属印控克什米尔的Zanga dkar地区，它正在拉达克西南偏南并与之毗连"[3]。姑且将两说的细微差别略而不论，中外学者均将其比定在西藏西部的克什米尔、拉达克一带则是不成问题的。那么，杨同（羊同）既然与之相邻近，其地理方位又在迦叶弥罗国东北，所以由此推知其位置也理应是在西藏西部的阿里地区。虽然慧超记载的情况是吐蕃吞并羊同之后的情形，但反过来也可以证明羊同的地理方位在被兼并入吐蕃前后并无太大变化。

唐代史料当中的羊同（女国），目前学术界一般认为也就是藏语中的象雄。如张毅曾论述说："杨同，两《唐书》作羊同，即藏语中的象雄。……羊同在日喀则以西，直至阿里的广大区域内，人口也相当众多。它在吐蕃的十二小邦中名列第一。苯教古代传说中把吐谷浑、党项、苏毗、羊同列为内四族，孟族、突厥、吐蕃、汉族列为外四族。这说明吐蕃兴起之先羊同在古代西藏的重要性。羊同不仅人口众多，藏文有所谓'一切象雄部落'之称，又处于西藏西部的高峻地带，与后藏仅有玛法木湖一水之隔，对吐蕃有居高

---

1 （唐）慧超原著，张毅笺释：《往五天竺国传笺释》，北京：中华书局，2000年，第51、64页。
2 ［日］山口瑞鳳：《吐蕃王国成立史研究》，東京：岩波書店，1983年，第239頁。
3 王小甫：《唐·吐蕃·大食政治关系史》，北京：北京大学出版社，1992年，第23—24页。

第四章　吐蕃王朝时期"高原丝绸之路"的确立与拓展　199

临下之势。吐蕃兴起向外扩张时，为了除去后顾之忧，首先就征服羊同"[1]。羊同被吐蕃征服之事在《敦煌本吐蕃历史文书》P.T.1228"大事记年"中有明确记载："此后三年，墀松赞赞普之世，灭'李聂秀'，将一切象雄部落均收于治下，列为编氓"[2]，张毅认为此处的"此后三年"即641—643年[3]。象雄为吐蕃所灭的事件在汉文史料中也有相同的记载，如《唐会要》卷99"大羊同"条下载："（大羊同）贞观五年（631年）十二月，朝贡使至。十五年（641年），闻中国威仪之盛，乃遣使朝贡。太宗嘉其远来，以礼答慰焉。至贞观末为吐蕃所灭，分其部众，散至隙地"[4]。可见藏文文献中所说的"一切象雄部落"，就是包括大、小羊同在内的西藏西部大大小小的部落。

从以上文献资料可知，唐初的西藏西部主要被羊同（象雄）所控，贞观末年以后才被吐蕃所兼并。羊同王侯曾不远千里向唐王朝遣使朝贡，并且得到唐朝皇帝的嘉赏。联系到这些史料记载来看，在阿里出土的这件带有"王侯"汉字的丝织物，上面我们已经考订其年代是在隋至初唐，其时正值羊同为吐蕃吞灭之前的强盛时期，所以，它或有可能即为来自汉地的赏赐之物。所谓"王侯"是否即指羊同的部落联盟首领也很令人深思，因为既然"羊同"是汉地对西藏西部"象雄"的称谓，那么我们将丝绸上出现的"王侯"字样理解为"羊同之王"似乎也并无不可。

如前所述，这件古代丝织物出土在故如甲木门前，还有其不容忽视的历史背景，因为在这座寺院的周边曾经发现过与这件丝织物有着密切关联的大量古代遗存，我们有必要将这些重要的线索结合起来加以考虑。

首先，我们已经指出故如甲木是西藏西部迄今为止唯一得以保存下来的本教寺院，现存的寺院建筑虽为新建，但在寺院后面的山岭上遗有若干洞窟

1　（唐）慧超原著，张毅笺释：《往五天竺国传笺释》，北京：中华书局，2000年，第66页。
2　王尧、陈践译注：《敦煌本吐蕃历史文书》（增订本），北京：民族出版社，1992年，第145页。
3　（唐）慧超原著，张毅笺释：《往五天竺国传笺释》，北京：中华书局，2000年，第66页。
4　（宋）王溥：《唐会要》卷99，上海：上海古籍出版社，2006年，第2100—2101页。

遗址，寺中本教高僧至今仍在窟中修行，并自称此窟系本教先师所建，年代可以上溯到古象雄时期[1]。西藏的早期本教是佛教传入吐蕃之前的本土宗教之一，而西藏西部的象雄在藏文文献中则多认为是本教的发源地之一[2]。意大利著名学者杜齐认为："苯教传说中本身就含有暗示其最著名的大师及其教理的编纂者们各自出身地的内容，如勃律（吉尔吉特）及其附近地区和象雄"[3]。故如甲木寺被视为象雄时期的本教祖寺，其渊源如此久远，地位也非同一般。

其次，从丝织物和随葬品出土情况来看，现今故如甲木寺址所在地原应为古代的墓葬区，建寺肯定是后来晚近之事，早期寺院遗址很可能是在其附近地区。2004年，曾在故如甲木西面和南面的山谷中考古调查发现一处大型遗址，当地藏族群众和故如甲木僧人称其为"穹隆·俄卡尔（Khyung lung dngul mkhar）"，或"穹隆·卡尔东（Khyung lung mkhar bdong）"，并认为其在藏语中的含义即"穹隆银城"[4]。有学者将这个遗址按照地名命名为卡尔东遗址[5]，又因遗址所在地有三条河流相汇合，所以也有学者将其命名为"曲松多遗址"[6]。在遗址中不仅发现有石砌的房屋建筑遗址、祭坛、通向山下的暗道、石块与土砖混合砌成的城墙，还出土有石磨盘、石磨杵、铁三角、铁甲片、铁箭镞、羊距骨等大量遗物，在石祭坛中出土了一件双面裸身铜人像（编号为04KLAS66），造型奇异，五官粗犷，面容狰狞，学者判断其属于非佛教系统的造像，很可能与早期本教造像有关，并在一定程度上受

1　此系笔者2004年6—7月在阿里的考古调查资料。

2　［意］图齐、［西德］海西希著，耿昇译，王尧校订：《西藏和蒙古的宗教》，天津：天津古籍出版社，1989年，第265—280页。

3　［意］图齐、［西德］海西希著，耿昇译，王尧校订：《西藏和蒙古的宗教》，天津：天津古籍出版社，1989年，第266页。

4　为笔者提供这一看法的主要为现故如甲寺本教住持格龙丹增旺扎。

5　夏格旺堆、普智：《西藏考古工作40年》，《中国藏学》2005年第3期。

6　藏语"曲松多"意即三条河流相汇之处，笔者在本书中也暂时用这个名称来指来这处新发现的古遗址和古墓葬。

到印度湿婆教系统神像风格的影响[1]。

　　最后，在此处遗址的南、北和西南部还发现等级不同的墓葬群，按墓葬的规模划分，当中既有规模巨大的大型积石墓，也有形制较小的积石墓。其中尤其以编号为M2的一座积石墓体量最为宏大，该墓全部采用天然砾石人工垒砌，砾石之间可能采用泥土作为黏合剂，大体上可分为石基础及墓丘两个部分。石基础形制呈长方形，长62、宽17.3米，逐层向上收分，形如梯形。在石基础之上再垒砌墓丘，因早年盗掘破坏严重，墓丘已基本不存，并形成向下的巨大盗坑。墓葬现存高度3—6米。在该墓的西部（背面）位置，发现有石砌成的门道样遗迹，此外还用砾石砌建有三座圆形或近圆形的石台，推测后者的用途可能属于祭台或祭坛一类建筑。编号为M1的另一座积石墓体积次于M2，但也基本上可以归入大型积石墓。此墓平面形制呈梯形，顶边长28、底边长24米，两腰分别长31和31.5米。垒砌方式与M2相同，也采用天然砾石层层收分叠砌成墓葬基础，其上再砌墓丘，墓丘现亦被盗掘破坏，形成四个巨大的盗坑。墓葬现残存高度2—5米。如此规模的大型墓葬，在西藏腹心地带均属吐蕃王陵和贵族等级的墓葬，所以由此可以类推这些大型石丘墓的等级也应当属于王陵和贵族级别。另外，在遗址内也发现有数量众多的小型积石墓和石板墓，主要集中分布于遗址的南部，成群分布，多呈东南—西北方向排列，墓葬多为边长1.3米×1.5米，采用砾石砌出边框，其残存于地表部分的石框基本与地表平齐。这些迹象都足以表明墓地的使用年代久远，并且经过周密规划布局，很可能按照不同等级划分茔区[2]。

　　虽然目前该处遗址的考古发掘工作还没有全面展开，所掌握的资料还主

---

[1] 霍巍：《西藏西部象泉河流域穹隆遗址的考古调查》，中国藏学研究中心、奥地利维也纳大学编：《西部西藏的文化历史——来自中国藏学研究机构和维也纳大学的最新研究》，北京：中国藏学出版社，2008年，图11。

[2] 霍巍：《西藏西部象泉河流域穹隆遗址的考古调查》，中国藏学研究中心、奥地利维也纳大学编：《西部西藏的文化历史——来自中国藏学研究机构和维也纳大学的最新研究》，北京：中国藏学出版社，2008年，第26页。

要限于地面调查所获取的信息,对遗址的性质、年代等诸多问题的研究还在逐步展开,但综合以上各点,我们已经能够初步判断这处与故如甲木寺共处一地的大型遗址与墓葬区是西藏西部一处具有较高规模与等级且文化内涵丰富的古代遗存,本书所讨论的这件丝织物在这里被发现出土,虽然只不过是沧海一粟,但却透露出一个明确无误的信号,表明此处遗址和墓葬的年代上限很可能可以上溯至隋至初唐时期,并与古代象雄文明有着密切联系。

这里,还有必要讨论一个十分值得注意的文化现象,故如甲木寺的僧人和当地藏族群众都坚称这一带是古代象雄国都"穹隆银城"的所在地,而从地名上来看,无论是"穹隆古鲁甲(Khyung lung gur gyam)"还是"穹隆·俄卡尔(Khyung lung dngul mkhar)"的确在藏文中都具有"穹隆银城""穹隆城堡"的含义在内,这究竟只是一种民间的口碑传说,还是具有一定的历史真实性?目前虽然我们还无法作出最终判断,但对所谓"穹隆银城"或"穹隆城堡"在藏文文献中所记载的大体位置却值得加以研究探讨。

按照藏文史料的记载,象雄地域十分辽阔,对其势力范围所及之处历来有不同的认识。一种观点认为,象雄可分为上、中、下三区:上区为冈底斯山以西地区,包括波斯、拉达克和巴拉帝一带,以传说中的"穹隆银城"为其统治中心;中区为冈底斯山以东地区,包括今阿里东部和那曲地区西部地区,以当惹穹宗为其统治中心;下区为琼波六峰山为中心的东部地区,包括今天的那曲东北部,也称之为"松巴基木雪"[1]。而一些后期的本教文献则认为象雄可以分为里象雄、中象雄、外象雄,其中里象雄据称是位于"冈底斯山西面三个月路程之外的波斯、巴达先、巴拉一带";中象雄据称是以"穹隆银城"为中心,是象雄王国的都城所在地,这里有许多本教大师的修行岩洞;外象雄的地理范围相当广阔,据称包括"三十九个部族和北嘉

---

[1] 顿珠拉杰:《西藏西北部地区象雄文化遗迹考察报告》,《西藏研究》2003年第3期。

二十五族",其中心区域为"穹保六峰山",可能是指今天广阔的羌塘高原北部地区[1]。藏族学者才让太依据本教文献《世界地理概说》大致勾勒出象雄的地理范围为:

> 象雄最西端是大小勃律(吉尔吉特),即今克什米尔。从勃律向东南方向沿着喜马拉雅山脉延伸,包括今印度和尼泊尔的一少部分领土。北邻葱岭、和田、包括羌塘。但东面的边界就不太清楚。如果按照佛教文献记载,东面只限于与吐蕃和苏毗接壤,则象雄的疆域就不包括多康地区[2]。

从上面这些论述中可见,历史上象雄的疆域虽然十分辽阔,但其中一个重要的主体部分是在今天西藏西部地区是可以肯定的。尤其是文献记载中提及的"穹隆银城"或者"穹隆城堡",有更为明确的记载认为其是在距离冈底斯山不远的地方。如朵桑旦贝《世界地理概说》中记载:"中象雄在冈底斯山西面一天的路程之外。那里有詹巴南夸(Dran pa nam mchar)的修炼地隆银城(Khyung lung dngul mkhar),这还是象雄王国的都城。这片土地曾经为象雄十八位国王统治"[3]。而在敦煌古藏文文书P.T.1287号文书"赞普传记"中,提到松赞干布时与象雄联姻,将其妹赞蒙赛玛噶嫁给象雄王李迷夏为妃,而赞蒙赛玛噶所居地名也正是"穹隆堡塞(Khyung lung)"[4]。现代学者中有人将这座城堡具体位置比定在阿里境内札达县和普兰县之间的"炯隆"(按:即"穹隆"的另一译法)[5]。如法国著名藏学家石泰安也认为:

---

1 朵桑旦贝:《世界地理概说》,转引自才让太:《古老象雄文明》,《西藏研究》1985年第2期。
2 才让太:《古老象雄文明》,《西藏研究》1985年第2期。
3 转引自才让太:《古老象雄文明》,《西藏研究》1985年第2期。
4 王尧、陈践译注:《敦煌本吐蕃历史文书》(增订本),北京:民族出版社,1992年,第167—169页。
5 如张云认为,穹隆银堡古今同名,其地名至今犹存,"这就是位于北纬31度04分、东经80度33分的阿里札达县炯隆(一作曲龙)乡炯隆村一带地区。可见,此时的象雄王国都城,就在今阿里地区札达县和普兰县之间的炯隆(曲龙)地方,也即象泉河(朗钦藏布)上游地区"。他还指出:"关于象雄的王宫所在,学术界比较一致的看法是在今阿里札达县的曲龙地方。霍夫曼《西藏苯教》等即持此观点"。参见其《上古西藏与波斯文明》,北京:中国藏学出版社,2005年,第87—93页。

吐蕃人后来在更靠西部的地方发现了一个显然是由异族人居住的地区，即象雄，其首府就是琼垒。象雄国包括冈底斯山和码法木错湖。……象雄国曾起过重要的作用，因为西藏传说把那里说成是吐蕃苯教的发源地，吐蕃人在接受佛教之前曾信仰过此教。由于其地理位置的原因，象雄肯定是向印度开放的，或是通过尼泊尔，或是通过克什米尔和拉达克。印度人认为冈底斯山是一座神山，所以经常前往那里朝圣进香。我无法考证他们是从什么时候起开始崇仰这一圣山的，但似乎可以追溯到象雄尚未成为吐蕃疆土组成部分的时候[1]。

石泰安还提及，在近代拉达克青年的对唱歌词中仍有提及象雄古城的："……既然你们于昨天来，来到了城堡、琼珑·俄喀尔、卓木·亚东城和玛象·支布喀，这就是三种城堡"[2]。歌词中所提及的"琼珑·俄喀尔"，正是藏语"穹隆银城（Khyung lung dngul mkhar）"的音译，可见在冈底斯山附近这座象雄古城的名称一直流传至近现代。

上述文献材料反映的情况与新调查发现于噶尔县象泉河上游的这处大型古代遗址在地望上似乎有某些吻合之处。笔者推测历史上的"穹隆银城"，很可能是由一个规模宏大的遗址群构成，而其中曲松多遗址"穹隆·俄卡尔"正好位于冈底斯山之西面，两者相距也在80千米左右，正好是古代骑马一两天的路程。站在穹隆·俄卡尔山顶，可以遥遥望见冰雪覆盖的冈底斯山峰。遗址内发现的可能属于祭坛一类的遗迹也都正对冈底斯山主峰。这些迹象似乎暗示着一个事实：这处被称为"穹隆俄卡尔"的古遗址，是否有可能是文献记载相同名的古象雄都城的某一组成部分或是某个时期的象雄都城？如果我们联系到在遗址中发现的古城墙残体、古暗道和城下分布的巨大的石

1　[法]石泰安著，耿升译：《西藏的文明》，北京：中国藏学出版社，2012年，第20页。
2　[法]石泰安著，耿升译：《西藏的文明》，北京：中国藏学出版社，2012年，第220页。

丘墓葬等考古遗迹现象，再将故如甲木寺门前新出土的这件古代丝织物上"王侯"汉字从字面上理解为古代的"羊同"也就是"象雄"之王，那么，这种可能性似乎又向前推进了一步。

三、唐初经吐蕃通印度、西域之西北道

本节将要讨论的最后一个问题，是这件来自汉地的丝织物有可能是通过何种路径传到西藏西部的。从这件丝织物伴出的其他随葬器物来看，陶器的形制和承托陶器的木盘与新疆、敦煌一带唐墓中所出的同类器物较为相似，加之两地在地理位置上相对接近，所以笔者认为受到西域文化的影响可能性较大。从历史上看，吐蕃人也时常从西域一带获得唐代的丝织物品。如《敦煌本吐蕃历史文书》记载："墀德祖赞赞普之时……攻陷唐之瓜州等城堡。彼时，唐朝国威远震，北境突厥等亦归聚于唐，（西）直至于大食国以下均为廷辖土，唐地财富丰饶，于西部（上）各地聚集之财宝贮之于瓜州者，均在吐蕃攻陷之后截获，是故，赞普得以获大量财物，民庶、黔首普遍均能穿着唐人上好绢帛矣！"又"及至虎年，……以唐人岁输之绢缯分赐各地千户长以上官员"[1]。史料记载吐蕃占领敦煌之后，还将当地汉人集中起来编成一个专门从事丝绵生产的部落，称之为"丝绵部落"[2]。所以，汉地的丝织物通过传统意义上的西域再传到西藏的可能性是很大的。过去也曾在西藏、青海等地发现过一些吐蕃时期的丝织物[3]，但汉地丝织物在西藏西部却是第一次出土，其传入的路径我们或许可以放在一个更为广阔的历史视野当中来加以考察，其中尤其是唐初经由吐蕃去往印度的交通道路的拓展，很可能为汉地丝织物传入西藏西部的羊同（象雄）也提供了前所未有的便利条件。

---

    1 王尧、陈践译注：《敦煌本吐蕃历史文书》（增订本），北京：民族出版社，1992年，第166、156页。
    2 姜伯勤：《敦煌吐鲁番文书与丝绸之路》，北京：文物出版社，1994年，第208—209页。
    3 参见霍巍：《一批流散海外的吐蕃文物的初步考察》，《故宫博物院院刊》2007年第5期。

众所周知，唐初中印交通间一个最大的变化，是新开辟了由吐蕃通往泥婆罗—印度（北天竺）的新路线，如季羡林所言："在中印交通的道路方面，从初唐起开辟了一个新阶段。……陆路还有一条道路，就是经过西藏、尼泊尔到印度去。这一条路过去走的人非常少。到了初唐义净时代，走这一条路的和尚也多了起来，这主要是由于政治方面的原因。文成公主嫁到西藏去，一方面把中国内地的文化带到了西藏，加强了汉藏两个民族的互相学习，互相了解。另一方面，又给到印度去留学的和尚创造了条件。……初唐中印交通的另一个特点：走西藏、尼泊尔路，这在《大唐西域求法高僧传》里有足够的例证可以说明"[1]。关于这条路线的具体走向，在唐初僧人道宣《释迦方志·遗迹篇》中首次有比较详细的记载，范祥雍曾评价说："《遗迹篇》首揭示唐朝往印度者有三道，其中从河州通吐蕃（今西藏）一道至尼波罗国（今尼泊尔国）的路线，这是《西域记》所无的，连两《唐书》及同时代他书都未曾提到，对于研究唐代中西交通史很为重要"[2]。过去对于这条从吐蕃首府逻些（今拉萨）经由吐蕃西南到泥婆罗的具体出土口并不十分清楚，随着中尼边境吉隆县（吐蕃时代称为芒域）《大唐天竺使之铭》的调查发现，可以确认这条路线在吐蕃境内的大体走向和出山口是充分利用了吐蕃开国后从逻些到芒域的"蕃尼道"加以改造形成的。若以拉萨作为起始点计，或可称其为由吐蕃通往印度的"西南道"[3]。

但是，唐初经吐蕃通往印度并不仅仅只限于这条"西南道"，似乎还有一条从吐蕃西部通往印度的"西北道"存在。王邦维最早观察并提出这一问题，他从玄照去印度的路线看出："玄照经土蕃到北印度，而不言经泥波罗，似与此有别。看来土蕃确有两条到印度的路线：一经泥波罗到中印度，

---

1 季羡林：《玄奘与〈大唐西域记〉——校注〈大唐西域记〉前言》，（唐）玄奘、辩机原著，季羡林等校注：《大唐西域记校注》，北京：中华书局，1985年，第101页。
2 （唐）道宣著，范祥雍点校：《释迦方志·序》，北京：中华书局，1983年，第2页。
3 霍巍：《〈大唐天竺使出銘〉及其相関問題的研究》，《東方学報》第66册，1994年。

第四章 吐蕃王朝时期"高原丝绸之路"的确立与拓展 207

此道最捷；一西北行到北印度，此道多不为人所知"[1]。笔者认为，这条"西北道"必经西藏西部无疑，这件新出土的丝织物很有可能也正是经过这条"西北道"传入到西藏西部。过去人们多围绕贞观末年僧人玄照往天竺求法曾行经吐蕃的路线展开讨论，我们不妨也先从文献记载的玄照行程入手。据义净《大唐西域求法高僧传》记载：

> 沙门玄照法师者，太州仙掌人也。……以贞观年中，乃于大兴善寺玄证师处初学梵语。于是杖锡西迈，挂想祇园。背金府而出流沙，践铁门而登雪岭。漱香池以结念，毕契四弘；陟葱阜而翘心，誓度三有。途经速利，过睹货罗，远跨胡疆，到土蕃国。蒙文成公主送往北天，渐向阇阑陀国。……经于四载。蒙国王钦重，留之供养。……后因唐使王玄策归乡，表奏言其实德，遂蒙降敕旨，重诣西天，追玄照入京。路次泥波罗国，蒙国王发遣，送至土蕃。重见文成公主，深致礼遇，资给归唐。于是巡涉西蕃，而至东夏。以九月而辞苫部，正月便到洛阳，五月之间，途经万里[2]。

从上面这段文字加以分析，玄照曾两度途经吐蕃（义净原文中作土蕃），去时的行程是背金府，出流沙，践铁门，登雪岭，途经速利，过吐火罗，"远跨胡疆，到土蕃国"，然后蒙文成公主送往北天，"渐向阇阑陀国"。这段文字据王邦维考订，"速利"又译作窣利，东晋时译作修利，地在昭武九姓国之内，约当今中亚吉尔吉斯斯坦、乌兹别克斯坦一带。所谓"胡疆"，"应是指印度西北边疆以外的中亚诸小国"。"阇阑陀国"又译作阇兰达罗、阇兰达那、阇兰达等，也是北印度小国，其地约当今印度旁遮

---

[1] （唐）义净原著，王邦维校注：《大唐西域求法高僧传校注》卷上，北京：中华书局，1988年，第43页。

[2] （唐）义净原著，王邦维校注：《大唐西域求法高僧传校注》卷上，北京：中华书局，1988年，第9—10页。

普邦贾朗达尔[1]。这样看来，玄照是循着传统的"丝绸之路"从河西走廊去往中亚吐火罗，再经由中亚今阿富汗北部一带进入到吐蕃境内，然后又从吐蕃到了北印度。玄照的归程看来则是经由泥婆罗国，由泥婆国国王发遣送至吐蕃，重见文成公主之后方"巡涉西蕃，而至东夏"。

上记玄照所行经吐蕃的路线，最使人费解之处是他的去程。王邦维曾评说"玄照此段行程，颇有难解之处。……（玄照）远跨胡疆，则已到达今中亚阿富汗北部一带，理应更向南行，即入北印度。但此处却说是'到土蕃国'，然后又'蒙文成公主送往北天'，迂回若是"[2]。对此日本学者森安孝夫也曾作出推测，认为"玄照要去的是印度，但却不取从帕米尔直接南下的自古以来的常道，而是特意经由吐蕃，或许是由于当时吐蕃的威令行于帕米尔地区，出于寻求吐蕃保护得以安全的缘故，或者是因为玄照是热心的佛教信徒，因而受到文成公主的邀请，但即使如此，如果吐蕃势力未能达及帕米尔地区，文成公主派出的使者也不可能顺利地在此与玄照取得联系"[3]。王小甫不同意森安孝夫的意见，认为"玄照已过吐火罗，将至北天竺（今印度北部旁遮普邦一带），却舍近求远，反而又到了吐蕃，此行确实蹊跷！从来经行如玄照者亦仅此一人。倘若欲求保护而吐蕃威令已行于帕米尔，何必再深入吐蕃去找文成公主送往北天（竺）？显然，情况并非如森安所想。玄照一定是过吐火罗以后正遇上天竺国内发生非常事件，他是不得已才绕道去吐蕃的。从玄照西行在文成公主出嫁以后和王玄策归乡以前来看，他遇到的很可能就是贞观二十二年（648）王玄策使中天竺所遇到的天竺国内乱"[4]。这桩

---

1 （唐）义净原著，王邦维校注：《大唐西域求法高僧传校注》卷上，北京：中华书局，1988年，第17—20页。

2 （唐）义净原著，王邦维校注：《大唐西域求法高僧传校注》卷上，北京：中华书局，1988年，第19页。

3 ［日］森安孝夫：《吐蕃の中央アジア進出》，金沢大学文学部編：《金沢大学文学部論集·史学科篇》通号4，1983年，第1—85頁。

4 王小甫：《唐·吐蕃·大食政治关系史》，北京：北京大学出版社，1992年，第41页。

历史悬案目前看来还很难找到比较能够令人信服的答案,相比较而言,笔者较为赞同王小甫的意见,玄照原来预定的路线应是传统的经西域去印度的路线,并且行程已经抵近目的地,很可能由于某种突发原因(或人为的或自然的)才不得不改变路线,绕行吐蕃去北印度。然而这当中有一点却是不能否认的,那就是吐蕃西部的确存在着一条可以通往北印度的路线,虽然这条路线比较传统的丝绸之路而言可能较为艰险,但也并非鲜为人知,尤其是吐蕃在兼并羊同(象雄)之后,这条路线很可能已经成为吐蕃人经常利用的进入西域、印度和中亚一带的常行之道,所以文成公主派出的使者才可能利用这条路线将玄照平安地护送到"北天"(北天竺)。那么,这条由吐蕃通往印度的"西北道"大体的走向又如何呢?

王邦维曾经作出过一个推测,他认为玄照此行"从土蕃往北天,似乎也未取道泥波罗,而是直接到阇阑陀国。如此玄照则只能沿今西藏西南部冈底斯山与喜马拉雅山之间,雅鲁藏布江上游马泉河河谷西北行,即略当于今新藏公路南段的路线,然后顺萨特累季河上游河谷入北印度"[1]。应当说王邦维的判断是基本正确的,玄照的去程显然没有再深入吐蕃西南东取泥婆罗道,而只有可能是从吐蕃西北的羊同(象雄)出境去往北天。至于具体的路线则很可能不止一条,根据考古工作者多年来在西藏西部的实际工作,可以考虑多种可能性:其一,是沿阿里境内西南部的象泉河(朗钦藏布)向西北行,从今札达县什布奇等山口出境进入萨特累季河上游的斯瓦特河谷,再入北印度;其二,可由阿里境内西部的马泉河(噶尔藏布)、狮泉河(森格藏布)进入印度河上游,从今噶尔县进入克什米尔境内,再入北印度;其三,还可以从阿里最北面的日土(旧译日鲁多)沿今新藏公路进入到新疆境内,从红其拉甫大阪进入到巴基斯坦境内的洪扎河谷,进而进入北印度。这几条路线

---

[1] (唐)义净原著,王邦维校注:《大唐西域求法高僧传校注》卷上,北京:中华书局,1988年,第19页。

都可以找到文献和考古材料相互加以印证[1]。所以，我们可以确信，阿里地区早在羊同（象雄）时代和吐蕃时代，都已经是西藏西部一个通向西域、印度和中亚一带的重要的交通节点，也成为唐代初年汉地使者曾加以利用过的重要通道之一。从吐蕃腹心地带经过阿里羊同故地通向北印度的交通路线，我们可以视为与"泥婆罗道"并存的"西北道"，玄照往来北天竺所走的路线，笔者认为很可能即为本书所讨论的这件带有汉字的汉地丝织物传入到西藏西部的路线。至于它是由汉地的使者还是由吐蕃人将它带到这里来的，目前还缺乏其他的佐证材料来加以说明，但它作为唐蕃之间文化交流的重要物证，其意义已经不容低估。

有关唐代吐蕃与中亚和西域之间的文化交流以及交通路线等问题，我们在下文中还将具体加以论述，此不多叙。

四、对丝绸来源地的推测

将西藏西部古墓葬中新出土的这件古代织物与新疆、敦煌、青海等地古墓葬中的同类物品相比较，笔者认为其有可能是隋至初唐时期在汉地为西藏西部羊同（象雄）所织造的赏赐之物。这件丝织物的出土并非偶然，在其出土地点周围曾经考古调查发现过古墓葬、古城堡、古代居址等其他考古遗存，联系到文献记载分析，它们都可能同为文献中所称的"羊同国"（象雄国）时期的历史遗存，而织物上的"王侯"汉字，或有可能与汉藏文献中所记载的"羊同"或者"象雄"王侯有关。这件丝织物传入西藏西部，也是汉藏文化交流的重要物证，它表明历史上所记载的唐代贞观年间羊同曾遣使向唐朝皇帝朝贡并得到唐太宗的赏赐之事不仅文献可征，而且还可以得到考古出土材料的佐证。此外，这件古代丝织物能够传入西藏西部地区，还涉及唐

---

1 参见霍巍：《中古时期的"高原丝绸之路"——吐蕃与中亚、南亚的交通》，香港城市大学中国文化中心编：《西域：中外文明交流的中转站》，香港：香港城市大学出版社，2009年，第1—23页。

初经吐蕃至印度交通路线的开通问题,反映出随着唐文成公主进藏,唐蕃之间友好亲善关系的缔结,汉地使节和佛教僧侣从吐蕃西南的"泥婆罗道"和吐蕃西北的"西北道"均可通向西域、印度与中亚一带,而后者恰好与本书所论述的这件丝织物有着紧密的联系。

第五节　茶叶和饮茶风俗传入西藏

在吐蕃人的生活饮食习惯中,自从茶叶传入到吐蕃之后,便受到格外的重视,几乎达到"无人不饮,无时不饮"的程度[1],这一习俗一直流传至今。诸多史家在讨论有关汉地茶叶传入吐蕃的史实时,都往往会注意到下面这段史料:781年,唐使节常鲁为判官随唐朝使臣崔汉衡出使吐蕃,于帐中烹茶,和吐蕃赞普间发生了一段有趣的对话:

> 常鲁公使西蕃,烹茶帐中,赞普问曰:"此为何物"?鲁公曰:"涤烦疗渴,所谓茶也。"赞普曰:"我此亦有。"遂命出之。以指曰:"此寿州者,此舒州者,此顾渚者,此蕲门者,此昌明者,此㴩湖者"[2]。

由此看来,当时传入吐蕃的汉地茶叶品种不少,吐蕃赞普已经收藏了来自各地的名茶,其中有江浙、湖广、安徽等地所产,这些名贵的茶叶显然是通过远程贸易运往吐蕃的,而不是来自蜀地雅州的大宗茶叶品种[3]。在这段对话中,既显示出唐朝官员对吐蕃民情风俗的无知和汉地官员传统的傲慢心理,也反映出吐蕃赞普带有戏剧性地夸耀其对汉地饮茶风俗以及各地名茶的熟悉了解程度,虽然多少带有一些民间故事的色彩,但所反映的基本事实却

1　王尧:《吐蕃文化》,长春:吉林教育出版社,1989年,第187页。
2　(唐)李肇:《唐国史补》卷下,上海:上海古典文学出版社,1957年,第66页。
3　由于唐蕃之间"茶马互市"的关系,最大宗销行吐蕃的茶叶应当是由蜀地的雅州一带通过"茶马古道"经汉藏边地进入到吐蕃东部的昌都、林芝一带,然后再渐次向西进入吐蕃腹地。

可作为信史看待。

　　茶叶与丝绸都是汉地输往吐蕃的大宗产品，但两者之间的不同之处在于，前者是生活中的必需品，从贵族可以普及到一般平民；而后者是奢侈消费品，仅能供给贵族高官享受。由于地处高原的吐蕃人平常习惯于以肉食和乳制品为主要的饮食结构，茶不仅能够有助于消化，还可以健胃生津。当茶叶传入藏地之后，藏地人发明了将茶与盐、酥油搅拌混合成"酥油茶"饮用的特殊方式，可以随时补充在高原生存环境下必需的水分、盐和脂肪，产生热量，尤其适合于与主食青稞麦炒熟后所磨成的"糌粑面"相配而食。所以，有学者推测茶叶在汉藏贸易中可能是位列第一的产品，到了宋代，便开始有"茶马市易法"，明代的茶马法更发展成为严密的制度，极大地增进了汉地与藏地之间的经济联系[1]。

　　有关茶叶传入藏地的历史，汉藏文献记载均语焉不详。时代较为晚近的达仓宗巴·班觉桑布所撰《汉藏史集》一书（成书于1434年）中有一节专讲"茶叶和碗在吐蕃出现的故事"，称"此王（都松莽布支）在位之时，吐蕃出现了以前未曾有过的茶叶和碗"。故事声称在此王生病期间，有一只小鸟口中衔来一根树枝，树枝上带有几片叶子，此王用水煮沸后将树叶放入，"成为上好饮料"，此后便召集众大臣和百姓四处寻找这种树叶的产地。后来，一名最忠于他的大臣终于在吐蕃边境汉地的密林中发现了这种神奇的树叶，并设法带回吐蕃王宫。此王饮用这种树叶制成的饮料之后，病体康复，大喜过望，同时派出使臣到汉地寻求装盛这种饮料的盛具——碗，但遭到汉地皇帝的拒绝。汉地皇帝告诫吐蕃使臣云："我们汉地与吐蕃双方多次交战和会盟，为利益吐蕃，我已历次送去医药历算、各种工匠、各种乐师，吐蕃并不记我的恩德，因此不能将碗赠给吐蕃。若吐蕃自己有制作的原料，我可

1　王忠：《唐代汉藏两族人民的经济文化交流》，《历史研究》1965年第5期。

以派遣一名制造碗的工匠前去。"后来，吐蕃人利用当地的材料制造出了装盛这种饮料的碗，并且"因为是鸟将茶树枝带来的，上等的碗上应绘鸟类口衔树枝的图案……这即是茶叶和碗最初在吐蕃出现的情形"[1]。

这段文献记载带有后期藏文文献特有的叙事风格，掺杂着许多神话传说故事在内。但大体上透露出的信息与唐代汉籍的记载相同，即茶叶和茶碗都是在吐蕃时期由汉地传入到吐蕃的，具体的年代是在吐蕃赞普都松莽布支（འདུས་སྲོང་མང་པོ་རྗེ་）时期。按照王辅仁、索文清所排定的吐蕃赞普世系年表，此王为松赞干布的孙子，又名器弩悉弄，其在位时间约为676—704年，属于吐蕃王朝早期赞普之一[2]。

综合上述汉藏文献史料提供的线索，茶叶初传藏地的时间似乎都是在唐代吐蕃时期。但是，近年来西藏考古的新发现，则突破了传统史籍的记载，将茶叶传入藏地的时代大大提前。据有关资料，我国考古工作者新近在西藏西部地区开展田野考古调查与发掘工作，取得了一系列新的考古收获。其中最为重要的发现，是一批古墓葬的发掘出土，这批古墓葬包括洞室墓、土坑砌石墓等不同形制，在墓葬中出土有带有汉字的丝绸、黄金面具、陶器、木器、铜器、铁器以及大量动物骨骼，显示出墓葬的等级较高，很可能是当地豪酋的墓葬，年代上限可早到公元前3—前2世纪；下限可晚到2—3世纪前后，延续的时间较长，但都要早于吐蕃王朝成立之前[3]，相当于中原地区秦汉至魏晋时期。

1　达仓宗巴·班觉桑布著，陈庆英译：《汉藏史集》，拉萨：西藏人民出版社，1986年，第104—106页。
2　王辅仁、索文清编著：《藏族史要》，成都：四川民族出版社，1981年，第243页。
3　近期的田野考古调查与发掘材料及其相关研究成果可参见：中国社会科学院考古研究所、西藏自治区文物保护研究所：《西藏阿里地区噶尔县故如甲木墓地2012年发掘报告》，《考古学报》2014年第4期；吕红亮：《西喜马拉雅地区早期墓葬研究》，《考古学报》2015年第1期；仝涛、李林辉：《欧亚视野内的喜马拉雅黄金面具》，《考古》2015年第2期；中国社会科学院考古研究所、西藏自治区文物保护研究所、阿里地区文物局、札达县文物局：《西藏阿里地区故如甲木墓地和曲踏墓地》，《考古》2015年第7期等文。

就是在这批西藏西部的古墓葬中发现了迄今为止西藏最早的茶叶遗物。据中国科学院地质与地球物理研究所新生代地质与环境研究室古生态学科组研究员吕厚远与国内外同行专家合作研究，观察到从故如甲木古墓葬中发现的这些"疑似茶叶"的植物出土时已呈黑色团状，经测定内含只有茶叶才具有的茶叶植钙体和丰富的茶氨酸、咖啡因等成分，因而可以确定"这些植物遗存都是茶叶"。据^{14}C测年，其年代为距今1800年左右。吕厚远研究员认为，高寒环境下的青藏高原不生长茶树，印度也仅有200多年的种茶历史，所以"故如甲木出土的茶叶表明，至少在1800年前，茶叶已经通过古丝绸之路的一个分支，被输送到海拔4500米的西藏阿里地区"[1]。

据主持这次考古发掘工作的中国社会科学院考古研究所西藏工作队仝涛研究员透露，这些茶叶出土在故如甲木墓葬随葬的青铜器中，数量很多，"铜容器的底部都被这种黑色的东西覆盖"。所以，对于这些茶叶的食用方式，仝涛表示或有可能并不是完全用来泡茶饮用的，也有可能直接食用[2]。结合现已正式公布的考古材料来看，他的这一推测是可以成立的。

根据考古工作简报，2012年度西藏阿里故如甲木墓地M1出土一件铜盆（M1：10），器形为折沿、斜腹、折腹、平底，口沿处有两处修补痕迹，用方形小铜片包住口沿，并用两枚铜钉加以固定。此件铜器的器表有黑色的烟炱痕迹，"发现时内置一铜勺，有茶叶状植物叶片结块，由于铜锈染作绿色"[3]。同墓中另一件铜壶（M1：9）器形为盘口、束颈、折肩、鼓腹、圜底，器表也有黑色的烟炱痕迹，"内部发现有褐色茶叶状植物叶片残留，部

---

1 相关资料曾由英国《自然》周刊下属的开放网络科学杂志《科学报告》所刊载，网络所载材料具体可参见http://roll.sohu.com/20160116/n434724829.shtml。

2 相关报道可参见http://snapshot.sogoucdn.com。

3 中国社会科学院考古研究所、西藏自治区文物保护研究所：《西藏阿里地区噶尔县故如甲木墓地2012年发掘报告》，《考古学报》2014年第4期，图一四，1；图版叁，1。

分被铜锈染为绿色"[1]。这两件铜器都留有明显的使用痕迹，不是专为随葬制作的"明器"，从内部均发现茶叶状植物残片的现象观察，可以肯定这都是与煮茶、烹茶等有关的器物，当然现在还无法确定它们是一器多用，还是一具专用，但无论何者，将其视为目前在西藏发现的最早的"茶具"，应当不成问题（图4-18）。

图4-18 西藏噶尔故如甲木M1出土内有茶叶痕迹的铜器
1. 盆　2. 壶
（采自中国社会科学院考古研究所、西藏自治区文物保护研究所：《西藏阿里地区噶尔县故如甲木墓地2012年发掘报告》，《考古学报》2014年第4期，图版叁，1、3）

另外，在与故如甲木墓地相距仅数千米的曲踏墓地M4中出土有四足木案3件，四足鼎形，案面呈圆盘状，引人注目的是，在其中编号为2014M4：9的一件木案内也有茶叶状食物残渣[2]（图4-19）。由此可见，这些铜器和木案都是死者生前的实用器皿，并与茶叶的饮食习惯有关。将茶叶放入铜器之内，与铜器用来煮茶、烹茶有关；将茶叶同时也放在木案内，是否意味着这些木案也在饮茶、吃茶时用来放置茶具？或者直接放置过茶叶制成的食品，所以

1　中国社会科学院考古研究所、西藏自治区文物保护研究所：《西藏阿里地区噶尔县故如甲木墓地2012年发掘报告》，《考古学报》2014年第4期，图一四，3；图版叁，3。
2　中国社会科学院考古研究所、西藏自治区文物保护研究所、阿里地区文物局、札达县文物局：《西藏阿里地区故如甲木墓地和曲踏墓地》，《考古》2015年第7期，第43—44页，图三八。

才留下来茶叶状食物的残渣？由于目前还没有更多的线索，暂且存疑。

但是，即使根据以上这些有限的考古现象进行综合分析，我们也同样可以得出以下几点重要的推测。

（1）这些茶叶在当时已经较为普遍地作为死者生前的饮食物品，所以死后才随之入葬墓中，表明这种习俗在当地具有一定身份等级的人群中已成为生活方式的一部分。而要保持这种生活方式，茶叶的输入也需要有稳定的来源渠道。这一发现证实，早在距今1800年，茶叶进入到西藏西部的通道便已经存在。至于这些茶叶具体是由何地传来，则还需要进一步研究。但如果联系到墓葬中其他一些文化因素综合分析，我们认为这些茶叶从具有饮茶之风的汉地传来的可能性是最大的。因为我们可以观察到西藏西部这两处墓地中来自汉地西域文化影响的若干痕迹[1]，这些影响很可能是通过西域"丝绸之路"传入高原西部地区。其中，最具代表性的是故如甲木墓地中带有"王侯"字样和鸟兽纹样的丝绸，与之相类似的带有"胡王"汉字的丝绸过去也曾在新疆吐鲁番阿斯塔那墓地和新疆营盘墓地中出土[2]，一般认为是由中原官方织造机构制作、赐予边疆地方王侯贵族或部落首领的标志性物品。故如甲木墓葬

图4-19 西藏札达曲踏墓地M4出土内盛有茶叶残渣的木案
（采自中国社会科学院考古研究所、西藏自治区文物保护研究所、阿里地区文物局、札达县文物局：《西藏阿里地区故如甲木墓地和曲踏墓地》，《考古》2015年第7期，图三八）

---

1 "西域"这一概念有狭义与广义之分，本书所指的西域取其狭义，主要指我国玉门关以西甘肃、新疆一带，汉晋时期这一区域被中原中央王朝控制，汉文化通过"丝绸之路"传入这一地区，并占据主导地位。

2 赵丰：《纺织品考古新发现》，香港：艺纱堂服饰出版，2002年；新疆文物事业管理局、新疆博物馆、新疆文物考古研究所等：《新疆维吾尔自治区丝路考古珍品》，上海：上海译文出版社，1998年，第130页。

中出土的一字格铁剑也具有中原文化的特点,发掘者认为其"有可能是仿汉地铁剑"。此外,故如甲木和曲踏墓地中出土的方形四足箱式木棺,是汉晋以来流行于西域的汉式葬具之一,虽然被西域各国有所改造,但其基本形制的源头应是来自于汉地[1]。故如甲木墓地和曲踏墓地中还出土有大量木竹器和草编器,如马蹄形木梳、方形四足木案、旋制的木奁、钻木取火器、草编器等,这些器物在新疆汉晋时期的墓葬中多有出土,形制特点也十分接近[2]。考虑到我国南疆地区与西藏阿里高原自古以来就存在着交通路线与文化交流[3],西藏西部早期墓葬中的这些具有浓厚汉文化色彩的因素很有可能是通过汉地西域南疆一带南传至阿里高原。如果这一推测无误,可以成为我们考虑早在1800年前,汉地茶叶通过西域"丝绸之路"远输西藏阿里高原的重要通道。这比唐代吐蕃要早出将近500多年。

(2)从盛放茶叶的方式来看,既有放置于铜盆内使用铜勺取用的情况,也有放置于铜壶内和木案内的情况,这些铜器表面有黑色的烟炱痕迹,表明曾经用火烹制,所以很可能对茶叶是既可食用,亦可饮用,二者兼备。这与汉晋南北朝时期汉地文献记载的食茶、饮茶之风完全相同。如唐人杨晔所撰《膳夫经手录》一书中,介绍汉地晋宋以降的饮茶风俗:"茶,古不闻食之。晋宋以降,吴人采其叶煮,是为'茗粥'"[4]。由此可知唐以前饮茶之风是同饮茶水、食茶叶并举的,流行用茶叶煮成茶粥食用的习俗,故汉地民间

---

1 这类汉式木棺在新疆汉晋时期墓葬中多有发现。可参见中国社会科学院考古研究所:《中国考古学·秦汉卷》,北京:中国社会科学出版社,2010年,第874—882页。
2 相关资料可参见:新疆文物考古研究所:《新疆尉犁县营盘墓地1999年发掘简报》,《考古》2002年第6期;新疆维吾尔自治区博物馆:《新疆民丰县北大沙漠中古遗址墓葬区东汉合葬墓清理简报》,《文物》1960年第6期;新疆维吾尔自治区博物馆、新疆文物考古研究所:《中国新疆山普拉——古代于阗文明的揭示与研究》,乌鲁木齐:新疆人民出版社,2001年。
3 有关新疆南部与西藏西部地区远古以来交通路线与文化交流等问题,可参见霍巍:《于阗与藏西:新出考古材料所见两地间的古代文化交流》,四川大学中国藏学研究所主编:《藏学学刊》(第3辑),成都:四川大学出版社,2007年,第146—156页。
4 转引自赵荣光主编,姚伟钧、刘朴兵、鞠明库:《中国饮食典籍史》,上海:上海古籍出版社,2011年,第129页。

有"吃茶"一词流传至今。西藏西部发现的这些考古遗迹,是否也暗示着墓主人生前的饮茶与食茶习惯也随同茶叶一道输入到藏地,受到汉晋时期汉地生活方式的影响?

(3)这两处墓地还出土有大量木质、陶质的杯子,甚至还发现用来给木碗口沿包边的铜碗沿(M3:1)[1],这和后来藏地流行的用来饮食酥油茶和糌粑面的器皿——木碗十分相似。而且,在许多器物的内表还发现残留有白色浆质物体的痕迹。那么,这些木质和陶质的杯子、用铜口沿包边的木碗当中,是否也有可能存在着当时用于饮茶的茶杯和茶碗?当时是否已经开始出现将茶叶与奶制品、盐等混合制作饮料(即后来藏地流行的酥油茶)的习俗?虽然目前由于缺乏更深入的研究,对于这些问题还难以断定,但至少可以考虑到存在这些可能。

前文中我们已经提及,在藏族史书《汉藏史集》中讲到,在发现茶叶可以饮用的同时,吐蕃国王还听闻此种树叶乃上等饮料,饮用它的器具,不能用以前有的玛瑙杯、金银等珍宝制成的器具,而需要找一种名叫"碗"的器具,于是便派人前往汉地寻求此物。最后,吐蕃人在汉地制碗工匠的帮助之下,利用吐蕃当地的原料制作出了以前吐蕃所没有的饮茶的碗,认为这是"茶叶和碗最初在吐蕃出现的情形"[2]。如果剔除当中神话传说色彩的成分,我认为这里很可能保留着藏民族对汉地茶叶、饮茶方式以及饮茶器具最为古朴和原始的"历史文化记忆"——茶叶和茶碗都是同时从汉地传入藏地来的。西藏西部考古新发现的茶和用具,与后世的文献记载之间的暗合,很难说只是一种无意中的"巧合",当中或许便保存着某些历史的真实信息在内,需要我们认真地将考古与文献材料细加对照梳理,或可最终揭示出其本来面目。

---

1 中国社会科学院考古研究所、西藏自治区文物保护研究所:《西藏阿里地区噶尔县故如甲木墓地2012年发掘报告》,《考古学报》2014年第4期,第573—574页,图一五,1。

2 达仓宗巴·班觉桑布著,陈庆英译:《汉藏史集》,拉萨:西藏人民出版社,1986年,第105—106页。

（4）最为重要的一点在于，西藏考古的新发现再次改变了人们的传统认识与旧有知识，证明茶叶传入藏地的时间比起汉藏文献记载所称是7世纪之后要早出许多，大体可以肯定是在相当于中原汉晋时代甚至更早便已经有一定规模和数量的茶叶进入到西藏高原。而且，这些最早的茶叶传入藏地的路线与途径，也很可能与后来唐宋之际通过"茶马贸易"将四川、云南、贵州等汉藏边地茶叶输入到藏地的传统路线——即所谓的"茶马古道"有所不同，而是更多地利用了汉晋时期通过西域的汉晋"丝绸之路"，进而南下阿里高原，与汉地的丝绸等奢侈品一道，行销到西藏西部地区。

综上所述，给予人们一个深刻的启示：考古学的科学证据有力地印证了汉藏之间早期文化交流的真实状况，尤其是提供了若干重要的细节，再现出社会生活各个方面的场景，这是后世仅有的文献材料所很难包罗覆盖的。正是因为地下出土文物提供的前所未有的新线索，让我们不能不重新思考过去似乎早已成为"定论"的许多观点。就目前西藏西部的考古发现而论，它已经让我们再次认识到这个区域在"象雄文明"和"吐蕃早期文明"研究中的独特价值，由于这个区域处在西藏高原与南亚、中亚和东亚的"十字路口"，早在吐蕃王朝建立之前（7世纪），很可能便通过若干条纵横于高原之上的交通路线，与这些地区悠久而灿烂的古代文明发生过密切的交往与联系。茶叶的传入只是当时人们物质生活中的一个例子而已，但它却可以有力地证明，汉地与藏地之间、汉藏两族人民之间的友好往来冲破了自然条件和环境的艰难险阻，有着多么久远的历史和多么难以想象的丰富细节，成为我们今天永久的历史遗产。地下的考古资料随着西藏考古的深入开展，将会越来越丰富地显现出过去从未有过的世界。可以预测，随着新发现的层出不穷，汉藏文化交流的早期历史还会不断增添新的内容，不断改写旧有的认识。这也是考古学本身的魅力所在。

第六节　考古学视野下唐代吐蕃与内亚文明

一、吐蕃与内陆亚洲

唐代吐蕃作为内陆亚洲中古时期一个强盛的王国，在世界史上具有重要的历史地位。从地理位置上看，吐蕃处于与东亚、南亚和中亚相毗邻接壤的亚洲腹地，堪称"文明的十字路口"。吐蕃王国与东方汉地唐王朝、南方古印度（时为古天竺）之间的关系，已经为人们所熟知，然而，对于吐蕃与其西部、北部——亦即传统意义上的"中亚"之间的联系，虽然霍夫曼[1]、石泰安[2]、杜齐[3]、森安孝夫[4]、张云[5]、杨铭[6]、王小甫[7]等国内外学者对此均有过详略不同的论述，但在考古实物方面，由于西藏考古工作的相对滞后，较之文献史料而言能够提供的确凿证据则明显不足。

吐蕃王朝雄踞青藏高原，却并非是一个自我封闭的世界，在其最为强盛的时期，不仅一度成为扼控西域及陆上"丝绸之路"最为强势的力量，其本身的发展壮大也促使其融入到"丝绸之路贸易圈"之中，与东亚、南亚和中亚曾经发生过密切的联系。可以试想，如果缺少了"高原丝绸之路"这个环节，那么对于我们今天重新认识"欧亚丝绸之路"这个概念，将会是极不完整的重大缺失；进而论之，如果缺少了对中亚与吐蕃文明的考察，以吐蕃为中心的"高原丝绸之路"也同样难以成立。日本学者森安孝夫曾经有过这样

1　霍夫曼著，李有义译：《西藏的宗教》，北京：中国社会科学院民族研究所，1965年。
2　[法]石泰安著，耿昇译：《西藏的文明》，北京：中国藏学出版社，2012年。
3　[意]杜齐著，向红笳译：《西藏考古》，拉萨：西藏人民出版社，1987年；[意]图齐、[西德]海西希著，耿昇译，王尧校订：《西藏和蒙古的宗教》，天津：天津古籍出版社，1989年。
4　[日]森安孝夫著，钟美珠、俊谋译：《中亚史中的西藏——吐蕃在世界史中所居地位之展望》，《西藏研究》1987年第4期。
5　张云：《上古西藏与波斯文明》，北京：中国藏学出版社，2005年。
6　杨铭：《唐代吐蕃与西域诸族关系研究》，哈尔滨：黑龙江教育出版社，2005年。
7　王小甫：《唐·吐蕃·大食政治关系史》，北京：北京大学出版社，1992年。

一段论述,来阐述吐蕃与中亚以及丝绸之路的关系:

> 从地理学上来讲,要把西藏看作是南亚、东亚的一部分,倒不如把它与中亚联系起来更为合适。……因其与佛教的关系,人们总是将视线投向印度与中国。确实,吐蕃时代(7世纪至9世纪中期)以后,西藏的历史是无法与佛教分开的,西藏的文学、美术、音乐甚至于天文、历史、医学、药物学等也都与佛教有密切关系。但是在所谓吐蕃灿烂文化之花盛开的时代,摩尼教、基督教以及伊斯兰教在西藏也都得到了传播。这就充分表明了西藏与中亚乃至西亚存在着交往。对于这些宗教传播的结果,无论如何不应加以忽视,只有认真研究其历史背景,才能在世界史上给西藏以应有的地位。……毋庸置疑的是,西藏,自古以来就是连结欧亚国际贸易(一般称为丝绸之路贸易)路线的一部分。反之,这从其周围诸国流入西藏的物资、人员以及伴随而来的高度文化和宗教的传播也可以得到证实[1]。

森安孝夫主要是从丝绸之路上的多种宗教传播这个角度来论述吐蕃与中亚关系的,如其所言,除了主要从东亚唐王朝和南亚天竺、泥婆罗等地传入吐蕃的佛教文化之外,流行于中亚地区的其他宗教如摩尼教、基督教、伊斯兰教,还有伊朗波斯最为流行的祆教(拜火教)等都曾有可能传入吐蕃,对吐蕃的宗教和文化产生过深远影响。我国学者张云在其《上古西藏与波斯文明》一书当中,也曾经用大量篇幅分析论证西藏本教与波斯祆教之间的关系,认为这两者之间具有共同的宗教圣地、共同的二元论宇宙观、相类的创世纪传说、近似的修行和丧葬习俗,从而论述了上古西藏与古代波斯的联

---

1 [日]森安孝夫著,钟美珠、俊谋译:《中亚史中的西藏——吐蕃在世界史中所居地位之展望》,《西藏研究》1987年第4期。

系[1]。但是，回顾以往的研究，一个十分突出的问题在于，虽然众多学者都曾力图从文献、考古等多方面来搜集和发现相关的研究线索，但能够举出的可靠的实物证据却并不多。本节无意重新讨论前述学者已经论述较多的吐蕃与中亚关系所涉及到的大量文献史料，而将主要列举若干考古实物证据，从一个新的视角来观察唐代吐蕃与中亚文明之间的关系。需要附带说明的是，本节所论的"中亚"的地理范围主要依据威廉·巴托尔德所著《中亚历史地图》，即兴都库什山以北、咸海以东、巴尔喀什湖以南、我国新疆吐鲁番以西的这片区域[2]。

二、吐蕃王朝时代与中亚的联系

6世纪末至7世纪前期，松赞干布在统一青藏高原各部族之后建立起吐蕃王国，其后的历代吐蕃赞普均强力拓展和扩张其势力范围，在8世纪至9世纪前期形成欧亚内陆最为强大的地方性政权之一。这个期间，从考古材料上反映出吐蕃王国与中亚的文化联系进一步得到加强。

从文物考古材料所揭示的情况来看，这些从中亚传入的文化因素覆盖影响面很大，几乎涉及到吐蕃社会从宗教思想到物质生活的各个层面，其背后隐藏着广阔的历史背景，值得我们作深入的探讨。通过上文的分析论述，笔者认为，在这些物质表象的背后，透露出若干重要的信息，在前人研究的基础上，还可以提出几点新的认识：

其一，吐蕃与中亚地区的文化交流，可以上溯到吐蕃王国建立以前的史前时期，至少在考古学发展阶段的新石器时代、青铜时代和早期铁器时代，生活在青藏高原的古部族就已经和包括中亚在内的周边地区发生了联系，表

1　张云：《上古西藏与波斯文明》，北京：中国藏学出版社，2005年，第189—213页。
2　[苏]威廉·巴托尔德著，罗致平译：《中亚突厥史十二讲》，北京：中国社会科学出版社，1984年，第321页附图。

明青藏高原并非是后来被许多人想象成的一个封闭的世界。吐蕃王朝建立之后,这些传统的联系不仅没有被中断,反而随着吐蕃王国势力向着四面的不断扩张得到了更为广泛的发展。在吐蕃王国最为强盛的时代,曾一度将其势力向中亚扩张,与唐和大食争夺中亚。据日本学者森安孝夫研究,从7世纪中叶以后,吐蕃曾经数次入侵中亚,在8世纪后半期至9世纪前半期的一个时期内,中亚甚至成为"吐蕃与回鹘的时代"。他还进一步从宗教传播的角度推测:"在苯教的教义、传说和习俗中可以发现除印度因素外,同时还存在着浓厚的伊朗因素,据说这是苯教在西藏西部进行的自我同化的结果。倘若如此,那么支持苯教的西藏西部与伊朗世界的交流,至少应上溯到吐蕃王国成立以前(6世纪以前)"[1]。这个深远而广阔的历史背景,将有助于我们理解和认识吐蕃文物考古所见的中亚文明因素出现的原因。

其二,吐蕃在中亚的进出,对中古时期欧亚大陆的政治格局、经济贸易、族际关系与国际关系等方面产生过重要的影响,尤其是对传统的"陆地丝绸之路"而言,吐蕃的掌控与介入显然起着重要的作用,森安孝夫曾经对此作出过高度的评价:

> 这个时代吐蕃对于中亚的统治,由于无论是从东北部的河西到罗布地方,也无论是西北的帕米尔地方均受到吐蕃的控制,极为安定,因此西藏人似乎也相当积极地推行了移民及屯田的政策。藏语作为公用语为河西的汉人、伊朗系的于阗人,蒙古系的吐谷浑人等民族所使用,此影响一直延续到吐蕃王朝崩溃后的10世纪。西藏的文字不仅应用于藏语,而且在汉语、于阗语、回鹘语的书写中也被使用。另外还整顿了被称为"飞鸟使"的驿传制度,在辽阔的领域上,从中央布下监视之网。中央的耳目可以伸张到各个角落,使旅行者感到安全,从

1　[日]森安孝夫著,钟美珠、俊谋译:《中亚史中的西藏——吐蕃在世界史中所居地位之展望》,《西藏研究》1987年第4期。

而吸引了东南西北各地的商人，文化交流愈显活跃[1]。

　　十分显然，任何文化交流都是双向互动的。本节虽然主要讨论了吐蕃考古文物中所见的中亚因素，而实际上吐蕃也对中亚产生过影响，吐蕃的物产也曾经传入到中亚，以吐蕃为中介或者通过吐蕃人为中介的过境贸易也曾十分活跃，这些交流的物产"除西方人喜欢的麝香以外，来自吐蕃控制地区的，还有绵羊、布匹等"[2]。《世界境域志》中也记载："巴达赫尚（Badakhshan），是一个很令人喜爱的国家和商人常去之地。其地有银、金、石榴石、青金石诸矿。其麝香是从吐蕃输入的"[3]。其实，青藏高原输往周边国家和地区的物产十分丰富，在《隋书》当中也早有记载："女国，在葱岭之南，其国代以女为王。……气候多寒，以射猎为业。出鍮石、朱砂、麝香、牦牛、骏马、蜀马。尤多盐，恒将盐向天竺兴贩，其利数倍。亦数与天竺及党项战争"[4]。所以，可以设想，当吐蕃人参与介入到欧亚大陆丝绸之路贸易之后，对这条丝路商业贸易的兴旺繁荣起到了重要的促进作用。

　　其三，在吐蕃与中亚之间可能存在着多条交通路线，对此学术界已经多有讨论[5]，笔者不拟赘述。所要补充的是，从目前的考古资料来看，应当尤其注意西藏西部阿里地区在其中的重要地位和作用。这个地区位于喜马拉雅山的北麓，以喜马拉雅山的西段为中心，北邻新疆、西与拉达克和克什米尔相毗邻，从地理上看正好处在与南亚、东亚和中亚的交接地带。阿里境内有藏民族信仰的"神山"冈底斯山和"圣湖"玛旁雍错，象泉河、狮泉河、马

　　1　[日]森安孝夫著，钟美珠、俊谋译：《中亚史中的西藏——吐蕃在世界史中所居地位之展望》，《西藏研究》1987年第4期。
　　2　杨铭：《唐代吐蕃与西域诸族关系研究》，哈尔滨：黑龙江教育出版社，2005年，第81页。
　　3　佚名著，王治来译：《世界境域志》，上海：上海古籍出版社，2010年，第104页。
　　4　（唐）魏征、令狐德棻：《隋书》卷83《西域传》，北京：中华书局，1973年，第1850—1851页。
　　5　关于吐蕃进出中亚的具体路线，可能随着时代的不同而不断变化，其中主要的交通路线有西北路线，即从新疆进入中亚；也有西线，即从拉达克、克什米尔、大小勃律进入巴基斯坦，再由此进入中亚。有关情况可参见王小甫：《唐·吐蕃·大食政治关系史》，北京：北京大学出版社，1992年，第20—68、165—195页。

泉河、孔雀河等多条河流纵贯其间，最后汇入印度次大陆。自古以来，这里就是多种古老文明的交会之处，在汉藏史籍中通常将这一区域的核心地带称之为"羊同"或"象雄"[1]，在西藏早期历史文化进程中具有重要的地位。近年来西藏西部考古取得了一系列新的发现，相关研究也有新的进展。若干现象表明，最迟在公元一千纪前后，这个区域内已形成了一个区域性的古老的文明中心，这个中心具有较为复杂的社会结构，来自各地的人群汇聚于中心之内，不仅带来和保持着自身的传统文化特点，而且也逐渐开始形成区域性的若干共同的文明标志，以积石冢、石丘墓、石室墓以及黄金面具、箱式木棺、青铜器、丝绸和茶叶等物品为代表的远程贸易等各项因素的出现，显示出跨区域文化之间的交流与互动。那么，如果从文献与考古资料相互整合的结果来看，历史上与这个文明中心最相符合的古代族群或地方政权就只能非"象雄"（羊同）莫属。以往的研究者多已注意到西藏本教的发源地在藏文文献中多比定为象雄；而本教在形成过程中又与波斯的祆教（拜火教）有着密切的渊源关系，这些都暗示着象雄文明与中亚文明之间有着直接的关联性，要最终揭示出唐代吐蕃与中亚关系的真实面貌，从考古学的角度来看，这是一个最富有希望去开展研究工作并取得突破性进展的地区。

其四，宗教被认为是文明交流最好的"晴雨表"。吐蕃与中亚文明的交流在宗教领域颇为引人注目。森安孝夫曾经特别提示我们关注下述重要的境外宗教考古遗存所提示的线索：①吐蕃赞普赤松德赞时期摩尼教有可能通过粟特人传入，现存于拉达克阿契寺（Alchi）壁画（11—12世纪）中可能存在着摩尼教的要素，而阿契寺壁画与西藏西部同时期的佛教壁画又有着密切的关系，这个线索值得加以进一步地追踪。②在吉尔吉特和拉达克发现的岩画、小件金属制品和敦煌出土藏文写卷中，残存着各种形式的十字架，可能

---

[1] 霍巍：《西藏西部早期文明的考古学探索》，《西藏研究》2005年第1期。

与景教（基督教）的流行有关。尤其是在拉达克丹采发现的岩画除十字架外，还同时发现伴出的粟特语、库车语、藏语的铭文，其中粟特语的铭文可释为："210年，我从内地来到此地。（神的）仆人撒马尔罕人Nošfarn作为使者要到西藏可汗那里去"。森安孝夫据此认为："所以看来9世纪前半叶，粟特人的景教教徒确实是通过西北路线来到吐蕃宫廷的（至少是试图要到吐蕃那里去）"。此外，在拉列尔以南吉拉斯西部的托尔地方崖壁上发现200余处粟特语铭文，时代约为5—6世纪，内容大多为祆教徒书写，这可以证明粟特人自古以来往来于西藏西北边境附近地带[1]。目前，这些考古线索主要发现于与西藏相邻的境外地区，而在我国西藏境内尚未发现，这也应当是中国考古学者未来开展工作的重要方向。下面，笔者再对几个重要的问题展开进一步讨论。

1. 早期佛教传入西藏高原的时间与路线

从文献记载所提供的线索来看，吐蕃与内亚之间的联系在吐蕃王朝时期得到了充分的发展。唐朝贞观初年，松赞干布统一高原诸部，定都逻些（今拉萨）之后，吐蕃王朝正式成立并且迅速地走向强大。7—9世纪，吐蕃一方面向东发展，与中原的唐王朝发生密切的关系，另一方面，则凭借征服象雄后的有利态势，以象雄旧地为基地，向西、向南发展其势力，先后与勃律、迦湿弥罗、吐火罗、于阗等中亚各地以及天竺、泥婆罗等南亚各国进行过不同程度的接触与交往，发生政治、经济、文化等各方面的联系，由此形成与这些国家或地区主要的一些交通路线。

国外学术界关于早期佛教传入西藏高原的时间、路线等问题一直有不同看法。众所周知，佛教于公元前6世纪创立于北印度，到公元前后已经通过

1　[日]森安孝夫著，钟美珠、俊谋译：《中亚史中的西藏——吐蕃在世界史中所居地位之展望》，《西藏研究》1987年第4期。

西域传入内地[1]。关于佛教传入西藏高原的时间，过去学术界一般认为是在7世纪吐蕃兴起之后，主要传入的渠道一是从东方通过唐代文成公主、金城公主的入藏传入吐蕃，二是由泥婆罗赤尊公主入藏从南亚传入吐蕃[2]。但是，西藏藏文古史的记载，却都认为佛教最早传入西藏的时间是在松赞干布以前五辈，当5世纪左右。如著名的藏文典籍《青史》记载：

> 拉妥妥日年赞王在位时，有《枳达嘛呢陀罗经》及《诸菩萨名称经》等从天而降，虔诚供奉，国政和王寿获得增长。这是西藏获得佛教正法的起首。伦巴班智达说：由于当时苯波意乐天空，遂说为从天而降。实际是由班智达洛生措（慧心护）及译师里梯生将这些法典带来西藏的。藏王不识经文复不知其义，以此班智达和译师也回印度[3]。

外国学者对于这种意见态度不一。如德国学者霍夫曼曾经对此加以评论说："西藏人还保存了一种传说，在松赞前五代，拉托托日王时代，当时还是统治着雅隆一带的一个小国，就从天上降下了百拜忏悔经、佛塔、佛像等。但这仅仅是一种传说，很可能是接受了一个本教的传说，因为本教的传统是一切都来自于天上，对天非常敬崇。"[4]意大利学者杜齐则断言说："无论如何，吐蕃接受佛教或佛教在吐蕃的第一次传播都被归于了松赞干布。"[5]但他同时又承认："当然，我们不能排除佛教教理通过各种渠道（如自中亚、汉地和尼婆罗等地区），于松赞干布时代之前就首次（而且是零散地）传入吐蕃的可能性。"[6]

---

1 任继愈主编：《中国佛教史》，北京：中国社会科学出版社，1981年，第67、83页。
2 王辅仁编著：《西藏佛教史略》，西宁：青海人民出版社，1982年，第22—26、35页。
3 廓诺·迅鲁伯著，郭和卿译：《青史》，拉萨：西藏人民出版社，2003年，第23页。
4 霍夫曼著，李有义译：《西藏的宗教》，北京：中国科学院民族研究所，1965年，第20—21页。
5 ［意］图齐、［西德］海西希著，耿昇译，王尧校订：《西藏和蒙古的宗教》，天津：天津古籍出版社，1989年，第14页。
6 ［意］图齐、［西德］海西希著，耿昇译，王尧校订：《西藏和蒙古的宗教》，天津：天津古籍出版社，1989年，第15页。

那么，佛教究竟有无可能在松赞干布之前就已经通过某些传播途径渗入到了西藏呢？这个问题因为目前缺乏考古学的证据尚无法确定，但笔者认为这些传说本身所透露出的信息是值得加以重视的，这反映出学术界对于早期佛教传入西藏问题的高度关注。因为第一，如同有的研究者已经指出过的那样，5世纪时吐蕃周围地区佛教已经十分盛行，形成了一个有利于佛教传播扩散的氛围，这无疑为佛教传入西藏高原提供了客观上的条件。第二，这个传说将佛教传入西藏的方式归结为"从天而降"，带有本教对"天"的崇拜特征，暗示着早期佛教的传播与本教之间可能存在某种联系，这符合西藏宗教发展的基本线索。第三，更为重要的证据是，西藏西部与其周围的国家和地区之间，事实上早已存在着进行经济、文化交流或者贸易往来的通道，这种可能性不能排除。

西藏西部地区在早期佛教传播中所具有的独特的地位。石泰安曾经指出：西藏的西部地区对于西藏文明的形成曾起过重大作用，"那里既与犍陀罗和乌苌国（斯瓦特）接壤，又与该地区的其他小国毗邻，希腊、伊朗和印度诸文明中的古老成分都经由那里传至吐蕃"[1]。由于象雄时代业已奠定的文明基础，我们可以肯定，作为当时本教文化的重要中心，其影响和辐射的范围都极为广阔。

已有史料表明，以象雄境内的著名"神山"——冈仁波切（即冈底斯山）为中心，吸引着当时来自南亚、中亚众多的朝圣者。在本教中，它被称为"九重万字之山"。所谓"九重万字"亦即雍仲本教的象征符号；在佛教中最为著名的须弥山，藏族学者中也有意见认为指的就是这座山，山顶即帝释天所居之处；而大体上与佛教同时兴起的印度耆那教也将此山视为其创始人瑞斯哈巴那刹获得解脱之山，称其为"阿什塔婆达"，意即"最高之山"，古代印

1　[法]石泰安著，耿升译：《西藏的文明》，北京：中国藏学出版社，2012年，第20页。

度教则称此山为"凯拉斯",认为是其主神之一的湿婆所居之山。

对于这种奇特的文化现象,我们只可能找到一种合理的解释:作为号称"世界屋脊之上的屋脊"的阿里高原,由于其至高无上的地理位置与神山冈仁波切所具有的丰富的象征意义,早在佛教传入之前的象雄时代,就已经成为一个古代宗教文化的荟萃之地。如同石泰安所言:"由于其地理位置的原因,象雄肯定是向印度开放的,或是通过尼泊尔,或是通过克什米尔和拉达克。印度人认为冈底斯山是一座神山,所以经常前往那里朝圣进香。我们无法考证他们是从什么时候起开始崇仰这一圣山的,但似乎可以追溯到象雄尚未成为吐蕃疆土组成部分的时候"[1],这一推测应当成立。石泰安在论述本教与佛教之间的相互关系时,还举出过一个例证来说明西部阿里在接受佛教文化传入方面所具有的特殊的宗教基础。

> 我们已经有机会指出,包括印度人的圣山冈底斯山在内的象雄地区过去曾存在过一种带有很深印度教烙印的宗教。这种形势甚至持续了很长时间。事实上,在950年左右,迦布罗(喀布尔)的印度国王拥有一尊罽宾(克什米尔)式的毗湿奴的塑像(有三颗头),他声称自己是从吐蕃赞普那里获得的,而后者又是从冈底斯山得到的。这就是说,苯教以人们难以置信的方式为佛教的传入吐蕃而准备条件,因为它吸收了印度——伊朗的一些因素,而这一切尚发生在喇嘛教(引者按:指藏传佛教)的同类作法之前[2]。

因此,当我们在考虑早期佛教传入西藏这一问题时,应当充分注意到西藏西部的这一特点。其次,从《青史》的记载分析,拉托托日王时期传入吐蕃的佛教物品中有《枳达嘛呢陀罗尼》经,这已经是印度佛教密宗的经典。那么,这就意味着,最早传入吐蕃的佛教内容中可能已混杂有密宗的成分。

---

1 [法] 石泰安著, 耿升译:《西藏的文明》, 北京:中国藏学出版社, 2012年, 第20页。
2 [法] 石泰安著, 耿升译:《西藏的文明》, 北京:中国藏学出版社, 2012年, 第261页。

对于这种可能性，王辅仁曾经指出："把印度佛教密宗的东西说成是从天而降的，这是后人有意识的附会。事实上这时印度大乘佛教的显宗还未完全衰落，密宗还没有大发展，怎么可能密宗在五世纪时就传到吐蕃来呢？编造这个神话的人有意识地让佛教密宗先来一步，是为它在以后的传入吐蕃埋下一条伏线，使人们反对不得，因为这些是从天而降的"[1]。我认为这个解释是令人信服的。从密教产生的时代和西藏接受佛教影响的时间两个方面来考虑，这都是讲不通的。

不过，似乎还可以提出另一种可能，那就是早期传入吐蕃的佛教，会不会因其掺杂有一些大乘佛教之外的内容，而被认作是后期的密教因素？尤其是在西藏的西部地区更是这样。

这里一是可以考虑来自印度湿婆教的影响。西藏西部周围地区，是一个受印度湿婆教影响甚重的地区。杜齐曾经指出："勃律以及迦湿弥罗（克什米尔）形成了一个主要是借鉴自湿婆教的宗教地区。……辽阔的边陲象雄地区不仅有志于改变它自己的宗教思想，而且也传播外来思想的反响。苯教传说中还知道另一个地区——大食（Stag gZig），此名词在藏文文献中一般是指伊朗和操伊朗语但都受伊斯兰教统治的社会。所有这一切都似乎清楚地说明了由湿婆教在教义范围内施加的影响"[2]。而印度后期兴起的佛教密宗，却吸收了大湿婆教的内容，两者之间存在有十分密切的联系[3]。因此是否有可能将这些本属于湿婆教的内容与后期密教内容发生了相互混淆？

其二，是否还可以考虑来自小乘佛教的某些影响。与吐蕃相接壤的西域各国最初传入的佛教，多以小乘佛教为主。西域北道的龟兹，据《高僧

1　王辅仁编著：《西藏佛教史略》，西宁：青海人民出版社，1982年，第22页。
2　[意] 图齐、[西德] 海西希著，耿昇译，王尧校订：《西藏和蒙古的宗教》，天津：天津古籍出版社，1989年，第266—267页。
3　[英] 约翰·布洛菲尔德著，耿升译：《西藏佛教密宗》，拉萨：西藏人民出版社，1992年，第16—18页。

传·鸠摩罗什传》的记载，直到4世纪中叶，此地仍以流行小乘佛教为主[1]。最具有代表性的是于阗。这个地方有关早期佛教传入的记载多系神话传说，与吐蕃的情形极为相似。《大唐西域记》中将于阗称之为"瞿萨旦那国"，说此国国王自称是"毗沙门天之祚胤"[2]，在藏文古籍中也有相似的记载。这所说的"毗沙门天"，原系印度婆罗门教中的北方保护神，后来则为佛教所吸收，成为佛教的护法神"四天天王"之一，尤其是在佛教密宗中十分流行。最值得注意的是在《大唐西域记》中还记载了一个有关佛教传入于阗的传说，明确地讲于阗原不信佛，后有一来自迦湿弥罗的"毗卢折那阿罗汉"向于阗国王进行诱导之后，"王遂礼请，忽见空中佛像下降，授王揵椎。因即诚信，弘扬佛教"[3]，这也是讲佛像是从天而降，与《青史》所载吐蕃早期佛教传入的方式几乎完全一致。

综上所述，似乎可以提出这样的一个推测：如果说拉托托日年赞时期果真有佛教因素传入吐蕃的话，那么这个时期的佛教很有可能与西藏西部邻近的迦湿弥罗（克什米尔）地区存在着一定的联系，其中的确不排除有印度大乘佛教之外的某些成分。当然，这一推测能否成立，还有待于更多的材料来加以证实。

2. 关于吐蕃进入中亚地区的主要通道

这里所讲的"中亚"，也包括中国的新疆地区即传统上的"西域"在内[4]。吐蕃最早开始出现在中亚，据日本学者森安孝夫的考证，是在吐蕃芒松

---

[1] （梁）释慧皎撰，汤用彤校注，汤一玄整理：《高僧传》卷2《译经中》，北京：中华书局，1992年，第45—49页。

[2] （唐）玄奘、辩机原著，季羡林等校注：《大唐西域记校注》卷12，北京：中华书局，1985年，第1001—1006页。

[3] （唐）玄奘、辩机原著，季羡林等校注：《大唐西域记校注》卷12，北京：中华书局，1985年，第1009—1010页。

[4] 杨铭：《吐蕃与南亚中亚各国关系史述略》，《西北民族研究》1990年第1期。

芒赞时代，相当于中原唐王朝龙朔二年（662年）[1]。

森安孝夫认为，从地理条件来看，当时吐蕃连接中亚的路线一共有两条：一条是从西藏中部（吐蕃王朝发祥地）至西北的喀喇昆仑、帕米尔路线；另一条是自西藏东北去青海、柴达木的路线[2]。事实上，从文献上来看当时还并不止这两条路线。至少我们还可以举出两条：一条是西经勃律、绕道葱岭进入西域的"勃律道"，这条路线已有众多的研究者进行过讨论[3]。而另一条，则是由吐蕃经过象雄（羊同）、过迦湿弥罗而进入中天竺的路线。据《新唐书·西域传》载，这条道路可以扼控吐蕃向勃律的进出，王小甫也称这条吐蕃人最早知道的通往西域的道路为"食盐之路"和"五俟斤路"，并且认为这就是吐蕃人进入西域活动的主要路线[4]，笔者十分赞同。

上面诸道中，从西北喀喇昆仑、帕米尔进入西域的一道，也称之为"中道"，具体来讲又可细分为两条路线：一条即穿越昆仑山与喀喇昆仑山之间的阿克赛钦地区路线，另一条则越过于阗南山（昆仑山与喀喇昆仑山）进入西域，或可称之为"吐蕃—于阗道"。由于在后文中，我们将详细地论述于阗与佛教传入西藏之间的关系，所以，这里拟对"吐蕃—于阗道"的情况稍加详细地分析。

吐蕃与于阗的相互地理位置，在汉文史料中已多有记载。如《隋书·西域传》于阗国条下载："于阗国，都葱岭之北二百余里。……东去鄯善千五百里，南去女国三千里，西去朱俱波千里，北去龟兹千四百里"，女国者，即大羊同国，即象雄也[5]。《释迦方志》亦载："大羊同国，东接土蕃，

1　[日]森安孝夫著，钟美珠、俊谋译：《中亚史中的西藏——吐蕃在世界史中所居地位之展望》，《西藏研究》1987年第4期。

2　[日]森安孝夫著，钟美珠、俊谋译：《中亚史中的西藏——吐蕃在世界史中所居地位之展望》，《西藏研究》1987年第4期。

3　王小甫：《唐·吐蕃·大食政治关系史》，北京：北京大学出版社，1992年，第20—22页。

4　王小甫：《唐·吐蕃·大食政治关系史》，北京：北京大学出版社，1992年，第31—32页。

5　（唐）魏征、令狐德棻：《隋书》卷83《西域传》，北京：中华书局，1973年，第1852页。

第四章　吐蕃王朝时期"高原丝绸之路"的确立与拓展　233

西接三波诃，北接于阗。"[1]所以，从吐蕃去于阗的道路，其起始点似乎不应如森安所云起自西藏中部，而应起于西藏西部的象雄。

吐蕃—于阗道的开通，沟通了西藏西部与中亚的联系，影响极为深远。但是，关于此道开通的时间，在文献中却没有明确的记载。近年来，有学者从女国（羊同）与北方突厥的关系上来探索这条道路的凿通，提出二者之间可能存在一条古老的"食盐之路"，即"女国从北方的突厥地得到食盐，再向南贩往天竺和吐蕃"[2]。但实际上，羊同本土也是重要的盐业产地[3]，不一定非得到北方的突厥地去获得盐。《隋书·女国传》中明确记载女国"尤多盐，恒将盐向天竺兴贩，其利数倍"[4]，并不是没有根据的。从近年来新发现的一些考古材料上看，吐蕃—于阗道至少在吐蕃兼并羊同甚至更早以前就已经形成，已成为西藏高原与中亚古国之间物质文化交流的重要孔道。如前文中笔者所举1990年9月，在西藏拉萨曲贡村发掘了一处石室墓地，其中一座墓中出土了一面铁柄铜镜。这种形制的带柄镜，与中国黄河、长江流域唐以后所出的带柄铜镜不属于一个大的文化系统，是可以断定的。就世界范围而言，古代铜镜大体上可以分为东、西两大系统：一是以中国为代表的东亚圆板具纽镜系统，二是流行于西亚、中近东以及中亚诸古文明中的带柄镜系统。曲贡村石室墓出土的这件带柄镜，无疑应当归属于后者[5]。这类带柄镜在西藏的发现并非孤例，过去西方人士也曾在西藏的佛寺中发现过一些流传于

---

[1] （唐）道宣著，范祥雍点校：《释迦方志》卷上《遗迹篇第四》，北京：中华书局，1983年，第37页。
[2] 王小甫：《唐·吐蕃·大食政治关系史》，北京：北京大学出版社，1992年，第27页。
[3] 张建世：《藏北牧民的盐粮交换》，四川大学历史系编：《中国西南的古代交通与文化》，成都：四川大学出版社，1994年，第367—380页。
[4] （唐）魏征、令狐德棻：《隋书》卷83《西域传》，北京：中华书局，1973年，第1850页。
[5] 中国社会科学院考古研究所西藏工作队、西藏自治区文物管理委员会：《西藏拉萨市曲贡村石室墓发掘简报》，《考古》1991年第10期；霍巍：《西藏曲贡村石室墓出土的带柄铜镜及其相关问题初探》，《考古》1994年第7期。

世的带柄镜，只是其来源已无从考证[1]。

值得注意的是，这类带柄镜除西藏之外，在中国境内出土最多的地点，是在新疆地区。如轮台群巴克墓葬[2]、新源铁木里克墓地[3]、新源巩乃斯种羊场石棺墓[4]、和静察吾乎沟口二号墓地[5]、吐鲁番艾丁湖古墓[6]等都曾经出土过。从年代比较来看，新疆所出土的带柄镜年代普遍要早于西藏，前者最早可至西周，最晚可至汉代，大体上为公元前10世纪至公元前后；而后者的年代据初步研究约当春秋战国至东汉时期，大体上相当于公元前5世纪—公元3世纪这一范围之内。所以，西藏高原的带柄镜，很有可能是从新疆地区传入。在阿里高原佛教文化传入之后所绘制的壁画中，还保存有手执带柄镜的人物形象[7]，观察其带柄镜的形制，与新疆地区所出者几无区别，这一方面说明使用带柄镜的传统在西藏西部地区可能持续的时间很长，另一方面也证明了西藏带柄镜很有可能是通过古代的象雄（羊同）传入到吐蕃腹心地区。

进一步追溯，还可以发现新疆地区的这种带柄镜实际上又与中亚一带的同类镜型有着十分密切的联系。从形制排比的结果来看，与新疆地区出土的带柄镜形制最为接近的是葱岭以西以米努辛斯克盆地为中心的这一区域发现

---

1 [德] N. G. 容格、V. 容格等著，朱欣民译：《西藏出土的铁器时代铜镜》，四川联合大学西藏考古与历史文化研究中心、西藏自治区文物管理委员会编：《西藏考古》（第1辑），成都：四川大学出版社，1994年，第189—200页。

2 中国社会科学院考古研究所新疆工作队、新疆巴音郭楞蒙古自治州文管所：《新疆轮台县群巴克墓葬第二、三次发掘简报》，《考古》1991年第8期，图一四，8；图二四，1。杨铭：《吐蕃与南亚中亚各国关系史述略》，《西北民族研究》1990年第1期。

3 新疆文物考古研究所：《新疆新源铁木里克古墓群》，《文物》1988年第8期，图二〇—图二一。

4 张玉忠：《新疆新源巩乃斯种羊场古墓葬》，《考古与文物》1985年第2期。

5 中国社会科学院考古研究所新疆队、新疆巴音郭楞蒙古自治州文管所：《新疆和静县察吾乎沟口二号墓地发掘简报》，《考古》1990年第6期。

6 新疆维吾尔自治区博物馆、吐鲁番地区文管所：《新疆吐鲁番艾丁湖古墓葬》，《考古》1982年第4期。

7 四川大学中国藏学研究所、四川大学历史文化学院考古学系、西藏自治区文物事业管理局：《皮央·东嘎遗址考古报告》，成都：四川人民出版社，2008年。

的青铜带柄镜[1],而且这一地区所出土青铜镜的年代又普遍早于新疆地区。所以,我们有理由认为西藏出土的带柄镜,是以新疆地区为中介,从中亚传入西藏西部,再传入到吐蕃腹心地区。这条传播路线,极有可能即是后来的"中道"。

此外,考古发现的古代岩画也表明,古代的象雄与其北方的阿克赛钦、克什米尔等地早已存在一定的交通联系。

近年来,新疆地区的文物考古工作者在叶城东西的达布达布、布仑木沙、普萨以及皮山等地调查发现了多处岩画,所刻画的主要有山羊、大角盘羊、牦牛等动物以及狩猎场面[2],岩画的内容题材、风格技法与阿里地区所发现的岩画完全相同,证明其时代相近,岩画作者的族属也当相同。这部分岩画中没有发现佛教的内容,所以新疆的考古工作者将其制作的年代推定在公元前,可备一说。

1979年,由巴基斯坦和法国等国学者所组成的一支考古调查队沿中巴公路(又称为喀喇昆仑高山公路)一线进行了考古调查。这条公路南起巴基斯坦北部的印度河谷平原,接着向西进入喜马拉雅山西端的高山峡谷,然后经过帕尔巴特峰附近,再向北进入喀喇昆仑高山中的吉尔吉特河谷和洪扎河谷,最后进入到中巴边境的红其拉甫山口,北与新疆叶城相连,南则可以沿今新藏公路至阿里日土。汉以来的"罽宾道",大体上即是如此走向。中国学者已经从这些岩刻中发现了"大魏使谷巍龙今向迷密使去"的汉文题刻,并考证认为这一题刻的年代"下限亦不得晚于6世纪中叶"[3]。

在这条古道上考古调查发现的岩画与岩刻年代延续很长,可以大体分为四期:最早的一期为公元前5000年至公元前1000年,这个时期的岩画内容都

---

1 霍巍:《西藏曲贡村石室墓出土的带柄铜镜及其相关问题初探》,《考古》1994年第7期。
2 据新疆喀什地区文物管理委员会调查资料。
3 马雍:《巴基斯坦北部所见"大魏"使者的岩刻题记》,氏著:《西域史地文物丛考》,北京:文物出版社,1990年,第129—131页。

是非佛教的，在公元前1000年的岩画中出现有西伊兰人和塞人的岩刻；第二期为佛教传入的初期，约为1—2世纪，相当于贵霜王朝及其前后一段时期，主要的内容为塔与对塔的礼拜与崇奉；第三期为佛教流行时期，约5—8世纪，主要的内容有塔、佛传、本生故事、佛像等[1]。今西藏阿里地区的古代岩刻基本上也可以分为非佛教内容的岩画与佛教传入之后的岩画，具体的年代虽然还有待作进一步的考订，但从岩画的内容与雕刻技法等方面观察，与克什米尔境内的这些岩画具有很多相似的因素，如作画的方式都是采用尖利的石块或者金属器在岩石表面刻凿出阴线图案；早期多表现动物与狩猎场面，晚期出现佛塔、佛像等画面等，表明二者之间可能也存在某种联系。

　　上述这些考古材料证实了我们的看法，西藏西部通过其北部阿克赛钦、喀喇昆仑山和昆仑山而与新疆叶城一带相会的交通路线，最迟在古老的象雄时期可能就已经凿通。通过这条路线，向西可越过喀喇昆仑山口至印度、巴基斯坦和克什米尔；向北则可直通帕米尔高原，直至葱岭之西。来自中原王朝北魏（大魏）的使者至迟在6世纪中叶已经利用这条通道前往中亚，这远在吐蕃王朝兴起之前。但生活在这一地区的象雄（羊同）人或许已经了解到这些交通路网的存在，在吐蕃王朝吞灭象雄之后，并将这一地理信息传递给了吐蕃统治者，使之也同样为吐蕃王朝所利用。

　　这条路线的起始点，综合文献与考古两方面的材料分析，大致上即今新藏公路干线的走向，即南起阿里高原日土（旧译作鲁多克，古象雄／羊同辖地），经界山大坂、阿克赛钦湖、泉水沟、大红柳滩、康西瓦，北抵叶城、皮山等地。前文中笔者已经多次论及，唐代的文献记载中有迹象表明当时的僧人曾利用这条道路前往印度。如义净《大唐西域求法高僧传》中提到的玄照，可能便通过此道去印度；另据义净的记载，除玄照之外，还有隆法师、

---

[1] 国家文物局教育处编：《佛教石窟考古概要》，北京：文物出版社，1993年，第287—294页。

信胄以及大唐三僧等人可能也是经由此道去印度[1]。其后，10世纪波斯佚名作者的《世界境域志》以及11世纪波斯文作家加尔迪齐（Gardizi）所著《记述的装饰》等史籍中，在论及从西域通往吐蕃的通道时，也都提到了从和田通过阿克赛钦去向吐蕃的道路[2]，大约也是指这条中道而言。

吐蕃通往西域的路线，除上述干线外，还有其他通过"借道"形式通向西域的道路。据王小甫考证，这些通路包括：大勃律—揭师—护密道；揭师—淫薄健道；筒失密—乾陀罗—谢飓道等[3]，皆可越葱岭进入西域。

上述吐蕃进入西域的路线，分别是在不同时期开通或者利用的。联系到吐蕃在西域的活动史，王小甫将其大体划分为三个阶段：即吐蕃征服羊同，控制了所谓"食盐之路"，亦即本节所论的"中道"；唐朝重兵防守四镇之后，吐蕃重点转向西开通跨越葱岭之路；唐控小勃律之后，吐蕃又改由塔里木东南进入西域；最后，吐蕃乘唐安史之乱夺取安西，沟通了草原上传统的南北交通路线[4]。其说可从。但是，其中开通得最早、利用程度最高、与西藏西部关系最为密切的路线，按笔者的看法，仍是吐蕃早期通往西域的主要通道——或可称为"吐蕃—于阗道"。

但迄今为止，由于考古工作尚未全面展开，有关这些古道的考古实物遗存仍然十分缺乏，这些形成和利用于吐蕃时期的高原古道具体走向、站点、镇守等具体情况都还有待于在将来的工作中进一步加以探讨，目前还只能依据有限的文献资料作出上述分析。

---

1 （唐）义净原著，王邦维校注：《大唐西域求法高僧传校注》，北京：中华书局，1988年，第9—11、66、99、249页等条所载。
2 转引自王小甫：《唐·吐蕃·大食政治关系史》，北京：北京大学出版社，1992年，第32—33页。
3 王小甫：《唐·吐蕃·大食政治关系史》，北京：北京大学出版社，1992年，第119—131页。
4 王小甫：《唐·吐蕃·大食政治关系史》，北京：北京大学出版社，1992年，第54页。

3. 古代于阗与吐蕃的文化联系

古代于阗不仅是西域丝绸之路南线上的重镇，也是吐蕃进入西域的一条主要干道——"吐蕃—于阗道"的重要节点。虽然这只是一条西藏与新疆之间的区域性通道，却是西藏西部地区沟通与中亚、西域的前哨地带。古代于阗与吐蕃之间的文化联系，也正是通过这条古道得到了进一步的加强。

于阗之名，最早在汉文史籍中出现，始见于《史记·大宛列传》："于阗之西，则水皆西流，注西海；其东水东流，注盐泽"[1]。司马迁撰《史记·大宛列传》乃取材于张骞出使西域所记材料，由此推之，于阗在公元前2世纪中叶已经立国。

在藏文古籍中，也有关于于阗立国的传说[2]，据《汉藏史集》"圣地于阗之王统"记载：最早在迦叶佛出世之时，于阗被称为草垫之地。迦叶佛圆寂之后，曾于此建塔，名为郭马萨拉干达塔，有"仙人"喀热夏等人曾长期在于阗的山上修行居住，以后，教法毁灭于阗变成了海洋。释迦牟尼出世后，于阗被托给毗沙门天王和药叉正力等神，释迦牟尼本人也曾飞临于阗。至释迦示寂后二百五十四年，法王阿育王来此地，在现在和田城所在地住了一宿，与王妃生下一子，名为地乳。地乳王长大成人之后，汉地之王命其率兵众向西寻找于阗。地乳王的两名随从为寻找走失的乳牛而在此与印度人相遇，双方划地为界，各自立国。从释迦牟尼示寂到地乳王做于阗王，其间相

---

[1] （汉）司马迁：《史记》卷123《大宛列传》，北京：中华书局，1959年，第3160页。

[2] 藏文古籍中有关于阗国立国的记载主要有：敦煌古藏文写卷P.T.960《于阗古史》、藏文大藏经丹珠尔部《于阗国授记》及《汉藏史集》等。前两书1935年由英国学者托玛斯译成英文，收入其藏学名著《新疆藏文文献集》第一集，其后在1967年由牛津大学作为敦煌东方学丛书第19种出版，书名为《关于于阗的藏文文献》。1921年，日本学者寺本婉雅曾将这两书译为日文出版。王尧、陈践曾据法国科学院西藏学研究中心和法国图书馆联合出版的《敦煌藏文文献选》中影印的敦煌古藏文写卷P.T.960译解为《于阗教法史》，发表于《西北史地》1982年第3期。参见王尧、陈践：《〈于阗教法史〉——敦煌古藏学写卷P.T.960译解》，《西北史地》1982年第3期。

距二百五十四年[1]。如按这一传说，则于阗之立国是在阿育王时代（即公元前242年左右），已有学者考证认为，这一传说实为于阗僧徒为了便于佛教在于阗的传播而伪造出来的，不足为信[2]。但是，大量的藏文文献中记载这一传说本身，就意味着于阗与古代西藏之间关系非同一般。

于阗之名的由来，据藏文《于阗古史》所记，其读音为"U—then"，为都与河之意。日本学者白鸟库吉认为，藏语中称玉石为gyu（yu），与古音jiu或者gjiu相同，而U—then与jiu dien或U—dien之音相近，故于阗有玉城、玉邑之意[3]。此外，还有外国学者按照古藏语于阗的读音Li—yul，释其为钟铜之国（bell metal country），或者谓Li即犁，指牦牛（yak）[4]，无论这些解释具有多大的可信程度，但至少表明，"于阗"一词的起源，学术界倾向于用藏语来进行解释比较合理，这也从一个侧面反映出二地之间在古代具有某种特殊的联系。

《汉藏史集》中还记载了佛教传入于阗的情况，云："于阗立国后六十五年之时，即叶吾拉王之子尉迟森缚瓦即王位五年时，佛法开始传到于阗国。"[5]另一部藏文史籍《于阗古史》记载："于阗建国于佛涅槃之后二三四年。建国一六五年后，于阗王Yeula的儿子Vtjayasamhhava在位。登位后的第五年达磨（Dharm胜法）开始传入于阗。此王为弥勒和曼殊室利的化身。毗卢折那阿罗汉以比丘的面貌，出现于于阗，并驻锡于赞磨村之Tsar—

---

1 达仓宗巴·班觉桑布著，陈庆英译：《汉藏史集》，拉萨：西藏人民出版社，1986年，第53—56页。
2 周连宽：《瞿萨旦那国考》，氏著：《大唐西域记史地研究丛稿》，北京：中华书局，1984年，第229—236页。
3 ［日］白鸟库吉著，王古鲁译：《塞外史地论文译丛》（第二辑），长沙：商务印书馆，1938年，第138—139页。
4 ［日］白鸟库吉著，王古鲁译：《塞外史地论文译丛》（第二辑），长沙：商务印书馆，1938年，第138—139页。
5 达仓宗巴·班觉桑布著，陈庆英译：《汉藏史集》，拉萨：西藏人民出版社，1986年，第56页。

ma窟内。"[1]日本学者羽溪了谛据此推算于阗建国系在阿育王时代,即公元前242年左右;而佛教传入此国,便应当在公元前74年前后[2]。如前所述,由于于阗建国的年代多系神话传说,所以以此来推算佛教传入于阗的时间不一定可靠。日本学者堀谦德认为:"佛教能致如斯之盛大,必经相当之年月;是以遍照(毗卢折那)传教于于阗之时代,当在第二世纪或其以前。第二世纪前半期为迦腻色迦王出,印度佛教传播于四方之时代,然则,遍照传教于于阗国或亦在此时。"[3]参照佛教传入西域各国的时代来看,可能这一推测比较可取。

于阗与吐蕃之关系,可谓源远流长。就其民族种属而论,二者之间便存在着亲缘关系。《魏书·西域传》、《北史·西域传》及《通典》卷192均载,于阗国之民族皆云:"自高昌以西,诸国人等深目高鼻,惟此一国,貌不甚胡,颇类华夏"。日本学者白鸟库吉对此出的解释是:"当时于阗人容貌,并非深目高鼻,反类华夏云云,决非指汉人之移居此地,其实应为类似汉人的西藏人混合的结果"[4]。周连宽联系到《汉书·西域传》中所载之"羌",提出最初来到于阗的民族当系一支从于阗以南的南山山脉北麓随畜逐水草以达塔里木盆地南边绿洲的羌系民族定居于此,再混合以后来从兴都库什山区东迁来的Arya种的Galča人所形成的种族[5]。他还指出:直至现代,于阗人的体质中仍保留有藏种的因素,"其实这种西藏系统的性质,来源甚

---

1 周连宽:《瞿萨旦那国考》,氏著:《大唐西域记史地研究丛稿》,北京:中华书局,1984年,第247页。

2 [日]羽溪了谛著,贺昌群译:《西藏之佛教》,上海:商务出版社,1956年,第203页。

3 [日]堀谦德著,纪彬译:《于阗国考》,《禹贡》1935年第四卷第一期。

4 [日]白鸟库吉著,王古鲁译:《塞外史地论文译丛》(第二辑),长沙:商务印书馆,1938年,第136—137页。

5 周连宽:《瞿萨旦那国考》,氏著:《大唐西域记史地研究丛稿》,北京:中华书局,1984年,第245—246页。

古,是汉以前于阗地区羌族土著居民的遗存"[1]。笔者不仅完全赞同这一意见,而且还要补充一点:最新的考古人类学研究成果也支持这一观点。

随着我国西北地区考古工作的进展,一批古人类学材料经过研究测定后,显示出一些很值得注意的特点,其中比较重要的如新疆哈密焉不拉克墓葬的人骨种系。新疆焉不拉克古墓群是在1986年春进行考古发掘的。墓葬中出土有相当数量的彩陶器和小件的青铜器,还出有铁制品。据观察研究,墓葬所出的陶器器形与纹样特征与甘青地区的辛店文化有某些相似之处,故墓葬的总体年代大致上定在西周或春秋之间[2]。墓葬中还出土了一批人骨材料,经过中国社会科学院考古研究所韩康信等学者的鉴定,已经得出了初步的结论。这批人骨材料大体上来讲包括有两个大的支系类型:欧洲人种支系与蒙古人种支系,而以蒙古人种在数量上占明显优势。在这批蒙古人种头骨的总的特征上,"具有长颅型,颅高趋低的正颅型,高而适度宽和中等偏平的面,矢状方向面部突度弱,齿槽突度有些接近突颌,中等突起的鼻兼有狭鼻倾向"[3]。值得注意的是,这些综合特征,恰恰与现代藏族卡姆型头骨之间表现出强烈的一致性。因此学者们认为:如不纯系偶然,焉不拉组与西藏卡姆组属同类性质是可信的,其接近程度甚至超过了焉不拉组与甘肃古代组之间的接近程度。由此可见,与现代藏族很接近甚至带有某些更不分化性质的古代居民在公元前10—前5世纪生活在西北边陲地区"[4]。

哈密虽在新疆之东北部,与于阗相距甚远,但其原始先民所反映出的体质人类学特征却与于阗的古代居民具有相似性,即当中都包含有古代羌系民族的成分。由于古代的"羌"活动范围极广,西藏远古先民的一部分也与

---

[1] 周连宽:《瞿萨旦那国考》,氏著:《大唐西域记史地研究丛稿》,北京:中华书局,1984年,第246页。
[2] 新疆维吾尔自治区文化厅文物处、新疆大学历史系文博干部专修班:《新疆哈密焉不拉克墓地》,《考古学报》1989年第3期。
[3] 韩康信:《新疆哈密焉不拉克古墓人骨种系成分研究》,《考古学报》1990年第3期。
[4] 韩康信:《新疆哈密焉不拉克古墓人骨种系成分研究》,《考古学报》1990年第3期。

之有着密切的关系。《新唐书·吐蕃传》载"吐蕃本西羌属，盖百有五十种"，正是从这个意义而言。所以于阗与西藏的古代居民同属于一个大的种系有比较足够的证据。

于阗是西域重要的佛教文化中心之一。据《法显传》所载，5世纪初，于阗国佛教处于极盛时期，"众僧乃数万人，多大乘学，皆有众食。彼国人民星居，家家门前皆起小塔，最小者可高二丈许。作四方僧房，供给客僧及余所须。……僧伽蓝名瞿摩帝，是大乘寺，三千僧共犍槌食。……其国中十四大伽蓝，不数小者。"[1]藏文文献《汉藏史集》亦载："总的来说，和田（引者按：即于阗）地方的大寺院在城内外有六十八座，中等寺院有九十五座，小寺院有一百四十八座。另外，荒地小庙及不属寺庙之佛像佛塔等，共计三千六百八十八处。据桂·措衍金波鼠年统计，和田地方共有比丘一万来名。"[2]由此可见当时于阗国佛教规模之一斑。

于阗王国与吐蕃王朝之间发生直接的联系，据文献记载大约开始于7世纪的后半叶。《汉藏史集》在记载于阗新建之"达哇涅寺"时云："此时吐蕃之王将于阗收归治下，此寺是在吐蕃大臣噶尔·东赞来到于阗时修建的"[3]。这与吐蕃敦煌古藏文史料可以相互对应。据《敦煌本吐蕃历史文书》大事记年部分记载，噶尔·东赞在松赞干布逝世后担任吐蕃大相期间，长期住在吐谷浑地区[4]，与西域重镇于阗的关系应当密切。《资治通鉴》唐高宗麟德二年（665年）三月条下记："疏勒、弓月引吐蕃侵于阗"[5]；又高宗咸亨元年

---

1 （东晋）沙门释法显撰，章巽校注：《法显传校注》（一），北京：中华书局，2008年，第11—12页。

2 达仓宗巴·班觉桑布著，陈庆英译：《汉藏史集》，拉萨：西藏人民出版社，1986年，第58页。

3 达仓宗巴·班觉桑布著，陈庆英译：《汉藏史集》，拉萨：西藏人民出版社，1986年，第57—58页。

4 王尧、陈践译注：《敦煌本吐蕃历史文书·大事记年》（增订本），北京：民族出版社，1992年，第146页。

5 （宋）司马光编著，（元）胡三省音注：《资治通鉴》卷201《唐纪十七·高宗天皇大圣大弘孝皇帝中之上·麟德二年·三月》，北京：中华书局，1956年，第6344页。

（670年）夏四月条下记："吐蕃陷西域十八州，又与于阗袭龟兹，拔换城，陷之"[1]。这些记载都与《汉藏史集》所载的总体历史背景相吻合。随着吐蕃对于西域的不断扩张，两地之间的交流也从各方面展开。

例如，于阗的佛教传入吐蕃，从藏文文献中所反映的线索分析，可能在吐蕃与于阗发生联系后不久。如《汉藏史集》载："释迦牟尼涅槃之后的两千年间，于阗国有佛法之影像及舍利，此后教法毁灭。于阗国和疏勒、安西三地被汉人、赭面、粟特、突厥、胡人等摧毁。其后，有一名菩萨转生为赭面国之王，在吐蕃地方兴起佛法，建立佛寺及佛塔，立两部僧伽。王臣逐渐奉行佛法，从其他地方迎请许多堪布和佛经，于阗国也被纳入吐蕃国王统治之下。这以后，在赭面吐蕃的七代国王之时，奉行佛法。此时，于阗国之佛法已接近毁灭之时，于阗的一位年青国王仇视佛教，驱逐于阗国的比丘。众比丘依次经察尔玛、蚌、墨格尔、工涅等寺院，逃向赭面国。……此赭面国王有一菩萨化身之王妃，是汉地的一位公主，她任施主迎请于阗国的比丘到吐蕃"[2]。类似的记载，也见于藏文《于阗教法史》中。这一事件，据析可能发生在710年金城公主到吐蕃之后约二三十年后[3]。

尔后，于阗与吐蕃两地不断进行交往，作为西域的佛教文化中心，于阗对于吐蕃佛教的兴盛起到了重要的推动作用。据《青史》记载，赤德朱登王（引者按：也译为赤德祖赞）时代，"修建了扎玛正桑等一些寺庙；又从黎域（引者按，即指于阗）迎请来出家众；从汉地迎请来很多和尚"[4]，以传播佛法。

据王辅仁考证，大约在710年赤德祖赞从唐朝迎娶金城公主入藏，对汉地

---

1 （宋）司马光编著，（元）胡三省音注：《资治通鉴》卷201《唐纪十七·高宗天皇大圣大弘孝皇帝中之上·咸亨元年·四月》，北京：中华书局，1956年，第6363页。
2 达仓宗巴·班觉桑布著，陈庆英译：《汉藏史集》，拉萨：西藏人民出版社，1986年，第59页。
3 王尧、陈践：《〈于阗教法史〉——敦煌古藏文写卷P.T.960译解》，《西北史地》1982年第3期。
4 廓诺·迅鲁伯著，郭和卿译：《青史》，拉萨：西藏人民出版社，1985年，第27页。

佛教在吐蕃的发展起到推动作用。大致在同一时期，西域于阗的佛教僧侣由于动乱向吐蕃流亡，吐蕃王室不仅为这批于阗僧人提供避难场所，请他们进入到吐蕃本部，而且还为收容这批从于阗来的僧侣修建了七座佛寺，可见这批僧侣的数量不少[1]。《拔协》中也记载在修建桑耶寺的过程中，"召来了汉地、印度、尼泊尔、克什米尔、李域、吐蕃等各地所有的能工巧匠"[2]，足见于阗的佛教艺术也传到了吐蕃。意大利学者杜齐在论及他对西藏佛教艺术的看法时特别指出："在西藏寺院中见到的若干塑像上可以观察到印度的沙西文化（Shahi）的影响及来自尼泊尔或中国中亚（于阗）的某些早期影响"；并且提出"艾旺（引者按：西藏中部地区的一座寺庙）的碑铭上也有关于于阗及印度影响的更多的资料"[3]。这些材料都与藏文史料的记载是一致的，都从不同的层面反映出于阗和吐蕃两地之间的交通往来情况。

笔者认为，如前所述，由于吐蕃与于阗之间早已开通了"吐蕃—于阗道"，而这条道路最初一个重要中转站很可能是吐蕃西部的象雄（羊同）旧地，所以，于阗佛教传入吐蕃很可能是以此作为中介的。在吐蕃攻占青海吐谷浑故地并由此可以转道西域之后，情况才发生了改变，可以从吐谷浑方向进入到于阗地区。

4. 古代迦湿弥罗与吐蕃的文化联系

上文中我们曾经论述到，吐蕃与中亚西域交通的另一条途径，是通过象雄（羊同）经过迦湿弥罗而进入天竺。虽然已有迹象表明西藏与克什米尔两地之间的文化联系可以上溯到史前石器时代，这在前面的章节中已经有所论及，但两地之间发生比较密切的交往应当还是在吐蕃征服象雄与迦湿弥罗直

1　王辅仁编著：《西藏佛教史略》，西宁：青海人民出版社，1982年，第27—28页。
2　拔塞囊著，佟锦华、黄布凡译注：《〈拔协〉（增补本）译注》，成都：四川民族出版社，1990年，第60页。
3　［意］G·杜齐著，向红笳译：《西藏考古》，拉萨：西藏人民出版社，1987年，第48—49页。

接相毗邻之后。

迦湿弥罗，又称为简失密，即今克什米尔。汉文史书中最早记载吐蕃与迦湿弥罗之间发生交往，可能是在唐初贞观年间。史载唐贞观二十二年（648年）吐蕃、泥婆罗出兵助王玄策败中天竺后，有"迦没路国献异物，并上地图，请老子象"[1]。杨铭考证此"迦没路国"可能即为迦湿弥罗国的另一音写[2]。当从。唐义净《大唐西域求法高僧传》卷上载，沙门玄照于贞观年中"还蒙敕旨，令往羯湿弥啰国，取长年婆罗门卢迦溢多"，途中曾"遭土（吐）蕃贼"[3]，可反推当时羯湿弥啰（迦湿弥罗）国来朝，应当经过吐蕃，与吐蕃当有相互往来。

慧超于开元十五年（727年）巡礼天竺时，羊同已为吐蕃所并，迦湿弥罗与已成为吐蕃属地的羊同紧相毗邻。《往五天竺国传》云："又迦叶弥罗国东北，隔山十五日程，即是大勃律国、杨同国、娑播慈国，此三国并属吐蕃所管，衣着言音人风并别。"[4]据慧超对此国的记述，该国"王有三百头象，住在山中，道路险恶，不被外国所侵。人民极众，贫多富少，王及首领诸富有者，衣着与中天不殊。"[5]信仰佛教，"王及首领百姓等，甚敬三宝，国内有一龙池，彼龙王每日供养千一罗汉僧"，"国内足寺足僧。大小乘俱行。"[6]

迦湿弥罗的佛教曾经传入到于阗。《大唐西域记》载于阗国"王城南十余里，有大伽蓝，此国先王为毗卢折那阿罗汉建也。昔者，此国佛法未被，而阿罗汉自迦湿弥罗国至此林中，宴坐习定。……王遂礼请，忽见空中佛像

---

1 （宋）欧阳修、宋祁：《新唐书》卷221上《西域传上》，北京：中华书局，1975年，第6238页。
2 杨铭：《吐蕃与南亚中亚各国关系史述略》，《西北民族研究》1990年第1期。
3 （唐）义净原著，王邦维校注：《大唐西域求法高僧传校注》卷上，北京：中华书局，1988年，第10—11页。
4 （唐）慧超原著，张毅笺释：《往五天竺国传笺释》，北京：中华书局，2000年，第64页。
5 （唐）慧超原著，张毅笺释：《往五天竺国传笺释》，北京：中华书局，2000年，第60页。
6 （唐）慧超原著，张毅笺释：《往五天竺国传笺释》，北京：中华书局，2000年，第61—62页。

下降，授王揵椎。因即诚信，弘扬佛教"[1]。另外，同书还记载王城三百余里有"勃伽夷城"，城中有一佛像是于阗古代某王子在逾雪山讨伐迦湿弥罗国战争中带回的。无论这些传说的真伪如何，也反映出迦湿弥罗佛教对周边地区的影响是存在的。

目前，虽然迦湿弥罗佛教直接对吐蕃产生影响的记载并不丰富，但从对史料的爬梳剔抉之中仍可见到一些线索，据藏文文献的记述，吐蕃王朝时代创制藏文的贤者吞米·桑布扎是从迦湿弥罗学习回来后，根据克什米尔文在拉萨木鹿宫创造出三十个字母，从而产生了古代的藏文[2]。另据《拔协》一书的记载，当年修建桑耶寺的工匠中曾有来自克什米尔的匠人。另外，在桑耶寺建成之后，赤松德赞派人到印度去迎请佛教僧人，从印度请来的人当中除有大乘密宗的无垢友、法称之外，还有来自克什米尔的僧人阿难陀（Ananda），据说他在寂护来吐蕃之前就在拉萨经商[3]。根据这些文献记载的线索，也说明吐蕃王朝时期与迦湿弥罗早已有着密切的往来。

综上所论，我们可以得出下述主要的结论：

（1）吐蕃征服象雄之后，在象雄文明与地缘的基础之上，有力地开拓了与其西部地区周边国家的关系，形成了不同历史时期与中亚、南亚各国比较稳定的交通路线。

（2）正是通过这些交通路线，犹如架设起一道道经过其西部、西南部进而通往西藏高原腹心地区的宗教与文化桥梁，尤其是为佛教文化的传播开创了有利的条件。

（3）来自中原大唐王朝的政治、经济与宗教影响始终是吐蕃王朝时代最

1　（唐）玄奘、辩机原著，季羡林等校注：《大唐西域记校注》卷12，北京：中华书局，1985年，第1009—1010页。

2　巴卧·祖拉陈哇著，黄颢译注：《〈贤者喜宴〉摘译》（八），《西藏民族学院学报》1982年第3期。

3　拔塞囊著，佟锦华、黄布凡译注：《〈拔协〉（增补本）译注》，成都：四川民族出版社，1990年，第60页。

为重要的主流。此外，与西藏西部相毗邻的迦湿弥罗、于阗、天竺与泥婆罗等佛教文化中心，也是吐蕃佛教重要的来源。我们可以从西藏西部地区佛教考古文化中看到来自这些地区的强烈影响，而这些影响对于整个西藏佛教艺术与文化来说，都是非常深远而持久的。

三、棺板画、吐蕃马具、造型艺术等与周边文化的联系

前文我们主要依据多种文献资料的梳理，对吐蕃时期青藏高原与周边国家和地区的文化交流往来，以及可能的交通路线、文化传播方式等问题进行了初步的论述。由于这些地区限于客观条件无法开展实地考古调查，所以考古实物证据十分缺乏。不过，近年来在吐蕃考古工作中所获得的一些材料，或有助于帮助我们认识了解与之相关的历史背景，以下择要加以论述。

1. 吐蕃棺板画

与青藏高原吐蕃考古的新进展几乎同步，近年来在我国西北及北方地区也连续出土了一系列入华粟特人的墓葬，它们分别是：宁夏固原南郊隋唐墓[1]、甘肃天水石马坪墓[2]、山西太原隋虞弘墓[3]、西安炕底寨北周安伽墓[4]和井上村北周史君墓[5]等。这批粟特人的墓葬大多保存有较为完好的石棺椁、石屏风、石床等石质葬具，在部分石板上雕刻有内容丰富的画像，从而引起学术界的强烈关注。无独有偶，在吐蕃考古发现的墓葬资料中也有一批彩绘

1　宁夏回族自治区固原博物馆罗丰编著：《固原南郊隋唐墓地》，北京：文物出版社，1996年。
2　天水市博物馆：《天水市发现隋唐屏风石棺床墓》，《考古》1992年第1期。
3　山西省考古研究所、太原市考古研究所、太原市晋源区文物旅游局：《太原隋代虞弘墓清理简报》，《文物》2001年第1期。
4　陕西省考古研究所：《西安北郊北周安伽墓发掘简报》，《考古与文物》2000年第6期；陕西省考古研究所：《西安发现的北周安伽墓》，《文物》2001年第1期。
5　西安市文物保护考古所：《西安北周凉州萨保史君墓发掘简报》，《文物》2005年第3期。

在木棺板或木质随葬器物上的图像[1]，两者之间具有诸多相同的特点。

上述入华粟特人的石椁浮雕与吐蕃棺板画除了材质的不同之外（前者使用石材，后者使用木材），都是由数块石板或木板组成，主要作用一方面可作为葬具上的装饰图案，但更重要的目的是要彰显死者在生前与死后所能享受到的若干殊荣优待。从画面的表现形式而论，粟特人石棺浮雕主要画面有骑射狩猎、商队出行、帐外乐舞宴饮、帐中主人宴饮、丧葬仪式等，虽然各个画面具有各自的独立性，同时彼此之间又有着紧密的联系，实际上都围绕着一个中心展开：即祈求死者亡灵顺利升入天国，并在天国享受到与生前同样的荣华富贵生活。青海出土的吐蕃棺板画的情况与之极为相似，在表现形式上也是由骑射狩猎、驼队出行、帐外宴饮乐舞、帐中主人宴饮和丧葬仪式等不同画面组成，笔者认为虽然其画面是取材于日常生活的若干场景，但其中心意义同样是反映出吐蕃具有浓厚本教色彩的丧葬礼仪[2]。尽管两者在画面中出现的人物服饰、器皿、牲畜种类、舞蹈以及乐器等还有不尽相同之处，具有各自的民族与地域特点，但在图像中所反映出的某些共同的文化传统却是一致的，而这些传统在欧亚草原民族中流行甚广，上述石椁浮雕和木棺板画上的题材究其源头许多应当来自中亚与西域文明（图4-20）。

2. 吐蕃马具

骑马术的兴起和马具的起源与发展在东西方文化交流的过程中具有重要的意义，吐蕃作为骑马民族之一在其对外扩张的过程中，以其特殊的地理位

1　有关这批青海吐蕃墓葬的情况，可参见：许新国：《郭里木吐蕃墓葬棺板画研究》，《中国藏学》2005年第1期。《中国国家地理》2006年第3期《青海专辑·下辑》收录的一组文章介绍了青海吐蕃棺板画，即程起骏：《棺板彩画：吐谷浑人的社会图景》；罗世平：《棺板彩画：吐蕃人的生活画卷》；林梅村：《棺板彩画：苏毗人的风俗图卷》，参见该刊第84—98页。林梅村：《青藏高原考古新发现与吐蕃权臣噶尔家族》，氏著：《丝绸之路考古十五讲》，北京：北京大学出版社，2006年，第268—275页。罗世平：《天堂喜宴——青海海西州郭里木吐蕃棺板画笺证》，《文物》2006年第7期。北京大学考古文博学院、青海省文物考古研究所：《都兰吐蕃墓》，北京：科学出版社，2005年。

2　霍巍：《青海出土吐蕃木棺板画的初步观察与研究》，《西藏研究》2007年第2期。

图4-20　青海出土的吐蕃棺板画摹本
（采自《中国国家地理》2006年第3期，第87页）

置有可能同时接受来自东方与西方两个方面文明的影响，其中，吐蕃马具与中亚马具的相似性很高。在伊朗萨珊王朝的艺术品中可以观察到5—6世纪伊朗高原马具的形态，如在美国大都会博物馆收藏的一件萨珊王朝银盘上有帝王狩猎的场面，其坐骑上可见到辔头和呈横向的攀胸、秋带，皮带上面缀饰有杏叶一类的饰件。大都会博物馆内收藏的另一件出土于巴基斯坦的萨珊王朝艺术品上也铸出骑马武士的形象，他所乘骑的马装饰的马具可以清晰地看到辔头上额带、鼻带、颊带、咽带等四条皮带，鞍、鞯之下有一条横向的攀胸和一条绕于马尻尾后的秋带，在马尾束有一结，辔头、攀胸、秋带上也都缀饰着杏叶一类的饰片，整个马具的装饰手法与吐蕃马具十分相似。此外，我们甚至还可以注意到，这些中亚艺术品上武士们所佩带的箭囊的式样，与吐蕃武士所佩之物也十分接近。两者之间的关系值得重视。中亚马具上的这种装饰手法，很可能同时也传入唐王朝，有意见认为唐代马具中金属制作的䩞鞢和杏叶的出现，也许便是受到萨珊王朝马具的影响[1]。吐蕃马具无论从其革带的装配式样还是革带上所缀饰的䩞鞢来看，都与中亚马具十分相似，两者之间应当存在着一定的关系，或有可能系自中亚直接传来，也有可能是通过唐代马具中转传播而来，但无论何者，都带有中亚骑马文化的风格特点（图4-21）。

图4-21　金银器上骑马的吐蕃贵族
（作者拍摄）

1　孙机：《唐代的马具与马饰》，《文物》1981年第10期。

3. 中亚造型艺术

除上述几个主要门类的考古遗存之外，在吐蕃时期的造型艺术中，还遗留下来大量受到中亚文化影响的痕迹。例如，具有波斯萨珊风格的连珠对鸟纹饰，在西藏发现的佛寺壁画、石窟寺壁画、木雕作品中大量存在。西藏山南琼结藏王墓地第六号陵前现存石狮一对，石狮的造型含有波斯雕塑风格[1]。吐蕃时期发现的碑刻与摩崖石刻上常常可以见到太阳与弯月组合而成的一组图案，这种组合图案在中亚波斯萨珊王朝是作为王族的徽记而存在，吐蕃很可能是随着波斯宗教袄教（俗称为"拜火教"）的影响而将这类徽记也作为吐蕃王朝的皇家标识使用于王朝陵墓和碑铭之上。此外，吐蕃贵族的服饰多以带有三角形大翻领的长袍这种式样为主，在衣领、袖口、胸襟等部位用具有连珠纹、团窠纹等纹饰的织物加以装饰。这种衣饰特点在近年来发现的吐蕃棺板画、摩崖造像以及佛寺中的塑像中都可以找到大量证据，已经有学者提出吐蕃王臣们的衣着习惯大概源于大食[2]，而笔者认为最有可能是受到中亚服饰文化的影响[3]。意大利学者杜齐在对后藏地区艾旺寺的调查中发现，其中有按照于阗风格装饰的佛殿，也注意到佛像的衣饰特点很可能来自中亚，他认为"这些影响如果不是通过中亚艺术家没人能自己来实施的，那么至少是由一组追随中亚艺术传统的艺术家们精心实施的"[4]（图4-22）。

4. 丧葬习俗

在吐蕃时期的丧葬习俗中也可以发现来自中亚影响的因素。其中，最引

---

1 霍巍：《西藏古代墓葬制度史》，成都：四川人民出版社，1995年，第154—156页。
2 根敦群培著，法尊大师译：《白史》，西北民族学院研究所印刷（内部资料），1981年，第45页。
3 霍巍：《西藏西部佛教石窟壁画中供养人像服饰的初步研究》，四川大学历史文化学院考古学系编：《四川大学考古专业创建四十周年暨冯汉骥教授百年诞辰纪念文集》，成都：四川大学出版社，2001年，第411—412页。
4 ［意］G·杜齐著，熊文彬等译：《江孜及其寺院》，北京：中国藏学研究中心历史所编印，2004年，第123页。

人注目的是西藏流行至今的天葬习俗。关于西藏天葬风俗的来源，学术界存在本土起源说、印度传入说等多种观点，笔者经过研究比较，提出应当考虑此种葬俗与中亚波斯宗教祆教（拜火教）丧葬习俗之间的关系，西藏天葬习俗的起源即便不直接传自波斯，也可能来源于中亚[1]，这个观点后来也被较多的学者接受和认同[2]。

此外，在西藏古代墓葬中还存在着一种"环锯头骨"的现象，如西藏昂仁县布马村M1发现的一些遗迹现象引人注目。此墓在墓坑内及墓坑外均埋葬有人骨，其中墓坑内共葬五人：墓室西侧头向位置上葬三人，二人居中埋葬，为一对老年男女，推测系一对夫妻，也是墓主，两人均采取屈肢葬式。另在墓内西南角上，用陶罐装盛一具人头骨，头骨下方枕有一件装饰品，头骨的颅骨上端留有两道"环锯头骨"的痕迹，第一道锯痕在额骨以上，锯去了颅顶（俗称"天灵盖"）；第二道锯痕在眶上孔以上，环锯去额骨一周，锯下的这条额骨宽约2厘米，盛放于陶罐内，但锯下的颅顶骨未在陶罐内发现。墓坑之外还葬有二人，出土有颅骨、下颌骨、颈椎骨、肢骨、肋骨等，但位置凌乱，且与牛、羊等动物骨骼混杂[3]。

图4-22　西藏山南琼结藏王陵前的吐蕃石狮
（作者拍摄）

1　霍巍：《西藏天葬风俗起源辨析》，《民族研究》1990年第5期。
2　王小甫：《唐·吐蕃·大食政治关系史》，北京：北京大学出版社，1992年，第26页；张云：《上古西藏与波斯文明》，北京：中国藏学出版社，2005年，第73—76、121—123页。
3　西藏文管会文物普查队：《西藏昂仁县古墓群的调查与试掘》，四川大学博物馆、西藏自治区文物管理委员会编：《南方民族考古》（第四辑），成都：四川科学技术出版社，1992年，第137—162页。

这种环锯头骨的习俗曾经在中亚叶尼塞河流域早期铁器时代的塔加尔文化（Tagar Culture，公元前7世纪初—公元前2世纪）、继塔加尔文化之后的塔斯提克文化（Tashtyk Culture，公元前1世纪—公元5世纪）早期发现过[1]，由此可知昂仁布马墓地的丧葬习俗或有可能受到中亚一带草原文化影响。

第七节　吐蕃金银器和丝绸所见中外文化交流

在上节所列举的吐蕃时期几个主要门类的考古实物当中，尤其又以金银器和丝绸最能反映这个时期吐蕃与中原王朝的密切联系，以及吐蕃与周边国家、地区的交流影响，本节再集中讨论一批具有典型意义的考古实物，更为细致和深入地观察当中所包含的极其丰富的文化因素，并探究其可能的历史背景与源流关系。

1. 吐蕃金银器

吐蕃金银器同时受到来自汉地唐朝和中亚、西亚文化影响，其中具有粟特、波斯萨珊风格的金银器为数不少，出现高足杯、多曲长盘、"来通"（角杯）、"胡瓶"（带流壶）等多种受中亚文化影响的器形以及连珠纹、胡人形象、异兽纹等多种与中亚文化相关的装饰题材，笔者曾对此作过较为系统的研究论述[2]。

在本书中，笔者首先举出吐蕃金银器中最具典型意义的一例加以论述，这就是现存于拉萨大昭寺内的一件吐蕃银壶。从造型上看，这件银壶通高约70—80厘米，壶身最大径约为40厘米，上端开圆口，口缘饰八曲，其下饰一空心立体羊首，首后侧竖两耳，首前端上下唇间衔圆形管形小流，羊首下接

---

[1] 中国大百科全书总编辑委员会编：《中国大百科全书·考古学》，北京：中国大百科全书出版社，1986年，第510—511页。

[2] 霍巍：《吐蕃系统金银器研究》，《考古学报》2009年第1期。

上敛下侈的喇叭状细颈，颈上端饰弦纹、四瓣球纹各一匝，颈下部接球形瓶身，壶身下部有焊接之流管一，系后世所加。壶身遍体银质，纹饰部分有鎏金痕迹，口外壁饰山岳状花瓣一匝，颈身相接处饰连珠纹、叶纹、四瓣球纹和弦纹组成的纹带一匝，纹带之下为三组大型垂饰，垂饰外绕卷云，中心作宝珠纹，垂饰下接由竖叶、连珠、垂叶组成的纹带一匝。以上各种形象、纹饰皆以锤揲技法做出，原来还鎏饰金色（图4-23）。

这种首部做成动物头部形态的金银器皿，具有明显的波斯萨珊朝和粟特金银器的特点，这是我们判定其母型源流的重要依据。我国著名考古学家宿白进一步分析认为："多曲圆形口缘和其下作立体禽兽首状的细颈壶，为七

图4-23 西藏拉萨大昭寺银壶全貌

（林梅村先生提供）

第四章　吐蕃王朝时期"高原丝绸之路"的确立与拓展　255

至十世纪波斯和粟特地区流行的器物，颈上饰羊首的带柄细颈壶曾见于新疆吐鲁番回鹘时期的壁画中。西亚传统文饰中的四瓣球文，尤为萨珊金银器所喜用。人物形象、服饰更具中亚、西亚一带特色。因可估计此银壶约是七至九世纪阿姆河流域南迄呼罗珊以西地区所制作。其传入拉萨，或经今新疆、青海区域；或由克什米尔、阿里一线"[1]。也有学者认为这件银壶是汉地唐王朝和中亚粟特系统金银器风格糅合而成的产物。如瑞士藏学家阿米·海勒曾对这件吐蕃银壶从制作工艺、纹饰特点等方面作过分析，认为："这件银瓶是粟特式和中国汉地图案的变异类型，与粟特冶金工艺的关系更为密切"[2]。笔者较为倾向于阿米·海勒的意见，它的原型和制作工艺均受到粟特银器的影响，但装饰风格却已经具有吐蕃本土的特征，是一件中外文化交流的产物，也是吐蕃接受中亚文化影响的代表性器物之一。

关于这件银壶的来历，历史上曾有各种不同的传说。五世达赖认为它是松赞干布自己使用的酒坛，并称其为"马头银圣壶（Dngul dam rta mgo ma）"，系宗喀巴大师作为"伏藏"发现后供奉给大昭寺的。藏文史书《五部遗教·国王遗教》记载说松赞干布曾秘藏了十个银壶，其中三个为骆驼首，七个为鸭首，均为吐蕃悉补野时期流传下来的圣物，是用于盛大节日或庆典时装盛青稞酒的酒器。20世纪西藏东部的一位佛教高僧司都大喇嘛则认为这件银壶应是发现在拉萨附近的扎叶尔巴寺（Brag yer pa），这座古寺曾是莲花生大师的修行之处，后来才被移供到大昭寺内。其实，这件银壶真实的来历，如前文所论，应是吐蕃时代欧亚文明交流的见证，它的造型和纹饰风格都可能来源于与吐蕃相邻的中亚地区。

---

[1] 宿白：《西藏发现的两件有关古代中外文化交流的重要文物》，《传统文化与现代化》1994年第6期。

[2] Amy Heller, *The Silver Jug of the Lhasa Jokhang: Some Observations on Silver Objects and Costumes from the Tibetan Empire(7th-9th Century)*, http://www.asianart.com/articles/heller/index.html, Published: July 18, 2002.

1959年，当时的中央文化部西藏文物调查工作组在藏调查期间，作为调查组成员的宿白以其敏锐的眼光注意到了一件大型的银壶，后来曾多次撰文加以记录和研究[1]。这件银壶当时放置在拉萨大昭寺中心佛殿第二层西侧正中的松赞干布殿内，宿白观察后作了如下的记录描述：

> 壶高约70厘米，上端开圆口，口缘饰八曲，口外壁饰山岳状花瓣一匝，其下饰一空心立体羊首，首后侧竖两耳，首前端上下唇间衔圆管形小流，羊首下接上敛下侈的喇叭状细颈，颈上端饰弦文、四瓣球纹各一匝，颈下部接球形壶身，壶身最大径约为40厘米，颈身相接处饰连珠、叶文、四瓣球文和弦文组成的文带一匝，文带下为三组大型垂饰，垂饰外绕卷云，中心似作宝珠，垂饰下接由竖叶、连珠、垂叶组成的文带一匝，其下为该壶主要图像所在：单人弹琵琶和成组人像各二组，相间布置。弹琵琶者，其一较明确的作出背手反弹姿态；可见的一组人像内容为一系有鞶囊的壮胡持革带似拦护一长髯醉胡，另一着高靿靴的幼胡屈蹲于上述壮胡胯下，并抱持其右足。主要图像下方，间饰花簇一列。以上各种形象、文饰皆以锤鍱技法作出，原并鎏饰金色。壶身下部焊接之流管，系后世所加[2]。

其后，根据新获得的材料，宿白对这件银壶又作了一些补充，一是公布了银壶和银壶局部纹饰（即该文所记扶持长髯醉胡一组人物图像的部分）的

---

1 关于这件银壶的研究首见于宿白：《拉萨地区佛寺调查记》，王永兴编：《纪念陈寅恪先生百年诞辰学术论文集》，南昌：江西教育出版社，1994年，第182—236页。因文中编辑错误甚多，后经宿白先生修订之后收入《藏传佛教寺院考古》论文集，文章为《西藏拉萨地区佛寺调查记》；其后又以《西藏发现的两件有关古代中外文化交流的重要文物》收入《十世纪前的丝绸之路和东西文化交流》，北京：新世界出版社，1996年；最后《三记拉萨大昭寺藏鎏金银壶》一文增补了大量新的数据，收入氏著：《魏晋南北朝唐宋考古文稿辑丛》，北京：文物出版社，2011年，第259—262页。

2 宿白：《西藏发现的两件有关古代中外文化交流的重要文物》，《传统文化与现代化》1994年第6期。

图片。二是重新校正了银壶的尺寸："第一、二次记录只有目测银壶约70厘米的高度和约40厘米的壶身最大径宽。现据实测数据知壶高度为82厘米，最宽的胸径是50厘米（周长153厘米）。此外，实测还补充了银壶口径7.8厘米，颈长23厘米"。三是补充了对壶身中上部三组大型垂饰和由连珠等组成的一匝纹带下人物图像的布局和反弹琵琶者的形象描述，指出银壶腹部中心位置处为扶持长髯醉胡的图像，两侧各为一举起琵琶背手反弹并作舞姿的男胡，"两男舞胡皆发端束冠饰，腰际系磬囊，偏身面对长髯醉胡，如此布局似可显示此大型银壶或为盛酒之具。又对舞的男胡双足做舞姿的形象与扬开巾带形成弯曲弧度的动作等颇值得注意，因为这些情况皆与敦煌莫高窟第112窟（中唐）南壁观无量寿经变中佛前供养乐舞中背手反弹琵琶舞者的安排甚为类似。琵琶本是西方输入的乐器，演奏者的活动姿态和缠绕巾带的装饰等自当存有西方因素；莫高窟中唐时期亦即吐蕃占领阶段的洞窟壁画中竟出现了此前未曾见的新式舞姿——高举琵琶背手反弹，其来源参考此拉萨大昭寺银壶上姿态相同的舞胡，或可得到合理的推论"[1]（图4-24）。

宿白对于这件银壶的年代、来源等问题，曾经也作出过比较重要的推测性判断，已如前所述。

我们注意到，国外学者对于这件大昭寺内收藏的银壶也有所关注，提出过一些可供参考的意见。早年英国人黎吉生曾认为这件银壶"体现出中亚一带萨珊波斯的影响"[2]。瑞士学者冯·施罗德则主张这件银壶是在中亚塔吉克斯坦制作的，年代为8世纪[3]。如前所述，瑞士藏学家阿米·海勒也曾对这件吐蕃银壶结合唐代吐蕃历史背景、吐蕃金银器的制作工艺和纹饰特点等方面

---

[1] 宿白：《三记拉萨大昭寺藏鎏金银壶》，氏著：《魏晋北朝唐宋考古文稿辑丛》，北京：文物出版社，2011年，第206—208页。

[2] Hugh E. Richardson, "Some Monuments of the Yarlung Dynasty", in P. Pal, ed., *On the Path to Void: Buddhist Art of the Tibetan Realm*, Mumbai: Marg Publications, 1996, pp.26–45.

[3] Ulrich Von Schroeder, *Buddhist Sculptures in Tibet*, Visual Dharma Publications, 2001(2), p.792.

图4-24　西藏拉萨大昭寺银壶上的纹样
（宿白绘）
（采自宿白：《藏传佛教寺院考古》，北京：文物出版社，1996年，第10页，图1-6）

作过深入分析，她一方面引证瑞士学者冯·施罗德认为这件银壶有可能是在中亚塔吉克斯坦制作的意见，比定其年代可能为8世纪，但另一方面她也举出了其他几件可与大昭寺这件银壶相比较的从西藏采集到的银器，认为它们都带有明显的7—8世纪粟特工艺的因素，但却是由吐蕃工匠制作的。"这件银瓶（笔者按：即指此件银壶）是粟特式和中国汉地图案的变异类型，与粟特冶金工艺的关系更为密切……从工艺以及拉萨大昭寺银瓶与其他吐蕃银器之间具有显著的密切关系这点分析，仍倾向于认为这件银瓶确实为藏族制品，制作于吐蕃王朝时期"[1]。

归纳上述中外学者的意见，对其形制有萨珊波斯、粟特、粟特与中国唐代风格混合等三种不同的看法；对其产地则有中亚和吐蕃制作两种意见（以

---

[1] Amy Heller, *The Silver Jug of the Lhasa Jokhang: Some Observations on Silver Objects and Costumes from the Tibetan Empire(7th–9th Century)*, http://www.asianart.com/articles/heller/index.html, Published: July 18, 2002. 中文译文参见杨清凡译：《拉萨大昭寺藏银瓶——吐蕃帝国（7世纪至9世纪）银器及服饰考察》，四川大学中国藏学研究所主编：《藏学学刊》（第3辑），成都：四川大学出版社，2007年，第194—223页。

下简称"域外说"与"本土说");对其年代则有8世纪、7—9世纪等不同的观点。虽然对这件银壶的产地、制造者,以及传入拉萨大昭寺的具体路线等若干问题的认识迄今为止并未形成一致的意见,但中外研究者们都注意到了这件银器中所包含的外来文化因素,并且也推测了从不同的路线与方式传入西藏高原的多种可能性。

承蒙北京大学考古文博学院林梅村先生的美意,赠送给笔者一套有关这件银壶的高清晰度照片,使我们能够更好地观察到银壶在造型、人物、服饰、装饰纹样等各个方面的更多细节,有助于讨论的深入。以下笔者借助这批照片,在前人观察记录的基础上再作一些探讨。

首先,从整体器形上看,这件银器究竟应当称作银壶,还是称作银瓶?过去中外学者对此称法不一,两种称法皆有。按照中文的解释,所谓"壶",是"一种有把有嘴的容器,通常用来盛茶、酒等液体"[1];所谓"瓶",则是"口小腹大的器皿,……通常用来盛液体"[2]。所以,从此器的器形来看,虽然有嘴,但却无把;但却同时又符合"口小腹大"的标准;其功能显然与装盛液体有关,其腹部下方装有流即可证明。宿白结合人物形态考虑其"或为盛酒之具",所言甚是,我们在后文中还将详论。据宿白首次公布的实测数据,此器高82、腹部最大径50厘米,无论是壶还是瓶,都堪称迄今为止吐蕃金银器中较为大型的器物。

我们从青海都兰出土的吐蕃时期棺板画上可以看到多处表现吐蕃人宴饮的场景,其中就有手中执酒器"胡瓶"的人物形象,其手中所执之酒器的大小、尺寸明显要小于大昭寺的这件银器。所以大昭寺这件银器和文献记载以及棺板画上的"胡瓶"有所不同。再从这件银器的器形观察,通体并没有安装像胡瓶一样的把手可以端持着随人体移动,由此推测其可能作为相对位置

---

1 《新华字典》,北京:商务印书馆,1992年重排本,第183页。
2 《新华字典》,北京:商务印书馆,1992年重排本,第366页。

较为固定、而非手执的装盛液体用的器物较为合适。瑞士学者阿米·海勒称此银器盛满液体后总重量可达35千克[1]，不知其数据来源是否可靠。如是，对比青海都兰棺板画中宴饮场景中出现的另一类置于地下的大口酒坛，大昭寺这件银器的功能，可能与之更为接近。不过，即便是文献中明确记载为"胡瓶"的这种来自西方的器形，在传入中国的过程中，也有将其称为"执壶""带把壶"的[2]，可见两者之间也并无绝对的区别，无论称其为壶还是瓶，都有所本。沿用此例，本书按宿白所定名称，仍称大昭寺这件银器为银壶。

大昭寺银壶头部是兽首状，宿白文中认定其为"空心立体羊首，首后侧竖两耳"，但也有外国学者根据后期藏族文学作品中的描述，称其为"马头壶"或者"骆驼首壶"，并举出五世达赖喇嘛《拉萨大昭寺详目》中记载的"马头银圣壶"作为佐证[3]。近世西藏贵族还有称这件银器为"鹿首"者[4]。现在从高清晰度的图像上观察，兽首上并无两角，所以的确不是羊首，也不会是鹿首，而是和后期藏文文献所称的"马首（马头）壶"似乎更为近似。

最可补充的是银壶下腹部所贴附的三组人像。其中两组均为单人舞像，即宿白所称之"男舞胡"，除先生已经指出的"皆发端束冠饰，腰际系鞶囊"和"高举琵琶背手反弹"这两个突出的特点之外，还可注意观察以下

1　Amy Heller, *The Silver Jug of the Lhasa Jokhang: Some Observations on Silver Objects and Costumes from the Tibetan Empire(7th–9th Century)*，http://www.asianart.com/articles/heller/index.html, Published: July 18, 2002. 中文译文参见杨清凡译：《拉萨大昭寺藏银瓶——吐蕃帝国（7世纪至9世纪）银器及服饰考察》，四川大学中国藏学研究所主编：《藏学学刊》（第3辑），成都：四川大学出版社，2007年，第194页。

2　齐东方：《唐代金银器研究》，北京：中国社会科学出版社，1999年，第306—308页。

3　转引自恰白·次旦平措执笔：《大昭寺史事述略》，《西藏研究》1981年创刊号。

4　据阿米·海勒文中所称，20世纪早期司都班钦大喇嘛在圣地朝圣时，曾见到这件悉补野王朝时期吐蕃赞普传下来的圣物，"过去用来在婚礼或婴儿出生时的庆典上盛青稞酒供品，后来在拉萨附近的扎叶尔巴寺（Brag yer pa）作为伏藏被重新发现，并最终供奉到大昭寺"，其顶饰是"鹿首"。见前引［瑞士］阿米·海勒著，杨清凡译：《拉萨大昭寺藏银瓶——吐蕃帝国（7世纪至9世纪）银器及服饰考察》，四川大学中国藏学研究所主编：《藏学学刊》（第3辑），成都：四川大学出版社，2007年，第199页。

各项：

第一，这两个"舞胡"的布局完全是左右对称的，围绕中间的一尊主像展开，表现出制作者独具匠心的设计。其舞姿均为一腿曲立，一腿盘绕，呈单腿舞姿，应表现的是所谓"胡旋舞"或者"胡腾舞"，具有非常鲜明的时代与民族风格（图4-25）。

图4-25 西藏拉萨大昭寺吐蕃银壶上的人物形象——舞胡之一
（林梅村先生提供）

第二，两个舞胡的服饰特点。两人的冠饰上均有日月形的标识，竖立在一条带状头饰的中央位置。而这种带状头带上饰以日月徽记的做法，不禁令人联想到波斯萨珊王朝钱币、银盘上国王王冠的冠饰。但是，如同阿米·海勒正确地认识到的那样："他们发间的日月图案则是一枚发饰——系对萨珊王室徽章的改造、变体，但并非萨珊王冠的完全翻版，仅是对戴日月王冠的一种变形。西藏人早就懂得以日月符号作为天体的象征，在8世纪至9世纪吐蕃藏王墓前以及西藏第一座寺院所立石碑的碑帽上就已雕刻有日月图案"[1]。两位舞胡衣服的式样都是带有三角形大翻领的紧身长袍，上面有细密的花纹，不知是否象征着其是用丝绸制成的。这种三角形大翻领紧身长袍是吐蕃时期一种常见的服饰，在中亚和西域各国也很流行，这种三角形的大翻领既是一种独特的装饰式样，也可以在严寒、风沙袭来之时竖立起来，用以防护着衣者的头面部，所以在欧亚草原游牧民族当中十分流行。新疆克孜尔石窟壁画中龟兹国王和贵族的服饰即是这种三角形大翻领的式样，近年来考古发现的青海都兰吐蕃棺板画上出现的吐蕃人形象、藏东地区吐蕃摩崖石刻当中出现的吐蕃供养人以及象征吐蕃赞普的大日如来和八大菩萨像都以这种带有三角形大翻领的长袍最具时代和地域特征[2]。

第三，两位舞胡的面相特征。从人物形象上观察，这两位舞胡须发浓密，有长卷发、络腮胡，双目圆大，耳上饰有圆形的耳环，与近年来考古发现的吐蕃美术史材料中吐蕃人的形象区别很大，国外学者认为其具有某些"中亚或地中海沿岸的族属特征"[3]。宿白也认为"人物形象、服饰更具中亚、西亚一带特色"，这大概已经成为中外学者的共识。很显然，这几位具有胡人面相特征的人物形象，是设计和制作者用心所为，绝非随意之作，是和他们的头饰、服饰相配的，其用意旨在表现其西方色彩（图4-26）。

1　[瑞士]阿米·海勒著，杨清凡译：《拉萨大昭寺藏银瓶——吐蕃帝国（7世纪至9世纪）银器及服饰考察》，四川大学中国藏学研究所主编：《藏学学刊》（第3辑），成都：四川大学出版社，2007年，第201页。

2　霍巍：《青海出土吐蕃木棺板画人物服饰的初步研究》，中山大学艺术史研究中心编：《艺术史研究》（第九辑），广州：中山大学出版社，2007年，第257—276页。

3　[瑞士]阿米·海勒著，杨清凡译：《拉萨大昭寺藏银瓶——吐蕃帝国（7世纪至9世纪）银器及服饰考察》，四川大学中国藏学研究所主编：《藏学学刊》（第3辑），成都：四川大学出版社，2007年，第200—201页。

图4-26 西藏拉萨大昭寺吐蕃银壶上的人物形象——舞胡之二
（林梅村先生提供）

第四，三组图像中最中央一组的"醉胡"形象。这组位于银壶腹部中央的图像显然表现了图像的母题，一组共三人，正中一人是一位高大的男性，毛发浓密，长须络腮，唇边留髭，卷发，双目紧闭，已是烂醉如泥状，身体向下倾倒，一只衣袖已经从手臂中脱出，光着膀子，五指张开向下垂伸，衣服的样式也应是三角形大翻领，上面也有细密的花纹，和两位舞男的服饰特点基本相同。他的身后，是一位搀扶着他的男性，也是浓眉大眼，须发齐腮，身体大部被遮掩，只可见伸出的右手紧紧抓握着醉胡的腰带，使其不至前倾；在醉胡的胯下，还有一位从面容上看似为孩童的男子蹲伏于地，穿着靴子（银壶上的人物都穿着这种样式的靴子）的双腿奋力向上支持着醉胡，左手扶持着醉胡的右腿呈托举状。这组图像从美术学的角度而论,人物的造型极富特点,也具有不同的个性,在动静结合当中塑造出一组生动的"醉酒场景"(图4-27)。

　　基于上述图像观察,引发出一些新的可供讨论的问题。首先是大昭寺银壶的功能,与盛酒有关是可以确立的了,上述醉酒场景已经生动地诠释了这一点。但是,这是否是如同冯·施罗德所说,这是反映源于古希腊的"酒神崇拜(Dionysue cult)"图像呢?阿米·海勒对于这个观点已经提出质疑,认为在这件银器上,我们看到的"是人类的欢庆场景而不是对神祇的崇拜",上面看不到希腊酒神狄奥尼索斯(Dionysus)或巴克斯(Bacchus)崇

图4-27　西藏拉萨大昭寺吐蕃银壶上的人物形象——醉胡及扶持人
(林梅村先生提供)

拜的痕迹[1]。笔者认为，阿米·海勒的意见可能更符合事实。近年来，在青海都兰吐蕃棺板画上有若干组吐蕃贵族欢宴的场景，其中二号棺板画上有一幅帐外宴饮的场景，当中一人也是大醉呕吐，长袖迤地欲倒，另一人正尽力将其扶起（图4-28）[2]。可见这一题材在吐蕃绘画中曾经甚为流行，是当时吐蕃人在婚丧等典礼之中饮酒风俗的真实写照[3]。吐蕃棺板画上的这些醉酒图像，显然与神灵崇拜无关，也和古希腊的酒神信仰之间并无直接的联系。

既然银壶上图像的母题是源于吐蕃本土的宴饮场面，那么这件银壶的产地究竟在哪里？设计和制作这件银器的人究竟是中亚或者西亚的工匠，还是吐蕃人自身？当我们在考虑这件银壶的产地时，一方面固然要考虑到它与中亚、西亚地区可能存在的若干联系，但另一方面也不能排除它是由吐蕃人按照自身所习惯的生活方式自行设计、创作的这种可能性。如果它是从外部传入西藏本土的，又是通过何种渠道？虽然前人对这些问题已经有过探讨，但似乎并未到此中止。在"域外说"和"本土说"两种推测当中，笔者是逐渐倾向于"本土说"的。其理由如下：

其一，就这件银器的总体造型来看，与迄今为止在中亚、西亚地区出土或流传于世的古代金银器明显不同，目前还找不到同类的器物可与之进行比较。虽然这件银壶上的一些局部纹饰可能与域外金银器有相似之处，但其基本的造型、纹饰风格笔者认为仍应属于吐蕃地区自身的金银器系统[4]。

其二，从人物形象所反映的图像母题上看，是吐蕃时代流行的宴饮歌舞场

1　[瑞士]阿米·海勒著，杨清凡译：《拉萨大昭寺藏银瓶——吐蕃帝国（7世纪至9世纪）银器及服饰考察》，四川大学中国藏学研究所主编：《藏学学刊》（第3辑），成都：四川大学出版社，2007年，第201页。

2　此棺板画线描图系许新国先生于2006年北京"第二届西藏考古与艺术国际学术讨论会"上公布的材料。承蒙此图作者中国社会科学院考古研究所仝涛先生提供给笔者，在此谨致谢忱！

3　罗世平：《天堂喜宴——青海海西州郭里木吐蕃棺板画笺证》，《文物》2006年第7期；霍巍：《青海出土吐蕃木棺板画的初步观察与研究》，《西藏研究》2007年第2期。

4　霍巍：《吐蕃系统金银器研究》，《考古学报》2009年第1期。

图4-28 青海都兰吐蕃木棺板画所绘宴饮场面局部线描图
（仝涛先生提供）

景，"醉胡"的形象也并非是古代西方世界中的"酒神"。三组人像虽然从面相上看更似中亚、西亚胡人的形象，但作为主像的"醉胡"脱去一只衣袖的姿态，也带有藏族服饰的传统特色，与中亚、西亚地区的衣饰风俗明显不同。

其三，吐蕃时代在金银器制作工艺方面已经具有很高的水平，这一点在文献记载中屡有反映，所以吐蕃是完全具备这种制作、生产能力的。由于吐蕃帝国不断地扩张，在其势力范围之内，也吸纳了来自大唐、阿拉伯和中亚波斯、粟特等地丰富的文化养分，所以吐蕃工匠（这里所指的吐蕃工匠不仅限于吐蕃本土工匠，也包括吐蕃统治下的外来工匠）吸收外来文化因素，将东方大唐王朝、西方中亚和西亚世界以及吐蕃本土的元素熔为一炉，最终完成这件大型银器制作的可能性是不能排除的。关于这一点，阿米·海勒曾经指出："这件银瓶呈现出与粟特工艺的显著差异，并非完全模仿萨珊式或粟特式服饰和纹饰……事实是，吐蕃人兼采中国汉地乐师与粟特舞伎造型而创造出了一种被移位的人物造型，并将其描绘在吐蕃统治时期的敦煌壁画里，以及雕刻在大昭寺银瓶上"[1]，这不失为一种较为合理的解释。她所说的"被移位的人物造型"尤其意味深长，颇具启发意义。

如果我们将目光放在中国境内来考虑，这就有可能讨论另一个问题：中外学者都注意到在敦煌壁画当中出现了和大昭寺银壶姿态相同的高举琵琶反弹起舞的新的舞姿，而这种舞姿在敦煌出现的年代又正好处在吐蕃占领敦煌时期，如敦煌莫高窟第112窟（中唐）南壁观无量寿经变中佛前供养乐舞中背手反弹琵琶舞者的形象就是一个例子。那么，这种新图像的来源是从吐蕃本土影响到敦煌呢，还是恰好相反，是从敦煌传入到吐蕃本土？（图4-29）

这里，笔者提出一种新的假设，结合敦煌壁画中同类题材的出现来看，应当充分考虑到敦煌地区可能产生的影响，即大昭寺银壶的制作地虽是在中国本土，但最大的可能性是在吐蕃占领下的敦煌，而不是在吐蕃本土西藏高原；银器的设计者和制作者（工匠）或有可能是流寓到敦煌的粟特人，而不是吐蕃人——尽管从政治统治的角度上讲，这些外来匠人也可视为广义上的"吐蕃工匠"。

根据敦煌藏经洞出土的文书记载，在吐蕃占领和统治敦煌时期，有不少

---

[1] [瑞士] 阿米·海勒著，杨清凡译：《拉萨大昭寺藏银瓶——吐蕃帝国（7世纪至9世纪）银器及服饰考察》，四川大学中国藏学研究所主编：《藏学学刊》（第3辑），成都：四川大学出版社，2007年，第209页。

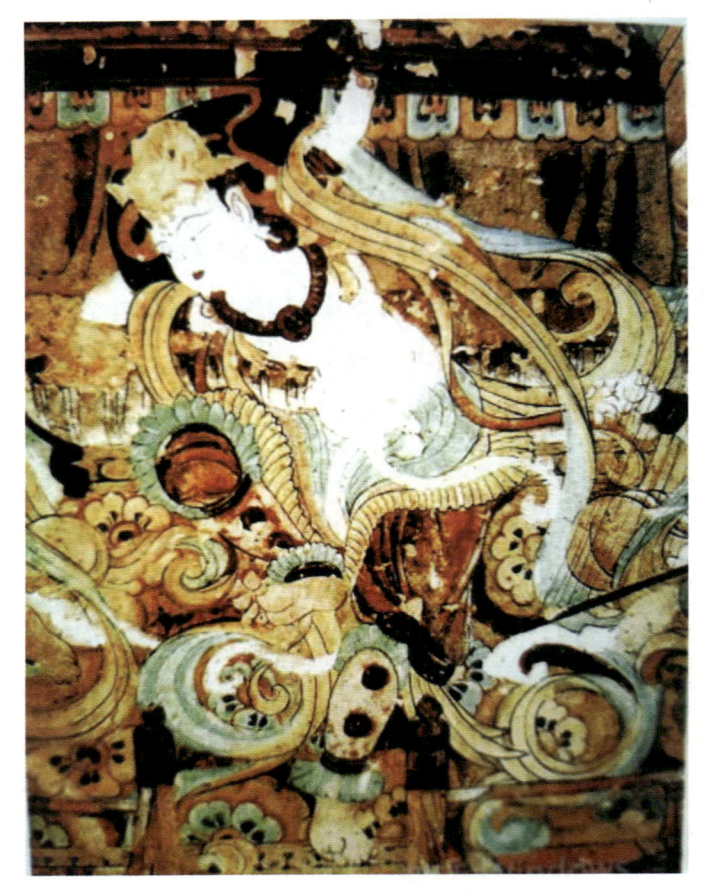

图4-29 甘肃敦煌第112窟反弹琵琶壁画细部
（作者拍摄）

来自波斯、粟特的物品作为外来供养之物输入寺院，荣新江曾详细列表加以统计[1]，其中包括织物、金属器皿等物品。他认为这些物品之所以由粟特人供养给吐蕃占领下的佛寺，是由于吐蕃统治敦煌之后，粟特聚落离散，粟特本土早已被阿拉伯人占领，粟特人无法返回家乡而继续留居敦煌，虽然粟特人原本信仰祆教，但由于受到敦煌当地强烈的佛教文化的影响，到了吐蕃统治

---

1 荣新江：《于阗花毡与粟特银盘——九、十世纪敦煌寺院的外来供养》，胡素馨主编：《佛教物质文化：寺院财富与世俗供养国际学术研讨会论文集》，上海：上海书画出版社，2003年，第246—260页。

时期，敦煌的粟特后裔已经大多数皈依佛教，并且成为敦煌佛寺有力的支持者。由此我们可以设想，敦煌粟特人和作为占领者的吐蕃人之间，通过宗教和其他方式发生联系的可能性是很大的（图4-30）。

正因为如此，不妨进一步推测，流寓敦煌的粟特银匠便可能按照吐蕃本土的饮酒风俗，按照吐蕃统治者所喜好的器形和纹饰（甚至不排除是接受吐蕃王室的特别定制）来制作这件大型的银器。由于吐蕃占领下的粟特人对中亚粟特、波斯系统的金银器纹饰和人物造型都十分熟悉，所以才使得这件银器充满了异域风情，融入了许多西亚、中亚地区所流行的粟特、波斯金银器的因素，甚至将上面的人物形象也塑造成他们所熟悉的波斯、粟特一带的"胡人"面容，形成阿米·海勒所说的"被移位的人物造型"，但却又同时保留了吐蕃文化的本色，如狂欢畅饮之后烂醉如泥、脱去一只衣袖的醉胡，

图4-30 甘肃敦煌第112窟反弹琵琶壁画
（作者拍摄）

以及扶持着他的侍从形象，都在同时期的吐蕃棺板画上有所表现，无不渗透着地域和民族的特点。

当然，还有一种可能性也不能排除，即这些作为吐蕃统治者属民的、具有非凡创造能力的粟特或波斯工匠直接进入到吐蕃本土腹心地带，在西藏高原上制作成这件大型的王室银器。不过，由于目前缺乏在西藏本土有关吐蕃时期粟特、波斯商人或工匠活动的文献与考古材料的支持，笔者仍更倾向于是在有着自汉代以来中西方文化交流悠久传统的丝绸之路重镇敦煌，在吐蕃占领者的强有力支持下，由最具国际视野和创造能力的粟特工匠最终完成了这件具有历史意义的吐蕃银器的制作。

通过敦煌与西藏高原之间早已形成的"高原丝绸之路"，这件具有多重文化意义的银壶传入到吐蕃王朝的首府"逻些"（今拉萨），成为吐蕃王室祭祀典礼当中的"国之重器"。10世纪吐蕃王朝灭亡之后，这件银器又被作为"伏藏"流传、隐藏于西藏民间，最后才又流传到寺院[1]，成为大昭寺内的"镇寺之宝"，经历了极不平凡的过程而保存至今。因此，其历史价值和文物价值都是弥足珍贵的。由于宿白先生的慧眼，它被识别和介绍给国内外学术界，从而引起更为广泛的关注和研究，更是学界的一段佳话。

2. 吐蕃丝绸

吐蕃人自身始终未能学会制作丝绸。但是，吐蕃从贵族至平民对来自汉地和西域各地的丝绸均十分喜爱，从不同的渠道和途径获得大量丝绸制品。这当中，直接来自中亚，或者虽然制作于内地、但在图案纹饰上却深受中亚文明影响的丝绸残件时有发现。最为集中的发现是在1982—1885年，青海省文物考古研究所在都兰县热水乡共发掘吐蕃大墓封堆1处、中小型墓葬20余座，品种包括锦、绫、罗、缂丝、平纹类织物等，"几乎包括了目前已知的

---

[1] 恰白·次旦平措执笔：《大昭寺史事述略》，《西藏研究》1981年创刊号。

唐代所有的丝织品种"[1]。有关这批丝织物的具体数量与来源，在许新国的另一篇文章中有所涉及："据我们统计，这批丝绸中，共有残片350余件，不重复图案的品种达130余种。其中112种为中原汉地织造，占品种总数的86%；18种为西方中亚、西亚所织造，占品种总数的14%。西方织锦中有独具浓厚异域风格的粟特锦，数量较多；一件织有中古波斯人使用的钵罗婆文字锦，是目前所发现世界上仅有的一件确证无疑的8世纪波斯文字锦"[2]。吐蕃人使用的织物当中有不少具有明显的西方文化因素，如喜用连珠纹、对马纹、对兽纹、含绶鸟等图案作为纹饰。许新国认为，都兰吐蕃墓当中存在着直接来源于西方的织锦，其中最具代表性的即为"含绶鸟纹织锦"[3]，倾向于将都兰吐蕃墓中出土的这类含绶鸟纹织锦的来源比定在中亚地区，认为其属于粟特人所织造的锦类可能性是最大的。

此外，都兰吐蕃墓中还出土一件织有外国文字的织锦（标本号为DRXM1PM2：S161）。这件织锦缝合成套状，属于纬锦的裁边，红地，显藏青、灰绿、黄花，中部为一行连续桃形图案，在红地之上织有两行外国文字。经北京大学考古文博学院林梅村先生转请德国哥廷根大学中亚文字专家马坎基教授鉴定确认这是波斯萨珊朝所使用的婆罗钵文字。第一行文字意为"王中之王"；第二行文字意为"伟大的、光荣的"，而其另一半现已流散于海外，上面写有波斯王的名字，织锦的年代约在7世纪。许新国认为其"是

---

[1] 许新国：《都兰出土大批唐代丝绸见证丝绸之路"青海路"》，《文物天地》2004年第10期。
[2] 许新国：《都兰吐蕃墓葬发掘和研究》，北京大学考古文博学院、大阪经济法科大学编：《7～8世纪东亚地区历史与考古国际学术讨论会论文集》，北京：科学出版社，2001年，第26—30页；后增订为《中国青海省都兰吐蕃墓群的发现、发掘与研究》，收入氏著：《西陲之地与东西方文明》，北京：北京燕山出版社，2006年，第132—141页。
[3] 许新国提出的这一观点主要见于其论文《都兰吐蕃墓出土含绶鸟织锦研究》，原载《中国藏学》1996年第1期；后收入氏著：《西陲之地与东西方文明》，北京：北京燕山出版社，2006年。以下凡引自此文资料不再注出。

目前所发现世界上仅有的一件确证无疑的8世纪波斯文字锦"[1]。

再以青海都兰吐蕃墓葬中出土的连珠对马纹锦为例。7—9世纪，随着吐蕃王朝的建立，在其最为强盛的时期一度占领了唐代敦煌与西域诸镇，在青藏高原上出现了一个与横跨欧亚大陆的汉唐"丝绸之路"相互连接的交通网络，成为"丝绸之路"重要的组成部分。这条高原丝绸之路是吐蕃人走出高原、面向世界、融入到更为广阔天地的窗口和通道，所承载的精神与物质文明交流内容都十分丰富多彩。其中，在青海都兰热水一号吐蕃大墓中出土的若干丝织物的残片与残段，反映着当年丝路贸易的繁华景象，十分引人注目。这批丝织物上各色各样的装饰纹样更是体现出吐蕃人对来自西方文化的喜爱与追求。

在青海都兰考古发现的吐蕃墓地中有不少墓葬都有随葬丝绸的习俗。由于热水一号大墓是迄今为止所发现的吐蕃墓葬中规模最为宏大的一座，很可能是当时吐蕃在这一地区最高等级首领的墓葬，所以出土的丝织物也最为丰富。这些丝绸的图案和纹饰既有来自中原唐朝的风格，也有来自西方中亚一带的风格。其中具有典型西方装饰意匠的例证之一是连珠对马纹，这种题材构图特色鲜明，以中亚和西亚流行的连珠纹饰为圈带，图案的中心为一对相向而立的骏马，身有双翼，英姿威武，气势雄浑。

热水血渭一号吐蕃大墓中出土的一件连珠对马纹织锦系斜纹经锦，以黄色作地，浅黄色勾勒，各区域中再以蓝、绿分区显示主要花纹。纹样主体主圈为连珠纹构成，四瓣小花将连珠纹连缀成簇四骨架，连珠纹之间再用十样小花填充。连珠纹主圈内为一带翼对马图案，马身有翼，颈上系有一对后飘的绶带，马头上各饰有一个团花形和一个菱形构成的组合图案，马身下方饰

---

[1] 许新国：《都兰吐蕃墓葬发掘和研究》，北京大学考古文博院、大阪经济法科大学编：《7~8世纪东亚地区历史与考古国际学术讨论会论文集》，北京：科学出版社，2001年，第26—30页；后增订为《中国青海省都兰吐蕃墓群的发现、发掘与研究》，收入氏著：《西陲之地与东西方文明》，北京：北京燕山出版社，2006年，第132—141页。

第四章 吐蕃王朝时期"高原丝绸之路"的确立与拓展　273

有花卉图案，两马的头部略低，呈两相对峙的势态，前蹄抬起似乎立即可以奋蹄奔腾，静中含动，充满张力[1]（图4-31）。另一件图案相似的织锦也出土于一号大墓，可见这种题材的织物在当时已经十分流行。进一步观察这种对马纹饰的艺术意境，令人印象最为深刻的是马背上生出的双翼，这一对粗

图4-31　青海都兰吐蕃墓出土的织物残片
（作者拍摄）

1　此标本可参见许新国、赵丰：《都兰出土丝织品初探》，《中国历史博物馆馆刊》（15—16），1991年，图七；另可参见Xu, X. G., "Discovery, Excavation and Study of Tubo Tombs in Dulan, Qinghai Province, China"，*Silk Roadology*, 2002, fig.223; Schorta Regula, *Central Asian Textiles and Their Contexts in the Early Middle Ages*, Riggisberg: Abegg-Stiftung, 2006, pp.265-290.

短而强壮的翅膀给它增添了极强的动感,意指这是可以举翅飞翔于天空中的飞马,也就是我们常常所讲的"神马""天马",所谓"天马行空,独来独往"的宏大气势,可以由此略见一斑。

　　近年来香港大学也收藏到一批来自内地的文物,其中我们也看到了这种连珠对马纹样题材的丝绸,图案也是外周为一圈连珠纹饰,画面的中央上方有一棵大树,树下为对立的双马,在构图上与前者的不同之处只是它们不是两相对立,而是马头相对同时伸向河中饮水,四肢站立,神情稳健,是这种题材的另一种表现方式(图4-32)。粗略地搜集一下考古材料,我们在新疆吐鲁番汉唐墓葬中也发现了这种题材织锦的遗痕(图4-33),细加比较,可

图4-32　香港大学博物馆收藏的连珠对马纹锦
(张长虹女士拍摄)

第四章 吐蕃王朝时期"高原丝绸之路"的确立与拓展 275

图4-33 新疆吐鲁番出土的连珠对马纹锦
(作者拍摄)

以认定两者之间具有密切的联系,唯一细微的区别是吐鲁番发现的织物质体较为厚重,应属织锦之类,而都兰热水一号大墓以及香港大学发现连珠对马纹织物质体较为轻薄,可能为丝绸或绢。都兰和吐鲁番所出的对马纹头上都有明显团花纹与菱形纹的纹样,如同汉代西王母头上的"胜"。

那么，这种题材究竟源出何处？在它们图像的背后又有着什么样的特殊含义呢？仔细梳理之后，可以看到一条或明或暗的传播路线，将这类题材与"丝绸之路"上的中西文化交流相互联系起来。中亚考古材料清晰地表明，这类带翼马的图案当起源于萨珊波斯，是西方流行的"天马"图案的一种表现形式。在一些波斯萨珊朝的织锦图案上，我们可以观察到单匹的带翼马，除了马生双翼这一特点之外，还有一些细部特征也值得注意，如马翼上饰有连珠纹样，马颈上系有一对后飘的绶带（图4-34）。这些特点都被新疆吐鲁番、青海都兰出土的连珠对马纹样所继承。萨珊波斯的带翼马脚上也系有绶带，吐鲁番所出的对马纹中有与之类似者，青海吐蕃墓中未见此种图案，说明这一图案在传入中国的过程中各个地区都有加工改造。在西方织锦中，最具有萨珊波斯特点的其实是马头上方竖立有一个象征日月的冠饰，这类冠饰在波斯萨珊朝作为王冠上的典型纹样在伊朗出土的波斯银盘"帝王狩猎图"上也可以见到。但进入到中土之后，显然由于历史文化背景的转变，人们已

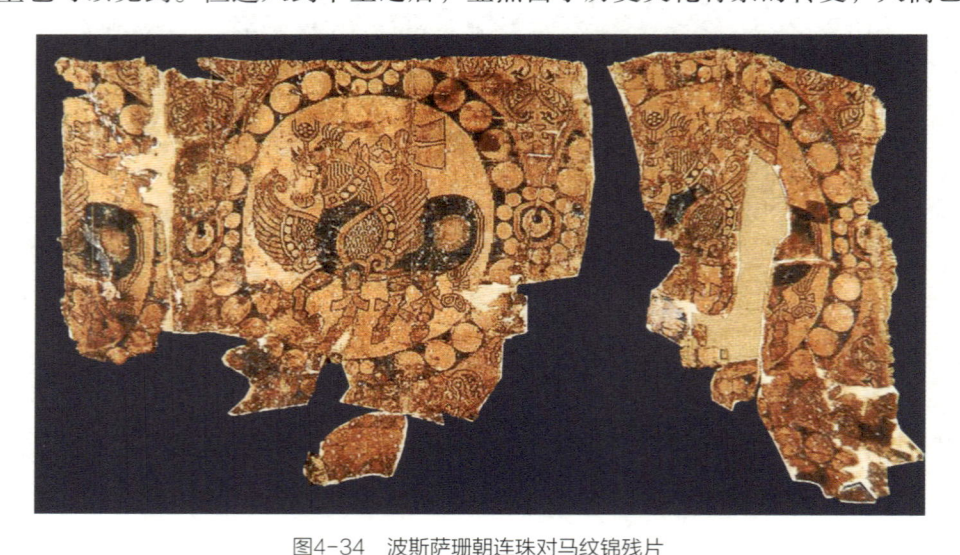

图4-34 波斯萨珊朝连珠对马纹锦残片
（采自Schorta Regula, *Central Asian Textiles and Their Contexts in the Early Middle Ages*, Riggisberg: Abegg-Stiftung, 2006, p.25）

经不太清楚这种徽记的象征意义，所以将波斯王冠上的日月图案演化为中国常见的宝花与菱形纹样，而这种菱形的图案在汉晋时代的图像当中常常也被认为是具有特殊象征意义的"胜"，经常出现在西王母图像的头部作为其佩饰的象征（图4-35）。

图4-35 波斯珊萨朝连珠对马纹锦残片局部
（Schorta Regula, *Central Asian Textiles and Their Contexts in the Early Middle Ages*, Riggisberg: Abegg-Stiftung, 2006, p.25）

在深受波斯文化影响的粟特古都阿伏拉西阿勃著名的"接见大厅"残存壁画中，我们在当时中亚贵族所穿的长袍上面，也看到了这种在连珠纹大团窠图案中分别绘制各种神兽的母题，其中有鸟、鸭、野猪，也有带着双翼的骏马（图4-36）。由此我们可以推测，这种对马纹饰最早的起源或许应当由此溯源。中古时期波斯和粟特人所崇奉的琐罗亚斯德教（也称为祆教、拜火教）的"圣书"——《阿维斯塔》记载，在波斯和粟特人的信仰体系中，作为正神的善良的阿胡拉·马兹达根据宗教法规委任梅赫尔为黎民百姓的天国首领，以使所有的造物公认他为躯体和生命的主宰，最佳造物的完美象征。

图4-36 粟特都城阿伏拉西阿勃壁画
（作者拍摄）

书中记载："呵，领有辽阔原野的梅赫尔！但愿你生活在两种生活——尘世的生活和天国的生活中，庇护我们，使我们免遭伪信者和凶暴的［恶魔］赫什姆的伤害，免遭高擎血红旌旗的伪信者的军队以及奸诈的赫什姆和魔鬼制造的维扎图发动的攻击。"[1]而梅赫尔身下的坐骑，便是神圣的"天马"，《阿维斯塔》记载说："梅赫尔驾驭着金镶玉嵌、华丽无比的彩舆。四匹雪白的神马，拉着这乘彩舆。那四匹神马，饮天池的清水，［食天国马厩的饲料。］那前蹄金、后蹄银的四匹神马，饰有贵金属精制的辔头，上面系着许多环钩，个个玲珑剔透。［就这样，四匹马］并驾齐驱"[2]。书中还记载："呵，领有辽阔原野的梅赫尔！但愿你恩赐我们的坐骑以力量，恩赐我们的身体以健康，以使我们及时地发现远处的来敌，做好［自］卫和迎战的准备，迅速击溃邪恶的仇敌。……［你］是世间众神祇中最强大、最机敏、最快捷、最有威力的神明。"[3]因此，这种带翼"天马"图案的原型，很有可能就是出于波斯和粟特人所崇拜的琐罗亚斯德教中梅赫尔所乘骑的"天国神马"，图案中融入了中亚地区流行的连珠团窠纹样，并且将具有波斯王族神圣标志的日月徽章也放在了翼马的头顶。

那么，这种天马图案又是如何传入到吐蕃的呢？随着唐代中西文化通过丝绸之路的交流互动，中亚地区流行的许多装饰图案与纹样也传入了中国境内。其中最为活跃的传播者便是来往于丝绸之路上的中亚粟特人。青海都兰一号吐蕃大墓的考古发掘者许新国考证认为，在青海都兰吐蕃墓葬中出土的织锦当中，数量最多的一类含绶鸟织锦可能即为粟特系统的织锦[4]。姜伯勤也

---

[1] ［伊朗］贾利尔·杜斯特哈赫选编，元文琪译：《阿维斯塔——琐罗亚斯德教圣书》，北京：商务印书馆，2005年，第192—193页。
[2] ［伊朗］贾利尔·杜斯特哈赫选编，元文琪译：《阿维斯塔——琐罗亚斯德教圣书》，北京：商务印书馆，2005年，第203页。
[3] ［伊朗］贾利尔·杜斯特哈赫选编，元文琪译：《阿维斯塔——琐罗亚斯德教圣书》，北京：商务印书馆，2005年，第193—194页。
[4] 许新国：《都兰吐蕃墓出土含绶鸟织锦研究》，《中国藏学》1996年第1期。

根据青海都兰热水墓地中出土有粟特文字的织锦以及登录随葬品的吐蕃文木简等出土材料断定"由此说明粟特锦在吐蕃的流传"[1]。由此推测，这类连珠对马纹图案的母型也应当是由中亚粟特地区传入中国的。但是，青海都兰吐蕃墓葬当中出土的丝绸，很多都并非是西方制造的织锦，而很有可能是制造于中国本土，最大的可能性是产自于汉唐以来以生产蜀锦而著名的四川成都地区，之所以在中国制造的丝绸产品上要采用来自于西方的纹饰，很显然是为了迎合西域和吐蕃地区游牧民族审美情趣中对天马的特殊喜好。

马对于游牧民族而言，具有无比重要的意义，历史学家们研究指出："古代北方和西域中亚的游牧人之所以能够征服许多定居者，建立庞大的汗国，其主要的原因之一就是拥有机动灵活的骑兵，拥有数量可观的马匹"[2]。中国古代游牧民族从匈奴、鲜卑，到7—8世纪的突厥、回纥、吐谷浑、吐蕃，无不与马有着密切的关系。这种崇敬天马的习俗也影响到中原帝王，从汉武帝对大宛天马的追求与崇敬，到唐太宗在陵前陪葬"昭陵六骏"，都与这种时代风潮息息相关。其中除去马对于游牧民族的重大实际作用之外，"天马"能够载人进入到"天国"从而永远神游于太空而不死的宗教观念，在不同的历史时期也以不同的表现形式产生着重要的影响作用。

在吐蕃人的丧葬观念中，马是承载死者灵魂升天的神灵动物，所以死后也要在墓地中殉葬马匹。在青海都兰吐蕃一号大墓中就发掘出土27座陪葬坑和5条陪葬沟，其中5条陪葬沟居中，呈东西向排列，沟中共葬有完整的马87匹。27座陪葬坑呈圆形，分别置于陪葬沟的东、西两侧，葬有牛头、牛蹄、狗等动物的残块，在一座墓中一次性随葬活马87匹是十分罕见的，也足见墓主人身份等级很高，也充分反映出墓主人对马的特殊喜爱。同时，在随葬的殉葬品当中，将这种带有西方中亚装饰图案的连珠对马纹织物一并葬入墓

1　姜伯勤：《敦煌吐鲁番文书与丝绸之路》，北京：文物出版社，1994年，第208—209页。
2　葛承雍：《唐韵胡音与外来文明》，北京：中华书局，2006年，第171页。

中，既反映出吐蕃贵族的精神世界与审美追求，也是北朝隋唐时期青藏高原上这条"高原丝绸之路"上中西文化交流最有力的例证之一。

综上可见，吐蕃本土及其属地发现的丝绸遗存表明，吐蕃人曾积极参与到"欧亚丝绸之路"，通过不同的手段获得当时几乎与黄金等价的丝绸和织锦，与中亚文明发生过直接的联系，其中尤其以粟特、波斯萨珊的丝绸成品在质地、图案上深受吐蕃人的喜爱，唐代汉地销往吐蕃的丝绸也往往模仿了中亚式样，所以呈现出较为浓厚的中亚文化色彩。

如上所论，吐蕃时期与中亚文明之间的交流互动是从多方面展开的，除了前文中曾经提到的有关中亚多种宗教可能对吐蕃产生的影响之外，还有关于象雄语言、吐蕃马球、大食医学、钢质武器（包括锁子甲和长剑）等诸多方面曾引起学术界的广泛关注，认为其可能与中亚文化的影响有关[1]，只是目前还没有找到确凿的考古实物加以进一步的证实。本节所列举出的考古材料虽然并不十分丰富，但如果我们将吐蕃考古与文物中所见与中亚关系喻之为隐藏于海面之下的一座庞大的冰山，那么至少也算是揭开了冰山之一角，从而能够补充文献史料之不足，从更为广阔的研究视野来重新观察、思考吐蕃与中亚、乃至整个欧亚丝绸之路的关系。

还需要特别说明的是，吐蕃势力的多次进入中亚，也应在中亚地区遗留下考古遗存，但这方面的资料笔者掌握不多，所以在本节中未能论及。但是，近年来一些新的发现也提供了重要的线索。例如，在喜马拉雅山西部今巴基斯坦所控制的巴尔蒂斯坦地区（即历史上的大小勃律）发现有吐蕃时期大型藏文碑刻的残段，内容与吐蕃佛教的"兴佛祈愿"活动有关，是吐蕃时

---

1 有关这些问题的研究综述可参见张云：《上古西藏与波斯文明》，北京：中国藏学出版社，2005年，第292—327页；另可参见杨铭：《唐代吐蕃与西域诸族关系研究》，哈尔滨：黑龙江教育出版社，2005年，第80—81页。

期佛教势力向中亚扩张有力的证据[1]。众所周知，大小勃律是吐蕃通向印度、中亚的重要通道，在吐蕃强盛时期曾被吐蕃王朝所控。类似的考古材料相信今后随着中亚地区考古工作的进展还会有更多的发现。

第八节　黄金面具与丝绸之路

青藏高原是吐蕃王朝主要的统治地域，在吐蕃版图上曾经有过不同的古代族群在此生存、活动，并且遗留下来众多的不同历史时期的墓葬，成为吐蕃先民们的最终归宿之地。对于死者遗体的处理方式，体现出极其丰富的文化史意义，从来就是研究不同地区、不同民族在丧葬习俗、丧葬观念和具体的营葬方式等诸多领域的"题中要义"。著名的英国人类学家詹·乔·弗雷泽关于人类的死亡，曾经讲过一段意义深刻的话："死亡在所有时代一直是使人们感到困扰的问题。与许多仅为少数思想家感兴趣的问题不同，它与我们每个人都同样地密切相关，因为圣贤与傻瓜都难免一死，甚至最无心的人和最愚蠢的人有时也不免问问自己死后如何。这个问题在我们的关注中成为一种确实存在的困惑。在漫长的人类思考的历史中，最有智慧的人们总在沉思这个问题，寻求此谜的解答"[2]。由于青藏高原独特的自然环境和地理位置，在考古发掘出土的古代墓葬中提供了有关高原先民对死者遗体进行过处理的若干考古痕迹和现象，其中，对于死者面部进行覆盖和遮掩的黄金面具十分引人注目，曾经引起学术界的广泛关注。随着资料的不断增加，对于这一考古现象深入进行综合研究是很有必要的。

---

[1] 陈庆英、马嗣华、穆罕默德·尤素夫·侯赛因阿巴迪：《巴基斯坦斯卡杜县发现的吐蕃王朝时期的藏文碑刻》，《中国藏学》2010年第4期。

[2] ［英］詹·乔·弗雷泽著，李新萍、郭于华、王彪译，江山、邱晨校对：《永生的信仰和对死者的崇拜》，北京：中国文联出版公司，1992年，第1页。

一、青藏高原考古发现的黄金面具

近年来，在青藏高原的不同地区发现了一批不同时期的古代墓葬，从中出土了种类丰富的随葬器物，其中包括大量的金银器。而在金银器中，又以作为死者葬具之一的金银面具十分引人注目。从考古形态上划分，这类黄金面具可以划分为几种不同的类型。

第一种类型，是用金箔剪切、锤揲成模仿人脸形状的椭圆形或正方形，然后在这个扁平的金箔上面锤揲出凸起的眼、鼻、口等五官的轮廓线，或者在模仿人脸形的金箔上用不同的色彩描绘出五官。由于这种类型的黄金面具所表现出的人脸总体而言是一个整体，我们可以称其为"整体型"面具。迄今为止，属于这种类型的黄金面具一共出土有3件，分别出土于西藏阿里地区噶尔县故如甲木墓地和札达县曲踏墓地。

其中，故如甲木墓地出土的一件系用金箔压制而成，呈正方形，长4.5、宽4.3、厚0.1厘米。正面用红、黑、白三色颜料绘出人面部的眼、鼻、口等五官，面部的轮廓线条用红色勾出。在面具的周边均匀地分布着八个小圆孔，应该是缝缀在质地较软的材料上，很大的可能性是缝缀在丝织物上，从而整体形成和人脸大小相当的"金箔加织物面具"（图4-37）。

另一件出土于曲踏墓地Ⅱ区，呈椭圆形，长5.5、宽4.1、厚0.01厘米。也是用金箔锤揲而成，凸出面部的轮廓线和眉毛、眼、口、鼻等五官，五官的刻痕处都遗留下来使用红色颜料描绘的痕迹（图4-38）。从其大小情况来看，也不大可能单独使用，推测也是与某种织物合体形成面具。

还有一件出土于曲踏墓地Ⅰ区的黄金面具则形态较为复杂，在迄今为止西藏西部发现的黄金面具中形体也最大。这件面具与真人的面部大小相仿，长14.2、宽14、厚0.01厘米。它是由上下两个部分组成，上部是一个长方形的冠状金箔板，上面錾刻出阶梯形的雉堞、立鸟、植物、羊等组合成的图

图4-37　西藏噶尔故如甲木墓地出土黄金面具
（采自仝涛、李林辉：《欧亚视野内的喜马拉雅黄金面具》，《考古》2015年第2期，图一）

图4-38　西藏札达曲踏墓地出土黄金面具
（采自仝涛、李林辉：《欧亚视野内的喜马拉雅黄金面具》，《考古》2015年第2期，图二）

案；下部是人脸形的椭圆形金箔，面部锤揲出眉毛、眼、鼻、口等五官，冠部和面部的轮廓线都用红色颜料勾勒。整个面部的周边有成组的数个圆孔，用丝线将面具与多层丝织物连缀在一起，冠部背面的丝织物还用薄木片加固（图4-39）。

图4-39 西藏札达曲踏墓地出土黄金面具
（作者拍摄）

第二种类型，是用金片与宝石镶嵌而成的单独的眉毛、眼、鼻、口等形态，可以拼合成为面部的五官。由于这类黄金面具的特点是由各自独立的五官拼合而成一套人脸面具，我们可以称其为"拼合型"面具。最早公诸于世的这类黄金面具，是2013年在香港中文大学公开展出的"梦蝶轩藏中国古代金饰"中所见的三套黄金面具（展品说明中将其命名为"金覆面"），每套均分别由双眉、两眼、鼻子、口唇共计六件组合而成，制作方式是用黄金箔片为底，上面用金片制成不同的分格，在格内镶嵌绿松石等宝石。由于在各个部件的背面均有小钉，表明其很有可能是固定在某种材质（如金属、木片、皮革、纺织品）之上组成整体的人脸面具。此种类型的黄金面具也存在着一些细微差别，展出图录说明将其分为三型。

A型　眉毛形如卧蚕，头部下垂，尾部上扬，当中以方格相间，在方格中镶嵌绿松石。两眼边缘以细点金珠为饰，当中镶嵌有一颗淡红色的宝石作为眼珠，上下眼睑和左右眼角上也以绿松石镶嵌。鼻梁笔直，从上向下逐渐扩大形成鼻翼，在两侧鼻翼上各镶嵌一颗较大的绿松石。鼻子的其余各处均划分为小方格，以大小不等的绿松石块镶嵌其中。此型的嘴部呈树叶状，上下嘴唇线也以细点金珠围绕一周，在嘴唇上镶嵌绿松石[1]（图4-40）。

图4-40　香港梦蝶轩展出的A型黄金面具
（采自苏芳淑主编：《金曜风华·赤狨青骢：梦蝶轩藏中国古代金饰》，香港：香港中文大学出版社，2013年，第115页，图24-A）

B型　造型风格和镶嵌绿松石、宝石的装饰手法均与A型相同，但眼、嘴的形状、大小与A型有所不同，此型的眼眶较圆，眼睑线较短，嘴部呈直条

1　苏芳淑主编：《金曜风华·赤狨青骢：梦蝶轩藏中国古代金饰》，香港：香港中文大学出版社，2013年，第115页，图24-A。

第四章 吐蕃王朝时期"高原丝绸之路"的确立与拓展　287

形[1]（图4-41）。

C型　较为接近B型，但眼眶更为短小，鼻梁稍狭，五官上镶嵌的绿松石保存情况较好[2]（图4-42）。

上述三型黄金面具的五官具体尺寸为：眉毛长10.2—10.8、宽0.8厘米；眼长4.1—6.6、宽2—2.6厘米；鼻长11.1—11.4、宽3.4—3.5厘米；口长6.4—8.4、宽0.6—2.1厘米。可见其制作工艺和规格大体相同，尺寸大小略有差异，当系手工制作时形成的细微区别，应无表现等级差异的意图，属于同一阶层使用的葬具。

由于香港梦蝶轩收藏和展出的黄金面具均无明确的考古出土地点，尽管当时笔者正确地判断出这批藏品可能系"吐蕃金银器"[3]，但对其年代、性质、功能等诸多问题尚无法加以深入认识。2019年，首都博物馆展出了青海出土文物特展"山宗·水源·路之冲"，展品中有与上述香港梦蝶轩出土的黄金面具形态几乎完全相同的一套黄金面具上的五官构件，分别由两眉、鼻子、嘴巴和双眼组合而成，只是这套黄金葬具中缺少了一只眼睛。从制作工艺和造型特点上观察，这套黄金面具五官的形制与梦蝶轩所藏的A型面具较为接近，也是在五官的表面通体镶嵌绿松石和宝石（但出土时已经不存），眼眶的形态略有不同，两个眼角向上扬起（图4-43）。

实际上，在青海出土的这批黄金制品中还有多件同类的遗物，如同种类型的眉毛共有三对，由此推知理论上可以组合出三套以上的面具[4]。只是因为各种原因，目前仅组合出一套残缺不齐的面具公开展出。青海这批金银器的

---

1 苏芳淑主编：《金曜风华·赤犼青骢：梦蝶轩藏中国古代金饰》，香港：香港中文大学出版社，2013年，第116页，图24-B。
2 苏芳淑主编：《金曜风华·赤犼青骢：梦蝶轩藏中国古代金饰》，香港：香港中文大学出版社，2013年，第117页，图24-C。
3 霍巍：《梦蝶轩藏吐蕃金银器概述》，苏芳淑主编：《金曜风华·赤犼青骢：梦蝶轩藏中国古代金饰》，香港：香港中文大学出版社，2013年，第2—14页。
4 有关照片资料系西北大学考古文博学院冉万里教授提供，特此致谢！

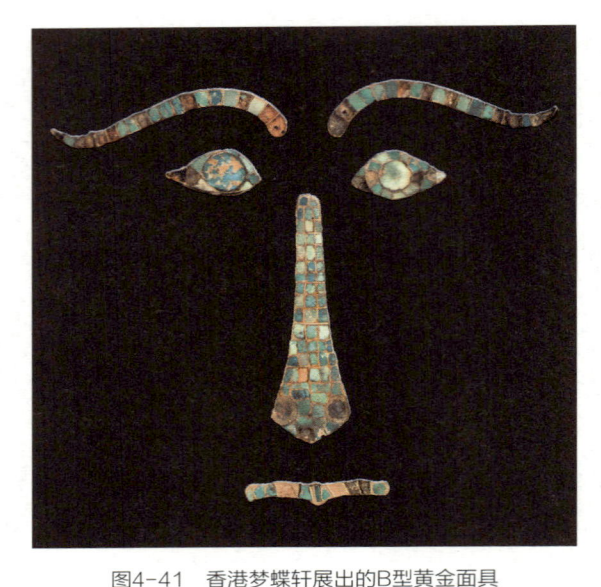

图4-41　香港梦蝶轩展出的B型黄金面具

（采自苏芳淑主编：《金曜风华·赤狻青骢：梦蝶轩藏中国古代金饰》，香港：香港中文大学出版社，2013年，第116页，图24-B）

图4-42　香港梦蝶轩展出的C型黄金面具

（采自苏芳淑主编：《金曜风华·赤狻青骢：梦蝶轩藏中国古代金饰》，香港：香港中文大学出版社，2013年，第117页，图24-C）

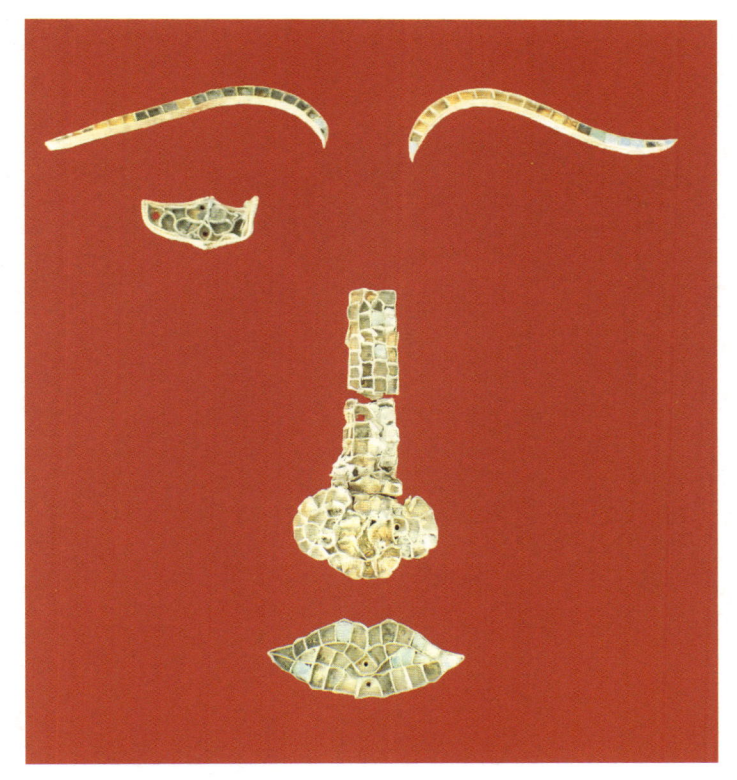

图4-43　青海都兰热水墓地出土的黄金面具
（冉万里先生提供）

出土地点十分明确，在展器说明牌上均注明系"海西蒙古族藏族自治州都兰热水吐蕃墓群"出土，这就佐证了香港梦蝶轩同类藏品的来源，应当也是出自青海都兰热水吐蕃墓地（图4-44）。

二、年代、类型与用法的考古学观察

上述考古发现充分表明，为死者制作黄金面具的习俗曾在青藏高原各古代部族中流行，但在年代、类型和具体的用法上，却存在着明显的区别。首先有必要从考古学的观察入手弄清其基本情况，这对于我们进一步考察其文化来源及其交流与传播的途径十分必要。

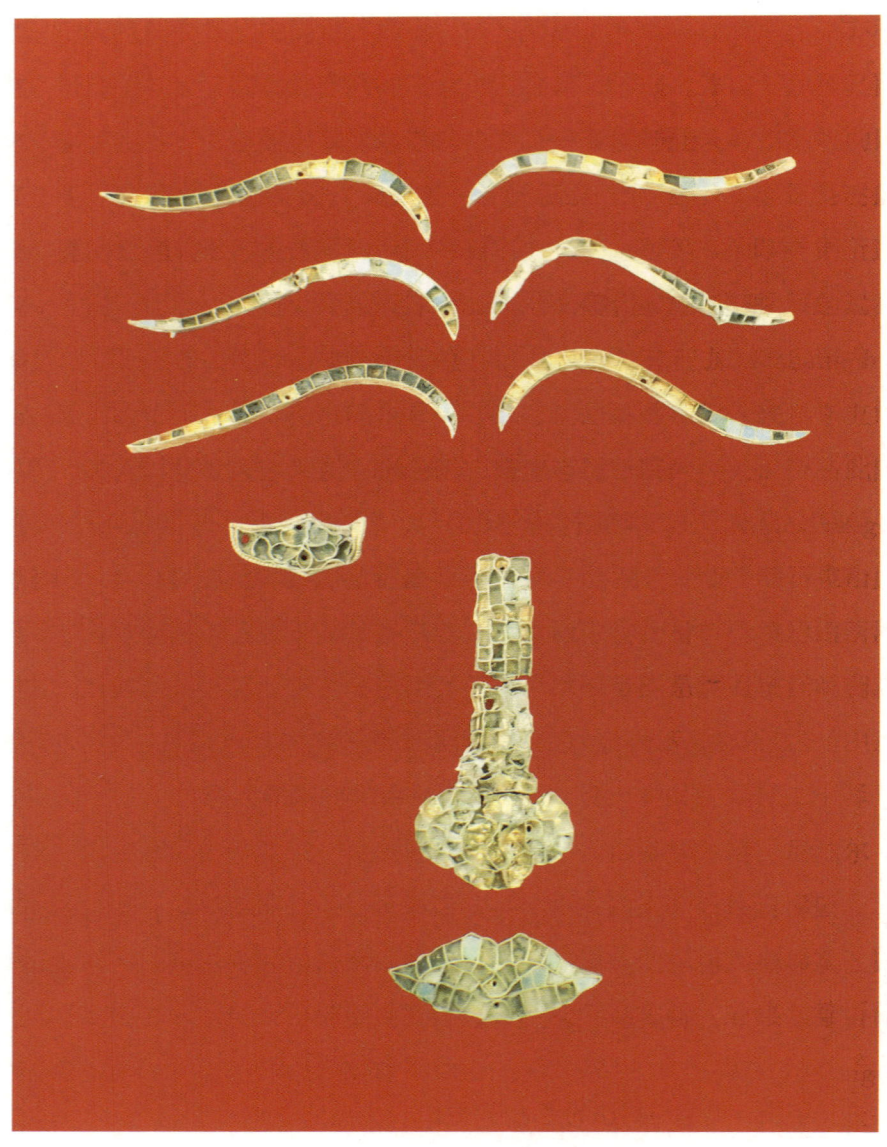

图4-44 青海都兰热水墓地出土的黄金面具及其残件
（冉万里先生提供）

第四章 吐蕃王朝时期"高原丝绸之路"的确立与拓展 291

第一种类型即"整体型"的黄金面具，目前仅发现于西藏西部及其周边地区。如前所述，在西藏阿里地区噶尔县境内的故如甲木墓地和札达县境内的曲踏墓地共发现三件，年代为1—2世纪[1]。另据考古资料表明，1986—1987年印度学者在印度北方邦加瓦地区（喜马拉雅山地）的马拉里墓地中曾发现同一类型的遗物，黄金面具呈倒梯形，长8、最宽7厘米，系在厚度仅有0.009厘米的金箔上采用锤揲的方式敲打出五官，面具两侧的边缘处各有十个小孔，可供穿系附着于其他载体之上，所属墓葬的年代为公元前1世纪前后[2]（图4-45）。

2011年，美国考古学家在尼泊尔穆斯塘地区萨木宗墓地M5中也发现了一具用黄金箔片制成的面具，其形态略呈倒梯形，尺寸与真人面部大小相当，长15.1、最宽12.8、厚约0.01厘米。面具表面用红色颜料勾勒出眼眶、鼻子和牙齿以及多条胡须和双条眼角纹，用黑色颜料描画出眉毛和眼珠

图4-45 印度北方邦马拉里墓地出土的黄金面具
（采自仝涛、李林辉：《欧亚视野内的喜马拉雅黄金面具》，《考古》2015年第2期，图五）

---

[1] 仝涛、李林辉：《欧亚视野内的喜马拉雅黄金面具》，《考古》2015年第2期，图一—图四。
[2] 仝涛、李林辉：《欧亚视野内的喜马拉雅黄金面具》，《考古》2015年第2期，图五。

（图4-46）。该墓的年代为4—5世纪[1]。由上可见，这批黄金面具是迄今为止青藏高原出土年代最早的遗物，年代上下限约为公元前1世纪至公元5世纪。

图4-46　尼泊尔穆斯塘地区萨木宗墓地出土的黄金面具
（采自仝涛、李林辉：《欧亚视野内的喜马拉雅黄金面具》，《考古》2015年第2期，图六）

第二种类型即"拼合型"的黄金面具，目前仅发现于青海境内的都兰热水吐蕃墓地。都兰热水吐蕃墓地的情况较为复杂，从现已发掘出土的墓葬情况来看，可能延续的时间从南北朝直到唐代，死者的族属情况也并非单一民族。不过，其中一些墓葬规格较高、出土遗物较为丰富的大墓，不排除其墓主人属于吐蕃贵族大臣或者高级将领，也包括吐蕃统治下已经"吐蕃化"的旧吐谷浑王公贵族。结合历史文献分析，都兰热水墓地中出土金银器的这批吐蕃大墓的年代，应当属于吐蕃王朝兴盛时期，即8—9世纪左右[2]。

两相比较，可以比较明确地看出，虽然这两种类型的黄金面具总体上来看都具有一个用此种丧葬仪礼来遮掩死者面部的共性存在，但从流行的地域、年代和族属等方面考察，却又有所不同。第一种类型的黄金面具在青藏

1　仝涛、李林辉：《欧亚视野内的喜马拉雅黄金面具》，《考古》2015年第2期，图六。
2　北京大学考古文博学院、青海省文物考古研究所：《都兰吐蕃墓》，北京：科学出版社，2005年，第127—128页。

高原主要出土于西藏西部及其周边地区，流行的年代约从公元前1世纪至公元5世纪。这个时期，根据藏、汉文献的记载，西藏西部地区主要活动的古代族属应为"象雄"部族，亦即唐代以来汉文史书中所记载的大、小"羊同"。第二种类型的黄金面具则主要发现于青藏高原的青海地区，流行的年代约在8—9世纪，时代明显要晚于第一种类型。根据文献史料的记载，这个时期在青海柴达木盆地及其周边地区，前期主要活动着吐谷浑人，7世纪以后，吐蕃不断向东扩张，在吞并吐谷浑诸部之后，这个地区主要活动的古代族属既有吐蕃人，也有吐谷浑人，还有党项羌以及原属西域胡人的康国人、何国人，甚至部分汉人[1]。在如此广阔的时空框架之内来观察这一考古文化现象，我们很难简单地将其归入一个考古学文化体系当中来加以看待，还有必要从更为广阔的视野来加以梳理和比较。

与上述西藏和青海地区出土的黄金具面可以进行比较的，是我国新疆地区和相邻的南亚、中亚地区发现的黄金面具。第一种类型的"整体型"黄金面具，最早可以追溯到古代地中海文明时代，后来在波斯地区公元前后也开始流行。如在帕提亚尼尼微出土的黄金面具，就是在一件用黄金箔片制成的呈倒三角形的人脸上，采用锤揲的方式凸显出人脸的眉毛、眼睛、鼻子和口部，其出现的年代可上溯到公元前后[2]（图4-47）。

4—5世纪，中亚地区也发现这类黄金面具，最具代表性的遗物可举吉尔吉斯斯坦萨石墓地中出土的一件黄金面具，它也是在整块锤揲成人脸形的黄金面具表面再锤揲出眼睛、鼻子、口部。但不同的变化在于，它在人脸的双眉、脸颊、鼻梁等显眼之处镂刻出连续的细点纹，并在双眼部开孔，镶嵌入红宝石。这种镶嵌宝石的做法，很可能是中亚游牧民族新的创造（图4-48）。

1　周伟洲：《吐谷浑史》，南宁：广西师范大学出版社，2006年，第186—187页。
2　仝涛、李林辉：《欧亚视野内的喜马拉雅黄金面具》，《考古》2015年第2期，图七。

图4-47　帕提亚尼尼微出土的黄金面具
（采自仝涛、李林辉：《欧亚视野内的喜马拉雅黄金面具》，《考古》2015年第2期，图七）

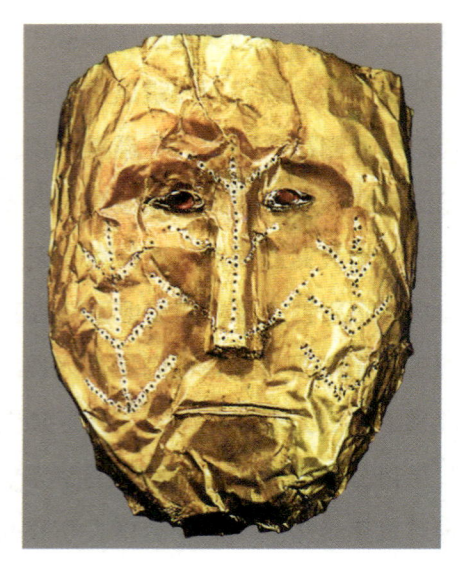

图4-48　吉尔吉斯斯坦萨石墓地出土的黄金面具
（采自仝涛、李林辉：《欧亚视野内的喜马拉雅黄金面具》，《考古》2015年第2期，图八）

5世纪前后，大约与中亚地区大体相当，在西藏西部及其周边地区也发现了这类整体形的黄金面具。其共同特点均是采用黄金箔片锤揲的方式加工出黄金面具的轮廓，再在其上描绘出五官。如前所述，西藏西部的故如甲木墓地、曲踏墓地、与我国西藏地区相邻的印度北方邦马拉里墓地、尼泊尔穆斯塘地区的萨木宗墓地中都出土过在金箔表面采用绘彩的方式描述出人脸五官的黄金面具，很可能是受到西藏西部地区古代文化的直接影响。而西藏西部这类黄金面具的来源，究竟是直接来源于中亚地区？还是另有他途？是一个值得深入思考的问题。

细加分析，可以观察到一个很重要的细节。在西藏阿里札达县曲踏墓地Ⅰ区出土的这件黄金面具的周边有一周小圆孔，每两个为一组，在面具的背后残存有多层丝织物，还残留着打结的系带，面具冠部背面的丝织物还用薄木片加固，通过系带与丝织物缝制在一起。这个现象说明，丝绸在这个时期已经传入到西藏西部,并且使用在丧葬仪轨当中。在同一座墓葬中出土有"王侯"字样的丝绸,用以包裹死者的头部,棺内还发现大量丝织物,也都证明了这一点[1]。所以,西藏阿里出土的此类黄金面具和丝绸合体并用的情况,并不见于最早出现此类面具的西亚、中亚地区,而有可能受到流行以丝绸制作丧葬用具的"丝绸之路"东段丧葬文化的影响。发掘者曾经观察分析,"从具体的发现情况来看,基本上都是固定在纺织物上,其中3件器物上有较多的丝织物残余。"同时,还正确地指出:"较小型的面具可以通过衬底的纺织品来扩大其面部覆盖面积,这种面具基本上是象征性的。"[2] 由此推测,与西藏阿里地区地理位置最为接近的、同时处在"丝绸之路"东段的我国新疆地区,有可能是西藏西部及其周边地区这类"整体型"的黄金面具辅之以丝绸等织物衬底用作"覆面"习俗的源头之一。

主要发现于青海都兰热水吐蕃墓葬中的第二类"拼合型"黄金面具,其来源目前还有待进一步研究。这是一种具有独特风格的黄金面具,结合现有资料来看,其特点十分突出:首先是做出单独的眉毛、眼睛、鼻子、口唇等器官,然后加以组合。我们可以推测,附在这些五官后面的应当是一个与人脸或者与人脸大小、形状相接近的衬底,然后将这些黄金制作的五官钉在这个衬底之上,最后形成一件完整的面具。

新疆昭苏波马墓地中曾发现过一件年代下限在6—7世纪前后的黄金面具[3],很值得关注。它是用一件人脸形的黄金面具作为衬底子,虽然从总体上看,可以归纳到笔者所划分的第一类"整体型"黄金面具之中,但是它却采

---

1 中国社会科学院考古研究所、西藏自治区文物保护研究所、阿里地区文物局、札达县文物局:《西藏阿里地区故如甲木墓地和曲踏墓地》,《考古》2015年第7期;中国社会科学院考古研究所、西藏自治区文物保护研究所:《西藏阿里地区噶尔县故如甲木墓地2012年发掘报告》,《考古学报》2014年第4期。据考古报告称:"人骨发现于木棺内,双手作束缚状置于胸前,人骨发黑,具体葬式不明,头骨包裹有'王侯'文鸟兽纹锦,棺内发现大量丝织物"。

2 仝涛、李林辉:《欧亚视野内的喜马拉雅黄金面具》,《考古》2015年第2期。

3 安英新:《新疆伊犁昭苏县古墓葬出土金银器等珍贵文物》,《文物》1999年第9期。

用了多种综合性的加工手法：先是锤揲出鼻、眼、口的大体轮廓，然后在双眼开出眼眶，在眼眶内镶嵌以珠宝。最令人感兴趣的是，它的眉毛和胡子却是采用了焊接镶嵌的方式，即事先"预制"好眉毛和胡子饰件，最后用焊接的方式连缀在面具的表面。这种将单独预制而成的黄金五官和某种特定材质的托底相互结合，最后形成一套完整面具的做法，似乎又带有第二类"拼合型"黄金面具的特点，堪称为一种具有复合型特点的黄金面具，我们是否又可将其划分为第三类"复合型"的黄金面具，很值得思考（图4-49）。

  这种"复合型"的黄金面具同时也提示我们注意，青海都兰热水墓地中出土的这类"拼合型"的黄金面具的五官有可能也采用了类似的衬底。不过，从一般常识而论，如果其衬底也如同新疆昭苏波马墓地一样是用黄金制作，则很难继续保存在墓中而不被发现，如果是采用丝织物和纺织物作为衬底，在衬底腐朽之后，将其金质的五官盗掘出土的可能性会更大一些。当然，这个推测是否成立，还需要进一步的科学考古工作方能确证。新疆昭苏

图4-49　新疆昭苏波马墓地出土的黄金面具

（采自安英新：《新疆伊犁昭苏县古墓葬出土金银器等珍贵文物》，《文物》1999年第9期，封三）

波马墓地这件黄金面具的发现，很可能将成为解开青海都兰热水墓地出土的这类"拼合型"黄金面具源头的一个重要线索。

综上所述，近年来在我国西藏、青海等地考古出土的这些黄金面具，与欧亚地区和南亚、中亚一带的黄金面具有着某些相似的文化因素，从总的背景而言，都反映出通过"丝绸之路"文化带沿线不同古代文化之间的交流与联系。不过，十分显然，不同类型的黄金面具和丧葬习俗密切相关，在不同的地区有着不同的表现形式，也会出现不同的类型和制作工艺，在具体的使用方法上也有不同的特点。西藏西部地区出土的"整体型"面具主要与5世纪以前活跃在这一地区的"羊同"（藏语中称为"象雄"）古部族有关，从采用丝绸和黄金面具合体制作为葬具的方式来看，既受到西亚、中亚一带黄金面具习俗的影响，但同时也接受了丝绸之路东段我国新疆地区"覆面"习俗的影响，具有东西方文化交互影响的痕迹。而青海都兰热水墓地中出土的"拼合型"黄金面具，流行年代可能下限为8—9世纪左右，而其上限或可上溯到5世纪前后的南北朝时期，使用这类葬具的死者主要的族属，则可能为吐蕃统治下的吐谷浑旧部、吐蕃高级官员及贵族，至于这种"拼合型"面具的源头，还需要进一步探索。

三、黄金面具所隐含的文化意义

我们注意到，在中国古代文献记载中，对于青藏高原古代部族当中黄金面具的制作与使用，也曾留下了十分重要的历史线索，成为我们理解这一丧葬习俗所反映的文化意义的参照。如唐人杜佑所撰《通典·边防六》"大羊同"条下记载：

> 大羊同，东接吐蕃，西接小羊同，北直于阗。东西千余里，胜兵八九万人。其人辫发毡裘，畜牧为业。地多风雪，冰厚丈余，所出物产，颇同蕃俗。无文字，但刻木结绳而已。刑法严峻。<u>其酋豪</u>

死，抉去其脑，实以珠玉，剖其五脏，易以黄金，假造金鼻银齿，以人为殉，卜以吉辰，藏诸岩穴，他人莫知其所，多杀牸牛羊马，以充祭祀，葬毕服除。其王姓姜葛，有四大臣分掌国事。自古未通，大唐贞观十五年，遣使来朝。（下划线为笔者所加）

文中所记载的大、小羊同等地，和今天的西藏西部、北部的羌塘高原密切相关，而这个地区的"酋豪"——也就是部落首领之类的人物，在死后有着特殊的葬俗，其中"假造金鼻银齿"的做法，或许就是考古发现中制作黄金面具的一个泛指。长期以来，由于没有考古发现的佐证，这些文献记载的真实性不能得到确认。而新的考古资料则提供给我们重新认识青藏高原古代文明中黄金面具的流行及其历史背景，有着重要的价值。

为何要在死者的面部覆盖以黄金面具？考古学者和人类学者都有过不同的解释，有的认为是代表着死者的地位与身份，也有的认为可能与企图保护死者遗容有关，还有意见认为可能是为了避免死者生前的某些禁忌（如面容残损等）所为。如果从上面所引的唐人杜佑所著《通典》的记载来看，在西藏西部的大、小羊同（藏语称为象雄）地区，这种丧葬习俗具有某种"外科手术式"的遗体处理特点，类似古代埃及制作死去法老的"木乃伊"的做法。即首先要"抉去其脑"，清除颅内物体，尔后"实以珠玉"，再"剖其五脏""易以黄金"，腹腔内的器官也要全部摘除，用黄金加以装饰。在这个过程当中，死者的头部、面部容貌可能会有所改变，所以，必须用"金鼻银齿"制作而成的黄金面具加以覆盖和遮掩。不排除这个习俗与这个地区某种古老的祭祀传统有关，即希望通过这种方式，保存部落首领的遗体得以不朽长存，或者至少保存其遗容具有尊严性，从而达到佑护族人昌盛之目的。

青海都兰热水吐蕃墓地出土的"拼合型"黄金面具尤其突出了死者的五官，可以想见，这些用黄金制成的镶嵌着珠宝、绿松石的眉毛、鼻子、双眼和嘴唇，恰如文献中所记载的"金鼻银齿"，会让死者的面容得以重新塑造，不仅金碧辉煌，而且庄严可敬，既维护了死者最后的尊严，也体现出如同黄金和宝石一般永生不朽的深长意义。

西藏西部的象雄（羊同）地区从来被认为是西藏原始宗教本教的发源地，后来又接受了来自伊朗高原波斯古文明中的所谓"雍仲本教"的影响。其中本教师中的"辛"，就是丧葬仪轨中专门负责对遗体进行解剖、处理的专门"祭司"，敦煌古藏文写卷中涉及丧葬仪轨的部分很多与他们有关，曾有学者对此进行过系统的研究[1]。目前在出土黄金面具的西藏阿里噶尔县故如甲木墓地、曲踏墓地当中，由于遗体并未能完整保存，无法观察到是否有过特殊处理后留下的痕迹。但是在与西藏西部地区相邻近的尼泊尔穆斯塘地区萨木宗墓地当中，发掘者观察到墓地遗体"76%带有确定无疑的刀痕，并且这些痕迹很明显是在死后产生的"[2]，这是否就是在对死者遗体进行某种特殊处理的遗迹？值得留意。西藏阿里曲踏墓地出土黄金面具的一号墓（M1）死者头颅用带有汉字"王侯"字样的丝绸包裹，面部覆盖有与真人面孔大小相仿的黄金面具，可以肯定死者的身份等级正是唐人杜佑《通典》中所记载的地方"酋豪"一类人物。联系到文献中关于遗体处理和制作"金鼻银齿"的记载，应当考虑其在丧葬过程中也可能采用了本教丧葬仪轨，成为这个区域古老文明的标志性特征之一。

青海都兰热水吐蕃墓地多件、套"拼合型"黄金面具的出土，表明这一习俗流行程度很高，甚至可能在一座墓葬当中便有多套黄金面具的存在[3]。这

---

1 褚俊杰：《吐蕃本教丧葬仪轨研究——敦煌古藏文写卷P.T.1042解读》，《中国藏学》1989年第3期；褚俊杰：《吐蕃本教丧葬仪轨研究（续）——敦煌古藏文写卷P.T.1042解读》，《中国藏学》1989年第4期。

2 仝涛、李林辉：《欧亚视野内的喜马拉雅黄金面具》，《考古》2015年第2期。

3 2019年青海省举办的"山宗·水源·路之冲———带一路中的青海"特展上虽然只展出了都兰热水吐蕃墓地出土的其中一套黄金面具，但据悉在该墓中一共出土了六条金制的眉毛，表明下葬时墓内至少应有三套黄金面具存在。

一方面表明，吐蕃时期仍然继承了青藏高原远古时代来自西方的本教丧葬仪轨的某些遗绪，但另一方面和西藏西部地区早期墓葬中出土的黄金面具相比较，也发生了一些重要的变化，具体而言：

首先，是黄金面具已经趋于大型化、制度化。从目前已经公布的数据来看，黄金面具的五官当中，眉毛、鼻子的长度均超过了10厘米，以此类推，整个面具拼合后的长、宽，都应与真人面容大小相当。早期西藏西部及其周边地区出土的"整体型"小型黄金面具在这个地区没有发现。从出土的黄金面具五官大小基本一致、形态基本相同这一点来看，很可能当时对于制作和使用这类黄金面具已经形成某种制度，有一定的规制。

其次，黄金面具的制作工艺这时更为精美，在黄金面具五官的表面大量采用宝石、绿松石加以镶嵌，更显金碧辉煌、五彩斑斓。这种在黄金面具上镶嵌珠宝的做法，其源头至少可以上溯到中亚吉尔吉斯斯坦萨石墓地，但在这个时期镶嵌的面积几乎达到全覆盖，使用的手法也更加丰富多样。

最后，香港梦蝶轩公开展出的金银器当中，和上述三套"拼合型"的黄金面具五官同时展出的还有一组也是用黄金箔片锤揲而成的下颌托，共计四件，包括额带、项圈、指环和下颌托[1]（图4-50）。

这暗示着和这些黄金面具同时使用在墓葬当中的可能还有此类黄金制作的下颌托。为死者制作和使用下颌托这种葬俗，从现有的考古资料来看，在西亚和中亚都曾流行，北朝至隋唐在我国西北和中原地区也有发现，如大同南郊北魏墓群[2]、宁夏固原九龙山[3]、宁夏固原史道德墓[4]等都有出土。其中出土于宁夏固原史道德墓中的一套下颌托由金额带与下颌托共同组成，下颌托

1　苏芳淑主编：《金曜风华·赤猊青骢：梦蝶轩藏中国古代金饰》，香港：香港中文大学出版社，2013年，第121页，图26。
2　山西大学历史文化学院、山西省考古研究所、大同市博物馆：《大同南郊北魏墓群》，北京：科学出版社，2006年，第233页。
3　宁夏文物考古研究所：《固原九龙山汉唐墓葬》，北京：科学出版社，2012年，第129页。
4　宁夏固原博物馆：《宁夏固原唐史道德墓清理简报》，《文物》1985年第11期。

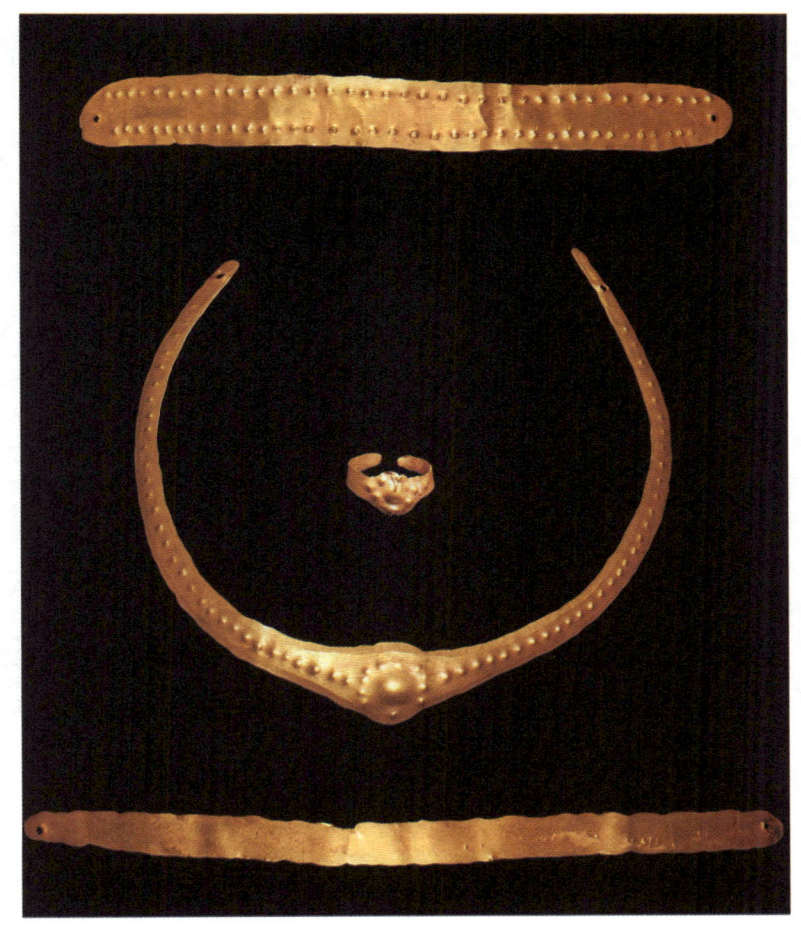

图4-50　香港梦蝶轩展出的下颌托等黄金饰物
（采自苏芳淑主编：《金曜风华·赤猊青骢：梦蝶轩藏中国古代金饰》，香港：香港中文大学出版社，2013年，第121页，图26）

托部有开口，额带上有日月等图案（图4-51），形制和宁夏固原九龙山唐墓所出者相似。死者史道德生前任唐给事郎兰池正监，是昭武九姓之后，其先祖曾居西域，后迁至固原[1]。在史道德墓中出土的这组下颌托的额带上方有新月和日轮的图案，也带有浓重的域外色彩，在波斯萨珊和粟特人的装饰图案

---

[1] 宁夏固原博物馆编：《固原文物精品图集》（下册），银川：宁夏人民出版社，2011年，第20页。

图4-51 宁夏固原史道德墓出土的黄金下颌托
[采自宁夏固原博物馆编:《固原文物精品图集》(下册),银川:宁夏人民出版社,2011年,第20页]

中十分流行。这些迹象均表明,青海都兰唐代热水墓地出土黄金面具和黄金下颌托的这些墓葬,和同样处在丝绸之路沿线的宁夏地区一样,已经受到更多的来自"丝绸之路"上多种文明的影响。

青海都兰热水墓地所在的柴达木盆地,既是吐谷浑故地,也被唐代吐蕃统治长达170多年。从5世纪到9世纪,这一地区事实上已经成为中西交通的中心区域和"陆上丝绸之路"的主要干线之一,"从青海向北、向东、向东南、向西、向西南,都有着畅通的交通路线,联系着中国与漠北、西域、西藏高原、印度等地的交往,其地位之重要,可想而知"[1]。而无论是吐谷浑人

---

[1] 周伟洲:《吐谷浑史》,南宁:广西师范大学出版社,2006年,第144页。

还是吐蕃人，都不仅不曾中断过这些对外交流的通道，而且还积极参与了丝绸之路上的各种政治、经济、文化、商贸、宗教活动，维护了这些通道的畅通，这在文献和考古两个方面都留下了大量丰富的证据。从这个意义上去审视青海都兰热水墓地中出土的这些黄金面具，它们很显然都被打上了"高原丝绸之路"与外界交流、交通、交往的历史印迹，是东西方文明交会于此的珍贵考古实物。

第五章
高原丝绸之路青海道

前面各章我们讨论了高原丝绸之路从史前到唐代吐蕃时期的发展线索，在本章中将集中分析作为高原丝绸之路重要组成部分的青海道及其相关问题。作为吐蕃东向发展最为重要的方向，古代青海道在当中起到了极为重要的作用。近年来，青海吐蕃考古不断取得新的成果，为我们从文献和考古实物两个方面进一步深入考察青海道的相关问题提供了更为广阔的空间。

第一节　文物考古所见古代青海与丝绸之路

本节所讨论的"古代青海"，主要指史前至唐代时期的青海。青海从地理位置上看，处于号称"世界屋脊"的青藏高原东北隅，周围被部分昆仑山、阿尔金山、祁连山、唐古拉山、巴颜喀拉山、积石山等山脉所环绕，地势由西向东倾斜。与同处这一地理单元内的西藏高原相比较，青海的自然环境更为优越，境内大部分地区的海拔均在2000—4500米，湟水、黄河谷地和柴达木盆地的海拔则只有2000—3000米，可以大致划分为三个各具特色的地理区域：其北半部为河西走廊南侧祁连山脉所隔阻而成的高原，其自然景观主要为沙漠和草原；其南半部为昆仑山脉以东的延伸地带，为长江和黄河两大河流的发源地带，其自然景观为起伏的地形、连绵的高原河谷与宽广的草原相接；其东半部则为河湟区域，其自然景观以山脉、河谷盆地相间排布，是青海海拔最低也是最为温暖的地带。总体而言，青海境内大部分地区地势起伏和缓、地域辽阔，由各条山脉所分割形成宽谷与河谷地带，根据不同的纬度高低形成若干条从西北向东南方向延伸的自然通道。日本学者曾经形象地将这些自然通道称之为"冰原之道""河谷之道""水草之道""绿洲之道"[1]。活动在青海不同地区的古代人群，通过长期适应这一自然环境，在高海拔的青藏高原顽强地生存繁衍，同时也利用这些高原通道积极向外开拓发展，为青海古代文明史写下了重要的篇章。

但是，长期以来，在古代中原士人的心目中和他们的笔下，共处于青藏高原的青海、西藏等地都是人烟罕见的不毛之地，不仅荒凉穷困，而且与世隔绝，很难想象这些地区历史上也曾经是丝绸之路重要的经往之地和区域性文明中心。事实上，无论是在古代文献典籍当中，还是近代以来青海地区的考古发现，都提供了大量证据，表明青海并非是一座"文化孤岛"。李水城曾经指出："中国地处欧亚大陆东方，地域辽阔，南北、东西自然环境差异甚大。整体看，中国内地的地形呈西北高耸、东南低平的走势，自西而东形成三个落差很大的'台阶'。……作为中国一个局部的大西北地区，地理环境更为封闭，这里恰好处在黄河文明与中亚文明的中间位置，是不同文化接触、渗透的敏感地带，也是探索东西方文化碰撞与交流的关键地区"[2]。青海作为大西北地区的战略要地，自远古以来便有史前人类频繁的迁徙活动来往于此；而且著名的"青海道"在南北朝时期曾经一度还成为"陆上丝绸之路"的干道之一；隋唐时代吐谷浑、吐蕃先后对青海的有效控制，使得南来北往的官方使节、各国使臣、求法僧侣、商队贩客们都曾经在青海这块土地

---

[1] ［日］阿子岛功：《青海シルクロードの自然環境——谷あいの道、水草の道、緑洲の道、氷原の道（中国·青海省におけるシルクロードの研究）》，《シルクロード学研究》Vol.14，2002，第37–77頁。

[2] 李水城：《从考古发现看公元前二千纪东西方文化的碰撞与交流》，氏著：《东风西渐——中国西北史前文化之进程》，北京：文物出版社，2009年，第202页。

上留下他们的足迹。本节仅选取历史长河中有关这一问题的三个重要片段，从文献和考古两方面试作探索。

一、史前至汉代青海的对外交流

从较为可靠的考古证据上看，至迟从青铜时代的卡约文化开始，青海地区便已经出现了若干外来文化的因素，而这些因素大多是通过游牧的草原民族传来。卡约文化是青海地区的一种土著文化，常见的遗存主要为墓葬，既有长方形的竖穴土坑墓，也有部分为偏洞室墓，葬式复杂[1]。在卡约文化的墓地中，出土了大量具有草原游牧文化色彩的青铜器，包括铜泡、铜铃、铜管等马具或装饰品，另外还出土具有北方青铜文化特点的铜镜、铜矛、铜刀、铜斧、牌饰等以及刻划有鹿纹的骨管等器物。日本学者三宅俊彦分析认为，这些青铜器中的文化因素大体上可分为三类：第一类是卡约文化独自形成的文化因素，但与北方系青铜文化有着密切的联系；第二类是与中原和北方系青铜器共同的文化因素；第三类则完全是来自北方系青铜文化的因素[2]。其中，笔者特别注意到，在湟源县发现的大华中庄卡约文化墓地中曾经出土过一些造型特殊的青铜器，如采集到的青铜人面饰横杆的上方饰有四个人面，有的仅有头部，有的延伸到颈部，其造像都为"深目高鼻"的胡人形象。M87中出土一对"青铜竿头饰"，青铜的横杆上铸出一对牛的形象，一大一小，相向而立，这种在青铜器上塑造动物形象的做法，无论是从造型还是风格上而言，都与北方草原游牧民族的青铜装饰艺术具有相同的特点，所以可以肯定，其源流也应是来自北方草原地带，只是在传入青海境内之后，被卡

1　青海省文物管理处考古队：《青海省文物考古工作三十年》，文物编辑委员会编：《文物考古工作三十年（1949—1979）》，北京：文物出版社，1979年，第163—165页。

2　［日］三宅俊彦：《〔カ〕约文化の青铜器（中国·青海省におけるシルクロードの研究：第5章 日本側研究者の研究論攷）》，《シルクロード学研究》Vol.14，2002年，第237-253頁。

约文化的居民加以了改造[1]。

两汉至魏晋时期，青海主要是羌人的居住区，也有一部分匈奴、月氏人杂居其间，汉武帝时期，汉的势力开始进入到青海地区，东汉时随着平定羌人战争的扩大，终两汉之世，在青海形成多胡、汉多民族杂处的格局。同时，随着汉武帝对西域的开拓与征发，张骞通西域之后汉帝国在河西设立武威、酒泉、张掖、敦煌四郡，"丝绸之路"成为东西交通的主要路线。青海由于其地理位置上的近便，很可能已经成为丝绸之路的重要支线之一。这个时期的考古文物上也可见到一些与中外文化交流有关的遗存。

20世纪50年代以来，在青海上孙家寨墓地连续发掘出土了180多座汉晋时期的墓地，其年代从西汉至魏晋初期，墓地中出土的器物一方面包含有汉文化的因素，另一方面又保留着与青铜时代的卡约文化相似的杀牲随葬、截体葬、二次葬等葬俗，带有强烈的地方色彩。在该墓群乙区M3中曾经出土过一件具有西方色彩的银壶，应是通过中外文化交流传入青海境内的西方金银器[2]。此件器物形制为直口、长颈、鼓腹、平底，一侧带有单耳，在器物的口、腹、底部有三组错金纹带，口饰钩纹、底饰三角纹，腹部纹带由六朵不同形状的花朵组成。关于这件器物，发掘者初步认定其可能是3世纪的安息制品，腹部锤打出的一周花纹酷似西方流行的忍冬纹样（图5-1）。之所以在青海出现西方的错金银器，有可能与墓葬主人的族属为匈奴人有关，因为在同一墓地的M1中出土了一方带有印文为"汉匈奴归义亲汉长"的铜印，这应当是东汉政府颁发给当时青海境内匈奴部族首领的印信，既然此墓为匈奴人的墓葬，那么出土银壶的M3的墓主也应当是同一族属。因此，这件安息制品出现在远距安息千里之外的匈奴人的墓葬中，与东汉时期青海境内已经

---

1 许新国：《青海省考古工作五十述要》，氏著：《西陲之地与东西方文明》，北京：北京燕山出版社，2006年，第16—18页，图10—11。
2 青海省文物考古研究所：《上孙家寨汉晋墓》，北京：文物出版社，1993年，第160页，彩图见封面。

图5-1 青海上孙家寨墓地出土银壶
（作者拍摄）

随丝绸之路的开通不断出现北方草原游牧民族的迁徙活动这一大的时代背景相关。

　　1982年，在青海平安县窑坊出土的东汉画像砖中，有一方画像砖的内容也曾引起过学术界的讨论。这方画像砖主体画面为一庑殿顶的房屋之内有两个相对而坐的人物，他们的特点均头戴帽子，身上披有一件与佛教僧人的袈裟极为相似的衣物，左臂袒露，右臂下垂或置于膝上，两人的中间为一案，案上置有一钵，案下为一小人双手捧一罐跪伏于地，作奉侍状。关于这幅汉画像砖的内容，学术界有意见认为图像中所反映的系禅坐的"佛教僧人比丘形象"，有可能与"僧道送丧"的情景有关[1]。如果仅仅从这件"疑似"僧人

---

[1] 许新国：《青海平安县出土东汉画像砖图像考》，氏著：《西陲之地与东西方文明》，北京：北京燕山出版社，2006年，第101—102页。

的画像砖推测此时青海已经就出现了"僧人比丘"和"僧道送丧"的习俗，显然还证据不足。但是，如果结合东汉时期国内各地已经普遍发现过一些受到佛教影响的所谓"早期佛像"画像这一点来看[1]，东汉时期佛教经过西北丝绸之路也传入到青海这种可能性的确是不能排除的。与青海相邻近的四川东汉画像石、画像砖和钱树上都曾经发现大批"早期佛像"，但实际上均是接受了佛教文化影响之后，中国本土固有的神仙信仰体系中"西王母"之类图像的"佛装化"变形而已，并不真正具有佛教偶像崇拜的意义[2]。宿白认为，东汉时期出现在四川成都和长江中下游的这类"早期佛像"一个重要的来源，很可能是从西方通过西域的胡人部族传入中土，他称其为"胡人礼奉之像"[3]，这是很有见地的看法。如果将青海平安出土的这方汉画像砖也纳入到这类受到佛教影响的"早期佛像"图像中来看待，似乎也并无不妥。如此说不误，则我们可以进一步推测青海一地因自汉晋以来便是胡汉杂容之处，西域的"月支胡""湟中胡""羌胡"等大批胡人游牧族群都曾在此迁徙活动，汉晋时期的早期佛教信仰和带有佛教因素的图像通过青海再传输至益州、孙吴等地也是可能的。联系到下文中我们将要进一步讨论的南北朝时期"青海道"的开通这一问题来考虑，更增强了这种可能性的存在。

二、魏晋南北朝时期的"青海道"

所谓"青海道"，又称为"吐谷浑道""河南道"，是指传统"丝绸之路"支线的从青海至西域的一条线路，魏晋南北朝时期，由于中原战乱，北道多被塞堵不通，其重要性开始凸显。唐长孺在《南北朝期间西域与南朝的

1　俞伟超：《东汉佛教图像考》，《文物》1980年第5期。
2　霍巍、赵德云：《战国秦汉时期中国西南的对外文化交流》第七章、第八章，成都：巴蜀书社，2007年，第197—252页。
3　宿白：《四川钱树和长江中下游部分器物上的佛像——中国南方发现的早期佛像札记》，《文物》2004年第10期。

陆道交通》一文中论述："汉代以来，由河西走廊出玉门、阳关以入西域，是内地和西北边区间乃至中外间的交通要道。但这并非唯一的通路，根据史籍记载，我们看到从益州到西域有一条几乎与河西走廊并行的道路。这条道路的通行历史悠久，张骞在大夏见来自身毒的邛竹杖与蜀布是人所共知的事，以后虽然不那么显赫，但南北朝时对南朝来说却是通向西域的主要道路，它联结了南朝与西域间的政治、经济和文化，曾经起颇大的作用。"[1] 据唐长孺考证，西晋末年以来，东晋、刘宋等南朝政权在北方的前凉、西凉和北凉这几个割据政权占领河西走廊期间，还一直与其保持着通使往来，但在当时的形势下，由于秦陇地区多被中原或地方政权所隔绝，自江南通往西域，多从长江溯江而上，先西行入益州，再由青海入吐谷浑境，然后借道前往西域[2]。

继唐长孺之后，学术界对于"青海道"的讨论已经十分深入[3]，所列举的文献材料涉及这一时期不少通过益州（今成都）北上，沿"青海路"抵达丝

1　唐长孺：《南北朝期间西域与南朝的陆道交通》，氏著：《魏晋南北朝史论拾遗》，北京：中华书局，1983年，第168—169页。
2　唐长孺：《北凉承平七年（449）写经题记与西域通往江南的道路》，阎文儒、陈玉龙编：《向达先生纪念论文集》，乌鲁木齐：新疆人民出版社，1986年，第104—117页。
3　学术界对这一问题相关的论述较多，如：［日］松田寿男：《吐谷浑遣使考》（上、下），《史学雑誌》第48编第11、12号，1939年；又［日］松田寿男著，陈俊谋译：《古代天山历史地理学研究》，北京：中央民族学院出版社，1987年，第176—191页；夏鼐：《青海西宁出土的波斯萨珊朝银币》，《考古学报》1958年第1期；冯汉镛：《关于"经西宁通西域路线"的一些补充》，《考古通讯》1958年第7期；周伟洲：《古青海路考》，《西北大学学报》1982年第1期；周伟洲：《丝绸之路的另一支线——青海道》，《西北历史资料》1985年第1期；严耕望《唐代交通图考》中也有"河陇碛西区""秦岭仇池区"等论及青海道与河南道（严耕望：《唐代交通图考》，《中研院历史语言研究所》专刊八十三，1985年）；［日］山名伸生：《吐谷浑と成都の仏像》，《佛敎藝術》通号218，1995年；王育民：《丝路"青海道"考》，中国地理学会历史地理专业委员会《历史地理》编委会编：《历史地理》（第四辑），上海：上海人民出版社，1986年，第145—152页；薄小莹：《吐谷浑之路》，《北京大学学报》1988年第4期；罗新：《吐谷浑与昆仑玉》，《中国史研究》2001年第1期；姚崇新：《成都地区出土南朝造像中的外来风格渊源再探》，上海龙华古寺、北京大学东方学研究院、南开大学东方文化研究院主办：《华林》（第一卷），北京：中华书局，2001年，第245—258页，后收入氏著：《中古艺术宗教与西域历史论稿》，北京：商务印书馆，2011年，第42—62页；陈良伟：《丝绸之路河南道》，北京：中国社会科学出版社，2002年；霍巍：《粟特人与青海道》，《四川大学学报》2005年第2期等。

绸之路西段进入西域，或由"青海道"先抵益州，再顺江而下抵达南朝首都建康的佛教求法僧侣、商队与商人、官方使节等不同身份人士的有关事迹，史料甚为丰富，兹不再一一列举。从考古实物材料上看，这一时期也发现了不少重要的资料可为佐证。

早在1956年，在青海西宁市内城隍庙街便发现盛储货币的陶罐一件，其内盛有银币约百枚以上，当中有76枚银币经鉴定属于波斯萨珊朝卑路斯（457—483年）在位时所铸，夏鼐、王丕考先生曾对此作过详细考证[1]，认为这是当时中西交通频繁的实物证据。这批波斯萨珊朝的银币可分为A、B两式，区别在于正面卑路斯王冠装饰不同，A式王冠象征"天"和袄神奥马兹德，B式冠以鹰鸟之翼代表太阳[2]。对于这项考古发现徐苹芳指出："西宁波斯银币的埋藏虽已晚至唐代以后，仍可说明四至六世纪河西走廊被地方政权割据之后，从兰州（金城）经乐都（鄯州）、西宁（鄯城）、大通，北至张掖，或西过青海湖吐谷浑国都伏俟城至敦煌或若羌的这条'青海道'路线，它是通西域的丝绸之路上的重要路线"[3]。

2000年，在青海乌兰县城20千米以外考古发掘的大南湾遗址中发现墓葬、祭祀遗址和房基遗址等[4]。墓葬的形制与吐蕃本土发现的石丘封土墓极为近似。从房基中出土金币1枚、银币6枚，其中金币两面均有图像和铭文，据考古发掘简报描述，"正面是王者正面半身像，头戴有珠饰王冠，两耳部各坠有一对小吊珠耳环。上衣系交领外衣，褶皱处用联珠纹式的小点来表示。左侧为一圆球，其上立十字架，右侧为'NVSPPAVG'字符。背面图案为带双翼天使立像，右手握权杖，左手托着圆球，圆球上立十字架，图像右侧环

---

1 夏鼐：《青海西宁出土的波斯萨珊朝银币》，《考古学报》1958年第1期；王丕考：《青海西宁波斯萨珊朝银币出土情况》，《考古》1962年第9期。
2 夏鼐：《青海西宁出土的波斯萨珊朝银币》，《考古学报》1958年第1期。
3 徐苹芳：《考古学上所见中国境内的丝绸之路》，燕京研究院：《燕京学报》（新一期），北京：北京大学出版社，1995年，第291—344页。
4 青海省文物考古研究所：《青海乌兰县大南湾遗址试掘简报》，《考古》2002年第12期。

绕有'AAVGGGE'字符"。银币6枚共分为四式，基本特点正面均为王者肖像，王者多戴冠，有的在冠上饰以新月、圆球图案，背面多为拜火教祭坛，坛上有火焰，火焰两侧有的饰以新月和五角星纹饰。据初步判断，这枚金币为东罗马查士丁尼一世（527—565年）时期所铸，而银币则可能属于波斯萨珊王朝的不同时期[1]。

2002年，在青海省都兰县香日德发现的4座古墓中又出土了1枚拜占庭狄奥多西斯二世（408—450年）在位时期的金币[2]。上述这些外国古代货币的发现，是这一区域中外交流的一个有力证据，从时、空范围来看，可能与粟特人的商贸活动有着密切的联系，均证明这一时期东西交通经过"青海道"的繁荣情形。

近年来在敦煌吐鲁番出土文献中新获得的一件《阚氏高昌永康九年、十年（474—475年）送使人出人、出马条记文书》出土于吐鲁番洋海1号墓，经荣新江释读研究之后，又提供了关于"青海道"更为丰富的历史信息[3]。阚氏高昌政权建立的背景，是在439年北魏灭北凉之后，北凉王沮渠无讳、沮渠安周兄弟北上占领高昌，建立高昌大凉政权，高昌太守阚爽投奔漠北的柔然汗国，柔然于460年杀沮渠安周，灭大凉，立阚伯周为高昌王，成为吐鲁番历史上第一个以高昌为名的王国，阚氏高昌王国实际上成为柔然建立的傀儡政权，直到488年为高车王阿伏至罗所灭。这份文书主要记载了阚氏高昌王国在迎送来往使节时向属下各城镇分派出人、出马匹的情况，文书中出现的各国、各地使节大致上可分为两类：一类是不带"使"字的婆罗干、若久、处罗干无根、郑阿卯等为高昌官府所熟悉的柔然使者；另一类则是带有

---

[1] 青海省文物考古研究所：《青海乌兰县大南湾遗址试掘简报》，《考古》2002年第12期。

[2] 许新国：《青海省考古五十年述要》，氏著：《西陲之地与东西方文明》，北京：北京燕山出版社，2006年，第25页。

[3] 荣新江：《阚氏高昌王国与柔然、西域的关系》，《历史研究》2007年第2期；修订后收入氏著：《丝绸之路与东西文化交流》，北京：北京大学出版社，2015年，第42—58页。

"使""王""客"等字样的使者或者国王，如乌苌使、吴客、于合使、婆罗门使、鄢耆王等。荣新江尤其关注到文书中提到的"吴客"，应是来自南朝的使节，过去曾在现藏于日本东京书道博物馆的《持世经》卷1尾题中出现过，只是一度将其解释为一般"来自江南的寓客"[1]。荣新江认为，新出的这件文书证明，"吴客是阚氏高昌官府派出大量人员所送的使者称谓，则应为正式的南朝使者，他们和子合国的使者在永康十年（475年）三月八日一起前往北山，应当是出使柔然的刘宋的正式使团。因此，在早期的高昌文书中，'吴客'可能并非简单字面意义上来自南朝流寓高昌地区的普通人，而更可能是高昌官府对于南朝来的使者的特定称呼"[2]。这个重要的发现表明，即使是在南北朝时期纷战混乱的情态之下，南朝使节仍然可以与其他西域国家的使节一道，通过高昌出使当时的西域强国柔然，这些号称"吴客"的南朝使节所经行的路线，应当是循着"青海道"而行，具体而言是从南朝首都建康（今南京）溯长江而上，再从益州（今成都）北上，经吐谷浑界抵达高昌。这条道路的前半段，也被称为"吐谷浑路"或者"河南道"，因为吐谷浑被南朝称为"河南国"之故[3]，实际上也即本节所称的"青海道"。之所以有"吐谷浑路"或"河南道"的这一称呼，日本学者松田寿南曾经对此作过详细的论述：

> 在公元五世纪至七世纪，以青海地区为中心的吐谷浑国，曾经向关中（秦、雍），或河西（凉土），或通过后者向鄂尔多斯和蒙古，或者是向蜀，或是经过这些地方向南朝频繁地转送过队商，同时并与西藏高原和塔里木盆地保持着很深的交往，作为西域贸易的

1　唐长孺：《南北朝期间西域与南朝的陆道交通》，氏著：《魏晋南北朝史论拾遗》，北京：中华书局，1983年，第189—190页。
2　荣新江：《阚氏高昌王国与柔然、西域的关系》，《历史研究》2007年第2期；修订后收入氏著：《丝绸之路与东西文化交流》，北京：北京大学出版社，2015年，第49页。
3　[日]松田寿男著，陈俊谋译：《古代天山历史地理学研究》，北京：中央民族学院出版社，1987年，第178页。

中转者在东西交通中起了重要的作用。因此，以北魏官吏宋云和僧侣惠生为首的入竺使一行，在进入西域时就要依靠吐谷浑的保护和向导，取道连接湟河、青海、柴达木、罗布泊南岸地区的所谓"青海路"。此外，在记载中也留下了经同一条道路东行或西行的若干僧侣。何况还有很多证据可以证明西域的商胡频繁往来于此路。的确，青海路与"河西路"是平行存在的[1]。

综上所述，魏晋南北朝时期"青海道"的确立，不仅有大量文献史料可资佐证，还有不断出土的考古实物资料（如银币、吐鲁番文书等）提供可贵的旁证。正是因为这条道路在当时所起到的重要作用，后来北魏对吐谷浑发起的攻击，其中一个重要的原因，松田寿南认为"毫无疑问包含有把西域贸易中的竞争对手排除掉"的因素在内。因为吐谷浑对青海道的控制与利用，成为其日益登上国际贸易舞台的支撑点和进一步向西域扩张的出发点，通过"与蜀汉（四川盆地）、凉州（河西走廊）、赫连（鄂尔多斯沙漠地带）进行的盛大交易的背后，可以认为其中也隐藏着通过罗布地区与西域诸国的交往"。后来隋炀帝和唐太宗在西域经营中从远征吐谷浑开始迈出了第一步，其中的原因也与"青海道"具有的重要战略、经济地位直接有关[2]。

三、唐代吐蕃对"青海道"的经营

唐代与西域的主要通道，主要是沿着汉以来凿通的"丝绸之路"从长安经凉州（武威）、甘州（张掖）、肃州（酒泉）到达沙州（敦煌），再由沙州进入到新疆，由新疆去往天竺、中亚等地。上述通道，也可称为丝绸之路

1　[日]松田壽男：《吐谷渾遣使考》（上、下），《史學雜誌》第48编第11、12号，1939年；另可参见[日]松田寿男著，陈俊谋译：《古代天山历史地理学研究》，北京：中央民族学院出版社，1987年，第180页。

2　[日]松田寿男著，陈俊谋译：《古代天山历史地理学研究》，北京：中央民族学院出版社，1987年，第180—181页。

的"东段河西路",这是唐代与西方交通的主干道和大动脉。而青海则是这条主干道上重要的节点,至少有四条道路可由青海通往西域[1]。所以在唐代初年,由于吐谷浑仍然控制青海地区,并在唐太宗初期经常入寇骚扰这一地区,其目的和企图主要还在于干扰东西贸易通道[2]。实际上,中原王朝从隋炀帝时期开始,便已经注意到吐谷浑的这一意图,故派遣裴矩重开河西道,而有意识地冷落"河南道",使河西道的地位有所回升。至隋末唐初,唐太宗即位之后,仍依隋旧制,采取再次开通河西道的策略,使控制青海道的吐谷浑再度失去东西贸易之利,不得不动用兵力采取阻绝骚扰河西道的策略,由此引发唐太宗在贞观八年(634年)出兵大举讨伐吐谷浑,灭其国,使其余部依附于唐朝。

其后,兴起于青藏高原的吐蕃王朝随着其势力的不断向外扩张,也将其用兵的主要方向指向了青海地区,与唐争锋。对于吐蕃的战略意图,台湾学者林冠群分析认为,此举不但具有突破封闭高原出口的功能,从军事上增加其防御纵深,而且可以取得较为优厚的农牧资源,对吐蕃的向外发展起到重要作用,从而可使青海地区成为其北向西域、东向黄河中上游、东南向川康滇边区拓展之前进基地[3]。笔者认为,除此之外,还可以加上一条,那就是从经济上首先掌控青海道,取得掌控东西贸易的一个立脚点,进而再向西域全境扩张,完全扼控唐代丝绸之路,从陆上卡断唐代中外交通的主动脉。后来的事实证明,吐蕃的这一战略意图曾经一度达到。

近年来,青海地区的考古工作也提供了不少有关中外文化交流的新线索。例如,在由青海省文物考古研究所发掘的青海都兰唐代吐蕃墓葬中出土有各类丝绸的残片,据发掘主持者许新国的判断,这些丝绸品种中有18种可

---

1 赵荣:《青海古道探微》,《西北史地》1985年第4期。
2 周伟洲:《吐谷浑史》,临川:宁夏人民出版社,1985年,第76页。
3 林冠群:《唐代前期唐蕃竞逐青海地区之研究》,氏著:《唐代吐蕃史论集》,北京:中国藏学出版社,2006年,第270页。

能为中亚、西亚所织造。许新国认定，在出土的西方织锦中，有一件为中古波斯人使用的钵罗婆文字锦，据他称这是"目前所发现世界上仅有的一件确证无疑的8世纪波斯文字锦"[1]。都兰热水大墓出土文物中还发现有可能属于粟特系统的金银器，对此许新国也有过论述[2]。瑞士藏学家阿米·海勒曾经考察过这些从墓葬中发掘出土的金银器，认为其中出土有一件奇特的器物，"一只银质珠宝箱被埋藏在那里，它看上去是准备用来装 sarira（一种纪念品）的。虽然有一部已被压碎，就像是用剩余的建筑材料再造的，但考古学家们相信这是来自粟特的工艺品。这只遗骨匣的形状和尺寸都使我们想到已经被挖掘出土的粟特银制遗骨匣盒及唐朝的金银遗骨匣"[3]。当然，这些金银器是否与粟特人的纳骨器性质相同还需要慎重考虑，不过，青海发现的吐蕃时期金银器带有明显的来自西方的装饰性图案和纹饰，倒是可以肯定的[4]。

在青海都兰墓葬中出土的丝织物当中还发现一些装饰性图案具有西方神祇的因素。如赵丰便注意到在青海都兰发现的丝织物图案中有希腊神话中的太阳神赫利奥斯的原型。赫利奥斯是希腊神话中提坦巨神许珀里翁及其妹兼妻子特伊亚的儿子，每日驾驶四马金车在空中奔驰，从东到西，晨出昏没，用阳光普照人间。他的形象早在欧洲青铜时代已有发现，盛行于公元前5世纪的古典希腊时代。随着亚历山大东征，这一形象也随之传到东方。赵丰认为，当赫利奥斯出现在北朝隋之际的织锦上的时候，其所含的文化因素来源已经十分复杂，新疆和青海都兰出土的太阳神织锦已经含有来自希腊、印度、波斯、中国等文化圈的多种文化因素[5]。但是，太阳神驾着四马所拉的马车奔驰这个最为基本的构图元素，却始终忠实地被保留在青海都兰出土的太

1　许新国、赵丰：《都兰出土丝织品初探》，《中国历史博物馆馆刊》（15—16），1991年。
2　许新国：《都兰吐蕃墓中镀金银器属粟特系统的推定》，《中国藏学》1994年第4期。
3　阿米·海勒著，霍川译：《青海都兰的吐蕃时期墓葬》，《青海民族学院学报》2003年第3期。
4　霍巍：《吐蕃系统金银器研究》，《考古学报》2009年第1期。
5　赵丰：《魏唐织锦中的异域神祇》，《考古》1995年第2期。

阳神织锦当中，成为中外文化交流的一个重要物证[1]（图5-2）。

除此之外，笔者还注意到，在青海都兰吐蕃墓地发掘出土的遗物当中，还有大量珠饰类的装饰品，现保存在都兰县博物馆中[2]。当中有玛瑙、珊瑚、绿松石、青金石等不同的材质，在制作工艺上也采用了当时的许多先进技术，有些工艺是通过印度、伊朗甚至更为遥远的西亚各国传来的。例如，其中一类看上去通体呈墨黑色，但上面却有一道道虎皮斑纹似的白色线条，这类珠子考古学家们把它称为蚀花琉璃珠，主要产地在今天的印度和伊朗高原[3]，后来通过远程贸易传入到中国，传入到青藏高原[4]。藏族人民至今仍然十分喜爱这种朴素但又显得高贵的珠子，把它们称为"天珠"。其实，它上面的花纹是采用一种特殊的饰花工艺制作而成（图5-3）。

从上述这些考古材料可以发现，唐代中原王朝和兴起于青藏高原的吐蕃王朝对青海一地的争夺，虽然最终以吐蕃对青海的占领而告一段落，但这并没有隔绝中原与青海、西藏等地传统的交流往来，吐蕃出于其长远的谋略，在夺取青海之后，向东将其控制区域直接与唐代中原地区相接连，既可由青海东进河湟，也可由青海北出西域，通对西域丝绸之路，经印度河上游的大、小勃律（今雅辛及吉尔吉特地区）、护密（今阿姆河上游的瓦罕河谷地区）等地以及新疆地区南疆的于阗（今和田）、喀什一线，直接将其势力扩张到中亚地区。

吐蕃对青海的经营具有多方面的目的，既有其东向发展、与大唐王朝争夺河湟地区的军事和政治上的考虑；另一方面，也不可低估其通过控制青

---

1 霍巍：《吐蕃时代：考古新发现及其研究》，北京：科学出版社，2012年，第255—257页。
2 这批资料因多系盗墓所出，没有明确的考古出土背景，材料也尚未正式公布，系笔者于2012年实地考察时观察注意到的。
3 作铭：《我国出土的蚀花的肉红石髓珠》，《考古》1974年第6期。
4 童恩正：《西藏考古综述》，《文物》1985年第9期；汤惠生：《藏族饰珠'GZI'考略》，《中国藏学》1995年第2期，后收入氏著：《青藏高原的古代文明》，西安：三秦出版社，2003年，第321—343页。

图5-2 青海都兰丝织物中的太阳神像
（作者拍摄）

图5-3 青海都兰吐蕃墓中出土的各类珠子
（作者拍摄）

海、从而控制西域丝绸之路的更为宏大的战略意图。从客观效果而言，这一历史过程对于进一步扩大吐蕃与我国唐代西北地区各民族之间、西域各国之间的交流与互动，促进青藏高原的藏族先民走出封闭的高原、面向更为广阔的天地，有更多的机会接触、学习和吸收周边地区与国家先进的文化与技术、艺术与思想等因素，提升和改造自身的文化品质，最终融入到中华民族"多元一体"的共同体当中，都具有潜在的历史意义。

第二节　粟特人与青海道

粟特人在中国史书中又被称为"昭武九姓""九姓胡""杂种胡""粟特胡"等，其本土位于中亚阿姆河和锡尔河之间的泽拉夫珊河流域，西方文献中将这一地区常称之为"粟特"亦即索格底亚那（Sogdiana）的简称。在中国汉唐之间，以善于经商贸易而著称的粟特人由于商业利益的驱动，沿着传统意义上的丝绸之路一批又一批地东行，在丝绸之路沿线留下他们不少的活动遗迹。为了便于贸易通商，还有大量的粟特人在汉地建立起他们的留居地，这种留居地常常以粟特人聚落的形式出现，中央政权为了便于管理这些聚落，设有诸如"萨宝"一类的出自粟特本民族的官员来进行统治。近年来，随着陕西西安安伽墓和史君墓以及山西太原虞弘墓等一批来华粟特人画像石棺床的考古发现，引起学术界对粟特人东行路线、聚落形态、入华历史等诸多问题的讨论热潮。其中北京大学历史系荣新江曾经通过学者们历年来对粟特文古信札、敦煌吐鲁番发现的汉文和粟特文文书、中原各地出土的墓志材料等的研究，勾勒出一条十六国到北朝时期粟特人东行所走的路线，论证得十分充分[1]。但笔者注意到，在他所勾勒的这条路线中，似较少论及青海

---

[1] 对于这场影响到国内外学术界关注的讨论，荣新江教授在其与张志清主编的《从撒马尔干到长安——粟特人在中国的文化遗迹》（北京：北京图书馆出版社，2004年）一书中有较详细的论述，可参见。

道一线，还有必要再作一些补充。

所谓"青海道"，又称为"吐谷浑道""河南道"，是指传统"丝绸之路"从青海至西域的一条线路，这条道路的南端可沿四川省西北部的岷江上游地区抵达成都，汉晋六朝至隋唐时期一直是由四川经过青海通向西域的一条重要道路。学术界对此道的关注与研讨由来已久，如前引唐长孺在《南北朝期间西域与南朝的陆道交通》一文所论[1]。其后，国内学术界对此的讨论日益开始增多，这条古道的历史作用也日益凸显出来[2]。联系到本节所要讨论的粟特人通过青海道在青藏高原的活动情况，不难发现其中有诸多线索可寻。

早在汉晋时期，已经有迹象表明，胡人可能已经循青海道南下抵达成都平原。作为非统治中心的四川地区，胡人入蜀的原因之一可能与商业利益的驱动有关。公元前2世纪中叶张骞出使大夏（今阿富汗北部）归来后便向汉武帝汇报说："臣在大夏时，见邛竹杖、蜀布。问曰：'安得此？'大夏人曰：'吾贾人往市之身毒……'，今身毒国又居大夏东南数千里，有蜀物，此其去蜀不远矣。"[3]。可见早在张骞出使西域之前，大夏与蜀地之间已经有了民间的贸易往来。虽然是否当时已有大夏商人曾经来蜀，还无直接的证据，具体的路线更无法作进一步的推测，但这种胡人商贸在张骞开通西域之前便已经存在可能是历史的事实。不排除当中许多路线是通过中转贸易来实现的，这些善于经商的"胡人"为3世纪以后中亚一带的粟特人凿通了来华路径提供了可能，今后应在文献与考古资料两方面进一步加以注意。

较为可信的文献记载表明，粟特人自三国两晋时代已经进入到四川西北

---

1 唐长孺：《南北朝期间西域与南朝的陆道交通》，氏著：《魏晋南北朝史论拾遗》，北京：中华书局，1983年，第168—195页。

2 学术界对这一问题相关的论述如周伟洲：《丝绸之路东段的另一支线——青海路》，《西北历史资料》1985年第1期；冯汉镛：《关于"经西宁通西域路线"的一些补充》，《考古通讯》1958年第7期；严耕望《唐代交通图考》（上海：上海古籍出版社，2007年）中也有"河陇碛西区""秦岭仇池区"等论及青海道与河南道。

3 （汉）司马迁：《史记》卷123《大宛列传》，北京：中华书局，1959年，第3166页。

及盆地一带。如三国时期诸葛亮于蜀后主刘禅建兴五年举兵北伐时，"凉州诸国王各遣月支、康居胡侯支富、康植等二十余人诣受节度"[1]（《三国志·蜀志·后主传》裴松之注引《诸葛亮集》），共同参加了蜀国的军事行动。马雍认为上文中所提到的"凉州诸国王"当指西域鄯善、于阗等国王而言；而"月支、康居胡侯支富、康植等二十余人"则很可能就是当时侨居于阗、鄯善的中亚移民[2]。日本学者则进一步认为，所谓"凉州诸国王"可能系凉州（武威）、张掖、酒泉乃至敦煌一带居住的月氏、康居等民族集团的首领[3]，如此说成立，那么其中已经有昭武九姓的粟特人在内。

《隋书·何妥传》载，何妥本为"西城人也（引者按：西城当为西域之误）。父细胡，通商入蜀，遂家郫县，事梁武陵王纪，主知金帛，因致巨富，号为西州大贾"。吴焯曾援引这段文献，并联系《华阳国志·蜀志》郫县条下有"冠冕大姓何、罗、郭氏"的记载，认为两者均指同一何氏而言。而何姓与罗姓都是胡姓，何妥一家是通过"通商入蜀"这种方式定居于此，当为依附本族人而居，暗示当时成都一带可能已经有一定规模的胡人聚集点，成都平原考古发现的大量胡人形象的画像砖，应是这种胡人内徙的真实反映[4]。虽然吴焯没有明确讲到这些"通商入蜀"的胡人就是"昭武九姓"的粟特人，但在他之前，唐长孺就曾经根据这条史料和《续高僧传》的另一条讲"康僧先"的材料推测："疑其地本多胡姓后裔，何妥一家定居此县，实是依附本族人。何细胡的活动时间与康僧先略同，并同为'西州大贾'，昭武九姓商胡入蜀通商当然不始于此时，也不限于此二家。今举此二例只是说

1　（晋）陈寿撰，（南朝宋）裴松之注：《三国志》卷33《蜀志·后主传第三》，北京：中华书局，1971年，第895页。
2　马雍：《东汉后期中亚人来华考》，氏著：《西域史地文物丛考》，北京：文物出版社，1990年，第57页。
3　[日]榎一雄責任編集：《講座敦煌2：敦煌の歷史》，東京：大東出版社，1980年，第18頁。
4　吴焯：《四川早期佛教遗物及其年代与传播途径的考察》，《文物》1992年第11期。

明南北朝时期西域与江南存在着贸易往来的迹象"[1]，明确认为何氏依附的本族人应为昭武九姓胡商。至于这些昭武九姓商胡入蜀通商究竟始于何时，唐先生则持审慎态度，并无定说。

此外，唐长孺所引的另一则《续高僧传》卷25《释道仙传》讲"康僧先"的史料对于我们认识粟特人在青海—岷蜀道的活动也十分重要。

> ……一名僧先，本康居国人。以游贾为业，梁、周之际，往来吴、蜀、江、海上下，集积珠宝。故其所获赀货，乃满两船，时或计者，云值钱数十万贯[2]。

可见上面这位名为"僧先"的僧人原籍系胡商，本康居国人，即为昭武九姓胡人，善经商为其特点，往来于吴、蜀之间，江海之上，其通道大约便主要是利用了"青海—岷蜀道"这条路线。结合上文胡商通商入蜀并定居于成都平原中心区域的郫县，证明这条通道上往来商贾必非少数，胡商中的粟特人可能也为数不少。

类似的文献记载还见于《续高僧传》卷29《释明达传》：

> 释明达，姓康氏，其先康居人也。童稚出家，严持斋素，……以梁天监初来自西戎，至于益部。时巴峡蛮夷鼓行抄劫，州郡征兵，克期诛讨。达愍其将苦，志存拯拔，独行诣贼，登其堡垒，慰喻招引，未狎其情。……达乃教具千灯，祈诚三宝。……以天监十五年随始兴王还荆州[3]。

像释明达这样的康氏僧人，同僧先一样，其先祖也是来自康居，虽然他不同于僧先以经商为业，而是在益州、巴峡一带传授佛法，但可知其当系粟

1　唐长孺：《南北朝期间西域与南朝的陆道交通》，氏著：《魏晋南北朝史论拾遗》，北京：中华书局，1983年，第195页。

2　（唐）道宣撰，郭绍林点校：《续高僧传》卷26《感通上》，北京：中华书局，2014年，第1011页。

3　（唐）道宣撰，郭绍林点校：《续高僧传》卷30《兴福篇第九》，北京：中华书局，2014年，第1199页。

特系统的胡僧，所谓"来自西戎"，应当理解为沿丝绸之路自西域而达益部，这条路线大约也应当是走的青海至岷蜀一线。

僧先这样的商人活动于岷蜀一线主要经营何种贸易史无明载，但从汉晋三国时代成都已成为中国西南最为发达的蜀锦产地[1]这一点推测，大约与粟特商人在丝绸之路的传统习俗一样，可能仍以蜀锦之类的丝绸中转贸易为其大宗。南北朝时期，在吐鲁番境内的阿斯塔那—哈拉和卓古墓群中出土了一批蜀地生产的丝织品[2]，有学者认为它们有可能便是通过丝绸之路河南道由蜀地运往高昌的[3]，粟特人成为中间的转手贸易者这种可能性很大。

唐代青海与四川西北部虽然多为吐蕃所控，但从唐代吐谷浑故地的考古发掘证明，与四川西北相毗邻的青海境内仍存在着不少与粟特人有关的历史遗物。

青海省文物考古研究所发掘的青海都兰吐蕃墓葬中出土有各类丝绸的残片，据发掘主持者许新国的判断，这些丝绸品种中有18种可能为中亚、西亚所织造。许新国认定，在出土的西方织锦中，有一件为中古波斯人使用的钵罗婆文字锦，据他称这是"目前所发现世界上仅有的一件确证无疑的8世纪波斯文字锦"，但总的来看仍以粟特锦的数量较多[4]。

都兰热水大墓出土文物中还发现有属于粟特系统的金银器，对此许新国曾有过论述[5]。瑞士藏学家阿米·海勒曾经考察过这些从墓葬中发掘出土的金银器，从她的描述来看，其中出土有一件奇特的器物，"一只银质珠宝箱被

---

[1] 《初学记》卷27引山谦之《丹阳记》曰："历代尚未have锦，而成都独称妙。故三国时，魏则市于蜀，而吴亦资西道"[见（唐）徐坚等：《初学记》卷27《宝器部》，北京：中华书局，2004年，第655页]。《后汉书》卷82下《方术传下》左慈条下亦载："（曹操）因曰：'吾前遣人到蜀买锦，可过敕使者，增市二端，'"[（南朝宋）范晔撰，（唐）李贤等注：《后汉书》卷82下《方术传下》，北京：中华书局，1965年，第2747页]。

[2] 武敏：《吐鲁番出土蜀锦的研究》，《文物》1984年第6期。

[3] 陈良伟：《丝绸之路河南道》，北京：中国社会科学出版社，2002年，第248页。

[4] 许新国、赵丰：《都兰出土丝织品初探》，《中国历史博物馆馆刊》（15—16），1991年。

[5] 许新国：《都兰吐蕃墓中镀金银器属粟特系统的推定》，《中国藏学》1994年第4期。

埋藏在那里，它看上去是准备用来装 sarira（一种纪念品）的。虽然有一部已被压碎，就像是用剩余的建筑材料再造的，但考古学家们相信这是来自粟特的工艺品。这只遗骨匣的形状和尺寸都使我们想到已经被挖掘出土的粟特银制遗骨匣盒及唐朝的金银遗骨匣"[1]。她所描述的这件器物的出土地点，是在都兰一号大墓墓前的殉马沟中。根据这个线索，笔者查找到都兰墓葬的考古发掘主持者许新国文中提到的一件所谓残损木器。在其《都兰吐蕃墓中镀金银器属粟特系统的推定》一文中，记载了一件"残损木器上的镀金银饰"，这件银饰"出在一号大墓一号殉马沟中部，出土被封石压住，有残碎木片共出，像是一件木质宗教祭祀容器上的装饰物，应作为同一个体看待"[2]。这件"木质宗教祭祀容器"，是否就是阿米·海勒提到的那件"遗骨匣"？二者是否本为同一器物？很值得加以注意[3]。

我们知道，在中亚粟特人的埋藏习俗中曾流行一种被称为Ossuary的纳骨瓮，用来收敛天葬后的骨骸[4]。苏联学者卡斯塔尔斯基曾在中亚撒马尔罕地区泽拉夫善河上、卡塔库尔干附近的比雅乃蛮发现过这类纳骨瓮的残片。后来，在我国新疆地区也曾发现过类似的纳骨瓮，1997年日本学者影山悦子曾撰文对此加以论述[5]。都兰出土的这件器物的性质如果真为阿米·海勒推测的"粟特遗骨匣"，它背后所隐含的文化史意义，可能要远远超出这件器物

1　[瑞士]阿米·海勒著，霍川译：《青海都兰的吐蕃时期墓葬》，《青海民族学院学报》2003年第3期。

2　许新国：《都兰吐蕃墓中镀金银器属粟特系统的推定》，《中国藏学》1994年第4期。

3　其后许新国也曾撰文论述此银器，将其与中原地区出土的舍利容器相比较，认为"都兰容器的功用应相当于中原地区的金棺银椁，即舍利容器"，同时认为其"归属于粟特系统，应系粟特人制造的物品"，参见其《都兰热水血谓吐蕃大墓殉马坑出土舍利容器推定及相关问题》，《中国历史博物馆馆刊》1995年第1期。但因其出土位置位于墓葬的动物殉葬坑内，似与一般使用纳骨器的粟特风俗有别，故笔者认为尚有待正式材料公布之后，方能最后确认其性质。

4　林悟殊：《中古琐罗亚斯德教葬俗及其在中亚的遗风》，氏著：《波斯拜火教与古代中国》，台北：新文丰出版公司，1998年。

5　[日]影山悦子：《東トルキスタン出土のオッスアリ（ゾロアスター教徒の納骨器）について》，《オリエント》第40卷1号，1997年。

本身。因为关于今天青藏高原古代天葬习俗的产生，笔者曾经提出过一个观点，认为其很可能是受到来自中亚古代民族葬俗的影响所致，尤其可能受到中亚"拜火教"原始天葬习俗的影响[1]。粟特受拜火教的影响甚深，也流行一种古老的天葬习俗，将死者的遗体置于"寂没之塔"上，待动物将其肉体食尽之后，再将余下的骨骸收纳于Ossuary之内。假若在都兰热水墓中果真出土有性质与此相同的粟特属的遗骨匣，那么对于这个地区古代宗教及其不同葬俗的流行状况，可能就有重新加以认识的必要了，这为古代粟特人在这个地区活动的情况以及他们在文化上对这个地区所产生的重大影响，都将提供更多的线索。

青海省文物考古工作者近年来还在青海境内吐谷浑故地发现了许多外国钱币。早在1956年，曾在青海西宁市内城隍庙街出土的一件陶罐中有76枚波斯萨珊朝银币，与之同出的有"货泉"与"开元通宝"钱，根据选出的20枚波斯萨珊银币观察，皆为卑路斯（457—483年）银币，可分为A、B两式，区别在于正面卑路斯王冠装饰不同，A式王冠象征"天"和祆神奥马兹德，B式冠以鹰鸟之翼代表太阳[2]。对于这项考古发现徐苹芳指出："西宁波斯银币的埋藏虽已晚至唐代以后，仍可说明四至六世纪河西走廊被地方政权割据之后，从兰州（金城）经乐都（鄯州）、西宁（鄯城）、大通，北至张掖，或西过青海湖吐谷浑国都伏俟城至敦煌或若羌的这条'青海道'路线，它是通西域的丝绸之路上的重要路线"[3]。2000年，在青海乌兰县城20千米以外考古发掘的大南湾遗址中发现墓葬、祭祀遗址和房基遗址等[4]。墓葬的形制与吐蕃本土发现的石丘封土墓极为近似。从房基中出土金币1枚、银币6枚，其

---

[1] 霍巍：《西藏天葬风俗起源辨析》，《民族研究》1990年第5期。
[2] 夏鼐：《青海西宁出土的波斯萨珊朝银币》，《考古学报》1958年第1期。
[3] 徐苹芳：《考古学上所见中国境内的丝绸之路》，燕京研究院：《燕京学报》（新一期），北京：北京大学出版社，1995年，第291—344页。
[4] 青海省文物考古研究所：《青海乌兰县大南湾遗址试掘简报》，《考古》2002年第12期。

中金币两面均有图像和铭文。据初步判断，这枚金币为东罗马查士丁尼一世（527—565年）时期所铸，而银币则可能属于波斯萨珊王朝的不同时期[1]。这些外国古代货币的发现，也是这一区域中外交流的一个有力证据，从时、空范围来看，可能与粟特人的商贸活动也有着密切的联系。

青海省的考古工作者认为"这样多的来自东、西两方面的文物集中于此，充分说明青海丝绸之路的地位和作用。很难想象财富仅仅来源于吐蕃进行的战争和掠夺。我们认为，这些物品的绝大多数应是吐蕃与中原、中亚、西亚进行贸易的结果。出土文物证明，在这一历史时期内，青海丝绸之路是畅通的，即使是在吐蕃控制下的七、八世纪，其与东、西方贸易的规模之大也是前代无法比拟的。那种认为青海丝绸之路只是辅助线路，七、八世纪吐蕃占领后衰落不振、隔绝不通的观点应予以纠正"[2]，我对这一意见深表赞同。同时还想补充说明的就是，在这种贸易活动中，起着最为重要作用的恐怕还是这些在巨大利益驱动下不畏艰险的粟特商人。近年来，陈良伟沿丝绸之路的青海道（河南道）一线开展考古调查，在沿线发现了一大批从汉晋直到宋元时期的历代古城[3]，说明这条路线的活跃程度和人们对它的利用程度都是较高的。

目前在西藏高原腹心地带的考古工作中还没有发现有确凿证据的属于粟特人的遗物，在今后的工作中也应加以密切注意。但值得一提的是，在与西藏西部相毗邻的印度河上游中巴友谊公路巴基斯坦一侧的摩崖石刻中，除发现有汉文"大魏"使者的题记外，还发现粟特人的崖刻题记[4]，这条道路的南北两端分别联系着新疆与西藏西部，北可通向中亚，南可抵达印度，古代曾

1　青海省文物考古研究所：《青海乌兰县大南湾遗址试掘简报》，《考古》2002年第12期。

2　许新国：《在都兰热水发掘吐蕃墓葬、青海丝绸之路发现珍贵文物》，《青海日报》1984年1月30日第2版。

3　陈良伟：《丝绸之路河南道》，北京：中国社会科学出版社，2002年。

4　国家文物局教育处编：《佛教石窟考古概要》"中亚佛教建筑与造像"有关章节，北京：文物出版社，1993年，第245—314页。

是一条重要的交通路线，重商的粟特人往来于这条路线有了考古学的证据。此外，吐蕃王朝时期曾一度攻陷并控制了"丝绸之路"，在新疆发现的古藏文木简中多次出现的"Sog"一词，学术界倾向于粟特人，这说明丝绸之路上的粟特人与新的占领者吐蕃人之间有着密切的联系[1]。所以，从这些迹象上推测，我们不排除粟特人的足迹也有可能曾经出现在西藏高原。张云在论述吐蕃与粟特关系时曾列举过数条证据来论证两者之间的关系：康国（即粟特）人曾参加过吐蕃在南诏地区与唐朝的武力争锋；《敦煌吐蕃历史文书》中"大事记年"694年条下载"噶尔·丹古为粟特人俘去"，可见粟特人与吐蕃也有过战争接触；《汉藏史集》中记载刀剑在吐蕃的传播时提到了"索波剑"，所谓"索波"，是藏语对粟特的称呼"sog-po"，可见这种刀剑也是产自粟特地区，后传入到吐蕃[2]。上述这些迹象都足以表明，唐代吐蕃与粟特的关系应是十分紧密的，而两者之间发生这种联系可能采取的通道，如同有学者已经指出的那样，"既可以通过（吐蕃）本土北部的丝路主干道或青海道，也可以通过罽宾或勃律，与其中亚本部连结"[3]。而无论如何，其中青海道的地位与作用都是不应被忽视的。

此外，1959年，当时的中央文化部西藏文物调查工作组在藏调查期间，曾经调查到一件大型的银壶，这件银壶放置在拉萨大昭寺中心佛殿第二层西侧正中的松赞干布殿内，该件器物通高约70厘米，口细长，口上端开圆口，口缘部饰八曲，口外壁饰山岳状花瓣，其下饰一空心立体羊首，壶口下接一圆形的壶体，壶身上饰有鎏金浮雕人物图案。其中一组是两名独舞者，另一组是三个醉态可掬的男子形象。这件器物分别引起了中外考古与艺术史研究者的注意，著名考古学家宿白认为，"多曲圆形口缘和其下作立体禽兽首状

---

[1] 参见［日］榎一雄責任編集：《講座敦煌2：敦煌の歴史》，東京：大東出版社，1980年，第18頁；又参［美］李方桂：《藏文Sog简释》(Notes on Tibetan Sog, CAJ3, 1957, pp. 139–142)。

[2] 张云：《丝路文化·吐蕃卷》，杭州：浙江人民出版社，1995年。

[3] 张云：《丝路文化·吐蕃卷》，杭州：浙江人民出版社，1995年，第264页。

的细颈壶，为七至十世纪波斯和粟特地区流行的器物，颈上饰羊首的带柄细颈壶曾见于新疆吐鲁番回鹘时期的壁画中。西亚传统文饰中的四瓣球文，尤为萨珊金银器所喜用。人物形象、服饰更具中亚、西亚一带特色。因可估计此银壶约是七至九世纪阿姆河流域南迄呼罗珊以西地区所制作。其传入拉萨，或经今新疆、青海区域；或由克什米尔、阿里一线"[1]。瑞士学者阿米·海勒在她近年来讨论这件银壶的论文中，一方面引证瑞士学者冯·施罗德的意见，认为这件银壶有可能是在中亚塔吉克斯坦制作，年代可能为8世纪；另一方面她也举出了其他几件可与大昭寺这件银壶相比较的从西藏采集到的银器，认为它们都带有着明显的7—8世纪粟特工艺的因素，只是拉萨大昭寺的这件吐蕃时期银壶是一件"粟特式和中国汉地图案的变异类型"[2]。如上所述，虽然对这件银壶的产地、制造者，以及传入拉萨大昭寺的具体路线等若干问题的认识迄今为止并未形成一致意见，笔者在前文中也曾对此提出了自己的看法，但中外研究者们都注意到了这件银壶中所包含的粟特文化因素，并且也都提到其有从青海一线传入西藏的可能性，这就不能不引起我们的重视，这件银壶或许是现存于西藏腹心地带具有粟特风格影响的最具代表性的一件银器[3]，其来源是否与"青海道"有关很值得研究。随着今后青藏高原考古工作的不断开展，我深信还会有更多的相关材料被发现，使得这一问题的讨论更加深入。

1　宿白：《西藏发现的两件有关古代中外文化交流的重要文物》，初刊于《传统文化与现代化》1994年第6期；后收入氏著：《魏晋南北朝唐宋考古文稿辑丛》，北京：文物出版社，2011年，第202—203页。

2　[瑞士] 阿米·海勒著，杨清凡译：《拉萨大昭寺藏银瓶——吐蕃帝国（7世纪至9世纪）银器及服饰考察》，四川大学中国藏学研究所主编：《藏学学刊》（第3辑），成都：四川大学出版社，2007年，第194—223页。

3　据笔者调查所知，目前在西藏高原本土还没有考古出土或调查发现过类似银器，在阿米·海勒论文中所提及的几件具有粟特风格或因素的银器，现均流传于国外。

第三节　金银器上的吐蕃宝马与骑士形象

马在吐蕃社会所具有的重要意义是多方面的，吐蕃人与马有着千丝万缕的情怀。提到吐蕃人与马，不能不提到吐蕃美术中扬蹄奔腾的骏马和马上英姿勃勃的骑手们。然而，在流传于世的吐蕃美术史资料中，有关吐蕃宝马和吐蕃骑士的形象却十分罕见。近年来，香港梦蝶轩收藏和展示了一批吐蕃系统金银器[1]，为我们提供了难得的实物标本，使我们可以从中一睹吐蕃宝马的英姿和吐蕃骑士们的形象，并且观察到若干具有历史意义的细节。

在这批金银器中，有一件为骑射武士鎏金饰片（图5-4—5-5），饰片长

图5-4　香港梦蝶轩藏骑射武士鎏金饰片
（采自苏芳淑主编：《金曜风华·赤兕青骢：梦蝶轩藏中国古代金饰》，香港：香港中文大学出版社，2013年，第124页，图28）

---

[1] 苏芳淑主编：《金曜风华·赤兕青骢：梦蝶轩藏中国古代金饰》，香港：香港中文大学出版社，2013年。

图5-5 香港梦蝶轩藏骑射武士鎏金饰片头部
（采自苏芳淑主编：《金曜风华·赤猊青骢：梦蝶轩藏中国古代金饰》，香港：香港中文大学出版社，2013年，第124页，图28）

31.1、宽17.4厘米[1]，骑者头缠低平的头巾，上衣着紧身的三角形大翻领长袍，长袍的衣襟、袖口和肘部等处带有花纹镶边。人物的嘴下有浓密的络腮胡须，双手拉弓欲射，腰系带，其上垂挂有长条形的箭囊，腰后露出悬挂的带有花纹的刀柄，脚套在半圆形的马镫之中。骑者身下的坐骑体格强健，肌肉发达，四蹄奔腾，攀胸和马秋上悬挂的杏叶随着马匹的飞奔凌空飞动，气势逼人。牌饰的背面残存有带黑漆皮的薄木片，上面用金钉将牌饰与木片钉缀在一起，可知其原来应为某件木质器皿上的装饰物（图5-6）。

---

1 苏芳淑主编：《金曜风华·赤猊青骢：梦蝶轩藏中国古代金饰》，香港：香港中文大学出版社，2013年，第124页，图28。

图5-6　香港梦蝶轩藏骑射武士鎏金饰片背部
（采自苏芳淑主编：《金曜风华·赤狨青骢：梦蝶轩藏中国古代金饰》，香港：香港中文大学出版社，2013年，第124页，图28）

与这件骑射武士形象可作比较的是青海郭里木出土的一批吐蕃棺板画上的人物。在目前所发现的几块青海吐蕃棺板画上[1]都出现有骑在马上或牦牛上追杀、射猎的骑士形象，他们都是低身骑伏于马背之上，拉弓搭箭欲射，骑士们都身穿三角形大翻领紧身长袍，衣襟、肘部、袖口等部位有织锦镶边，人物身下的坐骑扬蹄飞奔（图5-7—5-9）。无论从服饰特点、所执武器和马具装饰等方面来看，都和这件骑射武士牌饰上的人物有着相同的特点，反映出一个时代的共同特征。在欧亚草原文化当中，这种骑马狩猎的武士形象十

---

[1]　《中国国家地理》2006年第3期《青海专辑·下辑》收录的一组文章介绍了青海吐蕃棺板画，即：程起骏：《棺板彩画：吐谷浑人的社会图景》；罗世平：《棺板彩画：吐蕃人的生活画卷》；林梅村：《棺板彩画：苏毗人的风俗图卷》，参见该刊第84—98页。

图5-7 青海郭里木吐蕃棺板画上的骑士形象之一
（作者拍摄）

图5-8 青海郭里木吐蕃棺板画上的骑士形象之二
（作者拍摄）

图5-9 青海郭里木吐蕃棺板画上的骑士形象之三
（作者拍摄）

分常见，如在波斯萨珊王朝的银盘上，骑在马上引弓欲射的狩猎图案成为波斯贵族银器上的时尚装饰（图5-10），上面的波斯狩猎骑士与吐蕃骑士的形象具有异曲同工之妙。

梦蝶轩收藏的另一件银饰片则可能是一位吐蕃贵族的形象，饰片长26.6、宽31.1厘米，重112.5克[1]。和上面这件策马奔腾武士的形象相比，对于这件饰片上的骑手，制作银器的吐蕃艺术家们似乎更加注重表现他神情的悠闲和宁静。骑手所乘骑的马匹装具齐全，配有图案精美的马鞍，骑者手牵缰绳，面带微笑，正在引马缓步前行。他的服饰特点也是头部缠有低平的头巾，身穿一件带有镶边的直领交叉式对襟长袍，不仅将全身加以包裹，而且遮盖住双脚，将马镫空悬在马腹之前。骑者头巾下出露有卷曲的头发遮盖住耳际，直鼻小口，面相丰颐（图5-11）。这位骑马人的装束也很容易令人联

---

1 苏芳淑主编：《金曜风华·赤骍青骢：梦蝶轩藏中国古代金饰》，香港：香港中文大学出版社，2013年，第126页，图29。

图5-10 波斯萨珊王朝的银盘
（作者拍摄）

图5-11 香港梦蝶轩藏吐蕃贵族形象银饰片
（作者拍摄）

想到青海郭里木吐蕃墓葬出土棺板画上的人物形象，骑者身穿的这种直领交叉式长袍最典型的例子如郭里木一号棺板画A板毡帐宴饮图中帐门外两侍从的服饰，帐门右侧一人身穿浅蓝色长袍，袖口镶白色宽边，衣领为绛红色，直领相交垂至腹前掖入束带之内，透过衣襟可以看到长袍内着白色内衣。帐门左侧一人的袍服式样与之相同，唯服色为浅绿色。类似这样的袍服在帐外射杀牦牛图中也可见到。在大帐的右边棺板高帮的右上角上绘制的这幅图案当中，中央一人正张开强弩对准被拴系在树桩上的一头牦牛，其服饰为头结高筒状头巾，身穿直领交叉式长袍，直领掖于腰间，双领饰有红底蓝花。在他的身后站立有四人，两人手持"胡瓶"和高脚杯侍酒于侧，两人袖手观望，当中左侧一人身穿深红色直领交叉长袍，衣领在腹前束于腰带之中，头上缠盘低平的头巾，与其他人物身穿三角形翻领长袍的式样有所不同（图5-12）[1]。通过比较青海郭里木吐蕃棺板画上的人物形象，这件银饰片上的人物很可能是一位吐蕃贵族的形象。

7世纪以后，随着吐蕃王朝不断强大和扩张，吐蕃铁骑不仅横扫青藏高原，其兵锋所向也一度称雄于亚洲腹地。7世纪后半叶，吐蕃已经征服了驻牧于今青海、甘肃、四川西北一带的吐谷浑、党项、白兰等部族，占据了今青海省境内的黄河以南、青海湖以西等地。唐玄宗天宝十四年（755年）"安史之乱"爆发之后，吐蕃乘机攻占唐河西数州之地，从763年以后，完全控制了河西走廊和塔里木盆地，势力一度延伸到中亚、克什米尔和北印度，以及通过今阿富汗到达伊朗的通道。在吐蕃最为强盛的时期，整个西北地区大致以甘肃的河西走廊到新疆的天山一线为界，以南的地区和民族均归吐蕃统治，并一直延续到9世纪中叶。不仅如此，从唐朝初年开始，吐蕃还与泥婆罗、天竺、勃律、迦湿弥罗、吐火罗、大食等南亚和中亚国家也曾发生过密切的接

---

[1] 罗世平：《天堂喜宴——青海海西州郭里木吐蕃棺板画笺证》，《文物》2006年第7期，图一一。另可参见《中国国家地理》2006年第3期，第92—93页。

图5-12　青海郭里木吐蕃棺板画帐外射杀牦牛图
（采自《中国国家地理》2006年第3期，第92—93页）

触，甚至一度攻占过上述国家的局部地区。吐蕃持续扩张的结果形成为一个庞大的帝国，这当中既包括吐蕃实行的一般地方建制千户、翼，也包括其藩国和殖民地。

吐蕃的军事力量之所以如此强大，与其机动性极强而久负盛名的骑兵有很大关系。吐蕃本土原就多有水草丰茂的牧区可供应战马，在占领了原为吐谷浑人统治的青海湖地区之后，还得到了吐谷浑人的良马——"龙种驹"，据称这种号为龙种的良马具有波斯马的血统，可以日行千里[1]。除了重视马种改良之外，吐蕃人对于战马的训练和医治也十分经心，在敦煌出土的古藏文文书P.1065《驯马经》残卷和P.1062《医马经》残卷中，对于马的奔驰和骑士的驾驭能力、战马受伤后各种治疗方案等都有详细的记载。

1　《隋书·吐谷浑传》："吐谷浑尝得波斯草马，放入海，因生骢驹，能日行千里，故时称青海骢焉"。见（唐）魏征、令狐德棻：《隋书》卷83《西域传》，北京：中华书局，1973年，第1842页。

正是由于具有品种优良的吐蕃宝马和骑技高超的吐蕃骑手，吐蕃才有可能在广阔的统治区域内建立起有效的信息传播系统和社会控制系统。吐蕃对西域的控制，利用快马飞骑建立起的吐蕃驿传制度曾经起到过重要的作用，唐人文献中记载："蕃法刻木为印，每有急事，则使人驰马赴赞府牙帐，日行数百里，使者上马如飞，号为马使"[1]。张广达考证认为，唐人文中记载的"马使"，因马、鸟二字形近易讹，应作"鸟使"，并举出敦煌古藏文写卷中若干例证加以论说，其说甚为精当[2]。但"飞马使"为何被称为"飞鸟使"？我认为这不完全能用字形相近易讹来加以解释，很可能时人是用以比喻吐蕃良马和吐蕃骑手纵横驰骋、日行千里，如同天空中飞行的飞鸟一般快速的赞美之词，因此，才将这些吐蕃快骑手们誉为"飞鸟使"。这里可以举出一条佐证材料：王尧在其《吐蕃占有敦煌时期的民族关系探索》一文中曾注意到，P.T.1083号卷子的印章是一个具有双翅的飞兽，他认为这个图案表示的可能是"飞狗或飞马"[3]，但笔者认为如果联系到唐人文献记载中称"马使"的语境来考虑，这个图章所要表达的含义显然应当是飞马而不是飞狗，用长出双翅的飞马来表现这些"日行千里"的吐蕃良马和骑在马上奔驰千里的吐蕃骑手们是再形象不过的了。

正因为马与吐蕃社会生活和吐蕃民众这种如同骨肉般的亲密关系，吐蕃人不仅生前喜爱自己的良马，死后更是要用马作为最为重要的随葬品。吐蕃时期的本教史料反映马在本教丧葬仪轨中有着重要的地位，大体上可以起到三种作用和功能：其一，在死者前往地下"安乐地界"的途中，有各种各样的艰难险阻，而献祭给死者的马匹可以作为他死后的坐骑，为死者引路，帮

---

1 （唐）赵璘：《因话录》卷4《角部》，上海：古典文学出版社，1957年，第96页。

2 张广达：《吐蕃飞鸟使与吐蕃驿传制度——兼论敦煌行人部落》，北京大学中国中古史研究中心编：《敦煌吐鲁番文献研究论集》，北京：中华书局，1982年，第167—178页；后收入氏著：《西域史地丛稿初编》，上海：上海古籍出版社，1995年，第175—188页。

3 王尧：《吐蕃占有敦煌时期的民族关系探索》，王尧、陈践译注：《敦煌古藏文文献探索集》，上海：上海古籍出版社，2008年，第297—302页。

助他度过这些难关。其二,这些动物还可以作为给害人精灵的赎品,作为死者的替身,使地下的精灵不伤害死者。其三,为死者提供来世的牲畜。在敦煌古藏文写卷中,不仅详细地论述了马匹在丧葬仪轨中的作用,还有专门的章节对"马匹仪轨作用的起源"加以描写[1]。此外,敦煌古藏文写卷P.T.1042中所述的吐蕃本教丧葬仪轨中,还将殉祭的良马分别称之为"大宝马""小宝马""香马"[2],足见吐蕃人对于良马的挚爱之情。

考古材料显示,在吐蕃时期各个不同等级的墓葬前面往往都排列有殉葬动物的祭祀坑,而这些坑中最为多见的是殉马坑。例如,经过考古发掘的青海都兰吐蕃一号大墓封土丘正南面平地上发掘出土27座陪葬坑及5条陪葬沟,其中5条陪葬沟中共葬有完整的马87匹[3]。一次埋葬如此众多的马作为死者的随葬品,反映出死者是希望将他生前的马队完整地带入到地下世界,伴随他在地下继续生活。这种在墓前以排葬的方式殉祭活马的做法在吐蕃时期墓葬中曾多有发现。如山南乃东县切龙则木墓地M1前有两处动物排葬坑,一前一后呈南北向排列在墓前,皆为长方形的竖穴,其中经过发掘清理在一号坑内共发掘出土5具马骨架,5具马骨架出土时依次排列,皆头北尾南,首尾相接,面西侧卧,清理中未发现有挣扎的迹象,有可能系先被处死之后再葬入坑内。二号坑共发掘清理出残存的马骨架3具,葬式与一号坑内的殉马相同,由于此坑南部曾被破坏,因此从残存迹象上分析原来坑的长度超过9米,殉马

---

1 [法]石泰安著,岳岩译:《敦煌吐蕃文书中有关苯教仪轨的故事》,王尧主编:《国外藏学研究译文集》(第四辑),拉萨:西藏人民出版社,1988年,第202—218页。

2 褚俊杰:《吐蕃本教丧葬仪轨研究——敦煌古藏文写卷P.T.1042解读》,《中国藏学》1989年第3期。

3 许新国:《都兰吐蕃墓葬发掘和研究》,北京大学考古文博院、大阪经济法科大学编:《7~8世纪东亚地区历史与考古国际学术讨论会论文集》,北京:科学出版社,2001年,第26—30页;后增订为《中国青海省都兰吐蕃墓群的发现、发掘与研究》,收入氏著:《西陲之地与东西方文明》,北京:北京燕山出版社,2006年,第132—141页。

的数量至少也当在4匹以上[1]。朗县列山墓地也发现28条这样的殉马坑,其中经过发掘清理的K25内共葬入9匹马,骨架完整,上面压有大石,表明系用活马殉葬[2]。

在《敦煌本吐蕃历史文书》P.T. 1287"赞普传记"条下,记载吐蕃赞普赤松德赞曾与韦氏义策及其父兄子侄等七人举行过类似的盟誓,赤松德赞赞普的誓词云:"'义策忠贞不二,你死后,我为尔营葬,杀马百匹以行粮,子孙后代无论何人,均赐以金字告身,不会断绝!'……吟唱已毕,(义策)父兄子弟辈七人共同盛大而隆重酬神谢天。盟誓时赞普手中所持圆形玉石,由甲忱兰顿举起奉献,此白色圆玉即作为营建义策墓道基石"[3]。一方面,在吐蕃赞普为其部属举行的盟誓当中,"杀马百匹"代表的已是一种高规格的丧葬等级,青海都兰吐蕃一号大墓杀马达87匹之多,基本上接近这个数字,说明死者的身份等级很高。属于吐蕃系统的高原民族也接受了这种以活马殉葬的丧葬风俗,如《册府元龟》所载"附国"条下记载,"附国在党项西南数千里……死后十年而火葬,其葬必集亲宾,杀马动至数十匹,立其祖父神而事之"[4]。而从另一个角度观察,马在生人与死者之间,犹如架设了灵魂相沟通的桥梁,可以穿越生死,跨过阴阳两界,承载死者的亡灵升往天国,其在文化上的特殊意义更值得关注。

从梦蝶轩收藏的这两件制作精美的金银器上,我们还可以观察到其他一些有趣的细节,从中可知吐蕃时代的艺术家们是如何对马的形象加以生动描绘的。例

---

1 西藏文管会文物普查队:《乃东县切龙则木墓群G组M1殉马坑清理简报》,《文物》1985年第9期。
2 西藏文管会文物普查队:《西藏朗县列山墓地殉马坑与坛城形墓试掘简报》,四川联合大学西藏考古与历史文化研究中心、西藏自治区文物管理委员会编:《西藏考古》(第1辑),成都:四川大学出版社,1994年,第41—48页。
3 王尧、陈践译注:《敦煌本吐蕃历史文书》(增订本),北京:民族出版社,1992年,第164页。
4 (北宋)王钦若等编:《册府元龟》卷961《外臣部·土风三》,北京:中华书局,1960年,第11307页下。

如，吐蕃马镫的发现和吐蕃马尾的装饰方法就是其中两个显著的例子。

如同中外学者已经指出的那样，马镫是一项具有划时代意义的发现，它的出现将骑马者与马结为一体，战马更容易驾驭，骑马者更加稳健安全，从而使得骑马术和战术都得以大大改观，骑兵在战争中的地位大大提高。有意见认为，根据中国目前发现的考古资料，马镫可能最早出现于中国东北3—4世纪鲜卑人的活动区域，以后才扩散到各个地区。东西方马镫的形态十分丰富，但总体上可以分成长直柄马镫（又称为直柄横穿型马镫）、壶形马镫、8字形马镫三个大类。长直柄马镫的特征是套在脚上的镫环上方有一个长直形的柄；壶形马镫整个马镫形似圆壶，可将足前部包住；8字形马镫的整个形态如同阿拉伯数字的"8"，上面为系拴用的圈鼻，下接镫环[1]。然而，这两件吐蕃金银器上的马镫都不能简单地划入上面任何一种类型中，而更像是长直柄马镫与8字形马镫的一种巧妙结合，我们可以观察到，马镫的柄部上方连接有一个下垂的直柄，直柄的下端又与一个半环状的镫环相接，这种独特的马镫形态或许正是吐蕃人的发明创造，总体的时代特征应在8世纪以后。马镫在吐蕃骑士们的脚下，有如猛虎添翼，可以更加自如地驾驭身下的坐骑向前飞奔，在速度的掌控和增强在马上的稳定性方面都是一个巨大的进步。

此外，在上述这件骑马武士鎏金饰片上还可以观察到马尾被束结起来的情形，这与青海出土的吐蕃棺板画上的战马马尾的束结方式也是完全相同的，应是中古时期一种对马匹的装饰性做法。其目的，可能一是让马匹在疾速飞驰时马尾不至于散乱，二是让其具有美观的价值。根据现有的考古材料来看，唐代对马匹的装饰可谓从头至尾，不惜遗力，时人不仅采用了杏叶、牌饰等各种金属装饰品装饰于马匹纵横交错的带具之上，而且对于马鬃、马尾也采取剪毛、束结等方式加以装饰。例如，对于马鬃，多采取剪毛成二

---

[1] 有关马镫起源与发展的论述可参见王铁英：《马镫的起源》，余太山主编：《欧亚学刊》（第三辑），北京：中华书局，2002年，第76—100页。

束、三束、五束的装饰方法，日本学者深井晋司对这种马鬃装饰的方法论之甚详，认为其主要受到来自伊朗高原、波斯萨珊等欧亚草原民族马体装饰的影响，也是所谓唐人文献中所载"三花马""五花马"的来源[1]。但是，对于马尾加以束结的装饰方法却很少有人论及。吐蕃金银器上出现的马尾束结的图像，无疑为中古时期欧亚草原骑马文化对中土的影响提供了新的资料。笔者注意到，类似的材料并非孤例，过去在西域"丝绸之路"也曾有过发现。如在英国人斯坦因发现于阗丹丹乌里克7号遗址内的一件唐代木板画（斯坦因编号D.XII.5）上，分为上、下两层分别绘制有骑马和骑骆驼的神像，可以观察到其中骑马者身下的宝马身色呈彩花形，尾部则用彩带加以束结[2]（图5-13）。荣新江认为，这些木板画本来应当属于丹丹乌里克（唐朝时称作"杰谢"）的佛教社区，但是这些木板画上的神灵却又具有明显的拜火教神灵的特点。所以很有可能

图5-13 新疆于阗丹丹乌里克7号遗址唐代木板画

（采自M. A. Stein, *Ancient Khotan: Detailed Report of Archaeological Explorations in Chinese Turkestan*, Oxford: Clarendon Press, 1907, pl.LIX）

---

1 ［日］深井晋司：《三花馬·五花馬の起源について》，《東洋文化研究所紀要》通号43，1967年。

2 M. A. Stein, *Ancient Khotan: Detailed Report of Archaeological Explorations in Chinese Turkestan*, Oxford: Clarendon Press, 1907, pl. LIX. 另，此条材料系北京大学文博考古学院林梅村先生惠告，特此致谢！（编辑语：书名中"Chinese Turkestan"有误，所指应为我国新疆地区，下同）

是信奉粟特宗教的旅行者将他们的异教神灵镶入了佛教的万神殿当中[1]。由此推测，丹丹乌里克遗址这些木板画上的骑马者很可能是来自异域的粟特人或中亚旅行者，而他们身下宝马马尾束结的方式，也应是源于欧亚草原文明。如果这个推测不误，那么吐蕃宝马马尾束结的装饰方法，也从一个细微的侧面反映出吐蕃与西域之间乃至更为广阔的欧亚草原文化之间密切的交流与联系。

以往发现的吐蕃系统金银器大多为造型比较简单的容器、牌饰和人体或马具上的装饰性小件器物[2]，人物的形象极其罕见。梦蝶轩新近入藏的这批吐蕃金银器中两个骑马人和他们身下的坐骑却极其生动、细腻地为我们展现出唐代吐蕃宝马、吐蕃武士和贵族们的形象，这是十分难得的。虽然让人遗憾的是它们不是经科学考古发掘所获，其出土情况和考古学背景资料已不得而知，但对于唐代吐蕃文明史的研究而言，却是吐蕃美术史上一批新的材料，无疑仍具有重要的历史价值和文物价值。

第四节 近年来考古新发现与青海吐蕃时期的多元文化交流

7世纪以后，兴起于青藏高原的吐蕃成为亚洲腹地一支具有强烈震撼力的力量。原来分散于高原各处的吐蕃各部经过长期兼并战争，最终建立了统一的吐蕃王朝，并在随后的一百多年时间里，将其势力拓展到整个青藏高原。处在兴盛时期的吐蕃曾长期扼控西域，势力一度扩张到中亚和南亚，在其东向发展过程中兵锋直指大唐王朝，在青海与唐王朝长期争夺，并将吐谷浑归并入吐蕃版图。在这个历史进程中，吐蕃人也冲出高原，在当时的国际形势

---

1 荣新江：《粟特祆教美术东传过程中的转化——从粟特到中国》，氏著：《中古中国与外来文明》，北京：生活·读书·新知三联书店，2001年，第312—314页。
2 霍巍：《吐蕃系统金银器研究》，《考古学报》2009年第1期。

之下，积极加入到以中原唐王朝为主体建构的新一轮国际交流与竞争互动格局当中，以其独特的物质文明与精神文化参与到"丝绸之路"上的东西方文化交流中，为唐代中国注入了一股新鲜的活力，有力推动了青藏高原各族加快其社会进步发展的步伐及其文明进程。这在客观上为我国西部各部族最终融入到中华民族多元一体大家庭之中起到了重要的积极作用。

但是长期以来，在新、旧《唐书》等汉文史书记载中，这一段极其丰富、生动的历史篇章却多被汉族史家局限在唐蕃双方的政治、军事关系等方面的叙事当中，对于吐蕃时代的文化面貌及其与中原地区、欧亚草原、南亚次大陆等交往、交流、交通的情况却少有着墨，在很大程度上仍然留给世人吐蕃社会封闭、局狭，甚至野蛮、落后的印象，不能不说带有汉族史家强烈的"文化偏见"和"地域偏见"。近年来，青藏高原一系列重要的考古发现，以实物证据再现了吐蕃时代青藏高原多民族文化各具特色但又彼此交流、相互融合的面貌，尤其是对认识青藏高原在"丝绸之路"上所起到的作用和地位都是极具启发意义的。

一、都兰热水血渭2018年一号大墓的考古发现

青海都兰热水吐蕃墓地位于青海省都兰县热水乡血渭草原。这里分布着密集的古代墓葬，由"热水沟—察汗乌苏河"将草原分为南、北两岸，两岸均有古墓葬发现。1982年，青海省文物考古研究所考古队首次调查发现了位于血渭草原北岸的墓地，并从当年7月开始对其中规模最大的一座编号为M1的墓葬（考古学界习称为"都兰一号大墓"，民间称其为"九层妖楼"）进行了历时多年的考古发掘。其间，这一地区的古墓葬不断遭遇被盗，抢救性的考古清理时有发生。1999年7—9月，北京大学考古文博院与青海省文物考古研究所在草原的南岸又联合发掘清理了4座大、中型的吐蕃墓葬，虽然这几

座墓葬都已被盗掘一空，但仍然出土了丝绸、金银器、木器的残件[1]。2014年4—9月，为配合哇沿水库工程建设，青海省文物考古研究所、陕西省考古研究所再次共同对都兰热水墓地进行了发掘，清理了25座墓葬和5座殉马坑，出土各种质地的文物残件900余件[2]。在上述几次发掘工作中，影响最大、出土器物最为丰富、遗物最为精美的仍然是"都兰一号大墓"，尤其是其中残存的大量丝绸残片，让人耳目一新，使人们重新认识到吐蕃时代丝绸的丰富多彩[3]。

入选为中国社会科学院考古研究所2020年度"六大考古发现"和国家文物局"考古中国重要发现"的"都兰热水血渭2018年一号大墓"，与前述"都兰一号大墓"均位于血渭草原北岸墓群中心区域，前者很可能是"都兰一号大墓"陪葬陵之一（为便于区别，以下简称为"2018年一号大墓"），虽然发掘工作尚在进行，但从考古发掘清理出的地面建筑看，已经取得一些重要发现（图5-14）。

2018年一号大墓由于一次大规模的盗掘出土了大量文物。当这些文物被查获之后，文物考古部门采取了抢救性的发掘。从迄今为止发现的情况来看，这座大墓的墓葬形制与布局都和吐蕃腹心地带的大型墓葬有一些共同的特征，例如，地表有显著的大型封土，封土形状为方形，边框采用叠石砌筑，四周以泥坯围砌。这座大墓也是迄今为止在青藏高原发现的地表保存墓园遗迹最为丰富的一座吐蕃时代墓葬，墓园建筑由茔墙、回廊和祭祀建筑组成，茔墙石砌，平面呈方形，北墙设有保存较好的木质门构，可以由此

---

1 北京大学考古文博学院、青海省文物考古研究所：《都兰吐蕃墓》，北京：科学出版社，2005年。
2 此次发掘工作的正式考古资料尚未公开发表，笔者曾应青海省文物考古研究所之邀前往发掘现场参观。
3 许新国：《都兰吐蕃墓葬发掘和研究》，北京大学考古文博院、大阪经济法科大学编：《7~8世纪东亚地区历史与考古国际学术讨论会论文集》，北京：科学出版社，2001年，第26—30页；后增订为《中国青海省都兰吐蕃墓群的发现、发掘与研究》，收入氏著：《西陲之地与东西方文明》，北京：北京燕山出版社，2006年，第132—141页。

第五章 高原丝绸之路青海道 345

图5-14 青海都兰热水血渭2018年一号大墓俯视及内部结构
1. 大墓俯视 2. 墓内结构
（采自https://mp.weixin.qq.com/s/7m18Qd-gY6SvFEGo2ZsFcg, 2021-04-06）

进入到回廊。回廊环绕封土一周，可以供人出入。祭祀建筑位于墓园东北角，石砌，由照壁和一大一小两座房址组成，房址的木质门构还清晰可见。大房址内发现羊的肩胛骨和斜插入地面的方木，可能与祭祀所遗留下来的遗迹有关[1]。墓内设有殉马坑，其中所葬入的马是为死者在天堂准备的乘骑（图5-15—5-17）。

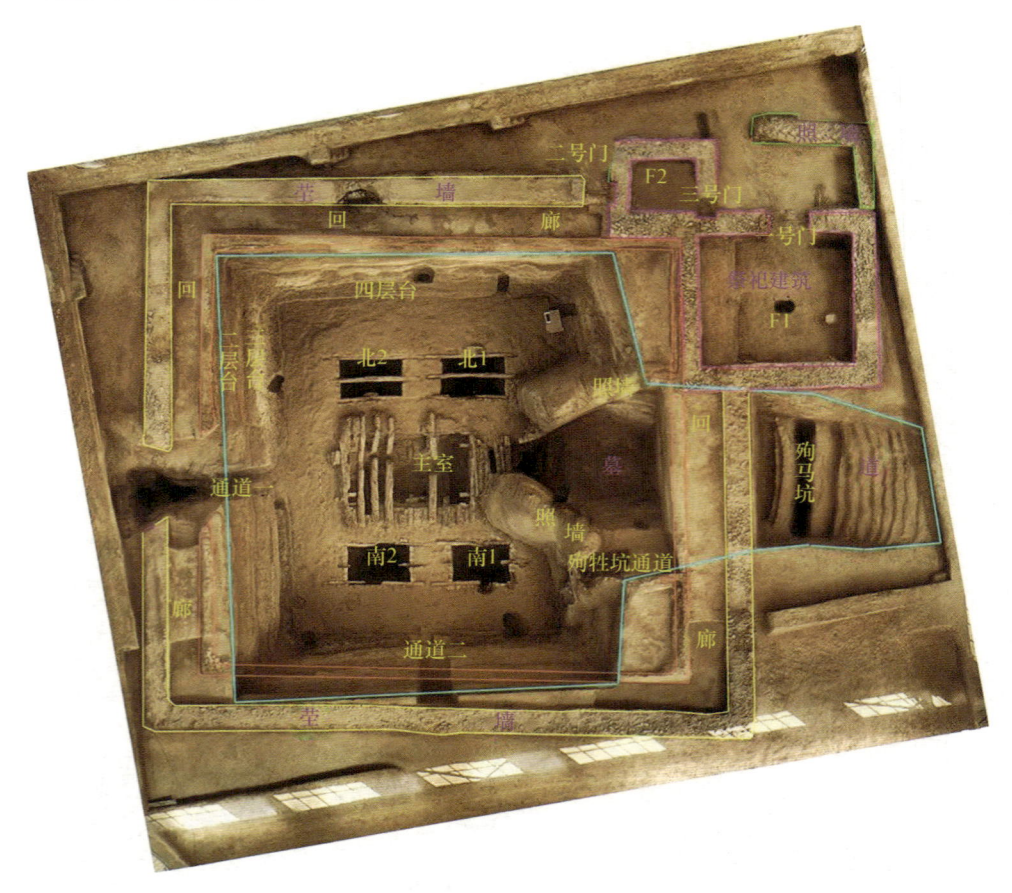

图5-15 青海都兰热水血渭2018年一号大墓平面图
（采自https://mp.weixin.qq.com/s/7m18Qd-gY6SvFEGo2ZsFcg, 2021-04-06）

---

1 韩建华：《隋唐考古：从长安到边陲，从考古走向隋唐历史》，《澎湃私家历史》2020年5月3日。

图5-16　青海都兰热水血渭2018年一号大墓殉马坑
（作者拍摄）

据《旧唐书·吐蕃传》记载："其赞普死，以人殉葬，衣服珍玩及尝所乘马弓剑之类，皆悉埋之。仍于墓上起大室，立土堆，插杂木为祠祭之所"[1]。过去笔者在西藏山南吐蕃赞普王陵（习称为"藏王墓"）和朗县列山

---

[1] （后晋）刘昫等：《旧唐书》卷196上《吐蕃传上》，北京：中华书局，1975年，第5220页。

图5-17 青海都兰热水血渭2018年一号大墓祭祀区门道遗存
（采自https://mp.weixin.qq.com/s/7m18Qd-gY6SvFEGo2ZsFcg, 2021-04-06）

墓地、拉孜县查木钦墓地等吐蕃时代大型墓地的考古调查中，曾在一些墓葬封土顶部的一角发现过房屋建筑遗构的痕迹，但因为破坏过甚已无法辨析其结构，虽然也曾推测其性质可能系墓葬的祭祀建筑遗迹[1]，但终因未经考古发掘清理而证据不足。此次发掘以确凿的证据证明，吐蕃最高统治阶级赞普（藏王）的陵墓和高级别权贵墓葬都有一套完备的营葬和祭祀体系，这和文献记载相互吻合。从目前可以观察到的考古现象来看，笔者推测很可能除了死者生前已经开始预筑陵墓——类似中原汉唐帝陵的"寿陵之制"之外，在下葬过程中也有一套严格的丧葬礼仪程序，甚至在死者下葬之后，也还有四时墓地祭祀之礼，所以在墓园中设置有回廊、祭祀的场所。

---

1 霍巍：《吐蕃时代：考古新发现及其研究》，北京：科学出版社，2012年，第29—89页。

著名的意大利学者杜齐在其名著《藏王墓考》一文中，曾根据藏族历史文献记载描写了藏王死后后世为其守陵的情形："……在内相之中要选择一个人作为王家的看守人，此人须得充当死者的角色，与世间隔绝开，住在坟墓附近，因而甚至与他的家人都没有任何交往。他有权处置任何敢于接近坟墓的生灵，不管是人或者动物。一个人一旦被他碰了一下，就变成了他的奴仆，或者说是变成了内相所扮演的已故国王的奴仆。在死者的纪念日里要举行一个仪式，在此期间大量的供品堆积起来，王室的成员们进入一间专为此刻建造的殿堂里，吹起号角，宣布第二天举行仪式，做此宣告是为了让死者在那个时刻转移到另一个河谷中。当仪式结束时，奉献出来的衣物、马匹、动物及其他各种供品堆积在殿堂附近，参拜者头也不回地离开此地。这个时候，死者，或者说是那些扮演死者的人，前来取走供品。"[1] 以往对于这类记载的真实程度，考古学家们保持着高度冷静的审慎态度，因为毕竟缺乏足够的考古证据来加以证明。这次2018年一号大墓考古发掘出土的墓园遗存，让我们似乎感受到这种历史场景的再现，对于吐蕃时代的墓祭习俗有了更为直观的认识。

2018年血渭一号墓是近年来考古发掘出土的墓室结构规模最大、形制复杂、装饰风格独特的一座高规格墓葬，它既有吐蕃腹心地带高等级墓葬墓室呈格状的多室墓结构，但又在主墓室内四壁皆设斗拱类木结构、绘制彩色壁画、砖砌棺床。这些做法，则为西藏地区吐蕃墓葬所不见，究其源头恐怕不一定来自西藏本土（图5-18—5-21）。

这座大墓之所以会被提上正式进行考古发掘清理的日程，其无法回避的一个重要原因是被盗掘甚烈。而正是通过后来被破获收缴回来的大量出土器物透露出吐蕃时代墓葬随葬品的丰厚程度，让世人感到震惊。这里，有必要

---

[1] ［意］图齐著，阿沛·晋美译：《藏王墓考》，中央民族学院藏族研究所编：《藏族研究译文集》（第一集），1983年，第3—4页。

图5-18　青海都兰热水血渭2018年一号大墓内的仿木建筑
（采自https://mp.weixin.qq.com/s/7m18Qd-gY6SvFEGo2ZsFcg，2021-04-06）

图5-19　青海都兰热水血渭2018年一号大墓内的木质构架遗存
（采自https://mp.weixin.qq.com/s/7m18Qd-gY6SvFEGo2ZsFcg，2021-04-06）

图5-20　青海都兰热水血渭2018年一号大墓内的祭台
（采自https://mp.weixin.qq.com/s/7m18Qd-gY6SvFEGo2ZsFcg, 2021-04-06）

图5-21　青海都兰热水血渭2018年一号大墓内的棺木遗存
（采自https://mp.weixin.qq.com/s/7m18Qd-gY6SvFEGo2ZsFcg, 2021-04-06）

对相关的出土器物情况作一个必要的追述。

早在2013年，香港一家私人收藏机构——梦蝶轩与香港中文大学文物馆合作，举办了题为"金耀风华·梦蝶轩藏中国古代金饰"的公开展览，展出了近300件公元前1500年至公元1700年间欧亚及中国境内的金银器，其中也包括一批来源不明的"疑似吐蕃金银器"在内。时任香港中文大学艺术史讲座教授的苏芳淑女士担任展览策划和图录主编，由她邀请了国内相关学者撰写专题论文。该展览公开出版了图录，共一套三册，其中第二册《金曜风华·赤猊青骢》共收录105件（组）金银器，笔者受邀为其撰写了相关条目说明和专题论文[1]。笔者在论文中认为，此次梦蝶轩展出的这批金银器门类涉及面广，纹饰题材丰富多彩，显示出很高的品级和独特的风韵，其中有相当部分器物可能是专为吐蕃王国较高级别的王室贵族、大臣或将领在丧葬仪式过程中所制作和使用的金银器，虽然没有正式地认定其出土地点，但基本倾向认为这是一批出土于吐蕃时代墓葬中的金银器[2]。

2019年，由北京市人民政府、青海省人民政府主办，北京市文物局、青海省文化和旅游厅、青海省文物局协办，首都博物馆、青海省博物馆承办的"山宗·水源·路之冲——一带一路中的青海"展览在首都博物馆展出。此次展览共展出了青海省442件（组）精品文物。在展览的第四部分"吐蕃东进"中，集中展示了青海都兰吐蕃墓群出土的一批金银器。笔者在观察和比较这批青海都兰出土的吐蕃金银器之后，发现这批金银器无论是种类、形制特点、制作工艺，还是装饰风格、题材等各个方面，都和上述香港梦蝶轩收藏的这批金银器极其相似，甚至有些器形还完全相同。笔者由此推测，这两批金银器很可能都同出于青海都兰热水境内的吐蕃时代墓地，可以归并于一

1　苏芳淑主编：《金曜风华·赤猊青骢：梦蝶轩藏中国古代金饰》，香港：香港中文大学出版社，2013年，第2—13页。
2　霍巍：《梦蝶轩藏吐蕃金银器概述》，苏芳淑主编：《金曜风华·赤猊青骢：梦蝶轩藏中国古代金饰》，香港：香港中文大学出版社，2013年，第2—13页。

起进行研究。但究竟是出土于都兰热水墓地中的哪一座墓葬，当时还无法加以确认。

2019年，中国社会科学院考古研究所举办"六大考古发现"评选报告会，国家文物局也公布了四项"考古中国"与丝绸之路的重大成果，其中都列入了青海都兰"2018年一号大墓"。随后在各种媒体上公布的信息当中，随文附有一些"热水墓葬被盗文物"的照片，其中包括3件金银器[1]。经笔者比对，发现它们和"山宗·水源·路之冲——一带一路中的青海"展览中所展示的金银器完全相同。由此可以肯定，这次公开展出的都兰热水吐蕃墓葬出土金银器，就是出土于这座吐蕃时代大墓。如果这些推测无误，那么2018年一号大墓就是迄今为止青藏高原吐蕃时代墓葬中出土金银器数量最多、种类最丰、造型最美的一座墓葬，堪称中国考古发现的"黄金之丘"[2]。

唐代吐蕃金银器是吐蕃王朝时期王室贵族的珍宝，具有很高的艺术水平。这些造型别致、图案精美的金银器，不仅采用了许多不同风格、式样的器物形态，在上面还装饰了丰富多彩的图案和纹饰，形成吐蕃人独特的审美和艺术情趣。目前，2018年一号大墓的考古发掘正在进入到室内清理之中，从死者贴身的棺室填土中已经开始露头不少的金银器。进入棺室之后，是否还会残存有"劫后余生"的部分金银器和其他随葬品的残件，尚无法判定。但是，即便是既有的出土金银器也具有很高的研究价值。墓中出土的金银器中有大量的锤揲成箔片状的装饰性器物，这些金银饰片上面多以锤揲、

---

[1] 韩建华：《隋唐考古：从长安到边陲，从考古走向隋唐历史》，《澎湃私家历史》2020年5月3日。
[2] "黄金之丘"这一称呼源起于世界考古学界对于中亚的一项重大考古发现。1978年，苏联考古队在著名的中亚考古学家维克多·依万诺维奇·萨瑞阿尼迪（Viktor Ivanovich Sarianidi）带领下，在阿富汗西北部席巴尔干镇附近一个小小的山丘——蒂拉丘地发掘出土的一批重要的古代墓葬，一共发掘了6座墓葬，6座墓葬当中，五位墓主人是女性，一座是男性。这个地点正好就是在史书记载的"大月氏"活动的地域之内，这就和张骞出使西域时到达的大月氏联系起来了，因此学术界推测这可能就是大月氏的"五翕侯"之一的墓群。在这几座墓葬里出土了大量的黄金制品，总计达到21600多件，震惊了国际社会，从而国际考古学界将发现地蒂拉丘地称为"黄金之丘"，并得到社会响应。

压印、錾刻等不同方法得到忍冬、莲花、团花、缠枝花草以及立鸟、翼兽、狮、狼等动物纹样，可从中窥见其制作工艺与纹饰风格等方面的若干特色。推测这些金银饰片的用途，可能是用来装饰衣饰、马具和毡帐、箱匣等物体的表面。各种丰富的纹样当中，尤其是具有浓厚欧亚北方草原游牧民族风格的大角动物、带翼神兽最富特点，体现出吐蕃时代与域外金银器工艺之间的交流与互动。

在2018年一号大墓出土的极为丰富的金银器物当中，有不少器物上的图案都具有鲜明的地域和文化特征，十分引人注目。这里，笔者仅举出其中的一类"半人半神像"略作分析。

2018年一号大墓吐蕃金银器中发现的这类半人半神像的总体特征是这些形象的头部和身躯与人类同，但其身躯的下半部分则演变为鸟、鱼、兽等不同的动物形象，是现实生活中不可能存在的形象，而与神话和宗教中神的形象有关。一号大墓中最具特征的是人首鱼身像。它是一件鎏金的长条形饰片，神像的头部戴有花冠，冠上有向后飘飞的条形飘带，身穿紧身的长袍，袍服的式样为交叉领右衽，在领襟、上臂和下臂处均饰有条带状的装饰，似乎象征着用丝绸装饰在长袍上面。神像一手高举角杯（来通）齐肩，一手平举向外伸开，腰间系有腰带，腰身两侧生出一对巨大的双翼。在饰片的前端，似还有一双兽蹄向前伸出，而后部则呈螺旋状向后延伸，尾部演化为一条鱼尾（图5-22—5-23）。

与之可以参互比较的，是另一类戴冠的人首鸟身像。例如，在现存于美国克里弗兰艺术博物馆的一组吐蕃金银器中，有一件银瓶腹部用锤揲的技法形成凸出于器体表面的多组纹饰，其中一组纹饰周边为卷草纹相环绕，正中是一尊站立在花蕾之上的神像，头冠三花冠，身穿领口为三角形大翻领的长袍，双手向两侧伸开，袖口下折，腰上系有腰带，身躯的下半部生出大鹏一般的双翼，两脚变成巨大的一双鸟爪，尾部饰有飘带，给人以展翅欲飞之感

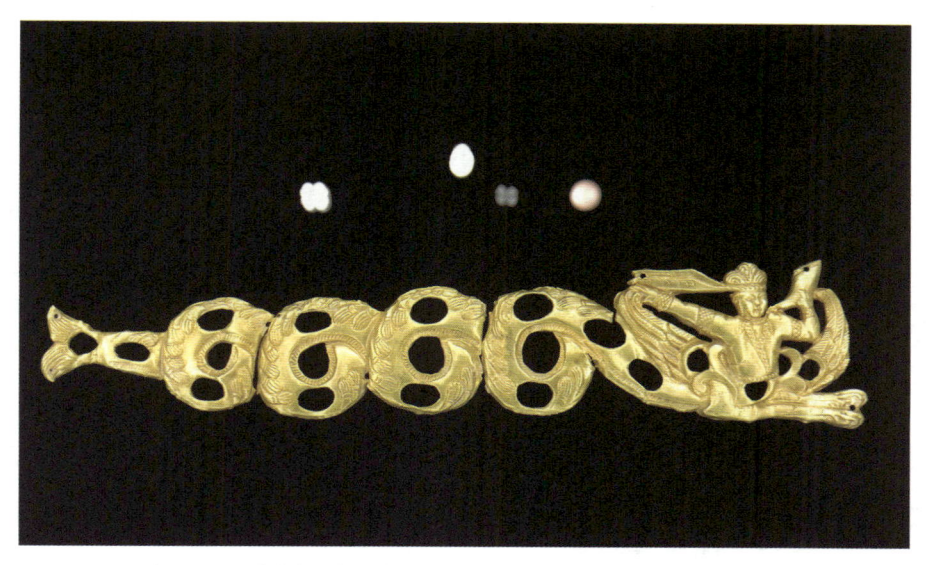

图5-22 青海都兰热水血渭2018年一号大墓出土的鎏金神灵形象
（作者拍摄）

图5-23 青海都兰热水血渭2018年一号大墓出土的鎏金神灵形象（局部）
（作者拍摄）

图5-24　美国克里弗兰艺术博物馆藏吐蕃银瓶上的图像（作者拍摄）

（图5-24）。

大体上属于这种类型的人首鸟身像，还有现藏于芝加哥普里兹克家族的另外一组鎏金饰片，这组鎏金饰片的造型风格十分相近，但每一幅图案又有所不同。其基本的造型是像的头上都戴着花冠，身躯下部逐渐演变成鸟形，从身体两侧生出巨大的双翼向外伸展开来，下肢逐渐变得细小，最后到两只脚时完全成为一对鸟爪。每尊半人半鸟的神像都站立在一张圆形的小花毯之上，手执以鼓、长笛、排箫等不同的乐器正在演奏之中，造型极为精致优美。这组鎏金饰片曾在敦煌研究院主办的"丝绸之路上的文化交流：吐蕃时期艺术珍品展"上公开展出（图5-25—5-29），引起学术界极大的关注。

上述几类神灵中，最令人感兴趣的是2018年一号大墓中出土的这类人首鱼身像。实际上，如前文所述，这件神像还不仅仅只是人首鱼身，它同时还具有鸟的双翼、兽的双爪，加上鱼的尾巴，它成为既可以上天、又可以入水，还能在大地上奔驰的"复合型神灵"，和其他类型的半人半神像相比较，似乎更具有多种功能。过去在西方系统的神灵图像中，也有不少化身为半人半鸟、半人半鱼形象的神祇，但以2018年一号大墓与之相比较，似乎融入了更多吐蕃本土文化的因素，如鸟的双翼、兽的双爪，都很容易让人联想到吐蕃本土神话当中本教的神鸟，其间的文化内涵还有待进一步地观察研究。

吐蕃金银器中其他类型的几件半人半神形象，既有出现在银瓶上面作为装饰图案的，也有以鎏金饰片的方式单独出现的情况，这表明这些半人半神

图5-25 吐蕃金银器中的半人半鸟形象之一
（作者拍摄）

图5-26 吐蕃金银器中的半人半鸟形象之二
（作者拍摄）

图5-27 吐蕃金银器中的半人半鸟形象之三
（作者拍摄）

图5-28 吐蕃金银器中的半人半鸟形象之四
（作者拍摄）

图5-29 吐蕃金银器中的半人半鸟形象之五
（作者拍摄）

的形象可能存在着不同的用途。例如美国克里弗兰艺术博物馆收藏的这件银瓶上的装饰图案，或许与银瓶的主人（出资制作者）的信仰和崇拜对象有关，从这尊神像的服饰特点上来看，具有典型的吐蕃时期王室贵族服饰的特点，身上的长袍式样是带有三角形大翻领的"吐蕃—中亚式"长袍，在吐蕃时期发现的摩崖造像、吐蕃中部地区佛教寺院壁画和11—13世纪西藏西部的石窟壁画中，均发现有同样式样的服饰。这种带有三角形大翻领的长袍，在中亚波斯萨珊和粟特人的壁画中也有发现，具有鲜明的时代特征。过去曾经有学者认为，这件银瓶上的神像，或许是吐蕃人原始信仰中其祖先的形象，象征着吐蕃祖先神话中从天而降的"天神"，他们来到高原上的大地之后，成为吐蕃的先祖先王。

此外，芝加哥普里兹克家族收藏的这一组鎏金饰片，其用途还不是十分清楚。但是，根据它们具有基本相同的造型，尺寸大小也基本相同，只是手中各执有不同的乐器这些特征来分析，我认为很有可能它们原来是一组表现乐音的神灵，或许与佛教艺术中的"迦陵频伽"鸟有关。我还注意到，在这些鎏金饰片的边沿上都钻出若干小孔，很可能是用来穿缀、安装的孔洞，推测它们可能用于装饰帐篷之类的织物载体。过去中亚、蒙古高原的游牧部族贵族文献记载其居于"金帐"之中，所谓"金帐"，或许就是使用了这类鎏金装饰物的高等级帐篷。

在以往发现的考古资料中，类似的这种"半人半神""半人半鸟"的形象，在中亚和南亚一带的古代文明中曾出现过。随着近年来一批中国北朝时期的墓葬如安伽墓、虞弘墓图像资料的出土，人们对于这类形象的宗教象征、图像特点也展开了热烈的讨论。较多的意见认为，安伽墓、虞弘墓等入华粟特人墓中出现的半人半鸟神像，很可能是与波斯萨珊王朝流行的拜火教中的祭司形象有关。按照拜火教的宗教仪轨，火坛的两边要有"人首鸟身"（或者称为"人首鹰身"）的祭司守护圣火，他们的形象就是这类半人半鸟的神灵。这类神灵有一个显著的特征，就是往往都戴上半月形的口罩，以防止口鼻中的浊气污染圣火。

但也有人认为，这些半人半鸟的形象也可以追溯到古代南亚印度笈多王朝时期的佛教艺术，在这个时期印度佛教艺术中的紧那罗，作为天界的"乐音之神"，也是半人半鸟的形象。后来佛教艺术中的"迦陵频伽"鸟，便是紧那罗的另一种表现形式。

还有一部分学者更是将这种半人半鸟的形象追溯到古代中国神话中的"千秋""万岁"等神灵，认为这些神灵最为原始的特点，同样是半人半鸟。

再回到吐蕃金银器上出现的这类"半人半鸟"的形象，不难发现，它们和上述神灵的形象同样具有诸多共同的特点，总体上也可以归入到这个大的体系当中来加以讨论。由于唐代吐蕃在地理位置上处在亚洲腹地高原的中央，在7—9世纪的吐蕃王朝时期已经和西面的波斯萨珊、阿拉伯大食、粟特；北面的突厥、回纥；南面的印度（天竺）、泥婆罗以及东面的唐王朝通过"高原丝绸之路"建立起了密切的联系。尤其是在金银器制作方面，文献记载和大量考古实物材料都表明，吐蕃人极其善于吸收周边国家和地区金银器制作的工艺技巧，并将其和吐蕃王朝固有的文化传统、审美意识融为一体，创造出当时具有世界水准的金银器来。所以，在吐蕃的"半人半鸟"等神灵中也自然会吸收来自中亚、南亚和东方大唐王朝的宗教信仰和图像元素。

当然，我们还应当十分关注吐蕃文化自身所具有的特点。《敦煌本吐蕃历史文书》中记载，吐蕃早期赞普都是"从天而降"的"天神之子"，死后都要沿着"天绳"再返回到天界，而鸟则是可以飞翔于天地之间沟通人神，因此，"半人半鸟"的神灵或许也是这种信仰的一种折射。另外，吐蕃人信仰的本教，在后期受到来自西方的"大食帝国"的影响，本教的神灵当中出现了以大鹏鸟（巨大的鹰隼）为象征的崇拜，这些历史的因素，都有可能对吐蕃金银器中"半人半鸟"形象的出现产生过影响，从而在这些考古实物中遗留下来若干历史的印迹。

2018年一号大墓中还出土有多件（套）用金银制作的口、鼻、嘴巴、胡须等面具组饰，应属8—9世纪吐蕃王朝兴盛时期的王家贵族所用之物。《册府元龟》等汉文史籍记载青藏高原古代丧葬习俗"……其酋豪死，抉出其脑，实以珠玉，割其五脏，易以黄金，假造金鼻银齿，以人为殉"[1]，这和此墓当中出土的这类黄金面具组饰颇有暗合之处。结合近年来在西藏西部"象雄"时期的墓葬当中也曾出土过其他式样的黄金面具，笔者认为这几组覆面与南亚、中亚等地的黄金面具之间也有一定联系，具有东西方文化交互影响的痕迹，体现出丝绸之路上多元文化交流互动的状况[2]，我们在上文中已经用专门的章节对此有过论述，此不赘述。

---

[1] （北宋）王钦若等编：《册府元龟》卷960《外臣部·土风二》、卷961《外臣部·土风三》，北京：中华书局，1960年，第11303—11307页。
[2] 霍巍、霍川：《青藏高原发现的古代黄金面具及其文化意义》，《敦煌学辑刊》2019年第3期。

总之，随着青海都兰血渭2018年一号大墓考古工作的不断进展和研究工作的不断深入，我们相信，这座青藏高原上的"黄金之丘"一定还会带来更多的重要发现，不断刷新人们对于吐蕃时代高级别大墓在丧葬礼制上的认识，为世人揭示出更为丰富的历史画卷，以考古实物资料弥补文献记载的空白之处。

二、胡汉交融的泉沟一号墓

"泉沟"这个地点很容易让人联想到一条清澈见底的小溪流从沟渠中流淌而过的画面，而事实上当笔者第一次到达泉沟这个发掘地点时，却发现实际的景象与其芳名大相径庭，映入眼帘的是满目的沙丘绵延成片，大地上只有黄褐色的沙土随风漫卷，天地之间充满着干涸和燥热。没人能够想到，就是在这样的环境之下，在地下深处竟然会掩埋着这样一座满目丹青的吐蕃时代壁画墓。

这座墓葬的发现史、发掘史也和一部盗墓史密不可分。早在20世纪90年代，我从时任青海省文物考古研究所所长许新国先生处就了解到一些有关这座壁画墓的信息，此墓前后多次被盗，许新国先生曾亲临现场进行保护工作，并在后来的学术讲座中放映过几张墓室壁画的照片。2019年，这座墓葬经国家文物局批准开始正式进行考古发掘清理，笔者有幸在青海省文物考古研究所乔虹副所长、中国社科院考古研究所边疆考古中心仝涛先生的安排下参观了发掘现场。

这座墓葬给人留下的最为深刻的印象有以下几点：首先，是其墓葬结构和都兰热水墓地吐蕃时代墓葬具有一些共性。这是一座砖、木混建的方形墓室，带有长斜坡墓道，有前室、后室和两个侧室，后来还清理出专门用来放置金冠、金錾指杯的一个小的"暗格"。在建筑方式上，采用了大量柏木来搭建墓室，前室为砖室，后室和两个侧室的顶部、四壁都用大量的柏木砌建[1]（图5-30）。

类似的考古现象也发现于都兰热水吐蕃时代墓地。如青海省文物考古研究所和北京大学考古文博学院联合发掘的热水河南岸一号墓，其形制也是多

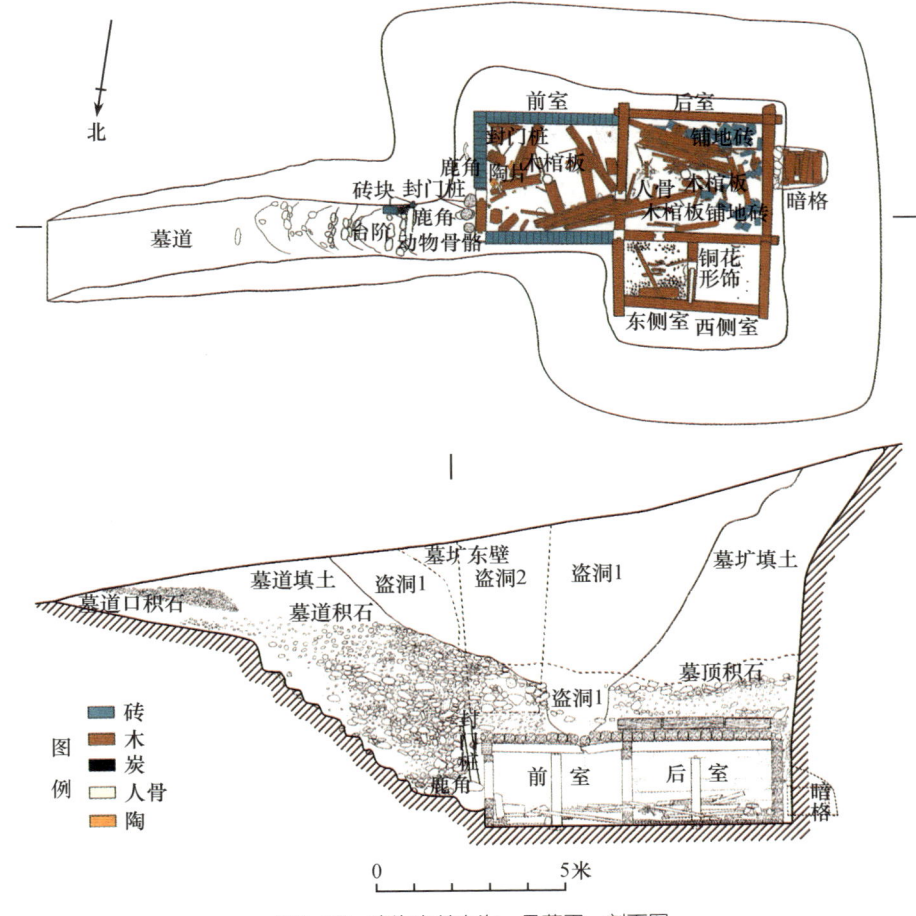

图5-30 青海乌兰泉沟一号墓平、剖面图
（采自中国社会科学院考古研究所、海西蒙古族藏族自治州民族博物馆、乌兰县文体旅游广电局：《青海乌兰县泉沟一号墓发掘简报》，《考古》2020年第8期，图五）

---

1 中国社会科学院考古研究所、海西蒙古族藏族自治州民族博物馆、乌兰县文体旅游广电局：《青海乌兰县泉沟一号墓发掘简报》，《考古》2020年第8期。

室墓，共分五个墓室，南北各两室，两两相对，另在西南角有一室，各室之间有甬道相接通，其平面呈亚字形。南岸二号墓平面为长方形，墓室内部分为两部分，西半部用柏木砌成梯形椁室一间，东半部依托墓室石墙成为一梯形室。南岸三号墓墓室平面略呈凸字形，墓道朝南，由东室、中室、西室和墓道四部分组成。南岸四号墓为单室墓，由主室和墓道组成。这几座墓葬在构筑方式上的最大特点，均是采用砖石与柏木混筑，如一号墓各室的顶棚均采用粗大的柏木构成，其中甬道、前室和后室顶部的柏木沿其面阔方向排列，由上、下两层柏木错位平铺；左右耳室顶棚的柏木沿进深方向排列，上皮压在前室顶棚的柏木之下。在甬道和门道上也都采用粗大的柏木或木枋作为立柱、过梁、门柱、门槛等，甬道内的柏木上还见遗有牛鼻形穿者[1]。这些现象表明，青藏高原在8世纪前后（泉沟一号墓据称^{14}C测年为8世纪左右）可能当地还有较多森林资源可供利用，当然也不排除有着较高等级的王公贵族可以从周边地区征集、调用大量木材用于营建墓葬的可能性，但距离应当不会过分遥远。这些考古现象对于重新复原泉沟墓地的古环境、与外界的交通与交流等问题不无帮助。

其次，是墓内绘制的壁画。泉沟一号墓是迄今为止青藏高原首次发现的壁画墓，所以格外引人注目。壁画主要分布在前室、后室，前室绘制在砖墙泥皮的表面，后室绘制在柏木板上涂抹的一层白灰之上。壁画的布局似有一定之规，前室有牵马武士、迎宾等场面，后室有象征居室的木建筑，也有带有通风口的毡帐，它和过去在青海郭里木棺板画上绘制的毡帐形态十分相似。后室壁画中还有放牧、耕作的场面。

壁画中出现的各类人物和事物是我们解读和判断壁画内容、年代、族属的重要依据。其中就人物形象而论，前室壁画中出现的牵马武士头缠巾，身

---

1 北京大学考古文博学院、青海省文物考古研究所：《都兰吐蕃墓》，北京：科学出版社，2005年，第5—9页。

穿长袍,腰上系带,脚上穿靴,脸部均有用褐色涂出"赭面"的色块,领头者身上悬挂着象征武士身份的虎皮(亦说为豹皮),带有很浓厚的吐蕃文化色彩(图5-31)。后室中绘制的人物成分显然比较复杂,当中既有着吐蕃衣饰者,也有头戴"垂裙皂帽"的人物形象,这种"垂裙皂帽",曾是北魏鲜卑族的装束特点。1973年,在宁夏固原雷祖庙曾经发现一座北魏墓葬,从中出土有描金绘彩漆棺,从经过拼接的残漆皮上复原了其大部分画面[1]。据孙机研究认为,漆棺上的人物皆着鲜卑服饰,"故尔在整个漆棺上笼罩着浓厚的鲜卑色彩"[2]。泉沟一号墓历史上曾是吐蕃占领之下的吐谷浑故地,同时出现吐蕃文化和鲜卑文化交织的因素,是符合当时历史背景的。此外,后室壁画中绘制有汉式的木建筑物,也有似为身着汉装的人物,因残损过甚而无法知

图5-31 青海乌兰泉沟一号墓前室东壁仪卫壁画残存画面
(许新国先生提供)

1 固原县文物工作站:《宁夏固原北魏墓清理简报》,《文物》1984年第6期。
2 孙机:《固原北魏漆棺画研究》,《文物》1989年第9期。

其全貌，表明汉文化的影响也很显著（图5-32）。

第三，是墓葬中出土的彩绘漆棺残件。由于当地气候高度干燥，墓内的漆棺残件上的纹饰、图案保存得漆色如新，十分鲜艳。漆棺的绘制总体上感觉比壁画精细得多，无论是工匠的用笔还是施色都很考究，图案既有装饰性的花卉，也有骑马穿袍的人物，与黑地形成强烈的色彩反差。此外，用细腻的笔触勾勒轮廓线条也给人留下深刻的印象。壁画和漆棺绘画风格的差异，或许与两者的绘制者不同、绘制的场域和环境不同等因素有关。从绘画技法和技巧而论，漆棺的绘制似乎更显功力。

总之，泉沟一号墓中壁画和漆棺的出土，使得高原古代美术一个新的门类浮出水面，是继青海郭里木吐蕃棺板画的发现之后，吐蕃时代美术考古

图5-32　青海乌兰泉沟一号墓后室北壁放牧图壁画残存画面
（许新国先生提供）

的又一次重大的发现，也为吐蕃"形象史学"研究增添了大批新的资料。目前此墓的田野考古工作发掘已经结束，转入到室内整理，我们期待着还有更多的细节陆续公诸于世。就笔者现有的基本观感而言，这座壁画墓所体现出的最大的艺术特点，是多民族文化的交汇融合。来自中原汉地的唐朝文化，与来自青藏高原的吐蕃文化和来自北方故地鲜卑族旧俗的吐谷浑文化在此熔为一炉，凝练升华为一种富有地域性特色的墓葬美术形式（图5-33—5-34）。

第四个重要的发现，是从墓葬"暗格"中出土的黄金冠饰和錾指杯。此墓在后室西侧墓底设有一个封闭的"暗格"，是在营建墓室过程中专门设计用来放置和密藏墓主"镇墓之宝"之所，其性质和中原商周时期至汉唐时期墓葬中在墓底所设的"腰坑"有异曲同工之妙。暗格中特别安置了两件金银器，一件是珍珠冕旒龙凤狮纹鎏金银王冠，一件是镶嵌有绿松石的四曲錾指金杯[1]。这是迄今为止经过考古学者科学清理发掘出土的两件吐蕃时代的金银器，出土现场保存完好，金银器的原生位置明确，这为进一步展开科学的研究工作提供了难得的条件。

在以往发现的吐蕃系统金银器中，也曾经有过一些与金银冠饰比较相似的残片[2]。著名的苏联中亚考古学家马尔夏克先生逝世前，曾经研究过这些残片的可能性复原。在他生前正在撰著的一部未刊手稿——《中亚的吐蕃帝国：公元7—9世纪》（*The Tibetan in Central Aaia: 7th-9th Centuries*）当中，曾推测这些金银器残片可能和吐蕃王朝的王冠有关。笔者曾根据马尔夏克生前的研究，在对这批现已流传国外的"冠形"金银器残片进行实地考察之后，初步推测它们可能和在今蒙古国首府乌兰巴托以西45千米的鄂尔浑河畔

---

1 中国社会科学院考古研究所、青海省海西蒙古族藏族自治州民族博物馆、乌兰县文体旅游广电局：《青藏高原首次发现吐蕃时期壁画墓》，《中国文物报》2020年1月17日第8版。

2 霍巍：《吐蕃时代：考古新发现及其研究》，北京：科学出版社，2012年，第187—188页。

图5-33 青海乌兰泉沟一号墓后室西壁帐居图壁画残存画面
（许新国先生提供）

图5-34 青海乌兰泉沟一号墓前室南壁伎乐壁画残存画面
（许新国先生提供）

突厥第二汗国毗伽可汗陵园内发掘出土的一件突厥王冠有相似之处，认为其形制很可能为一种用带状的金银饰片围绕成的冠饰[1]，具有同一时代北方草原游牧民族政权中流行的王冠式样的风格特色。

此次在泉沟一号墓中出土的金冠，形制要复杂得多，目前仅根据新闻稿上发表的图片还不能对其展开更为深入的研究，仅从最为粗略的观察比较可知，这是一顶由多面金箔拼嵌组合而成的围合式冠饰，冠前还垂饰有珍珠冕旒，和前述突厥毗伽可汗以带状金银饰片围合而成的王冠式样明显有别，而与图像资料中显示的中原地区汉唐时期中原帝王的王冠式样似乎更为接近。随着室内整理、研究工作的进展，这顶可以称之为"青藏高原第一王冠"的金冠饰也将带给我们更多的历史信息和更多新的惊喜（图5-35）。

另一件特地放置供奉在王冠前面的镶嵌有绿松石的四曲鋬指金杯，是迄今为止经过科学考古发掘出土的唯一一件完整的吐蕃时代同类器物，虽然以往这类镶嵌绿松石或者各类宝石的金银器在国内外流传甚众，频繁现身于各大博物馆的展出当中，但都苦于缺乏明确的考古背景而仅仅只能作为传世文物进行艺术鉴赏，难以作为具有典型意义的考古类型学标本。十分明显，这件造型优美、富丽堂皇、具有浓郁中亚金银器风格特色的鋬指金杯，是墓主人生前最为喜爱的随身使用器物，在墓主人死后，随同象征其身份地位的王冠一道随葬入墓，其地位之显赫，显然远远超出墓内其他任何随葬品（图5-36）。今后对其造型风格、制作工艺、装饰技巧、使用功能和在丧葬过程中的用途进行深入研究，会对既往流传于世的吐蕃时代属于这一系统的金银器的认识产生深远的影响。此外，谁是王冠的主人？这个问题涉及对墓葬族属、墓主人身份的推定，通过对泉沟墓地营建历史以及相关历史背景的深入研究，谜底将会被揭开，而"破秘"的密码，或许部分就隐含在这顶王冠之中。

1　霍巍：《突厥王冠与吐蕃王冠》，《考古与文物》2009年第5期。

370　史前至唐代高原丝绸之路考古研究

图5-35　青海乌兰泉沟一号墓出土的鎏金银王冠
（采自中国社会科学院考古研究所、海西蒙古族藏族自治州民族博物馆、乌兰县文体旅游广电局：
《青海乌兰县泉沟一号墓发掘简报》，《考古》2020年第8期，图二三）

图5-36　青海乌兰泉沟一号墓出土的四曲鋬指金杯
（采自中国社会科学院考古研究所、海西蒙古族藏族自治州民族博物馆、乌兰县文体旅游广电局：
《青海乌兰县泉沟一号墓发掘简报》，《考古》2020年第8期，图二八）

三、新的考古资料与新的研究启示

1928年，傅斯年在其撰写的《历史语言研究所工作之旨趣》这篇影响深远的论文中，曾经提出过一个具有划时代意义的口号："我们不是读书的人，我们只是上穷碧落下黄泉，动手动脚找东西！"[1]后来中国的考古学者，大都熟悉这句话，从陆地到天空到海洋，将考古工作的触角伸向世界的四面八方，极大地拓展了人类认识过去的途径和时空范围。实际上，在傅斯年当年所讲这句话的背后，还隐含着两个重要的知识背景：其一，是他痛感当时伴随着列强的入侵，西方学者在进入中国之后，以其文化上的强势姿态对于"华夏四裔"——诸如匈奴、鲜卑、突厥、契丹、女真、蒙古等展开的研究已占尽先机，而中国学者却还浑然不觉，仍然沉浸于古书之中而自满自得；其二，是基于对中国传统史学中"史料"不足的忧患，他希望以其深受影响的德国比较语言学与历史语言学的传统为引导，标举"历史语言"的进路，提出"历史学只是史料学"的学术主张，并且对考古学这一西方传入的现代学术以及所谓"新史学"寄予了莫大期待："凡一种学问能扩张他所研究的材料便进步，不能的便退步。……西洋人做学问不是去读书，是动手动脚到处寻找新材料，随时扩大旧范围，所以这学问才有四方的发展，向上的增高"[2]。但是在他所处的时代，任何口号的提出实际上都只能是一代民国学人的学术梦想，很难得以实现。

今天，中国的边疆考古已经走进了新的时代。一个多世纪以来，中国考古学走过了艰难曲折却又充满光明前景的发展道路，尤其是在中华人民共和

---

[1] 傅斯年：《历史语言研究所工作之旨趣》，原刊于《中研院历史语言研究所集刊》第一本第一分，1928年；后收入氏著：《傅斯年全集》（第四册），台北：联经出版事业公司，1980年，第253—266页。

[2] 傅斯年：《历史语言研究所工作之旨趣》，原刊于《中研院历史语言研究所集刊》第一本第一分，1928年；后收入氏著：《傅斯年全集》（第四册），台北：联经出版事业公司，1980年，第253—266页。

国成立之后,新中国的考古学取得了一个又一个令国人振奋、令世人瞩目的伟大成绩,随着国家的强盛,中国学术也正在走向世界,不断改变面貌。每年举行的"全国十大考古新发现""六大考古发现"等评选活动,实际上也从一个侧面反映出考古学自身的发展进步,以及社会各界对于考古学这门"西方舶来"的学科关注度越来越高。考古不仅已经走进历史,而且已经走进人们的生活。但是,相对而言,中国边疆考古的状况从总体上看仍然处于较为滞后的境地。与祖国内陆相比,边疆地区地理位置偏远、人烟稀少、文物保护条件较差等各种原因,导致遗址的自然破坏和古墓的人为盗掘时有发生,给边疆地区的文化遗产保护事业带来了许多困难,也提出了重大的挑战。令人振奋的是,近年来,开始有越来越多的边疆考古成果进入到每个年度的考古新发现之中,成为中国边疆考古日益发展进步的缩影和象征。

本节所评述的青海都兰血渭2018年一号大墓和青海乌兰泉沟一号大墓这两项近年来青藏高原吐蕃时代重大的考古收获,对于研究7—8世纪唐代中国通过青藏高原地区与外部世界的交流——亦即近年来笔者多次倡导的"高原丝绸之路"的历史作用,中原文化对边疆各族产生的强烈向心吸引力,以及边疆各个族群文化(如吐蕃文化、鲜卑文化、吐谷浑文化等)之间的互动与融合都提供了新鲜的资料,也提出了许多新的课题。即使是在资料尚未全部正式公布的情况下,通过现有的信息也不难体会到其所具有的强烈冲击力和影响力。相对于近年来因盗掘而流失于海内外的不少吐蕃时代文物而言,通过这两个重大考古项目能够获得如此丰富的科学考古资料,真是非常幸运和难得的。这如同浮出海面的冰山一角,预示着边疆考古前所未有的新局面的到来。

尤其值得一提的是,在青海都兰2018年一号大墓中,还出土了一方铜质印章,印章出土在棺床之内死者身下,是一方由双峰骆驼图像和古藏文组成的印章(图5-37)。经中国科学院高能物理研究所进行CT扫描后,得以清晰

图5-37　青海都兰热水血渭2018年一号大墓出土印章
（采自https://mp.weixin.qq.com/s/7m18Qd-gY6SvFEGo2ZsFcg,2021-04-06）

地识读其古藏文内容为"外甥阿柴王之印"，所以可以基本比定墓主是吐蕃占领下吐谷浑邦国之王、吐蕃墀邦公主之子莫贺吐浑可汗[1]，这也为进一步认识青海吐谷浑故地与吐蕃王朝关系密切的高等级墓葬的丧葬礼俗和墓葬制度提供了首例科学证据，意义十分重大。由于这座大墓属于吐蕃统属之下的吐谷浑邦国的王陵，所以其一方面具有诸多和西藏本土吐蕃王陵相似的文化现象，但另一方面也具有浓厚的青海本土文化色彩，可以初步认定为吐蕃文化和吐谷浑文化相互融合而成的墓葬规制。

上述这些新的考古发现极大地拓展了我们的研究视野，也使得高原丝绸之路研究不断涌现出新的资料。回顾近百年前傅斯年所提出的"上穷碧落下黄泉，动手动脚找东西"的鲜明口号及其历史语境，从事中国边疆考古的学者能够更为深切地感受到时代的发展进步，以及由此带给我们的这种历史责任感、使命感和自豪感。我们应当前不负古人、后不负来者，与时俱进，在新的形势下不懈努力，不断作出新的历史贡献。

1　中国社会科学院考古研究所、青海省文物考古研究所：《青海都兰县热水墓群2018血渭一号墓》，《考古》2021年第8期。

第六章
唐代青藏高原东麓的佛教传播之路

从地理环境上看，青藏高原东麓正处于青海、西藏、四川、云南各省区交会之处，史前时期便是人类活动迁徙的天然走廊，在前面的章节中我们曾对此加以了论述。唐代随着吐蕃与内地文化之间的交流不断发展，这一地带成为历史上著名的"藏羌彝民族走廊"，近年来在青藏高原东麓考古发现的一批唐代吐蕃时期的佛教摩崖造像，反映出唐代长安、益州、西域敦煌和青藏高原佛教文化之间的交流与互动的重要线索，也是这条"佛教传播之路"的客观反映。

第一节 藏东吐蕃佛教摩崖造像的历史背景

随着西藏文物考古工作的进展，在今西藏昌都、青海玉树、四川石渠、甘肃民乐等汉藏交界地带相继发现了一批吐蕃时期的佛教摩崖石刻，已见于正式的著录者有：四川石渠县境内发现的照阿拉姆（Brag lha mo）摩崖石刻[1]、须巴（Shug ba）神山摩崖石刻群、白马神山摩崖石刻群、洛须（Lo phyug）村摩崖石刻群[2]、青海省玉树贝纳沟（'Bis mdo）摩崖石刻[3]、

---

[1] 故宫博物院、四川省文物考古研究院：《四川石渠县洛须"照阿拉姆"摩崖石刻》，《四川文物》2006年第3期。

[2] 四川省文物考古研究院、石渠县文化局：《四川石渠县新发现吐蕃石刻群调查简报》，《四川文物》2013年第6期。

[3] 汤惠生：《青海玉树地区唐代佛教摩崖考述》，《中国藏学》1998年第1期。

勒巴（Leb khog）沟摩崖造像[1]、西藏昌都仁达（Ri mda'）摩崖造像[2]、查果西（Brag sgo zhol）沟摩崖造像[3]、青海省都兰露斯（Ri sil）沟摩崖造像[4]等处。其他已经证实、但资料尚未正式公布或未见于正式著录者还有：甘肃省张掖市山丹县扁都口摩崖石刻[5]、西藏昌都芒康县噶托（Sga tog）镇巴茹（Spa ru）村摩崖造像[6]等处地点。笔者曾对这批吐蕃时期摩崖造像作过总体性的研究，将其统称为"青藏高原东麓吐蕃时期佛教摩崖造像"[7]（图6-1）。

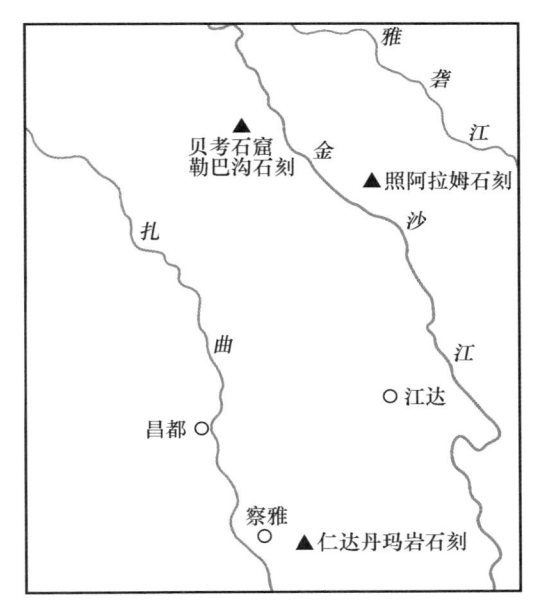

图6-1 藏东吐蕃佛教摩崖造像主要地点分布示意图

---

1 汤惠生：《青海玉树地区唐代佛教摩崖考述》，《中国藏学》1998年第1期。
2 恰白·次旦平措撰文，郑堆、丹增译：《简析新发现的吐蕃摩崖石文》，《中国藏学》1988年第1期。
3 霍巍：《试析西藏东部新发现的两处早期石刻造像》，《敦煌研究》2003年第5期。
4 许新国：《露斯沟摩崖石刻图像考》，《青海社会科学》1994年第2期。
5 此系四川大学中国藏学研究所2012年调查所获资料，尚未正式公布，但在巴桑旺堆《吐蕃石刻文献评述》（《中国藏学》2013年第4期）中曾提到甘肃"民乐扁都口摩崖"，认为其"具体年代不明"，应当指的是这处摩崖石刻；另外，恰嘎·旦正《藏文碑文研究》（拉萨：西藏人民出版社，2012年，第95页）一文也披露了此处石刻。
6 《西藏昌都芒康县新发现吐蕃时期大日如来石刻像》，《西藏大学学报》2014年第3期，封一。
7 有关这批吐蕃摩崖石刻的研究情况，可参见霍巍：《青藏高原东麓吐蕃时期佛教摩崖造像的发现与研究》，《考古学报》2011年第3期，该文经修改后纳入氏著：《吐蕃时代：考古新发现及其研究》第九章"藏东地区吐蕃时期佛教遗存研究"，北京：科学出版社，2012年，第315—353页。

长期以来，一个令人困惑的难题在于：这批造像出现的年代为何如此集中？又为何出现在汉藏交界这样一个十分敏感的地域？其背后的历史背景和动因究竟是什么？本节试图通过对石刻题记的深入解读，并结合吐蕃时期汉藏关系的发展脉络，对此作出新的解释。

一、造像题记所见民族文化交融

在这批石刻造像当中，有相当一些在雕刻的佛像周围同时还雕刻了藏文、汉文甚至梵文的题刻，成为我们理解和认识这批佛教造像的宗教艺术题材、施供关系、造像目的等方面的重要依据。下面，我们首先依据已经公布的考古资料对其略加梳理。

四川省石渠县照阿拉姆石刻现存的藏文题记据考古调查简报披露，在主尊的宝座下方刻有横书的藏文题记；主尊左侧金刚手菩萨立像的莲座下刻有横书藏文题记；主尊右侧观音菩萨身体右侧刻有横书藏文题记和竖书的汉文题记。其中，观音菩萨身体右侧的一幅藏文题记七行已由瑞士学者阿米·海勒对其原文作了记录并转写，汉文释文内容如下（据杨莉汉译）：

> 菩萨赞普赤松德赞之世，积大功德：拓展圣冕之权势（即政权），远播四境十方，弘扬佛法，设立译场，所译大乘经典渊博宏富，如弥药王等得入解脱之道者，逾百千人。广建寺庙……敬奉供养者臣民……缘觉之正法……皈依大乘，将长寿永生，久住世间[1]。

从题记内容可以获知，这是一篇颂赞吐蕃赞普弘扬佛法的题铭，尤其对其扩张势力"远播四境十方，弘扬佛法，设立译场"的功德给予了高度评价。

就在这一幅藏文题记之下，还有竖书的汉文题刻"杨□杨二造仏也"

1　[瑞士]艾米·赫勒著，杨莉译：《公元8～10世纪东藏的佛教造像及摩崖刻石（节录）》，王尧、王启龙主编：《国外藏学研究译文集》（第十五辑），拉萨：西藏人民出版社，2001年，第189—210页。

"杨二□造""杨"等[1]。这是一个非常重要的线索，但却被过去的许多调查者所忽略。这里涉及一个必须首先廓清的问题：这些题记与图像的年代关系是否一致？它们是同时期刻成的，还是在不同时期刻成的？原调查简报认为："因藏文题记中没有年号和当朝赞普之名，与吐蕃时期其他的石刻有所不同，故也有学者认为一佛二菩萨的造像与藏文题刻不是同一时间雕刻的，前者早于后者。"[2]笔者对此有不同看法，因为按照吐蕃时期佛教造像的惯例，在造像之后随之题铭应当是同时进行的。上述古藏文题铭都具有吐蕃时期藏文的特点，而且与造像内容的吻合度甚高，不大可能是后来补刻。谢继胜从书写格式上认定，"这种藏汉文书写格式与榆林窟第25窟的T字形榜题相同，为典型的吐蕃样式。汉字'佛'写作'仏'，此种写法亦流行于隋唐"[3]，也可从另一个侧面印证石刻的年代与图像的年代应当是一致的。

需要讨论的问题在于，即使我们承认照阿拉姆石刻的图像和文字都是同一时期的遗存，但由于缺乏明确的纪年，对其凿刻的具体时间仍然不甚清楚。阿米·海勒推测其开凿时代上限为755年赤松德赞即位之后，下限为804年赤德松赞即位之前[4]。笔者认为，尽管上述藏文题记中出现有"菩萨赞普赤松德赞之世"的字句，但据此将石刻的年代定在赤松德赞时期还需要慎重。因为这处石刻与西藏、青海、甘肃等地发现的大致同一时期的吐蕃摩崖造像之间有着内在的密切联系，从总体特征上看应当不会距离这个时期太远。尤其是在西藏昌都仁达摩崖造像中明确提到吐蕃高僧益西央（Ye shes

---

1　故宫博物院、四川省文物考古研究院：《四川石渠县洛须"照阿拉姆"摩崖石刻》，《四川文物》2006年第3期。此外罗文华也在调查报告中记载"王子今教授发现石刻上有汉文题记，作'杨二造仏也'"，参见罗文华：《四川甘孜地区民族与考古综合考察综述》，故宫博物院编：《故宫学刊》（总第二辑），北京：紫禁城出版社，2005年，第397页。

2　故宫博物院、四川省文物考古研究院：《四川石渠县洛须"照阿拉姆"摩崖石刻》，《四川文物》2006年第3期。

3　谢继胜主编：《藏传佛教艺术发展史》上卷，上海：上海书画出版社，2010年，第12页。

4　[瑞士]艾米·赫勒著，杨莉译：《公元8~10世纪东藏的佛教造像及摩崖刻石（节录）》，王尧、王启龙主编：《国外藏学研究译文集》（第十五辑），拉萨：西藏人民出版社，2001年，第190页。

dbyangs）曾经在这一带广造佛像、刻写佛经："益西央在玉、隆、蚌、勒、堡乌等地亦广□写"（具体情况详见后文），而四川石渠县境内发现的几处摩崖造像无论是从造像的宗教题材和造像的艺术风格各个方面来观察，都与青藏高原东麓汉藏交界地带发现的同类遗存相近，所以很可能仍属9世纪赤德松赞即位之后，由益西央率领的吐蕃僧团开凿的这批摩崖造像当中的一个组成部分。至于造像题记中出现"菩萨赞普赤松德赞（Khri srong lde btsan）之世"的文字，不排除是后世赞普对前世赞普事迹的追忆。

照阿拉姆石刻中汉文题名的发现，提示我们关注一个新的问题，即这个造像团队的民族构成问题。四川的考古工作者认为，"根据汉文题记和造像风格中有部分汉式造像的特点，初步判定此铺造像的勒工是叫'杨二'的汉族"，而"藏文题记中藏文书写和勒刻均非常规范，推测为藏族勒工所为"[1]。换言之，即认为在参与造像刻勒的工匠中可能同时有汉、藏两个民族，并且可能存在不同的分工，共同完成了这一造像工程，这个推测是可以成立的。只是需要作进一步补充的是，汉文题刻虽然剥落过甚，但仍可辨识出"杨□杨二造仏也""杨二□造""杨"等汉字，表明参与造像的汉族工匠很可能并不止"杨二"一人，有可能是以"杨二"为首的至少两名以上的杨氏汉族工匠都曾参与造像工程，他们或有可能是当地以开凿佛像为其生业的一个"杨氏"汉族工匠集团，受雇于出资造像的吐蕃供养人，并且利用吐蕃人所提供的佛像样本依样凿崖造像，这在汉藏交界地区是完全可能的事情。这种由藏、汉两族工匠共同合作造像勒石的情况在藏东地区其他摩崖造像中也有发现，此处并非孤例，我们将在后文中论及。

谢继胜还进一步认为，联系到此处造像的风格"温柔敦厚的审美意蕴，莲座的式样，与敦煌菩萨造像风格的相似，以及察雅仁达造像同时提到有黄

---

[1] 故宫博物院、四川省文物考古研究院：《四川石渠县洛须"照阿拉姆"摩崖石刻》，《四川文物》2006年第3期。

姓汉人参与其中，使我们有理由相信该像出自汉人之手"，他认为此处造像藏文题铭中提及的"弥药王"和藏文史籍《贤者喜宴》当中提到松赞干布在康区建造寺院时用"弥药人"作为监工的记载，"为吐蕃时期藏汉交界地带民族关系及艺术风格交流以及理解此后西夏艺术中的藏传风格渊源提供了有力的证据"[1]。笔者认为，此处造像的题材和风格显然都不是汉式的，但造像工程中有汉族工匠参与其中却是可以肯定的，最大的可能性还是汉藏工匠联手凿刻，形成藏汉珠联璧合的图像与文字。这些汉族工匠最有可能来自当时尚处在吐蕃控制之下的四川西北部或甘、青东部地区，且这一地区与吐蕃时期"弥药人"的活动地域相一致，这和造像题记所反映的信息互有联系。

西藏昌都仁达摩崖造像的藏文题记过去多依恰白·次旦平措的释文辗转抄录[2]，近年来中国藏学研究中心会同昌都地区有关专家对这处摩崖石刻再次进行了现场调查与记录，对过去的资料有较多的补充或更正[3]。对于题记的内容明确说明："造像下面有吐蕃时期凿刻的藏文铭刻和数十个汉字。在造像右边刻有藏文的《普贤行愿品》经文。藏文部分95%的文字很清楚，汉文部分除'匠浑天'、'同料僧阴'、'大蕃国'等以外，大多已漫漶不清"。尤其重要的是，新的调查资料将藏文题记铭文重新作了释文（以下简称新释），兹照录如下：

> 圣教之意，乃一切众生皆有识念佛性之心。此心非亲教师及神所赐，非父母所生，无有起始，原本存在，无有终了，虽死不灭。此心若广行善事，利益众生，正法加持，善修自心，可证得佛果与菩萨提，便能解脱于生老病死，获无上之福；若善恶间杂，则往生于天上人间；多行罪恶与不善，则入恶界有情地狱，轮回于痛苦之

---

1 谢继胜主编：《藏传佛教艺术发展史》上卷，上海：上海书画出版社，2010年，第12页。
2 恰白·次旦平措撰文，郑堆、丹增译：《简析新发现的吐蕃摩崖石文》，《中国藏学》1988年第1期。
3 李光文、杨松、格勒主编：《西藏昌都——历史·传统·现代化》，重庆：重庆出版社，2000年，第40—42页。

中。故此心处于无上菩提之下,亦有情于地狱之上。若享佛法之甘露,方可入解脱一切痛苦之地,获永久之幸福。故众生珍爱佛法而不得抛弃。总之,对于自己与他人之事的长远利益,则向亲教师讨教,并阅读佛法经典,便能领悟。

猴年夏,赞普赤德松赞时,宣布比丘参加政教大诏令,赐给金以下告身,王妃琛莎莱莫赞等,众君民入解脱之道。诏令比丘阐卡·云丹及洛顿当,大论尚没庐赤苏昂夏、内论□赤孙新多赞等参政,初与唐会盟时,□亲教师郭·益西央、比丘达洛添德、格朗嘎宁波央等,为愿赞普之功德与众生之福泽,书此佛像与祷文。安居总执事为窝额比丘朗却热,色桑布贝等;工头为比丘西舍,比丘□□松巴辛和恩当艾等;勒石者为乌色涅哲写及雪拉公、顿玛岗和汉人黄崩增父子、华豪景等。日后对此赞同者,也同获福泽。

益西央在玉、隆、蚌、勒、堡乌等地亦广□写,□写者为比丘仁多吉。若对此佛像及誓言顶礼供养者,无论祈愿,何事皆可如愿,后世也往生于天界;若恶语戏骂,即得疾病等诸恶果,水坠恶途;法律也对反佛者,从其祖先亲属起施行□□□。故无论任何人均不得詈骂讥讽。

这篇题记的前半段主要颂赞佛法之广大无边、法力无穷,教导世人珍爱佛法,其后段则对恶意反对讥骂佛法者给予训诫。题记中明确记载了吐蕃赞普赤德松赞(Khri lde srong btsan)重用僧侣参政的事实,最为重要的,是点明了"初与唐会盟时"益西央等高僧广造佛像的背景,这是目前所见藏东地区吐蕃石刻题记中最具有"以佛证盟"的纪念碑性质的碑刻之一。

题刻中提到的赤德松赞时代的藏历猴年,由于吐蕃赞普赤德松赞在位时间学术界一般认为其为798—815年[1],在此期间内只有一个猴年,即804年,

---

1 王森:《西藏佛教发展史略》所附"吐蕃赞普世系表",北京:中国藏学出版社,2002年,第23页。

所以可以确定其开凿时代为804年，亦即藏历阳木猴年，唐德宗贞元二十年。虽然也有学者对此提出过不同看法[1]，但目前学术界较多学者仍采信这一意见。仁达摩崖造像之下还有一些已经漫漶不清的汉字，恰白·次旦平措曾经留意到这些汉字，惜未加注录，近年来西藏文物考古工作者记录并公布了相关内容：

大蕃国皇□末思血果□匹□□□命诸□见吾意□□见识达□□西方□白乏□得□心诸□□□都料僧用同料僧□同料僧阴还辉天田□□[2]。

上述汉字可识出者仅有"大蕃国""都料僧用""同料僧""同料僧阴"等词语，这些词语的意义因前后文字漫漶不可识解[3]，但唯有"大蕃国"一词具有深刻的含义。吐蕃王朝在唐代官方正史中多迳称为"吐蕃"，但过去在敦煌文书中曾有过吐蕃占领之下的唐朝旧臣称"吐蕃"为"大蕃"的记载[4]，故史家多认为吐蕃王朝极盛时所称吐蕃本土以外者为"大蕃"[5]。由此可以推知，参加此处石刻造像所征集的汉族工匠的身份，均应为吐蕃占领区

---

1 如阿米·海勒认为这里的"猴年"可能是指吐蕃赞普赤德松赞时期的816年，参见〔瑞士〕艾米·赫勒著，杨莉译：《公元8～10世纪东藏的佛教造像及摩崖刻石（节录）》，王尧、王启龙主编：《国外藏学研究译文集》（第十五辑），拉萨：西藏人民出版社，2001年，第189—210页。

2 西藏自治区地方志编纂委员会编：《中华人民共和国地方志丛书·西藏自治区志·文物志》（征求意见稿），北京：中国藏学出版社，2009年，第808页。

3 2012年，陕西省考古研究院、西藏自治区文物保护研究所再次对此处石刻进行了考古调查，核证了三组藏文题记和一组汉文题记，认为从内容上看，"第一组和第三组古藏文题记与《普贤行愿品》有关，第二组古藏文题记则言明了：1、造像时间为'猴年夏'、'赞普赤松德赞'时期；2、缘由为'……巴郭益西绛、比丘达洛丹德、噶南卡宁布绛等为愿赞普寿元无疆，一切众生福泽，书此佛像愿文'；3、由'乌格涅哲夏布、雪拉公、都玛噶木及汉僧洪邦仓、华和金等勒石'。这里出现的两名汉族工匠名"洪邦仓""华和金"均为藏文译音，与前人所译的"黄崩增""华豪景"应系同名异译，简报中未能反映出汉文题记全文的情况，仅识别出个别字句。参见陕西省考古研究院、西藏自治区文物保护研究所：《西藏察雅县丹玛札摩崖造像考古调查简报》，《考古与文物》2014年第6期。

4 如吐蕃占领下的敦煌唐旧臣王锡在呈吐蕃赞普的第一道表章中称："更植□羸瘦，仍加冷。自到大蕃，不服水土；既无药饵，疾病尤甚"；王锡向吐蕃赞普上奏的第二道表章中称："今者大蕃之与唐俱为大国；况仍接邻，又是舅甥诚合。使乎往来，商贾交易。"参见〔法〕戴密微著，耿昇译：《吐蕃僧诤记》，拉萨：西藏人民出版社，2001年，第243、274页。

5 藏族简史编写组：《藏族简史》，拉萨：西藏人民出版社，1985年，第128页。

内的属民，这与赤德松赞时期吐蕃领土大幅扩张的背景正相吻合。

青海玉树贝纳沟"大日如来堂"俗称为"文成公主庙"，此处造像最早由赵生琛调查发现，并于1957年加以披露[1]，20世纪80年代以来，据不完全统计先后有聂贡·官却才旦和白玛朋[2]、张宝玺[3]、汤惠生[4]、王尧[5]、罗文华[6]等学者对此作过专题研究或有所论及。国外学者如H·E·理查德森[7]、阿米·海勒[8]、Andreas Gruschke[9]等对此也有过介绍与论述。近年来，四川大学中国藏学研究所与青海省文物考古研究所合作，对此处造像进行了更为全面的调查，发现在造像的东、西两侧崖面上均刻有多种文字的题铭，其分布情况为：造像西侧分别雕刻有藏文的"大日如来与八大菩萨赞"及"狗年题记"；造像东侧分别雕刻有梵、汉、藏三种文字的"般若波罗蜜多心经"、藏文"无量寿佛经"等题铭。其中"狗年题记"的发现，彻底廓清了过去存在争议的造像年代问题，意义十分重要。兹根据新发现的题记重新释读如下：

---

1 赵生琛、谢瑞琚、赵信：《青海古代文化》，西宁：青海人民出版社，1986年，第120—121页。

2 聂贡·官却才旦、白玛朋：《玉树地区吐蕃时期石窟雕像及摩崖介绍》，《中国藏学》（藏文版）1988年第4期。

3 张宝玺：《青海境内丝绸之路及唐蕃故道上的石窟》，敦煌研究院编：《段文杰敦煌研究五十年纪念文集》，北京：世界图书出版公司北京公司，1996年，第150—158页。

4 汤惠生：《青海玉树地区唐代佛教摩崖考述》，《中国藏学》1998年第1期。

5 王尧：《青海玉树地区贝考石窟摩崖吐蕃碑文释读》，荣新江主编：《唐研究》（第十卷），北京：北京大学出版社，2004年，第493—499页。

6 罗文华：《四川甘孜地区民族与考古综合考察综述》，故宫博物院编：《故宫学刊》（总第二辑），北京：紫禁城出版社，2005年，第389—407页。

7 ［英］H.E.理查德森著，石应平译：《吐蕃摩崖石刻研究札记》，四川联合大学西藏考古与历史文化研究中心、西藏自治区文物管理委员会编：《西藏考古》（第1辑），成都：四川大学出版社，1994年，第127—130页。

8 ［瑞士］艾米·赫勒著，杨莉译：《公元8~10世纪东藏的佛教造像及摩崖刻石（节录）》，王尧、王启龙主编：《国外藏学研究译文集》（第十五辑），拉萨：西藏人民出版社，2001年，第189—210页。

9 Andreas Gruschke, "The Cultural Monuments of Tibet's Outer Provinces Kham", Volume 2, *The Qinghai Part of Kham*, Bangkok: White Lotus Press, 2004, p.6062.

狗年，浮雕众佛像及缮写如上所有经文之祝愿等等，为今上赞普赤德松赞之世君臣、施主及一切众生之故也。此乃比丘大译师益西扬主持、工巧比丘仁钦囊则、佳布藏、华丹及工匠人等均行妙善事业，具无上福德之力。崖面所造佛像、经文及三宝所依之处，众生之任何人或目睹、或触摸、或听闻、或忆念，其福德及智慧之力，均回向赞普父子及一切众生，登于无上之菩提也。此愿！[1]

此处题刻的性质与前文所引证的四川石渠县照阿拉姆、西藏昌都仁达摩崖造像完全相同，都是颂赞佛法、训诫他人尊崇佛法，并为吐蕃赞普赤德松赞父子祈福。从上述题记内容可知：其一，此处题铭中的"狗年"，为"今上赞普赤德松赞"之"狗年"，即806年，相当于汉地唐宪宗元和元年。其二，此处造像的主持施工总领乃"比丘大译师益西扬"，另有藏、汉两族的工匠比丘仁钦囊则（Rin chen snang mdzad）、佳布藏（Rgyal bzang）、华丹等参与施工开凿，其造像工程的组织形式也与前述四川石渠县照阿拉姆石刻、西藏昌都仁达摩崖石刻相似。此外，在此处造像的东侧发现的梵、藏、汉三种文字《般若波罗蜜多心经》，表明在造像过程中不仅可能有藏、汉两个民族的工匠勒石，而且甚至可能有藏、汉两个民族的僧侣共同参与其事。

最新的考古调查表明，除在四川、青海、西藏发现的上述吐蕃时期摩崖造像之外，另在青海与甘肃交界的今甘肃省张掖市山丹县内也发现了一处名为"扁都口"的吐蕃时期摩崖石刻，在石刻原来的位置上现修建有一座寺庙，名为"石佛寺"。此处摩崖石刻内容为一佛二菩萨，在右侧菩萨的右下方刻有一小佛。在阴线刻的佛像下方，横刻有两排古藏文题记，汉译为："为了赞普的福德和众生的福祉，比丘巴果·益西央监制"[2]。造像的风格

---

[1] 此处藏文题铭的汉文释文系四川大学中国藏学研究所华青·道尔吉（张延清）博士参考王尧释文重新释读。

[2] 巴桑旺堆：《吐蕃石刻文献评述》，《中国藏学》2013年第4期；恰嘎·旦正：《藏文碑文研究》，拉萨：西藏人民出版社，2012年，第95页。

特点与前述几处汉藏边界的吐蕃时期摩崖石刻完全一致，从题记上看此处的"巴果·益西央（Ba gor ye shes dbyangs）"与前文所论的益西央亦是同一人，由此可知西藏昌都仁达摩崖造像藏文题记称"益西央在玉、隆、蚌、勒、堡乌等地亦广□写"确为事实。

综上所述，藏东地区汉藏交界地带发现的上述这批吐蕃时期摩崖造像的共同特点在于：其一，造像题记均以颂赞佛法、训诫世人遵守佛法，并为吐蕃赞普祈福为中心内容。造像题材以大日如来中心，围绕以八大菩萨或观世音、金刚手菩萨等胁侍菩萨。造像风格以藏式为主，但含有汉地因素。其二，造像的组织者和领导者均为吐蕃高僧，尤其是一位名叫"益西央（也译作益西扬，Ye shes dbyangs）"的高僧在这些造像活动中十分活跃。其三，参与造像工程的技术力量既有藏族工匠，也有不少的汉族工匠，共同组成施工团队。其四，造像的年代大体上与吐蕃高僧益西央的生卒年代相重叠，主要集中在9世纪初期吐蕃赞普赤德松赞即位之后。上述种种迹象都表明，这些考古遗存的"共性"绝非偶然出现，在其背后很可能还隐藏着一个深远的时代背景有待揭示。其中，有三个关键词至关重要：唐蕃会盟、赤德松赞、益西央，下文中我们将围绕这三个关键词展开进一步的分析。

二、唐蕃会盟与吐蕃佛教

在前举西藏昌都仁达吐蕃摩崖造像题记中，有如下一段文字尤其值得注意："猴年夏，赞普赤德松赞时，宣布比丘参加政教大诏令，赐给金以下告身，王妃琛莎莱莫赞等，众君民入解脱之道。诏令比丘阐卡·云丹及洛顿当，大论尚没庐赤苏昂夏、内论□赤孙新多赞等参政，初与唐会盟时，□亲教师郭·益西央、比丘达洛添德、格朗嘎宁波央等，为愿赞普之功德与众生之福泽，书此佛像与祷文"[1]。这当中透露出的几个重要历史信息值得注意。

---

1 汉译文参见李光文、杨松、格勒等：《西藏昌都——历史·传统·现代化》，重庆：重庆出版社，2000年，第40—42页。

其一，表明吐蕃王朝赤德松赞时期，在政教关系上发生的一个极为重要的变化，是佛教高僧参政的势头发展迅猛，他们不仅被赐给金以下告身，而且由吐蕃王室下诏参政。据史家研究，赤德松赞之所以能即吐蕃赞普位，主要是得到了有势力的僧人以及一部分吐蕃大臣的拥戴，因此在他即位后僧人的地位更加提高[1]。仁达摩崖造像中记载"诏令比丘阐卡·云丹及洛顿当，大论尚没庐赤苏昂夏、内论□赤孙新多赞等参政"，正是这种历史状况的真实记录。而题铭提到的"比丘阐卡·云丹"（也译为比丘阐卡·允丹Bran ka yin tan），也正是直接参与和主持后来唐蕃长庆会盟的吐蕃高僧钵阐布（相当于宰相之职）[2]。在这条题铭中虽然没有提及益西央本人是否曾参与吐蕃朝政，但身份为"□亲教师"（也译为□堪布[3]）的益西央在吐蕃王朝也应当受到相当尊崇。

其二，题铭中在提及益西央及比丘达洛添德（Stag lo gthan te）、格朗嘎宁波央（Gad nam ka'i snying po dbyangs）等"书此佛像与祷文"之前，专门提及"初与唐会盟时"这一历史背景，这是至关重要的，在某种意义上甚至成为我们理解益西央在汉藏边界广造佛像和题写汉、藏祈愿文字的关键所在。过去曾有藏文史料记载唐蕃会盟的成功，系因汉地和尚和吐蕃僧官居间调处之功。王森认同这一看法："看起来，元和、长庆间，唐蕃之和，蕃僧起了一定作用，可能是事实。这一事实，也说明蕃僧当时能干预吐蕃行

---

[1] 王森：《西藏佛教发展史略》，北京：中国藏学出版社，2002年，第16页。

[2] 关于吐蕃"钵阐布"一词的含义，学术界有不同意见，可参见：[美] 李方桂：《钵掣逋考》，《中研院历史语言研究所集刊》第二十三本下册，1951年；王尧：《吐蕃"钵阐布"考论》，氏著：《王尧藏学文集》卷一《敦煌本吐蕃历史文书·吐蕃制度文化研究》，北京：中国藏学出版社，2012年，第393—394页；张延清：《吐蕃钵阐布考》，《历史研究》2011年第5期；林冠群：《唐代吐蕃僧相官衔考》，《中国藏学》2014年第3期等文。上述意见虽有分歧，但"钵阐布"系吐蕃最高级别的僧官这一事实得到共识。

[3] 此处译文系才让根据恰白·次旦平措的藏文转录重新译出，参见才让：《敦煌藏文P.T.996号〈大乘无分别修习之道〉解读》，《中国藏学》2013年第1期。

政"[1]。唐穆宗长庆元年（821年）唐长安会盟之后，在吐蕃都城逻些（今拉萨市）竖立的著名的《唐蕃会盟碑》上明白标示由吐蕃沙门"钵阐布允丹"充任首席大论，位列唐蕃会盟时吐蕃参与会盟人员之首，也可从一个侧面佐证这一事实。而这位沙门钵阐布允丹，便正是在昌都仁达益西央造像题记中提到的"比丘阐卡·云丹"。

从文献记载来看，在唐蕃长庆会盟开始之前，唐蕃双方已有密切的人员往来和酝酿，其中吐蕃僧人在其中起到了重要的中介沟通作用。如《新唐书·吐蕃传》载，唐宪宗元和五年（810年），"以祠部郎中徐复往使，并赐钵阐布书。钵阐布者，虏浮屠豫国事者也，亦曰'钵掣逋'"[2]。徐复作为唐朝使节出使吐蕃，须得赐书"浮屠豫国事者"钵阐布，足见钵阐布干政程度之高。徐复所携去吐蕃的"赐钵阐布书"系出自唐代著名文学家白居易之手，其文收录于《全唐文》卷665，原题名为《与吐蕃宰相沙门钵阐布敕书》[3]，可见接收徐复赐书的吐蕃沙门钵阐布已位至宰相，在唐蕃交往的重大事件中具有举足轻重的地位。在这封唐朝的赐书当中，首先对钵阐布在唐蕃友好所起作用多有溢美之词："卿器识通明，藻行精洁，以为真实合性，忠信立诚，故能辅赞大蕃，叶和上国，宏清净之教，思安边陲，广慈悲之心，令息兵甲，既表卿之远略，亦得国之良图"，其后便直奔主题，谈及唐蕃会盟之事："今信使往来无壅，疆场彼此不侵，虽未申以会盟，亦足称为和好，必欲复修信誓……此使已后，应缘盟约之事……封疆之事，保无改移，即蕃汉俱遣重臣，然后各将成命，事关久远，理贵分明，想卿通才，当称朕意"。王尧认为通过这封书信可以明确两个重要的事实："1、钵阐布以佛教徒高僧身份在吐蕃王廷起关键性作用。这与长庆会盟时，其在吐蕃官员队伍

1　王森：《西藏佛教发展史略》，北京：中国藏学出版社，2002年，第16页。
2　（宋）欧阳修、宋祁：《新唐书》卷216下《吐蕃传下》，北京：中华书局，1975年，第6100页。
3　（唐）白居易：《与吐蕃宰相钵阐布敕书》，（清）董诰等编：《全唐文》卷665《白居易十》，北京：中华书局，1983年，第6757—6758页。

里位列第一相一致。2、关于边界问题、会盟问题、归还人员问题，都已在讨论、磋商之中，实际上是长庆会盟的准备阶段。反映蕃唐两方都有和好宁边要求"[1]，均可谓中的之语。

从后来汉文史料中对此次会盟的记载来看，佛教高僧不仅直接参与会盟，而且还承担着会盟仪式主持人的身份[2]。《新唐书·吐蕃传》载："盟坛广十步，高二尺。使者与尚大臣十余对位，酋长百余坐坛下，上设巨榻，钵掣逋升，告盟，一人自旁译授于下。已歃血，钵掣逋不歃。盟毕，以浮屠重为誓，引郁金水以饮，与使者交庆，乃降。"[3]从这条史料中我们可以注意到一个重要的细节，即"盟毕，以浮屠重为誓"，从字面上理解，意即在双方盟誓之后，还要以佛教的仪式再次宣誓一次，可知佛教沙门及其仪轨受到吐蕃王朝重视的程度。

在明确了上述历史背景之后，我们再来观察吐蕃高僧益西央在汉藏边界广为造像的一系列活动，就不难理解其深远的宗教与政治双重意图了。一方面，通过广造佛像，可以以弘扬佛教为手段，对随着吐蕃王朝势力扩张新占据的汉藏交界地带开展宗教宣传，从某种意义上讲也是一种"和平攻势"，通过特殊的宗教方式来表达吐蕃"和好宁边"的愿望，为唐蕃会盟营造友好氛围，在西藏昌都仁达摩崖造像中专门提到"初与唐会盟时"这一背景，即是这种历史前提的真实反映。虽然我们目前还无法确指仁达摩崖造像中提到的"初与唐会盟时"具体是指的哪一次唐蕃会盟，但这个大背景是清楚的。另一方面，通过广造佛像为吐蕃赞普祈福、为广大百姓祈求平安，还可达到在唐蕃争锋的汉藏交界地带树立吐蕃赞普威望、颂赞吐蕃赞普功德、树立标

1　王尧编著：《吐蕃金石录》，北京：文物出版社，1982年，第50页。

2　有关唐蕃长庆会盟的有关情况，中外学者对此研究成果甚丰，可参见：[美]李方桂著，吴玉贵译：《唐蕃会盟碑（821—822年）考释》，耿升主编：《国外藏学研究译文集》（第八辑），拉萨：西藏人民出版社，1992年，第1—96页；[法]石泰安著，褚俊杰译：《唐蕃会盟考》，王尧主编：《国外藏学研究译文集》（第七辑），拉萨：西藏人民出版社，1990年，第80—107页。

3　（宋）欧阳修、宋祁：《新唐书》卷216下《吐蕃传下》，北京：中华书局，1975年，第6103页。

志性纪念物等特殊目的，这从各地造像的题材、祈愿文字中均可得到反映。唐蕃长庆会盟之后，兵火停息，双方友好交往的局面重开，益西央等吐蕃高僧在其中所起到的积极作用应当给予正面评价，而这些至今留存在藏东地区的吐蕃摩崖造像，正是这段唐蕃友好史实的历史见证。

三、反映汉藏友好关系的文化遗产

通过上面两节的分析，笔者认为藏东地区考古发现的这批吐蕃佛教摩崖造像既是藏、汉两个民族共同的艺术创造所遗留下来的佛教文化遗产，具有弥足珍贵的价值；而另一方面，它与吐蕃王朝利用树立兴佛碑刻、建立佛教寺院、开凿佛教石窟等特殊的手段和方式以求达到"以佛证盟"的目的，可能也有着密切的关系。

盟誓，本是吐蕃王朝古老的传统，盟誓的双方通过这种仪式缔结联盟关系，并且保证其良好的信誉与持久性，在敦煌古藏文写卷中便有吐蕃赞普与其他部落首领盟誓的条约，以维护和巩固其军事联盟体制[1]。随着佛教在吐蕃的盛行，吐蕃赞普开始以兴佛作为"证盟"的仪式之一，在8—9世纪的吐蕃社会中逐渐流行，反映出其政治体制开始转向"佛教化"的倾向[2]。赤德松赞即位之后，对佛教的尊崇地位在前辈吐蕃赞普的基础上大为提升，他当年于噶琼寺落成时举行"兴佛证盟"的碑文至今尚被完整保存，碑文中明确规定确保世代尊崇佛法，并于"赞普牙帐之内应立三宝之所依处而供奉之"[3]。另据《拔协》记载，赤德松赞时期还将"父祖的本尊寺全都加以庄严（装饰）、修缮，焕然一新。还修建了大召寺的围墙等，建树了许多功勋。此

---

1 王尧、陈践译注：《敦煌本吐蕃历史文书》（增订本），北京：民族出版社，1992年，第164页。
2 ［法］石泰安著，耿升译：《八至九世纪唐蕃会盟条约的盟誓仪式》，《西藏研究》1989年第4期。
3 王尧编著：《吐蕃金石录》，北京：文物出版社，1982年，第161页。

外，还提高僧人权势，以佛法护政佑民，恩德广被"[1]。

而另一个最为重要的变化如同石硕指出的那样："在墀德松赞在位之时，对吐蕃政治或佛教而言最具实质意义的变化，却是启用僧人担任宰相"[2]，这一事实被《噶琼寺兴佛证盟诏书》所证实，诏书中参加兴佛证盟的吐蕃官员名单，列于首位的便是"钵阐布同平章事二人"——班第勃阑云丹（Bran ka yon tan）和班第娘·定埃增（Ban de myang ting nge' dzin）[3]。而在西藏昌都仁达摩崖造像中，也同样记载了这一事实："猴年夏，赞普赤德松赞时，宣布比丘参加政教大诏令，赐给金以下告身……诏令比丘阐卡·云丹及洛顿当，大论尚没庐赤苏昂夏、内论□赤孙新多赞等参政"。这里提及的"班第勃阑云丹"和"比丘阐卡·云丹"均系同一人，为吐蕃僧人中的"钵阐布"，也是后来位列宰相之首、主持唐蕃长庆会盟的吐蕃方面第一人。

由此可见，西藏昌都仁达摩崖造像题记的性质与《噶琼寺兴佛证盟诏书》的性质较为接近，都是在佛教地位急剧上升的历史背景下，吐蕃王国统治者和上层僧侣旨在通过"兴佛证盟"或"以佛证盟"的方式强化其统治的合法性、稳定其统治基础的一项新举措。

在吐蕃王朝中后期，伴随其军事胜利、领土扩张的同时，开始在各地尤其是在其新占领区内以树碑、建寺、开凿石窟等"以佛证盟"的方式来表达对吐蕃赞普"功德"的纪念，同时也起到以佛教安抚众生、使其服从于当下统治者的现实宗教作用。如汉藏史料均记载，吐蕃赞普赤德祖赞在攻陷唐之瓜州城之后，回到吐蕃后按照瓜州寺的样式，在札玛也建立了"札玛瓜州

---

1 拔塞囊著，佟锦华、黄布凡译注：《〈拔协〉（增补本）译注》，成都：四川民族出版社，1990年，第59—60页。
2 石硕：《吐蕃政教关系史》，成都：四川人民出版社，2000年，第313页。
3 巴卧·祖拉陈哇著，黄颢译注：《〈贤者喜宴〉摘译》（十二），《西藏民族学院学报》1983年第4期。

寺"，作为吐蕃攻占唐之重镇瓜州的"纪念寺"[1]。敦煌古藏文文献中记载，唐蕃会盟之后，吐蕃曾在"德噶玉采（De ga gyu tshal）"（也译为"岱噶玉园"）建立过"会盟寺"，以示对这次三国会盟的纪念[2]。榆林石窟第25号窟的兴建，也有学者认为即是吐蕃为了纪念与唐会盟后建立的一座纪念性石窟[3]。其中敦煌古藏文写本《岱噶玉园会盟寺愿文》是迄今为止保存最为完整的一篇有关纪念性发愿文[4]，文字虽长，但其基本格式、内容与中心思想都与本节所讨论的藏东摩崖石刻造像当中的题记具有相当程度的相似之处。

综上所论，联系到西藏昌都仁达摩崖造像题记中特别提及"初与唐会盟时"以及后来曾担任唐蕃长庆会盟主盟人的"比丘阐卡·云丹"等吐蕃高僧受到重用等情况来看，笔者推测藏东汉藏交界地带发现的这批吐蕃佛教摩崖造像的性质，或有可能和上述这类具有"纪念"性质的吐蕃佛教遗存一样，是吐蕃高僧益西央为了纪念某次唐蕃会盟的成功，或者是为了准备迎接某次较大规模的唐蕃之间的会盟行动而刻写的图像和文字。为此，他才会在这个造像团队中精心汇集了汉、藏两个民族的僧人和工匠，用汉、藏两种文字刻写祈愿文，镌刻下具有汉藏艺术风格的造像，最终以达到宣示藏汉友好、企求双方和平的目的。

藏东吐蕃石刻中多次出现的吐蕃高僧益西央，是吐蕃禅宗的继承者之一，他对唐蕃之间的佛教文化交流起到过十分重要的作用，限于篇幅本节对此不拟展开。但有一点需要指出的是，从他的团队开凿的佛教造像题记所反

---

1 王尧、陈践译注：《敦煌本吐蕃历史文书》（增订本），北京：民族出版社，1992年，第152、166页。

2 杨铭：《敦煌藏文写本〈岱噶玉园会盟寺愿文〉研究》，周伟洲主编：《西北民族论丛》（第六辑），北京：中国社会科学出版社，2008年，第230—251页。

3 沙武田：《一座反映唐蕃关系的"纪念碑"式洞窟（上）——榆林窟第25窟营建的动机、思想及功德主试析》，《艺术设计研究》2012年第4期。

4 有关这篇愿文的汉译本可参见杨铭：《敦煌藏文写本〈岱噶玉园会盟寺愿文〉研究》，周伟洲主编：《西北民族论丛》（第六辑），北京：中国社会科学出版社，2008年，第230—251页。

映出的年代来看，最早可早到吐蕃赞普赤德松赞在位时的"猴年"，即804年。换言之，早在唐蕃长庆会盟（821年）之前，赤德松赞任用吐蕃僧人"比丘阐卡·云丹"为宰相参与政事已成既定事实，而且这一事实已经广为像益西央这样的吐蕃上层僧人所知晓并在造像题记中加以大力宣扬。前引《新唐书·吐蕃传》记载"元和五年（810年），以祠部郎中徐复往使，并赐钵阐布书。钵阐布者，房浮屠豫国事者也，亦曰'钵掣逋'"[1]，看来唐朝官吏也早在唐蕃长庆会盟之前，对于吐蕃王朝政治格局上发生的僧人参政这个新变动已有充分的了解，致使唐蕃高层的互动往来也往往通过"钵阐布"从中调停周旋。所以，基于这个背景，如果我们假定藏东出现的这批吐蕃佛教造像背后的真实动机，是由与唐王朝始终保持着密切友好关系的吐蕃高僧益西央所推动发起的、旨在掀起为新一轮唐蕃会盟酝酿、造势的"宗教攻势"，大概应当是说得通的。已经有学者指出，唐蕃长庆会盟的准备实际上是开始于赤德松赞时期[2]，如果笔者的推测无误，益西央在藏东地区广造佛像的宗教活动，很有可能也是这个准备阶段采取的步骤之一。

第二节　藏东吐蕃摩崖造像与唐蕃交流视野下的剑南益州

近年来，我国汉、藏两族的文物考古工作者相继在汉藏交界的西藏高原东麓地带发现了一批吐蕃时期的摩崖造像[3]。由于这批造像的年代大多集中在9世纪，又都位于"唐蕃古道"沿线，所以从其陆续发现和公布开始，便引起了国内外学术界的高度重视和讨论。另外，这批造像在地理位置上与唐代剑南益州（今成都）也甚为接近，如果我们将其置放在唐蕃交流的宏大视野之

1　（宋）欧阳修、宋祁：《新唐书》卷216下《吐蕃传下》，北京：中华书局，1975年，第6100页。
2　陈楠：《论唐蕃清水会盟》，氏著：《藏史丛考》，北京：民族出版社，1998年，第167—183页。
3　霍巍：《青藏高原东麓吐蕃时期佛教摩崖造像的发现与研究》，《考古学报》2011年第3期。

下加以考察，其背后可能隐藏着更为复杂的历史背景。其中，唐代益州在与吐蕃交往中的重要历史地位和这批造像之间有无直接或间接的关系，就是一个值得思考的问题。

一、藏东吐蕃造像与"唐蕃古道"

首先我们需要讨论的是，藏东发现的这批吐蕃造像是否与唐文成公主进藏时的"唐蕃古道"有关？因为随着藏东地区这批吐蕃摩崖造像的调查发现，一些学者重新开始讨论与唐文成公主进藏及其有关"唐蕃古道"具体路线等问题，并且再度推测"文成公主进藏可能经过四川"[1]。但事实上，唐文成公主进藏的时间是在7世纪中期，而从目前已知情况看这批造像的年代主要集中在9世纪初期，两者之间相隔了一个世纪之遥，时代明显不合。虽然后世的藏文文献中也多提及唐文成进藏时曾在沿途刻写经像之事[2]，但至少目前还尚未发现这个时期的考古遗存可与之相互佐证。所以，由于时代背景发生的变化，我们再将藏东吐蕃造像放在唐初文成公主进藏路线这一前置条件下来加以讨论已经失去意义，因而有必要对于这批新出考古材料的相关社会历史背景重新加以思考。

以往学术界对于"唐蕃古道"多有论及，一般认为是经由今陕西、青海，过河湟地区抵达吐蕃都城逻些（今拉萨市），这条道路是唐蕃之间政

---

1 如四川省石渠县吐蕃石刻发现之后，有学者再次提出"文成公主进藏或许路过四川"，"尼泊尔工匠可能参与石刻绘制"等观点，参见《文成公主进藏或许路过四川》，《成都商报》2013年10月10日第7版。

2 如《西藏王统记》记载唐公主曾于"丹玛岩"刻石造像："尔时，汉女公主同诸蕃使已行至邓玛岩。曾于岩上刻弥勒菩萨像一尊，高约七肘，《普贤行愿品文》两部"。参见索南坚赞著，刘立千译注：《西藏王统记》，拉萨：西藏人民出版社，2000年，第72页。另据藏族学者根旺介绍，18世纪中期，多康地区著名的八邦寺司徒活佛曲吉雄乃曾在游历这一地区时注意到了这些佛教胜迹，他在他的自传中将其直接比定为"文成公主建造的大日如来佛像"，称："在丹玛地区囊毕地方瞻仰了文成公主建造的大日如来佛像及其眷属石刻梵文《般若经心要》和《普贤行愿品》，岩石虽已风化，但经文的标题尚清晰可读"。参见根旺：《"丹玛"史地杂考》，《西藏研究》1998年第3期。

治、军事交接往来最为重要的路线，所以也被称为"唐蕃大道"[1]。近年来在青藏高原东麓发现的这批吐蕃造像发出强烈的信号提示我们注意，在唐蕃交流史上，同样也不能忽略经过川西北高原和青海、藏东昌都一带进入吐蕃腹心地带这条路线的存在及其在历史上发挥的作用。如果我们并不拘泥于唐代前期文成公主进藏这一时空条件限制下的狭义"唐蕃古道"这一概念，而是从更为广阔的时空范围内来考察不同时期唐蕃交流具体的历史状况，可以发现一个重要的事实：唐代中后期，随着唐蕃双方势力的消长所控制疆域情况的变化，唐代剑南益州的地位日益凸显，成为唐蕃交往的前哨中枢和交通重镇，所以唐蕃之间交流的路线也随之发生着变化。

成都西北方向的川西北高原在地理上同属于青藏高原自然地理范围，是青藏高原向东延伸的部分，从西藏境内向东进入川西高原，基本上处于同一水平高度而略微向东缓缓倾斜，两者无论在自然景观、气候条件、生态环境等各个方面都具有很大的一致性，这种地理特点无疑为唐时吐蕃选择其东部的川西北高原作为向外发展、军事扩张、政治交往的主要道路提供了便利条件。早在唐贞观十二年（638年），吐蕃赞普松赞干布借口向唐请婚未准，遂"进兵攻破党项及白兰诸羌，率其众二十余万，顿于松州西境。遣使贡金帛，云来迎公主，又谓其属曰：'若大国不嫁公主与我，即当入寇。'遂进攻松州"[2]。松州，即今四川松潘县一带，是唐时剑南道的西北门户，其战略地位极为重要。可知在吐蕃人的心目中，无论是对唐用兵还是迎请公主，这都是一条早已熟悉的要道。

唐时吐蕃与唐军在川西北高原曾多次交锋，双方通过金沙江、雅砻江、

---

1 陈小平：《唐蕃古道》，西安：三秦出版社，1989年。
2 （后晋）刘昫等：《旧唐书》卷196上《吐蕃传上》，北京：中华书局，1975年，第5221页。

大渡河等河谷通道保持着频繁的接触[1]。有学者考证认为，唐代吐蕃经藏东地区向东通往四川主要有南、北两道：南道经今巴塘、理塘、康定一带抵嶲州、黎州和雅州；北道经今甘孜、丹巴、小金川一带抵维州、松州[2]，两道还连接和贯通青海东部的玉树地区，经玉树可与西北通长安、吐蕃的"唐蕃大道"相连接，这条道路可由长安经今宝鸡、天水、文县、松潘进入康区，由康区沿河谷西行，抵金沙江河谷，再经邓柯进入青海，经玉树及通天河河谷进入西藏境内。由于此道可以避开北面昆仑山之险，也可避开东面横断山脉险隘，所以成为当时吐蕃对唐朝用兵及双方使臣往来的重要通道之一。还有学者推测，唐代初年文成公主入藏或有可能也是经由此道[3]，尽管如前所述两者之间目前还没有确实的证据可以证明这一点，但这条路线的存在的确不能忽视，其开通的年代或许也可更早[4]。

目前在青海玉树、西藏昌都和四川石渠等地发现的这批吐蕃摩崖造像，地理位置都正好处在上述藏东与川西北高原的交接地带，开凿年代又都大多集中在吐蕃赞普赤德松赞时期，这就从时空格局的变化上给予我们若干新线索与新启示。

首先，这个时期正是吐蕃王朝势力扩张到最大版图时期，而吐蕃佛教随着吐蕃统治区域的扩张，也将其影响力扩展到远离吐蕃本土的汉藏交界地带吐蕃实际控制区内。因此，这批吐蕃摩崖造像和吐蕃本土发现的其他许多石刻性质一样，实质上带有某种"纪念碑性"，既是对其所占领地区的一种宣

1　冯汉镛：《唐五代时剑南道的交通路线考》，中华书局编辑部编：《文史》（第十四辑），北京：中华书局，1982年，第41—66页。
2　冯汉镛：《川藏线是西南最早国际通道考》，《中国藏学》1989年第1期。
3　黄显铭：《文成公主入藏路线初探》，《西北民族学院学报》1980年第1期；黄显铭：《文成公主入藏路线再探》，《西藏研究》1984年第1期。
4　近年来发现的考古材料有线索表明，早在新石器时代和青铜时代，川西北高原与西藏东部便已经在考古学文化上有密切的关联，石棺葬、青铜器、早期铁器等诸多方面显示出两者之间的联系，两者之间的交道路线应当存在。

示，也是通过佛教宣扬对吐蕃赞普的颂扬和效忠的重要方式[1]。

其次，在上述吐蕃摩崖造像中，有三处地点明确记载是由一位吐蕃高僧益西央率领的僧团主持的造像工程。而益西央本人是吐蕃大乘佛教禅宗的继承者，与唐代汉地禅宗和吐蕃禅宗有着密切的联系[2]，这就不能不让我们联想到唐代禅宗传入吐蕃的这段重要的历史背景，从中或许可以窥见与这批吐蕃摩崖造像相关的若干蛛丝马迹。

最后，在上述吐蕃造像中，西藏昌都仁达摩崖造像下方保存有古藏文题记，曾提及"初与唐会盟时"这一历史背景，有关此处题记的释文记载："猴年夏，赞普赤德松赞时，宣布比丘参加政教大诏令，赐给金以下告身，王妃琛莎莱莫赞等，众君民入解脱之道。诏令比丘阐卡·云丹及洛顿当，大论尚没庐赤苏昂夏、内论□赤孙新多赞等参政，初与唐会盟时，□亲教师郭·益西央、比丘达洛添德、格朗嘎宁波央等，为愿赞普之功德与众生之福泽，书此佛像与祷文。"[3] 这里出现的奉诏参政的高僧"比丘阐卡·云丹"，实际上也就是《噶迥寺建寺碑》《唐蕃会盟碑》等现存于世的吐蕃碑铭中出现的"勃阑伽·云丹"，此人即为后来参与唐蕃长庆会盟的吐蕃大沙门、首席高僧"钵阐布"。由于此处题记中的"猴年"在赤德松赞在位期仅有一次，为804年，亦即藏历阳木猴年；题记中又有"初与唐会盟时"一语，这也暗示大家注意，这批吐蕃佛教摩崖造像或有可能还与吐蕃高僧的介入，唐蕃之间从战争走向和解、最终达成长庆"甥舅之盟"的宏大背景有关[4]。

---

[1] 霍巍：《藏东吐蕃佛教摩崖造像背景初探》，《民族研究》2015年第5期。
[2] 霍巍：《论藏东吐蕃摩崖造像与吐蕃高僧益西央》，《西藏大学学报》2015年第2期。
[3] 恰白·次旦平措撰文，郑堆、丹增译：《简析新发现的吐蕃摩崖石文》，《中国藏学》1988年第1期。
[4] 霍巍：《唐蕃会盟与吐蕃佛教》，《世界宗教研究》2017年第1期。

众所周知，自唐代中后期"安史之乱"后，吐蕃与唐朝争夺的主要战场集中在两个方向：一是与唐在西域和西北的争夺，二是与唐在西南的争夺，而后者则主要围绕唐之剑南西川、南诏等地展开。从某种意义而论，正是唐王朝在西南战场上取得的胜利，才使得双方在力量对比上发生了颠覆性的变化，吐蕃的军事实力遭到巨大削弱，从而决定了唐蕃双方长庆会盟的成功。所以，剑南西川在这个时期地位显著，益州既是唐王朝的西南重镇，在政治、军事、宗教等各个方面都成为唐蕃交涉的中枢之地与前沿，也是中原王朝与吐蕃之间最为重要的一道屏障，无论是战还是和，其地位都至关紧要。这批造像在这个时期集中出现在益州的西北方，是否也与唐蕃双方各种势力在益州前线的交织往来有关呢？

虽然根据目前有限的考古材料还不能完全解答这些问题，但至少可以提示我们不必完全囿于唐初文成公主进藏和"唐蕃古道"的关系，而应当从新的视野和新的角度来重新思考藏东吐蕃造像出现的历史背景及其与唐蕃文化交流之间的关系，这也是本节试图尝试探讨这些问题的出发点。

二、唐代禅宗传入吐蕃与益州的关系

按照藏文史料《布顿佛教史》《拔协》等书的记载，在吐蕃赞普赤松德赞尚为吐蕃太子之时，就曾经派遣以Sang shi（汉译多译为"桑喜"）为首的四名使者到汉地寻求佛法。四名使者在汉地曾往五台山（Mdo rda'u can）朝拜文殊菩萨，取回佛书一卷，并且受到唐朝皇帝的隆重接待，派遣一名汉地和尚（Hwa shang）伴送他们返回藏地。这里，出现了一个十分值得注意的细节：《拔协》记载说，这批吐蕃求法者从汉地返藏时，曾在益州（Yeg-cu）停留，并与一名被称为"金和尚（Kim hwa shang）"的汉地高僧相遇，从金和尚受业,得所受书三卷[1]。

唐代成都名寺众多,名僧云集,其时有两位最有名的和尚皆为新罗金姓,一为大圣慈寺的金禅师,二为净众寺的无相禅师[2]。藏文史料中所记载的这位"金和尚",据法国学者石泰安、日本学者山口瑞凤、我国学者张广达和荣新江等考证,应为净众寺的新罗禅僧无相(648—762年),其后继者为另一位禅师——成都保唐寺僧无住(714—774年),他们曾先后同在益州传布大乘佛教禅法,驻锡的净众寺在唐代禅宗史上亦居于极重要之地位。

这两位居住在益州的汉地禅师对于禅宗传入吐蕃起到过十分重要的作用,其相关事迹在敦煌发现的写卷抄本《历代法宝记》中有过记载[3]。如法国学者石泰安曾指出:"禅宗的传播一直持续到九世纪初叶。这一活动引起了吐蕃与密宗的接触,无疑促进了吐蕃古旧派大圆满派的形成。吐蕃人通过译

---

[1] 关于"益州"(Yeg-cu)这处藏文地名的汉译,有不同的理解和译法。拔塞囊著《拔协》一书中[拔塞囊著,佟锦华、黄布凡译注:《〈拔协〉(增补本)译注》,成都:四川民族出版社,1990年],这段文字被译为:"五位使者返回吐蕃时,在回去的途中,有一附着精灵的巨石挡路……在巨石附近的艾久镇里,有一个叫尼玛的和尚",这里所译的"艾久",显然就是"益州"的另外一种译法(参见此书第7页)。而巴擦·巴桑旺堆所译韦·囊赛所著《〈韦协〉译注》一书中(韦·囊赛著,巴擦·巴桑旺堆译:《〈韦协〉译注》,拉萨:西藏人民出版社,2012年),此段文字汉译为:"(吐蕃使者)抵达埃曲,拜会了埃曲地方汪波,并互致问候,在与金和尚会面时,金和尚向桑希致以叩首礼,桑希也向金和尚还礼致谢。"很显然,Yeg-cu在这里又被译为"埃曲"。此处的"埃曲",巴桑旺堆认为是一个地名或河流之名,"极可能是指渭河。此地与渭河流域的某一地名有关。因唐朝建都渭河流域之长安,藏史有时称唐朝皇帝为'渭河之王'"。但巴桑旺堆也同时指出:"有学者考证说此地可能指益州(今成都),因为下文提到了吐蕃使者在埃曲会见了金和尚,时金和尚留居在蜀地益州。但吐蕃使者如何经益州赴长安史书缺载。"参见此书第66页。但若结合上下文来看,吐蕃使者在此拜见"金和尚",就应当与唐代益州而不是与长安有关了。

[2] 严耕望:《唐五代时期之成都》,氏著:《严耕望史学论文选集》(上册),北京:中华书局,2006年,第211—214页。

[3] 对此问题的讨论主要参考了以下文献:[日]山口瑞凤:《吐蕃佛教和新罗的金和尚》,《新罗佛教研究》,东京,1973年。此文未得亲睹,系转引自张广达:《唐代禅宗的传入吐蕃及有关的敦煌文书》,氏著:《文书、典籍与西域史地》,桂林:广西师范大学出版社,2008年,第259页;张广达:《唐代禅宗的传入吐蕃及有关的敦煌文书》,氏著:《文书、典籍与西域史地》,桂林:广西师范大学出版社,2008年,第242—262页;荣新江:《〈历代法宝记〉中的末曼尼和弥师诃——兼谈吐蕃文献中的摩尼教和景教因素的来历》,氏著:《中古中国与外来文明》,北京:生活·读书·新知三联书店,2001年,第343—368页。

文不仅获悉了自菩提达摩以来禅宗世传的正统传说（见《楞伽师资记》），而且还得到了许多不大著名的禅宗法师们的'语录'。他们特别是了解以无住（714—774年）及其师无相（684—762年）为代表的四川宗。无相是一位新罗僧，出生于金氏家族，他可以被考证为《拔协》（晚期著作）中的金和尚，曾于750—760年间接见年轻的吐蕃赞普墀松德赞的一名使节"[1]。国内外学者提出的这些观点，基本上被学术界认可，所以我们可以初步肯定《拔协》中提到的"金和尚"，就是益州的禅宗大师、新罗高僧无相，其后继者为无住。在这个背景之下，也就不难理解吐蕃僧人之所以在出访中原时也特别重视剑南益州的地位，曾多次参访益州，这与益州既是唐蕃之间的重要门户，也是唐代重要的佛教禅宗中心密不可分。

记载无相（金和尚）、无住两位禅师有关情况的文献现在保存在敦煌写卷《历代法宝法》的七个写本当中，这也是记载益州向藏地传布禅宗最为重要的文献之一。无相，俗姓金，故又名金和尚，本是新罗王第七子，先流寓长安，后至资州德纯寺，值益州长史章仇兼琼开禅法，请无相入居成都府净众寺，是为净众派。无住，俗姓李，曾走访各地传禅宗六祖慧能顿教法，及闻无相之名，于唐肃宗乾元二年（759年）至成都净众寺，后隐于白崖山。唐代宗永泰元年（765年），唐使杜鸿渐与吐蕃会盟于长安兴唐寺。翌年，杜鸿渐奉命以宰相兼任剑南西川节度使，无住奉杜鸿渐之命于唐永泰二年（766年）入住成都保唐寺，继无相为禅僧首领，后来又与杜鸿渐相会于成都，开场演"顿教法"。据张广达考证，《拔协》所记载的巴上师、巴色囊率领的吐蕃使节一行大概正是在765年唐蕃"永泰会盟"之后不久来到剑南系禅宗中心成都府，从而把禅宗思想导入吐蕃[2]，而杜鸿渐正是"永泰会盟"唐代一方

---

1 参见［法］石泰安著，耿升译：《敦煌藏文写本综述》，王尧主编：《国外藏学研究译文集》（第三辑），拉萨：西藏人民出版社，1987年，第7—8页。

2 张广达：《唐代禅宗的传入吐蕃及有关的敦煌文书》，氏著：《文书、典籍与西域史地》，桂林：广西师范大学出版社，2008年，第260—261页。

的主盟人之一。所以可以想见,益州著名的两位禅宗高僧无相和无住都曾对吐蕃求法使节、僧人产生过重要影响,在唐蕃交流中也起过重要的桥梁和中介作用。

从上述史实可知,在吐蕃王国势力扩张最为鼎盛、版图最大的赤松德赞时期,吐蕃王室贵族和佛教僧侣在文化上积极吸收周边外来文化的多种养分,在佛教文化方面,对于唐代汉地禅宗也采取了积极学习、吸纳的态度,曾专门派出使节向内地求法。这些吐蕃使节曾在益州停驻,随从净众寺新罗僧人无相(金和尚)、保唐寺汉僧无住学习禅法。其后,赤松德赞在礼聘莲花生大师入藏以秘法降服藏地众魔时,同时也派出巴上师(亦即禅师巴佩扬)、巴色囊等至唐求法,这些使者返藏时又在益州受教于金和尚、尼玛和尚等汉地禅宗大师。如同张广达所总结的那样,禅宗在吐蕃时期从汉地传入,可能存在着三条途径:"吐蕃通过赞普直接向唐廷求法,使臣在益州逗留求教于金和尚、尼玛和尚以及赞普向敦煌宣召高僧作为途径而接触了汉地的禅宗"[1]。在这三条途径当中,第二条途径即通过唐之剑南益州传往吐蕃的线路尤其值得注意。日本学者冲本克己推测:"汉文《历代法宝记》写成于774年以后,此时中原内地和敦煌已经断绝了联系,《历代法宝记》直接传入敦煌的可能性很小。这样的话,使我们不得不重视按剑南—吐蕃—敦煌的顺序传播的可能性,这也符合禅宗典籍向西藏本土渗透的事实。"[2]笔者认为这些意见都是值得重视的,剑南益州不仅是禅宗传入吐蕃的重要途径之一,而且也是唐蕃佛教文化交流的重要中转站,在吐蕃与中原之间输送传播着大量信息资源,《历代法宝记》不过是其中的一个例证而已。虽然到目前为止在藏文文献中尚未发现《历代法宝记》的译本,但它所记载的禅史和学说却

---

[1] 张广达:《唐代禅宗的传入吐蕃及有关的敦煌文书》,氏著:《文书、典籍与西域史地》,桂林:广西师范大学出版社,2008年,第258页。

[2] [日]冲本克己著,李德龙译:《敦煌出土的藏文禅宗文献的内容》,耿升主编:《国外藏学研究译文集》(第八辑),拉萨:西藏人民出版社,1992年,第198—231页。

已经进入到吐蕃。这一方面表明可能是由吐蕃使臣从益州带回了《历代法宝记》系统的禅宗学说；另一方面也可能如同荣新江所推测的那样，早在《历代法宝记》成书之前，汉地禅史及其学说已经"通过口述或其他文本形式传入西藏"[1]。

这里，就不能不让我们联想到藏东吐蕃造像的组织者益西央的宗教背景了。如前所述，他本人正是吐蕃大乘佛教禅宗理论重要的继承者，其宗师可以上溯到曾在吐蕃传授禅法的汉地高僧摩诃衍。摩诃衍是将汉地禅宗传入吐蕃的重要人物，曾在吐蕃赞普赤松德赞时期与来自印度的梵僧展开过著名的"渐顿之争"，法国学者戴密微通过敦煌发现的禅宗写卷对这段史实有过精详的考证[2]。而在摩诃衍离开吐蕃之后，又曾经在甘青地区的"讼割"（Tsong kha，亦即宗喀）传播禅宗长达30年，并由此发展出一支藏传佛教的禅宗世系，而益西央正是这个世系的最后一代传人，其传法的主要地域宗喀在今湟水流域（吐蕃时期应包括青海东部及甘肃南部黄河、湟水及硗曲河流域），亦即后来西藏佛教格鲁派高僧宗喀巴的故乡[3]。瑞士学者阿米·海勒进一步指出，益西央其人通晓藏、汉、梵文，曾经连任"赤噶"寺的主持（堪巴），而赤噶地处"丝绸之路"的正南方，是联系着通向唐朝长安、敦煌以及四川、云南等地的交通要冲。8世纪以来，汉地与吐蕃的禅宗大师都曾在赤噶居住过，敦煌写卷中出现的有关禅宗内容的经卷以及来自印度与汉地的高僧关于禅宗在吐蕃地位的辩论，都与这一历史文化背景有关。对于藏东地区出现的吐蕃摩崖造像多见大日如来题材这一点，她认为这表明大日如来佛的

---

[1] 荣新江：《〈历代法宝记〉中的末曼尼和弥师诃——兼谈吐蕃文献中的摩尼教和景教因素的来历》，氏著：《中古中国与外来文明》，北京：生活·读书·新知三联书店，2001年，第355—356页。

[2] ［法］戴密微著，耿昇译：《吐蕃僧诤记》，拉萨：西藏人民出版社，2001年。

[3] 张亚莎认为这个传承世系为：Ardanhver——Beusin——Man（曼和尚）——Nam-Ka`i-snying-po（南喀宁波）——Ye-she-dbyangs（益西央），参见张亚莎：《吐蕃时期的禅宗传承》，《西藏民族学院学报》（哲学社会科学版）2004年第1期。

供奉崇拜显然在佛教密宗经典与禅宗修持中都极为流行[1]。

综上所述，可以梳理出一条隐藏在考古材料背后的重要脉络：唐代禅宗传入吐蕃既与敦煌、同时也与四川益州有着密切的关系；吐蕃高僧出入吐蕃经往汉地常驻留或途经益州，向当地禅宗高师求教；益西央本人即吐蕃禅宗的传承人，与汉地禅宗之间一直保持有亲密关系；大日如来佛这一题材在藏东吐蕃造像中的流行与密宗和禅宗的信仰修持均有关系。既然唐代益州是禅宗传入吐蕃的途径之一，吐蕃使臣过往内地多次途经益州，并在净众寺、保唐寺向汉地高僧学习禅法，吐蕃使节也曾在益州停驻，那么我们就不能不提出一个问题：这些过往益州的吐蕃使臣在吐蕃往返于益州的过程会不会留下一些考古遗迹呢？如果有，这些遗迹会不会就包含着目前在四川石渠等地发现的部分藏东吐蕃造像在内呢？

如果上述推论成立，便可进一步推测，从8世纪后半期开始，吐蕃使团就曾多次被派遣前往益州，其中有的使团承担着专程求学汉地禅宗的任务，如巴上师（亦即禅师巴佩扬）、巴色囊等率领的僧团；有的则是在赴长安举行唐蕃会盟之后，在返回吐蕃途中经过益州拜见禅宗高僧金和尚等人，接受到禅宗的影响；还有的吐蕃高僧虽然不一定亲自到过益州，但与汉地禅宗保持着宗教上的密切联系，发挥着重要的影响，其中最具代表性的人物就是益西央。因而，在这批藏东吐蕃佛教摩崖造像当中，有的可能就是由这些吐蕃高僧、使臣所刻凿的。他们在从吐蕃经往益州、并经益州前往汉地的行程中，在途中稍事停顿，或者延请益西央这样熟悉当地情况、与汉地佛教界有着亲密关系的禅宗高僧组织汉藏工匠联手凿刻祈愿吐蕃赞普吉祥、祈福汉藏友好的摩崖造像和祈愿文字，也自应在情理之中。

目前，我们还难以确指这些吐蕃僧人和使节在唐蕃之间经由益州的交通

1　[瑞士]艾米·赫勒著，杨莉译：《公元8～10世纪东藏的佛教造像及摩崖刻石（节录）》，王尧、王启龙主编：《国外藏学研究译文集》（第十五辑），拉萨：西藏人民出版社，2001年，第201—203页。

路线，至于他们是在何时、何种背景下、通过哪条具体的路线经由造像地点，还有待更多的文献和考古材料方可确定，但大的思考方向和历史背景应当考虑到上述这些因素在内。从总体上而论，唐代吐蕃进入益州多与唐代益州西北部唐蕃之间的"西山道"有关。唐人所称的"西山"，是指逶迤于今川西北高原的众多山脉，是当时与吐蕃具有分界意义的界山。《资治通鉴》中胡三省所作注中提到："蜀自清溪关则南入南诏，逾西山则西达吐蕃"[1]。唐德宗建中四年（783年）四月，唐蕃清水会盟时，陇右节度使张镒与吐蕃使节区颊赞盟文云："今国家所守界，泾州，西至弹筝峡西口；陇州，西至清水县；凤州，西至同谷县；暨剑南、西山、大渡河东，为汉界。蕃国，守备在兰、渭、原、会，西至临洮，又东至成州，抵剑南西界磨些诸蛮、大渡水西南，为蕃界"[2]。从前述藏东吐蕃摩崖造像所在的地望来看，都已位于当时吐蕃占领区内，而越过"西山"则是唐代益州剑南西川之地，两者之间紧相毗邻，唐蕃双方通使往来经过益州，这条路线也应是当时的重要通道之一。所以，在藏东发现的这批吐蕃造像的历史背景中，益州作为唐代禅宗中心对于吐蕃往来使节和高僧所起到的凝聚与吸引作用，或许也是不能忽略的因素之一。

三、"初与唐蕃会盟时"的吐蕃与益州

我们在前文中曾指出，西藏昌都仁达摩崖造像题记中专门提及"初与唐会盟时"这一历史背景，但由于唐蕃之间曾经有过十次会盟，从最早的706年（唐中宗神龙二年）的"神龙会盟"，到最晚的821—822年（唐穆宗长庆

---

1 （宋）司马光编著，（元）胡三省音注：《资治通鉴》卷244《唐纪六十·文宗元圣昭献孝皇帝上之下·太和四年·十月》胡注，北京：中华书局，1956年，第7872页。
2 （宋）司马光编著，（元）胡三省音注：《资治通鉴》卷228《唐纪四十四·德宗神武圣文皇帝三·建中四年·四月》胡注，北京：中华书局，1956年，第7343—7344页。

元年、二年)的"长庆会盟"[1],时间跨度很长,我们已经无法确指题记所记载的"初与唐蕃会盟时"究竟是哪一次会盟。但是,如果考虑到此处造像的年代已经明确是在吐蕃赞普赤德松赞时期的"猴年",即804年的藏历阳木猴年,加以题记中还提及吐蕃高僧"比丘阐卡·云丹"之名,而此人后来曾是唐蕃长庆会盟的主盟人大沙门钵阐布,位列唐蕃双方会盟官员之首,我们就不能不联想到藏东吐蕃佛教摩崖造像与唐蕃会盟之间或许还存在着某种或明或暗的联系。结合吐蕃佛教史上"钵阐布"被碑刻铭文正式记载参与"国政"并直接影响唐蕃会盟的决策、仪式、运作等历史背景来看,我们应当更加关注长庆会盟前唐蕃之间出现的一些新动态,尤其是剑南益州在此过程中曾经起到的历史作用。

唐代益州虽然不是唐蕃会盟的地点,但却是双方使臣都曾过往停驻之地。吐蕃方面前往汉地会盟、求法的僧人和使节过往益州在藏族文献记载中已有反映[2];反之,曾在长安参与过会盟的唐代高级使节当中也有前往益州赴任者,如前文中提到的唐蕃"永泰会盟"主盟人之一的杜鸿渐(详见后文)。从这个意义而言,益州可以视为唐蕃会盟的前沿重镇,也是双方在正式会盟之前通过各种方式进行沟通、酝酿、准备最合适的地点之一。

据《资治通鉴》记载,后来以宰相兼剑南西川节度使的杜鸿渐,在唐代宗永泰元年(765年),就曾作为唐使节与元载等一道,与吐蕃会盟于长安兴唐寺[3]。值得注意的一个动向在于,杜鸿渐与本节所论及的益州净众寺僧人无相(金和尚)的继承人、保唐寺僧无住关系十分密切,在与吐蕃会盟之后的

---

[1] 陈楠:《论唐蕃清水会盟》,氏著:《藏史丛考》,北京:民族出版社,1998年,第167—169页。
[2] 如本书前节中所引证的拔塞囊著,佟锦华、黄布凡译注:《〈拔协〉(增补本)译注》,成都:四川民族出版社,1990年;韦·囊赛著,巴擦·巴桑旺堆译:《〈韦协〉译注》,拉萨:西藏人民出版社,2012年等。
[3] 《资治通鉴》卷223"庚戌,吐蕃遣使请和,诏元载、杜鸿渐与盟于兴唐寺",见(宋)司马光编著,(元)胡三省音注:《资治通鉴》卷223《唐纪三十九·代宗睿文孝武皇帝上之下·永泰元年·三月》,北京:中华书局,1956年,第7174页。

次年，杜氏奉诏前往益州赴任，便专门迎请无住于永泰二年（766年）前往成都府。无住原来居住的寺名"保唐寺"，早于长安菩提寺之改名保唐，张广达推测此事大约与杜鸿渐奏请敕建、"意在以佛法保唐"有关[1]。可见杜氏对佛教的笃信程度。

　　杜鸿渐其人在《旧唐书》和《新唐书》当中都有传记，此人最擅长之处在于"素习帝王陈布之仪、君臣朝见之礼"，而且酷好浮图之道，甚至以佛教徒自居，"心无远图，志气怯懦，又酷好浮图道，不喜军戎"。自蜀中返京之后，"食千僧，以为有报"。在晚年病重之际，更是"令僧剔顶发，及卒，遗命其子依胡法塔葬，不为封树"[2]。其人佞佛达到如此地步，又"不喜军戎"，却被派驻唐蕃双方争夺激烈的剑南西川担任军政要职，其背后深层次的原因值得探究。更令人感兴趣的是，杜氏抵达益州任职之后，便迫不及待地邀请禅僧无住前往成都，荣新江推测此事可能与安史之乱后各种宗教对朔方军的争夺以及杜鸿渐与无住的旧交有关。因杜鸿渐原本是唐朔方军僚佐，安史之乱后唐肃宗北奔平凉，被杜氏迎请至灵武，即位为帝，而无住大师本人年轻时也曾在朔方军中任职，以后又经灵州南下，与灵州官吏及僧中大德颇有交往，荣新江敏锐地注意到他们之间这层特殊的关系："这位杜相公一到成都，就急于要找到无住，绝非偶然"[3]。笔者则进一步推测，杜鸿渐之所以到成都之后急于邀请无住入蜀，除了上述这些原因之外，可能还有更为重要的一个原因，是与唐蕃之间的交涉有关，在处理唐蕃关系时需要借助佛教高僧的特殊影响与作用。从当时的形势上看，唐蕃之间一方面兵戎不绝，剑南西川成为吐蕃向西南方向扩张的必争之地，战事极为严峻；而另一

1　张广达：《唐代禅宗的传入吐蕃及有关的敦煌文书》，氏著：《文书、典籍与西域史地》，桂林：广西师范大学出版社，第260—261页。

2　（后晋）刘昫等：《旧唐书》卷108《杜鸿渐传》，北京：中华书局，1975年，第3282—3285页；（宋）欧阳修、宋祁：《新唐书》卷126《杜鸿渐传》，北京：中华书局，1975年，第4422—4425页。

3　荣新江：《〈历代法宝记〉中的末曼尼和弥师诃——兼谈吐蕃文献中的摩尼教和景教因素的来历》，氏著：《中古中国与外来文明》，北京：生活·读书·新知三联书店，2001年，第361页。

方面，吐蕃又不断派出使团求和、求法，这些使节当中途经益州者应当大有人在。杜鸿渐虽然对与吐蕃人交往甚密的金和尚无相本人的学说未必十分认同，但与作为传承无相衣钵的高僧无住却旧识已久，因此急需招其入蜀以便共同应对与吐蕃的交涉事务。敦煌写本《历代法宝记》中记载：

> 副元帅、黄门侍郎杜相公（鸿渐），初到成都府日，闻金和上（尚）不可思议。和上（和尚）既化，合有承后弟子。……永泰二年九月二十三日，慕容鼎专使、县官、僧道等，就白崖山请和上，传相公、仆射、监军请，礼顶愿和上不舍慈悲，为三蜀苍生，作大桥梁，殷勤苦请。和上知相公深闲佛法，爱慕大乘；知仆射仁慈宽厚；知监军敬佛法僧；审知是同缘同会，不逆所请[1]。

杜鸿渐迎请无住的理由是希望他"不舍慈悲，为三蜀苍生，作大桥梁"，这既可从宗教传播的字面意义上加以理解，是请无住入蜀传播禅法，以导化苍生；同时也未尝不可换一个角度来理解，是从当时唐蕃之间战和不定、剑南西川战事紧迫的局面出发，祈求无住秉承其师无相与吐蕃之间的亲密关系，出面协助作为地方首席长官的杜鸿渐协调处置对蕃事务，以求唐蕃和平、停战修好，这与杜鸿渐此时的个人心态与为政之道都更为切合。

由于文献缺载，我们无法推测杜鸿渐在益州任节度使期间是否也与往来于唐蕃之间的吐蕃使臣有过接触交往，但从前文中我们曾经论及"金和尚"无相、无住作为唐代禅宗高僧与吐蕃方面始终保持着密切联系这层特殊关系来看，是否也可以推测，杜鸿渐急于邀请无住在唐蕃永泰会盟后的次年入蜀，也含有期待通过无住等汉地高僧从中斡旋，寻求与吐蕃达成会盟、止息兵戈、寻求和解这样的意图在内呢？若是，则与新一轮唐蕃会盟的酝酿、准

---

[1] 笔者未曾寓目《历代法宝记》卷子原文，此系转引自荣新江：《〈历代法宝记〉中的末曼尼和弥师诃——兼谈吐蕃文献中的摩尼教和景教因素的来历》，氏著：《中古中国与外来文明》，北京：生活·读书·新知三联书店，2001年，第366页。

备或有联系。吐蕃方面在804年的造像题铭中专门提及"初与唐会盟时"这一历史背景，并颂赞吐蕃赞普诏令佛教高僧"比丘阐卡·云丹"参与国政的举措，是否也与唐蕃之间出现的这些新动向有关呢？

从唐代中后期唐蕃双方的势力消长来看，"安史之乱"后总的趋势是在北方战场上蕃强唐弱，吐蕃利用唐朝内乱后的有利时机，拓土唐境，先后占领了陇右诸州，又进一步攻占河西，进取北庭、安西四镇。但在西南战场上，由于唐朝剑南西川节度使韦皋采取了联合南诏共同抗蕃的策略，屡次大败蕃军，逐渐形成对唐有利的态势。虽然唐朝国力此时已经遭到极大削弱，但吐蕃也由此开始走向衰败[1]。唐蕃长庆会盟的最终成功，从某种意义而言是与剑南西川的形势朝着有利于唐朝一方发展这一总体格局密不可分的。所以，可以设想，处在唐蕃战、和之间的剑南益州，唐蕃双方在配合军事行动展开的政治策略中，也曾运用佛教弭兵休战、不喜杀伤的宗教根性，运用包括宗教在内的一系列手段，为寻求和平途径营造有利的氛围。藏东吐蕃摩崖造像集中出现在这个时期，或许也与这一历史背景有着或明或暗的联系。

四、藏东摩崖造像的"文化底色"

综上所述，目前所发现的藏东地区吐蕃摩崖造像的年代主要刻凿于赤德松赞时期，大多集中在9世纪初期。这个历史阶段也恰好是吐蕃版图扩张最大、势力最为强盛之时，在政治关系上，与唐王朝之间既有战争，也有和谈；在文化交往上，则是吐蕃兼收并蓄周边多种文化养分的重要时期。前文所论及的禅宗思想传入吐蕃过程中益州的地位与作用、吐蕃禅宗继承人益西央的宗教思想、弘法活动及其与唐蕃会盟的关系等诸多因素，都为这批摩崖

1　薛宗正：《吐蕃王国的兴衰》，北京：民族出版社，1997年，第159—163页。

造像涂抹上浓重的"文化底色"。这一方面与益西央本人与唐代吐蕃禅宗之间密切的关系难以分割；另一方面，也与益州作为唐代向吐蕃输送禅宗思想的重镇之一的历史地位密不可分。益西央本人的宗教背景、地缘影响和人脉关系，也都为这批吐蕃造像奠定了汉藏艺术珠联璧合的坚实基础。此外，唐代中后期唐蕃双方围绕"唐蕃会盟"之间展开的多重关系，也都纽结、汇聚在汉藏交界的这一区域：吐蕃使节往来中原都以益州作为重要的门户；唐蕃双方对西南的经略和争夺都以益州为中心纵深展开；连接各个吐蕃佛教造像点的交通网点在这个时期早已成为双方政治、军事、宗教、商贸等各方面的节点和重镇。在这种总体格局之下，我们来重新审视藏东吐蕃造像出现的历史背景，或许就不难理解为何在这个时期、这个地区会集中出现如此密集的吐蕃摩崖造像，思想和视野就会变得更加开阔。当然，本节提出的这些观点是否可以成立，还有待更多的考古实物证据来加以证明，但我们相信，随着西藏佛教考古工作在青藏高原东麓的进一步展开，对于这一问题的讨论必将更加深入，隐藏在藏东吐蕃造像背后的这段唐蕃交流史实的真实面貌或才会有可能浮出水面。

第三节　藏东吐蕃摩崖造像中的文化互动

如前所述，唐代吐蕃考古近年来一个重要的新发现，是在青藏高原东麓汉藏交界的西藏昌都、青海玉树、四川石渠和甘肃扁都口等地相继发现了一批吐蕃时期的佛教摩崖石刻造像[1]。这批造像中除佛像题材之外，有的还刻写有藏、汉等文字的造像题记，成为我们深入研究这批吐蕃时期造像的相关历

---

[1] 有关这批吐蕃摩崖石刻的发现与研究情况，可参见霍巍：《青藏高原东麓吐蕃时期佛教摩崖造像的发现与研究》，《考古学报》2011年第3期；经修改后纳入霍巍：《吐蕃时代：考古新发现及其研究》第九章"藏东地区吐蕃时期佛教遗存研究"，北京：科学出版社，2012年，第315—353页。

史背景的重要线索。笔者注意到，在其中三处造像题记中，明确记载了这批造像的组织者为吐蕃时代的一位高僧益西央（Ye shes dbyangs）。因此，廓清此僧的有关情况，对于我们更为深刻地理解这批吐蕃造像产生的时代与宗教背景至关重要，也可以从一个侧面去观察和认识藏东吐蕃时期造像活动所见的区域间的文化互动。

一、藏东吐蕃佛教摩崖造像题记中记载的益西央

造像题记中出现益西央的地点之一为西藏昌都仁达摩崖造像地点。该地点位于今西藏自治区昌都地区察雅县旺布乡境内的丹玛山崖，过去也有学者将其称之为"丹玛岩摩崖造像"，而当地藏族也称其为"大日如来殿"。我国学者较早注意到这处造像，如藏族学者恰白·次旦平措在其《简析新发现的吐蕃摩崖石文》一文中曾对此处石刻加以记载[1]。其后，先后又有国内外学者陈建彬[2]、阿米·海勒[3]、理查德森[4]、格勒[5]等也从不同的角度对这处造像及其藏文题刻进行过分析研究。

仁达摩崖造像的题材为大日如来佛像及八大弟子（八大菩萨）、二飞天等，以往的研究者从考古图像本身的考订入手，对此处石刻的题材、定名、造像风格、组合关系等方面已经给予了较多关注，观点也基本一致，兹不赘述。但是，对于与造像共存的文字题记，却因为各种主客观条件的限制，存

1　恰白·次旦平措撰文，郑堆、丹增译：《简析新发现的吐蕃摩崖石文》，《中国藏学》1988年第1期。

2　陈建彬：《关于西藏摩崖造像的几个问题》，四川大学博物馆、西藏自治区文物管理委员会编：《南方民族考古》（第四辑），成都：四川科学技术出版社，1992年，第283—296页。

3　[瑞士]艾米·赫勒著，杨莉译：《公元8~10世纪东藏的佛教造像及摩崖刻石（节录）》，王尧、王启龙主编：《国外藏学研究译文集》（第十五辑），拉萨：西藏人民出版社，2001年，第189—210页。

4　[英]H.E.理查德森著，石应平译：《吐蕃摩崖石刻研究札记》，四川联合大学西藏考古与历史文化研究中心、西藏自治区文物管理委员会编：《西藏考古》（第1辑），成都：四川大学出版社，1994年，第127—130页。

5　李光文、杨松、格勒主编：《西藏昌都——历史·传统·现代化》，重庆：重庆出版社，2000年，第40—42页。

在的问题相对较多。例如，对仁达摩崖造像的藏文题记，过去多依恰白·次旦平措的释文辗转抄录[1]，后来中国藏学研究中心会同昌都地区有关专家对这处摩崖石刻再次进行了现场调查与记录，进行了较多的补充或更正[2]，新的调查资料将藏文题记铭文重新作了释文（以下简称新释），这是本节将要重点讨论的对象，虽前文中已曾引录，为讨论方便，再次照录如下：

圣教之意，乃一切众生皆有识念佛性之心。此心非亲教师及神所赐，非父母所生，无有起始，原本存在，无有终了，虽死不灭。此心若广行善事，利益众生，正法加持，善修自心，可证得佛果与菩萨提，便能解脱于生老病死，获无上之福；若善恶间杂，则往生于天上人间；多行罪恶与不善，则入恶界有情地狱，轮回于痛苦之中。故此心处于无上菩提之下，亦有情于地狱之上。若享佛法之甘露，方可入解脱一切痛苦之地，获永久之幸福。故众生珍爱佛法而不得抛弃。总之，对于自己与他人之事的长远利益，则向亲教师讨教，并阅读佛法经典，便能领悟。

猴年夏，赞普赤德松赞时，宣布比丘参加政教大诏令，赐给金以下告身，王妃琛莎莱莫赞等，众君民入解脱之道。诏令比丘阐卡·云丹及洛顿当，大论尚没庐赤苏昂夏、内论□赤孙新多赞等参政，初与唐会盟时，□亲教师郭·益西央、比丘达洛添德、格朗嘎宁波央等，为愿赞普之功德与众生之福泽，书此佛像与祷文。安居总执事为窝额比丘朗却热，色桑布贝等；工头为比丘西舍，比丘□□松巴辛和恩当艾等；勒石者为乌色涅哲写及雪拉公、顿玛岗和汉人黄崩增父子、华豪景等。日后对此赞同者，也同获福泽。

---

1 恰白·次旦平措撰文，郑堆、丹增译：《简析新发现的吐蕃摩崖石文》，《中国藏学》1988年第1期。

2 李光文、杨松、格勒主编：《西藏昌都——历史·传统·现代化》，重庆：重庆出版社，2000年，第40—42页。

益西央在玉、隆、蚌、勒、堡乌等地亦广□写，□写者为比丘仁多吉。若对此佛像及誓言顶礼供养者，无论祈愿，何事皆可如愿，后世也往生于天界；若恶语戏骂，即得疾病等诸恶果，永坠恶途；法律也对反佛者，从其祖先亲属起施行□□□。故无论任何人均不得詈骂讥讽。

这次调查工作特别注意到以往的调查中多被忽略的题记中存在不同文字的情况，因此在调查结论中特地加以说明："造像下面有吐蕃时期凿刻的藏文铭刻和数十个汉字。在造像右边刻有藏文的《普贤行愿品》经文。藏文部分95%的文字很清楚，汉文部分除'匠浑天'、'同料僧阴'、'大蕃国'等以外，大多已漫漶不清"。这个发现提示人们注意：藏文题记与汉文题记并存，很可能与造像团队的民族成份和人员组成情况有关。

此外，仁达摩崖石刻题记中提供了造像工程组织方面许多有价值的信息。根据石刻题记可知，此项工程的组织者为"□亲教师郭·益西央"以及比丘达洛添德、格朗嘎宁波央等人。这里出现的"郭·益西央"此人，显然地位显赫，是整个造像工程的统领者，其属下不仅有施工的总执事、工头等，还有勒石的藏、汉两族工匠数人，共同组成造像团队。题记中对造像的目的记载得十分明确，是"为愿赞普之功德与众生之福泽，书此佛像与祷文"。

关于仁达摩崖造像的年代，由于出现了藏文纪年法的"猴年夏"和吐蕃赞普赤德松赞的名号，所以学术界一般断定其为赤德松赞时代的藏历猴年。由于吐蕃赞普赤德松赞在位时间学术界一般认为其为798—815年[1]，在此期间内只有一个猴年，即804年，所以可以比定其开凿时代为804年，亦即藏历阳

1　"吐蕃赞普世系表"见王森：《西藏佛教发展史略》，北京：中国藏学出版社，2002年，第23页。

木猴年，相当于唐德宗贞元二十年。虽然也有学者对此提出过不同意见[1]，但目前学术界较多学者仍采信这一意见。

本节所要讨论的另一处出现益西央名号的摩崖石刻地点为与西藏昌都相毗邻的青海玉树贝纳沟（也有学者译为"贝考""贝维"沟者）的"大日如来堂"。这处地点位于今青海省玉树藏族自治州首府结古镇南约20千米处，造像雕刻在沟内的一块峭壁上，共有九尊浮雕佛像，主尊也是大日如来和八大菩萨，所以被称为"大日如来佛堂"，但当地群众认为此处雕刻系唐宗室公主文成公主进藏途中所刻，所以也称其为"文成公主庙"。

贝纳沟石刻造像系一铺在崖石上开凿雕刻的大型龛像，龛高12、宽16米，龛周边雕饰以连珠纹、方块十字交叉纹等组成的边饰。龛内正中浮雕主佛大日如来，其左右两侧分上下两层浮雕八大菩萨。此外，在造像表面覆盖着一层泥仗，并观察到后世修复和重新绘彩留下的痕迹。对于此处造像的考古图像学观察，如题材、造像风格、定名等问题的讨论，学术界的意见基本一致，关键性的突破点仍在于与图像共存的造像题记本身。

以往的研究者都注意到，在造像一侧的崖面上刻有藏文题记，在过去的调查和研究工作中，谢佐[2]、王尧[3]均对此作过释读，并将其译成汉文。由于谢佐、王尧的译文都是根据藏文抄本辗转而来，其准确程度都存在问题。近年来四川大学中国藏学研究所与青海省文物考古研究所合作，对此处石刻重新进行了全面调查，发现在造像的东、西两侧崖面上均刻有多种文字的题铭，其分布情况为，造像西侧分别雕刻有藏文的"大日如来与八大菩萨赞"及"狗年题记"；造像东侧分别雕刻有梵、汉、藏三种文字的《般若波罗蜜

---

[1] 如阿米·海勒认为这里的"猴年"可能是指吐蕃赞普赤德松赞时期的816年，参见[瑞士]艾米·赫勒著，杨莉译：《公元8~10世纪东藏的佛教造像及摩崖刻石（节录）》，收入王尧、王启龙主编：《国外藏学研究译文集》（第十五辑），拉萨：西藏人民出版社，2001年，第189—210页。

[2] 谢佐、格桑本、袁复堂编著：《青海金石录》，西宁：青海人民出版社，1993年，第21页。

[3] 王尧：《青海玉树地区贝考石窟摩崖吐蕃碑文释读》，荣新江主编：《唐研究》（第十卷），北京：北京大学出版社，2004年，第493—499页。

多心经》、藏文《无量寿佛经》等题铭。其中"狗年题记"的发现，彻底廓清了过去存在争议的造像年代问题，意义十分重要。兹重新根据新发现的题记释读如下：

> 狗年，浮雕众佛像及缮写如上所有经文之祝愿等等，为今上赞普赤德松赞之世君臣、施主及一切众生之故也。此乃比丘大译师益西央主持、工巧比丘仁钦囊则、佳布藏、华丹及工匠人等均行妙善事业，具无上福德之力。崖面所造佛像、经文及三宝所依之处，众生之任何人或目睹、或触摸、或听闻、或忆念，其福德及智慧之力，均回向赞普父子及一切众生，登于无上之菩提也。此愿！[1]

从上述题记内容可知，此处题铭中的"狗年"，为"今上赞普赤德松赞"之藏历"狗年"，即806年，相当于汉地唐宪宗元和元年。更为重要的是，这里再次记载了此处造像的主持施工总领为"比丘大译师益西央"，另有藏、汉两族的工匠比丘仁钦囊则、佳布藏、华丹等参与施工开凿，其造像工程的组织形式与前述西藏昌都仁达摩崖石刻极为相似，可以基本肯定为同一造像团队。

另在青海与甘肃交界的今甘肃省张掖市山丹县内也发现了一处名为"扁都口"的吐蕃时期摩崖石刻，在石刻原来的位置上现修建有一座寺庙，名为"石佛寺"。此处摩崖石刻内容为一佛二菩萨，在右侧菩萨的右下方刻有一小佛。在阴线刻的佛像下方，横刻有两排古藏文题记，汉译为："为了赞普的福德和众生的福祉，比丘巴果·益西央监制"[2]。造像的风格特点与前述几处汉藏边界的吐蕃时期摩崖石刻完全一致，从题记上看此处的"巴果·益西央"与前文所论的益西央亦是同一人，这是迄今为止所发现的第三处明确有

---

1 此处藏文题铭的汉文释文系四川大学中国藏学研究所华青·道尔吉博士参考王尧释文重新释读。
2 巴桑旺堆：《吐蕃石刻文献评述》，《中国藏学》2013年第4期；恰嘎·旦正：《藏文碑文研究》，拉萨：西藏人民出版社，2012年，第95页。

益西央名号的吐蕃摩崖石刻。

根据上述考古发现可知,西藏昌都仁达摩崖造像藏文题记中记载"益西央在玉、隆、蚌、勒、堡乌等地亦广□写"的系列造像活动看来确为事实,上述三处地点均分布在青藏高原东麓的汉藏交界地带,造像的题材、风格均十分相似,很可能为同一造像团队所为,而其中的核心人物正是这位吐蕃高僧益西央。因此,要弄清这批吐蕃摩崖造像的历史背景,必须首先从梳理益西央其人及其宗教活动入手,方有可能取得新的突破。

二、敦煌古藏文文书中的益西央及其宗教活动

如上所述,在藏东地区摩崖造像题铭中出现的吐蕃高僧益西央(也有译为益西扬者)在造像中起到了重要的组织作用,若干迹象表明,藏东地区出现的这批吐蕃摩崖造像,很可能与他生前的宗教活动有着密切联系。然而,对于这位人物的生平情况,过去却知之甚少。

王尧曾对青海玉树大日如来堂吐蕃摩崖造像中出现的"比丘大译师益西央"此人有所考证,指出据《藏汉大词典》记载,益西央当为"吐蕃二十五位得道者之一",但其有何译作传世"已不得而知"[1]。

国外学者对此人也有过较为深入的研究。如法国学者石泰安在其《川、甘、青、藏走廊古部落》一书中曾经指出,大约在9世纪,藏东的"邓柯垅塘"地区成为吐蕃高僧们的一个汇集中心,因为在吐蕃末代赞普朗达玛灭佛时,许多来自西藏的高僧都曾在这里避难。而差不多在同一时代,一位布族(Spug)的著名高僧益西扬(Ye shes dbyangs)也在这一带从事宗教活动,他卒于850或862年,死后其尸体陈列在距离这一地区不远的"赤噶(Kri ga)",石泰安认定这个地名在同时代的汉文史料中也称之为"溪哥城",

---

[1] 王尧:《青海玉树地区贝考石窟摩崖吐蕃碑文释读》,荣新江主编:《唐研究》(第十卷),北京:北京大学出版社,2004年,第493—499页。

在宋代，溪哥城是积石军的治所。石泰安还引证另一位著名藏学家拉露女士的研究结果指出："赤噶一名也曾出现在另一卷敦煌藏文写本当中"。吐蕃王朝灭亡之际，谋杀末代吐蕃赞普朗达玛的杀手拉隆白吉多吉（Lha lung dpal gyi rod rje）曾逃往此地藏匿，吐蕃王国崩溃之后，在这一带由唃厮罗建立起割据政权[1]。联系到时代和地域两方面的情况分析，石泰安著作中所记载的这位所谓"布族高僧益西扬（Ye shes dbyangs）"，与本节所论在藏东地区组织大型造像工程的益西央应为同一人。

瑞士学者阿米·海勒在对藏东地区发现的这批吐蕃时期摩崖造像进行研究时也留意到藏文题记中提到的益西央其人。她进一步指出："事实上，如果置族名的问题不顾的话，益西央应指著名的译师布·益西央，他通晓藏文、汉文及梵文，是一位声名远播的喇嘛，曾连任赤卡寺（青海东南约80km）墀巴"。阿米·海勒文中所说的"赤卡"，和石泰安文中所举的"赤噶"应同为一地，它地处丝绸之路的正南方，是联系通向唐朝长安、敦煌以及四川、云南等地的交通要冲。此外，阿米·海勒还提到一个十分重要的线索，即从8世纪以来，汉地与吐蕃的禅宗大师都曾在赤噶居住过，这就为敦煌写卷中出现的有关禅宗内容的经卷以及来自印度与汉地的高僧关于禅宗在吐蕃地位的辩论都提供了相同的文化背景。在藏东地区发现的以大日如来佛为中心的造像系列，"显然在佛教密宗经典与禅宗修持中都极普遍"。她明确认为862年，益西央于赤噶圆寂[2]。

上述这些既存研究虽然在一定程度上勾勒出吐蕃高僧益西央的基本线索，但毕竟还比较简略，无法更为深入地了解益西央的情况。

近年来国内外研究者注意到，在法藏敦煌古藏文文献P.T.996号写本

---

1 ［法］石泰安著，耿昇译，王尧校：《川、甘、青、藏走廊古部落》，成都：四川民族出版社，1992年，第132—133页。
2 ［瑞士］艾米·赫勒著，杨莉译：《公元8~10世纪东藏的佛教造像及摩崖刻石（节录）》，王尧、王启龙主编：《国外藏学研究译文集》（第十五辑），拉萨：西藏人民出版社，2001年，第201—203页。

中，其中第二部分内容为"大乘无分别修习之道"，也涉及一位吐蕃高僧益西央的思想和生平，而这位益西央很可能与组织上述摩崖造像工程的益西央为同一人[1]。从这份仅存10页的古藏文写卷（以下简称写卷）中，我们可以析出若干有关益西央的新的信息[2]。如写卷第3—4页记载：

> 大乘无分别修习之道，于此摄要讲说。复次，比丘布·益西央首先在国王的祖父时期出家为僧，在寺院学法。依靠善知识之经教传承、口诀，及自己之实修。在寂静处，即五十年间，按不住、不分别之理修习。……并寻根于印度、唐朝和吐蕃的诸禅师的经教传承、口诀，此等之实义，及作为了义讲说的大乘诸经典，作《答疑问八十八品》。

这里提到的"比丘布·益西央"，据藏族学者才让研究，认为在藏文文献中是有记载的，他与藏文文献《五部遗教》中记载的莲花生大师著名的25位弟子中的"阿阇梨益西央"、《宁玛派源流》所列举的宁玛派早期代表人物中的益西央、《娘氏佛教源流·花蕊蜜汁》所记载益西央以及在藏东地区摩崖石刻藏文题记中出现的益西央均为同一人。

关于益西央的生平，上文中所谓"在国王的祖父时期出家为僧"，才让认为可能是指吐蕃赞普赤松德赞时期。益西央初在寺院学法，后到寂静处闭关静修达五十多年，才让推测这很可能表明他是一位"头陀行者"。据《顿悟大乘正理诀》记载，汉地摩诃衍禅师曾在吐蕃传授过头陀法，吐蕃的禅宗信徒大多兼修头陀法，这是吐蕃禅宗修持的一大特色，更为重要的是表明益西央是一位吐蕃禅宗的传人[3]。

---

[1] 张亚莎：《吐蕃时期的禅宗传承》，《西藏民族学院学报》（哲学社会科学版）2004年第1期；才让：《敦煌藏文P.T.996号〈大乘无分别修习之道〉解读》，《中国藏学》2013年第1期。

[2] 本书所引用此藏文写卷的汉译均采自才让：《敦煌藏文P.T.996号〈大乘无分别修习之道〉解读》，《中国藏学》2013年第1期。

[3] 才让：《敦煌藏文P.T.996号〈大乘无分别修习之道〉解读》，《中国藏学》2013年第1期。

上述这段记载提供的另外一个重要的线索是有关益西央的佛教思想。根据上文的记载，益西央曾经拜从印度、唐朝和吐蕃高僧学习大乘禅法，并且留下来著作《答疑问八十八品》。对于这部著作，国内外学术界曾有过研究讨论，法国学者拉露[1]及日本学者今枝由郎[2]、木村隆德[3]、冲本克己[4]等均发表过不同看法，我国学者才让在此基础上进一步研究认为：益西央这部著作的残卷至今保留在敦煌古藏文写卷P.T.818之中，全名可译为《大瑜伽修习之义：从大乘诸甚深经典中摄集的八十八品》，可简称为《大瑜伽修习之义》或《八十八品》，在吐蕃王朝赞普热巴巾时期编纂的《旁塘宫目录》中著录有《八十经根据》，或与之相关。这部著作的最大特点，是针对印度佛教与汉地禅宗之间的辩论，从各种大乘经典中寻求依据支持禅宗的观点，反驳印度佛教的观点。而敦煌古藏文P.T.996号写卷则是对益西央生平和思想的简要概括，证明益西央之所以被称为"禅师"，是因为其佛学思想是以汉地传入吐蕃的禅宗一系为主。虽然在吐蕃佛教"顿渐之辩"时他尚年轻，不可能成为禅宗一方的代表人物，更不可能著书立说，直接参与辩论，所以在藏文文献《拔协》《五部遗教·大臣遗教》等引述"顿门派"代表人物的言论中并未提到过益西央，但却可以证明益西央作为禅宗一系的后续力量，在赤德松赞时期的吐蕃佛教"顿渐之辩"早已结束之后，并未退出历史舞台，仍然具有相当的影响力和活动力。张亚莎曾进一步论证，摩诃衍是将汉地禅宗传

1　[法] 拉露：《有关禅宗发展的藏文文书》，《亚细亚学报》，1939年，第505—523页。
2　[日] 今枝由郎：《有关吐蕃僧诤会的藏文文书》，郑炳林主编，耿昇译：《法国藏学精粹》（1），兰州：甘肃人民出版社，2011年，第301—325页；另有一民汉译本，收入王尧主编：《国外藏学研究译文集》（第二辑），拉萨：西藏人民出版社，1987年，第68—87页。
3　[日] 木村隆德著，耿升译：《摩诃衍之后的吐蕃禅宗》，敦煌文物研究所编辑室编：《敦煌译丛》（第一辑），兰州：甘肃人民出版社，1985年，第221—230页。
4　[日] 冲本克己：《敦煌発見のチベット語禅文献の研究——「大乗無分別修習義・序文」(pelliot996）について》，《花園大学研究紀要》通号25，1993年；同氏：《敦煌出土のチベット文禅宗文献の内容》，篠原壽雄：《講座敦煌8：敦煌仏典と禅》，東京：大東出版社，1980年，第409—440页。中译本参见 [日] 冲本克己著，李德龙译：《敦煌出土的藏文禅宗文献的内容》，耿升主编：《国外藏学研究译文集》（第八辑），拉萨：西藏人民出版社，1992年，第198—231页。

入吐蕃的重要人物，他离开吐蕃之后，曾经在"讼割"（Tsong kha，亦即宗喀）传播禅宗长达30年，并由此发展出一支藏传禅宗世系，而益西央正是这个世系的最后一代传人，其传法的主要地域宗喀可能为湟水流域，即后来西藏佛教格鲁派高僧"宗喀巴"的故乡（吐蕃时期应包括青海东部及甘肃南部黄河、湟水及碌曲河流域）[1]。这些重要的线索，对于我们从益西央佛教思想的角度去理解他在汉藏边界地带组织汉藏两族工匠所从事的造像活动无疑提供了新的视野。

其次，写卷第5页正面和背面还记载了有关益西央卒年的情况：

……摄集此（经典）之禅师布·益西央年80岁时，于马年孟秋之月初（4）八日，在赤卡门阅沟口，即策杂·南喀宁波静修处，上午（身体）伸直中去世。复次，诸弟子在阿泽寺做福德法事后，遗体由乡人等以幡、伞引路而送往阿琼静修处时，赤卡城上方天空中出现五彩云朵，所以当地人和牧者所亲见。由比丘没卢·释迦等向阿琼送遗体时，到达神宝山顶时，天空中出现五色彩云，形成云雾。达到阿琼静修处间，凡经过的山顶，其天空有五色彩云出现。

从上述文字记载中可知，益西央享年80岁，卒于藏历马年。吐蕃王朝末期属于马年的年份有火马年（826年）、土马年（838年）、铁马年（850年）、水马年（862年）。才让推测，"从P.T.996号的记述看，布·益西央在南喀宁波的静修处去世，似乎意味着他是在南喀宁波以后去世的，而南喀宁波去世之年是842年。石泰安认为益西央卒于850年或862年，冲本克己认为益西央生于771年，去世于850年。笔者倾向于后者的说法"[2]。实际上，正因为南喀宁波去世之后有铁马年（850年）和水马年（862年）两个马年，

---

[1] 张亚莎认为这个传承世系为：Ardanhver——Beusin——Man（曼和尚）——Nam-Ka`i-snying-po（南喀宁波）——Ye-she-dbyangs（益西央），参见张亚莎：《吐蕃时期的禅宗传承》，《西藏民族学院学报》（哲学社会科学版）2004年第1期。

[2] 才让：《敦煌藏文P.T.996号〈大乘无分别修习之道〉解读》，《中国藏学》2013年第1期。

在没有更为明确的证据之前,石泰安将益西央的卒年设定在两个马年之一,亦即850年或862年,似乎要更为妥当一些。益西央去世的地点是在"赤卡"(Kri-ga,前文中也译为"赤噶"),这个地名石泰安已经正确地将其比定为宋代汉文史料所记载中的"溪哥城"[1],才让则进一步依据现代地名录《海南州地名文化释义》一书将"赤卡""门阅"等古代地名比定在今青海贵德县河东乡麻巴大队之莫约村(又译为毛亦海、毛乙亥)[2],这些意见都可供参考,但由于古今地理时隔久远,要完全将其对应在某一狭小区域之内还需慎重,不过大的地理方位应是没有问题的。

如果上述推测无误,联系到西藏昌都仁达摩崖造像和青树玉树贝纳沟"大日如来堂"的两处由益西央主持的造像藏文题铭年代分别为804年(藏历猴年)、806年(藏历狗年)的情况分析,此时正值益西央人生的壮年时期,他既有丰富的佛教修习积淀,又兼通印度、大唐和吐蕃的大乘佛教禅宗理论,才让推测他"兼通数种语言是可能的"[3]。益西央同时还是一位坚定的禅宗思想的传人,在吐蕃佛教界享有很高的声望。这些特点集其一身,才有可能使他领导一个兼有藏汉僧人、工匠在内的造像集团,以其修习故地青海赤卡(赤噶)为中心,在广阔的汉藏边界地带开凿出大批带有汉、藏或汉、藏、梵多种文字题铭的造像,从而也印证了益西央在他宗教生命中最为活跃的时期,曾以祈愿弘扬吐蕃赞普事业、积极推动唐蕃友好为己任,在吐蕃占领下的汉藏交界地区广刻佛教造像,留下来丰富的历史文化遗存。

三、汉藏和好的历史纪念碑

在现存的吐蕃时期考古资料中,除了既存的吐蕃金石材料和敦煌古藏文

---

[1] [法]石泰安著,耿昇译,王尧校:《川、甘、青、藏走廊古部落》,成都:四川民族出版社,1992年,第132—133页。
[2] 才让:《敦煌藏文P.T.996号〈大乘无分别修习之道〉解读》,《中国藏学》2013年第1期。
[3] 才让:《敦煌藏文P.T.996号〈大乘无分别修习之道〉解读》,《中国藏学》2013年第1期。

文书之外，新疆、青海等地考古出土的吐蕃简牍曾经极大地补充了吐蕃时期的文献实物，而近年来在藏东地区新发现的这批吐蕃佛教造像的图像及其文字题记，可以称为21世纪吐蕃考古的又一项重大发现，给我们提出了不少新的研究课题，本章所论只是揭开了这座巨大冰山之一角。综上所述，可得以下诸点新的认识：

其一，由于在藏东这批吐蕃摩崖造像中明确出现了有关造像组织者益西央的名号，我们得以结合敦煌古藏文文献认定这位高僧就是吐蕃禅宗的重要传承人"禅师布·益西央"，他的吐蕃佛教禅宗的宗教背景正好为这批吐蕃摩崖造像所具有的浓厚汉藏艺术相融合的特征提供了注脚。

其二，益西央所组织的造像工程背后还有着更为深远的一层历史背景，这就是吐蕃赞普赤德松赞时代出现的吐蕃僧团的崛起与僧人权力的上升。他所主持的造像均有十分明确的政治目的，表面上看是"为愿赞普之功德与众生之福泽"，实际上则具有某种显示吐蕃王朝权势扩张、树立吐蕃赞普威望的意义在内，笔者将其称之为具有"纪念碑"性质的一类石刻[1]，充分表现出赤德松赞时期吐蕃高僧在吐蕃对外势力扩张过程中政治地位的凸显和宗教活动的活跃，是吐蕃王朝后期政治体制走向"佛教化"的一种特殊表现形式[2]。

其三，从造像题记中专门记载益西央的造像活动是在"初与唐会盟时"这一历史背景之下展开的这一点来推测，益西央在藏东地区开展的这些造像活动很可能还与后来的某次唐蕃之间重大会盟活动的准备有关。这在某种意义上甚至成为我们理解益西央在汉藏边界广造佛像和题写汉、藏祈愿文字的关键所在。过去曾有藏文史料记载唐蕃会盟的成功，系因汉地和尚和吐蕃僧官居间调处之功[3]。陈楠也曾经指出，唐蕃长庆会盟的准备实际上是始于赤德

1　霍巍：《藏东吐蕃佛教摩崖造像背景初探》，《民族研究》2015年第5期。
2　石硕：《吐蕃政教关系史》，成都：四川人民出版社，2000年，第309—319页。
3　王森：《西藏佛教发展史略》，北京：中国藏学出版社，2002年，第17页。

松赞一朝[1]。益西央的造像团队，很可能也是在这样一个历史背景之下，为了推动唐蕃之间的友好和盟而展开的一场声势浩大、波及川甘青藏的"宗教攻势"。限于篇幅，对此问题笔者拟另文加以探讨。

"一时代之学术，必有其新材料与新问题"，这是陈寅恪当年倡导民国学人利用敦煌发现的新材料来研究中国历史的新问题提出的名言[2]，今天读来仍然倍感亲切。新的材料不仅可以补写历史，而且能够提出新问题，使研究者开拓出更多新的研究领域。青藏高原东麓考古新发现的这批吐蕃时期的摩崖造像，虽然已有不少学者给予了高度的关注，在研究成果上也有了相当丰富的积累，但仍然还有十分宝贵的研究空间有待人们去不断发掘和拓展，本书仅作为引玉之砖，供学术界批评指正。

第四节　青海玉树大日如来佛堂的考古新发现

一、大日如来佛堂的调查简史

位于青海玉树藏族自治州首府结古镇南约20千米处有一条名为贝纳沟的山谷。在沟内约3千米处的北麓崖壁上，雕刻有九尊高大的浮雕造像，造像外部建有殿堂一座，自1957年被列为青海省级文物保护单位以来，一直受到国内外学者的高度关注（图6-2）。

因在造像两侧的崖壁上曾经发现刻写的汉文和藏文文字，当地相传为吐蕃王朝时期其大臣吞米·桑布扎在迎请唐文成公主时分别由他和文成公主手书，故称其为"文成公主庙"或"大日如来佛堂"[3]。迄今为止，在殿宇门前

---

[1] 陈楠：《论唐蕃清水会盟》，氏著：《藏史丛考》，北京：民族出版社，1998年，第167—183页。
[2] 原载陈寅恪：《敦煌劫余录》，《中研院历史语言研究所集刊》第一本第二分册，1930年；此据陈寅恪：《金明馆丛稿二编》，北京：生活·读书·新知三联书店，2001年，第266页。
[3] 玉树藏族自治州人民政府等编：《玉树》，西宁：青海民族出版社，1991年，第50页。

第六章　唐代青藏高原东麓的佛教传播之路　421

图6-2　青海玉树大日如来佛堂外景
（作者拍摄）

的导游说明牌文字上，仍然称之为"文成公主庙"，内文记载称："文成公主庙，又称大日如来佛堂，……佛堂内供奉的主佛像藏语称觉卧朗巴朗泽，汉语称大日如来，梵语为毗卢遮那。相传此佛像与供奉在拉萨大昭寺内的释迦牟尼像具有同等的加持威德，距今已有1300多年的历史。这座佛堂是唐贞观十五年（公元641年）文成公主进藏时沿途留下的规模最为宏伟壮观而弥足珍贵的历史文化遗址。佛堂内的佛像属青海境内最早出现的佛教摩崖大型浮雕群像，唐中宗景龙四年（公元710年），唐蕃再次联姻，金城公主进藏路经此地时，为佛像群盖建殿堂一座，以遮风雨。"[1]由此可见，今人对于殿内所造像供奉的浮雕群像，其主尊为大日如来（藏语称朗巴朗泽，梵语称毗卢遮那）这一点已经有所认识；第二，建像的年代则相传与唐文成公主进藏有

---

[1]　此说明文字现张贴于文成公主庙殿堂正门前，标题名为"文成公主庙景区导示图"，内文文字根据笔者调查时所拍摄的照片整理。另见蒲文成主编：《甘青藏传佛教寺院》，西宁：青海人民出版社，1990年，第309—310页。该书中也介绍了青海民间的这一传说。

关，被比定为唐贞观十五年（641年）；第三，当地人们也意识到，雕像外面的殿堂年代要晚于雕像的年代，是后人所建，但对其所建年代，则比定为唐金城公主进藏时的唐中宗景龙四年（710年）。

学术界对于此处遗存也关注甚早，首先是由赵生琛于1957年向外界披露公布了这处造像[1]。20世纪80年代以来，据不完全统计先后有聂贡·官却才旦和白玛朋[2]、张宝玺[3]、汤惠生[4]、王尧[5]、罗文华[6]等学者对此均有所论及。国外学者理查德森[7]、阿米·海勒[8]、Andreas Gruschke[9]等对于这处造像和佛堂也有过介绍与论述（图6-3）。

与民间传说不同的是，这些学者更加注意寻找科学的依据来研讨造像的年代和相关问题，他们都注意到在佛堂内前殿左侧竖立的一通藏文碑刻，其上的藏文题记与此处造像密切相关。因此，一些学者根据这通藏文题记重新认定造像的年代为吐蕃赞普赤德祖赞在位时期的藏历"马年"[10]或"狗年"[11]。

1　赵生琛、谢瑞琚、赵信：《青海古代文化》，西宁：青海人民出版社，1986年，第133页。
2　聂贡·官却才旦、白玛朋：《玉树地区吐蕃时期石窟雕像及摩崖介绍》，《中国藏学》（藏文版）1988年第4期。
3　张宝玺：《青海境内丝绸之路及唐蕃故道上的石窟》，敦煌研究院编：《段文杰敦煌研究五十年纪念文集》，北京：世界图书出版公司北京公司，1996年，第150—158页。
4　汤惠生：《青海玉树地区唐代佛教摩崖考述》，《中国藏学》1998年第1期。
5　王尧：《青海玉树地区贝考石窟摩崖吐蕃碑文释读》，荣新江主编：《唐研究》（第十卷），北京：北京大学出版社，2004年，第493—499页。
6　罗文华：《四川甘孜地区民族与考古综合考察综述》，故宫博物院编：《故宫学刊》（总第二辑），北京：紫禁城出版社，2005年，第390—407页。
7　[英] H. E. 理查德森著，石应平译：《吐蕃摩崖石刻研究札记》，四川联合大学西藏考古与历史文化研究中心、西藏自治区文物管理委员会编：《西藏考古》（第1辑），成都：四川大学出版社，1994年，第127—130页。
8　[瑞士]艾米·赫勒著，杨莉译：《公元8～10世纪东藏的佛教造像及摩崖刻石（节录）》，王尧、王启龙主编：《国外藏学研究译文集》（第十五辑），拉萨：西藏人民出版社，2001年，第189—210页。
9　Andreas Gruschke, "The Cultural Monuments of Tibet's Outer Provinces Kham", Volume 2, The Qinghai Part of Kham, Bangkok: White Lotus Press, 2004, pp.60-62.
10　谢佐、格桑本、袁复堂编著：《青海金石录》，西宁：青海人民出版社，1993年，第21页。
11　王尧：《青海玉树地区贝考石窟摩崖吐蕃碑文释读》，荣新江主编：《唐研究》（第十卷），北京：北京大学出版社，2004年，第493—499页。

图6-3 青海玉树大日如来佛堂内的造像
（作者拍摄）

然而，一个明显的疑点在于，这通藏文碑刻并非与造像同体，而是以单体的碑刻形式存在于佛堂之内，从字体和文法上看，它已经和吐蕃时期的古藏文碑铭有着显著的区别，因此它本身的形成年代就难以认定为和造像同时，如果进而以此来断定佛堂后壁上所刻造像的年代，便令人感到证据不足。如汤惠生曾经指出："尽管从未有人对此题记提出明确的怀疑，但从许多学者在谈及贝纳沟石刻时不愿提及或引用此题记，甚至根据自己的需要删改题记内容的做法来看，不少学者对此题记有疑问态度是至为明显的"[1]。长期以来，由于始终未能发现其他线索，使得青海玉树"文成公主庙"（或称大日如来佛堂，以下均称大日如来佛堂）的大日如来与八大菩萨造像的年代、性质及其与佛堂之间的关系等诸多问题，都还是云遮雾绕，疑点重重。那么，解决这一问题的希望，自然寄托于新的考古发现带来新的证据。

---

[1] 汤惠生：《青海玉树地区唐代佛教摩崖考述》，《中国藏学》1998年第1期。

二、新的考古发现

2013年，由青海省文物考古研究所和四川大学中国藏学研究所、考古系联合组成青海玉树考古队，对这一地区史前、吐蕃时期的考古遗存开展了调查与发掘工作，其中也包括了对玉树大日如来佛堂的调查工作。调查工作中，恰逢寺院为了修建大日如来佛堂东西两侧的排水沟拆除了原来所建的东西围墙，使得考古工作者能够进入到大日如来和八大菩萨造像同一崖壁的东、西两侧进行实地观察，取得了一系列重要的新发现，现分述如下。

1. 新发现大日如来佛堂西侧崖壁古藏文题记

此处藏文题记共分为上下两段，第一段为《大日如来和八大菩萨赞》，题记宽约6.4、高约2米，共18行。文字古朴，苍劲有力，是典型的古藏文书写格式，与敦煌古藏文文献和吐蕃古代碑刻文字的书写方式一致，时代特征明显，这也是在大日如来佛堂首次发现的古藏文大日如来与八大菩萨赞词，题刻所涉及的大日如来以及八大菩萨的名号和大殿内的浮雕造像完全一致，充分显示出题刻和造像是同一时代的遗存。

题记的第二段是著名的"狗年题记"原刻，宽约2.45、高约0.65米，共5行。经四川大学中国藏学研究所华青·道尔吉对此处题记进行的鉴定，发现其和佛堂大殿内前庭左侧所竖碑刻内容完全一致，但在书写方式和语法上却具有吐蕃时代的特点，表明这通题记应为吐蕃时期所刻，而西壁则是狗年题记原来位置所在。后经向寺内僧人调查证实，现竖立于佛堂大殿内的藏文石碑，其文字内容系抄录自这通摩崖石刻，在近现代由寺院僧人重新刻写之后，以石碑的形式竖于佛堂前殿之内。而此次新发现的刻写在崖壁上的这处藏文题记，才是原刻，并与《大日如来和八大菩萨赞》词和造像共处一壁。后来由于修建了大日如来佛堂和东西两侧的防水墙，从而封闭了由大日如来佛堂通向东西两侧崖壁的道路，才使得原刻被封闭多年不见天日，而后世误将新刻误为原刻。这一发现，终于揭开了多年来的未解之谜，使得"狗年题记"的真实性得到确认，不仅如此，新发现的《大日如来和八大菩萨赞》题刻还进一步证实了此处赞词和造像内容完全一致，都属于同一时代的遗存（图6-4）。

图6-4　新发现的青海玉树大日如来佛堂西侧崖壁古藏文题记
（作者拍摄）

根据华青·道尔吉对于"狗年题记"的重新释读，其藏文原文与汉译如下：

（1）ༀ༎ ཁྱིའི་ལོ་ལ་སྩོགས་གནས་འཛུན་དུ་ཚོམས་པ་དང་། དར་མ་ཀུན་བྱིན་པའི་སློབ་ལོ་སྒྱེགས་པ། །བཅན་པོ་ཁྲི་ལྡེ་
【བཙན་གྱི་སྐུ་རིང་།】

（2）ལ་རྗེ་བློན་ཡོན་བདག་དུ་བྱས་མཆན་ཆབ་ཀྱི་དོན་དུ། དཔལ་སྩོན་ལོ་ཚེ་ཨེ་ཤེས་དབྱངས། བཙན་པོ་དང་སྩོན་རོ་
【ཆེན་སྲོང་མཛད་དང་།】

（3）རྒྱལ་བཙན་ཏུ། དགའ་ནུར་བུ། ལ་གའི་དཔོན་ཆེན་ལ་ལེ་ཆའོ་ལ་གཏོགས་པ་ལ། ཆུ་སྲོང་ཞུ་ནམ་ཤག དབུས་
【དང་དར་མ་འདི་】

（4）ཐམས་ཅད་ལ་བརྡ་དགོན་མཆོག་གསུམ་གྱི་རྟེན་གྱི་རྣམ་པ་མེལན་དགིས་མཐོན་པ་རེག་པ་ཐོས་ཤིང་འཚལ་བ་དང་

【ས་པ་དང་དྲན་པའི་】

（5）བསོད་ནམས་དང་ཤེས་ཀྱི་བཙན་པོ་ཡབ་སྲས་དང་སེམས་ཅན་ཐམས་ཅད་ན་མེད་པའི་བྱང་ཆུབ་ཏུ་བསྔོའོ།།
ཡབ་སྲས་དང་སེམས་ཅན་ཐམས་ཅད་ན་མེད་པའི་བྱང་ཆུབ་ཏུ་བསྔོའོ།།

译文：

狗年，浮雕众佛像及缮写如上所有经文之祝愿等等，为今上赞普赤德松赞之世君臣、施主及一切众生之故也。此乃比丘大译师益西央主持、工巧比丘仁钦囊则、佳布藏、华丹及工匠人等均行妙善事业，具无上福德之力。崖面所造佛像、经文及三宝所依之处，众生之任何人或目睹、或触摸、或听闻，或忆念，其福德及智慧之力，均回向赞普父子及一切众生，登于无上之菩提也。此愿！[1]

题记中所提到吐蕃赞普赤德松赞（798—815年在位）、藏历"狗年"（806年）、大译师益西央以及多名藏、汉工匠的名字，透露了若干重要的历史信息，我们在后文中还将详加论及。这里特别应当强调指出的是，"狗年题记"原刻位置和原始版本的发现，是迄今为止考古发现的贝纳沟大日如来佛堂摩崖石刻断定年代最为直接、最为准确的证据，也是此次考古工作最为重要的收获之一。这一发现也一举解决了历史上对贝纳沟大日如来佛堂题记真实来源的存疑问题，意义十分重大。

2. 新发现大日如来佛堂东侧崖壁古藏文题记

此次调查中，在大日如来佛堂背后的山崖东侧崖壁上还新发现凿刻出的摩崖题记，崖面坐北朝南，从西到东依次为横书梵文、竖书汉文、横书藏文的三种文字《摩诃般若波罗蜜多心经》，其东边还有一处古藏文题记，但因

---

[1] 华青·道尔吉的译文同时也参考了王尧《青海玉树地区贝考石窟摩崖吐蕃碑文释读》一文，此文收入荣新江主编：《唐研究》（第十卷），北京：北京大学出版社，2004年，第493—499页。

漫漶过甚，字迹模糊，经初步辨认可能是《无量寿经》。以往有学者曾经注意到在佛像两侧的石壁上刻写有文字，将其断定为"勒有兰查体古藏文和汉文佛经"，这一新的发现不仅证实这一说法可信，而且对其内容的判断更为准确。

除了在大日如来佛堂内壁东西两侧上新发现的文字题记之外，随着考古调查工作的深入开展，在当地寺院僧人和藏族群众的大力协助之下，考古队还在贝纳沟沟口距大日如来佛堂不远处的附近崖面上新发现其他一些过去未见诸著录的石刻文字和图像，兹列举如下。

1. 新发现大日如来佛堂外西侧崖壁线刻佛像及古藏文题记

位于大日如来佛堂西约130米处。崖面坐西朝东，高约13、宽约8米。石刻分上下两部分，上半部为阴线刻佛像，通高约6.7、宽约7.9米，根据造像内容暂时命名为"大日如来及二胁侍、十方佛摩崖石刻"，石刻最上端是汉式宫殿殿顶象征佛刹，呈梯形，共五层，从上到下依次为花瓣纹、连珠纹、花瓣纹、垂帐纹及莲瓣纹。所有佛像凿刻于以莲瓣纹装饰的方框内，主尊大日如来，通高约2.82米，双层桃形头光和双层马蹄形身光，头戴五叶宝冠，袒上身、斜披帛带，下着裤，衣着贴体。结禅定印，结跏趺坐于双层仰莲座之上。二胁侍，光头，广袖长袍，似汉式风格中的弟子形象，整个佛刹和佛造像融合了汉藏文化元素，极富特色。

此处石刻下半部刻写有藏文题记共36行。通高约4.4、上部宽约5.2、下部宽约7.9米。此次调查表明，古藏文题记总共36行，前8行为《普贤陀罗尼》，第9行起为《普贤行愿王经》。华青·道尔吉将此处《普贤行愿王经》分别和德格版大藏经、敦煌古藏文写经中的经文对比后发现，该处题记与现存敦煌写经的《普贤行愿王经》最为接近，反映出两地佛教文化之间曾经有过密切的联系。

2. 新发现大日如来佛堂外西南两处线刻佛塔

在大日如来佛堂外西南处约150米外的崖面上，新发现两座佛塔和阴线刻图像。其中一号塔为阴线刻，式样为覆钵式塔，通高6.4米，莲座高4.48米，其上共有九级相轮，顶端即第九级形如华盖。塔基处有一行古藏文题记，可辨识出部分题记内容。二号塔位于一号塔西面，阴线刻，式样也为覆钵式塔，通高4.72米，底层塔基长4米。七级相轮，其顶部还有一级形如伞盖，塔基处古藏文题记已模糊不清，难以分辨。这两处石刻佛塔下方的古藏文题记表明，其相应的阴线刻佛塔的凿刻年代可能均为吐蕃时期，这也是吐蕃时期石刻佛塔在青海玉树大日如来佛堂附近的首次考古发现，为全面了解大日如来佛堂周边的佛教遗存提供了可贵的资料。

三、相关问题的初步探讨

青海玉树大日如来佛堂内外新发现的上述摩崖石刻，为我们重新回归历史、正确地认识这处吐蕃时期文化遗存的重要意义与价值都提出了不少新的证据。结合近年来在藏东地区发现的同类佛教遗存，可以提出一些初步的认识。

首先，可以肯定的是，这处石刻的凿造年代是在吐蕃赞普赤德松赞在位时期的"狗年"，学术界一般认为赤德松赞在位凡十七年（798—815年），这期间只有一个"狗年"，若按藏历换算应为806年，亦即唐宪宗元和元年。从题记所反映的情况来看，造像的目的系"为今上赞普赤德松赞之世君臣、施主及一切众生"祈愿祝福。所凿造的佛像与新发现的《大日如来和八大菩萨赞》题刻在名号上完全相同，所以可以确认"狗年题记"、《大日如来和八大菩萨赞》题刻、佛堂壁面上的大日如来与八大菩萨像三位一体，均为同时代开凿，是吐蕃王朝时期大日如来崇拜的具体体现。类似的造像题材，在汉藏交界的甘肃、四川、西藏等地也均有发现，而且在年代上也大体一致[1]，这不仅表明这些遗存具有共同的时代特征，还暗示着其开凿的历史背景、造像目的很可能也是相同的[2]。

其次，从总体上看，大日如来佛堂内外的造像与题刻形成了一个汉藏文化交融一体的强烈的文化氛围。例如，新发现的"狗年题记"中，明确记载参与造像的工匠中既有藏族工匠，如"仁钦囊则""佳布藏"等，同时也有汉族工匠"华丹"等，表明当时已经形成了一个汉藏工匠混编而成的造像团队。新发现的用梵、藏、汉文三种文字雕刻出的《摩诃般若波罗蜜多心经》，反映出造像者希望通过这一方式从而体现出汉藏民族之间的共同信仰。大日如来佛堂外西侧崖壁线刻佛像的建筑装饰采用了汉式的宫殿顶部，下方的造像为阴线刻成的大日如来佛像，也是一种"藏汉合璧"式的构图方式。

之所以出现这种汉藏文化交流密切、艺术表现形式极为充分的现象，与此处造像的主持者有很大的关系。新发现确认的"狗年题记"中，明确记载此处造像的最高主持者为吐蕃高僧"益西央"。值得注意的是，他所主持凿刻的大日如来和八大菩萨造像在甘肃省扁都口、西藏自治区察雅县境内的仁达等处均有发现，这两处造像中均出现了"益西央"的名号，察雅仁达摩崖造像还明确记载益西央曾在"玉、隆、蚌、勒、堡乌"等地广为造像[3]。由此可知，青海玉树大日如来佛堂摩崖造像、察雅仁达摩崖造像、甘肃扁都口这三处摩崖造像的主持者均应为与造像同时凿刻出的藏文题记中的吐蕃高僧益西央。

---

1 霍巍：《青藏高原东麓吐蕃时期佛教摩崖造像的发现与研究》，《考古学报》2011年第3期。
2 霍巍：《藏东吐蕃佛教摩崖造像背景初探》，《民族研究》2015年第5期。
3 恰白·次旦平措撰文，郑堆、丹增译：《简析新发现的吐蕃摩崖石文》，《中国藏学》1988年第1期；[瑞士]艾米·赫勒著，杨莉译：《公元8～10世纪东藏的佛教造像及摩崖刻石（节录）》，王尧、王启龙主编：《国外藏学研究译文集》（第十五辑），拉萨：西藏人民出版社，2001年，第189—210页。

有关吐蕃时代的高僧益西央其人的生平事迹，笔者曾经依据零散的史料作过初步的探索，认为这是一位既有丰富的佛教修习积淀，又深悉印度、大唐和吐蕃的大乘佛教禅宗理论，同时兼通数种语言的吐蕃高僧大德，在吐蕃佛教界享有很高的声望。只有这些特点集其一身，才有可能使他领导一个兼有藏汉僧人、工匠在内的造像集团，以其修习故地青海赤卡（赤噶）为中心，在广阔的汉藏边界地带开凿出大批带有汉、藏或汉、藏、梵多种文字题铭的大日如来和八大菩萨造像[1]。青海玉树的这处大日如来佛堂，则是迄今为止所发现的同时期造像中规模和体量最大、造像技法最为精美、周边遗迹最为丰富的一处代表性作品，很可能在当时便已经成为藏东地区大日如来和八大菩萨造像这一题材的标准样式与典范之作而广为流传于甘、青、川、藏各地。

最后，再从地理位置上看，青海玉树是汉藏交界地带和汉唐时代"丝绸之路"的交通枢纽与重要节点，它既可北上通向甘肃、敦煌，又可南下连接西藏、四川等地，无论是在政治、军事还是经济、文化上都具有重要的地位。益西央及其率领的团队选择在贝纳沟这一地点进行大规模的造像工程，绝非是在短时间内可以完成的事业，需要有长期的准备和经年的施工。因此，过去民间传说是唐文成公主和金城公主在进藏途中先后在这里完成的开凿佛像、建筑佛堂，作为短暂途经的唐朝使者，这种可能性甚为微小。加之以此次新调查发现的"狗年题记"，更是以准确的纪年证实了这处佛堂和造像的年代是在9世纪初叶，与唐文成公主和金城公主进藏的年代都有较大的差距，不是同一时代的遗物（图6-5）。

但是，我们不必拘泥于"唐文成公主进藏"这一长期以来的传统模式来看待这批吐蕃遗存，而应当将其置于更为广阔的汉藏文化交流背景之下来加

1　霍巍：《论藏东吐蕃摩崖造像与吐蕃高僧益西央》，《西藏大学学报》2015年第2期。

以考察，才会更加接近于历史的真实。事实上，西藏察雅仁达摩崖造像题记已经透露出一个重要的信息，益西央的造像活动很可能与吐蕃王朝赤德松赞时期重新开启与唐王朝的会盟有关。笔者推测，益西央在藏东地区开展的这些造像活动很可能与后来的某次唐蕃之间重大会盟活动的准备有关。过去曾有史料记载唐蕃会盟的成功，系因汉地和尚和吐蕃僧官居间调处之功[1]。陈楠也曾经指出，唐蕃长庆会盟的准备实际上是始于赤德松赞一朝[2]。益西央的造像团队，有可能也是在这样一个宏大的历史背景之下，为了推动唐蕃之间的友好和盟而展开的一场波及到川、甘、青、藏等地、以广造佛像为其特殊表现方式的宗教祈愿行动[3]。如果这一推测成立的话，青海玉树大日如来堂佛像的凿造，便成为唐蕃交流史上具有里程碑性质的产物，与唐文成公主、金城公主的进藏和亲有着同样重要的历史意义。

第五节　青海玉树勒巴沟等处摩崖造像的再考察

在既往田野调查的基础上，近年来的考古工作还对以往曾经开展过前期调查的一些重要文物点进行了复查，也取得了不少新的发现和收获。对于我们更为准确、深入、系统地认识藏东地区唐代吐蕃佛教考古遗存的分布及其特点，尤其是从中观察这一时间各区域间的文化互动与交流的若干线索都具有不少新的启示。

一、勒巴沟古秀泽玛造像

勒巴沟是青海玉树县境内一处分布着多个唐代吐蕃摩崖石刻造像地点的

---

[1] 王森：《西藏佛教发展史略》，北京：中国藏学出版社，2002年，第17页。
[2] 陈楠：《论唐蕃清水会盟》，氏著：《藏史丛考》，北京：民族出版社，1998年，第167—183页。
[3] 霍巍：《藏东吐蕃佛教摩崖造像背景初探》，《民族研究》2015年第5期。

山谷沟地，前文中我们曾经多次提及。古秀泽玛，在藏文中义为"自显佛像"。这个地点前人曾做过多次考古调查，最新的考古调查工作是在2012年由青海省文物考古研究所和四川大学中国藏学研究所联合进行的，考古调查简报已经正式发表[1]。

造像刻于山崖底部平整的崖面上，背山面水，造像前方约150米处为通天河，面向约北偏西62°，此处崖面上共刻有两处造像，分别可称为A、B两组。其中A组造像最高处可达3.9米，最宽处达3.1米。据调查简报描述，佛像身高2.66米，肩宽0.58米。佛像面部略方，高拱眉，眉间有白毫，眼睛细长，上眼睑下弯，宽鼻头，双唇紧闭，嘴角上翘，大耳垂肩，耳垂呈矩形，颈下有三道蚕纹。高肉髻呈馒头状，顶端饰有庄严宝珠。佛像身穿透明贴体的通肩袈裟，仅在脚踝处和两袖口处的衣纹可知穿有宽大的袈裟，两袖口垂下的宽大衣纹呈波浪状，上身的乳头、肚脐清晰可见，肚脐呈蜗卷状，从腰间的刻纹可知下身穿有裤子。佛像右手下垂，掌心向外施与愿印，掌心刻有法轮；左手于胸前紧握袈裟衣角，衣角折成三叶花形状。双脚跣足呈一字形分别朝向外侧站立于仰覆莲座上，莲瓣肥厚饱满，莲座高约0.35、宽约1.04米。佛像的头后和身后刻有椭圆形或桃形的头光和舟形大身光，头光和身光外缘刻有一周火焰纹。头光上方有伞状华盖，已大部残毁，仅可辨下方边缘所刻连续三角形纹饰。立佛的左下方有四身供养人，一人呈跪姿，三人呈站姿。立佛左下方第一位呈跪姿，是整铺造像中体量最小者，仅高0.53米，与高大的佛像形成鲜明的对比。该像右腿跪地，左腿曲立，半跪于莲座旁；上身挺立，抬头仰视高大的立佛，双手捧一带炳香炉，右手握香炉的弯柄，左手托住香炉底座，香炉中似乎还有香气飘出；头顶束有一小螺髻，身穿三角

---

1 青海省文物考古研究所、四川大学中国藏学研究所：《青海玉树勒巴沟古秀泽玛佛教摩崖造像调查简报》，四川大学中国藏学研究所编：《藏学学刊》（第16辑），北京：中国藏学出版社，2017年，第63—94页。

翻领袍服，腰间束带，衣服下摆有开衩。跪坐供养人身后为一站姿男性供养人，是四身供养人中体量最大者，高1.56米，但其头顶也仅至立佛下垂的手腕处。他头戴高筒状冠帽，平顶，遮耳，颈后可见有一小撮发辫；身穿小三角翻领左衽长袍，腰间系带；双腿直立，上身前倾，双手捧钵，面部微仰，略带微笑，做恭敬虔诚礼拜状；袍服下摆垂至脚踝处，双脚蹬靴露出脚尖。他的身后为一身女供养人，体量略小，高1.26米，未戴帽，梳发髻，中间一横椭圆形发髻遮住额头正中，两侧各有一竖向发髻，遮住耳朵；她跟在男供养人身后，朝向立佛呈直立站姿，眼睛细长，鼻梁挺直，小嘴；外披无领大氅，长及脚踝，内着袍服样式不详，底端露出双脚着靴。双手于胸前合十，执一枝鲜花供养。最后一身供养人身高0.85米，直立站姿，面部微仰看向立佛，头顶束髻，与跪姿供养人发髻相似，外披交领左衽大氅，内着袍服样式不详，底端露出双脚，双手于胸前合十持一枝莲花（图6-6）。

B组图像过去正式公布过的图像不全或不很清晰，此次调查对这一组图像进行了科学测绘并正式披露了线描的造像细部，为该地点提供了全新的考古图像资料。据调查简报描述，该组造像位于A组造像东侧约5米处，面积约3.3米×2.5米，阴线刻佛说法的场景。画面中央为一尊坐佛，通高约1.3米，其中像高约1米，莲座高约0.1米，肩宽0.27米，莲座宽0.93米，面部五官已残，脸形略方，肉髻高耸，顶饰宝珠，面部高0.15米，肉髻高达0.19米，颈下刻有三道蚕纹，头后有硕大的尖桃形头光，高约0.6米，头光外缘有火焰纹。双手于胸前结说法印，身穿通肩袈裟，袈裟透明贴体，仅从手腕和脚踝处刻出的衣纹可知穿有袈裟，结跏趺坐于仰莲座上。佛像身后有横椭圆形靠背，靠背两端有几道半心圆状的刻纹，靠背后面有长方形背屏，上下端的横枋和两侧的立柱清晰可见，横枋上方头光两侧可见有鸟尾羽般的涡卷纹图案，立柱两侧似乎也有图案，惜已残不可辨。莲座下方为双狮垂帘式台座，可辨台座中央原先搭有U形垂幔，垂幔两侧各有一只狮子，背向而卧。右侧的狮子

图6-6 青海玉树勒巴沟古秀泽玛造像A组图像

[采自青海省文物考古研究所、四川大学中国藏学研究所：《青海玉树勒巴沟古秀泽玛佛教摩崖造像调查简报》，四川大学中国藏学研究所编：《藏学学刊》（第16辑），北京：中国藏学出版社，2017年，第67页，图五]

保存稍好，面部和前肢保存较好，趴卧在地，左侧的狮子仅见锋利的爪子。双狮座的下方还有一仰莲座撑托，莲瓣宽大肥厚，底层莲瓣与地面平行。坐佛两侧各刻有一身菩萨，皆呈四分之三侧面向主尊，双手合十，交脚游戏坐姿。其中右侧的菩萨残毁严重，残高约0.75米，莲座宽0.68米，仅可见残存的部分头光、斜披的帛带、双脚及莲座的部分线条。左侧的菩萨保存稍好，通高约1.1米，像高约0.84米，可见菩萨面部方圆，头戴高高的宝冠，中间冠叶硕大，面部高0.12米，冠高0.15米，颈下有三道蚕纹，头后有硕大的尖桃形头光，高达0.6米。上身袒露，宽0.27米，自左肩至右胁斜披帛带，下身穿贴体裙裤，交脚坐于仰莲座上。菩萨身体比例匀称，四肢修长，宽肩细腰，肚脐左旋。坐佛的左侧上方有四身听法僧众像，皆有头光，均四分之三侧面朝向主尊交脚而坐、双手合十做听法状，均为光头弟子形象，身下有长方形坐垫。狮座右侧下方刻有一长方形框，应该象征水池，上面有两身人首蛇身的形象浮出，头顶亦有蛇头伸出，似为龙女或龙王的形象；其后也有两身人像，均双腿跪坐，双手合十，头戴冠、身穿袍，但样式难辨，似也为听法人众。整幅画面的最下方刻有多身动物形象，左侧起至菩萨莲座的右后方，右至承托狮座的莲座下方，有老虎、狮子、豹子、羊、犀牛、大象、孔雀、马等，似乎也为前来听法的诸有情（图6-7）。

  此前对这两组造像进行过调查和研究的学者当中，其中调查最详细并公布有线图的是汤惠生，他根据A组造像中供养人所着服饰和相关文献记载认为此处男女供养人为吐蕃赞普松赞干布和文成公主，将其命名为"文成公主礼佛图"，现在通常简称为"礼佛图"[1]。以往学术界对于此铺造像的关注点多集中于供养人的服饰，尤其是男供养人所着的三角翻领左衽长袍和头顶所戴高筒状缠头冠帽，将其作为断代的重要依据。

  高缠头和三角翻领左衽袍服作为吐蕃上层贵族的世俗服饰，在吐蕃绘画及雕塑艺术中较为多见。目前已公布的吐蕃服饰的图像及实物资料，可作为同时代比较资料的图像可举数例：如青海郭里木出土棺板画的众多吐蕃上层贵族和民众的图像[2]；敦煌莫高窟第158、159、231、237、360等窟"吐蕃维

---

  1 汤惠生：《青海玉树地区唐代佛教摩崖考述》，《中国藏学》1998年第1期。另可参见谢继胜：《川青藏交界地区藏传摩崖石刻造像与题记分析——兼论吐蕃时期大日如来与八大菩萨造像渊源》，《中国藏学》2009年第1期。

  2 许新国：《郭里木吐蕃墓葬棺板画研究》，《中国藏学》2005年第1期。

图6-7 青海玉树勒巴沟古秀泽玛造像B组图像

[采自青海省文物考古研究所、四川大学中国藏学研究所：《青海玉树勒巴沟古秀泽玛佛教摩崖造像调查简报》，四川大学中国藏学研究所编：《藏学学刊》（第16辑），北京：中国藏学出版社，2017年，第74页，图一四]

摩诘变相图"中所绘出的吐蕃赞普和其他人物形象[1]；甘肃武威天梯山石窟第17窟中的供养人等[2]。这些皆为吐蕃世俗人物。除此之外，还发现有佛和菩萨亦着类似的吐蕃衣饰，这是明显将佛与世间的帝王混同如一的体现。例如，上节所举的距古秀泽玛造像不远的贝纳沟大日如来佛堂内的大日如来与八大菩萨造像，皆着此吐蕃装。此外，在西藏昌都芒康县大日如来石刻、嘎托镇

---

1 敦煌研究院主编：《敦煌石窟全集·服饰图卷》，香港：商务印书馆，2005年，图版135—138。
2 敦煌研究院、甘肃省博物馆：《武威天梯山石窟》，北京：文物出版社，2000年，彩版第七〇—七一。

大日如来与八大菩萨造像[1]、芒康县查果西石刻等处吐蕃时期的摩崖造像中也有类似的图像发现[2]。

"礼佛图"中男供养人的高筒状缠头与朝霞冠的特征一致：以条带状织物交叉围绕状如高筒，顶部平顶，辫发紫后，冠帽高达0.22米，可能暗示着其身份等级较高。汤惠生直接将该尊像比定为松赞干布，认为其身后的女供养人是文成公主[3]。谢继胜则认为这位人物"或许就是出资雕造大日如来造像的益西央，当时吐蕃人就是如此服饰，因此我们不能将筒状头饰统统认定为赞普。男施主的缠头实际上就是至今康区男子仍在使用的红色头饰"[4]。

张长虹则注意到，邻近地区大约同时期的佛教摩崖造像中有多处藏文题记均提到了吐蕃赞普的名字，如四川石渠须巴神山第4幅石刻题记提到"赞普赤松德赞父（子）"，第7幅提到"赞普父子"；四川石渠洛须"照阿拉姆"石刻题记提到"赞普赤松德赞"；青海玉树贝纳沟大日如来佛堂摩崖石刻和西藏昌都察雅仁达摩崖石刻的题记均提到"赞普赤德松赞"等考古现象。她由此提出了一些新的看法，认为根据前述青海玉树贝纳沟发现的题记中出现的"益西央"其人，其前面有称呼"Dge slong lo chen"，意为比丘大译师，表明其身份为僧人，不可能穿着吐蕃俗装，因此这尊主像是益西央的可能性不大。

综合以上两方面的因素考量，因此推测此处戴着这种高高的桶状冠帽、身穿左衽三角形翻领长袍的男性供养人就是吐蕃赞普，但具体是哪一位赞普，因为没有题记，因此难以定论。男供养人身体

1　四川大学中国藏学研究所、四川大学考古学系、西藏自治区昌都芒康县文物局、西藏自治区芒康县旅游局：《西藏芒康嘎托镇新发现吐蕃摩崖石刻调查简报》，四川大学中国藏学研究所编：《藏学学刊》（第16辑），北京：中国藏学出版社，2017年，第233—251页。

2　霍巍：《青藏高原东麓吐蕃时期佛教摩崖造像的发现与研究》，《考古学报》2011年第3期。

3　汤惠生：《青海玉树地区唐代佛教摩崖考述》，《中国藏学》1998年第1期。

4　谢继胜：《川青藏交界地区藏传摩崖石刻造像与题记分析——兼论吐蕃时期大日如来与八大菩萨造像渊源》，《中国藏学》2009年第1期。

前倾，双手捧一个大钵作虔诚礼敬状，他在所有供养人中也是体量最大的，显然是作为全家代表的主供养人。他身后的女供养人未见戴有冠帽，梳双抱面髻，这两者很可能是一对夫妇。跟在女供养人身后的小供养人，以往研究者多辨识为侍童，但观其姿势，身体完全直立，同女供养人一样，亦是双手合十持花供养，未见有弯腰屈膝等役从之姿，因此推测亦有可能为男女供养人的子女。若联想到前述藏文题记中的"赞普父子"，或许此处的供养人为赞普赤松德赞父子？这铺礼佛图的年代大约可以断为8世纪中叶至吐蕃王朝9世纪40年代崩溃之前[1]。

上述学者的意见均有新的启发意义。不过我仍然坚持认为，以高筒状头巾缠头的服饰既非一定是吐蕃赞普的特定服饰，也不一定可以下溯到"今天康区男子的服饰"，但至少可以将其确定为吐蕃时期王室贵族的服饰则是基本可以成立的，这个时代特征和身份地位的特征可以进一步确认。但在目前情况下要将其与某位具体的吐蕃赞普或者贵族人物一一对应起来，还需要结合这个区域文化交流互动的总体格局和大的背景再作更为深入、细致的考证方具说服力。

不过值得肯定的是，张长虹和研究团队对于这组造像细致入微地观察，发现了一些过去学术界较少注意到的环节：从今甘肃张掖扁都口到青海玉树、四川石渠和西藏昌都等地已经发现了多处吐蕃时期的佛教石刻，其题材以大日如来为主，包括大日如来单尊造像、大日如来与二菩萨、大日如来与八菩萨的组合等。目前，释迦牟尼佛的题材仅在玉树勒巴沟有发现，沟口古秀泽玛赞普礼佛图和佛说法图，丰富了藏东地区的佛教石刻题材，见证了汉

1　该意见发表于由她主笔撰写的考古简报中。参见青海省文物考古研究所、四川大学中国藏学研究所：《青海玉树勒巴沟古秀泽玛佛教摩崖造像调查简报》，四川大学中国藏学研究所编：《藏学学刊》（第16辑），北京：中国藏学出版社，2017年，第63—94页。

藏交界地区汉、藏、印多元文化的交会和整合。礼佛图中的释迦佛，其面部具有汉地影响的特征，袈裟和莲座的样式可以看出印度的影响，礼佛的吐蕃赞普头戴高筒状冠帽，着左衽翻领袍的吐蕃装束，说法图中的佛像面部特征、尖桃形头光和莲座样式可以看出明显来自汉地的影响，背屏、靠背、双狮和垂幔的样式则可以追溯到印度，多元的文化样式被自然地融汇到一起，创造出了令人耳目一新的吐蕃样式，影响深远，为十分珍贵的为数不多的吐蕃时期的佛教遗存。

二、勒巴沟吾娜桑嘎摩崖石刻

从前述古秀泽玛造像地点向西，进入到勒巴沟沟内，在西距沟口约1.5千米处，是另一个新发现的摩崖石刻造像点——吾娜桑嘎地点。吾娜桑嘎据玉树当地的藏语，意为"中央的佛像"。该地点距勒曲河河道约30米，高出水面约6米。此处崖壁与地面几近垂直，崖面高约50米，山崖大体呈东西走向，东偏北约20°，石刻位于崖壁下部。这个地点在既往研究中没有记载可寻，由于长年风化，阴线刻图像距离地面较高，再加上岩面有一定的倾斜度，故长期以来未能被识别，仅有一些藏族学者提到或著录过该地点接近崖面底部的部分藏文题记。2012年，在青海省文物考古研究所和四川大学联合组织的田野调查中，方对这处摩崖石刻地点进行了系统的调查记录[1]。

据调查简报披露，该地点共发五组线刻图像和藏文题记，分别编为A至E组。其中A组为猕猴奉蜜图和题记，B组为佛诞生场景和《无量寿经》题记；C组为一组听法场景和《圣薄伽梵母般若波罗蜜多心经》题记；D组为佛降自三十天场景及普贤、文殊菩萨和与图像吻合的题记；E组有多个场景，可辨有一佛二菩萨、佛涅槃和一佛与众菩萨的场景，题记中提到降伏外道。因该

---

[1] 青海省文物考古研究所、四川大学中国藏学研究所、四川大学考古学系：《青海玉树勒巴沟吾娜桑嘎佛教摩崖石刻调查简报》，四川大学中国藏学研究所编：《藏学学刊》（第16辑），北京：中国藏学出版社，2017年，第95—147页。

石刻点的图像和题记与附近发现的有纪年的吐蕃时期的图像风格和题记书写特点均十分相似，因此推测其年代大致为8世纪下半叶至9世纪上半叶。

1. A组画面

A组画面位于崖面的最南端，分布面积宽约5、高约5米，刻像被崖面裂隙分为上下两部分，上方岩面阴线刻有一佛二菩萨像，下方刻有二位菩萨像和一只猕猴，右下角刻有藏文题记。从经过记录和整理的藏文题记内容上看，题记的第一段是对A组画面的描述，即佛教中有名的猕猴奉蜜的故事（图6-8）。第二段描述的则是释迦牟尼佛诞生的故事，与该故事相对应的佛诞生画面则刻于A组画面的右侧，即编号为B组的画面。

图6-8 青海玉树勒巴沟吾娜桑嘎石刻A组画面

[采自青海省文物考古研究所、四川大学中国藏学研究所、四川大学考古学系：《青海玉树勒巴沟吾娜桑嘎佛教摩崖石刻调查简报》，四川大学中国藏学研究所编：《藏学学刊》（第16辑），北京：中国藏学出版社，2017年，第100页，图五]

2. B组画面

B组画面位于A组画面的右侧，刻像的内容即是A组画面右下方所刻藏文题记第二段。大致可以辨识出画面中央有一棵大树，高耸入云，枝繁叶茂，高约3.6米。佛母摩耶夫人站于树下，她的形象高大，但已大部残毁，仅可辨头部略上仰，面部略呈方圆形，上眼睑下弯，头戴高高的三尖花冠，右手上举攀树枝，左手置于胸前位置，所描述的是佛诞生时的场景。该组画面所在的岩面高约6.5米，画面分布面积高约4、宽约3.6米（图6-9）。

在摩耶夫人的右胁下方站立着一位小像，像面部已毁，仅可见馒头状肉髻，双手合掌于胸前，双脚跣足而立，这应是从佛母右腋诞生的释迦牟尼。小佛像的前方刻有一竖排莲花，共有七朵，象征着"七步生莲"。前述题记中也记载了佛诞生后随即向四方各走七步，每走一步，脚下即生起莲花。七莲的左侧有一位跪坐人像，高约1.35、宽约0.4米，三面四臂，朝向佛的一侧，头后有马蹄形头光，上身仅从左肩斜披条帛，主双手捧天衣，另一只右手上举，另一只左手上举执经书，跪迎佛的诞生，从图像特征可知他的身份是梵天。梵天的左侧有一站立人像，高约1.8、宽约0.44米，面部方圆，侧面看向中央的佛像，头上似戴有高高的尖花冠，冠后有高缠头，脑后有宝缯垂下；胸部呈正面，双手于胸前合十，上身亦斜披条帛，下身穿贴体长裤，双腿前可见有一道衣褶，似乎外面还披有袍子，双脚呈外八字站立，左脚前方置有一细颈罐，这位应为与梵天一同迎接佛诞生的帝释。摩耶夫人的右侧，即她背后的位置，刻有一位人首龙身的形象，高约1.4、宽约0.4米，面部方圆，侧面看向佛的一侧，胸部呈正面，双手合十于胸前，上身仅斜披条帛，下身为卷曲的龙身，从一长0.83、宽0.4米的长方形水池中升出，这位应为佛诞生时现身的龙王。佛母的右前方刻有两位飞天式的人物形象，略呈跪姿，周围祥云围绕，身后飘带飞扬，两人均双手持一罐，罐口朝下，应是降下清

图6-9　青海玉树勒巴沟吾娜桑嘎石刻B组画面
［采自青海省文物考古研究所、四川大学中国藏学研究所、四川大学考古学系：《青海玉树勒巴沟吾娜桑嘎佛教摩崖石刻调查简报》，四川大学中国藏学研究所编：《藏学学刊》（第16辑），北京：中国藏学出版社，2017年，第105，图一二］

净香水，为佛沐浴的天神。与其相对的位置也有一位飞天，处于祥云之中，身体前倾向下，左手执盘（？），右手外伸，作抛洒状，手下方有一株植物，一腿弯曲，一腿后伸，做飞翔状，这位应是降下花雨的天神。画面下方刻有莲花、各种珍宝，是佛诞生时从地下涌出的各种祥瑞宝藏。

从题记和画面可知，这幅场面宏大的场景刻画的是佛传故事中的"佛诞生事业"。在画面的右侧下方，有一块上窄下宽略呈三角形的岩面，高约1.7、最宽处约1.65米，上面刻有三段共15行藏文题记。其中第1—2行为第一段，为标题，标明了题记内容是《无量寿经》。第3—8行为第二段，刻的是该经经咒，第一段和第二段之间留空较多。第9—15行为第三段，刻的是持诵该经咒的功德。B组的这处《无量寿经》题记似乎与表现佛诞场景的画面关系不大，从内容上看应与B组右侧C组的题记《圣薄伽梵母般若波罗蜜多心经》一起同属于刻写的佛经类。

3. C组画面

C组画面位于B组画面的右侧，岩面向西倾斜，略呈五边形，高约5.5、宽约3米。岩面顶部阴线刻有图像，图像下方刻有藏文题记。顶部的阴线刻图像的分布范围宽约1.8、高约1米，共刻有七尊人物形象。位置最高处刻有一尊坐佛，呈完全正面形象，高肉髻，顶饰庄严，身着袒右贴体袈裟，双手于腹前结禅定印，结跏趺坐于莲座，头后有桃形头光和大身光，这尊坐佛的体量也略大于其余各尊形象，因此应是该组画面的主尊人物。这尊像的右侧有一尊坐像，位置略低于主尊坐佛，已漫漶难辨，仅可辨结跏趺坐于莲座，双手于胸前结印，头后有头光，朝向主尊而坐。主佛的左侧也有一尊坐像，形象类似于佛弟子，呈四分之三侧面朝向主尊，着袒右僧衣，双手于胸前合十，双脚呈交脚坐姿，坐在一长方形的垫子上，头后有头光。其下方有一尊体量更小的人像，仰头看向主尊，亦着袒右僧衣，双手当胸合十，单腿跪地，地上亦有一个长方形坐垫。

最引人瞩目的是，在此幅画面的最左侧刻有一座汉式建筑，可辨有歇山顶、鸱吻等汉式建筑的元素，屋内帷帐下方中央坐有一位世俗人物，头上似戴有宽檐帽，身着宽大袍服，其前方有两人对坐，均头戴高筒状帽子，身着宽大袍服，跪坐于地，这三位人物均坐于一个长方形的垫子上。在传统的宗教题材中，能够折射出各民族文化之间相互交流、影响和融合的浓厚时代特点，是藏东地区唐代吐蕃造像中尤其值得关注的文化现象（图6-10）。

另一个同样引起学术界广为关注的新发现在于：在此幅线刻图像的下方是藏文题记，分布面积高约3、宽约2.9米，共有28行，最下方还刻有一句六字真言，这是该石刻点保存得最长的一处题记。题记的内容为著名的《圣薄伽梵母般若波罗蜜多心经》（下文叙述时简称《般若心经》）。众所周知，该经是一部非常重要的大乘般若类佛教经典，早在三国时代就有了吴支谦的第一个译本，后来姚秦鸠摩罗什又翻译过一次。不过最流行的版本是唐玄奘于贞观二十三年（649年）译出的仅260字的简本，在中国几乎家喻户晓，此后又出现有多种译本和注疏。据统计它先后被译成汉文达21次之多[1]。此外，《般若心经》还被译成藏文、满文和蒙古文等多种语种，由此可见该经的影响之广。鸠摩罗什和玄奘的译本均只有正宗分，没有序分和流通分，称为"小本"；此后法月、般若共利言、法成、智慧轮的译本均三分具足，称

图6-10　青海玉树勒巴沟吾娜桑嘎石刻C组画面
[采自青海省文物考古研究所、四川大学中国藏学研究所、四川大学考古学系：《青海玉树勒巴沟吾娜桑嘎佛教摩崖石刻调查简报》，四川大学中国藏学研究所编：《藏学学刊》（第16辑），北京：中国藏学出版社，2017年，第117页，图三〇]

1　方广锠编纂：《般若心经译注集成》，上海：上海古籍出版社，2011年，第2—3页。

作"大本"。《法国国家图书馆藏敦煌藏文文献》中收录的约70件《般若心经》写本，仅有P.T.449、P.T.457、P.T.494、P.T.495为大本，其余均为小本。藏文大藏经《甘珠尔》中收录的《般若心经》也是大本。此处刻写的《般若心经》为三分具足的大本。据张长虹、华青·道尔吉等为首的研究团队将石刻经文进行翻译后与汉译本进行的相互比较，发现与唐玄奘的汉译本差异较大，却与敦煌时期的吐蕃高僧法成的译本较为接近[1]。这更是提供给我们观察青海、西藏、甘肃等地吐蕃佛教与中原唐代佛教文化之间的交流互动一个极其生动的标本。前文中我们曾经列举了青海玉树大日如来佛堂后壁新发现的汉、藏、梵文三体《般若心经》的摩崖石刻的例子，由此可见这种文化的交流与互动在藏东地区的活跃程度之一斑。

4. D组画面

D组画面位于C组画面的右侧，画面所处的岩面亦是向外向东倾斜，大体呈曲尺形，自然裂成了相对平整的四大块。上方较大的岩面，高约4、宽约5米，顶部因雨水冲刷，泥浆覆盖，图像已经十分模糊，可辨出的石刻有华盖、飞天。中间主要位置刻有三尊立像，背后有格子状的底纹。中央主尊为一立佛像，像高约2.5米，面部略呈椭圆形，弓形眉，眉间有白毫，双眼微闭，圆鼻头、小嘴，肉髻高耸，上饰顶严宝珠，大耳垂肩，颈下有三道蚕纹，头后有硕大的桃形头光，身穿紧身贴体袈裟，恍若裸体，左手于胸前执衣角，衣角折成三叶状，右手下垂至膝部，掌心向后，双腿并拢直立，双脚外撇呈一字形。佛像的两侧各站立一位菩萨，其中左侧的菩萨三面四臂，其面部已模糊不清，头后有头光，四臂中仅可辨一只左臂上举，手中握有经书，另一只左臂弯于腹前；一只右臂弯于胸前手执长拂，另一只右臂执物不

---

[1] 青海省文物考古研究所、四川大学中国藏学研究所、四川大学考古学系：《青海玉树勒巴沟吾娜桑嘎佛教摩崖石刻调查简报》，四川大学中国藏学研究所编：《藏学学刊》（第16辑），北京：中国藏学出版社，2017年，第119—120页。

详；双脚呈外八字站立。右侧的菩萨面部略为上仰，呈四分之三侧面看向中央的立佛，头上有繁缛的装饰，佩有耳环，头后有头光，上身仅斜披条帛，双手擎举一长柄华盖，华盖罩于中央佛像的头顶上方，身体因举擎华盖而略有扭转。华盖上方有各种祥瑞花朵，天女飘飞，花雨洒落。这幅场景表现的是释迦牟尼成道后到三十三天为母说法，三个月说法结束后，自三十三天在大梵天和帝释天的陪侍下，沿着三道宝阶降临到人间，上方有天女腾空撒落天花。佛像后面格子状的底纹表现的是宝阶，竖向的类似立柱的线条表现的是宝阶的栏楯，佛左侧三面四臂的是大梵天，右侧举华盖的是帝释天。佛沿着中间的阶道，大梵天持拂尘沿着左侧的阶道，帝释天举华盖沿着右侧的阶道而下。

梵天的左侧有三位俗装人物形象，体量较小，应为供养人。最上方一位高约0.95米，呈正面站立，头戴高三花宝冠，冠后有高筒状头饰，头后有缯带向上翻飞，身穿小三角形翻领宽大长袍，腰间束带，侧有开衩，双手执物不详。中间一位已模糊难辨，但也隐约可知是头戴高筒状头饰，身穿宽大袍服。最下面的一位仅刻出上半身，面部看向画面中央的释迦牟尼佛，头戴高筒状的帽子，耳朵上方也有缯带向上翻飞；身穿小三角翻领服饰，腰间系带，右手手中似执有一长竿状物。帝释天的身后也有一位世俗人物形象，身穿宽大袍服。下方的一块岩面上阴线刻有一只六牙大象，象背上载有莲座，莲座上坐有一位菩萨，头部已残，可辨有环绕周身的大背光和头光，自左肩斜披条帛，右手上举似执经书，左手于胸前，持物不明，双腿呈轮王坐姿，该画面高约1.9、宽约2米。这尊骑象的菩萨应为普贤菩萨。该岩面的左上方亦有一块大小相近的岩面，上面阴线刻的图案已经漫漶难辨，但是清晰可辨下方有一只遒劲锋利的爪子，上方有一位菩萨的头像，头光和繁缛的头饰也隐约可见，这块岩面凿刻的图像与其右下方骑象的普贤菩萨在方向上是相互面对的，因此其图像内容应是骑狮的文殊菩萨（图6-11）。

第六章　唐代青藏高原东麓的佛教传播之路　447

图6-11　青海玉树勒巴沟吾娜桑嘎石刻D组画面
[采自青海省文物考古研究所、四川大学中国藏学研究所、四川大学考古学系：《青海玉树勒巴沟吾娜桑嘎佛教摩崖石刻调查简报》，四川大学中国藏学研究所编：《藏学学刊》（第16辑），北京：中国藏学出版社，2017年，第126页，图三三]

5. E组画面

E组画面位于D组的右侧，也是该石刻点的最北端。该组岩面的面积最大，图像分布的位置也最高，也是风化剥落最为严重、图像和题记保存最差的一组画面。岩面自上而下自然断裂成五块，每块上面都设计有相对独立而又相互关联的画面。最上方的一块岩面刻有一佛二菩萨，中央的佛像呈坐姿，应为结跏趺坐，坐在莲座上，身后有大身光和头光，两侧各有一位站立菩萨。两位胁侍菩萨均头戴高花冠，有头光，四分之三侧面看向中央主尊，胸部呈正面，上身仅斜披帛带，双脚呈外八字站立，脚下踩有覆莲座。

左侧的菩萨可辨左手于胸前执金刚杵，推测为金刚手菩萨；右侧的菩萨左手下垂弯至腹下，手捧鲜花，右手于胸前执物不详。三尊造像的头顶可辨有汉式歇山式屋顶和交错三角形装饰的屋檐，最右侧的屋檐一角悬挂有大钟。三尊造像的下方有大型莲座撑托，上层仰莲的莲瓣宽厚肥大，底层莲瓣与地面平行。第二块岩面的中央画有一横长的梯形框，里面躺着一位佛像，佛卧像一般表现的是佛涅槃的场景。佛像高肉髻，面部表情安详，右胁而卧，右手枕于头下，左手自然伸直放于左腿，双腿交叠直伸。身上的袈裟透明单薄，恍若裸体。梯形的方框象征着佛涅槃时的七宝棺床。棺床上方可辨至少六身人物形象，其中右起第二身头顶有蛇头盘绕，下身是蜷曲的龙身，应是龙王。右起第四、第五身形像系光头，似是佛弟子。龙王身后和佛的头后各有一株高大繁茂的大树，象征着佛涅槃的地点婆罗双树林。尤其是龙王身后的大树高耸至上方大莲座的旁侧，有盛开的朵朵大团花。棺床的下方亦刻画有复杂的场景，可惜大都已残损，可辨有一位头戴高筒状帽子的人物形象，其后还有一位清楚可辨的人像面部，似乎穿着圆领衣，这些人物应是前来举哀的。头戴高筒帽人像的前方放置有多个容器，其中中间两个是高足罐。

第三块岩面的画像更为模糊难辨，经仔细观察，发现刻像为一佛二菩萨，均为坐姿，都是坐于仰莲座上，身后有硕大的身光和头光围绕。佛像居于中央，能辨出佛像面部和肩部轮廓，两侧两位菩萨均呈双手当胸合十，左侧的菩萨为交脚坐姿，右侧的菩萨为半跏坐姿，菩萨上身均几乎袒露，或仅斜披帛带。两位菩萨的身后还各有一位站立人像，均有头光。

第四块岩面上的画面亦漫漶不清，仅可辨有菩萨坐像，目前辨出三尊，应是围绕上方岩面坐佛的菩萨。最下方一块岩面刻有藏文题记，宽约2、高约1.2米，共有题记8行，现仅可辨识出"外道""众外道魔变尽失""听法"等字词（图6-12）。

关于吾娜桑嘎摩崖石刻的年代，是根据附近相关遗迹的年代推定的。如距吾娜桑嘎不远的恰冈石刻点高浮雕刻有大日如来、观音和金刚手等图像，大日如来像下方刻有藏文题记："Rta'i lo la bgyis"，意即"于马年刻写"。此马年，据学术界的研究意见，应为802或814年。这一区域有年代题记的石刻还发现于青海玉树贝纳沟的文成公主庙（狗年，806年）、四川石渠照阿拉姆摩崖石刻（赤松德赞之世，755—797年在位）、西藏昌都仁达摩崖石刻（猴年，804年）等地点，可以看出，这几处石刻点的年代均集中于8世纪晚期至9世纪上半叶。尽管吾娜桑嘎石刻点的图像题材与上述几处不同，但是其藏文题记的书写特点、人物形象的表现同藏东的这批石刻均十分接近，因此推测其年代彼此之间应该不会相距太远。

不过，在风格题材上，新发现的这处摩崖石刻却体现出一些新的线索。首先，学者已经注意到，该石刻点的图像呈现出强烈的所谓"敦煌吐蕃样式"，也就是汉藏合璧的艺术样式。"无论是佛的形象还是菩萨的形象，第一眼去，若不是有长篇大段的藏文题记，感觉不到是典型的藏传佛教艺术，与晚期特征鲜明的藏传佛教艺术迥然有异。但如果仔细观察，则可以观察到有两种样式的菩萨形象，姑且名之为敦煌样式和波罗样式。"[1]事实上，笔

---

[1] 青海省文物考古研究所、四川大学中国藏学研究所、四川大学考古学系：《青海玉树勒巴沟吾娜桑嘎佛教摩崖石刻调查简报》，四川大学中国藏学研究所编：《藏学学刊》（第16辑），北京：中国藏学出版社，2017年，第139页。

450　史前至唐代高原丝绸之路考古研究

图6-12　青海玉树勒巴沟吾娜桑嘎石刻E组画面
［采自青海省文物考古研究所、四川大学中国藏学研究所、四川大学考古学系：《青海玉树勒巴沟吾娜桑嘎佛教摩崖石刻调查简报》，四川大学中国藏学研究所编：《藏学学刊》（第16辑），北京：中国藏学出版社，2017年，第132页，图四二］

者早已注意到，所谓"敦煌样式""波罗样式""敦煌吐蕃样式"这些在藏传佛教美术史上曾经流行一时的术语，正好反映出印度（包括东印度、尼泊尔）、敦煌、于阗、西藏和中原唐朝等多种佛教文化元素在汉藏交界的藏东地区交织为一体，相互融合、相互吸收、你中有我、我中有你的复杂多元态势，所以很难用某种单一的艺术风格（如所谓"波罗艺术风格"）来加以涵盖，这恰好体现出藏传佛教和内地佛教一样，在从域外传入中土的过程当中不断在地化——也就是不断中国化、本土化过程的真实反映[1]。是高原各族人民对外来文化从早期的吸收，到不断地改造、创新，最后形成为自身独特文化气质与特性的历史写照。

其次，吾娜桑嘎石刻点的图像显然与敦煌的吐蕃样式之间有着密切的联系，很可能受到敦煌的影响。敦煌吐蕃风格的作品，包括壁画和绢画，似乎都可以在这处石刻中找到它们的"粉本"。与之同时，具有所谓"吐蕃波罗样式"的、含有猕猴奉蜜、下忉利天等场景的佛传故事，不仅发现于中国西北受藏传佛教影响的地区，也发现于遥远的西藏西部地区。在西藏阿里的东嘎1号窟、桑达石窟和阿钦沟石窟均有表现猕猴奉蜜、下忉利天、调伏醉象、舍卫城神变等的场景。尽管发现的地区是在遥远的西藏西部，不是拉萨河谷的腹心地区，并且时间晚至后弘期初期，但是可以提出一种合理的解释，即：吐蕃末期朗达玛的灭法之后，卫藏腹地战乱频仍，现今能够完好保存下来的吐蕃时期乃至后弘期初期的遗存非常之少，而西藏西部地区则由于吐蕃王室的后裔迁入并建立政权，掌政者想恢复吐蕃时期的荣光，于是大力复兴佛教，留存下来众多的寺院和石窟寺，可以说后弘期初期藏西阿里地区的石窟壁画在某种程度上还延续了吐蕃时期的传统。因此在西藏西部地区发现吐蕃时期流行的佛传故事的版本也就不足为奇了。以往学术界曾经推测，在西

---

[1] 相关学术观点笔者曾以"波罗艺术还是本土风格？——西藏中古佛教艺术的变迁与创新"为题多次公开作学术讲座。

藏佛教的传播路线上，另外一条连接藏东和藏西的可能通道是由敦煌经于阗到达藏西，从目前这些考古迹存所提供给我们的线索来看，应当可以成立。

最后，在吾娜桑嘎的五个组的图像组合中，每一处图像的下方均刻有藏文题记，与图像一起共同构成石刻的主要内容，可谓图文并茂，十分罕见难得。题记的内容除了讲述与所刻图像直接相关的故事场景之外，如猕猴奉蜜、佛诞生、佛降自三十三天和降伏外道等，还刻出了《无量寿经》和《般若心经》的经文。与这些藏文题记相关的藏文经典，如记载佛一生事业的经典《圣广大游戏经》，记载猕猴奉蜜的《贤愚经》等经典，均有汉译本保存，《无量寿经》和《般若心经》也是有多种汉译本保存，也就是说，这几部重要的经典都是汉、藏译本并存，并且藏文的经典中有多部系译自汉文，这种现象的出现应该也不是偶然的巧合，而是与这一时期这一地区汉藏佛教文化的密切交融有关。以活跃这一时期的一名藏族翻译家管·法成为例，从事汉藏翻译事业，20余年间就翻译了二十余部经典，包括《贤愚经》和《无量寿经》等，他的汉译本《般若心经》也恰好与此处石刻的《般若心经》十分接近。因此，该石刻点的藏文题记及其所依据的经典，不仅是吐蕃时期汉藏佛教交融的产物，也反映出藏东吐蕃时期佛教形成敦煌、西藏、内地多元互动格局的历史片段。

三、勒巴沟恰冈摩崖造像

恰冈，是勒巴沟内最西端的一处摩崖造像地点，在距离勒巴沟沟口约4千米处即为恰冈石刻，经纬度为东经97.23°、北纬32.92°，海拔3575米。恰冈佛教摩崖造像最早由藏族学者尼亚贡·关却才丹和白马本发现，并在《中国藏学》（藏文）1988年第4期进行了披露。此后引起国内外学者对此处石刻的广泛关注，多名学者至此处进行考察并发表过照片[1]，但是均不够完整，如观音菩萨头顶的供养天女和大日如来头顶的华盖和飞天则少有学者注意到。2012年，青海省文物考古研究所和四川大学中国藏学研究所联合组队，对此处造像进行了全面的考古调查，公布了最新的调查简报[2]。

该处石刻造像的雕刻技法、风格和题材都和前述勒巴沟内的石刻造像有所不同。造像刻于山崖底部平整的两块岩面上，主体岩面正对道路。造像主体岩面宽约2.1、高约2.5米，西侧岩面宽约1.3米。造像距离地表约1米，在造像下方现堆积有土台。共有五尊造像，其中三尊为浅浮雕，两尊为阴线刻。主尊造像的狮子座下方刻有藏文题记（图6-13—6-14）。

造像主尊大日如来像大体坐北朝南，面部略呈椭圆形，五官已残，双耳下垂饰有圆形耳珰，颈下有三道蚕纹。主尊头后和身后刻有单层桃形头光和双层椭圆形身光，在最外层饰有一圈火焰纹。头光上方刻有伞形华盖，高0.15米，华盖下缘饰有波浪纹，波浪纹上方刻划有连续三角形纹，华盖上面部分残损。头戴三叶宝冠，冠叶上饰有宝珠，以长条形发箍固定，在耳朵上方各系有一发结，下垂至两侧肩膀处，发结上饰有圆形宝珠。上身袒露，宽

---

[1] 如 Amy Heller, "Buddhist Images and Rock Inscriptions from Eastern Tibet, VIII to Xth Century", Part IV, in Helmut Krasser etc., eds., *Proceedings of the 7th Seminar of the International Association for Tibetan Studies, Graz*, Vol.1, Wien: Verlag der Österreichischen Akademie der Wissenschaften, 1997, pp.385-404;汉译本见［瑞士］艾米·赫勒著，杨莉译：《公元8～10世纪东藏的佛教造像及摩崖刻石（节录）》，王尧、王启龙主编：《国外藏学研究译文集》（第十五辑），拉萨：西藏人民出版社，2001年，第189—210页。Amy Heller, *Tibetan Art, Tracing the Development of Spiritual Ideals and Art in Tibet, 600-2000 A.D.*, Milan: Jaca Book SpA, 1999, pp.38-52;汉译本见［瑞士］艾米·海勒著，赵能、廖旸译：《西藏佛教艺术》，北京：文化艺术出版社，2008年，第44—47页。罗文华：《四川甘孜地区民族与考古综合考察综述》，故宫博物院编：《故宫学刊》（总第二辑），北京：紫禁城出版社，2005年，第390—407页。谢继胜：《川青藏交界地区藏传摩崖石刻造像与题记分析——兼论吐蕃时期大日如来与八大菩萨造像渊源》，《中国藏学》2009年第1期。霍巍：《青藏高原东麓吐蕃时期佛教摩崖造像的发现与研究》，《考古学报》2011年第3期等文。

[2] 青海省文物考古研究所、四川大学中国藏学研究所：《青海玉树勒巴沟恰冈佛教摩崖造像调查简报》，四川大学中国藏学研究所编：《藏学学刊》（第16辑），北京：中国藏学出版社，2017年，第148—163页。

454　史前至唐代高原丝绸之路考古研究

图6-13　青海玉树勒巴沟恰冈造像全景拓片

［采自青海省文物考古研究所、四川大学中国藏学研究所：《青海玉树勒巴沟恰冈佛教摩崖造像调查简报》，四川大学中国藏学研究所编：《藏学学刊》（第16辑），北京：中国藏出版社，2017年，第152页，图四］

图6-14　青海玉树勒巴沟恰冈造像全景线图

1. 大日如来（2012QYLQ1）　2. 观世音菩萨（2012QYLQ2）　3. 金刚手菩萨（2012QYLQ3）
4. 供养天女（2012QYLQ4）　5. 飞天（2012QYLQ5）

［采自青海省文物考古研究所、四川大学中国藏学研究所：《青海玉树勒巴沟恰冈佛教摩崖造像调查简报》，四川大学中国藏学研究所编：《藏学学刊》（第16辑），北京：中国藏出版社，2017年，第153页，图五］

肩细腰，身披帛带，帛带自左肩处伸出至右侧腰部。双臂饰有臂钏，左臂臂钏呈宝珠形，右臂臂钏风化严重仅残存部分。双臂下臂残损，仅可看出右臂戴有圆形手镯。双手结禅定印，结跏趺坐于莲座上，莲座下又有双狮座撑托。莲瓣漫漶不清，莲座下方浮雕横长方形的方框，宽约1.03、高0.6米，中间有立柱隔断，里面刻有两只相背而坐的狮子。狮身浑圆，鬃毛卷曲，前肢触地，后肢蹲坐，狮尾自后肢伸出上翘，接近于背部。右侧狮子保存较为完好。

主尊两侧的菩萨像刻于与主崖面几近垂直的西侧崖面上，以高浮雕刻出身体轮廓，身上的细节则以阴线刻出。其中观音像高约1、宽约0.75米，位于主尊下方左侧，仰面看向主尊，双手合十。手腕戴有圆形手镯，左腿弯屈，右腿下垂，右脚踩在莲花上，脚趾刻画清晰。椭圆形头光和身光皆偏向于右侧，头光上缘与崖面走向平行，系受上方崖壁所限。菩萨面部略方，眼睑下弯，鼻梁尖挺，嘴角上翘，下巴略方，戴饰圆形耳环，耳环装饰繁复，颈下有三道蚕纹。头戴三叶高冠，素面无装饰，冠沿有两道线刻，应为固定头冠所用。上身袒露，自左肩至右腰处斜披一条帛带。宽肩细腰，露出圆形肚脐。腰间饰有长条形腰带，中间有圆形宝珠，下身着长裤，裤腿紧贴腿部，露出脚踝。脚下的莲瓣宽大肥厚，上层为仰莲，下层莲瓣几乎与地面平行。

另一尊造像应为金刚手。该身菩萨像与主尊刻于同一岩面上，位于主尊下方右侧，像高约1.13、宽约0.65米，仰面看向主尊，双手合十。其造型同西侧岩面上的菩萨基本一致，唯坐姿不同，双腿呈交脚坐姿，左腿在右腿之上。菩萨上身部分风化严重，可辨身上的肚脐、腰带以及莲瓣等的阴刻线条。面部和头冠的细节已模糊不可辨。

还有阴线刻的两尊像，其中一尊为供养天女像，该像刻于西侧岩面上，位于观音菩萨的上方。造像为阴线刻，像高0.64米。该像面向主尊，脸颊饱满，头戴三叶高冠，双手捧盛满食物的平底盆，双腿呈跪姿，肚脐右旋，腰间系带。上身袒露或斜披帛带，长长的飘带从头顶自胸前垂下，飘扬于身后，头顶上方形成宛如椭圆形的头光。身体的下方有云朵飘浮，表明该供养天女系乘云而来。另一尊为飞天像。该身飞天位于大日如来头顶的华盖左侧。可见厚厚的祥云飘浮，飞天从云朵中探出身子。由于风化残损严重，仅可辨头有双髻，头顶有飘带等。

此处造像最引人注目之处在于，主尊大日如来像下的狮子座具有典型的吐蕃时期狮子的造型特点。狮身浑圆，鬃毛卷曲，前肢触地，后肢蹲坐，狮尾自后肢伸出上翘，接近于背部。右侧狮子保存较为完好，左侧狮子自莲座下方始，经狮头到前肢处有一道裂痕，应为后天形成，对狮子造成了破坏。已经有学者研究指出，该处狮子同西藏山南琼结藏王陵前、青海都兰科孝图吐蕃墓前、青海玉树大日如来佛堂、西藏昌都邓马岩吐蕃造像等处的狮子在造型上有相似之处。其共处的特点均为狮子呈蹲踞式，胸前凸高于吻部，尾巴从一侧反卷上来，前腿肩胁处勒以翅膀[1]（图6-15—6-16）。

在狮子座的下方刻有藏文题记。题记阴线刻，分布面积宽约0.8、高约0.3米，共有三行（图6-17—6-18）。左侧有一道裂缝，系岩面的自然开裂，题记的刻写有意避开了裂缝，表明早于题记刻写时该裂缝已经存在。经释读，题记内容为：

སངས་རྒྱས་རྣམ་པར་སྣང་མཛད་དང་།

ཕྱག་ན་རྡོ་རྗེ་དང་འ་ར་ཱ་པ་ལོ་ལ་ཕྱག་འཚལ།

རྟའི་ལོ་ལ་བགྱིས།།

可译为：

向大日如来、金刚手和圣观音顶礼，刻于马年！

该题记的右下方还刻有七行藏文，字体小，笔锋锐利，系现代所刻经咒。

最早根据此处藏文题记提出断代意见的，是瑞士学者艾米·海勒。她认为以"阿耶波罗"称呼观世音菩萨，在西藏佛教第一次弘传之后就不再见到

---

[1] 汤惠生：《青海都兰出土的吐蕃石狮说略》，原刊于《青海文物》2001年总第12期；后收入氏著：《青藏高原古代文明》，西安：三秦出版社，2003年，第295—308页。

第六章　唐代青藏高原东麓的佛教传播之路　457

图6-15　青海玉树勒巴沟恰冈造像狮子座

[采自青海省文物考古研究所、四川大学中国藏学研究所：《青海玉树勒巴沟恰冈佛教摩崖造像调查简报》，四川大学中国藏学研究所编：《藏学学刊》（第16辑），北京：中国藏学出版社，2017年，第156页，图九]

了，据此推测这一雕刻的时间应该为赤德松赞时期之马年，即814年，或热巴巾时期之826、838年[1]。

依据藏文题记和造像的艺术风格特征，此次调查团队也提出了进一步的认识。从图像特征来看，恰冈石刻和西藏昌都仁达石刻较为接近，如主尊大日如来均头戴三花冠，中间冠叶较高，上面镶嵌有宝石，身披帛带，自左胁伸出至右侧腰部固定，双手作禅定印，结跏趺坐于仰莲座上，座下有对狮相

1　[瑞士]艾米·赫勒著，杨莉译：《公元8～10世纪东藏的佛教造像及摩崖刻石（节录）》，王尧、王启龙主编：《国外藏学研究译文集》（第十五辑），拉萨：西藏人民出版社，2001年，第189—210页。

图6-16　青海玉树勒巴沟恰冈造像狮子座拓片

［采自青海省文物考古研究所、四川大学中国藏学研究所：《青海玉树勒巴沟恰冈佛教摩崖造像调查简报》，四川大学中国藏学研究所编：《藏学学刊》（第16辑），北京：中国藏学出版社，2017年，第157页，图一〇］

图6-17　青海玉树勒巴沟恰冈造像藏文题记

［采自青海省文物考古研究所、四川大学中国藏学研究所：《青海玉树勒巴沟恰冈佛教摩崖造像调查简报》，四川大学中国藏学研究所编：《藏学学刊》（第16辑），北京：中国藏学出版社，2017年，第160页，图一八］

第六章　唐代青藏高原东麓的佛教传播之路　459

图6-18　青海玉树勒巴沟恰冈造像藏文题记拓片
［采自青海省文物考古研究所、四川大学中国藏学研究所：《青海玉树勒巴沟恰冈佛教摩崖造像调查简报》，四川大学中国藏学研究所编：《藏学学刊》（第16辑），北京：中国藏学出版社，2017年，第160页，图一九］

背而卧，尾巴自右后腿处向上翘。有桃形头光和椭圆形身光，饰有火焰纹。两侧菩萨均戴三花冠，身披帛带，坐姿。

恰冈造像题材为一佛二菩萨，同样的题材也见于四川石渠照阿拉姆石刻。两地造像的主尊和两侧菩萨皆为菩萨装。恰冈石刻两侧菩萨皆为坐姿，皆双手合十，无明确的图像学特征来辨识其身份，但题记中提到金刚手和阿热雅巴洛。阿热雅巴洛即为观音菩萨。照阿拉姆石刻的两位菩萨为立姿，其中左侧菩萨的头冠中有化佛，可辨识其身份为观音菩萨，另一位则为金刚手菩萨。据此推测，恰冈石刻主尊左侧的也应为观音菩萨，右侧为金刚手菩萨。

照阿拉姆石刻题记中提到赞普赤松德赞，其在位时间755—797年，有学者推断其年代为783年之后，即此处石刻的年代大约为783—797年[1]。以此推测，恰冈石刻的年代大约与此同时或略晚。至于如何看待恰冈题记中的"马年"，调查团队认为："尽管我们无法确认是哪一个马年，但是考虑到前文所述其图像题材、图像特征与四川石渠照阿拉姆石刻和西藏昌都仁达石刻之

---

[1] 张长虹：《藏东地区吐蕃时期大日如来图像研究》，《青海民族研究》2017年第1期。

间的相似性以及题记书写特点与大日如来佛堂石刻题记的相似性，或许可以将这个马年比定为与上述地点接近的802年或814年。"[1]

恰冈地点虽然早已发现，但近年来不断在藏东地区取得的考古新发现为认识该处造像的时代背景和分布特点也提供了不少的新证据。大日如来和二菩萨的题材，为藏东吐蕃时期常见的造像组合，在现甘肃省张掖市民乐县的扁都口摩崖石刻、四川省石渠照阿拉姆石刻、西藏昌都芒康查果西石刻以及现放于西藏昌都芒康县境内的朗巴郎增拉康内然堆玛尼石刻造像当中皆有出现，从分布范围来看，这一题材的分布北至甘肃扁都口石刻，南至西藏昌都芒康查果西、然堆石刻，流行区域十分广泛。将这些点位相互串联起来，恰好构成了从北至南、自西向东的纵横交叉的佛教文化传播线路。这些造像的年代较为集中，题材以大日如来和两大菩萨、八大菩萨等作为主题，反映了唐代晚期吐蕃佛教与西域和中原汉地更加密切的往来，在更为宏大的范围内体现出这一地区在高原丝绸之路路网上的特色。

第六节　西藏芒康嘎托镇新发现的大日如来堂

214国道线或可称作是中国最美的"景观大道"，它在崇山峻岭中盘旋穿梭，时而越过万丈飞瀑，时而又隐身于绿色的森林之中，如同一条巨龙翻腾不息，充满生机与活力。这条国道线曾经也是藏东的千年古道，历史上从西藏芒康通往滇、川的古道走向虽然已经很难一一考订，但大致的方向和路线应当和今天的214国道线和318国道线有着密切的关系。

2014年，一个偶然的机缘，在芒康县驻点的西藏自治区社会科学院已

---

[1] 青海省文物考古研究所、四川大学中国藏学研究所：《青海玉树勒巴沟恰冈佛教摩崖造像调查简报》，四川大学中国藏学研究所编：《藏学学刊》（第16辑），北京：中国藏学出版社，2017年，第162—163页。

故次仁加布研究员调查发现了一处未经发表的佛教摩崖造像。后来，这一处佛教遗迹由巴桑旺堆研究员以照片和简要的文字说明发表在《西藏研究》封三，引起学术界极大的关注。2016年7月，笔者再度进入芒康县境内实地考察这处新发现的吐蕃石刻造像。从时任西藏芒康县旅游局格桑局长处了解到这处石刻的发现经过：这处石刻原来位于今214国道边上的山坡上，过去谁也没有注意到它的存在，后来由于拓宽公路，县公路局在施工时还用炸药炸掉了部分岩石，好在大部分岩体还保存下来，上面所雕刻的这尊造像也得以保存下来部分残体断肢。在这次考古调查中，不仅核实了此处残像的具体位置和实地情况，更为重要的发现，是发现了另一处雕刻有大型造像的"大日如来佛堂"及其附近的一批石刻造像遗存。

一、孜许大日如来佛堂造像

此处佛堂位于西藏自治区昌都市芒康县嘎托镇巴拉村孜许组拉旺通地点，芒康县县政府所在地嘎托镇以南38千米处，黑曲河东岸扎日曲果山（བྲག་རི་འོད་）山麓，地理坐标为东经98°39′59.11″、北纬29°23′24.49″，海拔3606米。所以也有学者根据考古学的定名惯例将其称为"孜许大日如来佛堂"[1]。

造像雕凿于山麓崖壁表面，岩石质地为红砂岩，崖壁走向为北偏东326°。崖面高约9米，浮雕造像共九尊。龛顶至造像底部通高5.75米；龛下部近地面最宽处8.9米。造像为一铺九尊，均为在崖壁上减地高浮雕刻画身体轮廓，阴线及减地浅浮雕刻画细部，背光和头光均系在岩面上整体下凿，边缘浅，向内逐渐加深，形成内凹的龛窝，使造像轮廓自然凸显出来，造像技法

---

[1] 四川大学中国藏学研究所、四川大学考古系、西藏自治区昌都芒康县文物局、西藏自治区昌都芒康县旅游局：《西藏芒康嘎托镇新发现吐蕃摩崖石刻调查简报》，四川大学中国藏学研究所编：《藏学学刊》（第16辑），北京：中国藏学出版社，2017年，第233—251页。

与芒康县纳西乡查果西摩崖造像手法相似。

造像题材为大日如来及八大菩萨。崖壁正中为大日如来，跏趺坐于莲花双狮座上方；左右两侧各四尊菩萨立像，上下两排各两尊，每尊菩萨身体右侧各阴线刻其藏文名号（仅左上一尊藏文名号刻于其身体左侧）。造像群顶部凿出马蹄形龛沿，龛沿左右两侧雕有带花纹边框（图6-19—6-20）。

大日如来位于摩崖造像中央，有马蹄形头光、身光，结跏趺坐于仰莲座上，莲座下方有一对狮子相背而立。大日如来顶束高髻，发髻上部可见束发巾的细褶，发髻外戴高宝冠，宝冠底部靠近额处镶圆形宝石，宝冠上浅浮雕忍冬等纹样，冠顶为三瓣冠叶，系冠的宝带于两侧耳部上方平展，带端缀有四枚圆形饰物。面部广颐，耳后有头巾下垂于肩后，发绺卷曲披肩上，发尖

图6-19　西藏芒康嘎托镇大日如来佛堂雕刻
［采自四川大学中国藏学研究所、四川大学考古系、西藏自治区昌都芒康县文物局、西藏自治区昌都芒康县旅游局：《西藏芒康嘎托镇新发现吐蕃摩崖石刻调查简报》，四川大学中国藏学研究所编：《藏学学刊》（第16辑），北京：中国藏学出版社，2017年，第236页，图二］

图6-20 西藏芒康嘎托镇大日如来佛堂雕刻线图

[采自四川大学中国藏学研究所、四川大学考古系、西藏自治区昌都芒康县文物局、西藏自治区昌都芒康县旅游局：《西藏芒康嘎托镇新发现吐蕃摩崖石刻调查简报》，四川大学中国藏学研究所编：《藏学学刊》（第16辑），北京：中国藏学出版社，2017年，第236页，图三]

卷纹内佩圆形饰物。颈有三道蚕纹，佩菱形项饰；身着左衽广袖长袍，三角形翻领形状依稀可辨；双手结禅定印于腹前。

大日如来两侧各分列四大菩萨。

弥勒菩萨：位于大日如来左侧上排之左，其身体左边阴线刻名号མེ་ཏྲི་བྱམས་པ།。头光近椭圆形，顶上出尖，内缘饰一圈卷云状火焰纹；身光较浅，类似浅龛。头光至莲座通高2.6米，其中自发髻至足高2.15米。高发髻，戴宝冠；宝冠及面部表层岩面脱落，花纹及面部细节均不存。身着三角形大翻领左衽长袍，双足足尖外展立于莲座之上。

虚空藏菩萨：位于大日如来左侧上排之右，其身体右边阴线刻名号ནམ་མའི་སྙིང་。头光近椭圆形，顶上出尖，内缘饰一圈卷云状火焰纹；身体两侧减地雕刻形成极浅身光，近于线刻浅龛。头光至莲座通高2.62米，其中自发髻至足高2.13米。高发髻，戴宝冠，头巾及波浪状发绺披垂双肩。身着三角形大翻领广袖长袍；左手仰掌腹前，右手略上举于胸前执剑，剑身斜倚于其右肩；双足足尖外展立于仰莲座之上。

地藏菩萨：位于大日如来左侧下排之左，其身体右边阴线刻名号སའི་སྙིང་。头光近椭圆形，顶上出尖，内缘饰一圈卷云状火焰纹；身体两侧减地雕刻形成浅龛。头光至莲座通高2.4米，其中自发髻至足高1.9米。高发髻，戴宝冠；宝冠及面部表层岩面脱落，花纹及面部细节均不存；尚可见部分头巾及波浪状发绺披垂双肩。身着广袖长袍，三角形翻领隐约可辨。

莲花手菩萨：位于大日如来左侧下排之右，其身体右边阴线刻名号ཨཱརྻ་པ་ལོ。头光近椭圆形，顶上出尖，内缘饰一圈卷云状火焰纹；身体两侧减地雕刻形成浅龛。头光至莲座通高2.53米，其中自发髻至足高2.03米。高发髻，戴宝冠；宝冠及面部表层岩面有脱落，尚可辨头顶束发髻头巾的褶痕，巾褶下方环一圈窄发箍，双耳上方各雕出一冠带花结，宝冠表面花纹及面部细节均不很清晰。身着广袖长袍，三角形翻领隐约可辨；双手于腹部上方呈右手在下、左手在上姿势执一长花茎，花茎从其左肩上侧伸出。

普贤菩萨：位于大日如来右侧上排之左，其身体右边阴线刻名号ཀུན་ཏུ་བཟང་པོ。头光近椭圆形，内缘饰一圈卷云状火焰纹；身体两侧减地雕刻形成浅龛状身光。头光至莲座通高2.42米，其中自发髻至足约2.14米。高发髻，戴宝冠，束发髻头巾的褶痕、宝冠表层花纹较清晰，双耳上方各雕出一由三四瓣花瓣形组成的扇形冠带花结。身着翻领广袖长袍，腰束带，腰带上雕饰花纹；双手于胸前左手在下、右手在上执一长花茎，花茎从其右肩上侧伸出，花朵伸展于其头光之侧。

金刚手菩萨：位于大日如来右侧上排之右，其身体右边阴线刻名号ཕྱག་ན་རྡོ་རྗེ。头光至莲座通高2.46米，其中自发髻至足高2.04米。整尊造像均剥落严重，面部残缺，仅可辨认出菩萨为高发髻，戴宝冠。身着三角形大翻领广袖长袍；左手在腹前、右手上举至胸前；双足足尖向前立于莲座之上。莲座部分的崖面已剥落。

文殊菩萨：位于大日如来右侧下排之左，其身体右边阴线刻名号འཇམ་དཔལ་གཞོན་ནུ。头光至莲座通高2.4米，其中自发髻至足高约2.05米。高发髻，戴三叶宝冠，冠叶近椭圆形，每片冠叶中央竖排三枚圆形饰物，周围环绕忍冬卷草纹；双耳上方各雕出一冠带花结；面部表层岩石脱落；双耳垂肩，耳后头巾及波浪状发缯披垂双肩。颈下三道蚕纹。肩及胸前岩石风化斑驳，细节不清晰。身着翻领广袖长袍，腰束带，腰带上雕饰花纹；双手微抬于腰带上方。

除盖障菩萨：位于大日如来右侧下排之右，其身体右边阴线刻名号སྒྲིབ་པ་ཐམས་ཅད་རྣམ་པར་སེལ་བ。头光近椭圆形，顶上出尖，内缘饰一圈卷云状火焰纹。头光至莲座底端通高2.4米，其中自发髻至长袍下摆高约2.2米，长袍下方原雕有双足及莲座均剥落。整尊造像均剥落严重，发髻、面部残缺，仅可辨认出菩萨为高发髻，戴宝冠，身着广袖长袍，腰系宝带，带上雕刻花纹；双手置于腰带上方。

二、大日如来与八大菩萨的布局特点与年代

此处新发现的大日如来与八大菩萨造像，是藏东地区又一处以大日如来和八大菩萨为题材进行整体崖面规划、布局之后开凿而成的大型摩崖造像。根据上文所记录的藏文题刻名号，不仅可以进行较为准确的定名，而且也能据此复原出造像的基本布局，如图6-21所示。

在藏东地区现已发现的同类造像题材中，与其在布局上最为相近的是前

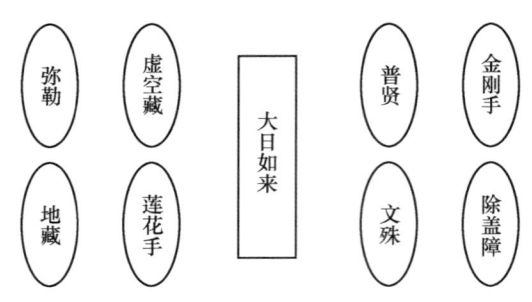

```
         ┌──┐  ┌──┐  ┌──┐  ┌──┐  ┌──┐
         │弥│  │虚│  │大│  │普│  │金│
         │勒│  │空│  │日│  │贤│  │刚│
         │  │  │藏│  │如│  │  │  │手│
         └──┘  └──┘  │来│  └──┘  └──┘
         ┌──┐  ┌──┐  │  │  ┌──┐  ┌──┐
         │地│  │莲│  │  │  │文│  │除│
         │藏│  │花│  │  │  │殊│  │盖│
         │  │  │手│  │  │  │  │  │障│
         └──┘  └──┘  └──┘  └──┘  └──┘
```

图6-21 西藏芒康嘎托镇大日如来佛堂造像布局
（据四川大学博物馆卢素文副研究员绘制图修改）

文所举青海玉树大日如来佛堂中的造像。由此我们可以获知，青海玉树与西藏芒康两地在开凿此类造像时有可能利用的是同一经典或同一粉本，甚至不排除两者在造像团队和工艺技术方面具有密切的联系。只是遗憾的是，由于缺乏更多的证据，我们目前还无法确认这种关系的成立。

此处造像原来的崖面上雕刻有古藏文题刻，但已完全漫漶不清。在孜许大日如来及八大菩萨摩崖往南约20米处，在山坡脚下草地上的一块独立大岩石上，笔者调查发现其上刻有古藏文题刻，并且推测是从原来造像所在的崖面上脱落下来的。这块岩石四缘不平整，形状不规则，最宽2.2、最高2.57米，崖面阴刻古藏文，藏文字体为乌坚体，雕刻笔迹刚劲古朴，具有吐蕃碑刻文字的字体特征。藏文现存共九行，每行从上向下垂直分布，藏文题刻的录文及译文如下：

༄། །ལྷ་བཙན་པོ་

××× མ་ལུས་པའི་སེམས་

ཅན་གྱི་སྐད་དུ། ཀག་ཀྱུ་ཐུབ་པའི་

××× དང་བཅས་པ་སྣང་ལྡན་ཏན་སིད་གི་ཏུ། བཏོད་པས་བྱིས

××× ཡོན་གྱིས་མ་ལུས་པའི་སེམས་

ཅན། སངས་རྒྱས་ཀྱི་སྐུ་དང་

གསུང་དང་། ཐུགས་དྲ། སྨོན་པ་ཐ་ཡི་གིས།

མཐའ་དག་སྨོན་ལམ་སུ་ཉི་བར།

འགྱུར་རོ། །

译文：

为了圣神赞普……无量众生，释迦能仁……等由岗·云丹森格和索巴刻写于壁，为了……福德，无量众生、佛陀之身、语、意及一切识，祈愿永不停歇！

根据残存的这些藏文题刻，可以大致推断其刻写年代应为唐代吐蕃时期。但却无法对其准确的纪年进行断代。由于年代久远、风雨侵蚀，岩石裂隙、脱落、风化较严重，在残存藏文中没有发现赞普称号或年号。但通过对比藏东地区同类题材的石刻，其题材均为大日如来或大日如来与八大菩萨；造像风格相近，多高浮雕或阴线刻；大日如来及菩萨的装束也呈现出类似的样式与特征，多高发髻、戴宝冠、身着三角翻领长袍，为吐蕃赞普及上层的典型装束。因而这处造像的年代与藏东这批摩崖的雕刻时间应大概属于同一时期。其中，察雅仁达摩崖题记中有纪年载为赤德松赞在位的猴年夏（804/816？年），青海玉树贝纳沟公主庙藏文题记纪年载为赤德松赞在位的狗年（806年），前述青海玉树勒巴沟内的恰冈地点藏文题记为"马年"（即802年或814年），我们可以由此判断，芒康吐蕃石刻所属时期应为吐蕃赞普赤松德赞（755—797年）至赤德松赞（798—815年）期间，即8世纪中叶至9世纪上半叶之间，更大的可能性是在9世纪上半叶。

三、新发现的造像和芒康交通节点的关系

综上所述，藏东地区迄今为止考古发现的吐蕃时期佛教摩崖造像主要分布在今西藏昌都、四川西北、青海玉树，分布地域紧相毗邻，总数已逾20处。芒康吐蕃石刻群与上述地区吐蕃佛教遗存之间在地域分布、造像特征上

都有密切联系，并由此体现出唐蕃之间的交通、佛教等文化之间的相互交流。通过对藏、川、青一带吐蕃佛教造像分布的探讨，可以进一步观察到：从青海玉树至四川石渠，再至西藏江达、察雅、芒康，南北贯通，更有林芝米瑞第穆萨摩崖碑铭、工布江达洛哇傍卡摩崖造像，东西呼应，形成一条与传统文献所载"唐蕃古道"并存的重要通道，亦即本书所论的"藏东吐蕃佛教传播之路"。如果我们以青海玉树为起点，向南可以南通南诏，向西可以西通吐蕃腹地，向北可以北接北方"陆上丝绸之路"。并进而可以通过"蕃尼古道"通往尼泊尔、印度；也可以继续西进，在西藏西部地区进入到前文所论的西藏西部通向南亚、中亚一带。而西藏芒康，是这条重要交通重要干线已知最南端的一个点。

由于芒康地处青藏高原东麓的川、滇、藏三省交会处，南北向的横断山脉在高原东麓形成了多条纵深的河谷，自古以来就成为南北民族间迁徙移动的天然通道，也为文化的传播与交流提供了便利条件。早在7世纪初，松赞干布统一青藏高原诸部、建立吐蕃政权之后，作为藏东重镇的芒康就成为吐蕃王朝东进、南下的战略要地和吐蕃王朝东向发展的"东大门"。经芒康—巴塘—雅安一线，可与唐朝西南重镇剑南节度使治所益州（今成都）相通，唐蕃之间在经济和思想文化方面均有频繁密切的交流。8世纪，吐蕃与南诏结盟，芒康又成为滇藏之间最重要的政治、经济、文化交通孔道。作为交通枢纽，除了经由芒康东进、南下之外，由芒康还可北上经四川石渠、青海玉树，直插甘青交接的扁都口，从而与丝绸之路相会合，成为吐蕃和西域、唐朝中原地区进行宗教、文化联系的又一重要节点。

从近年来在芒康地区开展的考古田野调查来看，这一区域在唐代吐蕃时期也是佛教文化十分兴盛发达之所。除上述新发现的大日如来佛堂雕像群之外，另在相邻地点也发现若干大体上属于同一时期的吐蕃佛教遗存。如前述位于214国道一侧的残大日如来雕像，曾是一尊具有很高艺术水平的高浮雕作品。佛像残存上半身，残高0.6、肩宽约0.49米。宝冠仅存部分，上距崖面1.09米，在宝冠下缘头部两侧均系花朵形发结。面部残损，残长0.17、宽0.11米，面部较为圆润。椭圆形耳，发绺自耳后披垂于双肩，双耳饰有花朵形耳环。颈间刻有三道蚕纹，佩花形颈饰。左肩部以下剥落；上半身的右侧较完好，可清晰辨认出身着三角形翻领袍服。下半身不存。右侧残存有阴线刻背光局部，内侧刻有卷云状火焰，线条清晰；造像两肩处尚残存局部头光轮廓线及卷云状火焰纹，剥蚀严重、隐约可辨。在造像头部之右，保存有一完整的花朵，浮雕花瓣四出，每片花瓣外缘均雕出三裂瓣，内部则以阴线雕刻圆形花心及内层细小花瓣；应为头光内的花饰。在此尊造像右侧背光附近，尚可辨认出一小段刻卷云状火焰纹的弧线，推测应为原主尊之右胁侍菩萨的光背残段（图6-22）。

此尊佛像应为大日如来，与距其不远的嘎托镇大日如来与八大菩萨风格相似，皆为高浮雕，服饰及背光纹样一致，应为同一时期所刻。据当地老乡回忆，此处岩石上原来雕刻有三尊造像，在后期修路的时候被炸毁，仅存目前看到的这尊残像。在后期进行进一步调查时，除了发现应为造像左肩的残块之外，调查时还可见现岩石四周散落有大量石块，推测应为原来石刻的一部分。在岩石周围堆积的石块中，还应有属于原来造像的部分，在同一地点发现的莲花石柱础甚至表明不排除当时在造像周围还建有拉康（神殿）的可能性。

此外，沿黑曲河东侧向北，在大日如来与八大菩萨佛堂摩崖石刻以北约2千米的山崖上也调查发现有两铺阴线刻石刻佛像。两铺石刻位于同一山崖上，其中一铺为单尊阴线刻大日如来像，通高2.04米。双层桃形头光，头光左侧风化严重模糊不清，双层椭圆形身光，头戴三花冠，高0.34米，额前有一冠带延伸至两耳上部，两端带花饰；束高髻，髻外包裹缠头，可看到明显的缠痕；大耳垂肩，戴耳环，环孔下为花形坠饰。椭圆形脸，颈部较短，可

图6-22　西藏芒康嘎托镇残存的大日如来雕像

[采自四川大学中国藏学研究所、四川大学考古系、西藏自治区昌都芒康县文物局、西藏自治区昌都芒康县旅游局：《西藏芒康嘎托镇新发现吐蕃摩崖石刻调查简报》，四川大学中国藏学研究所编：《藏学学刊》（第16辑），北京：中国藏学出版社，2017年，第244页，图六]

见阴线刻划的蚕纹残痕，戴项链，项链下正中有花形坠饰，双手作禅定印，结跏趺坐于双层仰莲座上，莲瓣饱满。斜披帛带，自左肩伸出至右胁处，下身着贴身长裙（图6-23）。

上述多点共存的佛教造像遗存弥补了以往西藏与四川、青海、甘肃等地唐代吐蕃佛教文化传播路线上的一些缺环，使得这些"文化链条"更具张力，以往在与芒康紧邻的察雅县仁达地点便已发现大日如来及八大菩萨摩崖造像，与芒康县发现的吐蕃石刻群大体当属同一时代。芒康境内吐蕃石刻造像的发现，为西藏东南部地域广阔的范围内提供了成体系的吐蕃佛教考古艺术遗存，在其石刻艺术的表现形式上，较之青海玉树、四川石渠、西藏昌都察雅仁达等地的吐蕃石刻，种类要更显丰富，包括了圆雕、浮雕、阴线刻摩

图6-23 西藏芒康嘎托镇阴线刻摩崖大日如来像
[采自四川大学中国藏学研究所、四川大学考古系、西藏自治区昌都芒康县文物局、西藏自治区昌都芒康县旅游局:《西藏芒康嘎托镇新发现吐蕃摩崖石刻调查简报》,四川大学中国藏学研究所编:《藏学学刊》(第16辑),北京:中国藏学出版社,2017年,第247页,图一二]

崖造像以及线刻玛尼石等不同类型,造像工艺精细高超,无论圆雕还是高浮雕,都比例得当、造型华美、线条流畅,宝冠、卷曲发绺、佩饰等体现出藏东地区唐代吐蕃佛教艺术的共同特点,但在佛像的服饰上,其边框团花等装饰纹样又体现出较多的中原文化因素;大日如来及菩萨身着三角形翻领长袍、佩有纹饰带扣的腰带等则是典型的吐蕃赞普及上层服饰,从而从佛教艺术的角度折射出唐代吐蕃文明中在东西方文化交流这一宏大时代背景之下的历史风貌。

第七章
结　语

一、"高原丝绸之路"的历史意义

从以上的论述可知，本书所论的"高原丝绸之路"的开通，是在史前高原人类筚路蓝缕、长期艰难开凿的实践过程中不断形成的，这可以视为高原丝绸之路的"草创期"。相对较为固定、在文献典籍和考古文物遗存中尚有线索可寻者，至少可以上溯到汉晋时期。在唐代吐蕃时期，高原丝绸之路得到进一步的发展，形成为若干主要干线和路网，不仅可以覆盖高原全境，加强了高原各部族之间的联系与交流，而且还与传统的从祖国内陆为始发点的丝绸之路相连接，向外延伸为名副其实的多条国际通道。那么，它的开通与形成具有什么样的特殊意义呢？举其要义，至少有五。

第一，它构成了体现和代表中外文化交流的丝绸之路网络不可或缺的重要组成部分。从地理环境上看，由于这条路网位于青藏高原，并且产生出多条南北向和东西向的干线与支线，从纵横两个方向上就将古代中国传统意义上北方的"北方丝绸之路""草原丝绸之路""沙漠丝绸之路"和南方的"西南丝绸之路""海上丝绸之路"等相互联系在一起，形成时空范围更为广阔的交通路网，将从来被人们视为"生命禁区"的青藏高原纳入到中外文化交流的整体体系当中。

第二，它成为输送中原文明进藏的"主动脉血管"。西藏考古的新出土资料表明,在号称"汉唐盛世"的中国历史进程中最为重要的发展阶段,通过高原丝绸之路,源源不断地将中原地区优秀的精神文明、物质文明成果输送到了青藏高原,极大地促进了当地生产力的发展和社会进步。汉晋时期的茶叶、丝绸等具有标志性意义的汉地物品被高原古代部族视为珍贵之物;唐文成公主、金城公主进藏带给吐蕃社会汉地文书、宗教礼仪、生产工具、工艺技术、内地物种等历史记载和传说影响深远[1],也都和高原丝绸之路的开通有着密切关系。

第三,它承担着中外文化交流的中转站和集散地的作用。随着大量的考古新发现,我们比前人更加清楚地认识到,从史前至唐代吐蕃王朝时期,来自中亚、西亚和南亚的诸多物质文明和宗教文化不仅都传入和影响到吐蕃本土,而且也沿着高原丝绸之路继续向东传播,如粟特和波斯系统的金银器、马具、马球、香料、珠宝,波斯和大食的医学,具有粟特与波斯特征的服饰图案和装饰等,都是高原丝绸之路上重要的交流项目[2];佛教、本教、祆教、景教、摩尼教等多种宗教文化也在青藏高原遗留下若干踪迹[3]。同时,高原丝绸之路上的文化交流也是双向的,据考证,中国的造纸术有可能是通过青藏高原传入天竺[4];另一方面,印度古代的制糖法也有可能通过吐蕃传入到中国内陆[5]。前述唐代使节王玄策多次经"蕃尼道"前往天竺,史载他就曾经将天竺的制糖工匠带回到大唐王朝[6]。

---

1 黄颢:《唐代汉藏文化交流》,中央民族学院藏族研究所编:《藏学研究文集》,北京:民族出版社,1985年,第192—193页。
2 霍巍:《吐蕃时代:考古新发现及其研究》,北京:科学出版社,2012年。
3 张云:《上古西藏与波斯文明》,北京:中国藏学出版社,2005年。
4 黄盛璋:《关于中国纸和造纸法传入印巴次大陆的时间和路线问题》,《历史研究》1980年第1期。
5 季羡林:《文化交流的轨迹——中华蔗糖史》,北京:经济日报出版社,1997年,第67页。
6 《续高僧传》卷4《译经篇四》"……使既西返,又救王玄策等二十余人随往……并就菩提寺召石蜜匠,乃遣匠二人、僧八人,具到东夏"。这里所载的"石蜜匠",即为制糖工匠[(见(唐)道宣撰,郭绍林点校:《续高僧传》卷4《译经篇四》,北京:中华书局,2014年,第120页]。

第四，它对于唐代吐蕃社会和吐蕃文明的形成起到了特殊的作用。如同藏族学者多杰才旦所论："通过丝路吐蕃道，青藏高原腹地的古老文化得以传播，周邻的文化还以吐蕃为中介而相互交流。吐蕃文化所明显带有的多元化特点和多样性特征，是吐蕃借鉴吸收先进文化的明证"[1]。唐代吐蕃王朝之所以很快得以跨越其早期文化发展阶段，成为亚洲腹地可与西面的阿拉伯大食帝国、东方的大唐王朝形成三足鼎立局面的强大势力，是和它通过高原丝绸之路迅速融入到当时最为重要的亚洲文明体系当中有着密切的关系，从而加速了吐蕃社会由低级向高级发展、从落后追赶先进文明的步伐。而我们特殊需要指出的是，在这个历史进程当中，与来自其他文明的影响相比较，为吐蕃社会和吐蕃文明打上了深刻烙印和"文化底色"的，主要是东方祖国内陆地区以唐代先进文化为代表的因素，而不是其他文明。吐蕃最终融入到中华民族大家庭，成为祖国多元一体格局的重要组成部分，是历史长期积淀的结果，更是包括吐蕃先民在内的西藏各族人民经历漫长岁月的历史抉择。

第五，它成为青藏高原文明最终融入到中华文明体系强有力的联系纽带。如同笔者曾指出的那样："吐蕃王朝时期在哲学、宗教与思想观念等各个方面，都深受唐代汉地文化的影响，在其文化的'底色'与根基当中，融入了'汉地文化圈'的若干因素。这表明从吐蕃王朝立国之始，在文化心理、文化认同和文化选择上都具有明显的倾向性。在这个客观事实的背后，更是映射出吐蕃文化在深层脉理上与唐代汉地文化之间的趋同性、相融性和同质性。这是与吐蕃和其他国家、地区之间发生的文化交流往来有着本质性区别之处"[2]。而之所以产生这一结果，是与通过"高原丝绸之路"始终保持着高原各族人民与祖国内地血脉相连的紧密联系，从而源源不断地为其提供着"血液"与"养分"直接相关的。

---

[1] 多杰才旦：《关于丝路吐蕃道的交通路线问题》，《传统文化与现代化》1995年第4期。
[2] 霍巍：《考察吐蕃时代社会文化"底色"的三个重要维度》，《思想战线》2018年第2期。

二、高原丝绸之路最主要的干线与路网

通过本书各个章节的分析论证，可以初步奠定高原丝绸之路的基本框架。吐蕃时代基本定形的高原丝绸之路，是在史前时期青藏高原各部族所开凿的区域性交通路线的基础上进行了重新整合，并以强大的政治和军事力量作为保证，对这些路网实施了有效的控制和利用的历史背景之下形成的。唐代高原丝绸之路最为重要的主干线以及交通路网，大体上可从西北部、西南部、东北部、东南部等四个主要方向上展开。

（一）西北部路网

西北部路网是在原"羊同"（象雄）时代形成的交通路线上扩展而成。受到青藏高原西部山脉和河流水系的限制，其主要干道有三：一是从原羊同的腹心地带（今西藏自治区阿里地区）向西北行，大致与今天新（疆）（西）藏公路所经相同，穿越阿克赛钦（Aksai Chin，突厥语，意为"中国的白石滩"）地区，越过喀喇昆仑山与昆仑山进入中亚地区；或越过桑株大坂去往叶城、和阗，与沙漠丝绸之路南线相会合。二是向西跨越帕米尔高原，进入到古代勃律（Palur，今巴控克什米尔地区之大部）。三是通过今西藏自治区日土县境内的中印边境界湖班公湖一带，进入到印控克什米尔地区[1]。在具体的出山口岸上，洪扎河谷、吉尔吉特河谷、瓦罕走廊等，吐蕃人都可能有不同程度的利用[2]。近年来由国家文物局组织实施的"南亚廊道"考古调查在阿里象泉河、狮泉河等流域（流入印度境内即为印度河上游，称为萨特累季河）也发现一些重要的国际交通孔道，至今仍然还在

---

[1] 王小甫：《七至十世纪西藏高原通其西北之路》，氏著：《边塞内外：王小甫学术文存》，北京：东方出版社，2016年，第57页。

[2] 王小甫：《七至十世纪西藏高原通其西北之路》，氏著：《边塞内外：王小甫学术文存》，北京：东方出版社，2016年，第70—80页。

被边民利用作为边贸通商口岸[1]，但历史记载从来不详，考古调查还在继续进行中。

（二）西南部路网

西南部最为重要的干道是从拉萨向西南行，逆雅鲁藏布江向西，从"芒域"的吉隆河谷进入中尼边境，进而南下加德满都盆地进入北天竺的国际通道。这条道路在唐初成为中印之间文化交流的一条近捷之路，唐人释道宣在约成书于7世纪中叶的《释迦方志》中列出这条出现的"新道"。唐代许多求法僧人在唐文成公主和松赞干布的资助和保护下，便利用这道新道从西藏高原腹心地带直接贯通高原进入泥婆罗、天竺，唐代著名官方使节王玄策数次奉诏出使天竺，也利用了这条新道。1990年在吉隆境内的马拉山下发现的王玄策使团所镌刻的《大唐天竺使之铭》，证明这条古道主要的走向和出境口岸[2]。明代以后，在吉隆道两翼又分别开通定日道、聂拉木道、樟木道等新的通向南亚的通道，形成高原西南部路网。但吉隆道在西南部路网上的重要历史作用是无可替代的。

（三）东北部路网

东北部路网是在原吐谷浑构建的"青海道"的基础上加以利用、扩展后形成的。其基本的走向大体上和传统的陆上丝绸之路（沙漠丝绸之路）相平行，主要为东西向，从青海湖分数道向西与敦煌、于阗等丝路重镇相汇合，前文已叙，兹不重复。只是需要特别指出的是，近年来在青海都兰、乌兰等地考古发现了一批年代约为8世纪初年的大墓，其中的"都兰热水2018年一号大墓"中出土了大量精美的金银器、丝绸残片等遗物。这些金银饰片上多以

---

[1] 有关考古资料还未公开发表，尚在整理中。
[2] 霍巍：《〈大唐天竺使出銘〉及其相关问题的研究》，《東方学報》第66册，1994年。

锤揲、压印、錾刻等不同方法得到忍冬、莲花、团花、缠枝花草以及立鸟、翼兽、狮、狼等纹样，可从中窥见其制作工艺与纹饰风格等方面的若干特色，尤其是具有浓厚欧亚北方草原游牧民族风格的大角动物、带翼神兽最富特点。墓中还有多件（套）用金银制作的口、鼻、嘴巴、胡须等面具组饰，死者棺内随葬有印章。"乌兰泉沟一号墓"系用砖、木混建的方形墓室，带有长斜坡墓道，有前室、后室和两个侧室，后来还清理出专门用来放置鎏金银冠、金錾指杯的"暗格"。在建筑方式上，采用大量柏木来搭建墓室，前室为砖室，后室和两个侧室的顶部、四壁都用大量的柏木砌建，前、后室内均残存壁画[1]。结合过去在都兰热水曾经发掘的墓葬出土文物来看，在丝绸的图案、纹饰，金银器的器形与装饰等方面，都体现出了许多东西方文化交流的因素，死者应是吐蕃占领下的吐谷浑故地王公贵族，他们在吐谷浑灭国之后（唐龙朔三年，663年），与吐蕃王朝之间还通过王室通婚、册封小王等方式保持了友好关系，维护和保证了"青海道"的畅通。

（四）东南部路网

东南部路网除了青藏高原连接川西北、滇西北高原的跨区域之间的交通路线之外，有文献史料记载吐蕃时期也开通了经"滇缅道"（也称"蜀身毒道"）进入到天竺的国际通道。唐代高僧义净《大唐西域求法高僧传》中记载：

> 那烂陀寺东四十驿许，寻殑伽河而下，至蜜栗伽悉他钵娜寺。去此寺不远，有一故寺，但有砖基，厥号支那寺。古老相传云是昔室利笈多大王为支那国僧所造。于时唐有唐僧二十许人，从蜀川牂牁道而出，向莫诃菩提礼拜。王见敬重，遂施此地，以充停息，给

---

[1] 霍巍：《近年来青藏高原吐蕃时代考古新发现及其意义》，《中华文化论坛》2020年第6期。

大村封二十四所。于后唐僧亡灭，村乃割属余人[1]。

唐代另一位高僧慧琳在其《一切经音义》一书中进一步地解释：

……今因传中说，往昔有二十余人，从蜀川出牂柯往天竺得达，因有此说，遂捡寻《括地志》及诸地理书、《南方记》等，说此往五天路经，若从蜀川南出，经余姚、越嶲、不喜、永昌等邑，古号哀牢王，汉朝始慕化，后改为身毒国，隋王之称也。此国本先祖龙之种胤也。今并属南蛮，北接氐羌，杂居之西，过此蛮界，即入土蕃国之南界。西越数重高山峻岭，涉历川谷，凡经三数千里，过土蕃界，更度雪山南脚，即入东天竺东南界迦摩缕波国，其次近南三摩怛吒国、呵利鸡罗国及耽摩立底国等。此山路与天竺至近，险阻难行，是大唐与五天陆路之捷径也，仍须及时。盛夏热瘴毒虫，不可行履，遇者难以全生。秋多风雨，水泛又不可行。冬虽无毒，积雪沍寒，又难登陟。唯有正、二、三月乃是过时，仍需译解数种蛮夷语言，兼赍买道之货，仗土人引道，展转问津，即必得达也。山险无路，难知通塞，乃为当来乐求法巡礼者故作此说，以晓未闻也[2]。

从上述记载可知，从"西南夷""蜀川牂柯道"经行吐蕃（土蕃）东北部通往古代印度，曾被认为是最为近捷的通道。但同时人们也认识到，这条通道受到诸多条件（气候、地理、语言、风俗等）的限制，其难度也是诸条往天竺道中最为险峻者。目前在这个区域内考古工作开展得还不充分，还缺乏考古证据来进一步论证道路的具体情况，但唐人所载十分翔实具体，指出了一些大体的路线和方位，当为可信之史料，为今后的研究提供了重要

---

1 （唐）义净原著，王邦维校注：《大唐西域求法高僧传校注》卷上，北京：中华书局，1988年，第103页。

2 （唐）慧琳：《慧琳音义》卷81，徐时仪校注：《一切经音义三种校注本合刊》，上海：上海古籍出版社，2008年，第1943—1944页。

线索。

综上所述，唐代吐蕃时期所最终定型的高原丝绸之路，不仅整合和重构了青藏高原内部各区域间的交通路网，也将其拓展到南亚、中亚和东亚地区，成为连接起北方草原丝绸之路、沙漠丝绸之路和南方西南丝绸之路的枢纽和节点；同时，也通过印巴次大陆的印度洋、东南亚以及中国东海、南海等出海口岸连接起海上丝绸之路，在若干条东西走向的路线之间，形成南北纵向的干线，如同一张经纬相交的路网，将"一带一路"联系成一个整体。

三、高原各族人民共同创造了伟大的"高原丝绸之路"

吐蕃王朝在9世纪走向灭亡，但高原丝绸之路却始终保持了旺盛的生命力，历经宋、元、明、清直到近现代，还基本维持了其主要干道的走向与格局。对于高原丝绸之路的历史价值和现实意义，有学者已从五个方面进行过总结：它一是构成了体现和代表中外文化交流的丝绸之路网络不可或缺的重要组成部分；二是成为输送中原文明进藏的"主动脉血管"；三是承担着中国西部边疆对外文化交流的中转站和集散地的作用；四是对于吐蕃社会和吐蕃文明的形成起到了特殊的促进作用；五是成为青藏高原文明最终融入到中华文明体系强有力的联系纽带，在将我国西部疆域和民族最终融入到中华民族共同体的过程当中发挥着无可替代的纽带作用[1]。需要补充说明的是，在这个历史性的伟大贡献当中，青藏高原从史前时代到吐蕃王朝时期以汉、藏两个民族为主体、并包括不同时期各族人民在内形成的命运共同体，既是其这条高原丝绸之路的开创者、维护者，同时也是受益者。沿着这条道路，青藏高原上的各族人民紧密地和伟大祖国心心相印、血脉相通，同呼吸、共命运，"像石榴子一样紧紧拥抱在一起"，共同创造了青藏高原独特的古代文

---

[1] 霍巍：《"高原丝绸之路"的形成、发展及其历史意义》，《社会科学家》2017年第11期。

明，并汇入到中华民族共同体之中永葆其青春。

  今天，当我们站在"一带一路"这个广阔的国际视野下重新审视青藏高原的远古历史和文明史，不能不强调"高原丝绸之路"这个概念的提出和定位，既是对历史的尊重和复原，更是对世世代代生活、奋斗在青藏高原上各族儿女心系祖国、向往中华文明、认同中华文化一个实证性的研究课题，其学术意义和价值可供学界同仁进一步共同探讨。因笔者学力所限，所论或有片面局狭、错误之处也在所难免，谨希望以此引起学术界的重视，起到引玉之功。

附录一
汉、藏专有名词对照表

一、地名、寺庙名称

阿里三围	མངའ་རིས་སྐོར་གསུམ།
艾旺寺	ཨེ་མར། འ་ལྷུང་།
巴塘	འབའ་ཐང་རྫོང་།
贝纳沟	འབིས་མདོ།
勃律	བྲུ་ག
查果西	བྲག་སྒོ་ཞོལ།
赤德松赞墓碑	ཁྲི་ལྡེ་སྲོང་བཙན་བང་སོའི་རྡོ་རིང་ཡི་གེ
赤噶	ཁྲི་ག
大昭寺	ལྷ་ལྡན་གཙུག་ལག་ཁང་།
丹巴	རོང་བྲག
东嘎	དུང་དཀར།
噶迥寺	སྐར་ཆུང་གཙུག་ལག་ཁང་།
噶托	ཀཿཐོག

甘孜	དགར་མཛེས།
冈底斯山	གངས་དགར་ཏེ་སེ།
贡塘	གུང་ཐང་རྒྱལ་མཁར།
古格王国	གུ་གེ་རྒྱལ་རབས།
吉隆	སྐྱིད་རོང་།
金川	ཆུ་ཆེན།
克什米尔	ཁ་ཆེ།
孔雀河	མ་བྱ་ཁ་འབབ།
拉达克	ལ་དྭགས།
朗成寺	ནང་ཆེན་གཚུག་ལག་ཁང་།
勒巴沟	ལེབ་ཁོག།
理塘	ལི་ཐང་སྟོང་།
露斯沟	རི་སིལ།
逻些	ལྷ་ས།
洛须	ལོ་ཤུལ།
马泉河	རྟ་མཆོག་ཁ་འབབ།
玛尼拉康	མ་ཎི་གཙུག་ལག་ཁང་།
玛旁雍错	མ་ཕམ་གཡུ་མཚོ།
芒域	མང་ཡུལ།

穆斯塘	སྨོན་ཐང་།
泥婆罗	བལ་ཡུལ།
帕巴寺	འཕགས་པ་གཙུག་ལག་ཁང་།
皮央	ཕྱི་དབང་།
穹隆·俄卡尔	ཁྱུང་ལུང་དངུལ་མཁར།
穹隆古鲁甲寺	ཁྱུང་ལུང་གུར་གྱམ་གཙུག་ལག་ཁང་།
穹隆·卡尔东	ཁྱུང་ལུང་མཁར་བདོང་།
仁达	རི་མདའ།
日喀则	གཞིས་ཀ་རྩེ།
桑耶寺	བསམ་ཡས་གཙུག་ལག་ཁང་།
狮泉河	སེང་གེ་ཁ་འབབ།
苏毗	སུམ་པ།
粟特	སོག་པོ།
唐蕃会盟碑	ཞལ་སྣའི་རྡོ་རིངས།
吐谷浑	འ་ཞ།
乌苌（斯瓦特）	ཨུ་རྒྱན།
五台山	མདོ་དྲུ་ཅན།
喜马拉雅山	ཧི་མ་ལ་ཡ།
象泉河	གླང་ཆེན་ཁ་འབབ།

象雄	ཞང་ཞུང་།
须巴神山	ཤུག་པ།
于阗	ལི་ཡུལ།
扎叶尔巴寺	བྲག་ཡེར་པ་གཙུག་ལག་ཁང་།
照阿拉姆	བྲག་ལྷ་མོ།

二、人名

巴赛朗	སྦ་གསལ་སྣང་།
巴卧·祖拉陈哇	དཔའ་བོ་གཙུག་ལག་ཕྲེང་བ།
白玛巴扎	པད་མ་བ་གྲགས།
班第勃阑云丹	བན་ཀ་ཡོན་ཏན།
班第娘·定埃增	བན་དེ་མཉམ་ཏིང་ངར་འཛིན།
赤德松祖赞	ཁྲི་ལྡེ་སྲོང་གཙུག་བཙན།
赤德祖赞	ཁྲི་ལྡེ་གཙུག་བཙན།
赤松德赞	ཁྲི་སྲོན་ལྡེ་བཙན།
赤尊公主	བལ་མོ་བཟའ་ཁྲི་བཙུན།
墀松赞	ཁྲི་སྲོང་བཙན།
达仓宗巴·班觉桑布	སྟག་ཚང་པ་དཔལ་འབྱོར་བཟང་པོ།
都松莽布支	འདུས་སྲོང་མང་པོ་རྗེ།

附录一　汉、藏专有名词对照表

噶尔·东赞	མགར་སྟོང་བཙན་ཡུལ་སྲུང་།
格朗嘎宁波央	གད་ནམ་ཀའི་སྙིང་པོ་དབྱངས།
管·法成	འགོས་ཆོས་གྲུབ།
佳布藏	རྒྱལ་བཟང་།
金和尚	གིམ་ཧུ་ཤང་།
拉隆白吉多吉	ལྷ་ལུང་དཔལ་གྱི་རྡོ་རྗེ།
拉托托日	ལྷ་ཐོ་ཐོ་རི་གཉན་བཙན།
李聂秀	ལི་ག་ཉི་ཤུ།
莲花生	པད་མ་འབྱུང་གནས།
罗追坚赞	བློ་གྲོས་རྒྱལ་མཚན།
米拉日巴	རྗེ་བཙུན་མི་ལ་རས་པ།
热巴巾	རལ་པ་ཅན།
仁钦囊则	རིན་ཆེན་སྣང་མཛད།
松赞干布	སྲོང་བཙན་སྒམ་པོ།
吞米·桑布扎	ཐུ་མི་སམ་བྷོ་ཊ།
文成公主	རྒྱ་བཟའ་ཀོང་ཇོ།
五世达赖	དགའ་ལྡན་བློ་བཟང་རྒྱ་མཚོ།
辛饶	གཤེན་རབ།
益西央	ཡེ་ཤེས་དབྱངས།

扎嘎·曲吉旺秀	བྲག་དཀར་བ་ཆོས་ཀྱི་དབང་ཕྱུག
詹巴南夸	དན་པ་ནམ་མཁའ
止贡赞普	གྲི་གུམ་བཙན་པོ

三、佛、菩萨名

阿罗汉	དགྲ་བཅོམ་པ
不动佛	མི་བསྐྱོད་པ
除盖障菩萨	སྒྲིབ་པ་རྣམ་སེལ
地藏菩萨	ས་ཡི་སྙིང་པོ
观音菩萨	སྤྱན་རས་གཟིགས
迦叶佛	འོད་སྲུང
金刚手菩萨	ཕྱག་ན་རྡོ་རྗེ
弥勒菩萨	བྱམས་པ
毗卢折那	རྣམ་པར་སྣང་མཛད
毗沙门天王	རྣམ་ཐོས་སྲས
普贤菩萨	ཀུན་ཏུ་བཟང་པོ
日松贡布	རིགས་གསུམ་མགོན་པོ
文殊菩萨	འཇམ་པའི་དབྱངས
虚空藏菩萨	ནམ་མཁའི་སྙིང་པོ

四、书名

《拔协》　　　　　　　　　　　སྦ་བཞེད།

《第二佛陀莲花生大士传》　　སྟོན་དཔོན་པདྨ་རྒྱལ་གཉིས་པ་པད་མ་འབྱུང་གནས་ཀྱི་རྣམ་ཐར་ཡིད་ཀྱི་མུན་སེལ་ཞེས་བྱ་བ་བཞུགས་སོ།

《汉藏史集》　　　　　　　　རྒྱ་བོད་ཡིག་ཚང་མཁས་པ་དགའ་བྱེད་ཆེན་མོ་བཞུགས་སོ།

《金刚橛史神奇海涛》　　　　དཔལ་རྡོ་རྗེ་ཕུར་བའི་ཆོས་འབྱུང་ངོ་མཚར་རྒྱ་མཚོའི་ན་རླབས།

《米拉日巴传》　　　　　　　རྗེ་བཙུན་མི་ལ་རས་པའི་རྣམ་ཐར།

《帕巴瓦迪观音史神奇信海》　འཕགས་མཆོག་རང་བྱུང་ལྷ་ཏེ་བཟང་པོའི་རྣམ་ཐར་ངོ་མཚར་རྒྱ་ད་དུ་བྱུང་བའི་གཏམ་དད་པའི་ཉིན་བྱེད།

《青史》　　　　　　　　　　བོད་ཀྱི་ཡུལ་དུ་ཆོས་མཛར་བ་ཇི་ལྟར་བྱུང་བའི་རིམ་པ་དེབ་ཐེར་སྔོན་པོ།

《土观宗派源流》　　　　　　ཐུའུ་གུན་གྲུབ་མཐའ།

《五部遗教》　　　　　　　　བཀའ་ཐང་སྡེ་ལྔ།

《西藏王臣记》　　　　　　　བོད་ཀྱི་དེབ་ཐེར་དཔྱིད་ཀྱི་རྒྱལ་མོའི་གླུ་དབྱངས།

《贤者喜宴》　　　　　　　　དམ་པའི་ཆོས་ཀྱི་འཁོར་ལོས་བསྒྱུར་བ་རྣམས་ཀྱི་བྱུང་བ་གསལ་བར་བྱེད་པ་མཁས་པའི་དགའ་སྟོན་ཞེས་བྱ་བ།

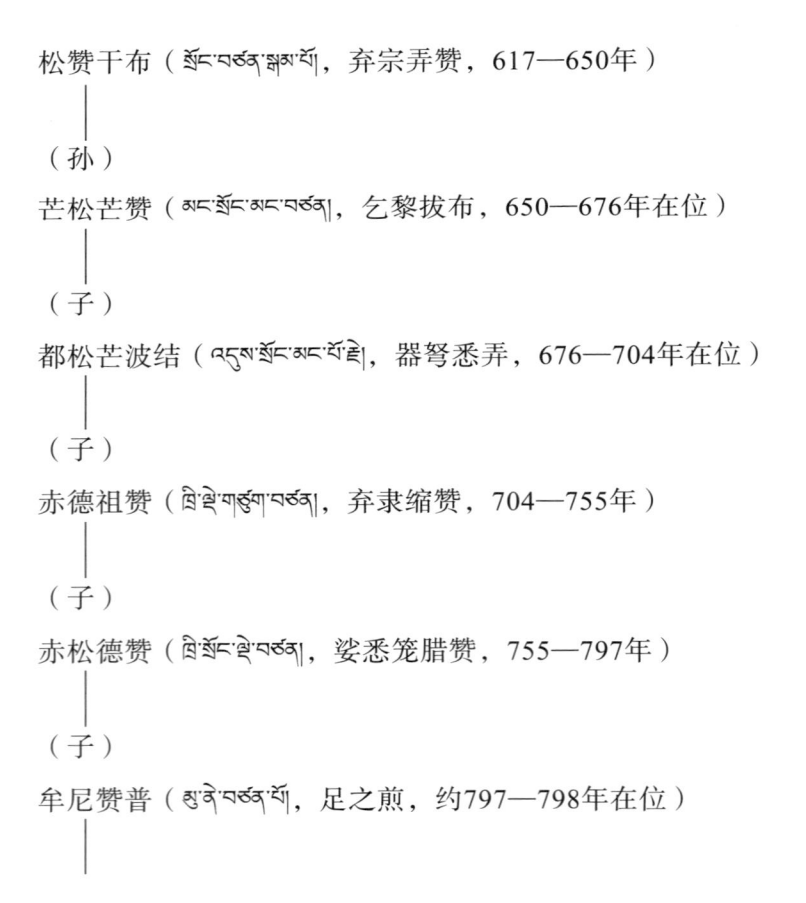

附录二
吐蕃赞普世系表

松赞干布（སྲོང་བཙན་སྒམ་པོ་，弃宗弄赞，617—650年）
　｜
（孙）
芒松芒赞（མང་སྲོང་མང་བཙན་，乞黎拔布，650—676年在位）
　｜
（子）
都松芒波结（འདུས་སྲོང་མང་པོ་རྗེ་，器弩悉弄，676—704年在位）
　｜
（子）
赤德祖赞（ཁྲི་ལྡེ་གཙུག་བཙན་，弃隶缩赞，704—755年）
　｜
（子）
赤松德赞（ཁྲི་སྲོང་ལྡེ་བཙན་，娑悉笼腊赞，755—797年）
　｜
（子）
牟尼赞普（མུ་ནེ་བཙན་པོ་，足之煎，约797—798年在位）
　｜

（弟）

赤德松赞（ཁྲི་ལྡེ་སྲོང་བཙན།，约798—815年在位）

（子）

赤祖德赞（ཁྲི་གཙུག་ལྡེ་བཙན།，可黎可足，约815—838年在位）

（兄）

达磨（དར་མ།，约838—842年在位）

传说中的吐蕃远古赞普世系，在本篇中提到的几个赞普人名如下：

第1代：聂赤赞普（གཉའ་ཁྲི་བཙན་པོ།）

　　　　⋮

第26代：赤脱赞（ཁྲི་ཐོག་བཙན།，瘕悉董摩）

（子）

第27代：拉脱脱日年赞（ལྷ་ཐོ་ཐོ་རི་གཉན་བཙན།，佗土度）

　　　　⋮

第31代：囊日松赞（གནམ་རི་སྲོང་བཙན།，论赞索，他是松赞干布的父亲，松赞干布在这个世系里是第32代）

（采自王森：《西藏佛教发展史略》，中国藏学出版社，2010年，第21页）

参考书目

一、中文文献

古籍

（汉）司马迁：《史记》，北京：中华书局，1959年。

（汉）班固撰，（唐）颜师古注：《汉书》，北京：中华书局，1962年。

（晋）常璩撰，刘琳校注：《华阳国志校注》，成都：巴蜀书社，1984年。

（东晋）沙门释法显撰，章巽校注：《法显传校注》，北京：中华书局，2008年。

（南朝宋）范晔撰，（唐）李贤等注：《后汉书》，北京：中华书局，1965年。

（梁）释慧皎撰，汤用彤校注，汤一玄整理：《高僧传》，北京：中华书局，1992年。

（北齐）魏收：《魏书》，北京：中华书局，1974年。

（唐）令狐德棻等：《周书》，北京：中华书局，1971年。

（唐）魏征、令狐德棻：《隋书》，北京：中华书局，1973年。

（唐）道宣著，范祥雍点校：《释迦方志》，北京：中华书局，1983年。

（唐）道宣撰，郭绍林点校：《续高僧传》，北京：中华书局，2014年。

（唐）杜佑撰，王文锦、王永兴、刘俊文等点校：《通典》，北京：中华书局，1988年。

（唐）慧超原著，张毅笺释：《往五天竺国传笺释》，北京：中华书局，2000年。

（唐）李肇：《唐国史补》，上海：上海古典文学出版社，1957年。

（唐）徐坚等：《初学记》，北京：中华书局，2004年。

（唐）玄奘、辩机原著，季羡林等校注：《大唐西域记校注》，北京：中华书局，1985年。

（唐）义净原著，王邦维校注：《大唐西域求法高僧传校注》，北京：中华书局，1988年。

（唐）赵璘：《因话录》，上海：古典文学出版社，1957年。

（后晋）刘昫等：《旧唐书》，北京：中华书局，1975年。

（宋）欧阳修、宋祁：《新唐书》，北京：中华书局，1975年。

（宋）司马光编著，（元）胡三省音注：《资治通鉴》，北京：中华书局，1956年。

（宋）王溥：《唐会要》，上海：上海古籍出版社，2006年。

（北宋）王钦若等编：《册府元龟》，北京：中华书局，1960年。

（清）董诰等编：《全唐文》，北京：中华书局，1983年。

（清）黄沛翘：《西藏图考》，拉萨：西藏人民出版社，1982年。

《大正新修大藏经》，台北：新文丰出版公司，1983年。

徐时仪校注：《一切经音义三种校本合刊》，上海：上海古籍出版社，2008年。

专著、文集、图录等

［苏］威廉·巴托尔德著，罗致平译：《中亚突厥史十二讲》，北京：中国社会科学出版社，1984年。

拔塞囊著，佟锦华、黄布凡译注：《〈拔协〉（增补本）译注》，成都：四川民族出版社，1990年。

［日］白鸟库吉著，王古鲁译：《塞外史地论文译丛》（第二辑），长沙：商务印书馆，1938年。

［英］约翰·布洛菲尔德著，耿升译：《西藏佛教密宗》，拉萨：西藏人民出版社，1992年。

常霞青：《麝香之路上的西藏宗教文化》，杭州：浙江人民出版社，1988年。

陈良伟：《丝绸之路河南道》，北京：中国社会科学出版社，2002年。

陈苇：《先秦时期的青藏高原东麓》，北京：科学出版社，2012年。

陈小平：《唐蕃古道》，西安：三秦出版社，1989年。

陈寅恪：《金明馆丛稿二编》，北京：生活·读书·新知三联书店，2001年。

达仓宗巴·班觉桑布著，陈庆英译：《汉藏史集》，拉萨：西藏人民出版社，1986年。

［法］戴密微著，耿昇译：《吐蕃僧净记》，拉萨：西藏人民出版社，2001年。

［法］A. H. 丹尼、［法］V. M. 马松主编，芮传明译，余太山审订：《中亚文明史》第一卷《文明的曙光：远古时代至公元前700年》，北京：中国对外翻译出版公司，2002年。

［意］G·杜齐著，向红笳译：《西藏考古》，拉萨：西藏人民出版社，1987年。

［意］G·杜齐著，熊文彬等译：《江孜及其寺院》，北京：中国藏学研究中心历史所编印，2004年。

［伊朗］贾利尔·杜斯特哈赫选编，元文琪译：《阿维斯塔——琐罗亚斯德教圣书》，北京：商务印书馆，2005年。

［英］詹·乔·弗雷泽著，李新萍、郭于华、王彪译，江山、邱晨校对：《永生的信仰和对死者的崇拜》，北京：中国文联出版公司，1992年。

葛承雍：《唐韵胡音与外来文明》，北京：中华书局，2006年。

根敦群培著，法尊大师译：《白史》，西北民族学院研究所印刷（内部资料），1981年。

国家文物局教育处编：《佛教石窟考古概要》，北京：文物出版社，1993年。

国家文物局主编：《中国文物地图集·西藏自治区分册》，北京：文物出版社，2010年。

霍夫曼著，李有义译：《西藏的宗教》，北京：中国社会科学院民族研究所，1965年。

霍巍：《吐蕃时代：考古新发现及其研究》，北京：科学出版社，2012年。

霍巍：《西藏古代墓葬制度史》，成都：四川人民出版社，1995年。

霍巍、李永宪、尼玛编写：《吉隆县文物志》，拉萨：西藏人民出版社，1993年。

霍巍、王煜、吕红亮：《考古发现与西藏文明史·第一卷：史前时代》，北京：科学出版社，2015年。

霍巍、赵德云：《战国秦汉时期中国西南的对外文化交流》，成都：巴蜀书社，2007年。

季羡林：《文化交流的轨迹——中华蔗糖史》，北京：经济日报出版社，1997年。

甲央、王明星主编：《宝藏：中国西藏历史文物（第一册）》，北京：朝华出版社，2000年。

姜伯勤：《敦煌吐鲁番文书与丝绸之路》，北京：文物出版社，1994年。

金书波：《从象雄走来》，拉萨：西藏人民出版社，2012年。

廓诺·迅鲁伯著，郭和卿译：《青史》，拉萨：西藏人民出版社，1985年。

李光文、杨松、格勒主编：《西藏昌都——历史·传统·现代化》，重庆：重庆出版社，2000年。

李永宪、霍巍、更堆编写：《阿里地区文物志》，拉萨：西藏人民出版社，1993年。

罗二虎：《文化与生态、社会、族群：川滇青藏民族走廊石棺葬研究》，北京：科学出版社，2012年。

吕红亮：《跨喜马拉雅的文化互动：西藏西部史前考古研究》，北京：科学出版社，2015年。

［美］约翰·R. 麦克尼尔、威廉·H. 麦克尼尔著，王晋新等译：《麦克尼尔全球史：从史前到21世纪的人类网络》，北京：北京大学出版社，2017年。

［苏联］А. Л. 蒙盖特：《苏联考古学》，中国科学院考古研究所资料室译，1963年。

宁夏固原博物馆编：《固原文物精品图集》（下册），银川：宁夏人民出版社，2011年。

蒲文成主编：《甘青藏传佛教寺院》，西宁：青海人民出版社，1990年。

齐东方：《唐代金银器研究》，北京：中国社会科学出版社，1999年。

恰嘎·旦正：《藏文碑文研究》，拉萨：西藏人民出版社，2012年。

任继愈主编：《中国佛教史》，北京：中国社会科学出版社，1981年。

荣新江：《丝绸之路与东西文化交流》，北京：北京大学出版社，2015年。

荣新江、张志清主编：《从撒马尔干到长安——粟特人在中国的文化遗迹》，北京：北京图书馆出版社，2004年。

桑杰坚赞著，刘立千译：《米拉日巴传》，北京：民族出版社，2000年。

［法］石泰安著，耿升译：《西藏的文明》，北京：中国藏学出版社，2012年。

［法］石泰安著，耿昇译，王尧校：《川、甘、青、藏走廊古部落》，成都：四川民族出版社，1992年。

石硕：《吐蕃政教关系史》，成都：四川人民出版社，2000年。

石硕：《藏族族源与藏东古文明》，成都：四川人民出版社，2001年。

［日］松田寿男著，陈俊谋译：《古代天山历史地理学研究》，北京：中央民族学院出版社，1987年。

苏芳淑主编：《金曜风华·赤猊青驄：梦蝶轩藏中国古代金饰》，香港：香港中文大学出版社，2013年。

索南坚赞著，刘立千译注：《西藏王统记》，北京：民族出版社，2000年。

［意］图齐、［西德］海西希著，耿昇译，王尧校订：《西藏和蒙古的宗教》，天津：天津古籍出版社，1989年。

土观·罗桑却季尼玛著，刘立千译注：《土观宗派源流》，拉萨：西藏人民出版社，2000年。

王辅仁编著：《西藏佛教史略》，西宁：青海人民出版社，1982年。

王辅仁、索文清编著：《藏族史要》，成都：四川民族出版社，1981年。

王明珂：《游牧者的抉择》，桂林：广西师范大学出版社，2008年。

王森：《西藏佛教发展史略》，北京：中国藏学出版社，2002年。

王小甫：《唐·吐蕃·大食政治关系史》，北京：北京大学出版社，1992年。

王尧：《吐蕃文化》，长春：吉林教育出版社，1989年。

王尧编著：《吐蕃金石录》，北京：文物出版社，1982年。

王尧、陈践译注：《敦煌本吐蕃历史文书》（增订本），北京：民族出版社，1992年。

韦·囊赛著，巴擦·巴桑旺堆译：《〈韦协〉译注》，拉萨：西藏人民出版社，2012年。

乌坚林巴掘出（གུ་རུ་ཨོ་རྒྱན་གླིང་པས་པར་གཏེར་ནས་ཕྱུང་ལེགས་བཤམས་བཏོན་པ།），多吉杰博整理：《五部遗教》（藏文），北京：民族出版社，1986年。

五世达赖喇嘛著，刘立千译注：《西藏王臣记》，北京：民族出版社，2000年。

西藏自治区地方志编纂委员会编：《中华人民共和国地方志丛书·西藏自治区志·文物志》（征求意见稿），北京：中国藏学出版社，2009年。

西藏自治区交通厅、西藏社会科学院：《西藏古近代交通史》，北京：人民交通出版社，2001年。

谢继胜主编：《藏传佛教艺术发展史》上卷，上海：上海书画出版社，2010年。

谢佐、格桑本、袁复堂编著：《青海金石录》，西宁：青海人民出版社，1993年。

新疆维吾尔自治区博物馆、新疆文物考古研究所：《中国新疆山普拉——古代于阗文明的揭示与研究》，乌鲁木齐：新疆人民出版社，2001年。

新疆文物事业管理局、新疆博物馆、新疆文物考古研究所等：《新疆维吾尔自治区丝路考古珍品》，上海：上海译文出版社，1998年。

徐华鑫编著：《西藏自治区地理》，拉萨：西藏人民出版社，1986年。

薛宗正：《吐蕃王国的兴衰》，北京：民族出版社，1997年。

严耕望：《唐代交通图考》，上海：上海古籍出版社，2007年。

杨铭：《唐代吐蕃与西域诸族关系研究》，哈尔滨：黑龙江教育出版社，2005年。

佚名著，王治来译：《世界境域志》，上海：上海古籍出版社，2010年。

［日］羽溪了谛著，贺昌群译：《西藏之佛教》，上海：商务出版社，1956年，第203页。

玉树藏族自治州人民政府等编：《玉树》，西宁：青海民族出版社，

1991年。

藏族简史编写组：《藏族简史》，拉萨：西藏人民出版社，1985年。

张云：《上古西藏与波斯文明》，北京：中国藏学出版社，2005年。

张云：《丝路文化·吐蕃卷》，杭州：浙江人民出版社，1995年。

张增祺：《中国西南民族考古》，昆明：云南人民出版社，1990年。

赵德云：《西周至汉晋时期中国外来珠饰研究》，北京：科学出版社，2016年。

赵丰：《纺织品考古新发现》，香港：艺纱堂服饰出版社，2002年。

赵丰主编：《敦煌丝绸与丝绸之路》，北京：中华书局，2009年。

赵荣光主编，姚伟钧、刘朴兵、鞠明库：《中国饮食典籍史》，上海：上海古籍出版社，2011年。

赵生琛、谢瑞琚、赵信：《青海古代文化》，西宁：青海人民出版社，1986年。

中国大百科全书总编辑委员会《考古学》编辑委员会、中国大百科全书出版社编辑部编：《中国大百科全书·考古学》，北京：中国大百科全书出版社，1986年。

中国社会科学院考古研究所：《中国考古学·秦汉卷》，北京：中国社会科学出版社，2010年。

中国社会科学院考古研究所编：《新中国的考古发现与研究》，北京：文物出版社，1984年。

周伟洲：《吐谷浑史》，临川：宁夏人民出版社，1985年。

论文

艾南山：《从地理学谈"藏彝走廊"》，石硕主编：《藏彝走廊：历史与文化》，成都：四川人民出版社，2005年，第137—142页。

安可著，陈心舟译：《文化传播、人群移动和文化影响：以西南地区与北方草原文化关系的研究为例》，四川大学博物馆、四川大学考古学系、成都文物考古研究所编：《南方民族考古》（第十一辑），北京：科学出版社，2015年，第67—80页。

安英新：《新疆伊犁昭苏县古墓葬出土金银器等珍贵文物》，《文物》1999年第9期。

安志敏：《略论我国新石器时代文化的年代问题》，《考古》1972年第6期。

巴桑旺堆：《吐蕃石刻文献评述》，《中国藏学》2013年第4期。

巴卧·祖拉陈哇著，黄颢译注：《〈贤者喜宴〉摘译》（八），《西藏民族学院学报》1982年第3期。

巴卧·祖拉陈哇著，黄颢译注：《〈贤者喜宴〉摘译》（十二），《西藏民族学院学报》1983年第4期。

薄小莹：《吐谷浑之路》，《北京大学学报》1988年第4期。

才让：《敦煌藏文P.T.996号〈大乘无分别修习之道〉解读》，《中国藏学》2013年第1期。

才让太：《古老象雄文明》，《西藏研究》1985年第2期。

陈剑：《营盘山遗址再现"藏彝走廊"5000年前的区域中心——岷江上游史前考古的新进展》，石硕主编：《藏彝走廊：历史与文化》，成都：四川人民出版社，2005年，第300—314页。

陈建彬：《关于西藏摩崖造像的几个问题》，四川大学博物馆、西藏自治区文物管理委员会编：《南方民族考古》（第四辑），成都：四川科学技术出版社，1992年，第283—296页。

陈楠：《论唐蕃清水会盟》，氏著：《藏史丛考》，北京：民族出版社，1998年，第167—183页。

陈庆英、马丽华、穆罕默德·尤素夫·侯赛因阿巴迪：《巴基斯坦斯卡杜县发现的吐蕃王朝时期的藏文碑刻》，《中国藏学》2010年第4期。

陈卫东、唐飞：《雅砻江流域中上游地区石棺葬文化初论》，四川省文物考古研究院：《西南地区北方谱系青铜器及石棺葬文化研究》，北京：科学出版社，2013年，第137—157页。

陈寅恪：《敦煌劫余录》，《中研院历史语言研究所集刊》第一本第二分册，1930年。

程起骏：《棺板彩画：吐谷浑人的社会图景》，《中国国家地理》2006年第3期。

［日］冲本克己著，李德龙译：《敦煌出土的藏文禅宗文献的内容》，耿升主编：《国外藏学研究译文集》（第八辑），拉萨：西藏人民出版社，1992年，第198—231页。

褚俊杰：《吐蕃本教丧葬仪轨研究——敦煌古藏文写卷P.T.1042解读》，《中国藏学》1989年第3期。

褚俊杰：《吐蕃本教丧葬仪轨研究（续）——敦煌古藏文写卷P.T.1042解读》，《中国藏学》1989年第4期。

杜正胜：《欧亚草原动物文饰与中国古代北方民族之考察》，《中研院历史语言研究所集刊》第六十四本第二分册，1993年。

多杰才旦：《关于丝路吐蕃道的交通路线问题》，《传统文化与现代化》1995年第4期。

范祥雍：《唐代中印交通吐蕃一道考》，朱东润、李俊民、罗竹风主编：《中华文史论丛》（总第二十四辑），上海：上海古籍出版社，1982年，第195—228页。

冯汉骥、童恩正：《岷江上游的石棺葬》，《考古学报》1973年第2期。

冯汉镛：《川藏线是西南最早国际通道考》，《中国藏学》1989年第1期。

冯汉镛：《关于"经西宁通西域路线"的一些补充》，《考古通讯》1958年第7期。

冯汉镛：《唐五代时剑南道的交通路线考》，中华书局编辑部编：《文史》（第十四辑），北京：中华书局，1982年，第41—66页。

［俄］库巴列夫·弗拉基米尔著，周金玲译：《亚洲游牧民族使用的铜镜是宗教考古学的原始资料》，《新疆文物》2005年第1期。

傅斯年：《历史语言研究所工作之旨趣》，氏著：《傅斯年全集》（第四册），台北：联经出版事业公司，1980年，第253—266页。

根旺：《"丹玛"史地杂考》，《西藏研究》1998年第3期。

［日］宫本一夫：《川西高原石棺墓文化和北方青铜器》，四川省文物考古研究院：《西南地区北方谱系青铜器及石棺葬文化研究》，北京：科学出版社，2013年，第107—119页。

［日］宫本一夫、松本圭太、森贵教：《川西高原青铜器集成》，四川省文物考古研究院：《西南地区北方谱系青铜器及石棺葬文化研究》，北京：科学出版社，2013年，第87—106页。

［瑞士］阿米·海勒著，霍川译：《青海都兰的吐蕃时期墓葬》，《青海民族学院学报》2003年第3期。

［瑞士］阿米·海勒著，杨清凡译：《拉萨大昭寺藏银瓶——吐蕃帝国（7世纪至9世纪）银器及服饰考察》，四川大学中国藏学研究所主编：《藏学学刊》（第3辑），成都：四川大学出版社，2007年，第194—223页。

韩康信：《新疆哈密焉不拉克古墓人骨种系成分研究》，《考古学报》1990年第3期。

［瑞士］艾米·赫勒著，杨莉译：《公元8～10世纪东藏的佛教造像及摩崖刻石（节录）》，王尧、王启龙主编：《国外藏学研究译文集》（第十五辑），拉萨：西藏人民出版社，2001年，第189—210页。

黄颢：《唐代汉藏文化交流》，中央民族学院藏族研究所编：《藏学研究文集》，北京：民族出版社，1985年，第190—220页。

黄盛璋：《关于古代中国与尼泊尔的文化交流》，《历史研究》1962年第1期。

黄盛璋：《关于中国纸和造纸法传入印巴次大陆的时间和路线问题》，《历史研究》1980年第1期。

黄显铭：《文成公主入藏路线初探》，《西北民族学院学报》1980年第1期。

黄显铭：《文成公主入藏路线再探》，《西藏研究》1984年第1期。

霍川、霍巍：《汉晋时期藏西"高原丝绸之路"的开通及其历史意义》，《西藏大学学报》2017年第1期。

霍巍：《从考古材料看吐蕃与中亚、西亚的古代交通——兼论西藏西部在佛教传入吐蕃过程中的历史地位》，《中国藏学》1995年第4期。

霍巍：《从新出考古材料论我国西南的带柄铜镜问题》，《四川文物》2000年第2期。

霍巍：《从新出唐代碑铭论"羊同"与"女国"之地望》，《民族研究》1996年第1期。

霍巍：《〈大唐天竺使出銘〉及其相関問題的研究》，［日］《東方学報》第66册，1994年。

霍巍：《〈大唐天竺使出铭〉相关问题再探》，《中国藏学》2001年第1期。

霍巍：《"高原丝绸之路"的形成、发展及其历史意义》，《社会科学家》2017年第11期。

霍巍：《近年来青藏高原吐蕃时代考古新发现及其意义》，《中华文化论坛》2020年第6期。

霍巍:《考察吐蕃时代社会文化"底色"的三个重要维度》,《思想战线》2018年第2期。

霍巍:《考古学视野下的唐代吐蕃与中亚文明》,朱玉麒、周珊主编:《明月天山——"李白与丝绸之路国际学术研讨会"论文集》,北京:国家图书馆出版社,2018年,第167—186页。

霍巍:《论川西高原石棺葬中北方青铜文化因素的几个问题》,佟柱臣纪念文集编委会编:《无限悠悠远古情——佟柱臣先生纪念文集》,北京:科学出版社,2014年,第597—618页。

霍巍:《论横断山脉地带先秦两汉时期考古学文化的交流与互动》,石硕主编:《藏彝走廊:历史与文化》,成都:四川人民出版社,2005年,第272—299页。

霍巍:《论藏东吐蕃摩崖造像与吐蕃高僧益西央》,《西藏大学学报》2015年第2期。

霍巍:《青海出土吐蕃木棺板画的初步观察与研究》,《西藏研究》2007年第2期。

霍巍:《青海出土吐蕃木棺板画人物服饰的初步研究》,中山大学艺术史研究中心编:《艺术史研究》(第九辑),广州:中山大学出版社,2007年,第257—276页。

霍巍:《青藏高原东麓吐蕃时期佛教摩崖造像的发现与研究》,《考古学报》2011年第3期。

霍巍:《试析西藏东部新发现的两处早期石刻造像》,《敦煌研究》2003年第5期。

霍巍:《粟特人与青海道》,《四川大学学报》2005年第2期。

霍巍:《唐蕃会盟与吐蕃佛教》,《世界宗教研究》2017年第1期。

霍巍:《突厥王冠与吐蕃王冠》,《考古与文物》2009年第5期。

霍巍：《吐蕃系统金银器研究》，《考古学报》2009年第1期。

霍巍：《西藏曲贡村石室墓出土的带柄铜镜及其相关问题初探》，《考古》1994年第7期。

霍巍：《西藏史前考古若干重大问题的思考》，《中国藏学》2018年第2期。

霍巍：《西藏天葬风俗起源辨析》，《民族研究》1990年第5期。

霍巍：《西藏西部的早期墓葬及其与周边文化的关系》，中国人民大学北方民族考古研究所、中国人民大学历史学院考古文博系编：《北方民族考古》（第2辑），北京：科学出版社，2015年，第103—121页。

霍巍：《西藏西部佛教石窟壁画中供养人像服饰的初步研究》，四川大学历史文化学院考古学系编：《四川大学考古专业创建四十周年暨冯汉骥教授百年诞辰纪念文集》，成都：四川大学出版社，2001年，第411—432页。

霍巍：《西藏西部考古新发现的茶叶与茶具》，《西藏大学学报》2016年第1期。

霍巍：《西藏西部早期文明的考古学探索》，《西藏研究》2005年第1期。

霍巍：《喜马拉雅山南麓与澜沧江流域的新石器时代农业村落——兼论克什米尔布鲁扎霍姆遗址与我国西南地区新石器时代农业文化的联系》，《农业考古》1990年第2期。

霍巍：《一方古织物和一座古城堡》，《中国西藏》2011年第1期。

霍巍：《一批流散海外的吐蕃文物的初步考察》，《故宫博物院院刊》2007年第5期。

霍巍：《于阗与藏西：新出考古材料所见两地间的古代文化交流》，四川大学中国藏学研究所主编：《藏学学刊》（第3辑），成都：四川大学出版社，2007年，第146—156页。

霍巍：《再论西藏带柄铜镜的有关问题》，《考古》1997年第11期。

霍巍：《藏东吐蕃佛教摩崖造像背景初探》，《民族研究》2015年第5期。

霍巍：《中古时期的"高原丝绸之路"——吐蕃与中亚、南亚的交通》，香港城市大学中国文化中心编：《西域：中外文明交流的中转站》，香港：香港城市大学出版社，2009年，第1—23页。

霍巍、霍川：《青藏高原发现的古代黄金面具及其文化意义》，《敦煌学辑刊》2019年第3期。

霍巍、李永宪：《藏南吉隆崖葬习俗的调查与初步研究》，四川大学博物馆、中国古代铜鼓研究学会编：《南方民族考古》（第三辑），成都：四川科学技术出版社，1991年，第271—286页。

金书波：《寻找象雄故都穹隆银城》，《中国国家地理》2009年第9期。

［日］今枝由郎：《有关吐蕃僧诤会的藏文文书》，郑炳林主编，耿昇译：《法国藏学精粹》（1），兰州：甘肃人民出版社，2011年，第301—325页。

［日］今枝由郎著，一民译：《有关吐蕃僧诤会的藏文文书》，王尧主编：《国外藏学研究译文集》（第二辑），拉萨：西藏人民出版社，1987年，第68—87页。

靳枫毅：《论中国东北地区含曲刃青铜短剑的文化遗存》（上），《考古学报》1982年第4期。

靳枫毅：《论中国东北地区含曲刃青铜短剑的文化遗存》（下），《考古学报》1983年第1期。

［挪威］帕·克瓦尔耐著，褚俊杰译：《西藏苯教徒的丧葬仪轨》，王尧主编：《国外藏学研究译文集》（第五辑），拉萨：西藏人民出版社，1989年，第120—148页。

［日］堀谦德著，纪彬译：《于阗国考》，《禹贡》1935年第四卷第一期。

［英］H. E. 理查德森著，石应平译：《吐蕃摩崖石刻研究札记》，四川联合大学西藏考古与历史文化研究中心、西藏自治区文物管理委员会编:《西藏考古》（第1辑），成都：四川大学出版社，1994年，第127—130页。

［美］李方桂：《钵掣逋考》，《中研院历史语言研究所集刊》第二十三本下册，1951年。

［美］李方桂著，吴玉贵译：《唐蕃会盟碑（821—822年）考释》，耿升主编：《国外藏学研究译文集》（第八辑），拉萨：西藏人民出版社，1992年，第1—96页。

李绍明：《西南丝绸之路与民族走廊》，氏著：《李绍明民族学文选》，成都：成都出版社，1995年，第868—883页。

李绍明：《"藏彝走廊"研究与民族走廊学说》，石硕主编：《藏彝走廊：历史与文化》，成都：四川人民出版社，2005年，第3—12页。

李水城：《从考古发现看公元前二千纪东西方文化的碰撞与交流》，氏著：《东风西渐——中国西北史前文化之进程》，北京：文物出版社，2009年，第200—218页。

李水城：《石棺葬的起源与扩散——以中国为例》，《四川文物》2011年第6期。

李星星：《论"藏彝走廊"》，石硕主编：《藏彝走廊：历史与文化》，成都：四川人民出版社，2005年，第32—68页。

［俄］Е·И·鲁伯-列斯尼契科夫著，李琪译：《阿斯塔那古代墓地》，《西域研究》1995年第1期。

林冠群：《唐代前期唐蕃竞逐青海地区之研究》，氏著：《唐代吐蕃史论集》，北京：中国藏学出版社，2006年，第264—295页。

林冠群：《唐代吐蕃僧相官衔考》，《中国藏学》2014年第3期。

林梅村：《阿尔泰山和天山的大石冢》，余太山主编：《欧亚学刊》

（第三辑），北京：中华书局，2002年，101—115页。

林梅村：《棺板彩画：苏毗人的风俗图卷》，《中国国家地理》2006年第3期。

林梅村：《青藏高原考古新发现与吐蕃权臣噶尔家族》，氏著：《丝绸之路考古十五讲》，北京：北京大学出版公司，2006年，第268—275页。

林悟殊：《中古琐罗亚斯德教葬俗及其在中亚的遗风》，氏著：《波斯拜火教与古代中国》，台北：新文丰出版公司，1998年。

林沄：《关于中国的对匈奴族源的考古学研究》，氏著：《林沄学术文集》，北京：中国大百科全书出版社，1998年，第368—386页。

林沄：《夏代的中国北方系青铜器》，氏著：《林沄学术文集》（二），北京：科学出版社，2008年，第7—19页。

林沄：《中国北方长城地带游牧文化带的形成过程》，氏著：《林沄学术文集》（二），北京：科学出版社，2008年，第39—76页。

林沄：《中国东北系铜剑初论》，《考古学报》1980年第2期。

罗开玉：《川滇西部及藏东石棺墓研究》，《考古学报》1992年第4期。

罗世平：《棺板彩画：吐蕃人的生活画卷》，《中国国家地理》2006年第3期。

罗世平：《天堂喜宴——青海海西州郭里木吐蕃棺板画笺证》，《文物》2006年第7期。

罗文华：《四川甘孜地区民族与考古综合考察综述》，故宫博物院编：《故宫学刊》（总第二辑），北京：紫禁城出版社，2005年，第390—407页。

罗新：《吐谷浑与昆仑玉》，《中国史研究》2001年第1期。

吕红亮：《西喜马拉雅地区早期墓葬研究》，《考古学报》2015年第1期。

吕红亮：《西喜马拉雅岩画欧亚草原因素再检讨》，《考古》2010年第

10期。

吕红亮：《西藏带柄铜镜补论》，四川大学中国藏学研究所编：《藏学学刊》（第5辑），成都：四川大学出版社，2009年，第33—45页。

吕红亮：《中国境内出土的蚀花石珠述论》，霍巍、王挺之主编：《长江上游早期文明的探索》，成都：巴蜀书社，2002年，第146—175页。

吕厚远：《1800年前丝绸之路穿越青藏高原的茶叶证据》，《中国西藏》2016年第2期。

［德］马克思、恩格斯：《德意志意识形态》，中共中央马克思恩格斯列宁斯大林著作编译局编译：《马克思恩格斯选集》（第一卷），北京：人民出版社，2012年，第141—215页。

马雍：《巴基斯坦北部所见"大魏"使者的岩刻题记》，氏著：《西域史地文物丛考》，北京：文物出版社，1990年，第129—137页。

马雍：《东汉后期中亚人来华考》，氏著：《西域史地文物丛考》，北京：文物出版社，1990年，第46—59页。

［日］木村隆德著，耿升译：《摩诃衍之后的吐蕃禅宗》，敦煌文物研究所编辑室编：《敦煌译丛》（第一辑），兰州：甘肃人民出版社，1985年，第221—230页。

聂贡·官却才旦、白玛朋：《玉树地区吐蕃时期石窟雕像及摩崖介绍》，《中国藏学》（藏文版）1988年第4期。

蒲文成：《吐蕃王朝历代赞普生卒年考》（一），《西藏研究》1983年第4期。

恰白·次旦平措执笔：《大昭寺史事述略》，《西藏研究》1981年创刊号。

恰白·次旦平措撰文，郑堆、丹增译：《简析新发现的吐蕃摩崖石文》，《中国藏学》1988年第1期。

青海省文物管理处考古队：《青海省文物考古工作三十年》，文物编辑委员会编：《文物考古工作三十年（1949—1979）》，北京：文物出版社，1979年，第160—168页。

［德］N. G. 容格、V. 容格等著，朱欣民译：《西藏出土的铁器时代铜镜》，四川联合大学西藏考古与历史文化研究中心、西藏自治区文物管理委员会编：《西藏考古》（第1辑），成都：四川大学出版社，1994年，第189—200页。

荣新江：《阚氏高昌王国与柔然、西域的关系》，《历史研究》2007年第2期。

荣新江：《〈历代法宝记〉中的末曼尼和弥师诃——兼谈吐蕃文献中的摩尼教和景教因素的来历》，氏著：《中古中国与外来文明》，北京：生活·读书·新知三联书店，2001年，第343—368页。

荣新江：《粟特祆教美术东传过程中的转化——从粟特到中国》，氏著：《中古中国与外来文明》，北京：生活·读书·新知三联书店，2001年，第301—325页。

荣新江：《于阗花毡与粟特银盘——九、十世纪敦煌寺院的外来供养》，胡素馨主编：《佛教物质文化：寺院财富与世俗供养国际学术研讨会论文集》，上海：上海书画出版社，2003年，第246—260页。

［日］三宅俊彦：《关于初期曲柄短剑的用途》，教育部人文社会科学重点研究基地吉林大学边疆考古研究中心编：《边疆考古研究》（第1辑），北京：科学出版社，2002年，第81—90页。

［日］森安孝夫著，钟美珠、俊谋译：《中亚史中的西藏——吐蕃在世界史中所居地位之展望》，《西藏研究》1987年第4期。

沙武田：《一座反映唐蕃关系的"纪念碑"式洞窟（上）——榆林窟第25窟营建的动机、思想及功德主试析》，《艺术设计研究》2012年第4期。

石硕：《青藏高原碉楼分布所对应的若干因素探讨》，氏著：《青藏高原东缘的古代文明》，成都：四川人民出版社，2011年，第385—407页。

石硕：《"藏彝走廊"：一个独具价值的民族区域——谈费孝通先生提出的"藏彝走廊"概念与区域》，氏主编：《藏彝走廊：历史与文化》，成都：四川人民出版社，2005年，第13—31页。

［法］石泰安著，褚俊杰译：《唐蕃会盟考》，王尧主编：《国外藏学研究译文集》（第七辑），拉萨：西藏人民出版社，1990年，第80—107页。

［法］石泰安著，耿升译：《八至九世纪唐蕃会盟条约的盟誓仪式》，《西藏研究》1989年第4期。

［法］石泰安著，耿升译：《敦煌藏文写本综述》，王尧主编：《国外藏学研究译文集》（第三辑），拉萨：西藏人民出版社，1987年，第1—13页。

［法］石泰安著，岳岩译：《敦煌吐蕃文书中有关苯教仪轨的故事》，王尧主编：《国外藏学研究译文集》（第四辑），拉萨：西藏人民出版社，1988年，第202—218页。

宋治民：《三叉格铜柄铁剑及相关问题的探讨》，《考古》1997年第12期。

宋治民：《试论川西和滇西北的石棺葬》，《考古与文物》1987年第3期。

宿白：《三记拉萨大昭寺藏鎏金银壶》，氏著：《魏晋南北朝唐宋考古文稿辑丛》，北京：文物出版社，2011年，第206—208页。

宿白：《四川钱树和长江中下游部分器物上的佛像——中国南方发现的早期佛像札记》，《文物》2004年第10期。

宿白：《拉萨地区佛寺调查记》，王永兴编：《纪念陈寅恪先生百年诞辰学术论文集》，南昌：江西教育出版社，1994年，第182—236页。

宿白：《西藏发现的两件有关古代中外文化交流的重要文物》，《传统文化与现代化》1994年第6期。

孙机：《固原北魏漆棺画研究》，《文物》1989年第9期。

孙机：《唐代的马具与马饰》，《文物》1981年第10期。

汤惠生：《青海玉树地区唐代佛教摩崖考述》，《中国藏学》1998年第1期。

汤惠生：《再论卡若、曲贡等西藏史前遗址的相关问题》，四川大学中国藏学研究所编：《藏学学刊》（第10辑），北京：中国藏学出版社，2014年，第11—31页。

汤惠生：《藏族饰珠"GZI"考略》，《中国藏学》1995年第2期。

汤惠生：《藏族饰珠"Gzi"考略》，氏著：《青藏高原古代文明》，西安：三秦出版社，2003年，第321—343页。

唐长孺：《北凉承平七年（449）写经题记与西域通往江南的道路》，阎文儒、陈玉龙编：《向达先生纪念论文集》，乌鲁木齐：新疆人民出版社，1986年，第104—117页。

唐长孺：《南北朝期间西域与南朝的陆道交通》，氏著：《魏晋南北朝史论拾遗》，北京：中华书局，1983年，第168—195页。

唐翔：《会理新近收藏的几件青铜器》，《四川文物》1996年第3期。

［俄］A. A. 提什金、H. H. 谢列金著，陕西省考古研究院译：《金属镜：阿尔泰古代和中世纪的资料》，北京：文物出版社，2012年，第26—31页。

童恩正：《试论我国从东北至西南的边地半月形文化传播带》，文物出版社编辑部编：《文物与考古论集》，北京：文物出版社，1986年，第17—43页。

童恩正：《我国西南地区青铜戈的研究》，《考古学报》1979年第4期。

童恩正：《我国西南地区青铜剑的研究》，《考古学报》1977年第2期。

童恩正：《西藏考古综述》，《文物》1985年第9期。

仝涛：《三枚藏式带柄铜镜的装饰风格来源问题》，四川大学中国藏学研究所编：《藏学学刊》（第6辑），成都：四川大学出版社，2010年，第137—148页。

仝涛、李林辉：《欧亚视野内的喜马拉雅黄金面具》，《考古》2015年第2期。

［意］图齐著，阿沛·晋美译：《藏王墓考》，中央民族学院藏族研究所编：《藏族研究译文集》（第一集），1983年，第1—33页。

汪宁生：《试论石寨山文化》，中国考古学会编辑：《中国考古学会第一次年会论文集》，北京：文物出版社，1980年，第278—293页。

王大道：《再论云南新石器时代文化的类型》，云南省文物考古研究所：《云南考古文集》，昆明：云南民族出版社，1998年，第41—61页。

王丕考：《青海西宁波斯萨珊朝银币出土情况》，《考古》1962年第9期。

王㴐：《复面、眼罩及其他》，《文物》1962年第7、8期合刊。

王铁英：《马镫的起源》，余太山主编：《欧亚学刊》（第三辑），北京：中华书局，2002年，第76—100页。

王小甫：《七至十世纪西藏高原通其西北之路》，氏著：《边塞内外：王小甫学术文存》，北京：东方出版社，2016年，第55—86页。

王尧：《青海玉树地区贝考石窟摩崖吐蕃碑文释读》，荣新江主编：《唐研究》（第十卷），北京：北京大学出版社，2004年，第493—499页。

王尧：《吐蕃"钵阐布"考论》，氏著：《王尧藏学文集》（卷一）《敦煌本吐蕃历史文书·吐蕃制度文化研究》，北京：中国藏学出版社，2012年，第393—399页。

王尧：《吐蕃占有敦煌时期的民族关系探索》，王尧、陈践译注：《敦煌古藏文文献探索集》，上海：上海古籍出版社，2008年，第297—304页。

王尧、陈践：《〈于阗教法史〉——敦煌古藏文写卷P.T.960译解》，

《西北史地》1982年第3期。

王育民：《丝路"青海道"考》，中国地理学会历史地理专业委员会《历史地理》编委会编：《历史地理》（第四辑），上海：上海人民出版社，1986年，第145—152页。

王忠：《唐代汉藏两族人民的经济文化交流》，《历史研究》1965年第5期。

王子今、王遂川：《康巴草原通路的考古学调查与民族史探索》，《四川文物》2006年第3期。

乌恩：《关于我国北方的青铜短剑》，《考古》1978年第5期。

乌恩：《欧亚大陆草原早期游牧文化的几点思考》，《考古学报》2002年第4期。

吴学明：《石佛洞新石器文化与沧源崖画关系探索》，《云南文物》总第25期，1989年。

吴焯：《四川早期佛教遗物及其年代与传播途径的考察》，《文物》1992年第11期。

武伯纶：《唐代的覆面和胡部新声》，《文物》1961年第6期。

武敏：《吐鲁番出土蜀锦的研究》，《文物》1984年第6期。

夏格旺堆、普智：《西藏考古工作40年》，《中国藏学》2005年第3期。

夏鼐：《青海西宁出土的波斯萨珊朝银币》，《考古学报》1958年第1期。

［美］J. G. 谢菲尔、［印］B. K. 撒帕尔：《巴基斯坦与印度的前印度河文化及早期印度河文化》，［法］A. H. 丹尼，［法］V. M. 马松主编，芮传明译，余太山审订：《中亚文明史》第一卷《文明的曙光：远古时代至公元前700年》，北京：中国对外翻译出版公司，2002年，第177—206页。

徐苹芳：《考古学上所见中国境内的丝绸之路》，燕京研究院：《燕京学报》（新一期），北京：北京大学出版社，1995年，第291—344页。

徐学书：《关于滇文化和滇西青铜文化年代的再探讨》，《考古》1999年第5期。

徐朝龙：《喜马拉雅山南麓所见的中国北方新石器时代文化因素——浅谈克什米尔地区的新石器时代遗址布鲁扎霍姆（Bruzahom）》，《农业考古》1988年第2期。

许新国：《都兰出土大批唐代丝绸见证丝绸之路"青海路"》，《文物天地》2004年第10期。

许新国：《都兰热水血谓吐蕃大墓殉马坑出土舍利容器推定及相关问题》，《中国历史博物馆馆刊》1995年第1期。

许新国：《都兰吐蕃墓出土含绶鸟织锦研究》，《中国藏学》1996年第1期。

许新国：《都兰吐蕃墓葬发掘和研究》，北京大学考古文博院、大阪经济法科大学编：《7~8世纪东亚地区历史与考古国际学术讨论会论文集》，北京：科学出版社，2001年，第26—30页。

许新国：《都兰吐蕃墓中镀金银器属粟特系统的推定》，《中国藏学》1994年第4期。

许新国：《郭里木吐蕃墓葬棺板画研究》，《中国藏学》2005年第1期。

许新国：《露斯沟摩崖石刻图像考》，《青海社会科学》1994年第2期。

许新国：《青海平安县出土东汉画像砖图像考》，氏著：《西陲之地与东西方文明》，北京：北京燕山出版社，2006年，第100—106页。

许新国：《青海省考古工作五十述要》，氏著：《西陲之地与东西方文明》，北京：北京燕山出版社，2006年，第1—29页。

许新国：《中国青海省都兰吐蕃墓群的发现、发掘与研究》，氏著：《西陲之地与东西方文明》，北京：北京燕山出版社，2006年，第132—141页。

许新国、赵丰：《都兰出土丝织品初探》，《中国历史博物馆馆刊》

（15—16），1991年。

严耕望：《唐五代时期之成都》，氏著：《严耕望史学论文选集》（上册），北京：中华书局，2006年，第175—231页。

杨铭：《敦煌藏文写本〈岱噶玉园会盟寺愿文〉研究》，周伟洲主编：《西北民族论丛》（第六辑），北京：中国社会科学出版社，2008年，第230—251页。

杨铭：《吐蕃与南亚中亚各国关系史述略》，《西北民族研究》1990年第1期。

姚崇新：《成都地区出土南朝造像中的外来风格渊源再探》，上海龙华古寺、北京大学东方学研究院、南开大学东方文化研究院主办：《华林》（第一卷），北京：中华书局，2001年，第245—258页；后收入氏著：《中古艺术宗教与西域历史论稿》，北京：商务印书馆，2011年，第42—62页。

俞伟超：《东汉佛教图像考》，《文物》1980年第5期。

翟德芳：《中国北方地区青铜短剑分群研究》，《考古学报》1988年第3期。

张宝玺：《青海境内丝绸之路及唐蕃故道上的石窟》，敦煌研究院编：《段文杰敦煌研究五十年纪念文集》，北京：世界图书出版公司北京公司，1996年，第150—158页。

张东菊、董广辉、王辉：《史前人类向青藏高原扩散的历史过程和可能驱动机制》，《中国科学：地球科学》2016年第8期。

张广达：《唐代禅宗的传入吐蕃及有关的敦煌文书》，氏著：《文书、典籍与西域史地》，桂林：广西师范大学出版社，2008年，第242—262页。

张广达：《吐蕃飞鸟使与吐蕃驿传制度——兼论敦煌行人部落》，北京大学中国中古史研究中心编：《敦煌吐鲁番文献研究论集》，北京：中华书局，1982年，第167—178页。

张建世：《藏北牧民的盐粮交换》，四川大学历史系编：《中国西南的古代交通与文化》，成都：四川大学出版社，1994年，第367—380页。

张锡瑛：《试论我国北方和东北地区的"触角式"剑》，《考古》1984年第8期。

张亚莎：《吐蕃时期的禅宗传承》，《西藏民族学院学报（哲学社会科学版）》2004年第1期。

张延清：《吐蕃钵阐布考》，《历史研究》2011年第5期。

张增祺：《云南青铜时代的"动物纹"牌饰及北方草原文化遗物》，《考古》1987年第9期。

张增祺：《再论云南青铜时代"斯基泰文化"的影响及其传播者》，云南省博物馆编：《云南青铜文化论集》，昆明：云南人民出版社，1991年，第320—354页。

赵丰：《魏唐织锦中的异域神祇》，《考古》1995年第2期。

赵慧民：《西藏曲贡出土的铁柄铜镜的有关问题》，《考古》1994年第7期。

赵荣：《青海古道探微》，《西北史地》1985年第4期。

郑绍宗：《中国北方青铜短剑的分期及形制研究》，《文物》1984年第2期。

周连宽：《瞿萨旦那国考》，氏著：《大唐西域记史地研究丛稿》，北京：中华书局，1984年，第229—236页。

周伟洲：《古青海路考》，《西北大学学报》1982年第1期。

周伟洲：《试论吐鲁番阿斯塔那且渠封戴墓出土文物》，《考古与文物》1980年第1期。

周伟洲：《丝绸之路东段的另一支线——青海路》，《西北历史资料》1985年第1期。

周伟洲：《苏毗与女国》，氏著：《唐代吐蕃与近代西藏史论稿》，北京：中国藏学出版社，2006年，第3—27页。

作铭：《我国出土的蚀花的肉红石髓珠》，《考古》1974年第6期。

报告

阿坝藏族羌族自治州文物管理所、成都文物考古研究所编：《中国西南地区石棺葬文化调查与发现（1938—2008）》，成都：四川大学出版社，2009年。

北京大学考古文博学院、青海省文物考古研究所：《都兰吐蕃墓》，北京：科学出版社，2005年。

凉山彝族自治州博物馆、成都文物考古研究所：《老龙头墓地与盐源青铜器》，北京：文物出版社，2009年。

内蒙古自治区文物工作队田广金、郭素新编著：《鄂尔多斯式青铜器》，北京：文物出版社，1986年。

内蒙古自治区文物考古研究所、鄂尔多斯博物馆：《朱开沟——青铜时代早期遗址发掘报告》，北京：文物出版社，2000年。

宁夏回族自治区固原博物馆罗丰编著：《固原南郊隋唐墓地》，北京：文物出版社，1996年。

宁夏文物考古研究所：《固原九龙山汉唐墓葬》，北京：科学出版社，2012年。

青海省文物考古研究所：《上孙家寨汉晋墓》，北京：文物出版社，1993年。

山西大学历史文化学院、山西省考古研究所、大同市博物馆：《大同南郊北魏墓群》，北京：科学出版社，2006年。

四川大学中国藏学研究所、四川大学历史文化学院考古学系、西藏自治区文物事业管理局：《皮央·东嘎遗址考古报告》，成都：四川人民出版社，2008年。

四川省文物考古研究院编：《瀑布沟水电站工程淹没区考古成果汇报会资料汇编》（内部资料），成都，2010年。

西藏自治区文物管理委员会、四川大学历史系：《昌都卡若》，北京：文物出版社，1985年。

新疆维吾尔自治区博物馆编：《新疆出土文物》，北京：文物出版社，1975年。

新疆文物考古研究所：《新疆察吾呼——大型氏族墓地发掘报告》，北京：东方出版社，1999年。

中国社会科学院考古研究所、西藏自治区文物局：《拉萨曲贡》，北京：中国大百科全书出版社，1999年。

简报

宝兴县文化馆：《四川宝兴县汉代石棺墓》，《考古》1982年第4期。

成都市文物考古研究所、阿坝藏族羌族自治州文管所、茂县博物馆：《四川茂县营盘山遗址试掘报告》，成都市文物考古研究所：《成都考古发现》（2000），北京：科学出版社，2002年，第1—77页。

顿珠拉杰：《西藏西北部地区象雄文化遗迹考察报告》，《西藏研究》2003年第3期。

故宫博物院、四川省文物考古研究院：《四川石渠县洛须"照阿拉姆"摩崖石刻》，《四川文物》2006年第3期。

固原县文物工作站：《宁夏固原北魏墓清理简报》，《文物》1984年第6期。

霍巍：《西藏西部象泉河流域穹隆遗址的考古调查》，中国藏学研究中心、奥地利维也纳大学编：《西部西藏的文化历史——来自中国藏学研究机构和维也纳大学的最新研究》，北京：中国藏学出版社，2008年，第20—34页。

凉山彝族自治州博物馆：《四川西昌一号墓发掘简报》，《考古》编辑部编辑：《考古学集刊》（第3集），北京：中国社会科学出版社，1983年，第143—149页。

马继贤：《汉源县狮子山新石器时代遗址》，中国考古学会编：《中国考古学年鉴》（1991），北京：文物出版社，1992年，第270页。

茂县羌族博物馆、阿坝藏族羌族自治州文物管理所：《四川茂县牟托一号石棺墓及陪葬坑清理简报》，《文物》1994年第3期。

宁夏固原博物馆：《宁夏固原唐史道德墓清理简报》，《文物》1985年第11期。

山西省考古研究所、太原市考古研究所、太原市晋源区文物旅游局：《太原隋代虞弘墓清理简报》，《文物》2001年第1期。

陕西省考古研究所：《西安北郊北周安伽墓发掘简报》，《考古与文物》2000年第6期。

陕西省考古研究所：《西安发现的北周安伽墓》，《文物》2001年第1期。

陕西省考古研究院、西藏自治区文物保护研究所：《西藏察雅县丹玛札摩崖造像考古调查简报》，《考古与文物》2014年第6期。

青海省文物考古研究所：《青海乌兰县大南湾遗址试掘简报》，《考古》2002年第12期。

青海省文物考古研究所、四川大学中国藏学研究所：《青海玉树勒巴沟古秀泽玛佛教摩崖造像调查简报》，四川大学中国藏学研究所编：《藏学学刊》（第16辑），中国藏学出版社，2017年，第63—94页。

青海省文物考古研究所、四川大学中国藏学研究所：《青海玉树勒巴沟恰冈佛教摩崖造像调查简报》，四川大学中国藏学研究所编：《藏学学刊》（第16辑），中国藏学出版社，2017年，第95—147页。

青海省文物考古研究所、四川大学中国藏学研究所、成都文物考古研究院：《甘青交界扁都口佛教摩崖石刻调查简报》，《藏学学刊》（第20辑），中国藏学出版社，2019年，第102—110页。

青海省文物考古研究所、四川大学中国藏学研究所、成都文物考古研究院：《青海玉树贝沟大日如来佛堂佛教石刻调查简报》，《藏学学刊》（第20辑），中国藏学出版社，2019年，第1—68页。

青海省文物考古研究所、四川大学中国藏学研究所、成都文物考古研究院：《青海玉树大日如来佛堂西侧崖壁摩崖石刻及线刻佛塔调查简报》，《藏学学刊》（第20辑），中国藏学出版社，2019年，第69—101页。

青海省文物考古研究所、四川大学中国藏学研究所、四川大学考古学系：《青海玉树勒巴沟吾娜桑嘎佛教摩崖石刻调查简报》，四川大学中国藏学研究所编：《藏学学刊》（第16辑），中国藏学出版社，2017年，第148—163页。

四川大学中国藏学研究所、四川大学考古学系、西藏自治区文物局：《西藏札达县皮央·东嘎遗址古墓群试掘简报》，《考古》2001年第6期。

四川大学中国藏学研究所、四川大学考古学系、西藏自治区文物局、阿里地区文化广播电视局：《西藏札达县格布赛鲁墓地调查简报》，《考古》2001年第6期。

四川省文物考古研究所、甘孜藏族自治州文化局：《四川炉霍卡莎湖石棺墓》，《考古学报》1991年第2期。

四川省文物考古研究院、日本九州大学考古学研究室、甘孜藏族自治州文化旅游局、炉霍县文化旅游局：《炉霍县宴尔龙石棺葬墓地发掘报告》，四川省文物考古研究院：《西南地区北方谱系青铜器及石棺葬文化研究》，北京：科学出版社，2013年，第11—34页。

四川省文物考古研究院、日本九州大学考古学研究室、甘孜藏族自治州文化旅游局、炉霍县文化旅游局：《四川炉霍呷拉宗遗址考古发掘简报》，四川省文物考古研究院：《西南地区北方谱系青铜器及石棺葬文化研究》，北京：科学出版社，2013年，第35—71页。

四川省文物保护考古院、石渠县文化局：《四川石渠县新发现吐蕃石刻群调查简报》，《四川文物》2013年第6期。

天水市博物馆：《天水市发现隋唐屏风石棺床墓》，《考古》1992年第1期。

西安市文物保护考古所：《西安北周凉州萨保史君墓发掘简报》，《文物》2005年第3期。

西藏文管会文物普查队：《乃东县切龙则木墓群G组M1殉马坑清理简报》，《文物》1985年第9期。

西藏文管会文物普查队：《西藏昂仁县古墓群的调查与试掘》，四川大学博物馆、西藏自治区文物管理委员会编：《南方民族考古》（第四辑），成都：四川科学技术出版社，1992年，第137—162页。

西藏文管会文物普查队：《西藏朗县列山墓地殉马坑与坛城形墓试掘简报》，四川联合大学西藏考古与历史文化研究中心、西藏自治区文物管理委员会编：《西藏考古》（第1辑），成都：四川大学出版社，1994年，第41—48页。

西藏文管会文物普查队：《西藏日土县古代岩画调查简报》，《文物》1987年第2期。

西藏自治区文管会文物普查队：《西藏吉隆县发现唐显庆三年〈大唐天竺使出铭〉》，《考古》1994年第7期。

西藏自治区文管会文物普查队：《西藏山南隆子县石棺墓的调查与清理》，《考古》1994年第7期。

西藏自治区文物保护研究所：《吉隆县冲堆108塔、穆拉108塔调查清理简报》，西藏自治区文物保护研究所：《西藏文物考古研究》（第2辑），北京：科学出版社，2016年，第54—71页。

新疆维吾尔自治区博物馆：《新疆民丰县北大沙漠中古遗址墓葬区东汉合葬墓清理简报》，《文物》1960年第6期。

新疆维吾尔自治区博物馆、吐鲁番地区文管所：《新疆吐鲁番艾丁湖古墓葬》，《考古》1982年第4期。

新疆维吾尔自治区文化厅文物处、新疆大学历史系文博干部专修班：《新疆哈密焉不拉克墓地》，《考古学报》1989年第3期。

新疆文物考古研究所：《新疆新源铁木里克古墓群》，《文物》1988年第8期。

新疆文物考古研究所：《新疆尉犁县营盘墓地15号墓发掘简报》，《文物》1999年第1期。

新疆文物考古研究所：《新疆尉犁县营盘墓地1999年发掘简报》，《考古》2002年第6期。

云南省博物馆保管部：《云南永胜金官龙潭出土青铜器》，《云南文物》总第19期，1986年。

云南省博物馆文物工作队：《云南德钦县纳古石棺墓》，《考古》1983年第3期。

云南省博物馆文物工作队：《云南宁蒗县大兴镇古墓葬》，《考古》1983年第3期。

云南省文物考古研究所：《剑川鳌凤山古墓发掘报告》，《考古学报》1990年第2期。

张玉忠：《新疆新源巩乃斯种羊场古墓葬》，《考古与文物》1985年第2期。

中国社会科学院考古研究所、青海省文物考古研究所：《青海都兰县热水墓群2018血渭一号墓》，《考古》2021年第8期。

中国社会科学院考古研究所、西藏自治区文物保护研究所：《西藏阿里地区故如甲木墓地2012年发掘报告》，《考古学报》2014年第4期。

中国社会科学院考古研究所、西藏自治区文物保护研究所、阿里地区文物局、札达县文物局：《西藏阿里地区故如甲木墓地和曲踏墓地》，《考古》2015年第7期。

中国社会科学院考古研究所西藏工作队、西藏自治区文物管理委员会：《西藏拉萨市曲贡村石室墓发掘简报》，《考古》1991年第10期。

中国社会科学院考古研究所新疆队、新疆巴音郭楞蒙古自治州文管所：《新疆和静县察吾乎沟口二号墓地发掘简报》，《考古》1990年第6期。

中国社会科学院考古研究所新疆工作队、新疆巴音郭楞蒙古自治州文管所：《新疆轮台县群巴克墓葬第二、三次发掘简报》，《考古》1991年第8期。

《西藏昌都芒康县新发现吐蕃时期大日如来石刻像》，《西藏大学学报》2014年第3期。

报纸

霍巍：《古格故城壁葬为佛教瘗窟葬考》，《中国文物报》1995年7月16日第3版。

霍巍：《西藏吉隆县境内发现〈大唐天竺使出铭〉摩崖石碑》，《中国文物报》1994年4月10日第1版。

刘弘、唐亮：《盐源发现古代民族墓葬和祭祀坑》，《中国文物报》2001年9月14日第1版。

仝涛：《西藏阿里象雄都城"穹隆银城"附近发现汉晋丝绸》，《中国文物报》2011年9月23日第4版。

许新国：《在都兰热水发掘吐蕃墓葬、青海丝绸之路发现珍贵文物》，《青海日报》1984年1月30日第2版。

中国社会科学院考古研究所、青海省海西蒙古族藏族自治州民族博物馆、乌兰县文体旅游广电局：《青藏高原首次发现吐蕃时期壁画墓》，《中国文物报》2020年1月17日第8版。

学位论文

苏奎：《西南夷地区三种含北方系青铜文化因素短剑的研究》，四川大学硕士学位论文，2005年。

二、外文文献

英文

Baumer Christoph, *The History of Central Asia*, London: I. B. Tauris, 2012.

Bromberg, Anne R, *The Arts of India, Southeast Asia, and the Himalayas at the Dallas Museum of Art*, New Haven: Yale University Press, 2013.

Gruschke Andreas, "The Cultural Monuments of Tibet's Outer Provinces Kham", Volume 2, *The Qinghai Part of Kham*, Bangkok: White Lotus Press, 2004.

Heller Amy, *The Silver Jug of the Lhasa Jokhang: Some Observations on Silver Objects and Costumes from the Tibetan Empire (7th-9th Century)*, http://www.asianart.com/articles/heller/index.html.Published:July18,2002.

Kapstein Matthew T., *The Tibetan Assimilation of Buddhism: Conversion, Contestation, and Memory*, New York: Oxford University Press, 2000.

Pal Pratapaditya, *The Arts of Nepal*, Leiden: Brill, 1974.

Regula Schorta, *Central Asian Textiles and Their Contexts in the Early Middle Ages*, Riggisberg: Abegg-Stiftung, 2006.

Richardson Hugh E., "Some Monuments of the Yarlung dynasty", in P. Pal, ed., *On the Path to Void: Buddhist Art of the Tibetan Realm*, Mumbai: Marg Publications, 1996.

Schaik Sam Van, "The Tibetan Avalokiteshvara Cult in the Tenth Century: Evidence from the Dunhuang Manuscripts", in R. Davidson and C. Wedemeyer, eds., *Tibetan Buddhist Literature and Praxis: Studies in its Formative Period, 900-1400*, Vol.4, Leiden: Brill, 2006, pp.55-72.

Schroeder Ulrich Von, *Buddhist Sculptures in Tibet*, Visual Dharma Publications, 2001(2).

Slusser Mary Shepherd, *Nepal Mandala: A Cultural Study of the Kathmandu Valley*, Vol.2, Princeton: Princeton University Press, 1982.

Stein M. A., *Ancient Khotan: Detailed Report of Archaeological Explorations in Chinese Turkestan*, Oxford: Clarendon Press, 1907.

Xu, X. G., "Discovery, Excavation and Study of Tubo Tombs in Dulan, Qinghai Province, China", *Silk Roadology*, 2002.

日文

［日］シルクロード学研究センター編：《トルファン地域と出土絹織物》，《シルクロード学研究》Vol.8, 2000.

［日］江上波夫：《徑路刀考》，《東方学報》第3冊，1932年。

［日］岡崎敬：《北方系銅劍と中国式銅劍》，大阪市立美術館編：《古代北方美術》，1954年，京都：綜芸舎，第12—29頁。

［日］高浜秀：《オルドス青銅短剣の型式分類》，《東京国立博物館紀

要》通号18, 1982年。

霍巍：《〈大唐天竺使出銘〉及其相関問題的研究》, 《東方学報》第66册, 1994年。

[日]佐藤長：《チベット歴史地理研究》, 東京：岩波書店, 1978年。

[日]桑山正進編：《慧超往五天竺国伝研究》, 京都：京都大学人文科学研究所, 1992年。

[日]山口瑞鳳：《吐蕃王国成立史研究》, 東京：岩波書店, 1983年。

[日]森安孝夫：《吐蕃の中央アジア進出》, 金沢大学文学部編：《金沢大学文学部論集·史学科篇》通号4, 1983年, 第1—85頁。

[日]阿子島功：《青海シルクロードの自然環境--谷あいの道、水草の道、緑洲の道、氷原の道(中国・青海省におけるシルクロードの研究)》, 《シルクロード学研究》Vol.14, 2002, 第37—77頁。

[日]三宅俊彦：《〔カ〕約文化の青銅器(中国・青海省におけるシルクロードの研究：第5章 日本側研究者の研究論攷)》, 《シルクロード学研究》Vol.14, 2002, 第237—253頁。

[日]松田壽男：《吐谷渾遣使考》（上、下）, 《史學雜誌》第48編第11—12号, 1939年。

[日]山名伸生：《吐谷渾と成都の仏像》, 《佛敎藝術》通号218, 1995年。

[日]榎一雄責任編集：《講座敦煌2：敦煌の歴史》, 東京：大東出版社, 1980年。

[日]影山悦子：《東トルキスタン出土のオッスアリ（ゾロアスター教徒の納骨器）について》, [日]《オリエント》第40巻1号, 1997年。

[日]深井晋司：《三花馬·五花馬の起源について》, 《東洋文化研究所紀要》通号43, 1967年。

[日]沖本克己：《敦煌発見のチベット語禅文献の研究--「大乗無分別修

習義・序文」(pelliot996)について》,《花園大学研究紀要》通号25, 1993年;同氏:《敦煌出土のチベット文禅宗文献の内容》, 篠原壽雄:《講座敦煌8:敦煌仏典と禅》, 東京:大東出版社, 1980年, 第409—440頁。

索　引

A

阿里三围

35

阿垄沟

44，45

阿斯塔那墓地

39，55，191，195，216

B

巴蜀

95，99，105，110，113，137

《拔协》

177，244，246，388，396，398，416

白兰

38，151，160，335，393

拜火教

78，221，225，251，252，277，312，325，341，360

半地穴式

9，11，131

本波

78，88—89

本教

27，77—78，88—89，165，190，195，199—200，202—203，221，225，227—229，248，299—300，337—338，356，361，473

波斯

6，21，27，74，78，88—89，202，221，225，237，251—255，257—258，261，267—272，276—277，279，281，293，299，301，311—312，316，323，325—326，328，333，336，341，359—360，473

蕃尼道

35，151，153，157，185，206，473

布鲁扎霍姆

11—12

C

藏经洞

191，267

茶马古道

4，60，133，219

察吾呼沟口墓地

60

察雅仁达

378，429，431，437，467，470

禅宗

390，395—402，405—407，414—419，430

昌果沟遗址

9

《册府元龟》

60，339，361

赤德祖赞

165，243，389，422

赤松德赞

165，177—178，225，246，339，376—378，396，399—400，415，437—438，449，459，467

赤尊公主

34，161，164—165，176，184，227

冲堆石塔

172，176

D

大日如来佛堂

411，420—421，423—424，426—430，436—437，445，456，460—461，466，468

大食

13，78，88—89，205，223，230，251，281，335，360—361，473—474

《大唐天竺使之铭》

6，34—35，68，152—153，157，160—163，166—167，176，187，197，206，476

《大唐西域记》

34，80，151，197，231，245

《大唐西域求法高僧传》

89，152，155，206—207，236，245，477

大昭寺

165，174，253，255—260，270，327—328，421

大昭寺银壶

257，260，264，267

带柄铜镜

11，15—17，19—22，36，76，78，85，111，115，129，145，233

丹丹乌里克

341—342

党项

15，33，36—37，63，198，224，293，335，339，393

氐羌

9—10，22，36，97，100，146—147，156，478

滇缅道

155，477

丁仲胡珠孜地点

26

东嘎墓地

44，52，60，65

东女国
63，152，196，197
都兰热水吐蕃墓地
289，292，298—299，343
都松莽布支
212—213
《敦煌本吐蕃历史文书》
64，161，199，205，242，339，361

E

二次拣骨葬
48，51

F

费昂斯珠
75
佛传故事
442，451
附国
36，339
覆面
39，50，57，74，285，295，297，361

G

噶琼寺
388—389
冈底斯山
43，90，154，202—204，209，224，228—229

格布赛鲁墓地
44
格林塘墓地
46，51—52，57，135
格鲁派
400，417
故如甲木墓地
13，24，32，44，46，48—49，51—56，58，60，64—65，68，72，74，83，85，89，214—217，283，291，294，299
观音
14，169，170—172，174，177—178，180—181，376，449，453，455—456，459

H

哈密
241
《汉藏史集》
212，218，238—239，242—243，327
红其拉甫山口
235
胡王
32，39，55，73，84，195—196，216
黄金面具
11，24—25，32—33，39，50—53，56—57，64，66，70—72，74，79，83，85—86，89，155，213，225，282—283，285—287，289，291—300，302—303，361

回纥
280，360

回鹘
223，255，328

火葬
48，53，339

霍尔
98—99

J

《吉隆县文物志》
167，172

迦陵频伽
359—360

迦湿弥罗
150，163，226，230—232，244—247，335

剑川
138—139

金城公主
227，243，421—422，430—431，473

金刚手
172，181，376，384，448—449，455—456，459，465

金和尚
396—399，401，403，405

K

喀喇昆仑山
81，87，232，236，475

喀什
81，222，317

卡尔东遗址
64—65，83，200

卡尔普墓地
44，48

卡若遗址
9，131，148

卡莎湖石棺葬
94—96，98，103—105，110，118，123，126—127

康僧先
321—322

克什米尔
6，11，31，77，87，153，198，203—204，209，224，229—231，235—236，244—246，255，328，335，475

L

拉达克
17，31，76—77，82，85，87，198，202，204，224—226，229

拉托托日年赞
231

老龙头墓地
111—112

勒巴沟
431，438—439，452—453，467

李聂秀
64，199

莲花生

35，164—165，172，176—180，255，399，415

列城

82，85，87，198

列堞锦

191

炉霍

92—99，102—104，115，117—119，123，126—127

M

马家窑文化

9，37，96，121，125，128，146

玛尼拉康

181，183

玛旁雍错

43，224

芒域

34—35，164—165，177—178，206，476

梅尔伽赫文化

12

《摩诃般若波罗蜜多心经》

426，429

摩诃衍

400，415—416

穆斯塘

24，52，54—57，74，88，291，294，299

N

那烂陀寺

35，155，477

纳骨瓮

324

尼阿底

8

P

帕巴寺

176，181，183—187

皮央墓地

135

《普贤行愿品》

379，410

Q

强准寺

177—179，181，184，187

青海道

36—38，304—305，309—315，319—320，325—328，476—477

《青史》

227，229，231，243

穹隆银城

65，189，200，202—204

酋豪
31，33—34，63—68，70—74，76，79—80，82—86，88，196，297—299，361

屈肢葬
48，53，71，135，252

曲贡遗址
14—16，148

曲踏墓地
24，32，44，48，50—51，56，65，69，71—75，79，85，215，217，283，291，294，299

泉沟一号墓
362，364—366，369，477

R

热巴巾
185，416，457

日喀则
34，35，63，68，157，164，197—198

日姆栋岩画
23

日松贡布
167—168，171—172，174—176，178—180

S

萨木宗墓地
24，56，74，88，291，294，299

萨珊王朝
6，27，249—251，261，312，326，333，360

萨珊银币
325

萨石墓地
24，74，293，300

桑喜
396

桑耶寺
165，178，244，246

上孙家寨墓地
307

石棺墓
13，94，97—98，100—104，110—111，113，139，234

石丘墓
23，45—46，53—55，66，72，79，83，201，225

石渠
156，374，376，378，383，394，401，407，437—438，449，459—460，468，470

石室墓
16—19，21，45—46，53—56，69，233

《世界境域志》
224，237

《释迦方志》
34，63，67，80，151，160—163，183，185—186，197，206，232，476

蜀身毒道
155，477
斯基泰风格
11，23，78
松赞干布
34，71—72，87，150，163—165，184，203，213，222，226—228，242，255，379，393，435，437，468，476
苏毗
10，37，63，76，150—151，160，198，203
粟特
6，243，253—255，258，267—271，277，279—281，316，319，323—325，327—328，342，360，373
粟特人
27，225—226，247—248，267—269，271，277，279，301，312，316，319—327，342，359—360

T

唐蕃古道
4，35，132，391—393，396，468
唐蕃会盟
384—387，390—391，401—403，405—407，419，431
《唐会要》
32，60，67，196，199

天珠
13—14，75，317
天竺
33—35，79—80，82，87，150—151，153—157，160—161，163—165，198，206—210，220—221，224—226，232—233，244—245，247，314，335，360，473，476—478
铁器时代
20，23，54，117，222，253
《通典》
31—32，34，60，63，66—67，71—72，84，88，196—197，240，297—299
突厥
37，63，198，205，233，243，280，360，369，371
土洞墓
45—46
吐蕃棺板画
247—248，251，262，265，270，331，335，340，366
吐谷浑
36—38，63，128，151，160，198，244，280，292—293，297，302，305，311，313—315，323，325，335，342，365，367，372—373，476—477
吞玛乡石棺葬
75

W

王侯

32—33，39，50，55，64，69，73，79，83—85，91，155，191，195—196，199，205，210，216，295，299

王玄策

6，67，89，152，154，158，160—161，164—166，176，197，207—208，245，473，476

《往五天竺国传》

67，198，245

文成公主

89—90，152，154，161，164—165，184，206—209，211，227，392—394，396，411，420—421，430—431，435，437，473，476

文成公主庙

382，411，420—421，423，449

文殊

171—172，180—181，396，439，446，465

《文献通考》

34，60，67

《无量寿经》

427，439，443，452

无住

397—399，403—405

X

西南夷

36，96—97，99，111，113，115，117，122，137，140，145—147，156，478

《西藏王臣记》

35，184

《西藏王统记》

34，77，164，184

喜马拉雅地区

24，25，74

祆教

27，78，221，225—226，251—252，268，277，473

象雄

27，31，34，43，63—64，66—67，71，76—78，80，88，150，155，163，188，195—196，198—200，202—205，209—210，219，225—226，228—230，232—236，244，246，281，293，297—299，361，475

小恩达遗址

9

新石器时代

8—12，14，20，26，28，37，40，92—93，95—97，99，102，119，121，125—127，131，146，222

玄照

81，89—90，153—155，206—210，236，245

血渭一号大墓
193，195

Y

崖洞葬
54—55，57

焉不拉克墓葬
241

盐源
58，111—112，122，136—137，139，148

宴尔龙石棺葬
94—95，103—105，107，126

羊同
31，33—34，37，43，63，64，66—68，71—72，74，76—77，80—82，85，87—88，155，188，195—196，199，205，209—210，225，232—234，236—237，244—245，293，297，299，475

叶城
81，87，153，235—236，475

益西央
377—378，380，383—391，395，400—401，406—420，426，429，430—431，437

益州
36—38，127—128，132，309—311，313，322，374，391—393，396—407，468

营盘墓地
32，39，55—56，73，216

于阗
21，31，34，36，38，63，76，80—81，150，153，196—197，226，231—233，238—247，251，297，317，321，341，451，452，476

Z

藏彝走廊
93，102，124—125，128，130—134

早期金属时代
11，16，20—21，41，150

昭苏波马墓地
24，74，295—296

照阿拉姆
374，376—378，383，437，449，459—460

宗喀
157，161—164，183，400，417

宗日文化
37

后 记

这部研究时间跨度将近二十年的著作，终于临到要写后记的这个"节点"了。一般情况下，作者此时的心情会相对较对轻松、愉快一些，因为毕竟曾经有过的所有艰难困苦已经快要走到尽头，总算可以放下一些东西了。但真正到了这个时候，才发现未必如此。心情依然是复杂的，想要写的、想要说的，似乎仍然还言犹未尽，仍然还意犹未尽。

从提出"高原丝绸之路"这个概念，到真正不断积累资料，也积累思想，到最后梳理成文，一遍遍地修改、润色，每一天都会反复地追问自己：这些想法能成立吗？这些论述符合逻辑吗？这些观点学术界能够接受吗？直到申请2022年度《国家哲学社会科学成果文库》之时，几位匿名评审专家给予了本书热情洋溢的肯定性评价，才使我有了较为充足的信心。所以，我首先要向认真审读本书、并提出了重要修改意见的同行专家们表示我最真诚的谢意！由于现行的匿名审稿制度，我也许永远也无法知道你们的姓名，但你们所给予我的信任、支持与鼓励，却会永存我心，让我时时鞭策和约束自己，努力朝着你们所指出的学术目标、学术高度去不断奋进。

这部几十万字的著作，虽然都围绕着"高原丝绸之路"这个概念展开，但却是一部粗线条的、以专题性论述展开的篇章，还有许多需要进一步完善的细节未能涉及。例如，既然是讲道路和路网，其中却很少深入讨论某条道路具体的地理方位、路线节点、重要驿站、各段里程等细节，这显然不是一种以历史地理学的考证见长的书写方式。如同我在绪论中所谈到的那样，这部著作在现阶段所主要试图解决的问题，是利用考古材料所提供的实物，通过阐释这些考古材料所处的时代和历史背景，结合传世的各种文献材料（甚至不排除一些明显具有神话传说色彩的藏文文献）去讲清楚一个道理：青藏高原并不是一座文化上的孤岛。从史前人类在青藏高原出现伊始，生活在这里的人们便开始与外部世界有了程度不同的交往、交流与交融。历经史前至唐代吐蕃时期，形成了从内到外、四通八达的多层次交通网络，并且这些交通网络许多都与史前和汉唐时代沟通欧亚大陆的"丝绸之路"相互连接、相互交织、互为补充。如果我们承认这些高原上的路网无论是在地理分布上，还是在具体承担的功能上，都发挥着古代高原各族人民据此开展中外文化交流、进行文明互鉴的作用，那么这个目的就算初步达成了，将其命名为"高原丝绸之路"也就顺理成章。

但是，在这片如此广阔的高原之上，目前所发现的考古材料，毕竟还是十分零散、十分稀少的，它们如同撒落在这历史荒野之上星星点点的珠宝，虽然其光彩难以掩蔽，但要凭借这些资料连点成线、连线成面，构建起如此宏大的一个叙事体系，我仍然深感力不从心。书中的六组章节，有不少是在几十年来从事青藏高原考古调查和发掘的过程中形成的一些观点和看法，也曾经部分见诸既往已经发表过的文章，这次虽然重新进行了整理和梳通，但总体而言，距离我内心深处更为高远的学术目标还是有很多的不满意和不尽意之处。如果天假时日，有生之年还能做些强度较大的研究工作的话，我还期待能够再写续篇：一是从时段上可以向下延伸；二是在某些重点区域继续开展深度探索；三是可以就某些专题在更为广阔的时空范围内寻找其"来龙去脉"。当然，是否能够实现这些目标，均得顺其自然。

接下来，我要感谢多年来和我并肩奋战在青藏高原的同事和朋友们。从20世纪90年代初踏上高原的那一刻起，我们就成为名副其实的"命运共同体"，分享着所有的欢乐，也分担着彼此的痛苦。他们当中的一些人，现在已经离我而去，天人之隔，令人扼腕叹息。索朗旺堆啦、甲央啦、小尼玛啦……一想到这些名字，当年在西藏文物普查时的一幕幕情景就涌上心头。西藏高原的山川大地、雪岭崇峰之中，这些藏族考古学者与我们生死与共、甘苦同当的岁月又鲜活地浮现在眼前。还有一些人，跟我一样正在渐渐老去，"朝为青丝暮成雪"，唯余雄心忆华年。例如这部书中为我提供了不少资料的历任青海省文物考古研究所所长的许新国研究员、任晓燕研究员以及我的西藏考古老搭档——四川大学考古学系前主任李永宪教授等，都曾经给予我诸多无私的帮助，让我时常感铭于心。

最令人感到欣慰之事，是有更多的人，从我的学生，二十多年过去之后已经成长为我的同事，成长为我们团队的新兴力量、中坚力量。如现职于中国社会科学院考古研究所西藏工作队的仝涛研究员、西藏大学中国藏学研究所夏吾卡先研究员、四川大学中国藏学研究所吕红亮教授和张长虹研究员、西藏自治区文物保护研究所夏格旺堆研究员、青海省文物考古研究所副所长乔虹研究员等。我这部书中所利用的田野考古资料和学术成果，有许多就是他们和我一道共同取得的，有些内容甚至就是直接利用了他们的学术成果。长江后浪推前浪，他们现在已经能够独当一面，从我们这代人手中接过接力棒了。我相信在这个伟大的新时代，他们一定能够承前启后、继往开来，开拓出高原丝绸之路研究新的路径和新的局面。

在处理本书的诸多具体事务当中，我的学生姜伊、学术助理李慧出力尤多，她们承担了大量与编辑、出版相关的文字校对、插图整理等杂务，姜伊后来赴日本京都大学访学一年，但也仍然没有中断对我的帮助，书中的注释有赖于她不辞辛苦多次进行校对和修改，还提出了不少有益的建议。在美国哈佛大学访学的四川大学博物馆卢素文副研究员为本书制作了"附录一　汉、藏专有名词对照表"和索引，发挥了她在语言文字方面的特长，我的前一部《国家哲学社会科学成果文库》著作《青藏高原考古研究》也是由她完成的此项工作。

四川大学博物馆副研究员邓宽宇博士为本书制作了符合国家出版要求的地图，四川大学博物馆张苹教授、康艳女士在我申请《国家哲学社会科学成果文库》的过程中，专门精心地为申报材料设计了精美的封面，并帮助我印刷装订成册。四川大学中国藏学研究熊文彬教授、玉珠措姆教授、华青·道尔吉（张延清）、杨清凡、杨锋、李帅副教授以及办公室赵靖、孙昭亮等各位同事，为我提供了使用资料上的不少方便，还帮助我解决了不少遇到的困难，这都是我应当深为感谢的。

科学出版社责任编辑柴丽丽女士不仅一直热情鼓励我申请《国家哲学社会科学成果文库》，还为书的出版提供了许多无私的支持与帮助。她以精准、专业、细致的编辑精神和工作态度，一如既往地为本书把好学术关和质量关，避免了书中不少技术性错误，我对她也充满了敬佩之意。

四川大学社科处张洪松副处长、历史文化学院科研秘书姜莉等，也为课题的申报工作给予了大力支持。谨借此机会，向他们表示我的敬意和谢意！

霍　巍

2022年12月于四川大学江安花园